数字时代的司法变革

胡铭 著

创于1897

商务印书馆
The Commercial Press

图书在版编目（CIP）数据

数字时代的司法变革 / 胡铭著 . -- 北京 : 商务印
书馆 , 2024. -- ISBN 978-7-100-24183-0

Ⅰ. D90

中国国家版本馆 CIP 数据核字第 2024C2G496 号

数字时代的司法变革

胡 铭 著

商 务 印 书 馆 出 版
（北京王府井大街 36 号 邮政编码 100710）
商 务 印 书 馆 发 行
南京新洲印刷有限公司印刷
ISBN 978-7-100-24183-0

2024 年 11 月第 1 版　　　开本 720×1000 1/16
2024 年 11 月第 1 次印刷　　印张 36¾

定价：198.00 元

本书系
浙江大学文科精品力作出版计划、
浙江大学数字社会科学会聚研究计划、
国家社会科学基金重大项目（18ZDA137）
成果

目　录

下　篇

导　论

　　数字时代,现代科技的迅猛发展正在深刻地改变着司法的现实样态,也给予人们前所未有的想象空间。在互联网、大数据以及人工智能等新兴技术蓬勃发展的背景下,司法也迎来百年未有之大变局。人类的司法文明经过数千年的复杂演进,已经形成了一整套以审判和法庭为中心的相对稳定且保守的司法体系。而现代科技的发展正在打破这一整套为我们所熟知的司法制度,同时也挑战着我们习以为常的观念基础。互联网审判、在线异步审判、智能辅助裁判等正在中国发生的鲜活的司法实践,在为我们研究司法提供生动样本的同时,也对我们的司法理论提出了全新又深刻的挑战。我们的司法理论研究真的准备好了吗? 我们有合适的观念与智力资源去回应或接纳这些挑战吗? 诸多问题都有待我们深入思考。

一、 现代科技引入司法的理论与技术问题

　　本书上篇研究的是现代科技引入司法的理论与技术问题。上篇内容共六章,概括而言,主要包括两个方面,即现代科技引入司法的总体规范性问题,以及技术本身在司法中运用的可行性和合理性问题。

(一) 现代科技引入司法的总体规范性问题

　　司法活动是国家核心公共权力的运行,涉及司法活动主体最基本的权利,

因此必须慎之又慎。就全球来看,法治发达国家在将新兴技术引入司法的核心领域时往往持十分审慎的态度。可以说,我们有充分的理由在规范性层面上展开深思熟虑,从而有深度地把握这场变革的价值论基础。

第一章以亲历性原则为例,审视国家司法权力运行系统引入现代科学技术的"保守原则"及其相关界限。"司法是国之重器",司法是解决纠纷、实现正义的最终且最彻底的途径,在现代法治社会中影响公民最基本权利的生杀予夺大权皆在司法,所以首先必须厘清现代技术引入司法的最基本原则应当是某种"保守"原则,这意味着新技术的引入必须有极为充分而有力的理由,并且应在理论上厘定其边界。

第二章从司法统一视角看待现代科技消除司法权"国家性"与"地方化"矛盾的基本思路与方案。以人工智能辅助司法决策为代表的现代科技赋能司法的重要理由在于,新技术能够从机制设计上解决司法的"国家性"与"地方化"矛盾。审判权是国家的权力,类似的案件应当在全国范围内得到基本类似的处理。但我国法院的"地方化"特性突出,已带来一些现实问题。

第三章以人工智能在审判中的运用为例,检视技术引入导致司法内部诸多价值(效率、公开、秩序、准确、公正与人权)结构的变化及其正当化问题。推动新技术在司法中应用的理由不充分,人们还需要考虑司法中蕴涵的传统价值在排序和权重上的变化是否是值得追求的。例如,是否可以出于提升纠纷解决效率的考虑而使得准确、公正与人权受到一定的减损? 如果可以,限度在何处?

(二)技术本身在司法中运用的可行性和合理性问题

此类问题更为具体和贴近技术实践,既关乎新技术运用中的规范性限制与约束,也涉及新技术实现的解决方案或实用侧面。

第四章讨论公共司法大数据的合理利用边界与规制。法治的司法理想是由"法律"而不是"审判者"决定案件的结果。但在大数据的场景下,现实主义者在半个多世纪前提出的模型(裁判者的倾向与态度决定了案件结果)似乎更接近现实,放任司法大数据滥用的后果将严重地挑战法治的理想,因此有必要厘清其边界并给予适当规制。

第五章论述法律推理模型的重构与可计算化实现方式。人类决策者的法律推理以人类模糊决策的方式进行并以自然语言展开,在技术层面上,如何建构便于机器处理的可计算模型来实现自动化决策或智能审判也是一个重要的挑战。

第六章剖析智能辅助司法审判系统核心算法的透明性与可解释性。与上述挑战相关的是人类的推理往往是可解释且透明的,不但"知其然",还"知其所以然"。但智能审判系统的算法很难做到这一点。晚近的人工智能技术发展正朝着可解释算法的方向前进,而司法中运用人工智能必须考虑到这两个要求。

二、 现代科技引入司法的应用与配套机制

本书下篇研究的是现代科技引入司法的应用与配套机制。下篇内容共十二章,概括而言,主要包括两个方面,即现代科技在司法领域中的实践应用,以及新技术在司法中运用的配套机制设计。

(一) 现代科技在司法领域的具体实践应用

这是本书重点关注的内容,理论与技术层面的问题只有投射到实践应用当中,才能得到有效反馈,我们才能有针对性地设计预防和规制路径。

第七章关注大数据背景下的犯罪预测。犯罪预测大数据化改变了传统警务的执法模式,提升了犯罪预测的效率与精确度,确保执法过程证据留痕与可追溯。但"黑数据"现象、数据获取过度侵犯个人隐私、算法不透明导致的歧视偏见以及数据壁垒的存在,给科学的犯罪预测造成了一定风险。

第八章阐述大数据背景下侦查权的基本定位与法律规制。准确定位大数据侦查是有效控制犯罪和保障公民基本权利的要求。大数据侦查本质上应是一种强制性侦查措施,但我国现有法律规定尚未将其纳入强制性侦查措施且缺乏有效监督。根据合法性原则和比例原则,有必要以公民基本权利保护为核心构建大数据侦查的法律规制。

第九章介绍数字时代的积极主义法律监督观。积极主义法律监督观是以数字检察战略为指引、以检察权的国家法律监督权性质为基础、以数字检务实践为依托的一种新型法律监督理论。积极主义法律监督观呈现出并行监督、类案监督、主动监督、有效监督等特点,但在数据平台建设、权利保障和权力冲突等方面也存在一定风险,未来可考虑从法定主义和比例原则等角度对其进行规制,以推动新时代检察机关法律监督工作向纵深发展。

第十章探讨全域数字法治监督体系的构建。全域数字法治监督是新时代全面从严治党指导思想与构建严密的法治监督体系相融合的新理念。这一理念不仅实现了法治监督体系由零散到聚合的跨越,还充分利用了数据赋能,拓宽了法治监督体系的广度和深度。全域数字法治监督的核心在于构建让权力运行更加顺畅的全方位监督体系。在构建过程中,应充分发挥检察机关的枢纽作用。

第十一章论述数字时代不起诉制度的机遇、困境与变革。数字技术在辅助量刑预测、羁束检察裁量、个性化监督矫治等方面发挥的作用有助于规范不起诉制度的适用。数字时代下不起诉制度也面临内外双重困境,突围之路在于明晰数字化评估与不起诉裁量间既联袂互动又适度分离的关系,在运用数字技术前主动开示数据并提供救济管道,同时寻求数字化监督考察平台的多部门联通共建。

第十二章指出人工智能裁判的运行逻辑和审判中心主义的内在机理存在显著冲突。弱人工智能裁判的实践样态与强人工智能的未来图景已造成对基本的司法原则和价值的减损,并使得审判中心主义改革的诸多制度设计被动摇。应通过规制算法"黑箱"、限制人工智能裁判的适用、保障人工智能裁判中的律师参与、强化基于人机协同的说理等措施,消解技术融入司法所产生的冲突,以实现人工智能裁判在绩效和程序上的合法性与正当性。

第十三章围绕现代科技融入刑事辩护的机遇、挑战与风险防范展开。现代科技融入刑事辩护,是司法与科技深度融合的外有引力和刑事辩护实质需求的内生动力共同使然的结果。现阶段,面对智慧公安、智慧检察和智慧法院的快速发展,我国刑事辩护变革正在发生但相对滞后。拥抱现代科技的同时,我们应警惕诸如人工智能进入刑事辩护的风险、律师面对科技问题的辩护乏力、辩护活动信息安全的潜藏风险等现实挑战。

第十四章研究电子数据在刑事证据体系中的定位与审查判断规则。电子数据在刑事审判实践的运用中呈现定位泛化的特点,审查判断规则主要围绕"求真"展开,关联性审查本质上仍是"求真",合法性审查亦主要是为了保障真实性。应在广义理解电子数据的基础上,平衡"求真"和"求善"的双重价值,以构建适应互联网时代需求的电子数据审查判断规则。

第十五章分析区块链司法存证的应用及其规制。区块链司法存证的运用尚不能完全解决信任问题,对最佳证据规则、传闻证据规则等证据规则有直接影响,并给刑事辩护带来了巨大挑战。法律规制的重点是需要保障上链前电子数据的原始性和应用区块链技术提取的电子数据的程序合法性,避免区块链特性可能带来的不利影响,以及解决区块链存证中的鉴真等问题。

（二）新技术在司法中运用的配套机制设计

在探讨了理论与技术研究以及实践应用之后,我们必须认识到新技术引入司法是一项系统工程,须考虑相关配套机制设计,这样才能实现其原初的设计图景与实施目标。

第十六章以在线纠纷解决机制社会性推广的问题与完善为主题。以智能审判辅助技术为内核的在线纠纷解决（ODR）方案社会性推广应用与公私合作框架设计加持之后的司法活动或准司法活动，或许不应当再被视作一种"稀缺的"公共资源。司法是纠纷解决的最后防线意味着人们会预测司法的权威解决方案以便解决当前的纠纷。因此，可以想象智能审判辅助技术面向社会开放，甚至以公私合作的形式通过市场来提供准司法服务。

第十七章研究司法裁判人工智能化的困境破解与机制设计。人工智能技术加强了法官自动化决策机制的设计与整合（类案推送、裁量基准建议、自动化生成判决书等）。现有的诸多新技术必须与现有审判流程管理的体制机制结合起来，以真正确保审判机关和裁判者依法、独立、公正地进行判决，不能因为不合理的机制设计而约束人的能动性并使得审判质量下降。

第十八章分析智慧司法背景下在线诉讼发展的困境与消弭。在线诉讼的模式突破了原有庭审的诸多司法理念（直接言词、交叉询问等），这就需要在制度上创新，设计出一套适合在线诉讼的程序。同时，也需要克服在线诉讼带来的诸多技术瓶颈和挑战。

先哲曾说过："提出一个问题比解决一个问题更重要。"面对互联网、大数据、人工智能等现代科技在司法中的运用，需要在诸多问题中凝练出关键性的新问题，这要求有创造性的想象力，标志着相关领域科学研究的不断进步。本书所提出的两个维度、十八个问题，只是研究的起点。我们期待学术界和实务界的各位同仁共同努力，在法治和理性的光辉中为司法插上"科技的翅膀"。

上　篇

上篇的内容主要聚焦于现代科技引入司法后涉及的司法理论问题与技术本身的应用问题,包括两个大的方面,即现代科技引入司法的总体规范性问题,以及技术本身在司法中运用的可行性和合理性问题。在总体规范性问题方面,上篇选取了三个相关度较高的方面进行探讨研究,即国家司法权力运行系统引入现代科学技术的"保守原则"及其相关界限、现代科技消除司法权"国家性"和"地方化"矛盾的基本思路与方案、技术引入导致司法内部诸多价值(效率、公开、秩序、准确、公正与人权)结构的变化及其正当化问题。在技术本身的应用问题方面,上篇也从三个方面展开论述,即公共司法大数据的合理利用边界与规制、法律推理模型的重构与可计算化实现方式、智能辅助司法审判系统核心算法的透明性与可解释性。总的来说,上篇主要从理论和技术层面重点分析较为宏观的问题,不仅有助于为研究现代科技引入司法提供理论支撑,也有利于明晰当前理论与实务方面的困惑。

第一章
亲历性原则与在线庭审的情态效应

　　司法体系具有稳定性、保守性，而亲历性原则是司法审判长久实践中蕴含的重要原理，要求直接言词和集中地进行审判。数字时代的在线庭审与亲历性原则之间形成法理张力，情态这一概念可以为其提供有解释力的理论。情态具备逻辑、语言和法律多重面向，表达了说话人对所讲内容的判断、态度与情绪，在司法过程中塑造了法庭成员之间的人际关系。情态效应的发生受到情态的传播介质、传播能力和场景需求的影响。空间距离的存在与技术工具的介入造成了情态传播多因化并表征为弱化的情态基础，进而促发了诉讼构造松散化、庭审过程合作化以及正义感知技术化。在线庭审的情态效应致使在线庭审的功能量级由功能等值转向功能溢出。为确保替补型在线庭审和适宜型在线庭审的功能实现，需要根据目的维度评估场景建构的必要性，通过匹配和优化实体维度、程序维度以及技术维度来营造更优质的在线庭审场景。

一、引　言

　　数字时代，在线庭审颠覆了我们对法庭的认知，甚至使得诉讼流程被再造。其中，关于在线庭审与亲历性原则及直接言词之间诉讼法理张力的探讨，成为一个关键性问题。较早期的观点主张在线庭审"抵消了直接言词"和"消减了辩论全趣旨"[1],强调当事人的衣着、态度、表情和举止等细微方面同证据、规范一齐在法官脑海中形成一连串印记,成为影响最终判决的有时甚至是致命的因素。持类似观点的学者亦指出在远程条件下,"法官察言观色的环境也不复存在,直接言词原则被架空"[2]。与之相左的近期观点则认为庭审尽管发生于在线法庭,但是仍旧以法官自己审理、自己判决,法官、当事人及其他诉讼参与人口头交流的方式进行,因而并非否定而是"改变、扩充了直接言词原则的实现方式"[3]。不过相关学者亦认同"审判是一个复杂的综合过程。'距离感'对当事人心理和法官认知的影响确实存在"[4]。这种"距离感"又被阐释为物理法庭与在线法庭之间的"信息差"[5],或有望通过技术的更有效融入而缩小。

虽然在有关直接言词的问题上意见相左,但双方观点其实享有共识,即在线交流环境客观存在情态的减损,以至于对法官主持庭审和自由心证、当事人参与审判和感受公正产生重要影响。其中,情态成为一个具有解释力的关键性概念。情态具有逻辑、语言和法律多重面向。在逻辑层面,情态/模态表示事件或行为的确定性程度,如必然、或然、不可能。[6]在语言层面,情态指说话人表达的或要求听话者领会的对所讲内容状态的判断,该状态处于积极/肯定与消极/否定的两极之间。[7]语言学将句子区分为内容部分(所说的内容)和情态部分(如何说)。句子性质为命题的,情态表示概率程度(有可能/很可能/几乎肯定)或者通常程度(有时/经常/总是);句子性质为提议的,情态表示义务程度(允许/建

1　宋朝武:《电子司法的实践运用与制度碰撞》,《中国政法大学学报》2011 年第 6 期。

2　王福华:《电子诉讼制度构建的法律基础》,《法学研究》2016 年第 6 期。

3　陈锦波:《论信息技术对传统诉讼的结构性重塑》,《法制与社会发展》2018 年第 3 期;刘敏:《电子诉讼潮流与我国民事诉讼法的应对》,《当代法学》2016 年第 5 期。

4　张兴美:《中国民事诉讼年度观察报告(2017)》,《当代法学》2018 年第 6 期。

5　陈卫东、崔永存:《刑事远程审判的实践样态与理论补给》,《中外法学》2021 年第 6 期。

6　参见舒国滢:《法律上"可为"指令之语义与逻辑分析》,《清华法学》2022 年第 5 期。

7　参见 Halliday, M. A. K. & Matthiessen, Christian, *An Introduction to Functional Grammar* (3rd ed.), Hodder Arnold, 2004, pp. 143, 147。

议/要求)和倾向程度(愿意/迫切/坚决)。情态的语法表现方式包括情态动词、情态副词、谓语的扩展部分乃至小句。在证据层面,狭义的情态证据指证人在作证过程中的外表和举止,由事实审判者(法官、陪审团等)观察之并决定是否相信其证词;[1]广义的情态证据指在司法过程中起证据作用的情态,如证明熟人强奸案同意要件的案发前后监控[2]、证明侦查机关讯问合法性的录音录像等。并且由于情态暗示了相关主体的态度、情感和倾向,情态对审判的信息价值远不止于证据,如法官在监护权案件中观察父母及子女的情态,陪审员有意关注法官的语气和非语言行为并将之作为自己看待证人和证据的线索。[3]

简言之,情态表达了说话人对所讲内容的态度、判断、情绪、倾向以及确定性程度等,在证据层面表现为证人说谎的可能、当事人的意愿和处境等,在语言层面表示概率、频率、命令和愿意的程度,在逻辑层面则被高度抽象为所描述命题真假的可能程度。没有情态,则被讲述的内容、事件要么为绝对真/肯定,要么为绝对假/否定,人们无法通过语言沟通来表达自己的态度,影响他人的行为,继而维系和发展彼此之间的人际关系,亦即情态承载人际功能。立足于情态的人际实现意义,现有研究揭示了情态在部分司法环节的角色建构和关系塑造,[4]如法官在庭审中多使用道义类型、客观取向、中低量值的情态表达来建构客观、公正、中立的裁判者身份,但在涉诉信访中以强势、劝诚式的话语手段向信访者无声告白其权势地位,以便在有效参与冲突的同时维护法律的权威。又如刑事审判中公诉人表达的高量值情态与被告人表达的低量值情态在审判交际中塑造了二者间权力与知识的关系。[5]再如讯问权利告知的话语试图营造警察和

---

[1]　参见 Wellborn, Olin Guy, "Demeanor", *Cornell Law Review*, Vol. 76, 1991, p. 1075。

[2]　参见陈禹樟、王珍:《情态证据在熟人醉酒强奸案件中的审查运用》,《中国检察官》2022 年第 16 期。

[3]　参见 Bandes, Susan A. & Feigenson, Neal, "Virtual Trials: Necessity, Invention, and the Evolution of the Courtroom", *Buffalo Law Review*, Vol. 68, 2020, pp. 1275, 1283-1284。

[4]　参见易花萍:《涉诉信访法官权势语言征显》,《理论月刊》2012 年第 11 期;李诗芳:《诉讼参与人的情态表达分析及其人际意义》,《北京理工大学学报》(社会科学版)2010 年第 2 期。

[5]　参见胡铭:《论数字时代的积极主义法律监督观》,《中国法学》2023 年第 1 期。

受讯人间的权力制约与权利保护关系。

然而,既有研究虽证立了情态在司法过程中的角色建构和关系塑造,但尚未讨论影响情态塑造人际关系效应的诸多因素,以至于当法庭场所由线下转至线上时,既有研究只能将情态减损这一事实简单归结为对直接言词原则的剧烈或轻微冲击,进而无法深入讨论减损的情态对在线法庭内部人际关系的影响。法庭成员的构成以法官和对抗的当事人(含控辩两造)为核心,法庭的人际关系主要体现在三个方面,即法官与两造当事人之间的身份关系、法官指挥下当事人间对抗关系的实现,以及当事人在本案中感受到的公平正义。人际关系的变化最终将影响在线庭审的功能实现。沿此思路,本章首先从情态的传播全过程来考察情态效应的发生机理,随后揭示当技术介入后在线庭审发生了哪些情态人际效应,以及该效应最终导致在线庭审的功能产生了何种变化,并就如何在个案中更好发挥在线庭审的功能提出具体的优化措施。

二、 庭审情态效应的发生机理

庭审情态效应指庭审中产生的情态对诉讼主体之间人际关系的塑造。本章所指情态,既包括可被笔录记载的情态动词、副词、小句等语言情态,也包括难以被文字记录的腔调、表情、动作等肢体情态。既有研究主要关注不同类型、取向和量值的情态表达对人际身份与关系的建构,但是未能注意情态在传播过程中受到的主客观影响,如说话者意图表达的情绪因电话占线、语言不通、偏离主题等而未能准确传达给听话人,听话人因信号不好、不懂术语、暂时走神而未能领会话外之音。情态传播在广义上指情态从说话人表达到听话者认知的全过程,狭义上仅指情态从说话人到达听话者的空间过程。情态效应的发生在传播过程中主要受到三个因素的影响,即情态的传播介质、情态的传播能力以及情态的场景需求。

（一）情态的传播介质

情态效应的发生取决于有多少情态能够从说话人所在空间到达听话者所在空间，即取决于情态的传播介质。介质是人类社会中传播活动所凭借的信息载体。[1]介质变迁曾引发人类历史上的五次传媒革命，即语言传播、文字传播、印刷传播、电子传播和数字传播。1964年麦克卢汉（Marshall McLuhan）提出了著名的"媒介即讯息"[2]，提示人们从长远来看，真正有意义的信息并非媒介提示的内容而是媒介本身。更有学者提出"介质为王"的理念，[3]强调传播介质的独特属性使不同媒介在信息传播过程中各具特色和优势，呼吁媒介行业通过挖掘自身介质特性与受众个性化需求的契合点，提升媒介核心竞争力，实现同新媒介的差异化竞争。

介质差异对情态传播及庭审情态效应的影响，体现在言词审理和书面审理的比较中。书面审理/卷宗审理是庭审的模式之一。在卷宗中心主义的影响下，法官通过阅读案卷笔录来开展庭前活动，通过宣读案卷记载的被告人供述、证人证言和被害人陈述来进行法庭调查，通过直接援引卷宗的内容来撰写裁判文书。[4]该审理模式导致了庭审的形式化。为了消除书面审理的种种弊端，主张言词审理的审判中心主义受到推崇，以提高庭审实质化。从情态传播来看，以书面文字方式传播情态在丰富性、准确性、即时性以及方向性上存在诸多不足，进而弱化情态对法庭内部人际关系的塑造。其一，文字能记载的情态类型有限，诸如语气、表情和肢体等情态都无法通过转写进入案卷，加之机关文书普遍以低量值情态表达为主，感叹号、破折号、省略号等用来表示语气和情绪的标点

1　参见杨玲：《技术进化与宋代出版传播》，《自然辩证法通讯》2012年第2期。

2　〔加〕马歇尔·麦克卢汉：《理解媒介：论人的延伸》，何道宽译，译林出版社2011年版，第19页。

3　参见付玉杰：《介质为王：媒介融合态势下传统媒介的突围之道》，《西南大学学报》（社会科学版）2011年第3期。

4　参见陈瑞华：《刑事诉讼的中国模式》（第2版），法律出版社2010年版，第161页。

也极少呈现于笔录中。其二,案卷笔录的形成以办案人员的转写和概括为主,虽然整体上呈现出法言法语的专业色彩,但很有可能并未准确转述说话人的话语,极大地过滤和忽略了说话人的情态表达。其三,记载于书面的情态无法即时地传播给认知主体。作为审判的最高权威,法官对证人和被害人是否说谎、其情绪如何的感知,只能依赖沉闷、不变的卷宗笔录。其四,作为受审的唯一主体,被告人无法与声称其犯罪的人在同一时空下交锋,无法以其情态激发证人的情态,实现情态的双向表达。这种非即时性带来的距离感和无力感,极大地影响法官的自由心证和当事人的程序参与。

(二)情态的传播能力

情态效应的发生也取决于说话人展演情态和听话者识别情态的能力,即情态的传播能力。在情态的产生端,情态或是下意识的表达,或是有意的展演。产生主体的情态传播能力指向其有意展演情态的能力。以法官为例,法官展演的剧本型情态是建构法庭结构的关键。两造当事人间的对抗性天然存在,法官首先需要展示其不偏不倚的消极中立形象,即保持坐姿的中正、使用低量值情态,并在公私对抗的行政审判、刑事审判中平等对待当事人,既不能过度偏向公职人员一方,就对方律师的提问主动作答,也不能明显对私主体一方表现出不耐烦,频频打断当事人的发言。认知主体的情态传播能力包括两部分,即识别情态的能力和激发情态的能力。以律师和检察官为例,二者是有意运用情态的专业群体。通过识别前后两段讯问录像中被告人明显的语气差异、体态的异常扭曲、不断瞄向视频外某一处的眼神等,律师可锁定非法讯问的线索与证据。通过向被害人试探若被告人赔偿金钱,是否愿意不再追究刑事责任,发现话音刚落被害人就立马吼道"再多钱也不原谅",[1]检察官可取得强奸构成同意要件

---

1 参见《"情态证据"揭开事实真相》,新浪网,https://news.sina.com.cn/o/2011-10-13/020023293924.shtml,2024年3月23日访问。

的线索信息。

一般而言,情态的传播能力与若干要素相关。一是传播主体职业的法律性。法律职业者有意展演、激发和识别情态的能力普遍高于非法律职业者。经过职业训练的法律人在法庭上不宜展现过多的无关情绪,否则有损于专业性而降低说服力。但法律人同时清楚某些情态在特定案情下具有法律意义,如律师用两指轻捏住被害人的牛仔短裤,皱着鼻子带着淡淡的厌恶,向被害人确认短裤是否紧身,借以暗示被害人在发生性关系时是主动脱下裤子的。二是传播主体的程序熟悉度。在参诉的非法律职业者中,不乏"二进宫"的被告人、证人,这些程序熟悉者对如何表现出真诚悔罪和混沌回忆颇为熟练。愈熟悉审判程序的人,就愈清楚如何展演、激发和识别情态以维持庭审中的人际优势。三是传播主体的个性化要素。传播能力的强弱还取决于传播主体在非法律领域的个性化差异,尤其是相关主体在日常生活中察言观色、定位诉求和把握局势的交往能力。当在线法庭因技术发展而兴起并成为新的庭审模式,技术熟悉度和新事物适应力便从个性化要素中脱颖而出,成为影响情态传播能力的重要因素。由此,传播主体若以法律为业,熟悉法律程序或新兴技术,能快速适应新事物,擅长演讲和察言观色,则能更有效地运用情态来左右庭审话语交往中的人际关系。

(三) 情态的场景需求

情态效应的发生还取决于说话人和听话者在多大程度上依赖情态来维系和改变法庭内部的人际关系,即情态的场景需求。情态在法庭交往中酝酿的人际关系主要为以诉讼主体角色关系为核心的法庭构造、两造当事人之间的法庭对抗以及当事人内心感知的程序正义。然而,当我们将法庭规模缩减至独任法官一人、代理律师两名的民事法庭时,较高的职业契合度、程序熟悉度以及当事人的缺场将大幅度降低出庭人员对情态的主观需求,情态的人际效应主要发生于法庭辩论环节以得出实质或形式的参与结果。类似的需求变化在刑事审判中同样存在。当我们将审判场景简化为被告人认罪认罚、没有证人且证据链完整的速裁审理时,控辩两造一般无需进行激烈的庭审对抗,庭审中产生的情态主要输送向被告人感受的程序正义。场景指人及周围景物的关系总和,其核心为场所、景物等硬要素和氛围、关系等软要素。[1]法庭有两个空间:一是现实空间,或称之物的空间,由特定的物品、陈设和扮演不同角色的人组成;二是抽象空间,由法律程序的展开、控辩活动的推进和法官自由心证的形成,组成所谓法的空间。[2]法庭是由物的空间/硬要素与法的空间/软要素组成的场景。在一案一庭的场景视角下,法庭对情态的需求受到诸多主客观要素的影响,包括但不限于法庭布置的标准化程度、案件标的的情感成分、证明的复杂程度以及当事人的情绪状态和程序熟悉度等。总体上,情态场景需求越低就越容易得到满足,影响因素对情态的干预情况就越少,情态塑造人际关系就越容易成功。

虽然无法确切列出影响情态场景的全部要素,但是法律学说和现行程序法提供了区分庭审场景的两个维度。一是案件类型,自然犯与法定犯的区分在一体化的立法体例下以学说阐述为主。本章采用其中一种观点,即自然犯是违反伦理道德,即使没有法律规定也属于犯罪的行为;法定犯是未违反伦理道德,只因法律规定才成为犯罪的行为。[3]自然犯违反伦理道德,多发生于身体之间引发强烈的情感欲望冲突,这些主观信息大多需要情态证明或佐证,审理自然犯的法庭具备较高的情态需求。反之,法定犯不违逆伦理道德,一般不引起双向的情感冲突,更为依赖客观证据,对情态的依赖性较低。二是审理程序类型,按法定程序类型可区分为普通、简易和速裁程序,按认罪认罚程度可区分为认罪认罚、认罪但不认罚和无罪答辩。案件事实清楚、证据确实充分是适用简易和速裁程序的法定前置条件,除却被告人同意适用外,速裁程序还要求被告人认罪

1　参见郜书锴:《场景理论的内容框架与困境对策》,《当代传播》2015 年第 4 期。

2　参见龙宗智:《刑事庭审制度研究》,中国政法大学出版社 2001 年版,第 12 页。

3　参见张明楷:《自然犯与法定犯一体化立法体例下的实质解释》,《法商研究》2013 年第 4 期。

认罚且罪刑轻微,而简易程序类似于认罪但不认罚。适用速裁和简易程序审理的案件在审查证据和被告人认罪方面几乎不存在争议,法官大多只需确认量刑或量刑建议书,因而在情态需求上明显偏低。

三、 在线庭审的情态效应

在线法庭以内,以法官和当事人身份关系为核心的法庭结构、当事人对抗及其间生出的法官心证、当事人感知的主观程序正义,均由诉讼主体之间相互传播的情态所塑造。然而,物的空间下分隔异地的在线法庭成员各自借助设备和软件远程接入法庭,空间距离的存在与技术工具的介入延展了在线法庭的物的空间,但也向法的空间内法律程序的展开、审判活动的推进和法官自由心证的形成注入了不确定性和复杂性。技术的介入增大了传播介质和传播能力被干预的可能,致使情态传播的多因化并表征为情态基础的弱化。弱化的情态基础造成诉讼构造松散化,但有利于弥合法庭内职业和职权引起的身份势差。弱化的情态基础削弱了庭审过程的对抗性,但提升了其间的合作性。法庭成员对情态的感知、对主观程序正义的内心建构受到技术因素的强烈影响,引发了程序正义技术化的后果。

（一）情态传播多因化

法庭成员原处于同一物的空间,情态从说话人到达听话者不受阻碍,情态效应的发生主要取决于情态的传播能力和场景需求。在线法庭成员为克服地理区隔进行言词沟通而使用技术设备。实证研究显示,在线庭审能否顺利进行,很大程度上受硬件、软件与网速的影响。[1]具言之,录音录像设备的摆放距离

---

[1]　参见左卫民:《中国在线诉讼:实证研究与发展展望》,《比较法研究》2020 年第 4 期;杨继文:《在线诉讼场景理论的建构》,《法制与社会发展》2023 年第 3 期。

与角度,信号传输的速度与稳定性,屏幕显示的大小、分辨率以及音画同步率等共同组成了在线诉讼主体传播情态、参与庭审的物的空间基础。在线法庭各端设备的运行效能环环相扣,共同促成情态在法庭中的传播。一旦某一端的设备运行不畅,法官就"不能很快通过其神态了解被告人的心理状态",甚至"在被告人茫然失措中完成了审判"。[1]即使在各端设备齐全、网络通达的条件下,嵌入的技术设备也对在线法庭进行了分割与间离,在情态传播上具有不可回避的迟滞性与单向性。最终汇聚在屏幕上的人经过技术的"切割"与"压缩"仅保留肩膀及以上部位,人的声音通过屏幕所在同一或分立的设备播放,拼凑出若干平面化和不完整的说话的人。

不仅技术设备的性能会影响情态的客观传播效能,技术设备的使用还会影响情态的主观传播效能。情态表达了说话人对讲演内容的判断或态度,听话者识别情态可获知法官的中立、证人作证的诚实、受害者遭遇的痛苦等,由此说话人也可展演特定内涵或倾向的情态来有意引导、干预听话者的认知。线下法庭场景下,传播主体运用情态的效能主要受到职业法律性、程序熟悉度与个性化因素的影响。传播主体若以法律为业,熟悉法律程序,擅长演讲和察言观色,则能高效运用情态。而在线法庭场景下,主观传播效能还受到技术熟悉度与新事物适应力的牵制,影响因素的增多带来了愈多的不确定性,从而使主观传播效能整体趋向不确定性和表征为低效能。实证研究表明,刑事方面的在线庭审2019年以前呈"低增量""缓增长",2020年后大幅度扩张,2021年以来适用率有所回降但仍远超于常规年份。[2]面对在线庭审的骤然扩张,只有对新事物适应力强者才能在多数人措手不及时快速适应新的庭审方式,掌握识别和展演情态的先机。

经过必要的适应期,新事物适应力的影响力趋于下降,但技术熟悉度的影

1　潘金贵、谭中平:《论刑事远程视频庭审规程的构建》,《法律适用》2019年第9期。

2　参见陈卫东、崔永存:《刑事远程审判的实践样态与理论补给》,《中外法学》2021年第6期。

响力不减。技术陌生人难以缓解技术运用伴随的各种分心,包括但不限于对复杂界面操作的不了解,摄像头凝视带来的焦躁感,对个人荧幕形象、声音传输状况与远端主体环境的好奇心,以及参与正式庭审的"冒牌"感。对技术陌生的法庭成员很难专注于庭审本身,更别说向远端成员有效传播情态。相比之下,技术熟悉者不仅能够有效克服技术带来的各种分心,还能够化逆境为优势,主动打造有利于专注庭审的环境,在镜头中向法官展现专业、诚实的形象。然而,身体在审判中的"缺席"致使技术熟悉者同样受到情态传播多因化的影响。一方面,法庭成员失去了自己的"在场"以致无法全身心地抒发和感知情态,任何一个程序参与者都无法完整、现实地置身于其他程序参与者的视觉、听觉等感官范围内,[1]所展演的情态无法即时地为彼此所识别。另一方面,法庭成员因失去了他人的"在场"而无法进入唤醒状态以增强优势反应。[2]总体而言,技术设备的加入虽然实现了远程通信的可能,但同时也增加了情态传播被干预的可能,造成情态传播的多因化并表征为情态基础的弱化。

(二)诉讼构造松散化

弱化的情态基础不利于法官剧本型情态[3]的传播,造成法庭结构的松散化。法庭结构承载着诉讼主体的身份及其关系,由情态构成的法庭仪式塑造。仪式是法律的要素,法官、陪审员、律师、当事人、证人和参与审判的所有人,皆因开庭的仪式、席位的区隔与朝向、发言的形式以及表明场景的其他许多仪式而被赋予各自的审判职责。[4]座位、制服与道具构成仪式的静态要件,尽管有利于提供

---

1 参见段厚省:《远程审判的程序正当性考察——以交往行为理论为视角》,《政法论丛》2020年第2期。

2 参见〔美〕戴维·迈尔斯:《社会心理学》(第11版),侯玉波、乐国安、张智勇等译,人民邮电出版社2016年版,第266页。

3 庭审中产生的情态,根据情态表达是否经过事前训练(含职业训练),可分为剧本(表演)型情态和即兴型情态,前者主要来自法官、律师等法庭熟悉者以及有意串供或作伪证的证人,后者主要来自未经职业或质证训练的诉讼参与人。

4 参见〔美〕伯尔曼:《法律与宗教》,梁治平译,商务印书馆2012年版,第23—24页。

一个凝聚注意力的框架,[1]但是仪式的完整表达仍须作为动态要件的情态,方能进行象征沟通。仪式象征身份,《人民法院法庭规则》规定法官入场时全体起立,检察官、诉讼参与人只有在获得法官许可后方可发言和提问,这象征着出庭法官对本场审判的最高权威。理想的法庭结构呈等腰三角形,与法庭的座位布置一致。仪式发生变动,则身份关系发生变化,法庭的现实结构就可能与理想结构发生位移。法庭结构的塑造很大程度上依赖法官的情态和仪式表达。在刑事法庭与行政法庭中,面对国家公职人员的普通民众尤其敏感于法律当局是否予以尊重和平等对待,法官主持庭审时是否不偏不倚、恩威并施,是否同样允许双方充分发言和辩驳,这些都将决定法庭结构的扭曲或稳定。

基于多因化的情态传播,在线法庭的诉讼构造趋向松散化,具体表现在以下四个方面:第一,法庭仪式无法在线等量表达,塑造法庭结构的仪式簇稀松以至结构的筑基不稳,前述入场起立的仪式很可能失却于在线法庭。法官入场时当事人起立致意,往往需要书记员的明确示意。在线开庭时若书记员宣布起立,当事人很可能溢出屏幕显示范围,或因刚刚载入程序而未起立,造成尴尬开局。第二,法庭仪式的象征沟通受阻。仪式兼具动态与静态要素,作为动态要件的情态在传播过程中遭遇减损,诸多静态要件中仅法袍尚目之所及,法庭仪式的象征意义难以完整传达以致身份关系的塑造受阻。第三,法庭仪式缺少强制性背书。线下庭审中,若参审人员的表现有违庭审秩序的话语和行为,法官可立即口头呵止、敲击法槌或指挥法警来恢复秩序,对法庭享有强有力的控制。然而,在线出庭使得庭审趋向多中心、关系趋于扁平化,法官对法庭的控制力降低而难以贯彻仪式,进而难以维持法庭结构的稳定。第四,在诉讼构造较为特殊的刑事审判中,仪式的不均衡表达过度塑造了被告人的被追诉人身份,造成法庭结构的扭曲和异化。刑事方面的在线庭审多发生于未决羁押案件,被

---

[1] 参见〔英〕玛丽·道格拉斯:《洁净与危险》,黄剑波、卢忱、柳博赟译,民族出版社2008年版,第81页。

告人身处看守所而辩护人亲赴法庭,辩方整体呈分散状态而无法形成对抗合力,法庭的三角结构向四角异化;被告人身处剥夺其自由的羁押场所中,又使得分裂出的被告人一角趋向追诉方,法庭的等腰结构发生一定程度的扭曲。

虽如此,松散化的法庭结构却在消弭法官与当事人、公职人员与普通公民之间的身份势差上具有独立价值。身份势差被用作阐释人民陪审员"陪而不审"的原因。[1]势差一方面源于法官与陪审员之间的专业知识隔阂,另一方面来自法官的职权性身份,陪审员在知识、经验和地位上都无法与法官相提并论而自然成为陪衬。身份势差还可用来解释法官在审判工作和信访工作中的角色差异。法官在信访工作中会有意利用身份势差来塑造权势地位,以便"恩威并施"地化解矛盾。此时,法官的职权身份于当事人而言并非必然导向参审上的劣势与不公,更可能是作为取信和遵从的来源。法庭之上,普通公民身份的当事人面对的身份势差主要来自法官的职业身份优势以及刑事、行政法庭中对方当事人的职权身份优势。在线法庭内,象征身份的仪式随着情态传播的不确定性而趋向减损,法庭结构松散化的同时扁平化,有利于弥合职业和职权引起的身份势差。

（三）庭审过程合作化

弱化的情态基础不利于反馈型情态[2]的激发和识别,削弱了庭审过程的对抗性。其一,在线方式传播的情态不足以提供持续的沉浸感和稳定的人际压力,法庭成员需要花费更多的精力来维持专注,反馈型情态产生的动力源不足。英国法院与裁判所服务机构(HMCTS)的《关于新冠疫情大流行期间在线庭审的评

---

[1]　参见王翔、于晓虹:《人民陪审员参审效能的实证分析——基于 36 万余份刑事判决书的司法大数据考察》,《法学家》2023 年第 3 期。

[2]　庭审中产生的情态可根据情态产生的外在压力,分为较强压力下产生的自发型情态和较弱压力下产生的反馈型情态。原理来自情态的产生环节,包括压力施加、压力中介和压力反应。参见蔡艺生:《论情态证据的产生与认知原理》,《河南师范大学学报》(哲学社会科学版)2015 年第 2 期。

估报告》显示,受访法官因在线庭审而最经常感到疲惫感增加(38%)、工作量增多(25%)、休息变少与压力变大(23%)。[1]其二,庭审过程中产生的反馈型情态具有较高的证据价值。例如,强奸案被害人进入法庭时,被告人"低下了头,不敢与之对视",此后"没再为自己辩护"并且"主动表示愿意补偿精神伤害赔偿费"。[2]完整意义的言词证据由语言和情态共同组成。在一定意义上,庭审对抗的目标即在于激发对方的劣势情态和展演己方的优势情态以供法官自由心证所用,在现有证据的基础上维持或扭转局势。然而,远程方式对情态证据起过滤作用,[3]影响法官对言词证据的认定。其三,远程方式全然过滤了目光凝视这一激发反馈型情态的有力手段。眼神交流是情态交往的重要方式之一,法官凝视可消解当事人、证人说谎获利的侥幸心理,当事人凝视可向对手传达更强的攻击性和对抗性。然而在线法庭中,法院基本沿用庭审直播技术设备进行在线审理,与线下法官居中、居高审视当事人相反,在线法官呈被俯视的拘谨状态且与当事人无眼神交流。法庭成员无法识别情态因何而生,向谁而视,也无法有意向某一方投射真诚或审视的目光,眼神交流的缺失削弱了情态的传播效能,使庭审对抗的攻击效果绵弱,当事人持续对抗的激励不足。

与此同时,在线出庭具有便捷、安全等优点,有助于推动当事人自愿出庭,出庭人员的组合过程中协商性增强,庭审中产生更多自发型情态,提升了庭审过程的合作性。合作并非指诉讼主体主观上自愿合作解决纠纷,而是指诉讼主体的行为客观上有利于共同的诉讼利益的获取,[4]如认罪认罚、证据开示、法官释

---

[1] 参见 Clark, Janet, "Evaluation of Remote Hearings during the COVID 19 Pandemic", GOV. UK (Dec. 10, 2021), https://assets. publishing. service. gov. uk/government/uploads/system/uploads/attachment_data/file/1040183/E-valuation_of_remote_hearings_v23. pdf.,2024 年 3 月 23 日访问。

[2] 《"情态证据"揭开事实真相》,新浪网,https://news. sina. com. cn/o/2011-10-13/020023293924. shtml,2024 年 3 月 23 日访问。

[3] 参见张鸿绪:《论我国远程作证中情态证据的程序保障——兼评〈人民法院在线诉讼规则〉》,《政法论丛》2021 年第 4 期。

[4] 参见杨严炎:《论民事诉讼中的协同主义》,《中国法学》2020 年第 5 期;陈瑞华:《司法过程中的对抗与合作——一种新的刑事诉讼模式理论》,《法学研究》2007 年第 3 期。

明等对节约司法资源、避免诉讼迟延以及促进实质公平的正向作用。刑事诉讼
中的合作性司法以被告人的合作性行为为核心,以被告人做有罪供述为最低限
度的合作,侧重被追诉人部分或全部放弃对国家追诉的抵抗,是一种消极的合
作。而民事诉讼以"协同主义"取代"合作主义"的译法,更为强调诉讼各方积极
促进诉讼的义务,是一种积极的合作。在线法庭的合作性主要体现在当事人的
出庭上。以往法庭在决定出庭方式上几乎没有裁量空间,面对民间借贷、家暴
离婚、行政纠纷案件当事人的不出庭或难出庭,法官只能被动地进行缺席判决。
当在线出庭成为一种选择时,法庭便可以促进民间借贷当事人出庭参与调解、
帮助住在非主城区的老年当事人远程出庭、保护欲离婚的家暴受害者以及提升
行政机关负责人的出庭应诉率等。[1]根据《人民法院在线诉讼规则》第 3 条,法院
适用在线诉讼时应当综合考虑案件情况、当事人意愿和技术条件等因素。法官
在庭前与当事人协商出庭方式的过程中削弱了对抗,当事人自愿出庭增加了在
线法庭中的合作性。

(四) 正义感知技术化

当法庭辩论终结、当事人最后陈述完毕,刚刚结束的庭审过程在所有诉讼
主体的脑海中留下了一连串的印记。在法官脑海中形成的是自由心证,其导向
本场审判的实体结果,在其他诉讼主体脑海中形成的是对程序的整体评价,即
其主观上感知的程序正义。研究发现,诉讼主体的满意度很大程度上取决于对
案件结果的公正性和案件处理的公平性的抽象评价,与案件结果本身的利好无
关;[2]即使在利害关系相当高的刑事案件中,该结论也获得了验证。[3]主观程序正

---

[1]　相关案例及实证发现,参见刘洋、陈丽英:《让"小车厢"跑出"大正义"》,《人民法院报》2023 年 8 月 13
日,第 1 版;李某某与郑某某离婚纠纷案,最高人民法院中国反家暴十大典型案例 10 号(2023 年);左卫民:《中
国在线诉讼:实证研究与发展展望》,《比较法研究》2020 年第 4 期。

[2]　参见 Tyler, Tom R., "Procedural Justice Research", *Social Justice Research*, Vol. 1, 1987, p. 41。

[3]　参见 Casper, Jonathan D., Tyler, Tom R., Fisher, Bonnie, "Procedural Justice in Felony Cases", *Law &
Society Review*, Vol. 22, 1988, p. 483。

义是人们建构出来的社会心理产物,受到程序性因素的实质影响。主观程序正义与客观程序正义的差别在于评估标准,客观程序正义关注程序对外在、客观、规范意义的正义标准的遵守。受到传统制度和法学方法的影响,法律人基本上只关注客观程序正义。[1]客观程序正义的研究结论可能会影响人们对主观程序正义的认知与感受,主观程序正义的研究结论亦会影响客观程序正义的标准设定。

主观程序正义受发言权、中立性、尊重感和信任感等程序性要素的实质影响。[2]程序性要素的感知与庭审中产生的情态密不可分,如法官是否认真倾听和给予平等的发言机会,当事人是否认为法律当局在做出决定以前将真诚考虑他们的观点。这些平等、真诚的倾向和态度在法官与当事人间的情态交往中产生、传播和识别。已有研究亦直接证实程序正义的感知差异与法庭仪式有关。[3]在线庭审环境下,人们对情态的感知、对主观程序正义的内心建构受到技术因素的强烈影响,产生程序正义技术化的后果。第一,技术成为当事人感知程序性要素的中介。技术设备作为当事人情态的感受器与在线法庭相连接,当事人通过同技术设备的互动来观察与程序性要素相关的情态,硬软件及网速等提供了远端法庭成员的情态的表征,并且创造了情态感知的在线法庭环境。第二,技术具有引导行动和解释的意向性。[4]技术不是中立的工具,其在使用时帮助塑造法庭成员感知程序性要素的路径。具体而言,技术影响法庭成员的情态在方寸屏幕上的显示状况,引导当事人基于技术的传播特点对情态进行解读。技术还无声引导法庭成员在表达情态时纳入技术因素进行考量,在着装、姿态、发言和场所布置上做出技术化指导。第三,技术重构客观程序正义的标准。主观程序正义的

---

1 参见苏新建:《主观程序正义对司法的意义》,《政法论坛》2014 年第 4 期。

2 参见 Tyler, Tom R., "Procedural Justice and the Courts", *Court Review*, Vol. 44, 2007, pp. 26, 30–31。

3 参见 Chase, Oscar G. & Thong, Jonathan, "Judging Judges: The Effect of Courtroom Ceremony on Participant Evaluation of Process Fairness-Related Factors", *Yale Journal of Law & the Humanities*, Vol. 24, 2012, pp. 221, 239–240。

4 参见 Vermaas, Pieter E., et al (eds.), *Philosophy and Design: From Engineering to Architecture*, Springer, 2008, p. 93。

技术化最终会导向客观程序正义的技术化,即客观程序正义标准设定的技术侵入与重构,如将法官的中立性重构为技术系统的偏见排除,将发言权重塑为利害关系人知悉系统以及质疑系统的权利,[1]从而建构技术化的客观程序正义。

四、 在线庭审的功能实现

基于多因化的情态传播,在线庭审呈现出诉讼构造松散化、庭审过程合作化、正义感知技术化的人际倾向。此一趋势下,在线庭审所能实现的功能量级不仅限于等值,而且存在溢出可能。跳出在线庭审与线下庭审的关系,转而关注在线庭审的目的与功能的关系,并结合在线庭审的早期实践,可发现在线庭审的适用目的存在两种可能,即别无选择时临时替补线下法庭、有所选择时发挥超乎线下法庭的功能。法庭的场景性表现为因场景维度的变化而具备不同的功能属性。在一案一庭的场景视角下,场景维度主要有目的维度、实体维度、程序维度和技术维度。通过场景维度的匹配和优化,营造更优质的在线庭审场景,有利于在线庭审的功能实现。

（一）在线庭审的功能溢出

当前有关在线庭审功能的认识大多由在线庭审与线下庭审的关系而起。一种观点主张在线庭审仅可作为线下庭审的例外、补充,乃权宜之计,明确反对在线庭审普遍化和常态化。[2]权宜说注意到了空间转换可能引发的消极后果,如在场性缺失、仪式性减弱,但未注意到潜在的积极或中性效应,如身份势差的弥合、合作性的增强,也未深究到情态实现人际的元层面。因而在较为严格的权

---

[1]　参见刘金松:《数字时代刑事正当程序的重构:一种技术性程序正义理论》,《华中科技大学学报》(社会科学版)2023 年第 2 期。

[2]　参见韩旭:《后疫情时代法院在线审理刑事案件之隐忧及纾解》,《浙江工商大学学报》2022 年第 1 期;王福华:《电子诉讼制度构建的法律基础》,《法学研究》2016 年第 6 期。

宜论者眼中,除非严格意义的元宇宙庭审在设备齐全、网络通达、人员老练的条件下实现,否则在线庭审无法达至与线下庭审的功能等值。然而,即使在大范围的空间隔绝发生以前,在线庭审已在实践中悄然萌发与扩张,并在空间隔绝时期发挥了巨大的司法和社会保障作用。因此,权宜说虽仍坚持线下庭审的主体地位,但已转持较为宽松的功能等值立场,并认可在线庭审的实践价值,但仍坚持以线下庭审作为功能评价和优化的标准。另一种观点自始即主张在线庭审的独立地位,认为其实践的效果性、运行机制的完整性喻示了未来可能的主流地位。[1] 独立说更多关注未来在线庭审对线下庭审的取代,认为在场和仪式等历史概念将历时而新,但未察觉当下在线法庭内部的人际关系已悄然而变。除了程序定位的独立,还有学者注意到行为层面的独立,即在线诉讼能否衍生出线下诉讼所没有的活动和行为,亦即根据"原生型在线诉讼行为"[2] 是否自身具备独立价值而赋予其合法性。然而于行为层面追问在线庭审的独立价值难免过于微观,容易忽视更宏观视角下在线庭审本身具备的不同于线下庭审的价值功能。

诚然,之所以前述功能视角以在线庭审与线下庭审的关系为原点,是因为早期在线庭审尚未取得形式合法性时,其实质合法性主要来自对线下庭审的复现。如今在线庭审已具形式合法性,不妨以在线庭审本身的实践发展为原点,考察在线庭审的目的与功能的关系。就功能主义而言,法律制度的功能与法律制度的目的不可混淆,功能具有"为实现特定目的所具有的效用"[3] 之含义,因而目的得充当功能评价的基本尺度。结合在线庭审的早期实践,可发现有两种模式的在线庭审在实践中各自发展。一是必要型在线庭审(online hearings by necessity)[4] 或替补型在线庭审,即在线庭审作为一项替代性的程序工具,因个案特殊情形被临时获准使用。新冠疫情期间,法院若不允许在线开庭,则只能以中

---

[1] 参见左卫民:《后疫情时代的在线诉讼:路向何方》,《现代法学》2021 年第 6 期。

[2] 谢登科:《在线诉讼的中国模式与未来发展》,《中国应用法学》2022 年第 4 期。

[3] 申晨:《论中国民法学研究中的功能主义范式》,《法制与社会发展》2023 年第 5 期。

[4] Kamber, Krešimir, "The Right to a Fair Online Hearing", *Human Rights Law Review*, Vol. 22, 2022, p. 6.

止审理、终止审理或缺席判决的方式来处理案件,无益于合理期限内帮助当事人定分止争。可以说,此时法院于在线庭审之外没有合理、现实的选择,在线开庭是法院唯一或最优的选择。实践早期也曾发生类似的情形,即极难克服的空间隔离。例如,某涉外离婚案中一方当事人长年身处异国且短期内无法回国,若等待当事人办理不出庭的手续或后续回国,则需消耗较多时间和成本,且增加较大不确定性,故浙江省绍兴市越城区法院最终决定利用 ODR 平台在线开庭。[1]

二是普通型在线庭审(ordinary online hearings)[2]或适宜型在线庭审,即法院将在线庭审视为一项先进的程序工具,适用时主要考虑适宜性而非别无选择。具体而言,法院本可决定线下开庭,但出于节约司法资源、保护被害人或证人、节约诉讼成本以及确保审判在合理期限内进行等动因,经权衡后决定在线开庭。如浙江省杭州市西湖区法院自 2008 年 6 月启用网络远程审判,次年全年以远程方式审理的刑事案件占该院全部刑事案件的五成,[3]显著节约了提押的警力和时间。又如四川省成都市中级法院利用远程视频开庭系统可对证人采取隔离变音作证,[4]技术上实现了《刑事诉讼法》第 64 条规定的作证安全保护措施。再如某案借款人长期身处法院传票无法邮寄送达的偏远地区,浙江省绍兴市越城区法院借助微信小程序在线促成调解协议,[5]克服了物理空间的阻隔,为当事人提供了便捷参审的渠道。

就适用目的而言,必要型在线庭审主要为临时替补线下庭审来保障审判在合理期限内进行,一旦替补情形消失则立马恢复线下审理。普通型在线庭审则主要为发现和匹配在线审理的适宜情形,一旦适宜情形发生则法官将再度倾向

　　1　参见《绍兴:越城法院成功调解一起涉外离婚案》,浙江在线网,https://zjnews.zjol.com.cn/zjnews/sx-news/201810/t20181017_8503099.shtml,2023 年 7 月 24 日访问。

　　2　Kamber, Krešimir, "The Right to a Fair Online Hearing", *Human Rights Law Review*, Vol. 22, 2022, p. 6.

　　3　参见邵天一、黄华、张杨清:《对"网络远程审判模式"的调查与思考》,《中国审判》2010 年第 9 期。

　　4　参见胡铭、祝笑寒:《在线庭审的情态效应与功能实现》,《郑州大学学报》(哲学社会科学版)2024 年第 1 期。

　　5　参见《远程庭审手机签字　绍兴越城区"掌上法庭"快速解纠纷》,浙江在线网,https://cs.zjol.com.cn/zjbd/sx16507/201905/t20190507_10067063.shtml,2024 年 3 月 23 日访问。

在线审理。普通型在线庭审对其适宜情形的发现与匹配,客观上有利于拓展在线庭审的实践功能,促发了在线庭审的功能溢出现象。如 2023 年最高人民法院发布的中国反家暴十大典型案例第 10 号,合议庭为保护受暴人、确保庭审安全而采取隔离审判方式,受暴人由社工陪同在同院另一审判庭远程参审,并于庭后从安全通道先行离开。该案中,空间距离由在线庭审原本需要克服的物理障碍,转变为合议庭主动建起的安全屏障,在线庭审的功能发生了新的变化。从情态方面来看,利用空间阻隔可干扰、切断攻击和侮辱意图情态的传播,有意塑造说话人与听话者之间的理性、冷静关系。在线环境下,多因化的情态传播引发了在线庭审的诉讼构造松散化、庭审过程合作化以及正义感知技术化。乘此中性效应,在线庭审所能实现的人际功能将在实践中继续溢出,不仅能在必要时替代线下庭审完成审判,还能适时发挥线下庭审所不及的功能。

(二) 在线庭审的场景维度

然而,在线庭审能否在必要时替补线下庭审或在适宜时实现更优审理,需在一案一庭的场景视角下考察若干维度的适配程度。场景是指人及周围景观与物品的关系总和,法庭可被认为是一种由物的空间/硬要素与法的空间/软要素组成的场景。法庭的场景性表现为因场景维度的变化而具备不同的功能属性。技术设备的嵌入使得法庭具备在线开庭的功能潜力,作为功能溢出的前提,实现路径为通过硬软件等技术手段将分散的物的空间虚拟相连,并通过人的实时视频互动构建起法的空间内程序的展开、对话的进行和心证的形成,从而搭建起在线庭审的功能场景。在情态视角下,嵌入的技术设备改变了情态的传播介质并影响情态的传播能力,促成情态传播的多因化。基于情态的人际意义,情态传播的多因化对法庭而言意味着诉讼构造的松散化、庭审过程的合作化、正义感知的技术化。而当目光由原理转向个案时,中性意义的情态效应究竟倒向积极的一边还是消极的一边,取决于个案场景下情态需求的满足程度与难度,场景取决于本案的人、案情、法律与技术的关系总和,需要进行一案一庭的场景化考察。

场景框架在法学领域的引入和运用已至少覆盖数字广告平台反垄断规制、算法规制、类案推送法院嵌入以及在线诉讼理论建构等问题,[1]其方法论要点首先是发现特定类型场景的关键要素或特征,诸如角色、活动、规范和目的等,不同场景中的要素构成很可能差异巨大。[2]如算法场景化规制框架主要考虑其使用主体的公私性质、针对对象的可识别性以及所涉问题的决策性质;类案推送的需求场景由两个子场景结合而成,即以目的、身份、路径为元素的基础场景和以时间、地点、周围条件为元素的环境场景;在线诉讼的场景要素主要由技术硬件、技术软件和司法主体的行为构成,诉讼主体的在线诉讼行为互动推进了在线诉讼场景的实现,重构了在线司法场景中的正义分配与权利保障。至于在线庭审的场景构成,我们既需要考虑目的、活动、规范等场景框架的一般要素,还需要注意在线庭审相对于在线诉讼的特殊性。由此,在线庭审的场景维度主要展开为目的维度、实体维度、程序维度和技术维度。

第一,目的维度指向适用在线庭审的目的或动因。结合在线庭审的早期实践,可发现促使法院在线开庭的动因有两类,分别指向不同的方向。一是无法或难以线下开庭而只能以在线方式临时替补的,如当事人长年身处异国;二是能线下开庭但采用在线开庭能获得更多司法利益的,如节约司法资源、保护当事人或证人、便利当事人参与庭审等。第二,实体维度指向涉案焦点的性质。对于标的系人身性而非财产性的民事案件而言,空间距离对于当事人间纠纷解

1　参见邓辉:《数字广告平台的自我优待:场景、行为与反垄断执法的约束性条件》,《政法论坛》2022年第3期;丁晓东:《论算法的法律规制》,《中国社会科学》2020年第12期;陈琨:《类案推送嵌入"智慧法院"办案场景的原理和路径》,《中国应用法学》2018年第4期;杨继文:《在线诉讼场景理论的建构》,《法制与社会发展》2023年第3期。

2　参见〔美〕海伦·尼森鲍姆:《场景中的隐私:技术、政治和社会生活中的和谐》,王苑等译,法律出版社2022年版,第124页。

决可能起到缓和关系或激化矛盾的作用。对于犯罪系自然犯而非法定犯的刑事案件而言,空间距离可能干扰法官对被告人主观意图的体察,但有效避免了对被害人的二次伤害。第三,程序维度指向审理所涉的程序要素,包括客观层面的程序分流和主观层面的程序熟悉。程序分流兼具程序和实体意义,当法庭决定适用简易程序时,意味着该案审理的复杂程度不高,亦即查明事实、审查证据和适用法律的难度不高以及案件牵涉的案外因素较少或容易处理。程序熟悉是指出庭人员对诉讼程序的熟悉程度,程序熟悉者相比程序陌生人更易适应在线庭审。第四,技术维度指向在线法庭各端接入的状况,可分为客观层面的技术运转状况和主观层面的技术熟悉程度。其中,程序维度中的程序熟悉要素、技术维度中的诸要素是可以通过人为干预而提升的,而目的维度、实体维度以及程序维度中的程序类型要素更多是个案的固有要素,很难因人为干预而更利于在线庭审的功能实现。

图 1-1　在线庭审的场景维度

(三) 在线庭审的"功能—场景"营造

场景方法论的核心在于要素的匹配与场景的营造。[1] 具体包含三个层面的含义:一是由目的维度得出场景建构的必要性,二是通过匹配维度来评估场景建构

1　参见邵书锴:《场景理论的内容框架与困境对策》,《新闻与传播研究》2015 年第 4 期。

的可行性,三是通过提升维度的适配性来增强场景的功能实现。在线庭审的场景营造是功能导向的。就替补型在线庭审而言,在线庭审的场景建构是必要的,旨在确保审判在合理期限内进行,实现临时替补线下庭审的目的。替补型在线庭审的场景营造重点在于确认和优化各维度要素直至足以支撑审判发生。假如经人为干预仍无法优化至足以建构在线庭审场景,则只能转为线下程序再来决定等待抑或终结程序。由于此时在线庭审是相对于线下庭审的次优选择,因而在功能实现上只需要实现较为宽松的功能等值。就适宜型在线庭审而言,其场景营造逻辑与替补型在线庭审略有差异,但仍是功能导向的。第一,考虑是否存在适宜在线开庭的情形,亦即本案采取在线开庭比起线下开庭是否存在功能溢出的可能,如便利当事人出庭、节约司法资源、保障出庭安全等。第二,在功能溢出前提下,考虑场景维度的适配性。首先考虑人为不可调适的实体维度和程序类型。一般而言,以简易程序审理的、案涉人身性因素对解决纠纷影响力小的案件更适宜在线审理。其次考虑人为可干预的场景要素。在线条件下,两件争点性质、程序类型相似的案子很可能因技术运转状况、当事人对技术或程序的熟悉不同而营造出差异化的庭审场景,带来的消极影响可能使得在线庭审的情态人际效应转向消极后果,即松散化的诉讼构造趋向异化、合作化的庭审过程趋于形式化等。最后综合权衡决定以何种方式来优化哪些要素以营造在线庭审的功能场景。

关于场景要素优化的具体措施,可以从技术支持、信息指南和人员辅助三方面着手部署。在硬件设施方面,有法院根据辖区内纠纷及纠纷解决特点创设当事人就地、就近参与在线庭审的法庭空间,解决设备不足、网络不畅等非法院端的技术运转问题,实现便民化、专业化与规范化并举。司法实践中常说的"微法庭""共享法庭"或"云上共享法庭"[1],多设置于基层法院、派出法庭、律师事务所等就近法律场所,以及乡镇街道、村委会、矛调中心、邮政网点等便民中心。

1　《整合多方资源　创设"共享法庭"打造规范便捷的在线诉讼空间》,《人民法院报》2021 年 7 月 14 日,第 4 版;刘洋等:《重庆渝中:高效化解数字金融纠纷》,《人民法院报》2023 年 4 月 17 日,第 6 版。

还有法院因所在辖区为金融机构聚集地,金融案件增幅较大,故而有针对性地在银行内部设立"共享微法庭"。美国一些法院考虑将很少使用的法律图书馆的某些部分改造成公共信息亭以供个人参与在线诉讼,另一些法院则尝试和公共图书馆、社会服务机构合作打造法庭空间。[1]在软件设施方面,非法院端法庭空间的布设将包容性解决软件支持的问题,故而可将重点转向程序要素的优化上。针对部分当事人因程序陌生不理解"回避"含义而法官无法很快识别相关情态并进行释明的情况,[2]可对当事人界面进行技术优化,如增设实时识别法官话语中的法律术语并解释含义的模块。

在信息指南方面,除了诉讼律师自发总结的在线庭审注意事项外,部分法院也发布了当事人端和法官端的操作手册。[3]美国国家州法院中心(NCSC)发布的《在线庭审与接近正义》整合了诸多资源以提供较为全面的在线庭审指南。[4]在人员辅助方面,英国法院与裁判所服务机构为非刑事案件的当事人于在线庭审期间如何获得人员支持提供了指南,提供支持者可以是慈善组织成员、地方政府服务人员或当事人的朋友、亲人。[5]美国国家州法院中心的在线庭审指南亦建议考虑指定一名同时了解信息技术和法院程序的人员来与技术提供商打交道、排除技术故障和辅助司法官员。美国在这方面的人员设置类似于我国参与知识产权案件诉讼活动的技术调查官,作为审判辅助人员就案涉专业性较强的

---

[1]　参见"Managing Evidence for Virtual Hearings", NCSC, Jun. 25, 2020, https://www.ncsc.org/__data/assets/pdf_file/0014/41171/2020-06-24-Managing-Evidence-for-Virtual-Hearings. pdf,2024年3月23日访问。

[2]　参见潘金贵、谭中平:《论刑事远程视频庭审规程的构建》,《法律适用》2019年第9期。

[3]　参见《北京云法庭来帮您——手把手教您如何申请在线庭审》,北京法院审判信息网,https://www.bjcourt.gov.cn/file/wsktczsc.pdf,2024年3月23日访问;《北京法院在线庭审法官端-书记员端操作手册》,北京市第三中级人民法院网,https://bj3zy.bjcourt.gov.cn/article/detail/2020/02/id/4788348.shtml,2024年3月23日访问;《上海法院在线庭审平台操作手册》,上海高级人民法院网,https://app.hshfy.sh.cn/wstj/操作手册/上海法院在线庭审平台操作手册. pdf,2024年3月23日访问。

[4]　参见"Remote Hearings and Access to Justice: During Covid-19 and Beyond", NCSC (May 28, 2020), https://www.ncsc.org/__data/assets/pdf_file/0018/40365/RRT-Technology-ATJ-Remote-Hearings-Guide. pdf,2024年3月23日访问。

[5]　参见"How to Have Someone to Support You During a Remote Hearing", GOV. UK (Jul. 6, 2020), https://www.gov.uk/guidance/how-to-have-someone-to-support-you-during-a-remote-hearing,2024年3月23日访问。

技术问题为法官提供支持。事实上，我国在线庭审实践中的人员支持更多体现为法官巡回审理的形式，即法官将"车载便民法庭"开到当事人住所，使其就地接入在线法庭。[1]然而，开庭法官囿于其中立的裁判角色，不宜对某一方当事人过于关照，不妨考虑将人员支持侧重于非法院端法庭空间的人员培养，对原本就在乡镇街道、村委会、邮政网点和银行等非法院端工作的人员进行技术培养和津贴发放，以便为当事人就地提供长期稳定的诉讼支持。

五、结　语

当法庭场所由线下转至线上时，在线交流环境中客观存在情态会有所减损，以至于对法官主持庭审、自由心证和当事人参与庭审、感受公正产生重要影响。情态具有逻辑、语言和法律多重面向，表示说话人对话语内容的态度、判断和情绪。情态具有人际功能，现有研究已证立了情态在司法过程中的角色建构和关系塑造，但尚未讨论情态塑造人际关系效应的影响因素，进而未能揭示法庭场域转换后法庭内部人际关系的变化及其对在线庭审功能的影响。本章研究发现，情态效应的发生在其传播过程中主要受到传播介质、传播能力和场景需求的影响。空间距离的存在和技术工具的介入增大了传播介质和传播能力被干预的可能，造成情态传播的多因化并表征为情态基础的弱化。情态传播的多因化引发了在线庭审情态效应的发生，即诉讼构造的松散化、庭审过程的合作化以及正义感知的技术化。

此一趋势下，在线庭审的功能量级由功能等值延展至功能溢出，具体包括但不限于节约司法资源、保护当事人或证人、便利当事人出庭等。结合早期实践可发现，在线庭审分为替补型在线庭审和适宜型在线庭审两种。为了确保两

1　参见刘洋、陈丽英：《让"小车厢"跑出"大正义"》，《人民法院报》2023年8月13日，第1版。

类在线庭审功能的实现,需要结合目的维度来评估场景建构的必要性,匹配和优化实体维度、程序维度以及技术维度,从而营造更优质的在线庭审场景。具体的优化措施可从技术支持、信息指南和人员辅助三方面着手,包括但不限于布设便民法庭空间、编制在线庭审指南以及提供非法院端法庭空间的人员辅助等。未来在线庭审的实践版图将随着技术迭代和理念更新而不断发展,尚待实证研究抑或是实验方法[1]来不断检验制度设计和技术应用的妥适性。

---

[1] 参见胡铭:《数字法学研究的实验方法与风险防控》,《华东政法大学学报》2023 年第 1 期。

第二章

现代科技引入对司法统一的影响与重构

现代科技对司法活动的介入,理应立足于司法视域加以审视,在科技发展理论的基础上,依科技在司法活动角色的演变,将其划分为辅助处理、形式裁量与实质审判各阶段,从而对司法引入科技的阶段做出区分。司法统一本质上是法律公平正义价值的要求,有着广义与狭义的区分。在辅助处理阶段,采用广义司法统一的概念,重点分析科技对案件处理过程规范性的影响,从系统设计、应用理念角度规避与统一性背离的消极影响;在形式裁量阶段,科技是具有行使审判权资格的法官,应将"同案同判"纳入诉讼程序加以分析,将模糊理论引入系统设计中,从而实现对个案的公正裁决;在实质审判阶段,科技在对案件事实、法律适用的准确认识上,更应该体现对公平正义价值的追求,从而达到实质性的司法统一,但随之而来的是对纯粹理性审判的反思。

一、引 言

"近年来随着社会结构转型和公民权利意识的增强,中国法院受理案件规模年均以两位数增长,颇有诉讼爆炸之势,导致法官人均办案件数急剧攀升且居高不下,这也是司法部门积极采用互联网、大数据、云计算、人工智能等新兴信息技术以提高司法效率的重要原因。"[1]时任最高人民法院院长周强指出:"司法改革和信息化建设作为人民法院的深刻变革,已经成为人民法院工作发展的车之两轮、鸟之双翼。"[2]在司法实践层面,上海市高级人民法院研发的"刑事案件智能辅助办案系统"(以下简称"206系统")、北京市高级人民法院开启的"睿法官"系统、天津市高级人民检察院开发的"智慧检察院"系统等如雨后春笋般冒出,但在司法活动中引入现代科技也面临着认识与技术上的障碍,譬如国家司法权力运行系统引入现代科技的"保守原则"及其相关界限、技术引入导致司法内部诸多价值(效率、公开、秩序、准确、公正与人权)结构的变化及其正当化问题等。[3]而如何通过科技的引入消除司法权的"国家性"与"地方性"矛盾,即实现司法统一,正是本章探讨的主题。

二、 现代科技与司法统一

罗纳德·德沃金(Ronald Dworkin)说法律的理想观念应当是身披法袍的正义。[4]该观念的价值毋庸置疑,而随着现代科技对司法活动的介入,由什么来披这件正义的法袍反而成了引起争议的问题。司法活动所引入的现代科技,是指对立案、侦查、起诉、审判等司法过程产生实质影响的技术。

在司法活动引入的现代科技中,法律人最为关注与热衷议论的,莫过于人工智能的应用。关于人工智能的概念,从学科、技术、能力等不同角度来看,对

1　季卫东:《人工智能时代的司法权之变》,《东方法学》2018年第1期。

2　周强:《最高人民法院工作报告——2017年3月12日在第十二届全国人民代表大会第五次会议上》,《人民法院报》2017年3月20日,第1版。

3　参见胡铭、王凌晗:《现代科技引入司法的十大核心问题》,《中国社会科学报》2019年10月16日,第5版。

4　参见〔美〕罗纳德·德沃金:《身披法袍的正义》,周林刚、翟志勇译,北京大学出版社2014年版,"中文版序言"。

人工智能的定义有不同的侧重点。若以能力角度为标准,人工智能是指执行学习、感知、思考、理解、识别、判断、推理、证明、规划、行动等与人类智能相关活动的智能行为。[1]而关于什么是智能,我们目前无法给出一个精确的定义。其实不仅仅是对"人工智能"的定义难以达成共识,即使对什么是"学习"也很难提出广为接受的定义。[2]同时,对于人工智能的发展阶段也存在着"两阶段"与"三阶段"的认识差异:"两阶段"理论认为,人工智能发展有弱人工智能与强人工智能两个阶段;"三阶段"理论主张,在强、弱人工智能技术之上还存在着超人工智能,该阶段的人工智能被认为在所有的领域都强过最聪明的人类大脑,包括科学创新、通识和社交技能等,其将跨过"奇点",计算和思维能力将远超人类。假设用一种进步的观点看待人工智能学科,我们会承认现在的人工智能比以前更为有力,而未来的人工智能比当下更为有力。随着时间的推移,人类智能(HI)中没有被人工智能所覆盖的部分就是"幻想"(Fantasy),可以被定义为 $Fantasy = HI - AI_{n \to \infty}$(见图2-1),如果 Fantasy 是空集,那么我们都是乐观派。[3]科学技术发展史

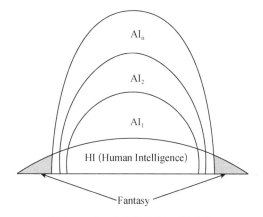

图2-1　人工智能的进步与"幻想"

1　参见蔡自兴、蒙祖强:《人工智能基础》(第3版),高等教育出版社2016年版,第2页以下。
2　参见尼克、赵伟:《人工智能的边界》,《中国计算机学会通讯》2019年第10期。
3　参见尼克、赵伟:《人工智能的边界》,《中国计算机学会通讯》2019年第10期。

的经验警醒人们，不要以技术眼光而低估技术，基于科技的不可能性的缘由，同样也可以得出技术的可能性。因此，既不要悲观化人工智能的发展，也不要断然否定其在司法活动中的未来。

在认识司法领域中引入现代科技时，要立足于司法领域，以科技在司法活动扮演的角色为标准，即重要的不是什么技术，而是扮演什么角色、承担何种职能。把现代科技纳入司法的视域进行审视，既摆脱了对技术的无益追溯，也摆正了司法的主体地位，避免了对科技发展可能性的过多论述，但这也不是科幻色彩的法律想象，应立足于科技发展的客观认识。因此，较为合适的是采用"司法人工智能"的概念。

司法人工智能有初级司法人工智能与高级人工智能两条发展路径。初级司法人工智能基于自然语言的处理、深度学习的计算机语义检索和法律问答，帮助司法人员进行法律检索或者关键信息检索，属于一种司法辅助工具；高级司法人工智能是计算机在自然语言理解和常识推论之上，通过庭审认定案件事实，并做出最终裁判的全新审判模式，实现机器"处理"到"审理"的转变。[1]基于司法人工智能的立论，更应认识到人工智能等现代科技在司法活动中实现了从辅助处理到形式裁量再到实质审判的角色、功能的演进（见图2-2）。这种转变路径立足于司法活动的基本视角，也对应现代科技代表的弱人工智能、强人工智能乃至超人工智能阶段，实现了技术与应用的动态统一。人工智能在技术上表现为感知、认知与判断三个阶段。语音技术和图像识别是人工智能基本的感知能力，类似于人类的视觉、听觉、嗅觉等，处于数据的收集阶段。认知能够基于感知数据，对问题进行"思考"并做出"判断"。[2]因此，我们可以基于感知能力的界限，将人工智能以外的技术归为非智能感知技术，如广泛应用的互联网、区

1　参见罗维鹏：《人工智能裁判的问题归纳与前瞻》，《国家检察官学院学报》2018年第5期。

2　参见华宇元典法律人工智能研究院主编：《让法律人读懂人工智能》，法律出版社2019年版，第14页以下。

块链等,这样就避免了人工智能在司法领域中的粘连。非智能感知技术在人工智能技术发展的各个阶段,均与人工智能相结合,构成完整的司法技术应用。其本身也存在不同的发展阶段,但鉴于其难以对司法活动产生颠覆性的影响,因而对于其发展阶段不再做具体细分,而将其作为整体性、支撑性以及功能性的概念使用。

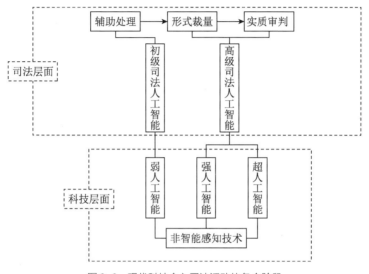

图 2-2 现代科技介入司法活动的各个阶段

司法统一概念有广义与狭义之分,"广义的司法统一指法院统一行使审判权和检察院统一行使检察权,狭义的司法统一仅指法院统一行使审判权"[1]。虽然当前现代科技在诉讼具体业务流程中得到广泛应用,但人工智能裁判技术还远未成熟,研究广义概念上的司法统一与现代科技的关系具有相当大的理论和实务价值。因此,在现代科技辅助司法处理阶段,采用广义司法统一的概念。同时,由于欧美国家多为检警一体制度或者检察官为准当事人,检察官主导侦查与起诉,"检警一体是指为有利于检察官行使控诉职能,检察官有权指挥刑事

---

1 姜小川:《司法统一问题研究》,《时代法学》2010 年第 5 期。

警察进行案件的侦查,警察机关在理论上只被看作是检察机关的辅助机关,无权对案件作出实体性处理"[1],不同于我国检察机关作为法律监督机关,主要负责刑事案件审查起诉,公安机关作为侦查机关,其专职是刑事案件侦办。所以对于司法统一性中的检察院统一行使检察权,应做扩大化的检察职权理解,包括立案、侦查以及起诉的刑事诉讼过程。微观层面上的司法统一,表现为审判权与检察权在个案中行使的一致性,即"同案同判"与"同案同办";宏观层面的司法统一,则表现为国家、地方司法权的统一平衡,法律规范、法律适用与法律执行没有显著的割裂。

对于审判权的"同案同判",存在不同的理解。[2]文义解释为对于基本事实相同的案件应该做出相同的判决,扩大解释为对于相同或类似的案件应该得到相同或类似的判决。然而客观上并不存在两个完全相同的案件,因而如何确定认定同案的标准至关重要,"如果找不到划分类案与异案的普遍标准,那么同案同判的逻辑前提将会丧失"[3]。所谓案件事实,是指在诉讼程序下将自然事实证明化处理得到的法律事实,如在刑事诉讼中,通过刑事诉讼程序得到经证据证明、影响定罪量刑的法律事实。"同案"是指影响裁判结论的法律事实基本相同,而不是全部案件事实。在"同案"基础上的裁判,是指法律规范、法律适用的同一,对于相同的案件对应相同的法律规则,在自由裁量的范围内,应确定客观、固定的标准,为规范化适用提供标准,做到法律适用的统一。自由裁量并非对司法统一的背离,而是对公平正义价值的彰显,原因在于法律规范不可能为所有应该规定的事项均做出清晰明白的规定,需要通过自由裁量使其内容具体、明晰并对其加以补充;在个案中需要通过自由裁量实现实质意义上的公平正义,以

1　陈兴良:《检警一体:诉讼结构的重塑与司法体制的改革》,《中国律师》1998 年第 11 期。

2　相关讨论参见刘树德:《刑事司法语境下的"同案同判"》,《中国法学》2011 年第 1 期;陈景辉:《同案同判:法律义务还是道德要求》,《中国法学》2013 年第 3 期;孙海波:《类似案件应类似审判吗?》,《法制与社会发展》2019 年第 3 期。

3　孙海波:《"同案同判"与司法的本质——为依法裁判立场再辩护》,《中国法律评论》2020 年第 2 期。

消除法律形式性的不良效应。[1]自由裁量本身并不与"同案同判"冲突,"'同案同判'已经被其他更具分量的考量因素所压倒或凌驾,虽然此时需要支付'违反同案同判'的代价,但是由于还存在其他更具分量也更值得保护的因素,这样的做法因满足后者而具备正当性"[2]。综上,"同案同判"应具体理解为在依法裁判的前提下,对于案件基本法律事实相同或类似的案件做出规范化自由裁量。

由于采用"检警一体"制下检察权的概念,其范围涉及立案、侦查以及起诉各环节。这里将行使检察权的统一要求归纳为"同案同办",是指对于同一类型案件适用相同程序、采用规范标准处理案件,亦是在程序意义上的统一。如两个案件涉及相同罪名,尽管案件事实并不一致,但也应适用相同的处理程序。严格意义上,对案件的判决、执行也合乎"办"的含义,这里为了将检察权与审判权区分开来,并不将其纳入其中。并且,"'同判'除强调在裁判结果上'相同的案件作出类似的处理'外,还需注意裁判程序的一致。这既是基于程序价值本身正义的要求,也是司法统一的应有之意"[3]。在向来重实体、轻程序的司法环境下,如何强调程序的重要性都不为过,对程序的严格遵守要建立在程序设置统一的基础之上,具体而言,如相同的立案标准、证据的种类与品质要求、对犯罪嫌疑人批捕的条件等。案件处理程序的自洽统一,是程序正义的内在要求。

司法统一是法律实体正义与程序正义特征的必然要求,对彰显法律公正性与塑造法律权威性具有决定性作用,理应是建设法治国家的应有之义。我国司法权的行使现状,虽然近年来已得到改善,但仍与司法统一的要求存在一定差距。更是由于现代科技的引入,地方化的司法技术系统开发纷繁多样,虽然这显示了各级司法机关加强信息化建设的积极性,但也对实现司法统一形成挑战。

司法难以统一的原因,有司法主体、法律适用等层面的多种因素。例如,司

1　参见孔祥俊:《法官如何裁判》,中国法制出版社 2017 年版,第 174 页。

2　陈景辉:《同案同判:法律义务还是道德要求》,《中国法学》2013 年第 3 期。

3　姜小川:《司法统一问题研究》,《时代法学》2010 年第 5 期。

法机关的职能配置一定程度上影响了司法权的统一行使,如法院审判与判决主体不一致、公安机关职权过大影响检察院和法院独立处理案件等;司法队伍人员素质参差不齐,其对法律的理解、对自由裁量的把握、对程序的严格遵守等均可能出现偏差。法律适用的前提是有法可依,广义上的法律并非单指全国人民代表大会及其常委会出台的规范性文件。由于目前我国区域经济发展不平衡等正当性因素,立法权分配采取"统一而又分层"的设计,在 2018 年《立法法》出台后,设区的市也享有部分立法权,从而使得司法地方化。司法地方化确实解决了法律普遍性与案件地方性之间的矛盾,是地方司法机关主动性的表现,[1]并不违背司法统一性的要求。但是,地方化的负面影响便是各地司法机关处理具体案件时适用的法律标准不同,也无法排除地方保护主义的影响;法律自身具有的模糊性、滞后性等局限性,更是由于地方司法机关能力的差异,提升了地方法律适用的弹性,自由裁量也难以受到恰当规制,法定程序难以得到严格遵循。多重因素的累加导致了司法统一性的分裂。

三、 司法统一在辅助处理阶段的困境与构建

现阶段为学界所热议和在实践中研发的司法人工智能都尚处于初级司法人工智能层面,[2]即辅助处理阶段,该阶段的司法活动是以人为主导、人机协同开展的,机器自身不具有主动处理案件的意识与能力。"目前,人工智能在我国司法领域的应用定位属于一种辅助性、参考性工具,只是为法官、干警、事务性辅助人员等提供工作便利与行动参考,仍属于一种材料准备型、文字模板型人工智能。"[3]根据性质的不同,可将辅助处理阶段的具体应用大致划分为司法行政

1　参见李小萍:《论法院的地方性》,《法学评论》2013 年第 3 期。
2　参见罗维鹏:《人工智能裁判的问题归纳与前瞻》,《国家检察官学院学报》2018 年第 5 期。
3　黄文俊主编:《司法信息学》,人民法院出版社 2019 年版,第 387 页。

辅助类技术与司法裁判辅助类技术,前者在实践中主要表现为检索功能、智能阅卷、文书自动生成、语音识别记录、诉讼流程节点管理控制等;后者在审前阶段以证据校验、量刑建议为主要运用场景,在审判阶段则表现为智慧法院的类案推送、量刑辅助、审判偏离度分析、执行辅助等。[1]除了声学模型(语音识别技术的基础)、图像模型(图像识别技术的基础)、分词检索(搜索引擎的基础技术)等基础性的人工智能技术外,非智能感知技术也被广泛运用于司法领域。2016年"智慧法院"的建设构想被纳入国家整体发展战略,最高人民检察院也提出"智慧检务"的发展规划。其中,"智慧法院"的信息化建设,具体呈现为司法过程的三个转变:第一,法院对外业务由"在场办理"转向"在线办理",比如网上立案、在线调解、视频开庭等;第二,法院对内业务模式从"手动"转向"自动",比如自动分案、电子案卷同步生成、智能纠错等;第三,法院司法行为从"单一"转向"协同",比如建设融合案款管理、终本案件管理、执行委托等多项内容的全国各级法院执行指挥系统,形成全国法院上下一体、协调统一的运行机制。[2]

　　不同于高阶司法人工智能裁判的相关问题往往前瞻性地立足于理论的研究,科技辅助司法处理下的统一性问题是现实且具体的。基于科技发展与司法活动特性,必须清楚地认识到现代科技在司法活动中将长期处于辅助的角色定位。现代科技的应用,一方面对法律统一适用、裁判标准划一、诉讼程序一致等有着积极的作用,并且司法技术的运用削弱了司法人员主观意志的影响,使诉讼、裁判的权威性与公信力也得到加强;另一方面鉴于当前科技特性的缺陷、司法统一并非简单的形式一致性以及实践应用的障碍,其本身也存在使司法活动分裂的可能性。总之,现代科技与司法统一存在着

1　参见胡铭、张传玺:《人工智能裁判与审判中心主义的冲突及其消解》,《东南学术》2020年第1期。

2　参见邹军平、罗维鹏:《智能司法模式理论建构》,《西南民族大学学报》(人文社会科学版)2019年第10期。

矛盾的辩证。

现代科技将司法活动的各个过程纳入统一、规范与可监督的平台,为检察权与审判权的规范行使提供了规制与指引。具体来看,开发证据标准、证据规则指引功能,为侦查人员提供根据犯罪事实清楚、证据确实充分的要求所需的证据清单式指引,立足于分层、分类以及分段层面,明确哪些证据必须收集或根据案件类型针对性收集以及不同办案阶段的证据要求标准,规范了侦查内容;证据校验功能,根据《刑事诉讼法》对证据的要求,以关联性、客观性以及合法性为标准审查,提醒办案人员修正证据瑕疵;逮捕条件审查功能,依据法律规定的批准逮捕要求,考虑证据支撑与社会危险性分析,为办案人员提供规范指引;证据链和全案证据审查功能,根据公安、检察、法院资深办案人员对具体罪名要求证据的总结,达到证据确实、充分以及相互印证标准,使定罪量刑依据统一;等等。以上这些应用,使司法机关的办案活动得到规范性的指引与公开化的监督,具体办案程序得到遵守,推动了检察权层面上的"同案同办"。同样,量刑参考功能,依托历史判例的大数据分析,依据案件具体量刑情节,做出合理的量刑建议;类案推送功能,通过对大量案件具体事实、量刑情节以及处理结果的检索,搜寻类似案件,为法官提供裁判参考;知识索引功能,根据案件具体类型、情节以及特点,推送相关的法律法规、司法解释等规范文件,为准确、统一适用法律规范提供指引,避免了法官因法律素养的差异造成的误用;等等。这些技术的应用,一定程度上解决了法律适用、裁判标准不统一的问题,从而使审判更加符合统一的专业化标准。[1]

人工智能的关键要素,是数据库、专家经验与核心技术。[2]数据是分析的基础,专家经验是技术职能的依据,核心技术决定"智能"的高低,这三个要素的优

---

[1] 参见季卫东:《人工智能时代的司法权之变》,《东方法学》2018 年第 1 期。
[2] 参见崔亚东:《人工智能与司法现代化——"以审判为中心的诉讼制度改革:上海刑事案件智能辅助办案系统"的实践与思考》,上海人民出版社 2019 年版,第 121 页。

劣程度直接影响人工智能的司法应用。数据是人工智能分析的基础,掀起人工智能研究热潮的 AlphaGo 是在一个有着十几万份职业棋手对弈信息的数据库支撑下进行分析与学习的,而目前司法人工智能开发的基础法律数据基本来源于中国裁判文书网,但该网站上的裁判文书数量可能只有实际审结案件数量的50%,[1]数据库建设存在较大困难。裁判文书大多只是记载了裁判结论,而反映裁判过程的决策信息,如决策讨论、心证过程并未体现在文书中。[2]鉴于区域间裁判标准的客观差异,法律文书裁判结论的规范性也存在疑问。此外,由于目前人工智能还不能做到对自然语言的充分理解,其是"概念化""结构化"理解的法律事实和法律概念,而法律文书的语言也有多样的表达方式,使其分析的内容可能存在遗漏。因此,当前的大数据与人工智能相结合还不足以构成一个感知系统。对大数据进行概率统计和预测,的确可以矫正个案偏误,但也可能维护系统偏误。如果数据质量差、规格不一致(目前中国的司法大数据正处于这样的状态),所得结论就更会充满误差和噪声,甚至不断重复错谬。[3]

专家经验的总结是一个长期、动态以及系统性工程。"206 系统"集中了220 余位资深法官、80 余位资深检察官、100 余位资深警官,用了 21 个月,完成了涉及 102 个罪名的证据标准的制定。[4]即便不考虑经济成本,绝对的形式化的客观标准、纯粹的规范理性是否是司法裁判的应有内涵,[5]如何保证该客观性标准的有效性、对于个案的差异性、避免指引的滞后性,仍值得关注。另外,现有核心技术对目前司法应用是否有稳定的支持能力依旧令人怀疑,在人工智能预测裁判方面,相关科技公司往往以"知识图谱+深度学习"为噱头,而实践中采用

1 参见马超、于晓红、何海波:《大数据分析:中国司法裁判文书上网公开报告》,《中国法律评论》2016 年第 4 期。

2 参见左卫民:《关于法律人工智能在中国运用前景的若干思考》,《清华法学》2018 年第 2 期。

3 参见季卫东:《人工智能时代的法律议论》,《法学研究》2019 年第 6 期。

4 参见崔亚东:《人工智能与司法现代化——"以审判为中心的诉讼制度改革:上海刑事案件智能辅助办案系统"的实践与思考》,上海人民出版社 2019 年版,第 123 页。

5 参见胡铭、张传玺:《人工智能裁判与审判中心主义的冲突及其消解》,《东南学术》2020 年第 1 期。

知识图谱而非深度学习才是通常选择,但知识图谱对分析的数据、预定的模型精细度要求较高,致使预测裁判实际使用效果欠佳;[1]现有类案推送技术性质上与谷歌、百度等搜索引擎技术差别不大,甚至在搜索能力上还比不过这些科技巨头的语义库、词向量算法,常出现推送案例不精确、案例范围过窄等情况。[2]

除技术要素的不足外,由于缺乏司法信息化建设的统一领导,辅助处理系统的开发出现了地方"各自为政"的局面。以类案推送系统为例,各地类案类判系统分别由不同的法律科技公司设计、研发,并无统一的顶层规划与设计,使得不同法院所提供的类案推送、搜索服务千差万别。[3]由此,必须在固定区域采用统一的辅助处理系统。但是,任何专家法律系统都意味着做出一种纯粹的法律实证主义的预设,[4]以形式化、客观化的标准来指引实践难免出现偏差。在财产型犯罪领域体现得最为明显,以盗窃罪为例,统一性的定罪标准为盗窃金额1000元以上,由于我国区域经济发展差异较大,如果各地均采用这一标准,有违实质公平的要求,所以由各地司法机关依据区域内经济发展水平、司法实际状况设定有合理差异的标准。司法科技应用的规范性难免会忽视区域间的客观差异性,形式性统一难免导致实质上的分裂,更与公平正义的价值观相悖。

现代科技辅助处理阶段,无论是理论认识,还是具体实践,目的都在于提高司法效率,并将司法活动的全过程纳入公开、统一的监督体系之下,从而规范办案流程、裁判尺度。深层次上体现的是效率与公平的理念,尽管两者并非总是处于冲突的状态,倘若由于现今技术的局限,对效率的追求有违公平正义,应以更高位阶的公平正义价值为导向。对于该理念的贯彻,可以从辅助处理系统开发与应用方式入手。

在辅助处理系统应用的纵向层面,对于统一应用与区域差异的矛盾,同样

1　参见左卫民:《关于法律人工智能在中国运用前景的若干思考》,《清华法学》2018 年第 2 期。

2　参见左卫民:《如何通过人工智能实现类案类判》,《中国法律评论》2018 年第 2 期。

3　参见左卫民:《如何通过人工智能实现类案类判》,《中国法律评论》2018 年第 2 期。

4　参见季卫东:《人工智能时代的司法权之变》,《东方法学》2018 年第 1 期。

可以采用"统一而分层"的理念解决,保证辅助处理系统在固定区域统一适用下,根据较小区域间法律标准的合理差异,进行一定的差异化开发。之所以如此,一是因为辅助处理系统的建设本身具有较大的复杂性、不确定性与高昂成本,如果各级司法机关各自为政,独立开发本区域的技术应用,将会面临自身开发能力不足的困境,系统的开发、应用以及维护可能都存在困难;而从收益—成本的角度考虑,系统建设升级的费用高昂,也不符合经济效益的要求。郭声琨同志明确指出:"构建适应实际需要的刑事司法新模式,防止另起炉灶、重复建设。"[1]二是因为较小区域间独自开发辅助系统,为了适应本区域司法活动需要,就会建设具有"地方性"的系统应用,其与辅助处理实现司法统一的理念相悖。司法人员使用的具体应用都存在不同,规范一致的司法行为更无从谈起。三是因为立足于区域间司法标准的合理差异,在系统设计中就将其纳入考虑,允许地方在数据库、技术程序等方面的微观化修改,使其满足于区域司法实际的需要和实质公平的要求。

在辅助处理系统应用的横向层面,现阶段由于技术不成熟,实践中往往出现类案推送、量刑辅助等应用处理结果不够精确,反而加重司法人员办案负担,降低司法效率的问题。[2]若司法人员能够迅速、公平以及合理地解决案件与诉讼事务,则没必要做出寻求技术辅助的硬性规定。对于案件情节复杂、社会危害性较大的犯罪,系统不能也不应使用,应采取人工处理的方式;即便对于简单的罪名,如果通过技术系统处理存在事实、法律上的争议,也不应采用技术系统处理。因此,在系统应用的横向层面上应采用"双轨并行"的方式,实现人工处理与人机处理方式的并存。

根据该开发理念,辅助处理系统的设计从"受理范围—处理能力—预设标

1　《郭声琨同志2018年1月22日在中央政法工作会议上的讲话》,新华网,http://www.xinhuanet.com/le-gal/2018-01/24/c_129797681.htm,2020年2月23日访问。

2　参见左卫民:《如何通过人工智能实现类案类判》,《中国法律评论》2018年第2期。

准"的逻辑结构出发(见图2-3)。首先,现有的辅助处理系统均有固定的业务处理范围,如果此案件不在该范围内,则只能选用人工处理的方式;其次,尽管该案件在系统处理范围内,但因为案件情节复杂、社会影响巨大,采用辅助处理系统分析可能引起争议,同样也不能使用系统;最后,对于统一适用与区域差异的矛盾,则采取应用于该区域间最高频的法律标准作为依据,最大化系统适用范围,而在与系统预设标准不同的区域,则做差异化开发。以上文中提到的盗窃罪为例,若该区域间频率最高的定罪标准为 2000 元,则辅助处理系统关于盗窃定罪的标准即为 2000 元以上,以此标准开发相关应用;而对于定罪标准高于或者低于该金额的区域,均做差异化开发应用,具体如数据库、标准设置等,以此实现系统在不同区域间适用的协调。简言之,这实际上是根据辅助处理系统的能力、特点,对案件进行筛选与分流。

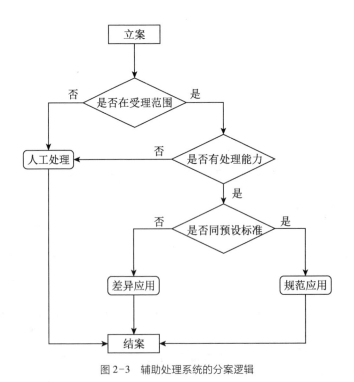

图 2-3　辅助处理系统的分案逻辑

对于辅助法官实现"同案同判"的功能应用,应着重加强建设。现有系统均支持法律法规与司法解释的自动推送和传统检索功能,自动检索是指系统自动识别和提取案件中的案由、案情、罪名、法律条文、法定情节等关键信息,自动为法官推送当前案件的适用法律条款;传统检索就是根据效力状态、发布机关、法律法规名称、标题、正文中关键词等控制条件的检索。[1]数据库中的法律规范应在国家与地方、旧法与新法、特殊与普通层面实现整体包含,但又要对其进行筛选,将非正式的法律文件、不同效力的法律文件之间的矛盾之处加以剔除,将本区域适用的法律法规重点标出,提高自动推送技术对法律事实与法律规范的匹配能力。类案推送在根据案件的类型、情节、证据、争论等因素推送类似案件的同时,通过对审判层级、地区的识别,分清适用的法律法规,避免出现误用。要注意系列性、群体性关联案件推送,防止出现重复、虚假、恶意诉讼与矛盾判决。[2]

现有的量刑参考技术并非机器对具体案情做出的裁判,而是立足于案例的大数据分析,在"法定刑、基准刑、宣告刑"的精确标注下,识别其中影响量刑的法定情节、酌定情节,从而建立量刑预测模型,为法官提供参考,减少量刑偏差、失衡。[3]此外,裁判偏离度预警是实现审判权"同案同判"的兜底性功能,本质上是类案分析、量刑参考功能对判决结果的监督性应用,依据判决结果与同期固定比例类似案件的裁判结果是否吻合,分析裁判偏离程度与预警,判断裁判尺度是否统一。

此外,数据库、专家经验以及核心技术是辅助处理系统各项应用功能得以发挥的核心因素,实现"同案同判"则要求这些要素尽可能避免形式化的窠臼。司法大数据是指全面反映司法机关及其工作人员依照法定职权和法律规定的程序处理案件过程中所体现的案件相关人、事、物的数量特征、时空分布特征以

---

[1]　参见黄文俊主编:《司法信息学》,人民法院出版社 2019 年版,第 103 页。
[2]　参见黄文俊主编:《司法信息学》,人民法院出版社 2019 年版,第 106 页。
[3]　参见崔亚东:《人工智能与司法现代化——"以审判为中心"的诉讼制度改革:上海刑事案件智能辅助办案系统"的实践与思考》,上海人民出版社 2019 年版,第 114 页。

及变化过程,超越常规提取、储存和分析能力与预测的海量、多源的异构数据。所谓的异构数据在司法过程中体现为结构化数据,如法院信息系统产生的、储存在数据库中的数据。除了结构化数据,还有非结构化数据,如诉讼证据。[1]尽管这些证据都以书面形式输入系统,但司法人员要注重对实物的保留,使得线上与线下同时存档。同时,加强对数据的加工与清洗,尽量将非结构化数据结构化,淘汰劣质数据,提高数据的规范性。系统分析与学习的内容也应以结构化数据为主,以至其实现"规范输入,规范输出"。专家经验是为具体应用功能设计的指导规则,如证据标准、证据规则指引功能中,对不同案件的证据类型、数量等要求,是根据司法人员总结归纳得出的,而系统规范的指引要求对实现"同案同办"具有重要意义。应制度化、定期性更新专家经验,并及时反映到具体技术应用中,规避其在实践中的滞后性。对于具有特殊性、无法统一指引的个案,在符合法律要求的基础上,可以突破指引规则的限制,避免证据审查掉入形式化的陷阱。

四、 形式裁量阶段司法统一的冲突与消解

人工智能的出现和应用使社会发生深刻变革并不是现实问题,而是未来条件成熟时才会出现的情势。[2]当前司法机关的辅助处理系统大多是利用互联网和计算机技术对自身工作模式信息化的提升,[3]即使是"206系统",其对案件证据也侧重于合法性方面的数量、类型等形式性审查,实质性审查还存在障碍,更难以实现对证据的证明力和证据的关联性、真实性的判断。[4]客观上以人工智能为

1 参见黄文俊主编:《司法信息学》,人民法院出版社2019年版,第267页。
2 参见庄永廉等:《人工智能与刑事法治的未来》,《人民检察》2018年第1期。
3 参见罗维鹏:《人工智能裁判的问题归纳与前瞻》,《国家检察官学院学报》2018年第5期。
4 参见刘品新:《大数据司法的学术观察》,《人民检察》2017年第23期。

代表的现代科技的确存在向着更高司法应用发展的可能性,"人工智能的学习能力加强,能深入学习法律理论,审理疑难案件"[1]。审判是诉讼活动的中心,也是控辩审三方直接交涉、控方与辩方进攻防御、法官居中裁判的过程,包括复杂的事实认定与在此基础上适用法律的环节,是对人工智能司法应用水平的关键测验。基于科技发展阶段与司法角色的转变,科技在审判权层面的"形式裁量"是其由"辅助处理"向"实质审判"发展的过渡阶段,该阶段的重点在于裁量的形式性与裁量的前提——审判权的让渡。

　　审判具体是指庭审、裁判环节,该"裁量"并非将庭审剥离在外,而是指现代科技在裁判时更具法律形式主义的逻辑结构。将审判权让渡给没有血肉之身的科技,尽管这听起来匪夷所思,但人类会让机器为他们做出更多决策,只要机器决策比人类决策得更好。[2]即便无法在法理、伦理上找到将审判权让渡于科技的理由,但是若科技行使审判权的效果比人类法官更具优越性,那么授予科技以审判权威就具有合理性。将审判权授予科技,并非将人类法官排除在审判之外,更多情况是以人类法官、机器法官在一起工作的"联合机器人"[3]形式出现,人类法官与机器法官协同配合、互相监督,以确保审判结果的公正。

　　审判权的让渡自然牵扯到审判责任的问题,尽管论述该问题为时尚早,但可以断定的法律责任应由对应的开发、维护与监督的机构承担,仅在上述各方存在过错时成立。有学者指出:"受刑事司法规律的制约,案例规则及其调整,以及包含政策指引、改革试验和地方规范在内的非正式制度,是刑事司法智能系统的核心禁区。"[4]背后涉及是否应该对机器审判权设置权限禁区的问题:假

1　庄永廉等:《人工智能与刑事法治的未来》,《人民检察》2018 年第 1 期。

2　参见〔美〕瑞恩·卡洛等主编:《人工智能与法律的对话》,陈吉栋等译,上海人民出版社 2018 年版,第108 页。

3　"联合机器人"可用来形容人类和机器人专家在一起工作的任何情况,换而言之,其不仅包括机器辅助人类工作,也包括人类、机器共享主体地位,协同工作。

4　黄京平:《刑事司法人工智能的负面清单》,《探索与争鸣》2017 年第 10 期。

定证明科技形式审判权具有人类法官不可比拟的优越性,就应该赋予其完整的权限,并且承认其裁决效力,这种审判权威来自司法活动的权威性,与人类法官所做决定并无二致。对于法律适用的多样性,可以做差异化开发,如果技术能力难以匹配,便可将科技排除在外。同时,科技行使审判权难免有续造法律的风险,对此应设立明确的禁区,要求系统在预设的推理与论证算法、法律法规数据库下得出结论,禁止行使人类法官都不具有的立法权力。此外,如果机器、人类法官在具体决策时产生分歧,而该分歧产生自案件的复杂性,则应该将该分歧上报,由更高审判层加以论证,进而得出结论。

如果法官是基于自然语言且在其语义和环境影响下做出"意义裁判",那么人工智能裁判将是基于计算机算法而对具有特定意义的符号进行的"形式裁判",[1]人工智能裁判的形式性体现在对法律事实的认定与在此基础上适用法律的判断。强人工智能裁判的实现路径可以概括为:自然语言→法律语言→"计算机语言+法律规范"的算法化=裁判。[2]即便不考虑如何将法律概念转化为计算机理解的语言,在自然语言转化为法律概念时,就存在结构化语言的形式加工,高级司法人工智能在法律事实认定上便具有形式性。尽管其已经超越了对司法大数据收集的感知阶段,可以在法律事实认识的基础上进行裁量,但这不意味着其具有意向性,拥有自我意志,可以在互相冲突的法律价值、利益之间做出判断与衡量。机器法官的裁判思维可以进行法律规则适用的三段论推理、辩证推理乃至模糊推理,也可以通过大数据分析,发现案例特征与数据库储存的基础案例特征之间的类似性并进行逻辑演绎,但难以决定有效规范在适用上的先后顺序,或者说进行价值判断,也无法做出直觉反应。[3]因而,机器法官的裁判思维无法在预设算法之外进行裁量,而是基于对案件事实的准确

1　参见罗维鹏:《人工智能裁判的问题归纳与前瞻》,《国家检察官学院学报》2018 年第 5 期。

2　参见胡铭、张传玺:《人工智能裁判与审判中心主义的冲突及其消解》,《东南学术》2020 年第 1 期。

3　参见季卫东:《人工智能时代的法律议论》,《法学研究》2019 年第 6 期。

认定,严格适用相关法律法规,对相同或类似的案件做出相同或类似的判决,从而在适用法律上便具有形式性的特征。必须指出的是,对形式性的分析并非意在主张机器法官的审判能力难以比拟人类法官,倘若如此就难以有审判权的让渡。

"代码即法律"(code is law)的核心含义被理解为利用代码来固化人们需要遵守的法律、道德等社会规则。在司法领域,现代科技适用法律技术规则,相较于灵活性和模糊性较强的传统法律规则,具有高度规范化,几乎没有任何模棱两可之处,从而在一定程度上满足了对公正裁决的需求。[1]形式裁量具有规范化的特征,为审判权的"同案同判"提供了较为统一的推理适用、评价裁量标准,避免了由人类法官的法律素养、主观意识等不同造成的裁量差异。但是,受预设数据库、算法的限制,形式裁量对法律的解释、适用有着固定化的思维,俨然已成为马克斯·韦伯饱受争议的"自动售货机"理念的具象。[2]形式裁量似乎成了法律形式主义的虔诚信徒,尽管目前它饱受争议,但以法律形式主义对推理过程所做的机械论解释,恰是人工智能法律系统开发的前提。20 世纪 70 年代开发的朱迪斯(Judith)律师系统正是遵循三段论的思维逻辑,将机器的法律推理从理论转变为现实。[3]对于形式裁量的规范性与个案裁决的复杂性之间的非常态冲突,势必要通过法哲学层面的回溯,寻找形式裁量判决统一性的理论指引。三段论是耳熟能详的法律推理模型,普遍表述为:假使任何一个案件事实实现 T,则应赋予其法效果 R(大前提);特定案件事实 S 实现 T,则其是 T 的一个"事例"(小前提);对应 S 应赋予法效果 R(结论)。[4]

1　参见 Primavera De Filippi、Samer Hassan:《从"代码即法律"到"法律即代码"——以区块链作为一种互联网监管技术为切入点》,赵蕾、曹建峰译,《科技与法律》2018 年第 5 期。

2　马克斯·韦伯的"自动售货机"理念是指,投进去的是诉状和诉讼费,吐出来的是判决和从法典上抄下来的理由。

3　参见张保生:《人工智能法律系统的法理学思考》,《法学评论》2001 年第 5 期。

4　参见〔德〕卡尔·拉伦茨:《法学方法论》,陈爱娥译,商务印书馆 2003 年版,第 150 页。

在阐述、应用该逻辑方式的过程中,无意间更加深了对其的形式化认识。首先,大前提中的"R"是抽象事实的法效果,而具体案件有时可能同时满足但不可以并用法条组成要素,即该案件包含于限制性规范的构成要件之中。如大前提为"故意杀人的,处死刑、无期徒刑或者十年以上有期徒刑",小前提为"行为人存在故意杀人的事实",结论为"对行为人应适用上述刑罚",但行为人又满足不负刑事责任的构成要件,则故意杀人的演绎推理不产生具体的法效果。其次,抽象事实的T是被穷尽描述要素的集合,S作为T涵摄的一个案例,并不具备T中的所有要素。最后,具体结论中的法效果有时可以依据大前提而轻易取得,但更多时候需要进行详尽的研究从而取得精确的法效果,如得出行为人应科处相应的刑罚,而具体的刑度则需在法律规定范围内加以斟酌。因此,三段论推理得到的具体法效果并非机械的、刻板的与恒定的,法官的主观能动性依旧存在活动空间,通常而言的自由裁量权正是在具体责任的变度区间运作。三段论实际上使法官的任恣枉断得以程式规制,而倘若相关责任的量化在合理区间变度,就具备了司法的统一性,在该效果的实现上,科技的形式裁量具有人类法官不可比拟的优越性。

对于该点论证,也可以从法律现实主义对形式主义的批判中得到印证。对于三段论的大前提,以卢埃林(Karl N. Llewellyn)为代表的"规则怀疑论者"认为,法律规范没有给法官提供统一性、肯定性和预测性从而做出有预期的判决,事实证明适用相同的法律规则的机构中会产生众多不同的审判结果。[1]法律规则不可避免地存在模糊性、抽象性等局限,而现实纠纷是具体且细微的,适用法律规则需要依据法官的解释与选择,如此就可能存在大前提不统一的问题。以弗兰克(Jerome Frank)为代表的"事实怀疑论者"则认为,由于证人证言可靠性的存疑、法官与审判员对案件事实主观判断的差异,因此三段论的小前提,即案件

1　参见张文显:《西方法哲学》,法律出版社 2011 版,第 212 页。

事实的认定存在困难,并且提出判决的过程很少从一个前提出发得到结论,而是或多或少模糊地形成结论;一个人通常是从这样的结论出发,然后才试图去寻找证明它的前提。在认定大前提、小前提以及结论具体的法效果过程中,科技的形式裁判更好地遵守了三段论推理的统一性。对于大前提的选择,在预设算法的规定与确定、具体的法律法规数据库基础之上,系统对同一法律规范形成恒定的解释与适用,避免了前提差异;结构化、非主观化的自然语言处理与理解,使对案件事实的认定达到规范化,也规避了先对案件事实进行主观认定再去搜寻可能出现偏见性的规范选择。此外,对于所得结论具体法效果的量化限定,系统在遵循法律规定的区间下,通过对相关海量判例的大数据分析,得出具有规律性、体系性以及可预见性的变度区间,使自由裁量具有统一、客观的标准。我国经历了长时间的实质化之后,形式化成为当前需要特别强调的方向。[1]

如何在个案纠纷中突破形式公平,实现实质公平,不仅在人类法官主导审判下,更是在科技审判下聚焦的难题。有关刑法学者就提出,法官对不同案例规则有选择适用的权力,在对法律规定的正确理解之上,甚至可以创制新的案例规则,并对刑事司法人工智能的研发目标或设计标准试图消除这种多样性表示担忧。[2]寻求正当的个案裁判也是法学理论的重要议题,约瑟夫·埃塞尔(Josef Esser)在反对三段论的涵摄模式的立论上,主张法律原则是在司法裁判中产生并且不断地被塑造,从而产生约束效力的;法官在某种无法审查的价值判断上根据其对法与案件事实的理解得出对个案的适当裁判,嗣后的说理证实事先取得的裁判与实然法一致,以此为裁判的法律依据。[3]这种立足于判例法系、包含复杂的价值判断的思维方式,对法官的主观能动性是很大的考验。形式裁量系统

1　参见胡铭:《超越法律现实主义——转型中国刑事司法的程序逻辑》,法律出版社 2016 年版,第 15 页。
2　参见黄京平:《刑事司法人工智能的负面清单》,《探索与争鸣》2017 年第 10 期。
3　参见〔德〕卡尔·拉伦茨:《法学方法论》,陈爱娥译,商务印书馆 2003 年版,第 18 页以下。

没有意向性,也无法做出价值判断,难以采用该主张为指导解决个案纠纷。

沃尔夫冈·菲肯切尔(Wolfgang Fikentscher)则支持涵摄模式,并提出了"平等的正义"与"事理的正义",即"对于应为相同评价的事物应做相同处理"与"适用于该案件事实之裁判规范的恰当性",本质是指法律的规范性与对法律规范的论证;在对个案纠纷的解决上,其主张相互接近、相互澄清的"诠释的程序",法官在认定案件具体事实进而具体化、特殊化从法律中取得的评价标准或观点的同时,以自己认定的法律为要求精确补充必要的案件事实,直到不能再为正当的个案裁判寻获任何新观点为止,即穷尽所适用的法律与对应的案件事实之间的印证。菲肯切尔的观点为形式裁量解决司法统一难题提供了开发理念。对于多样、复杂的个案,通过案件事实、法律规范的不断穷尽、互相印证,得出具有正当性理由支撑的裁决方案,这对于记忆、搜寻、分析能力远超人类的机器法官而言,更加易于实现。

形式裁量应将各个区域间的客观合理的司法差异纳入统一的设计之中,而不需要对其进行二次开发,由各地方对数据库、预设标准进行调整。在形式裁量系统开发、建设时,将各个区域间法律标准输入系统、所有适用案例纳入司法数据库之中。形式裁量系统在具体应用时,根据所在法院管辖范围的定位,自主适用审判标准、选择适配案例,即如同人类法官对该区域法律标准的认识,保证了形式裁量系统在司法中的统一应用。

形式裁量的权威嫁接于所对应的法院,亦应受各级法院的审判组织、审判程序规制,相关研究已表达了对于人工智能裁判冲击审级制度的担忧。[1]形式裁量系统理应作为审判员参与庭审,对于基层法院依法决定适用简易程序、速裁程序的案件,也应允许形式裁量系统独任审判,其既是由于诉讼效率、诉讼经

---

[1] 相关论述参见胡铭、张传玺:《人工智能裁判与审判中心主义的冲突及其消解》,《东南学术》2020年第1期。文中论证了人工智能裁判系统可能使二审失去意义,即便是采用普通的法官审理模式,也难以推翻一审中的人工智能的裁判。

济,也是因为适用该程序案件本身事实清楚、较为充分,不会出现较大的裁判偏差。各国刑事诉讼法一般均规定,对于案件事实清楚、证据充分、被告人认罪、对指控事实及适用简易程序没有异议的案件,依法应判处三年有期徒刑以下刑罚的,可以适用简易程序并由法官独任。[1]而这些简单案件的判决会越发接近电脑推理,所以如美国小额法庭的一些案件、我国可用简易程序审理的案件,可以机器为主进行审判。[2]与人类法官独任审判不同的是,各级法院应在遵守法定法官的原则下,尊重当事人的意见,在控辩双方尤其是被告人对由形式裁量系统审判没有异议时方可适用。

对于合议庭的审判,无论其由几人组成,均应保证有一位机器法官担任审判员,并且充分尊重其对定罪量刑的意见。对于当事人任意双方不服一审判决提请的上诉,则不需要也不应有机器法官加入合议庭。既是由于上诉案件的事实可能较为复杂,当事人可能难以信服机器裁决,更重要的是如果当事人双方无法基于新的证据提出新的主张,则机器难以避免地会做出相同的裁决,与当事人上诉的意志不符,反而致使合议制的优越性丧失,这也是合议庭只需保证一位机器法官加入的原因。对于合议庭人类法官与机器法官对案件审理产生的重大分歧,理应根据法律规定提请院长决定是否上报审判委员会,而不是无视机器法官的意见。可见,机器法官参与合议庭、审判委员会的最大难题是,既要使其意见得到充分尊重,又不能因其观点的固定,以及人类法官在数量上的优势,使少数服从多数的民主原则失效。

法律规范只有在少数情形下,如以数字来确定期限或年龄界限,可以马上将案件事实涵摄其下,[3]更多的情形是属于模糊概念,需要进一步的解释、说明,甚至是基于对案件事实的主观判断得以适用,这也是当前难以实现审判权"同

1　参见邓子滨:《刑事诉讼原理》,北京大学出版社 2019 年版,第 141 页。

2　参见张保生:《人工智能法律系统的法理学思考》,《法学评论》2001 年第 5 期。

3　参见〔德〕卡尔·拉伦茨:《法学方法论》,陈爱娥译,商务印书馆 2003 年版,第 22 页以下。

案同判"的重要原因。尽管形式裁量更易形成规范性的认识,但也易于对不确定的法律概念加以形式性理解,而固定化处理未必符合"同案同判"的要求。忽略了实质正义的要求恰是对司法统一的背离,而模糊理论正是以不确定性的概念为研究对象的,该理论在人工智能对案件事实、法律规范以及两者关系的认定上显示得更为有力。在经典二值(布尔)逻辑体系中,所有的分类都被划定明确的界限,任意被讨论的对象要么属于要么不属于。不同的是,模糊理论主张对现实世界中大量存在的模糊概念、模糊现象以属于程度加以量化,以"隶属函数"来描述现象差异的中间过渡,用精确的数学手段对其进行描述、建模,从而达到对其进行恰当处理的目的。[1]

　　下文以刑罚具体运用中的量刑情节为例,阐释模糊理论对不确定的法律概念的描述。量刑情节,又被称为刑罚裁量情节,是指法院对罪犯进行裁量刑罚时应予考虑的、据此决定量刑轻重或免除刑罚处罚的各种情况,具体分为法定情节与酌定情节。对于法定量刑情节,如累犯、自首或者立功,只存在是或否的判断,以此对刑罚具加具减的判断是自由裁量的范围,法律对其做出了明确的规定;而对于酌定量刑情节,是法院在以往审判中总结出来的经验,在量刑中灵活掌握、酌情从宽从严适用的情节。尽管在审判实践中将其总结为犯罪动机、手段、时间与地点、侵害对象、损害后果等几类,但对于其认定程度,人类法官也难以形成固定的标准。将模糊理论引入形式裁量系统,对如此概念加以程度上

　　1　为了便于对下文内容的理解,这里给出模糊理论的基本规则:

　　(1)模糊集合是经典集合的一个特例,所谓集合是指具有某种特定属性对象的全体,集合涵盖的范围称为"论域","论域"中的每个对象称为"元素"。

　　(2)模糊集合。对于论域 U 中的模糊集 F,用一个在区间[0,1]上取值的隶属函数 μF 来表示,即:
$$\mu F : U \rightarrow [0,1]$$

　　(3)对于模糊集 F 的表示,有扎德表示法、序对表示法以及向量表示法,这里主要介绍扎德表示法:
$$A = \sum_{u \in U} \frac{f_A(u)}{u} (离散), A = \int_u \frac{f_A(u)}{u} (连续)$$

　　式中用到的 $\sum$ 和分数线等符号只是一个记号,不代表原始的数学含义;对于 F 的隶属函数 $f_A(u)$ 的确定,存在模糊统计法、例证法以及专家经验法。

的精确区分,满足法律实质正义的要求。设论域 U={酌定量刑情节},假定 U 中各要素 u 均由数值表示,并且在数值上连续,确定一个模糊集 A 以表示酌定情节的从宽程度,则各要素 u 的从宽程度可以用图 2-4 加以描述,模糊集合 A 用扎德表示法为:

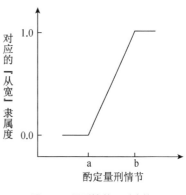

图 2-4　量刑情节 u 对应的"从宽"隶属度

$$A = \int_{0 \leq u < a} \frac{0}{u} + \int_{a \leq u < b} \frac{kx+c}{u} + \int_{b \leq u} \frac{1}{u}$$

式中各部分含义为:当 $0 \leq u < a$ 时,u 对模糊集 A 的从属度为 0,即此时的量刑情节不属于从宽范围;当 $a \leq u < b$ 时,u 对模糊集 A 的从属度为函数 $kx+c$($k > 0$)的因变量值,即此时的量刑情节属于从宽范围,属于度由 u 所对应的因变量值确定;当 $u \geq b$ 时,u 对模糊集 A 的从属度为 1,即此时的量刑情节为从宽情节。在形式裁量系统模糊应用的具体开发中,可以依据结构的语言理解,对不确定概念的各个要素赋值,而对于隶属函数,可以根据法律、计算机专家的实际经验给出的模糊信息的处理算式或者相应的权系数确定。凭借于此,形式裁量系统既可实现对模糊法律概念的精确化认识,还可依据大数据分析,将同类型的个案事实剖析组合为集合 $U = \{x_1, x_2, \cdots\cdots, x_n\}$,并认定从重、从轻、减轻或者免除量刑情节的隶属度,通过回归分析、要素与判决间的模糊关系归纳各个情节与宣告刑的量化关系,进而实现对法定刑具加具减的裁量。模糊理论的应用远不止于此,菲肯切尔的"诠释的程序"理念也可以因此实现,建立争议案件事实涉及的所有法律条文或者法律条文所有的构成要素的论域 U,通过对阈值 λ 的设定实现其印证;还能通过对模糊推理的运用,实现案件事实与法律规范的模糊对应等,这将有力推动符合实质正义要求的"同案同判"的实现。

五、 实质审判阶段：司法统一与理性审判

"我教你们何谓超人：人是应被超越的某种东西。你们为了超越自己，干过什么呢？"[1]在科技的危险性得到实证之前，人工智能发展是单方向的矢量，全面超越人类能力的可能性是客观的。当前，人工智能技术最大的困境就在于如何让计算机实现类人的通识感知，[2]比如语言理解，即符号与解释者之间的关系上，人工智能与人的对话沟通也存在意向性障碍。语言理解的障碍，使得人工智能处理的数据都是结构性、间接性的，而这恰与诉讼构造和原则相违背，引发了对庭审空虚化的担忧。人工智能学界对语言理解问题早有关注，约翰·希尔勒（John Rogers Searle）在 1980 年提出"中文房间"的概念，[3]意在论证人工智能只是在执行预设的算法、程序，并不能理解所接收到的信息，其只是在执行而不存在理解。语言理解涉及的深层命题是，人工智能并非基于主体地位而获得尊重的，其表达、理解指向的目的是人。对人工智能理论认知的突破，核心不在于通知通感的能力，更紧要的是其思维、行为得到正当性论证。在"中文房间"的设问下，存在如下可能性结果：一是人工智能认识的发展，证明"中文房间"的概念为悖论；二是人工智能技术的提升，突破了"中文房间"的设定。造成相同效应的是，人工智能的正当性得以确认，或是因为能力，或是出于认识，但走出"中文

1　〔德〕弗里德里希·威廉·尼采：《查拉图斯特拉如是说》，钱春绮译，生活·读书·新知三联书店 2007 年版，第 7 页。

2　相关文献参见胡铭、张传玺：《人工智能裁判与审判中心主义的冲突及其消解》，《东南学术》2020 年第 1 期；季卫东：《人工智能时代的法律议论》，《法学研究》2019 年第 6 期；罗维鹏：《人工智能裁判的问题归纳与前瞻》，《国家检察官学院学报》2018 年第 5 期。目前对人工智能发展现状的研究普遍认为人工智能缺乏人的意向性、思考的"心灵"以及常识等。

3　尽管对于"中文房间"有着不同版本的表述，但核心内容可以概括为：一个只会说英语的人处在"图灵测试"所提及的房子中且拿着一本汉语文字对照手册，另一个人则在房间外向该房间内的人发送汉语文字问题，房间内的人只需依据对照手册，反馈手册上的汉语文字答案，房间外的人就会以为房间内的人掌握了汉语，而实际上房间内的人可能对汉语文字一窍不通。

房间”将是必然。

庭审则是审判的核心，“所有的证据在此亦均需依言词辩论及直接原则、依严格证据之规则及在审判公开的监控下被提出。判决只得‘从审判程序中所获取者’才能作为依据”[1]。确保人工智能实质性参与庭审，是以审判为中心的司法改革的内在要求，更是人工智能未来发展的着力点。尽管已有学者在该领域进行研究，[2]但从目前的理论与实践来看，人工智能尚难具备人类法官参与庭审的能力。这无疑与当前司法改革的愿景相悖，伴随而来与具体场景相联系的、直接的法庭辩论会渐次萎缩，原本期望通过人工智能排除主观因素对法律解释和法律议论的影响，结果却很可能把法律解释特别是法律议论本身给排除了。[3]进入实质审判阶段的司法人工智能，应符合人类社会对全知全能审判者的希冀，其法律思维遵从严格的逻辑、适用法律保持固定的理性，以至对任何案件都得出正义的结论，成为以澄澈之心裁决的“神明”。

在实质审判阶段，人工智能将拥有如同人类般的感官系统，犹如测谎仪等设备在当前侦查工作中的应用，其甚至可以凭借视觉、听觉、近红外和其他传感器的组合来捕捉、分析相关人员的眼动、声音和各种其他特质，进而对信息汇总和分析，确定证据的效力，认定案件事实。[4]不仅参与庭审的能力将远超人类，在实质审判阶段，机器法官凭借强大的记忆能力，通过语言理解能力的支持，对模糊性的法律概念、法律规则的构成要素以及先前判例形成同一、精确的理解；开放结构的法律概念，也能凭借审判经验的积累，得到充分把握，其具备高水准、规范化的法律素养，杜绝了人类法官水平参差不齐的弊病。作为司法人工智能

1　〔德〕罗克辛：《德国刑事诉讼法》，吴丽琪译，三民书局1998年版，第447页。

2　相关文献参见栗峥：《人工智能与事实认定》，《法学研究》2020年第1期；季卫东：《人工智能时代的法律议论》，《法学研究》2019年第6期；魏斌、郑志峰：《刑事案件事实认定的人工智能方法》，《刑事技术》2018年第6期。

3　参见季卫东：《人工智能时代的法律议论》，《法学研究》2019年第6期。

4　参见〔美〕瑞恩·卡洛等主编：《人工智能与法律的对话》，陈吉栋等译，上海人民出版社2018年版，第11页。

的终极阶段,实质审判下的人工智能在理解自然语言、依赖其感官系统实现对证据效力的鉴别及自由心证的基础上,能够进行复杂的法律推理、法律论证,并在价值判断、利益衡量的基础上得出正当性的结论,乃至拥有超越人类法官的审判能力。同时,人工智能法官的主体地位、裁判效力得到充分尊重,甚至其可能成为办案的主力,人类法官成为其辅助者。[1]象征着司法公平正义理念的神兽獬豸,也借科技手段得以显现。

语义分析学派早期主张要对语言进行分析,使其意思明确,并且提出以数理逻辑中具有确定含义的人工语言(符号语言)代替日常语言(自然语言),从而消除语义的模糊;该学派后期基于上述观点提出,正是由于人们正确地使用了无法明确含义、用法的语言而带来了语义的含混,以人工语言替代日常语言是于事无补的,关键在于对日常语言的语义分析,明确并及时更新语言的用法与含义。从该哲学流派的前后期观点可以看出,无论是主张使用人工语言,还是侧重于日常语言的分析,其核心观点都是要避免模糊、歧义等使语言得不到确切理解的现象。在语义分析哲学基础上形成的语义分析法学派,在法学研究中主张使用语义分析的方法,认为法律的词语、概念的意义不是确定不变的,只有根据其被使用的环境、条件和方式,才能确定它们的含义,而不是简单地下定义。[2]

人工智能需要掌握语义。语义是一种高度浓缩的文化概念,传达的是某种约定俗成的信息。[3]法律规则与法律概念的模糊性、含混性,使得法律往往只有通过解释才能适用,尽管可以出台规范的司法解释,但法律在具体案件中适用时,鉴于法官的主观意识,仍会存在不同的理解,从而导致适用前提的偏差。在实质审判阶段,人工智能由于采用了相同的设定,语言理解、法律思维存在互通

1　参见庄永廉等:《人工智能与刑事法治的未来》,《人民检察》2018 年第 1 期。
2　参见张文显:《西方法哲学》,法律出版社 2011 年版,第 163 页。
3　参见栗峥:《人工智能与事实认定》,《法学研究》2020 年第 1 期。

性,在庭审时能够实现对证据的认定,对案件事实形成规范理解,对适用的法律有着规范、精确的理解,从而避免了不同人类法官对案件事实、法律规则有不同的认识,实现规范性审判。

现实主义法学反对形式主义的逻辑推理方式,认为法律是对法院判决的预测,并且怀疑法律的确定性与稳定性。如上文提到的卢埃林认为,形式主义并不能真正解决现实中的问题,仅考虑法律的终极目标或者法律的应然问题是不够的,法律的重点是司法的实际运行。[1]现实主义法学将心理学行为主义的观点引入研究方式之中,认为法官审判的过程,是在各种相关外部因素刺激下,通过法官的个性作用,即"刺激—反应"关系,从而得到最终裁判的结论。因此,该过程可以概括为 S * P = D。其中,S 代表刺激的外部因素,如法律法规、相关判例、法学理论等;P 代表被刺激的法官个性,如性格、爱好、偏见、习惯等;D 表示判决。[2]现实主义法学家据此来怀疑形式主义逻辑推理结论的确定性与规范性,但也恰好解释了科技实质审判统一性的来源。对于人工智能的审判,S 代表的是完整、规范、确定的裁判依据,并且对其形成了精确一致的解释、适用条件,能够对同案适用相同法律法规;P 代表的不是人类法官的个性,而是排除了人为意志,可以在庭审等司法活动过程中捕捉被告人、被害人、公诉人、辩护人、证人等的脑部活动、呼吸系统、语言肢体等生理反应,以及具备认定相应证据的超凡能力、借以形成自由心证的科技个性;D 则是形成的正确性、统一性均毋庸置疑的科技实质审判的结论。

"同案同判"是审判活动的基本法则,本章采取了相对弱化的概念,即规范性的自由裁量。在辅助处理与自由裁量阶段,实现司法统一的关键是将科技的规范性与自由裁量融合。在实质裁量阶段,科技得到的裁判并非为满足规范性的要求,而是针对个案得出符合法律逻辑思维方式的裁决,这是人类社会理性

1　参见胡铭:《超越法律现实主义——转型中国刑事司法的程序逻辑》,法律出版社 2016 年版,第 14 页。

2　参见张文显:《西方法哲学》,法律出版社 2011 版,第 235 页。

司法的目标。人类将自己的理性诉诸技术的逻辑,进而获得严格正确的结论。该进程的深层次问题是:这个遵循严格逻辑、背后符合公意理性的过程,是否符合司法活动的本质与目的? 所谓的逻辑、理性本质又是人类思维的产物,科技将主观内容演变为外在的客观性,而司法活动的内在是否真的如此精密准确?

庞德(Roscoe Pound)对审理的案件进行了细致的划分:有些案件的判决必须严格地遵守法律,法官只应依据法律做出决定;有些案件的审理没有相关法律法规作为依据,此时的判决不需要遵守任何的法律规则,但是必须根据权威的观念,运用权威的技术,从权威性起点出发进行推理,进而做出判决;有些案件必须根据自由裁量解决,该自由裁量的行使应以运用原则为指引;还有些案件需要按照法官个人的自由裁量权进行判决,没有参照任何权威的必要。[1]在这种案件类型划分之下,法官对案件的审理并非总是遵循严格的逻辑思维,环环相扣、缜密推论。时至今日,英美法系的陪审团得出有罪与否的结论时,毋庸指出他们的根据与缘由,仍体现着神秘性与神谕性,尽管饱受"拖沓、外行、费时、令人烦恼、易动感情和画蛇添足"的诟病。[2]实质审判阶段的科技特性与该司法构造显得格格不入,对于司法活动是否存在过度的神化,将其视为权威、理性的代表,人类社会又是否需要全知全能般存在的终极审判者,同样充满着疑问。

法律适用作为一种对现实社会的反映,在裁判的利益衡量中融入社会一般公正观是一种常态,而这种利益衡量是一个十分复杂的过程,"这种带有人情味的价值判断"很难被机器学习。[3]人文主义精神在理性思维中的彰显,对科技而言确实是巨大的挑战,没有生存、生活压力的机器难以训练出类人情感与道德理念。或许这是对人类追求纯粹理性审判的解构,但本章无意对实质审判提出建构性观点,并非忌惮于落入二元对立的形式化思维,而是在该阶段,人工智能

---

1 参见〔美〕罗斯科·庞德:《法理学》(第二卷),封丽霞译,法律出版社 2007 年版,第 281 页。
2 参见林钰雄:《刑事诉讼法》(上册),新学林出版有限公司 2017 年版,第 92 页。
3 参见胡铭、张传玺:《人工智能裁判与审判中心主义的冲突及其消解》,《东南学术》2020 年第 1 期。

法官的裁判应满足司法统一的实质性要求。只是该境况的实现,是否与司法的本质相契合,着实令人困惑。

六、结　语

司法统一问题早于现代科技的引入,科技引入为实现司法统一带来了便利条件;但由于技术发展的局限性与阶段性,科技本身也存在导致司法不统一的潜在风险,即科技对司法统一有着对立统一的影响,并体现为随着技术的迭代发展及其对司法渗入程度的不同,该矛盾在不同阶段性具有不同的特点。本章具体分析当前现代技术的介入与司法统一问题的关系,不以当前技术的现状否定未来科技发展的可能性,以人工智能为代表的现代科技迭代之过程为线,超越当今技术发展阶段的桎梏,置于不同条件、角色以及环境之下,系统梳理其面对的统一性难题。同时,本章还将司法统一的内涵区分为审判权、检察权两方面的统一,指出现代科技面对的司法统一问题,不仅涉及"同案同判",还涵盖"同案同办",改变了先前研究着眼于现代科技主导审判的单一角色探讨,将科技对统一性的影响纳入司法全过程加以分析。除了提出各个阶段的司法统一构建,也表达了对司法引入科技发展的困惑。

第三章

人工智能在刑事司法裁判中的应用及规制

技术迭代之下,人工智能已逐步进入人类神经网络学习应用的高速发展阶段,各行各业相继拥抱人工智能技术。众多人工智能科技产品深刻触发了社会结构的变革,并对公民生活产生全方面、多层次和各领域的影响。将人工智能运用于智慧法院建设,将给刑事司法带来机遇与挑战。深度学习算法预测模型可以更精准地预估案件裁判结果并做出量刑建议,有效解决法院"案多人少"问题,提升刑事司法效率,促进实现"同案同判"。人工智能裁判深刻改变了传统的司法观念和工作模式,使公民参与诉讼活动的过程更为公平与高效。

刑事司法活动具有特殊性,与公民人身权利和财产权利最为相关,所涉纠纷最为繁杂。刑事案件由国家强制力进行追诉,裁判结果将对被告基本权利造成限制。一旦法官错判或者误判,其产生的负面结果往往不可逆。因此,针对人工智能裁判可能对刑事司法造成的伦理风险,应建立人工智能裁判司法公正第一性和裁判系统具有完备问责体系两大基本伦理原则。公正价值是司法的基本构成要件及核心内涵,人工智能裁判首要坚持的原则是公正,系统不应违背人类基本伦理道德,并确保各个阶段开发均可归责。

刑事司法对人工智能的过度依赖会导致技术理性与司法理性冲突,主要表现为对刑事诉讼基本原则、刑事诉讼基本构造及刑事司法透明度的影响。人工智能裁判冲击了法官基于专业知识建立起来的审判权力,将对刑事司法造成深远且隐蔽的影响。人工智能裁判将法官视同仅能做出结论的"自动售货机",却忽视了法官裁判对立法的反馈作用,技术科学性取代了司法程序要求的亲历性,深度促成了书面审理,加剧了法定证据主义的倾向,削弱了被告在诉讼中的地位,进一步拉大了控辩两方的地位差异。同时,由于暂未形成统一的司法数据收集规范,人工智能裁判的数据收集存在不准确和不规范等缺陷,"黑箱"问题更是会降低司法透明度,整个智能裁判过程对公民来说不可见。

因此,应建立人工智能司法裁判的动态治理体系,将人工智能裁判固定为辅助地位,限定人工智能裁判适用刑事案件的种类和内容,充分保障被告的诉讼权利。通过事前和事后对算法技术进行严格监管,探索实现刑事司法智能化与司法公正统一的路径。

一、引　言

2020 年 12 月 3 日,全国法院第七次网络安全和信息化工作视频会议召开。时任最高人民法院院长周强明确指出,要全面加强法院信息化建设,加快推进人民法院信息化 4.0 版建设,促进法院审判体系和审判能力的现代化。[1]利用人工智能技术解决现代司法改革中的难点问题已成为我国现代法治建设的重要手段,各地司法机关纷纷开展了与人工智能技术融合的系列尝试。[2]

学界对人工智能司法裁判有着众多讨论与研究。第一,总结了人工智能裁判现状,我国官方及学术研究层面极其重视人工智能技术,而司法实践中却呈现消极态度,法官对人工智能的运用表示怀疑、否定和抵触;[3]第二,概括了人工

---

[1]　参见蔡长春、赵婕:《全面深化智慧法院建设》,《法治日报》2020 年 12 月 4 日,第 1 版。
[2]　参见朱旻:《江苏智慧法院建设扎实推进》,《人民法院报》2018 年 3 月 17 日,第 10 版。
[3]　参见王禄生:《大数据与人工智能司法应用的话语冲突及其理论解读》,《法学论坛》2018 年第 5 期。

智能裁判的技术特点,即具有数据信息前置、算法逻辑依赖、环境主动适应及学习领域宽泛等特征;[1]第三,探讨了人工智能裁判的优势,即有助于提升法官审查判断能力,实现裁判尺度的统一,促进或约束法官行使裁量权力,简化诉讼流程,提高司法效率,增强公民应诉能力等;[2]第四,讨论了人工智能裁判的潜在风险,即人工智能裁判系统所依赖的数据缺乏前置性审查程序,庭审过程缺乏司法仪式感,影响了法官对诉讼程序的亲自感知,判决存在僵化的可能,甚至造成了网络透明下的信息风险;[3]第五,总结了人工智能裁判的规制措施。

根据人工智能裁判系统众多功能是否会对法官决策产生影响进行分类,技术应用大致可分为三类。第一类是内部自动化与办公管理系统,目的在于解决数目巨大且非结构化的办公类事务,规范法院内部行政事务的管理。第二类是业务信息化系统,法院实现从"纸上办案"到"网上办案",方便当事人参与司法活动,包括智能立案、智能审理和智能送达等配套功能,能够对不同案件进行全流程、全时段、全方位的监测。第三类是分析决策支持系统,包括类案推送、风险评估、定罪量刑辅助等功能,以此作为法官得出结论的参考依据。以往科学技术的进步仅影响前两类司法活动,本质上是通过科技手段取代重复且繁琐的法院基础性工作,至多只是一种办公工具的改进而已。

这里所讨论的人工智能技术,并不是指那些通过技术应用帮助法官完成某类简单的任务的技术。例如,过去案例查找往往以纸质方式进行,而司法数据库建立后,法官可以通过在网络上输入关键词的方式实现高精准度的检索,但整个流程并不涉及法官做出案件裁判结果的核心领域,该类简单应用并不在本章人工智能裁判技术所讨论的范围之内。因此,本章所研究的人工智能技术内涵应当为上文所述的第三类,即分析决策支持系统,在这类系统中机器可以通

---

1 参见王禄生:《司法大数据与人工智能技术应用的风险及伦理规制》,《法商研究》2019 年第 2 期。

2 参见钱大军:《司法人工智能的中国进程:功能替代与结构强化》,《法学评论》2018 年第 5 期。

3 参见冯姣、胡铭:《智慧司法:实现司法公正的新路径及其局限》,《浙江社会科学》2018 年第 6 期。

过人工智能相关技术实现对法官某些裁判结论的替代。例如人工智能裁判系统所拥有的深度学习算法模型能够对案件审理结论进行预测,并提出量刑建议。长此以往的结果是,智能化应用冲击了拥有专业知识和技能的法官独立思考的过程,削弱了法官在裁判中的主体地位,分化了基于法学专业知识的裁判权,甚至可能冲击以审判为中心的司法制度改革。

刑事法官的定位与民事法官有所差异,通俗来讲,刑事法官掌控着被告的生死之权。刑事裁判结果要同时实现打击犯罪和保障人权双重效益,因此,刑事裁判程序较能体现司法的权威性。正因为刑事法官权力之大,相较于民事法官,刑事法官司法裁判范围更广,更积极主动,也更要明察秋毫、一丝不苟、刚正不阿地对各类证据进行全面审查。民事诉讼中的原被告在法律允许的范围内,能够按照个人的意志掌控自身的民事权利和诉讼权利,民事法官无法随意对原被告的诉讼请求进行调整。刑事法官则要求对案件事实、全案证据材料和适用法律进行系统判断,依法全面收集能够证明被告定罪量刑情况的各种证据,全面审理,客观评定。

刑事法官的特殊定位给人工智能裁判在刑事司法领域中的运用带来了挑战,司法能动性要求刑事法官不仅仅是"自动售货机"式地得出结论,而且需蕴含一定的政策取向和社会价值,让法律适用满足社会现实的发展。按照工具论的逻辑,技术应当服从于人。人工智能技术首先是一种工具,虽然具有智能的表象,但这种工具依然是人类利用知识获得的产物,并非具有人性。若刑事法官过度依赖人工智能技术引起了人机错位,将会导致技术异化,技术权力进一步俘获司法权力。随着人工智能技术的蓬勃发展,刑事司法领域已无法回避人工智能发展带来的种种挑战,诉讼参与者和司法机关切实享受了人工智能裁判系统带来的便捷、高效和精准,但人工智能裁判便捷性的背后隐含着潜在风险。为了研发更科学、合理的人工智能裁判系统,降低科技发展给刑事司法体系带来的危害,我们就需要深入讨论人工智能给刑事司法带来的多重影响,探索如何构建更适应我国信息化建设现状的法学理论和法律制度。

二、人工智能裁判的现实样态

2017 年最高院出台的《关于加快建设智慧法院的意见》中,重点提出要运用现代科技建成可以量刑辅助、类案推送和偏离预警的司法辅助系统,确立了司法人工智能在当前的技术定位。除了这三类典型的功能模块之外,系统又延伸出了涉及证据规则、证据标准等内容,辅助法院对证据进行审查的功能板块。[1]例如北京的"睿法官"、江苏的"法务云"等,将人工智能技术与智慧法院建设相结合,逐渐形成了类案推送、证据指引、量刑辅助等人工智能裁判系统。

相较于我国直接将人工智能技术用于刑事审判阶段的裁判辅助,多数西方国家仅将人工智能系统视为有利于法院管理案件的工具,官方对人工智能裁判的态度相对保守和谨慎。欧盟的《通用数据保护条例》(GDPR)严格规范了数据的收集与处理程序,阻碍了人工智能技术深入司法领域。法国则制定了相应法规监管人工智能在司法领域中的运用,将限制人工智能裁判作为司法改革的部分内容,法律明确规定不能对法官和书记员的个人数据进行评估与分析,由此预判他们将要做出的专业裁判行为,并规定了严重的违法后果,[2]彰显了法国官方对人工智能技术的警惕态度。

美国法院开发了两套用于法院管理的信息系统:一是案件管理和电子案件档案系统(CM/ECF),方便法院进行内部管理;二是法院电子记录公共访问系统(PACER),便利公民通过互联网访问法院裁判文书。在欧洲,根据欧洲司法效率委员会 2016 年的"欧洲法院信息技术的运用"专题报告,绝大多数欧洲国家

1　参见唐旭、苏志猛:《人工智能辅助审判系统:理论证成、特质与困境突破》,《重庆理工大学学报》(社会科学)2019 年第 8 期。

2　参见施鹏鹏:《法国缘何禁止人工智能指引裁判》,《检察日报》2019 年 10 月 30 日,第 3 版。

法院运用的人工智能技术还处在"低人工智能"阶段。[1]

多数西方国家未将人工智能直接用于审判辅助阶段,而仅作为工具性的案件管理系统,目的多数是减轻法官的文书负担,方便公民在线访问文书。这主要是因为,法院和公众担忧人工智能技术可能导致裁判存在种族偏见,且人工智能裁判系统尚未成熟,存在应用风险,因此在司法领域中的运用需要尤为谨慎小心。这与我国官方对人工智能的态度及信息化建设情况相去甚远。美国部分州的法院使用 COMPAS、PSA 和 LSI-R 三类犯罪风险评估软件来辅助法官量刑,但在法院使用中常遭受批评。有的学者反对利用算法对被告进行审查,因为算法技术对被告人做出的判决极可能存在歧视。[2]有的学者对算法表示出了担忧,认为算法决策存在的"黑箱"问题将会损害公民的正当程序权利。[3]众多质疑声导致法官对人工智能技术的运用非常谨慎。反观我国,公民对现代科技报以积极态度,却对新技术的潜在风险知之甚少,顶层设计则希望通过技术手段极大提升我国法治建设水平以达到世界领先地位,故大力支持人工智能与司法融合发展,且目前我国法律对人工智能规制少、门槛低,人工智能裁判引入空间大,由此导致了中外司法实践中人工智能技术运用的不同趋势。

人工智能裁判系统案件判定,由系统通过自然语言处理技术对案件信息和证据材料进行录入与分析,检索相关法律法规,再进行案件匹配,最终预测裁判结果。值得注意的是,虽然该类应用目前存在较大的技术困境,但未来的发展可能会呈现指数型的爆发式增长,技术的发展将远远超过人类的预期。

在法学理论中探究司法人工智能裁判的合理性基础,或许能够从法律形式主义理论中有所借鉴。法律形式主义的代表人物兰德尔(Christopher Langdell)

1　参见郑曦:《人工智能技术在司法裁判中的运用及规制》,《中外法学》2020 年第 3 期。

2　参见 Mayson, Sandra G., "Bias In, Bias Out", *Yale Law Journal*, Vol. 128, 2018, p. 2218。

3　参见 Citron, D. K. & Pasquale, F., "The Scored Society: Due Process for Automated Predictions", *Washington Law Review*, Vol. 89, 2014, pp. 1-33。

强调法律的理论和概念,试图把法律从其社会环境中完全抽离出来,将逻辑推理视为法律的核心与生命,认为法学就如同欧几里得几何学一般,通过法律逻辑推理即可得到完备的结论。[1]形式主义法学将法官视为"自动售货机",认为只要将案件事实情况、证据材料、法律条文放入"自动售货机"中,机器便能很快得出裁判,法学家便可以像数学家那样通过逻辑运算得到法学问题的答案。然而,哈特(H. L. A. Hart)认为语词、语句和规则概念不够准确,在法律所约束的范围内,很多问题无法借助一般性的法律或规则给出明确的裁判方案,或者即便给出这类方案也势必是徒劳的;换言之,某些问题虽然属于法律应当囊括的范畴,但是无法采用法律规定的方法来加以约束,此时法律就是具有开放性质的,法律无法解决一切社会矛盾。[2]因此,法律规定本身往往不够精确,需要通过不断的动态调整以适应当下社会现实,这才促使法律不断与时俱进。由此,人工智能裁判将面临严重僵化法律正当性的问题。

人工智能仿佛一把达摩克利斯之剑,看似和平的背后蕴藏着强大的危险力量。随着智能技术高速发展,人工智能将在未来的某个时间点拥有人类般独立的思维意识,从弱人工智能时代走向强人工智能时代甚至超人工智能时代,整个过程将呈现不可逆的指数爆炸,由此给刑事司法带来巨大的冲击与挑战。

三、 人工智能裁判的合理性基础与价值权衡

司法资源是社会资源的一部分,是利用司法程序解决纠纷所需要的一系列司法机构、司法人员和司法财政的总称。根据帕累托最优方案,如果需要使一部分公民得到好处,那势必意味着另外一部分公民将会遭受损失,"效率"是一

---

[1] 参见胡铭:《超越法律现实主义——转型中国刑事司法的程序逻辑》,法律出版社 2016 年版,第 5 页。

[2] 参见陈景辉:《"开放结构"的诸层次——反省哈特的法律推理理论》,《中外法学》2011 年第 4 期。

种特别的平衡状态。[1]法律本质上属于一种"配给"制度,通过不同的手段调节不同利益群体之间的关系,在不同的纠纷中投入与之相匹配的司法资源。司法效率是指在司法资源一定的情况下,得到最大程度的司法收益产出,集中表现在案件能够得到及时审结。司法效率与刑事司法的正义性密切相关,法谚有言:"迟来的正义是非正义。"这一原则在刑事诉讼中体现得尤为明显。即便司法裁决公正,若司法裁决过迟,于被告人而言即不正义。悬而不决的案件,对被告人而言往往意味着更长的羁押期限和更严重的人身自由限制。对被害人及其家属而言,若裁判过迟,或案件迟迟不审判,他们就可能放弃法律手段,而采取过激的方式维护自身利益。因此,法律明确规定了法官审理案件的期限,充分保障诉讼效率价值,避免法官任意推迟裁判期限。

以审判权为核心的司法活动的首要目的是明确各项权利归属,平息社会矛盾,使公民建立起对法治社会的信仰。众所周知,权利是需要成本的,自由依赖于税收,[2]法院依赖于公共财政的支撑。目前,我国正处于社会转型期,利益关系深刻变动,意识观念显著变化。海量案件涌入法院,司法资源难以匹配实际案件需求。此外,由于历史和现实原因,我国司法资源存在配置不合理的现象。我国司法人员的法律素质远远不能适应现代法律实践的需求,法官素质不均衡,以致司法资源供给与需求失衡,造成法院"案多人少"矛盾越发凸显,这与司法公正要求差之甚远,进一步影响到司法正义以及社会公平的实现,甚至会消解法院公信和权威。

司法效率与司法公正两者相辅相成、辩证统一。降低司法成本、提升司法效率已是"案多人少"的法院进行司法改革必须解决的痛难点。试想,人工智能裁判系统能够不间断工作,并且拥有超越人类大脑计算能力几何级倍数的运行

---

1 参见彭真善、宋德勇:《交易成本理论的现实意义》,《财经理论与实践》2006 年第 4 期。
2 参见〔美〕史蒂芬·霍尔姆斯、凯斯·R. 桑斯坦:《权利的成本——为什么自由依赖于税》,毕竞悦译,北京大学出版社 2004 年版,第 1 页。

能力,其所带来的对司法效率提升的增益不言而喻。[1]人工智能在司法审判中的运用有助于保障被告诉讼权利、增强司法公开性及提升诉讼效率。实践中,人工智能裁判系统辅助法官审理案件后,无论是各级法院审结案件的数量还是案件审理的质量都有大幅提升。2020年《浙江省高级人民法院工作报告》提出要加快建设全省法院一体化、智能化办案办公平台,着力打造智慧法院建设新平台,全省审结刑事案件7.2万件,有效提升了司法效率,缓解了司法资源紧缺的压力。[2]

德沃金曾言,法律规范必须一以贯之,官方必须实现案件的"同等对待",即强调官方对全体公民必须以一种方式讲话,官方行动时必须具有原则性和一致性,把自己对某些人所使用公正的现实准则延伸至全体公民。[3]"同案同判"由一般正义原则推导而来,而正义的第一性表征就是"平等"。同案同判的法理基础首先来自朴素的平等价值,它要求司法裁判结果可预期,司法裁判能够指引公民个人行为,扭转社会风气,维持社会基本秩序。同时,我国宪法对公民平等原则进行了确定,公民在法律面前一律平等,要求法官同等案件同等对待,统一裁判尺度。近年来,一些司法腐败事件已对司法公信力产生了消极影响,解决"同案不同判"问题,有利于促进裁判尺度的统一性和法律适用的规范性,树立法院司法权威。

在普通法国家,先例具有正式法律渊源的地位,检索先例案件是法官应负的基本义务;而在成文法国家,先例并不能够直接作为正式的法律渊源。在我国,法律规定了法官在裁判案件时,需要对关联案例进行检索,实践中法官应当对最高人民法院公布的指导性案例进行参照。由此,指导性案例本质上拥有了

1　参见章安邦:《人工智能时代的司法权嬗变》,《浙江工商大学学报》2020年第4期。

2　参见《浙江省高级人民法院工作报告》,浙江新闻网,https://zj.zjol.com.cn/news.html?id=1368328,2024年1月30日访问。

3　参见 Dworkin, Ronald, *Law's Empire*, Harvard University Press, 1986, p.165。

准法律渊源的地位,其由最高人民法院颁布且具有内容正当性,将类案检索规定为法官应尽的裁判义务,旨在统一审判尺度。[1]

传统案件审理过程中,法官为了发现个案之间的相似性,需要查阅大量类似案件,这会耗费法官大量时间和精力。人工智能背后具有强大的算法技术支撑,能够在极短时间内为法官提供类案推送,对案件情节进行提取,根据海量类案预测案件裁判结果,极大避免了法官在判断同案或类案时的主观判断,实现了较大程度的客观公正。"同案同判"首先要解决的问题是何为"同案",相互关联的案件起码要满足两个层面的"类似",前案才可被用于后续案件审理的参照:第一是待处理案件中的争议焦点与前案中的争议焦点类似;第二是前案和待处理案件在事实层面类似。

基于当前司法公信力较低的现象,当事人或许更担心法官枉法裁判而非裁判有所偏离公正,更倾向于认可看似客观、不带有个人色彩的人工智能所得出的结论而非法官主观倾向浓厚的裁判结果。一旦进入诉讼程序,当事人往往会通过检索以往类似案件,要求被法官同等对待。当事人通过网络查询与自身案件情节相似的案例来判断裁判结果是否公正合理,若法官没有按照先前案件裁判,当事人便会认为裁判不公因而提出异议。人工智能裁判为当事人同案参照提供了前提,驱使法官在案件审理过程中不得不参照大量类似案件,考虑人工智能系统得出的结论,极力确保"同案同判",促进实体公正实现。

司法公正与诉讼效率两种司法价值的侧重点有所不同,但在内涵上又有所关联。[2]人工智能裁判的众多研究中始终无法回避司法公正与效率优先性的问题。波斯纳(Richard Posner)指出,效益就是正义的内在表现形态,效益与正义概念是一致的。有学者指出波斯纳用效益代替正义内涵的观点显得有些偏激,

---

1　参见雷磊:《指导性案例法源地位再反思》,《中国法学》2015 年第 1 期。
2　参见姚莉:《司法效率:理论分析与制度构建》,《法商研究》2006 年第 3 期。

需要同时承认正义与效率两个方面的价值，让这两方面能够相互依赖、相互促进。[1]

任何案件进入了法院都意味着纠纷背后的社会秩序遭到了毁坏，个人权利居于不明确境地中，也都意味着司法公正价值居于危险状态。因此，案件的审判需要同时满足裁判公正和裁判迅速两方面的要求。特别是在刑事司法领域，被破坏的社会秩序更为严重，更要求司法制度能够尽快地解决案件纠纷，恢复社会稳定，维持法律秩序，实现公平正义。

然而，司法公正与诉讼效率也存在差异性。司法公正要求一种完美无瑕的正义，即要求法官在每个案件中都投入充分的时间精力，使所有案件均得到公正审理，换言之，要求用有限的司法资源去追求永恒的司法正义，这对司法资源提出了极高要求。但是，无论是法官数量、办案时限还是法院业务经费、办公设备等司法资源都是有限的，不可能无止境增加。司法效率要求法律制度能够在一定时限内对进入司法程序的案件做出一个终局性、权威性的结论，以了结不稳定的状态。于是司法公正和诉讼效率两者的矛盾便更加凸显，也引发了众多学者对两者究竟谁更优先的讨论。

刑事司法是人工智能伦理风险很高的领域，一旦误用或者滥用人工智能裁判，将会使公众面临巨大的法律风险，甚至导致公民利益遭到严重损害，特别是对被告人诉讼权利造成持续性的侵害，逐步瓦解刑事诉讼中被告人的地位。而处于弱势地位的被告人无法主动从人工智能裁判系统中"脱离"，更无法对人工智能裁判系统进行质疑，只能被动接受人工智能对其的判定。一旦产生不利影响，其结果对被告人而言往往更加严重。因此，相较于其他领域与人工智能结合，在刑事司法领域适用人工智能一定要严之又严、慎之又慎，既要看到人工智

---

[1]　参见顾培东：《效益：当代法律的一个基本价值目标——兼评西方法律经济学》，《中国法学》1992 年第1 期。

能存在先进性,又要对其保持充分的警惕心。

从人工智能辅助司法裁判的目的以及人工智能辅助裁判实现的手段来看,技术在刑事司法中的应用应当坚持两条最基本的伦理原则:(1)人工智能裁判辅助系统应坚持司法公正第一性;(2)人工智能裁判系统应具有完备问责体系。第一条原则要求司法人工智能裁判辅助系统要以司法公正作为首要价值前提。人类解决冲突的方式多种多样,包括回避、妥协、协商、武力解决和司法手段等。司法裁判解决的问题往往是相当繁琐的社会纠纷,而刑事司法大多涉及生命健康、财产安全等重要权利。采用协商或者回避的手段来解决这类复杂问题的可能性很小,刑事纠纷最好的解决方式就是裁判。因为当事人通常无法自行解决这类纠纷,需要由国家机关代替被害人向被告人进行追诉,故刑事诉讼的解决对被害人、被告人和社会秩序而言都意义重大。司法的本质就是利用国家强制力,以和平裁判手段替代传统的血腥复仇,法官判决具有公信力,能使民众信服。法官代表着国家并依靠国家强制力对刑事被告人做出裁决,对追诉案件的是是非非做出官方层面的结论,且该结论应当是具有充分证成理由、能够说服控辩双方的判决。一个能够对当事人、全社会产生权威性和公信力的裁判,其在实体法律上应公正无私,在司法程序上应合法合理,在裁判内容上应不偏不倚,这才能有效平息社会纠纷。可见,作为投入和产出关系的司法效率因素并非刑事司法过程的核心,刑事司法裁判的本质目的不是追求诉讼效率,而是打击犯罪、保障人权、恢复社会关系,其背后蕴涵的是公正这一基本价值。[1]

正义是社会制度体系下的首要美德,如果社会制度是不正义的,那么不管制度运转如何有效,都需要进行变革。[2]由此,司法制度需要将公正作为第一价值追求,将司法公正视为法律制度的第一美德,只有这样,司法制度的运行才能更

---

[1]　参见万毅、何永军:《司法中公正和效率之关系辨正——兼评刑事普通程序简易审》,《法律科学》(西北政法大学学报)2004 年第 6 期。

[2]　参见〔美〕约翰·罗尔斯:《正义论》,谢延光译,上海译文出版社 1991 年版,第 23 页。

有序、持久和深厚。司法效率并非司法的基本构成要素,也非司法的核心属性,而是公正价值的下位概念。司法效率的提升往往是为了处理众多积压案件,缩短法官办案时间,降低司法成本,但其本质上反映的还是司法公正问题。案件超期审理违反了刑事诉讼程序法,是对当事人诉讼权利的漠视。所以,与其说人工智能裁判的最大优势是提升了诉讼效率,不如说是有效促进了被告人诉讼权利的实现。

诉讼效率为司法公正的内涵所囊括,司法公正也需要诉讼效率来维持,但就两者的优先性和权重而言,应当认可公正永远是刑事司法的核心价值。因此,人工智能辅助裁判的首要原则是公正,系统研发过程中不应违反人类基本伦理道德,在使用过程中不作恶,不得歧视特定群体、侵害弱势群体的利益。人工智能辅助裁判不得将公民性别、学历、职业、宗教、犯罪历史、家庭背景等因素过度纳入算法机制,做出对公民具有歧视性的裁判。且公民对涉及自身人身、财产权利的人工智能算法有权提出质疑,并要求法官对算法所囊括各个因素的权重合理性进行审查。一旦存在对公民诉讼权利可能产生不良影响的情况,法官应当及时予以纠偏,降低案件公正裁判的伦理风险。

人工智能的设计、编程和运行过程都是由开发者设计的程序控制进行的,人工智能裁判系统虽然是一项新科技,但其目的在于帮助法官进行司法裁判,目前的技术水平尚在人类掌控范围之内。不具有完全独立意识的人工智能不可能对人类制定的法律法规产生畏惧,也无法承担责任,责任承担需要具体到个人。因此,法律需要对人工智能算法的研发者、生产者和使用者的行为进行规制。人工智能裁判系统应具有完备问责体系,这要求人工智能裁判系统在技术开发、测试调控和成果应用等方面都建立明确的责任体系,将风险导致的责任分配给每一个环节的参与者,无论是技术研发的个人、科技公司抑或是司法机构,各方面的参与者都必须承担相应的风险职责,降低可能产生的刑事司法风险。

四、人工智能裁判的现实风险及技术缺陷

我国《刑事诉讼法》第 5 条规定了审判权独立行使原则,审判权由人民法院行使,不受其他任何机关、团体和个人的干预。审判权是法院所专有的一种排他性的权力,除了法院之外的其他任何机关都不享有这种权力,以保证人民法院审判工作有序独立进行。

按照法兰西学派的经典观点,知识和权力之间具有一种微妙的关系,权力通过知识的表象逐步对个体进行控制,而个体对于知识背后的权力往往无从知晓,知识与权力相辅相成,[1]人工智能技术即代表着一种新的知识内容。人工智能技术发展与裁判融合逐步冲击了法官基于专业法律知识建立起来的独立审判权力,可能造成审判权内部分化,一部分司法权力为技术知识所挟持。

智慧法院面临许多现实问题,例如信息化人才缺失、智能化水平低等,故我国法院往往主动与科技公司展开战略合作,将部分或全部信息化建设项目通过外包给科技公司的方式来提升信息化建设水平。实践中,外包业务的界限并不明确,科技公司通过外包参与到我国司法的信息化改革之中,在此过程中极可能获得当事人个人隐私及市场商业秘密信息。在人工智能与司法领域融合的背后,体现的是新兴技术对刑事司法领域的冲击,人工智能技术作为一种新的知识内容,将与权力产生联系,逐渐形成以算法为核心的权力体系,通过专业科学知识对法院专有的审判权造成侵蚀,潜移默化地影响着法官独立裁判。

马克斯·韦伯认为权力合法性的来源有三种:传统型合法性、魅力型合法性和法理型合法性。[2]现代法治国家中,法官的司法审判过程需按照特定的司法

1　参见〔法〕米歇尔·福柯:《规训与惩罚》,刘北成、杨远婴译,生活·读书·新知三联书店 2017 年版,第29 页。

2　参见〔德〕马克斯·韦伯:《学术与政治》,钱永祥等译,广西师范大学出版社 2004 年版,第198 页。

程序进行,而法官资格的获得需经过一系列严格谨慎的程序并经过任命,因此司法审判被认为同时具有法理型合法性和程序合法性。[1]人工智能技术实质上是将司法的部分流程纳入算法逻辑模型之中,而人工智能技术与司法领域的融合缺乏相关法律法规,融合的过程也未有严格的法律程序,由此将会腐蚀以法理型合法性和程序合法性为基础的审判权,潜在的人工智能技术权力侵入了法学专业权力,并削弱了利用人工智能系统辅助裁判案件的正当性。

　　现阶段人工智能技术已经能够取代法官的部分决策行为,技术不断迭代后,机器是否可以完全代替法官进行独立案件裁判呢? 在这种意义上,人工智能技术不应剥夺法官的裁判主体性,因为司法裁判是法官的专属权力,而非机器的权力。法官裁判中,不能仅仅将法律条文生搬硬套到案件里,而是需要对案件进行全面审视,在法条与案情间来回穿梭,并依赖法官经年累月形成的实践理性,对案件进行综合性的审查。其中,发挥重要作用的是法官的自由心证,即法官根据具体案件情况,结合自身已有的裁判经历、理性良心和逻辑规则来自由地认定案情事实情况并适用法律,最终确信裁判。由此,以机器代替法官进行决策便是不恰当的。法官的经验法则是在不断的司法实践中习得的,不仅仅需要单纯的法律知识,更需要知悉裁判的司法价值及社会效果,需要作为人这一主体的潜在直觉和良知,而这些能力的运用远比人工智能根据法律法规直接进行判断更为复杂。

　　法条主义者强调法条在司法领域的核心价值,认为既定的法律条文能够实现法律的价值,并且满足社会目标,凸显了法学作为一种专门化的技术和知识的能力,法条具有完备性。然而,我们必须承认法律实践本身具有灵活性,法官有时需要跳出法律条文,开放性地看待案件。司法能动主义者则强调法官在司法审判中的主导地位,将法官看作社会设计师而非机械适用条文的裁判者,给

---

[1]　参见胡铭、张传玺:《人工智能裁判与审判中心主义的冲突及其消解》,《东南学术》2020 年第 1 期。

予法官在实体及程序方面更大的自由裁量空间。法律规范是有限的,无法涵盖社会生活中的所有纠纷。法律的普遍性特征使其无法应对具有特殊性的现实问题,且作为社会意识的一部分,法律往往滞后于社会实践的发展。司法能动主义实质上要求法官在原有法律体系的基础之上对法律做出创造性解读,让司法裁判满足公民的期待和适应不断发展的社会,使得法律不再只是冷冰冰的条文,而是既能够惩治犯罪,又能恢复被破坏的社会关系,这便是司法能动性的意义所在。

人工智能技术建立在大数据技术基础之上,能够实现对海量数据的收集、挖掘、分析和预测,并且研究使得计算机习得人类的某些智能行为,例如推理、决策等等。人工智能裁判系统先将法律法规转化为计算机语言,再对大量案件材料的关键词进行提取,统计以往案件的裁判情况,从中筛选出与法官审理案件在争议焦点和事实情况方面相似的先前案件,并结合本案所涉的具体情节进行分析,对全案证据链进行审视并做出智能预测,进而提出定罪量刑建议。人工智能裁判系统还可将机器得出的裁判结果与法官做出的裁判进行偏离度计算,以此确保案件审理结果的统一性和精确性。

一旦认可人工智能可以做出裁判,那么其依赖的前提便是人工智能裁判参照的法律法规是正确合理且逻辑自洽的,但这显然与法条主义存在的固有缺陷相矛盾。人工智能裁判系统将法律看作正确的输入事项,仅将法律作为适用的正确标准,而无法对法律条文本身的正确性进行审视,无法充分发挥司法能动主义的作用。传统案件裁判中,法官能够通过在疑难案件中适用法律来发觉法律与社会的不匹配之处,并可以将其层层反馈到立法层面。由此,居于顶端的立法者能够接收到来自法律适用第一线的法官的意见,了解到法律条文存在的不足之处,并通过法律修改的方式不断完善法律,促进法律条文的完善。然而,机械适用"同案同判"原则将会把法官视同依靠系统做出裁判的"自动售货机",此意义下,法官仅是法条被动适用者,人工智能裁判忽视了法官作为超然法律审视者的角色。且人工智能系统本质上强化了对法官的监管力度,在司法判决所引起的公众舆论与法官绩效考评及名誉密切联系的情况下,法官在面对人工智能给出的与个人结论相偏离的意见时,有多大的勇气去推翻经过海量数据研究得出的普遍结论?又有多大的胆量去承受可能产生的巨大社会舆论压力?有多少理由去支持自己所得出的结论?

此外,值得注意的是,法律文书的网上公开往往会隐去当事人的个人信息,但会公开做出判决的法官信息。中国审判流程信息公开网是我国官方对各类司法信息进行公开的网站,其中公布了全国法官的个人信息,包括性别、部门及职位。[1]对于律师而言,他们可以通过官方公开的判决文书挖掘分析法官裁判特征,同时将法官在社交网络和商业网站上的数据利用人工智能技术进行交叉识别,剖析法官的个人画像,识别出潜在的政治、宗教和其他方面的偏见,以此预测裁判结果并选择诉讼策略,帮助当事人获得符合自身期待的建议,寻找最能维护被告利益的法官,包括采取管辖异议或者回避等方式,以获得较轻的刑事司法结果。长此以往,法官便会固化个人对案件的裁判观点,可能造成司法裁判倒逼立法变革的僵化,律师对法官的个人画像则会破坏公平审判原则。

我国《刑事诉讼法》第 200 条规定了有罪的证明标准是案件事实清楚,证据确实、充分。《刑事诉讼法》第 55 条对证明标准做出了三条具体的要求:首先,用于裁判的事实都有充分证据证明;其次,定案的证据满足法定程序的要求;最后,法官需要结合全案证据,对事实认定排除合理怀疑。前两条体现了对证据"量"和"质"的要求,而第三条"排除合理怀疑"则是具有决定性的主观证明要求,这一要求克服了客观性标准存在的不足与局限,使我国建立起主客观相统一的证明标准。

统一证据标准是司法人工智能裁判系统研发的关键目的。系统研发出了

1　参见中国审判流程信息公开网上的"公众服务—法官名录"板块,中国审判流程信息公开网,https://splcgk. court. gov. cn/gzfwww/fgml,2024 年 1 月 25 日访问。

证据标准指引功能,对不同刑事案件根据罪名进行分类梳理,计算不同罪名案件中各种证据出现的次数及频率,说明证据收集的合法程序和关键裁判要点,明确待证事实下的高频证据,以此作为某类案件证明标准的基本内容,对证据链是否全面完整提出意见。证据标准与人工智能结合,能够规范证据收集,使得证据审查更为标准和统一,从证据审查层面防范冤假错案,减少法官刑事裁判潜在的随意性。然而,这种融合也为证据收集带来了两方面风险:一是可能会走向法定证据主义,二是可能会导致办案人员过度依赖人工智能。

人工智能证据规则指引能够全面收集刑事相关法律法规中关于证据收集和审查的规定,明确各类证据的裁判关键点,实现对全案证据的审查。刑事诉讼证据制度先后发展出两种模式。法定证据制度事先就规定了各类证据的证明力强弱,法官在审理过程中要机械地计算各类证据的证明力大小,法定证据制度下法官的自由裁量权被完全剥夺。而在自由心证制度下,法官针对具体案件情况,能够依照自身审判经验、理性和良知,对各个证据证明力进行自由评价和判断,以此形成对案件事实的内心确信,法律并不预先对证据证明力做出限定。我国目前的证据规则称为"新法定证据主义"[1],我国刑事司法既对证据的证据能力做出了规定,同时也对证据的证明力做出了限定,为法官证据审查预设了一系列涉及证明力的规则,此种证明规则带有"法定证据主义"的倾向。基于"新法定证据主义"的法律条文而深度学习的人工智能裁判证据审查系统,通过精细化的证据清单,明示了各类证据的收集方式和证明力的强弱,限制了法官的自由裁量与内心确信,存在强化法定证据主义的可能。

刑事司法实践中,不同的案件类型,其证据审查重点往往各异。例如,强奸罪案件审查重点主要是双方的关系及其程度、案发时间和地点、被害结果、被告人体液检材、被害人的态度和被害人反抗行为等。而针对故意伤害罪,案件审

---

[1] 陈瑞华:《以限制证据证明力为核心的新法定证据主义》,《法学研究》2012年第6期。

查的核心则为故意伤害行为、他人身体损害、主观故意程度和伤害工具。刑事案件种类纷繁,新型案件层出不穷,不同案件的侧重点存在显著差异。人工智能在刑事证明标准判断的应用上主要是审查各类案件所需证据客观要素,实现对证据质和量的形式化审查。就目前的人工智能证据审查技术水平而言,要对不同案件进行主客观重点分类审视,在技术实现层面依然较为困难。

然而,即便证据通过了人工智能的判断,也不能确定达到了刑事证明标准,需要法官进一步对证据进行主观化审查,达到内心确信。此外,一旦法官生搬硬套,对人工智能审查证据产生依赖,认为只要证据审查通过系统要求便万事大吉,就可能导致法官逃避办案责任,为了节省办案时间,逐步弱化证据审查职责,导致机械司法,办案技能退缩,进一步促使人工智能证据审查代替法官审查。

现代刑事司法构造呈现"三方结构",包括追诉权、辩护权和裁判权三方主体,被告人由纠问制下的诉讼客体上升为诉讼主体,承认了刑事被告人所具有的独立诉讼地位,且法律通过刻意限制公权力来保障公民诉讼权利而实现诉讼"当事人化"。[1]但是,人工智能技术运用于刑事领域,可能对稳定的"三方结构"造成一定的影响。由于公权力机关利用人工智能技术在诉讼能力上有显著提升,居于弱势的被告人诉讼能力匮乏,可能造成三方结构失衡而引发新的地位差异,弱化被告人诉讼地位。

利用人工智能辅助裁判的法官在极大程度上可能成为带有"偏见"且"专横"的裁判者。人工智能技术本身可能带有偏见,人工智能裁判系统的研发离不开各类技术人员的参与,而技术设计者则可以通过算法逻辑将自己的错误成见或者某类法律固有概念纳入算法程序,由此无形中影响了司法裁判结果。法官则在不知不觉中采用了带有偏见的算法程序,使用了对案件预测存在偏差的结果,以致损害被告人诉讼权利,甚至导致错误裁判。此外,法官一旦对算法产

---

[1] 参见孙记:《现代刑事诉讼结构———一个亟待澄清的概念》,《甘肃政法学院学报》2008 年第 5 期。

生了依赖,将导致裁判理由的重要性让位于历史统计数据的统一性,法官论证裁判理由变得不再重要,重要的是人工智能系统对过去裁判案件的承袭,人工智能系统才是整个裁判过程的核心元件。

美国联邦最高法院首席大法官罗伯兹(John G. Roberts, Jr.)曾言,"我所担心的并不是机器开始像我们那样思考……我担心的是我们开始像机器那样思考"[1]。一旦人工智能裁判系统得到广泛运用,法官在使用机器的同时也在不断被机器改变,人工智能所拥有的惊人的便捷性和准确性将会不断钝化法官独立自主的思考能力,使得法官"听任"于机器基于历史裁判得到的结论,变相被人工智能统治。人工智能可能会逐步分化法官的裁判权力,造成法官对技术路径的依赖。在美国卢米斯案中,被告人在向法官要求公开算法时,却遭到了法官拒绝,[2]呈现出法官强硬姿态,不禁使人担心这样有"偏见"且"专横"的法官是否会进一步蚕食被告人本就薄弱的诉讼权利。

传统上法官的裁判依赖于双方在诉讼中全程质证的信息,而人工智能裁判使法官越来越依赖于技术做出的结果,逐步忽视了法庭质证过程对法官自由心证的影响,使法官容易形成对案件的事先预判。目前,法院拥有足够的渠道去获得诉讼参与人的众多个人信息,包括违法犯罪记录、经济情况、职业类型和家庭组成情况等数据。通过这些数据,法官便能形成对诉讼参与人诉讼行为的个人画像,洞悉其后续刑事诉讼活动中采取各项行为的可能性,例如分析出当事人是否愿意进行刑事和解等。该类智能化应用实质上是对诉讼当事人进行个人画像,对不同公民在审判中的地位进行分类,预测公民后续行为,并以此结论作为裁判工作开展的参考依据。

在司法领域已步入人工智能时代的今天,个人信息的收集和使用越来越广

1　转引自宋旭光:《论司法裁判的人工智能化及其限度》,《比较法研究》2020年第5期。
2　参见江溯:《自动化决策、刑事司法与算法规制——由卢米斯案引发的思考》,《东方法学》2020年第3期。

泛,传统的家庭出身、性别、资产、职业和违法情况都可以被纳入公民画像的形成因子,过往行为数据可能会成为个人无法甩脱的标签。控方与法官便能够通过人工智能系统对被告后续诉讼行为做出预判。一旦法院对被告进行全方面个人画像,那么公民过往的行为与法官裁判结果将会变得息息相关,比如出生在贫困家庭的公民由于缺乏教育资源而早年辍学,其生活地区犯罪率高,是否意味着在评估他的犯罪动机和意图时标准会更严格?倘若完全依赖人工智能进行评估,那么罪犯是否会被永久打上"犯罪者"的人工"烙印"?这些问题都可能违反契约社会身份平等原则,固化社会阶级,并强化公民存在的个体差异。

鉴于现代科技与公民日常生活的紧密结合,国家机关可以借助人工智能技术对公民在生活和工作中形成的个人数据进行全方位、立体化和多层次的收集,因此控方在掌握数据方面具有压倒性优势。[1]控方广泛运用技术手段,获得了强大的取证和分析证据能力,进一步加大了刑事司法领域控辩双方的地位差距。人工智能系统所形成的电子证据在诉讼活动中具有举足轻重的作用,因而电子证据取证对辩方而言是非常重要的权利之一,决定了辩方能否在庭审中有效质证。《刑事诉讼法》第 43 条规定了辩方也拥有一定程度的取证权,但在司法实践中,辩方行使电子数据取证权利面临制度和技术的双重阻碍。[2]

制度阻碍体现在法律过多规定了数据持有者的保密义务。我国《保守国家秘密法》第 13 条规定,追查刑事犯罪中的秘密事项属于国家秘密的范围,应当保密。基于案件调查所展开的人工智能活动可能被国家秘密的范围所囊括,在法律没有赋予辩方具体查询权利时,控方持有的个人数据可能因涉及国家秘密而拒绝向辩方公开。对于第三方持有的辩方个人数据,网络服务商还可能依据《网络安全法》第 28 条规定的网络运营者协助侦查犯罪义务而拒绝向辩方提供。

---

1 参见卞建林:《人工智能时代我国刑事诉讼制度的机遇与挑战》,《江淮论坛》2020 年第 4 期。
2 参见裴炜:《个人信息大数据与刑事正当程序的冲突及其调和》,《法学研究》2018 年第 2 期。

此外,即便辩方能获取案件证据材料,也无法知悉智能证据形成过程,无法了解算法逻辑。因为人工智能算法往往由科技公司开发,算法逻辑是公司在市场中的核心竞争力,公司通常会以算法具有的专利性而拒绝向辩方公开。人工智能技术涉及云计算、大数据、深度学习等专业内容,唯有拥有专业数据分析能力,才能从一些表面上看起来毫无关联或毫无意义的碎片信息数据中拼凑出有用信息。而数据提取和分析需要大量资金与技术支持,不具备深度计算机知识的辩方往往缺乏对人工智能证据的分析能力,在庭审中难以对此类证据进行质证,从而加剧控辩双方地位失衡的程度。

人工智能遵循"垃圾进,垃圾出"(Garbage In Garbage Out, GIGO)原则,人工智能输出的信息质量受到输入数据质量影响,如果输入数据质量拙劣,那么输出信息质量也会低劣。对于这样低质量的数据,无论使用何种算法运行方式,都难以在后续输出中获得有价值的信息,这说明技术挖掘知识的可靠性取决于收集数据的质量。数据收集作为整个人工智能裁判系统研发的第一步,是人工智能裁判的关键,收集数据质量的高低对后续司法裁判的准确预测起到决定作用。

人工智能裁判系统数据收集面临着收集内容不确定和收集过程不规范两大问题。其中,描述数据本身的属性就会严重影响到输出数据的质量。[1]每年产生的司法数据量大,而有效信息密度低,数据收集缺乏统一标准,导致收集数据的范围模糊,如何筛选正确的数据来进行数据收集后的一系列技术操作成为难题。司法裁判所参考的法律依据可以分为两类,一类是正式依据,另一类是非正式依据。正式依据包括法律、司法解释、指导性案例和规范性文件,这类法律依据位阶高、适用广、效力强、稳定性高,应纳入数据收集的范围。非正式依据包括各类案例规则、刑事政策和地方规范等,其位阶明显低于正式依据,且多适

1　参见王广涛:《属性子集选择算法及其推荐方法研究》,西安交通大学 2017 年博士学位论文。

用于某个区域的某个时间段,具有范围和时间的限定性,不宜纳入数据收集的范围。如各地司法机关为了指导本辖区内的司法审判工作,往往会对本地区的司法审判做出总结,归纳裁判经验,撰写并发布本地区的案例规则。法官对适用案例规则拥有自由裁量权,可以在现有的案例制度中根据自身对案例的理解进行分析研判,因此此类规则只具有指导作用而欠缺法律强制力,不宜纳入数据收集的范围。

数据收集的另一大问题表现为收集过程不规范,目前国家尚未出台有关个人信息收集的统一规范标准,且部门间数据共享机制难以得到有效实现。当代社会,信息已经成为一种资源,谁掌握了数据,谁就拥有了资源,拥有了自主运用信息的权力。司法数据涉及司法领域的各个机构,而各机构间缺少司法数据共享与融合机制,降低了数据收集互通性。首先,同级部门之间缺少信息沟通的渠道,机关内部信息传递呈现直线型样态,缺乏横向数据的互联互通。其次,内部数据尚未规范化,缺少统一的数据格式及数据结构标准,导致本部门在使用其他部门数据时系统常常无法兼容,阻碍了部门之间数据资源的有效协调共享。此外,司法数据产生于各个机构,而各机构之间的信息交流并不充分。法院管理人员对审判管理工作采取的是从上往下的单一模式,作为诉讼底端的诉讼参与人缺乏足够的渠道将自己的声音反映到审判管理者一端,致使诉讼参与人无法对审判工作提出有效的意见,呈现诉讼参与人集体"失语"状态。[1]人工智能裁判利用不完整、不准确和不真实的数据信息进行收集、挖掘和分析研判,得出的裁判结果必然存在缺陷,法官若以此结论作为裁判的重要参考,极易导致案件误判。

司法裁判结果需要充分的法律理由支撑是当代法律体系中法治的核心内容,无论法律如何规定,司法裁判必须有充分的理由证成。[2]司法裁判如果想让诉

1　参见高一飞、高建:《智慧法院的审判管理改革》,《法律适用》2018 年第 1 期。

2　参见〔美〕玛蒂尔德·柯恩:《作为理由之治的法治》,杨贝译,《中外法学》2010 年第 3 期。

讼当事人信服,对社会产生公信力,就必须充分保障诉讼当事人在诉讼中的有效参与,并且裁判应当具备充足的法律理由。因为司法裁判的过程不仅仅是单纯给出结论的过程,更是法官根据一系列法律法规结合自身裁判经验、逻辑规则和理性良心得出结论的过程。然而,绝大多数的人工智能裁判系统在处理不确定性方面尚显不足,人工智能深度学习算法逻辑的整个分析和决策过程对用户来说不可见,系统运行过程缺乏足够的交互性和可操作性,存在非透明性与不可解释性的局限。[1]简单来说,公民仅能知悉裁判结论的内容,而无法认识到裁判结论得出的全部过程。

人工智能解释性的局限直接涉及当事人知情权的保障,涉及正当程序的要求,即当事人是否有权知道其数据被处理的目的、算法逻辑及处理结果。信息化系统研发实践中,负责设计算法的公司通常以专利或商业秘密为由拒绝公开它们的算法,而当事人也没有足够的渠道去了解案件中所使用的技术算法囊括了哪些个人因素。人工智能深度学习技术能够从输入数据的相关特征要素出发,自动学习算法逻辑,并生成智能化认知结果,而在整个过程中,算法运行呈现为"黑箱"状态,即便是研发者也无法完全理解人工智能提供算法的全部逻辑。[2]

因此,即便法官向被告公开了算法,算法存在的"黑箱"问题也无法给当事人充分的证成理由。值得注意的是,如果由算法"黑箱"导致了裁判错误,一旦某一个节点出现偏差,将引起大量案件的误判,而无论是算法研发者还是法官都难以察觉其中存在的问题。与法官裁判有所不同的是,机器裁判并不带有主观化倾向,它根据一套完整的系统逻辑给出答案,无法反思更无法质疑指令操作的合理性,即人工智能无法认识到自身存在的算法"黑箱"问题导致了裁判偏差,更遑论去纠正算法"黑箱"问题。

1　参见朱体正:《人工智能辅助刑事裁判的不确定性风险及其防范——美国威斯康星州诉卢米斯案的启示》,《浙江社会科学》2018 年第 6 期。

2　参见许可:《人工智能的算法黑箱与数据正义》,《社会科学报》2018 年 3 月 29 日,第 6 版。

五、 人工智能裁判的规制路径

人工智能技术发展突飞猛进，人们寄希望于通过顶层设计的技术革命来实现我国法治建设的跨越式发展。"信息化建设和司法改革是人民法院工作的车之两轮、鸟之两翼"[1]，官方层面对人工智能等新兴技术呈现乐观姿态，各地法院更是如火如荼地开展人工智能与司法裁判的技术合作，将司法改革的重点悄悄转向了司法技术的变革。

刑事司法程序的设计凝结着人类政治文明和智慧的光辉，在人类历史上发挥着相对稳定的作用。人工智能只有服从于人类理性，才能更大地发挥其正向作用。鉴于当下人工智能技术的局限性，人工智能对司法价值的理解、对社会目标实现的判断尚显不足，因此，人工智能裁判要明确其工具性辅助地位。应当认识到人工智能在如认识、意志、情感等方面远远无法超越专业的刑事法官，由此确保法官始终独立掌握审判权力，避免技术权力的介入对刑事诉讼基本原则造成影响，分化刑事审判权力，僵化法官地位，深入促成书面审理，违背以审判为中心的司法改革。

法律现实主义者认为，逻辑规则并非决定法律内容及其发展的唯一力量，法律的发展也要依靠法官在裁判过程中充分考虑社会现实，赋予法律条文新的内涵，从现实中汲取新的原则，不断与时俱进。现实主义要求法官在裁判过程中既要运用法律条文，更要关注社会目标的实现，使得法律处于灵活状态之中。法律的生命力并非仅仅通过一系列逻辑规则实现，而是需要通过司法实践发挥法律的能动作用。刑事案件裁判不仅仅是对被告进行惩戒，更需要通过案件裁判使得社会风气得以扭转、社会秩序得以维持。人工智能的"人工"二字已经指

---

[1]   周强：《司法改革和信息化是司法事业车之两轮》，中国新闻网，https://www.chinanews.com/gn/2015/07-02/7381248.shtml，2021年10月17日访问。

出了这种技术的前提是人,而不是利用机器智能取代其研发者的智慧,即代替人类的主体地位。人工智能裁判系统不应替代法官对案件的独立裁判,而是应当发挥人工智能在数据收集、挖掘、分析等方面的优势,辅助法官依法全面审查事实和法律,最终的定罪量刑都应由法官做出。

国家《人工智能辅助诊断技术管理规范》(2017年版)明确规定:"人工智能辅助诊断技术为辅助诊断和临床决策支持系统,不能作为临床最终诊断,仅作为临床辅助诊断和参考,最终诊断必须由有资质的临床医师确定。"医疗管理部门通过制定规范的方式明确了人工智能的医疗辅助地位,同时确定了医生诊断结果的终局地位。由此,我国司法机关可参照医疗管理部门的做法,将法官裁判的终局地位以制定规章制度的方式确定下来。人工智能通过分析形成的判断结果仅能作为刑事法官的参考,法官是整个司法程序的核心,以此表明法院对待人工智能裁判系统的态度和立场,强化法官独立审判的信心。[1]

我国主要有腾讯、华为、科大讯飞和京东等科技公司参与了智慧法院建设,以强大的人工智能技术为信息化建设提供动力。在上海市高院研发"206系统"过程中,来自科技公司的技术人员成为研发主体,其中科大讯飞派出的技术人员占据了直接参与研发工作的人员的43%。[2]这种政府和社会资本合作的模式,以积极引入科技公司研发人员参加司法建设运营为核心内容,成为智慧法院建设的重要方案。在合作程度上,法院突破了以往只对部分实体业务外包的限制,转而在更广泛、更深层和更持久层面展开战略合作。

刑事司法作为"维护社会公平正义的最后防地",需要始终保持客观中立原则,科技公司与法院的战略合作使得法院裁判中立性有所消弭。[3]由于缺乏既理解法律专业知识又掌握一定人工智能技术的复合型人才,智慧法院建设过程

1　参见程凡卿:《我国司法人工智能建设的问题与应对》,《东方法学》2018年第3期。

2　参见王川:《上海"206系统"有多牛?》,《上海法治报》2019年1月24日,第1版。

3　参见李傲、王娅:《智慧法院建设中的"战略合作"问题剖判》,《安徽大学学报》(哲学社会科学版)2019年第4期。

中,各级法院的信息化系统基本依托科技公司进行研发,产品的维护和迭代升级往往也依赖科技公司进行。但是商业化的科技公司,其经营者的目的是实现公司利润最大化,而刑事法官裁判是为了恢复被破坏的社会关系,保障国家安全和社会稳定,两类人员开发人工智能系统的目标完全不同。外包战略合作的模式使科技公司被纳入我国法院信息化的改革进程,但由于两者目的的不同,可能会产生一定的矛盾,对司法公正造成潜在风险。

当代市场经济中,有效数据已经成为市场稀缺资源,成为社会发展的命脉。刑事案件中控方可以全面收集涉及案件的各类证据材料,能够收集到包括被告人家庭情况、职业情况、违法犯罪情况、财产信息等具体数据。科技公司一旦通过特定程序在刑事司法程序中全面收集公民个人信息,势必会加剧"身份社会"的倾向,预测公民未来行为,并为之设定与系统一致的"人生轨迹",成为人类命运裁判者的 INCITE 公司。[1]鉴于科技公司所拥有的技术优势,在智慧法院建设过程中科技公司往往处于研发的核心地位,通过对法院活动的参与和对司法数据的收集利用,能够更有效规避公司经营风险,并利用其数据收集优势地位获得更大的经济效益,对司法领域造成深远影响。

刑事案件中法官通过自由心证对案件形成全面判断,证明标准需同时兼顾主客观两方面,对刑事法官提出了较高要求。由于算法存在"黑箱"问题,科技公司作为技术的提供者,在技术设计的过程中就可以将研发者个人伦理价值融入算法,造成算法结果可能在某些方面存在歧视,妨碍司法公正。同时技术外包也会给权力寻租制造一定的空间,一旦出现寻租情况,企业完全有可能出于自利本性而隐匿、篡改数据。此外,法官对于技术的过度依赖甚至会造成技术权力超越司法权力,形成司法领域的"技治主义"。

适度分离司法人员和技术人员,本质上是在分离司法权和技术权,为两者

---

[1] 电视剧《西部世界》第三季中的 INCITE 公司全面收集公民个人信息并以此做出预测,规划公民人生轨迹。

权力划分一定的界限,避免技术过多干预司法。首先,应当正确把握好法院和科技公司之间的关系,在信息化建设过程中应当由法院主导,科技公司仅是辅助角色,绝不能因协助法院进行信息化建设就以此进行权力寻租,更不能借此谋取不正当利益,在未经许可的情况下收集、存储、利用在诉讼过程中获得的公民个人信息。此外,为了摆脱外包存在的局限,法院应当自主培养法院专属信息技术人才,设立专门的技术部门,负责信息化建设,实行专岗专人,并提升自身算法科研能力,使信息化建设系统留痕,确保裁判程序的可追溯性,可以被独立审核,在人工智能裁判层面建立更合理的责任体系。

为了更好开展对各级法院人事和审判管理,国家机关将会通过法院绩效考评的方式对审判工作提出各项要求,以便有效指导法院实际工作。绩效考评对法院工作而言具有"定星盘"和"指南针"般的强大作用,各项绩效考评标准最终都会反映到法官审判之中,能够在短时间内迅速见到成效。实践中,部分地区将信息化建设项目作为法院绩效考评的标准之一,如浙江法院阳光司法指数评估体系中就将司法公开工作信息化纳入指标考核。[1]

绩效考评是法院管理的重要方式之一,管理者运用特定的考核标准与既定的考核程序,对法官做出相应的绩效考核,往往以定量分析的方式反映出来。至于司法领域中对信息化运用的考核,管理者更多关注使用人工智能系统后案件处理数量的提升,而较少在意人工智能系统裁判过程的规范性。刑事司法工作不同于单纯的行政管理工作。刑事司法包含了一系列司法价值和社会目标,并非完全追求司法裁判结果的数量增加。裁判数量的多少与法官开展工作努力程度和社会价值实现程度并非完全一致。刑事司法活动应更加强调裁判"产出"的过程与结论质量,具体考评不能只关注法官裁判案件的数量多少与时间长短,还需要重视法官审理能力、廉洁程度和案件处理过程是否公正。[2]此外,法

1　参见董碧水:《浙江法院全面推行"阳光司法"指数评估》,《中国青年报》2013年1月14日,第1版。
2　参见郭松:《组织理性、程序理性与刑事司法绩效考评制度》,《政法论坛》2013年第4期。

律规定了法官享有一定的自由裁量权,绩效考核不可简单认定若法官没有达到固定标准就不合理,需要考虑到法官作为裁判主体的能动性。法官在法律规定的裁判幅度内进行调整也属合理范围,因此在设计刑事法官人工智能裁判应用指标时需要有一定的弹性。

审判工作是一项系统工程,而审判绩效考核则是其中的关键部分,审判绩效考核的变化可能会对法院开展工作起到决定性的作用,影响整体功能的实现。如果绩效考评标准在设定过程中偏离了审判工作规律,忽视了司法实践情况,将会危害整个审判工作的开展。面对不合理的考核指标,一些法官可能会改变原本的审判行为,而采取"造假"手段以满足标准,甚至可能轻视刑事诉讼中人权保障这一目标。信息化建设推广过程中,部分司法人员呈现出消极的一面,"这些技术对于法院无关紧要,多少年来没有这些技术依然办案"[1]。由此可见,实践中有的法官对人工智能抱有抵触态度,而绩效考评将会给法官造成不小压力。为了完成考核指标,一些法官会采取多种行为以满足考核要求,这最终损害的是被告人的诉讼权利,甚至可能造成"三方"结构的失衡。

顶层设计将信息化建设纳入法院绩效考评,将信息化建设分解为若干个权重指标,包括一系列信息化系统开发、适用、运营、维护和升级指标,旨在通过此种方式利用人工智能技术推动法院审判方式发生全局性变革,实现由部分到全面、由被动到主动的系统变革,以此大幅提升法院信息化建设质效。然而,这种方式将"绩效考核"等同于"信息化建设"的成绩单,将绩效考评成绩视为信息化开展优劣程度的体现。虽然在短期内使得人工智能技术在法院全面铺开,但这种绩效考核只是看起来"很美",可能造成法院不注重信息化建设的实际工作情况,而只关心评价指标和排名序列,难免给刑事司法审判带来功利的色彩,[2]导致法院强化对其有利的指标,而忽视未纳入绩效考评中的指标。

---

1 李林、田禾主编:《中国法院信息化发展报告 No. 1(2017)》,社会科学文献出版社 2017 年版,第 25 页。

2 参见赵开年:《刑事司法控制:权力与行动——以检察司法控制为例》,《河北法学》2007 年第 7 期。

考核标准"唯数据论"和"唯指标论",缺乏考虑法院对信息化建设的接纳程度,并不能充分调动法官的积极性,甚至不但没有降低法官的负担,反而增加了更多的信息输入项,引起法官反感。由于人工智能技术的局限性,甚至还会埋下案件质量隐患。一旦评定者忽视不同地区法院的实际情况,设立一些不够科学、合理的指标,将会导致法官消极应对考核,采取规避方式满足考核要求,最终违背考评制度初衷,浪费本就紧缺的司法资源。

信息化指标考核的设计不能简单将信息化建设分解为若干个量化指标,而是要综合考虑信息化研发过程中存在的差异。可以适度引入相关专业人员参与指标设计,如法官、法学家、管理人员和统计人员等共同确立考核指标的内容、权重。在考核指标涵盖的范围上,可以多增加一些反映司法程序是否合法合理的指标,既要兼顾信息化建设的"速度",又要兼顾信息化建设的质量,更要保障法官不因绩效考评而受到外部制约。充分考虑考核机制的灵活性和稳定性,需要结合法院实际开展工作,设立相应的考核指标评估区间范围,为指标划分一定的幅度,只要结果在区间范围内就意味着达到了考核标准,避免给法官增添更多负担。上级法院要善于发现考评数据背后的问题,对每次考核指标结果进行系统分析总结,一旦发现考评指标存在缺陷,则应及时调整优化,确保刑事法官审判拥有充分独立性,不被人工智能裁判绩效考评左右。

人工智能裁判具有标准化倾向,或许可以考虑从类型化案件要素式审理着手适用人工智能裁判系统。类型化案件是指案件的事实情况与争执的法律问题存在共同性,这类案件发生频率高,法律关系简单,审理焦点较为统一。人工智能裁判在类型化案件中的应用既符合案件审理的固有属性,又能充分发挥人工智能的优势。目前人工智能裁判集中运用于民事案件的借贷纠纷、金融纠纷及信用卡纠纷案件,这类案件的法律关系相对明确,审理问题较为固定,审理过程较为简单。

当前刑事案件中尚未开展相关试点,可以考虑借鉴民事案件中类型化案件人工智能裁判的应用经验。从提升司法效率及技术可行性方面来看,类型化审判在刑事司法中存在适用的空间。例如交通肇事罪即存在刑期与法定情节之间的对应模型,通过大量案件的量化研究,交通肇事罪量刑结果与法定死亡人数、重伤人数、被害过错、涉案损失、醉驾和毒驾等因素乘以各系数因子的计算结果相一致。[1]通过提取影响裁判的关键节点,建立对应模型,即可对交通肇事类案件进行类型化审理,提升司法效率的同时又能在最大程度上实现刑事司法裁判尺度的统一。类型化案件的要素式审理为人工智能裁判提供了有效的连接点,这些节点都是在刑事案件长期审理中积累提炼出来的,是审理案件所需要查明的法律和事实问题,通过这些要素即可对案件形成初步的审理结论,有助于提升法院整体工作效率。

然而,刑事案件由多种因素构成,涉及关系纷繁复杂,囊括公民生产生活多方面的严重纠纷。为了减少人工智能潜在的不利影响,可以限定司法人工智能裁判适用案件类型。例如可以从罪名上进行轻重罪的分类适用,从轻罪方面逐步开展轻罪类型化案件人工智能裁判试点。有的学者主张法定最高刑为3年以下有限徒刑(或拘役)的为轻罪,[2]在这类案件中选择认罪认罚的案件试点适用人工智能裁判,可以降低由人工智能裁判局限带来的风险。除轻罪之外,其余法定最高刑为3年以上有期徒刑、无期徒刑或死刑的犯罪为重罪,这类案件中暂不适合推广人工智能裁判,应在轻罪案件中适用成熟后,再考虑是否要扩展至其他案件类型。

刑事案件裁判中的法官,首先要确定被告的罪名,然后再根据罪名结合情节匹配相应的量刑,只有对罪行进行正确认定,才能保障量刑合理。定罪包括事实认定和法律适用两个方面,事实认定需要将证据材料数据化介入事实认定

---

[1] 参见白建军:《法律大数据时代裁判预测的可能与限度》,《探索与争鸣》2017年第10期。

[2] 参见凌萍萍、焦冶:《我国刑事立法中的轻罪标准设置研究》,《西南民族大学学报》(人文社科版)2019年第1期。

的理解,而法律适用则需要对法条进行解释,这两方面都离不开对自然语言的精准诠释。

语言对应着丰富的世界,蕴涵着人类最精湛的智慧,如何将语言的奥秘传达给人工智能,成为司法人工智能裁判的关键。然而,刑事司法证明中最普遍的证据形态恰恰是语言,无论是证人证言、当事人陈述等言词证据,还是口供笔录、文书合同、勘验笔录、鉴定意见等文本证据,其内容都需要通过语义理解来呈现。[1]机器运行的规则是通过明确的、可执行的语句进行工作,而实际法律推理过程中,对同一个法律概念可能存在多种理解,这会导致人工智能语义认知出现障碍。人工智能很难像法官一样,结合全案分析证据链,并且考虑到立法动机及裁判预期的社会效益。因此,刑事司法中的定罪过程应当由法官进行裁判,而不能过快地将人工智能裁判引入对被告罪行的定性,需要谨慎考虑刑事司法裁判系统中人工智能证据规则的运用,避免对刑事法官的自由心证产生不利影响。

司法人工智能裁判内容应当限定于可以做出程度判断的量刑辅助部分,而认罪认罚类案件中存在较大的量刑辅助空间,人工智能裁判应集中于该类案件。不仅可以在短期内极大提升诉讼效率,而且可以强化量刑协商程序正义与量刑建议精细化效果,促使办案规范化。认罪认罚类案件在量刑上具有高度的同案性,认罪认罚类案件的核心要素包括被告自愿性、量刑协商以及从宽处罚三部分。其中最关键的是量刑协商,量刑基本由控方提出建议,法官主要是对量刑进行程序审查,因此认罪认罚案件的关键在于量刑标准统一。可以考虑建立标准化和统一化的办案系统,借助人工智能技术及其强大的算法能力,提升量刑意见的准确性与规范性。

审前证据开示制度是指正式开庭审理前,控辩双方互相开示与披露各自拥

1　参见李明捷:《人工智能定罪与量刑研究》,华中科技大学 2017 年硕士学位论文。

有的诉讼证据材料,有效遏制"诉讼突袭"现象,防止法庭审理拖延,促进庭审过程更为真实和正当,实现司法公正与诉讼效率。在美国,一方当事人即可要求对方在开示证据之前有义务向自己主动披露有关证据和信息,明确案件争议点,便于后续审理;日本法中设立了审判前的准备程序,需要明确案件争议点及进行证据整理,要求控辩双方主动向对方开示证据材料。由此可见,无论是大陆法还是英美法,刑事司法中庭前会议的主要功能是整理和明晰诉讼焦点。[1]

刑事诉讼"三方"构造中,检察院和法院两者背后都有强大的国家机关支撑,而作为公民的被告人处于先天性不利地位。刑事诉讼法应为控辩双方提供对等的诉讼手段,使得弱势被告人能够充分参与到诉讼中,让双方在庭审中能够真正平等对抗,促进纠纷解决。[2]为了实现被告人在诉讼中的有效参与,刑事诉讼法首先要确保被告人充分了解自己被指控的罪名、各类证据材料和法律依据等,在全面知悉自身案件情况的基础上,才可谓能提出行之有效的抗辩理由。然而,鉴于辩方对控方通过大数据及人工智能取得的证据缺乏分析能力,审前证据开示制度或许能够为被告人提供了解证据如何被收集的途径,实质化当事人诉讼,保障被告人的信息知悉权。

参考《最高人民法院关于适用〈中华人民共和国刑事诉讼法〉的解释》第130条关于非法证据排除庭前会议的规定以及《人民法院办理刑事案件庭前会议规程(试行)》相关规定,证据开示制度可依照庭前会议规定的方式构建。人民法院审理刑事案件,针对利用人工智能获取证据的情形,应在庭审前召开庭前会议,组织控辩双方展示证据。检察院应主动说明依靠人工智能技术得到证据的合法性,说明此类证据如何被收集、利用以及后续分析,法官也能对证据形成有所了解。

传统刑事案件中,辩护律师需要前往检察院查阅案件材料,前往看守所会

---

1 参见柴晓宇:《刑事证据开示制度研究》,复旦大学2014年博士学位论文。
2 参见谢佑平:《刑事程序法哲学》,中国检察出版社2010年版,第41页。

见被告并制作会见笔录,甚至还需要向有关单位或个人收集材料,由此得到的信息材料作为律师后续提出辩护理由的关键。人工智能等新兴技术介入司法领域后,控方拥有收集证据和分析证据的优势,导致律师获取信息的传统手段已远远不能应对强大的控方。因此,需要考虑进一步强化律师的调查取证权。

调查取证权是辩护律师的一项特殊权利,法律规定律师能够向与案件有关的单位或者个人收集材料,在向控方证人进行调查取证时需要获得证人以及相关部门的双重同意。司法实践中,刑事案件证人的自我保护意识强烈,往往会出于害怕个人隐私被泄露或者遭遇打击报复而拒绝提供证据。同时,律师在向相关部门提出调查申请时往往会以"没有必要"而遭到有关部门的拒绝。由此,律师既无法调取到人工智能形成的数据,更无法进行深入分析,从而极大地阻碍了运用人工智能系统的司法案件中律师调查取证权的实现。

人工智能裁判系统对刑事司法造成的不良影响主要包括法院裁判偏见和控辩地位失衡。于辩护律师而言,其既缺乏对控方利用人工智能技术获取证据的分析能力,又无法了解到智能辅助办案系统中将会囊括哪些重点案件情节。鉴于律师调查取证权的先天不足,外加人工智能手段在控辩双方诱发新的不平等,律师调查取证权的实现更加举步维艰。因此,律师能有效获得对数据信息的调查取证权就显得尤为重要。为了充分发挥律师依法调查收集证据的作用,我国民事诉讼领域规定了律师调查令制度,当事人及其代理律师因客观原因不能自行收集涉诉案件证据时,可以由其代理律师申请,若人民法院经审核认为确有必要予以签发律师调查令,代理律师可以以此向有关单位或个人收集证据。刑事诉讼辩护律师的权利保障可以借鉴该类制度,依法设立刑事调查令,降低辩护律师向公安以及网络公司收集数据信息的难度,在人工智能与司法紧密结合的当下充分发挥辩护律师的作用。此外,辩护律师也应当提升自身的数据分析能力,对大数据和人工智能形成基本了解,律师事务所可以引进相关的计算机人才作为专家人员,以提升辩方的调查取证能力。

刑事诉讼中,鉴定人往往是公安、检察人员,容易先入为主,对法官形成不利影响,从而被专业的鉴定人左右,法官、公诉人以及被告、辩护律师很难对出庭的鉴定人提出恰当的意见。《刑事诉讼法》第 197 条规定了专家辅助人制度,公诉人、当事人和辩护人、诉讼代理人可以申请法庭通知有专门知识的人出庭,就鉴定人做出的鉴定意见提出意见。专家辅助人制度有助于控辩双方的充分质证,避免法官对鉴定意见的一味采信。[1] 在审判阶段,充分保障被追诉方的数据辩护权,辩方能够向法院申请了解大数据和人工智能技术的专家,强化辩方质证能力。发挥律师和专家辅助人在诉讼过程中的作用,能够维持平衡的两造对抗结构,保障当事人的基本诉讼权利。

人工智能算法存在的"黑箱"问题本质上是信息不对称,信息接收者无法获得完备的由人工智能得出的数据信息,这类"黑箱"的保密性将在刑事司法中对当事人的诉讼权利造成极大影响。构建具有可解释性的人工智能系统是实现透明可控人工智能发展的基础。

刑事司法裁判的过程不仅仅是给出结论的过程,更需要让被害人、被告和社会公众都充分接纳刑事裁判的结果。这对司法透明度提出了较高的要求,需要确保被告充分了解数据被处理的目的、算法逻辑及处理结果,只有这样才能进行有效质证,增强庭审实质化。2019 年发布的《新一代人工智能治理原则——发展负责任的人工智能》为人工智能系统的后续研发行为和政府治理途径提供了借鉴,"可解释"成为负责任的人工智能的重点要求之一。[2] 但是,绝大多数人工智能系统在可解释性方面存在局限,其整个分析、决策过程对用户来说不可见。

算法透明度是指通过算法逻辑的一系列披露过程,公民能够获得信息可见的可能性,包括算法信息可以被访问和理解。为了有效提升算法源代码的透明

1　参见胡铭:《鉴定人出庭与专家辅助人角色定位之实证研究》,《法学研究》2014 年第 4 期。

2　参见刘云:《论可解释的人工智能之制度构建》,《江汉论坛》2020 年第 12 期。

性和公开性,要求相关单位公开算法逻辑过程,在算法正式使用前进行算法公开和算法备案,使公民充分了解算法内容。

算法公开首先要明确的是公开对象,算法完全透明是不现实的,同样也是做不到的,在算法领域的披露应当是有限的披露。公开对象应当是具有垄断地位的算法,或者是由国家财政提供支持的、目的是为刑事司法机关提供信息服务的算法,公民有权要求公开。[1]因为这类算法往往与公民人身、财产权利最为相关,同时带有国家强制性,限制了公民的自由选择,一旦发生了刑事案件,将会对案件裁判结果起到关键作用。算法公开的内容不应是算法代码而是算法说明,因为算法代码往往涉及科技公司的商业秘密,同时含有大量的专业术语且算法持续迭代升级,披露难度较大。即便公开,绝大部分的公民也无法看懂,所以算法源代码和具体的编程方式是不适宜公开的。为了确保算法透明性,公开的应当是算法的简要说明,用简单明了的语言说明算法运行的方式、算法实现的功能、算法开发人员以及算法可能存在的风险等,该类内容相对通俗易懂,能够为公民所理解。为了保障刑事司法透明度,应当向公民说明收集信息的必要性及在后续刑事诉讼中所使用的可能,说明各类人工智能裁判系统所参考的依据等等。

算法备案则要求算法研发责任人向相关监管机构备案其具体算法编程方式。算法编程内容相对秘密和复杂,不应向全体公民公开,但应向监管机构备案。[2]备案措施能够促使开发人员更为谨慎地使用算法系统,促使监管机构及时对先进算法技术进行深入了解,提升监管机构的监管能力。刑事司法审判的人工智能算法系统应当向各级监管机关备案,算法备案的对象是算法的具体参数,机关人员需要执行严格的保密制度,避免参数泄露,对科技公司造成不利影响。

1　参见徐凤:《人工智能算法黑箱的法律规制——以智能投顾为例展开》,《东方法学》2019 年第 6 期。

2　参见金小野:《规范高频交易是国际证券业监管焦点》,《法制日报》2013 年 11 月 12 日,第 10 版。

人工智能对当代社会秩序的重构,在于它带来了"监控资本主义"。资本主义在工业革命时代产生,最初级的形态是对工人体力的剥削。今天,通过对公民个人信息的全面收集,剥削的是个人最后的剩余价值——个人所独有的、经常承载于隐私信息中的独特性。[1]算法作为人类工具已经深入到人类"决策"的方方面面,数学家和计算机科学家成为掌握先进科技的技术"统治者"。而权力不受制约必然产生危害,制约权力最好的方式就是用权力制约权力,因此,算法应当接受公民审查,以确保算法的公平性和有效性。

算法审查过程中可以借鉴行政法中的比例原则,即满足基本权干预合乎适当性、必要性及狭义比例原则。适当性是指每一权力行为的运用必须满足特定目的,且目的和手段都应适当。在对人工智能算法进行初步审查时,应当确保算法不会对公民个人权利造成歧视,同时审查算法逻辑的前提是否适用于特定的刑事目标和预期目的,是否兼顾打击犯罪和保障人权的双重功能。测试文档应当说明算法测试的方式、结果、缺陷、解决方法及对刑事司法可能造成的影响。必要性又称最小侵犯原则,如果存在多种方式能够达到司法目的,应当选择对公民个人权利干预程度最低的方式。刑事司法系统对公民个人信息收集应当明确数据收集的范围,为算法建档收集范围目录,以便监管部门对算法进行检查和监督,避免盲目扩大收集信息的范围,加剧对公民个人隐私的侵犯,要以后续可能的刑事司法裁判所需必要信息为限。狭义比例原则强调措施与目的要均衡适当,满足一定的比例。人工智能的信息收集应当具有有效性,算法是否能够实现其设计的目的,需要对其进行测试和评估。即便目前人工智能科技产品尚未成为独立的主体,监管部门也可以为通过测试的人工智能系统颁布类似的合格证书,只有拥有合格证书的人工智能产品才能投入使用。审查的过程中应伴随对刑事司法的实时监测,一旦发现存在将会对裁判过程造成重大影

---

1 参见郭锐:《人工智能的伦理和治理》,法律出版社2020年版,第198页。

响的缺陷,应当及时中止审查,并退回有关单位进行纠正。

算法监督主要是指第三方的监督,实质上是一种更为客观中立的监督方式。

特别是在目前对人工智能系统监督还存在不少局限的情况下,监管机构应当为第三方提供便利的监督平台和条件,适当引入自律组织、高校、学术性单位和相关机构人员参与人工智能系统研发,强化第三方机构对人工智能系统的监督,并增强监督机制的可行性、合理性和可操作性,确保算法监督主体的可靠性和全面性。目前,域外已经出现了由技术专家和资深媒体组成的算法监督组织,在我国也可以建立由计算机科学家和刑事法学家等组成的非营利性的独立组织,依照相关法律规定对刑事人工智能算法技术进行事后审查的监督活动。法院在进行信息化建设的过程中应当多引进计算机专家为司法审判系统算法进行安全评估,专家们对算法进行多角度的测试以发现算法中存在的错误,并与科技公司一同对算法进行修正和改进。

六、结　语

人工智能在现阶段已经深刻改变了人类的生产生活,技术奇点正在逐渐逼近,人工智能发展一日千里,假设人工智能创造出了超越人类智慧的技术而具有了压倒性的智能优势,那么人类又该何去何从? 作为技术掌控者的人类没有能力对人工智能进行终极控制,致使人工智能颠覆了人类所创造的社会秩序。面对这样一种科技,即便我们不可能做到无所不知,也要学会防患于未然,构建更科学合理的法律制度。司法是人工智能伦理风险很高的领域,一旦人工智能被误用或滥用,将造成不可逆转的后果。从人工智能与裁判融合的目的和手段两个维度来看,可以得出两项基本原则:(1)人工智能系统坚持司法公正第一性;(2)人工智能系统具有完备的问责体系。

人工智能裁判极大促进了司法智能化,有效节约了司法资源,提升了法院办案效率,降低了法官裁判可能存在的任意性,促进了裁判尺度统一。然而,人工智能技术首先冲击了具有法律专业知识法官的主体性,潜在技术权力逐步侵入了专业审判权力,僵化了个案审判对法律发展的能动作用,缺失了对立法的反馈,使裁判丧失了仪式感和亲历性,偏离了直接言词原则。信息化建设证据标准可能会导致证据制度走向"新法定证据主义"。由于技术本身存在的算法"黑箱"问题和信息收集不完整、不规范缺陷,可能在审判领域存在对特定人的歧视行为,降低司法透明度。且控方拥有充分的数据收集和分析能力,作为弱势一方的被告人地位进一步被削弱,双方差距扩大,损害了公民诉讼权利。

现阶段人工智能规制伴随着一种乐观主义的倾向,风险被看作客观的、可计算的及可预防的。鉴于人工智能会对刑事司法造成全面的影响,官方要避免技术乐观主义带来的问题。人工智能在刑事裁判中的规制路径不应当是静态的,而应当涵盖从立法到审判全方位及多领域的动态规制体系。明确人工智能裁判的辅助地位,为人工智能裁判功能限定案件类型及审理内容;保障被告人得到律师辩护的权利,实现专家辅助人的有效参与;提升算法透明度,建立相关规范和机构以防范算法技术缺陷带来的风险。

虽然目前人工智能裁判在刑事司法中的运用尚处于初级阶段,但未来发展势不可挡。对刑事司法人工智能裁判应当进行前瞻性立法,为技术发展提供良性基础,发挥法律的引导、规范和制裁作用,促使人工智能技术在法治化轨道上健康有序发展,早日实现智慧法院建设目标,为我国司法改革助力。

第四章
司法大数据应用的理性化悖论及制度破解

司法大数据在帮助法官剪裁事实、量化经验、约束偏狭等方面存在诸多形式理性化的利好,但不加限制地运用会消解司法的实质理性,难以贯彻公平正义,也难以实现良好的社会效果。应当在制度设计层面为司法大数据的应用厘清界限、捍卫法官的主体地位及职业精神,才能破解司法的理性化悖论,真正实现国家治理体系与治理能力的现代化。

一、引　言

近年来,以大数据为首的现代科技与司法融合共生的局面不断拓展延伸,司法大数据正在实现从事务性辅助工作到裁量性辅助工作的跨越,进一步向着"全流程、全覆盖、深层次"的应用目标进发。[1]从"信息化建设"到"智慧法院建设",司法改革的不断推进似乎也昭示着现代科技引入司法势在必行,甚至迫在眉睫。党的十九大报告指出,要在本世纪中叶实现国家治理体系和治理能力现

---

[1] 最高法发布的《人民法院信息化建设五年发展规划(2019—2023)》明确指出,未来法院建设的目标是成为"面向法官、诉讼参与人、社会公众和政务部门提供全方位智能服务的智慧法院"。参见《人民法院信息化建设五年发展规划(2019—2023)》,北大法宝网,https://www.pkulaw.com/chl/c3d1f9ef3bac97b1bdfb.html,2024年3月18日访问。

代化。由此可知,实现审判体系与审判能力现代化实乃建设社会主义现代化强国的应有之义,借助科技赋能司法体制改革更是中国特色社会主义建设的必经之路。本章尝试透过韦伯"理性化"的理论棱镜,[1]照见我国法院信息化建设及司法改革之中高张"形式理性"的具体路径,并探究潜藏在"司法现代化"背后的"实质理性"变动与影响,最终为韦伯式的"理性化悖论"在现代科技引入司法过程中的展开做出诠释:对司法大数据而言,其不加限制的应用在促进司法活动形式理性化的同时,可能也会在价值层面消解司法的实质理性,唯有在司法大数据方兴未艾之时对其应用的性质予以明确,以未雨绸缪的姿态对其边界科以限制,并认真对待法官的职业特殊性,才能最大可能地利用大数据的工具价值,并尽可能降低理性化悖论所带来的弊害。

二、 理性化悖论的概念分析

"理性化"(rationalization)是韦伯社会科学思想中最为重要的核心概念。[2]韦伯对资本主义制度的几乎所有理解与反思,都能以"形式理性与实质理性的冲突"加以概括,这也成为后世学者宝贵的理论工具与学术资源,[3]甚至有学者认为"韦伯以其精神面貌把西欧理性主义危机人格化了"[4]。韦伯把对"理性"的考察视为认知现实事物的关键,认为研究者的"首要任务"是对"理性主义独有特质及起源"加以考察,并指出我们首先应当追问"哪个生活领域被理性化了? 朝

1　哈贝马斯认为,韦伯是唯一一位"把欧洲的现代化理解为具有普遍历史意义的合理化过程"的古典社会学家。参见〔德〕哈贝马斯:《交往行为理论》,曹卫东译,上海人民出版社 2018 年版,第 195 页。

2　参见苏国勋:《理性化及其限制——韦伯思想引论》,商务印书馆 2016 年版,第 212 页。

3　援引形式理性及实质理性概念进行分析的论文数量庞大,其适用范围早已突破法社会学的框架,许多法理学及部门法研究者也经常运用此一理论模型,国内直接以其为题的论文如汪海燕:《形式理性的误读、缺失与缺陷——以刑事诉讼为视角》,《法学研究》2006 年第 2 期;郑成良:《论法律形式合理性的十个问题》,《法制与社会发展》2005 年第 6 期;黄金荣:《法的形式理性论——以法之确定性问题为中心》,《比较法研究》2000 年第 3 期;等等。

4　苏国勋:《理性化及其限制——韦伯思想引论》,商务印书馆 2016 年版,第 53 页。

哪一个方向理性化?"[1]以此为纲,韦伯发展出了自己的社会行动理论,他首先将"社会行动"定义为"行动者赋予主观的意义并指向他人的行为",并进一步将社会学理解为对"社会行动"加以关注与解释的学科,而研究重点在于考察其行为与所取得的结果之间的因果性。[2]不论经济、宗教还是司法,各种社会制度都可被视为个人或政府、法院等社会构成体的"行动"通过交叉、组织而成的产物。进一步而言,社会行动又可根据行动主体的"主观意义"区分为非合理性行动与合理性行动。在非合理性行动中,行动者行动的动机或者是传统习俗,或者是官能的快感刺激,无需理智的思考和计算;而在合理性行动中,行动者要么依据"通过精密计算以期达致"的某种现实目的而行动,要么依据某种价值性的信仰而行动,前者被称为形式理性(目的理性)行动,后者被称为实质理性(价值理性)行动。[3]有学者也将其特征简要归结如下:"形式合理性主要被归结为手段和程序的可计算性,是一种客观的合理性;实质合理性则基本属于目的和后果的价值,是一种主观的合理性。"[4]在这里,形式理性与实质理性之间存在着一种必然的张力。当人们把"合理性"的手段当作终极目的来追逐时,过分强调形式理性将导致一系列的实质不理性。以经济领域为例,脱胎于新教精神的"理性化"思维强调尽可能地节俭、敛财、扩大生产,一方面,这使得工作效率加快、物质财富累积增加,在形式上是具有合理性的;但另一方面,倚靠着"机械文明"的资本主义甫一站稳脚跟,就"褪除了此种一贯追求的宗教-伦理意涵,如今倾向于和

1　〔德〕马克斯·韦伯:《新教伦理与资本主义精神》,康乐、简惠美译,广西师范大学出版社 2010 年版,第 12 页。

2　关于社会行动理论的基础定义,参见〔德〕马克斯·韦伯:《社会学的基本概念》,顾忠华译,广西师范大学出版社 2011 年版,第 20 页。

3　需要说明的是,在韦伯话语体系中的"目的理性-价值理性"常见于经济社会学,而"形式理性-实质理性"常用于政治社会学中,分属两对概念,但相关韦伯思想的研究者均认为其基本上是同义的(可参见苏国勋:《理性化及其限制——韦伯思想引论》,商务印书馆 2016 年版,第 223 页;陈嘉明:《现代性与后现代性十五讲》,北京大学出版社 2006 年版,第 108 页),因此下文统一使用"形式理性-实质理性"的用法。

4　苏国勋:《理性化及其限制——韦伯思想引论》,商务印书馆 2016 年版,第 221 页。

纯粹竞赛的激情相连接"[1]，对"职业（志业）"精神上的笃信异化为对资本本身的追求，拜金教篡夺了宗教精神的信仰地位，垄断、剥削、浪费、污染、丛林法则等问题层出不穷，标榜"理性、高效"的纯粹市场经济却又必然地催生非理性的经济危机。总而言之，理性化的浪潮在祛魅了所有神圣意义的同时也消解了存在的意义，赋予了人们思想的自由之后却又建立起繁密复杂的社会体制来禁锢自由，那些经历了"理性化"启蒙、刚从宗教迷信中被解放出来的现代人转眼又成为机器与商品的奴隶——对理性化的追求却导致了非理性的生活，这就是本章所使用的理性化悖论的概念内涵。

必须注意的一点是，自韦伯开始，"理性"的范畴突破了个体的领域，开始被拓展到对现实社会制度的考察与评价，人与制度成为相对的主体：人们秉持不同的精神气质、价值取向，将塑造出不同的社会制度样貌，而社会制度一旦成熟，可能会脱离原本所立足的意识形态，获得自己独立运转的价值依托，并对制度中的人产生反作用力。

基于此，我们就不难理解将司法大数据置于理性化框架内讨论的必要性。一方面，大数据与人工智能的本质仍是韦伯意义上"自然科学"的技术结晶；另一方面，现代科技又与韦伯提到的资本主义初级阶段的"簿记"技术完全不同，因为现代科技已全面辐射人类社会的各个层面，深刻影响着社会建设、经济发展与国际竞争。[2]最高院发布的《人民法院信息化建设五年发展规划（2019—2023）》中提到，人民法院未来的建设目标是"促进审判体系和审判能力现代化"，要"以提高'数据治理'能力为目标，构建信息资源智能服务体"，并在2023年实现90%以上的法院具备通过大数据提供服务的能力。可见未来，以大数据、人工智能为代表的现代科技将给传统司法体制带来革命性的更新换代，甚

1　〔德〕马克斯·韦伯：《社会学的基本概念》，顾忠华译，广西师范大学出版社 2011 年版，第 182—183 页。

2　参见国务院：《新一代人工智能发展规划》，中国政府网，http://www.gov.cn/zhengce/content/2017-07/20/content_5211996.htm，2024 年 3 月 18 日访问。

至眼下部分地区的公安机关已经喊出了"人人会用大数据,事事用到大数据"的口号。[1]归根结底,科技主导下的司法改革不过是社会变革的一个必然侧面,因而唯有在更高的理论维度上对其加以把握,才能烛照出科技之于司法的斑斑利弊。事实上,大数据作为一种事实层面的数据汇集,其为司法机关宏观把控经验事实提供了一种实际的可能。司法工作从裁量到管理,无疑都会向更精确、更高效的方向发展,这似乎恰是韦伯所描绘的"形式理性"之体现。但现代科技引入司法背后的实质理性应该如何被看待? 在形式理性高张的同时又是否会损害实质理性? 归根结底,大数据的技术属性必须经受这样的一个质疑:司法大数据是否能跳脱理性化悖论? 为了回答这些问题,有必要对司法大数据强化形式理性的具体路径、司法大数据背后的实质理性样貌及其在如火如荼的"智慧法院"建设中可能遭受的影响分别做出阐析,这样才能最终化约出司法形式理性与实质理性的权衡策略。

三、 司法大数据的形式理性检视

与重视实质的公道、平等,无视法条政令的"卡迪审判"截然相反,[2]在韦伯的法律社会学思想中,法的形式理性有如下三点特征:第一,逻辑化。首先,裁判应当以具有可预测性的法律为依归,摒除巫术、宗教等非理性因素;其次,法律思维应当以通则或"法命题"的形式得到化约,以便最后在具体事实与抽象命题之间构建逻辑演绎的通路。第二,体系化。一方面,这要求构建一张"绵密无缺、不会自相矛盾"的法律概念与法律条文的体系之网;另一方面,现实中司法

---

1 参见章中全:《不重视信息化就会丧失指挥权 不懂得大数据就会丢掉主动权》,澎湃网,https://www.thepaper.cn/newsDetail_forward_11479442,2024 年 3 月 1 日访问。

2 以"卡迪审判"为代表的宗教法,被韦伯视为实质理性的典范。参见〔德〕马克斯·韦伯:《法律社会学》,康乐、简惠美译,广西师范大学出版社 2011 年版,第 203 页。

体制也必须足够完善以能够高效运行。第三,专业化。高度精密的体制架构自然需要高度专业的知识与高度独立的分工,司法官僚的公务执行不应受个人因素的左右。[1]在韦伯的比较法研究中,虽然亚洲国家也出现过法典化的历史,但法的概念始终受到价值取向的影响乃至支配,宗教命令与世俗规则混杂不明,这种在概念源头上的模糊状态自然地导致了立法及司法实践中的"非理性"。所以从这个角度而言,此三点特征以第一点为核心,后两点实为第一点在现实中的推导及必然结果。

这种法律的形式理性走到极端,就是韦伯著名的"法的自动贩卖机"这一比喻:"人们从上头丢入事实和费用,它自下头吐出判决及其理由。"[2]这类话语让人很自然地联想到法律实证主义的观点,即区别对待"法自身"与"法应当怎样",将法律视为一个高度严密的逻辑体系,现实与法条的映射关系呈现高度的数理化,等等。[3]但在现实司法实践中,这种实证主义式的形式理性往往难以贯彻,而以大数据为首的现代科技引入司法,显然将带来一种新的助力,那就是大数据令人叹为观止的计算力。如同霍姆斯(Oliver Holmes)曾做出的预言:"对法律的理性研究而言,未来所需要的是精通统计学与经济学的人。"[4]韦伯亦坦然承认:"合理性在本质上是取决于,技术上的决定性因素的可计算性,这些关键性的技术要因乃精确计算的基础。"[5]在这里,经济领域内的"可计算性"与法律领域内的"形式化、实证化"实为异体同质,是形式理性在不同方向上的映射。因此可以想见,在"以数据为中心"的智慧法院建设过程中,大数据必将与"形式

1　法的形式理性的三点特征,归纳自〔德〕马克斯·韦伯:《法律社会学》,康乐、简惠美译,广西师范大学出版社 2011 年版,第 27—31 页;〔德〕马克斯·韦伯:《支配的类型》,康乐等译,广西师范大学出版社 2010 年版,第二章。

2　〔德〕马克斯·韦伯:《法律社会学》,康乐、简惠美译,广西师范大学出版社 2011 年版,第 327 页。

3　法律实证主义又可细分为经验实证主义和逻辑实证主义,本章所指之实证主义仅强调逻辑实证主义,亦即一般语境中的法律形式主义。相关分类参见张文显:《二十世纪西方法哲学思潮研究》,法律出版社 2006 年版,第 65—66 页。

4　〔美〕小奥利弗·温德尔·霍姆斯:《霍姆斯读本》,刘思达译,上海三联书店 2009 年版,第 29 页。

5　〔德〕马克斯·韦伯:《社会学的基本概念》,顾忠华译,广西师范大学出版社 2011 年版,第 11 页。

理性"紧密地勾连在一起。

现实主义法学理论认为,事实乃至法律本身都充满了不确定,法官需要剪裁事实,获知规则以外的信息,并在不同的利益冲突中做出权衡。因此法官的角色绝不是像数学家一般完成一份判决的"推理",而更像指挥家,去思考哪个人或者哪个机构的声音最有权力在被审理的案件中得到体现,[1]显然要想达此目的,法官就必须弥合"法条何以规定"与"判决如何书写"之间存在的罅隙,并将目光转向法条以外以获取具有说服力的论证。但这个过程是困难的,卡迪所做出的裁判可以被宗教先天地赋予"不谬性",[2]但在被"形式理性化"了的现代司法当中,法官的判决必须处理经验事实与法条之间的对应关系,并做出逻辑上可接受的阐述。对此,大数据为案件事实、推理逻辑乃至裁判"经验"的"可计算"提供了一种可能。

在万物互联的时代下,社会中的个体正在向"数据人"转化,个人信息的产生与收集开始呈现出大型而隐秘的流程化特征,各种软件记录着我们的社交、工作、娱乐方式与行动路径,无处不在的监控、打卡、电子支付也将用户的信息遗落在各种角落。面对这种席卷社会的数据化浪潮,甚至可以想象这样一种场景:某一刑事案件发生后,在数据全网联通的背景下,首先是被害人请求启动侦查与获得法律援助的成本大大降低、速度大大加快;[3]其次是基于监控信息抓取、个人信息联网、定位等技术而实现迅速"抄底"破案;[4]最后是公诉机关可以迅速审查与迅速起诉,并且当法官打开(更有可能是点击开)公诉机关移送的案卷

---

[1]　指挥家的比喻,出自霍姆斯。参见〔美〕波斯纳:《法理学问题》,苏力译,中国政法大学出版社 2002 年版,第 176 页。

[2]　参见〔德〕马克斯·韦伯:《法律社会学》,康乐、简惠美译,广西师范大学出版社 2011 年版,第 238 页。

[3]　事实上,借由大数据在当今中国获得法律援助的便捷性已经得到很大提升,以阜阳这一三线城市为例,当事人获得法律援助的成本仅为"一张身份证,十一分钟"。参见范天娇:《数据赋能提升阜阳公共法律服务质效》,《法治日报》2021 年 1 月 11 日,第 7 版。

[4]　基于大数据对犯罪嫌疑人行动轨迹、社交关系、商务往来等信息开展的侦查活动,在实务界往往被称为"抄底","大数据+新技术"的侦查方式已被某些地区作为先进"强警"经验而广泛报道与推广。参见马超、王志堂:《11 个月侦破命案积案 233 起:山西公安机关打响清缴命案积案战役》,《法治日报》2020 年 12 月 29 日,第 1 版。

时,案卷上将不仅清晰罗列此次犯罪经过与相关证据,嫌疑人的犯罪历史、犯罪模式、再犯可能性,乃至各种证据证明力大小,甚至因果关系链条也可以无尽延展,等待法官截取。从这种角度说,弗兰克曾经认为的建构性、主观性的案件事实将日趋认知化、客观化。[1]在他提出的 R(规则)×F(事实)=D(判决)的公式中,"事实"将逐渐从 SF(subjective facts,主观事实)转向 OF(objective facts,客观事实)。曾经基于事实的不确定性而衍生出的一系列制度设计,如证明规则、举证责任、陪审团制度等,可能都将因事实的日渐清晰而被调整。简言之,在大数据的帮助下,未来事实问题的认定或将整体性地转变为技术性的问题。

此外,大数据的整合力与总结力将同样对法官的经验学习产生积极影响。正如霍姆斯所言,"法律的生命不在于逻辑,而在于经验"[2]。对于这种内涵复杂的经验的传承,往往是通过案例的研习、对比以及最终实际操作等一系列实践过程来实现的,在传承有序的西方法学教育体系中,虽然案例研习的课程形式几经变革,但"以案说法"的模式始终被视为法学学习方法的柱头石;[3]年轻的法官也是在一个又一个案件的实际操办中,将之前在学院中获得的知识原石不断打磨,最终学会熟练地将课堂所学应用于现实个案,这个实践理性不断进步的过程也往往被视为法官"经验"不断累积的过程。而大数据的出现,尤其是基于大数据平台的类案推送机制的建立,为法官的同案同判提供了参考与度量。其本质就是将以往只能依靠时间积累的经验以可视化的方式呈现出来,供经验较

　　1　参见于晓艺:《最忠诚的反叛者:弗兰克法律现实主义思想研究》,中央编译出版社 2014 年版,第 71 页。

　　2　霍姆斯的这句名言往往由于他修辞上的简明而遭到误解,事实上霍姆斯并非认为逻辑之于法律无足轻重,他是基于法律的滞后性而在此突出了经验的重要性,经验更多地适用于新鲜疑难案件当中,对于绝大部分的普通案件而言,三段论式的法律推理仍然是十分乃至最重要的,尤其就逻辑性而言,计算机显然会比人类更擅此胜场。目前在人工智能的研究中,对于类脑逻辑的模拟仍然是需要重点攻克的难题,因此大数据实际上在逻辑与经验两个方面都能对法官裁判有所帮助。参见梁庆寅、魏斌:《法律论证适用的人工智能模型》,《中山大学学报》(社会科学版)2013 年第 5 期。

　　3　参见胡铭:《司法竞技、法律诊所与现实主义法学教育——从耶鲁的法律现实主义传统展开》,《法律科学》(西北政法大学学报)2011 年第 3 期。

为匮乏的年轻法官参考学习,以在短时间内取得较好效果。[1]虽然目前各类量刑建议系统或类案推送系统的数据库仍然存在较大缺陷,相关分析也较为呆板,但 AlphaGo 所展现的强大学习能力已昭示出大数据应用的无量前景:在夯实类案识别的基础上,对案件详情做深度拆解分析将不再困难,通过对海量裁判文书进行一系列剪裁、抓取、语义分析等结构化处理,最终使得案件核心事实提炼、风险预警、裁量建议成为可能。与案件相关的一切规范性的判断,或都可被涵盖进统计学的框架加以解释,比如在抢劫类案件中,未来大数据或许可以分离出几十乃至上百个与定罪量刑相关的要素,如抢劫金额、共犯人数、是否持刀、是否入室乃至抢劫发生地点、抢劫发生时的环境情况等等,并按对案件最终结果影响大小进行权重排序。[2]类似的相关性分析过程,实质上就是法官思维"黑箱"的外显化,将过去说不清道不明的裁量过程展现出来,大大增加了"经验"的可交流性与可学习性,真正帮助法官精进实践经验、汇聚"无言之知"。[3]在海量的同类判决面前,受到量刑偏离预警的年轻法官将更容易对比自己与"法官均值"的差异,而对这种差异进一步的可视化分析就是经验获取的开端。

如果把司法的实际运行作为客体加以审视,影响法官做出判决的案外因素数不胜数:外在因素包括舆论、政策、风俗、道德规律,乃至早餐内容;[4]内在因素

1　根据贵州省高级人民法院的司法实践,司法大数据的使用对于年轻法官的经验提升有着明显效果。参见顾文剑:《司法大数据实践:30 岁法官达到 50 岁法官经验水准》,第一财经网,http://www.yicai.com/news/5337226.html,2024 年 3 月 23 日访问。

2　以北京博雅英杰科技股份有限公司"刑罚查"自助量刑软件为例,其官网介绍为:"将刑事量刑进行细化,利用数学方法和技术方法,将刑事司法中的从轻、减轻、免除及从重等情节的应用场景特定化,将影响量刑的各个要素归纳为事实情节和法律情节两大类,并对每一情节在量刑过程中的作用、影响进行评估,赋予特定的效能……用户根据犯罪具体情节和系统流程引导,按照提示选取相应的罪名、案件情节等条件,全部情节点击、增、减过程完成后,系统会生成量刑评估结果。"参见 https://www.xingfacha.com/#/abouts?type=0,2023 年 3 月 21 日访问。

3　关于通过案例增加经验的可交流性的观点,参见吴元元:《司法无言之知的转化机制及其优化——案例研究的知识社会学反思》,《法学》2019 年第 9 期。

4　参见〔美〕亚历克斯·科津斯基:《影响法官判决的早餐和其他神秘之事》,载〔美〕戴维·奥布莱恩编:《法官能为法治做什么:美国著名法官讲演录》,何帆等译,北京大学出版社 2015 年版,第 92 页。

则包括常识、直觉、前见、偏好、知识结构、政治观点，甚至包括偏见与歧视。在立场激进的弗兰克看来，法官在脑海中对案件的权衡过程是如此复杂而不可言说，以至于判决的过程很有可能是"先确定了结论"，再去寻找"证明它的前提"。[1]这一思考过程的不确定性在"非理性"社会中构成了巫师、祭司"卡里斯玛"支配的来源，而即便在祛魅后的现代司法体制中，法官思维的"不确定性"仍藏匿在自由裁量权的荫庇下暗自滋长，并延展为关于法官职业伦理的两难：一方面，我们希望法官保持客观中立，不被民意所掣肘，按照自己的职业精神与专业知识依法裁判；另一方面，我们又要求法官追求法律效果与社会效果的统一。如卡多佐（Benjamin Cardozo）所言，法官应超越局限与偏见，"从个人的喜好中解放出来，扩大他忠实的群体的范围"[2]。要做到这一点并不容易，而大数据的出现或许为此提供了一种路径。

大数据使得法官个人的判断可以得到及时的对比与反馈。通过类案关联与社会观念的量化分析，法官将更容易甄别自己的判断是否出格：是低估了社会对某一种特定犯罪行为的容忍度，抑或是对被告人的某一特征存在未察觉的歧视？在大数据的透镜下，法官也能将错误的"偏见"与正确的"直觉"相分离，而不是自信地将它们的混合物统一命名为"经验"。

从宏观的角度而言，大数据可以为"司法与民意"这一法理学的经典命题提供新的回答，即通过大数据来评定度量社会舆情、大众认知与一般常识。而通过大数据将法官个人理性与公众的价值取向相连接，本质上是通过引入社会大众的意见来与法官保持商谈性平衡，以防止个人道德偏好主宰一切个案，最终实现"公共理性"。在制度层面，这体现为由人民（人民代表）立法及任免法官，而在个案层面，则体现为人民陪审员及法官对"民意"的揣摩、采纳。但"于欢

1　〔美〕杰罗姆·弗兰克：《初审法院——美国司法中的神话与现实》，赵承寿译，中国政法大学出版社2007年版，第199页。

2　〔美〕本杰明·卡多佐：《司法过程的性质》，苏力译，商务印书馆1997年版，第107页。

案"、"彭宇案"、"李昌奎案"等诸多案件表明,部分法官对"民意"的漠视、对个人经验乃至个人偏见的信奉、对公众理性交流的匮乏使司法的公共性不断流失,除去个人素质问题,其原因也在于始终缺少一种有效沟通公共理性的制度性渠道,[1]而大数据无疑是在陪审制以外昭示了另一种制度可能性。《人民法院信息化建设五年发展规划(2019—2023)》中提出要引入"外部数据"和"商业智能"进行融合分析,探索多维分析、关联分析、趋势预测等大数据智能服务,不断提高舆情掌控与社会沟通能力。或许,未来的法官将通过对社会大数据的整合分析实现对社会脉搏的洞悉。可以想象,如果"公序良俗"、"商业习惯"、"公共利益"都可以通过文字信息或行为数据而被客观量化,那么法律的滞后性问题或可得到大大缓解,[2]法官基于此种论据而撰写的判决书也将更贴合社会现实。换言之,大数据可以通过对社会观念的广泛采集,为法官判决的客观性设置一个度量衡,这也将真正达至卡多佐意义上的"客观":"法院的标准必须是一种客观的标准。在这些问题上,真正作数的并不是我(法官)认为是正确的东西,而是那些我有理由认为其他有正常智力和良心的人都可能会合乎情理地认为是正确的东西。"[3]

四、 司法大数据的实质理性反思

　　形式理性与实质理性所立足的伦理根基不同,[4]两种理性存在内生的矛盾。

　　1　类似观点参见吴英姿:《司法的公共理性:超越政治理性与技艺理性》,《中国法学》2013 年第 3 期。

　　2　目前司法大数据的舆论掌握及沟通功能主要体现在诉源治理方面,如北京市东城区基层法院主动对接司法所、人民调解组织,通过一对一精细化辅导培训、微信远程指导、完成调解书司法确认等工作,促进基层工作站对于简单矛盾的吸附与处理能力,法官自身对基层司法需求也有了更深的了解。由此类推,未来法院或将以诉源治理为目标,更加贴合社会"客观"情况。相关内容参见《北京东城:织出千条线　形成"和立方"》,《人民法院报》2021 年 1 月 19 日,第 1 版。

　　3　〔美〕本杰明·卡多佐:《司法过程的性质》,苏力译,商务印书馆 1997 年版,第 59 页。

　　4　韦伯对两种理性背后秉持的不同伦理观专门做出过阐释,他认为形式理性的背后是一种"责任伦理",而实质理性的背后则是"心志伦理"。详细论述参见苏国勋:《理性化及其限制——韦伯思想引论》,商务印书馆2016 年版,第 229 页;〔德〕马克斯·韦伯:《学术与政治》,钱永祥等译,广西师范大学出版社 2010 年版,第262 页。

即在形式理性的范畴下,一切行为所导向的终点必须是某种现实目的,这种目的必须在科学意义上可被感知、可被评估、可被计算,否则在目的与手段之间建立"合理"的逻辑关系就变得不再可能;而对实质理性而言,如同"基督徒只管行动,后果交给上帝"[1],其最大特点恰恰在于将行为的终点置于某种超然的价值之上,而非关注实现路径,同时这种价值往往是某种纯粹形而上的内容,例如宗族信仰、快乐、公平、正义等。且不说这些价值本身难以被精准定性,为某个具体社会所信仰的某一价值何以胜过其他价值而被选择,同样是难以言说乃至不可捉摸的,这显然不能为"形式理性"所容。反之亦然。辛普森案中的法官出于对诉讼程序尤其是合法取证的尊重,导致辛普森成功脱罪,这在"卡迪审判"中显然无法想象——在实质理性主义者看来,秉持形式理性去追求"非价值"的目的,本身就是一种"非理性"。在现代社会中,这种理性化悖论几乎在不同的领域都可被转化为不同的理念冲突,例如经济领域内的市场经济与计划经济、政治领域内的强人领袖与多元党争等,这也就解释了为什么韦伯合理性的二难悖论被视为构成了现代性的内在冲突。[2]

具体到司法领域内,大数据及人工智能等现代科技引入司法的目标定位,往往被框定为增效、减负、辅助、监督等四大指向现实功效的"目的"。[3]前文已指出司法大数据将何以推动形式理性的贯彻,那么紧随其后的问题即为:司法大数据的应用是否同样会陷于理性化悖论的两难境地?对司法形式理性的追求如何导致了司法实质理性的损蚀?在现代性的语境中,我们应当如何看待司法的"实质理性"?它是值得我们追求的吗?下文将尝试对上述问题做出分析与探讨。

在司法大数据的诸多应用中,在类案推送的基础上实现偏离度预警和裁量

1　转引自〔德〕马克斯·韦伯:《学术与政治》,钱永祥等译,广西师范大学出版社 2010 年版,第 264 页。

2　参见陈嘉明:《现代性与后现代性十五讲》,北京大学出版社 2006 年版,第 110 页。

3　参见谢澍:《人工智能如何"无偏见"地助力刑事司法——由"证据指引"转向"证明辅助"》,《法律科学》(西北政法大学学报)2020 年第 5 期。

建议呈递是最重要的两项裁量辅助功能。通过建立一套适用于全国或省一级单位的类案推送系统,本质上是借助"数据组织"的力量突破法官个体的"有限理性"。[1]通过与类似判决的对比,尽可能降低由法官个人因素导致的差异,促使判决向最优法律效果与社会效果靠拢,根本目的在于纠正不相统一的裁量标准,通过同案同判实现个案公正。在这里,"同案同判"似乎与"公平公正"是同义关系,但实际上前者可以被化约为统计学中的偏离度问题,通过对最小或最优偏差的追求体现形式理性;而公平公正则是典型的价值判断,是实质理性的标的,二者之间并非总是重合无隙:虽然判决的融贯性、一致性对于法秩序的维护来说至关重要,但"法律必须稳定,但不能一成不变"[2]。个案的裁量结果在统计学意义上出现偏颇,并不意味着在法律层面上必须被纠正,刚性一致的裁判结果势必导致法秩序的僵化,反而可能造成更加恶劣的社会效果。不难想象,假如昆山反杀案的法官是采纳大数据给出的裁量建议来形成判决,而裁量建议又是基于对过往苏州地区刑事裁判文书的均值回归的话,那么此案的法官极有可能无法给出正当防卫的结论,而是像过往法官一样继续"错"下去——真正达至法的"恒定一致"并非要依赖法官对既有均值的主动靠拢,而是由"不同心灵摩擦"所产生的平衡锻制而来。[3]在大数据的回归计算中,两个意见雷同的法官与他们观点彼此对立时均值可能是一样的,但前者缺省了后者那种推动法律更迭的可能性,而裁量建议的出现无疑增大了法官持不同意见的心理压力。对于整个司法体制而言,这也变相削弱了法官对新、难、复杂案件的处理能力。在个体纠偏似乎变得容易的同时,体制性的纠偏却变得更加困难,这是"同案同判"与"公平公正"在此出现的第一层背离。

当然,将大数据给出裁量建议的机理简化为"均值回归"似乎过于粗暴,那

---

1 组织与个体的关系,参见周雪光:《组织社会学十讲》,社会科学文献出版社 2003 年版,第 166 页。

2 转引自〔美〕卡多佐:《法律的成长》,李红勃、李璐怡译,北京大学出版社 2014 年版,第 14 页。

3 参见〔美〕本杰明·卡多佐:《司法过程的性质》,苏力译,商务印书馆 1997 年版,第 107 页。

么值得进一步追问的问题就是：未来裁量意见进化的终点将可能是对真人法官的完全模拟乃至超越吗？或者说，仅凭对判例数据的学习，能否培养出一个好的"法官"？在法律社会学的认知中，这些问题的答案都将是否定的。埃利希（Eugen Ehrlich）在论证"活法"（"活的法律"）这一重要概念时曾经提到，传统法学研究只注重成文法法规的条文，而忽视了对制定法以外的判例、习惯以及各种民间契约等"活的法律"的研究。在"活法"中，判例往往也只赋予了实际生活中通行行为规范中的一部分以拘束力，因此仅靠判例也无法掌握"活法"的全貌。[1]这在数据来源上就对大数据的裁量建议予以了否定。而在到底如何学习"活法"这一问题上，他的回答是："除了睁开眼睛，通过细心观察生活、寻访民众并记录下他们的回答之外，别无他途。确实，让一名法学家通过实际观察而不是通过法典的条款或浩繁的法律文书了解活法，其实是给他提出了一条严苛的要求；但那不可避免，以这种方法获得的结果将是最佳的。"[2]埃利希之所以强调法官要用眼睛观察生活，而不仅仅是用眼睛阅读文本，原因在于他察觉到人类社会的复杂多样性是单纯的文字难以涵盖的，而调节、约束人类行为活动的规范绝大部分都隐没于生活之中，唯有身处其中才能对其有所察觉。从这一角度而言，大数据无法实现对"活法"的学习，原因有三：第一，"活法"确实存在于判例之中，但更多地存在于司法过程以外的社会生活里，而这无疑是现阶段司法大数据力不能及的领域。虽然前文业已论及司法大数据可以来自司法过程外部，且未来其应用也将更紧密地勾连司法与社会，但数据隐私保护等强制措施的出现也将给这个过程设置无法逾越的障碍；即便未来人类社会迈向前所未有的数据化，也并非一切实在物都能以数据的形式储存并关联，埃利希所谓的私人契约与组织章程将依然排斥公权力的探入。第二，风俗、习惯、支配关系、潜规则等非实在物也无法实现直接的数据化。尽管通过行为数据、交易数据等信

1　参见何勤华：《埃利希和现代法社会学的诞生》，《现代法学》1996年第3期。

2　〔奥〕尤根·埃利希：《法律社会学基本原理》，叶名怡、袁震译，江西教育出版社2014年版，第406页。

息的反推,可以在一定程度上实现对这些非实在物的外在描述,但即便暂不考虑反推的成功概率,也应注意到有些现实要件只有采集庞大体量的数据才能加以佐证,出于精确性与效率的考量,不能将对"活法"的描述尽数托付给大数据。如判断犯罪嫌疑人是否撒谎或婚姻感情是否破裂,富有生活经验的法官通过一次亲历调查或面对面交流即可得出结论,这可能比大数据的运算来得更为轻松便捷。第三,也是最重要的一点,大数据本质上是一种工具,是对过往已存在之现实进行观测、描述并计量的工具,抽离于生产数据的主体而存在。但法官司法则截然不同,因为法官对案件的裁量行为本身就是一个"生产公平"的过程。换言之,"活法"之"活"在于法律始终不断变动、不断生长。这不仅由于社会生活本身的变动不居,还由于法官作为主体亲自参与到了法律的成长之中。霍姆斯曾在判决中指出法官是"空隙里的立法者";卡多佐也曾引述并认同"法律就是法官所宣布的东西"[1]。诚然,既存的法律体系与更宽泛意义上的"经济基础"影响着法官在个案中的具体行为。但法官本身依然具备主观能动性,可以对既存的现实做出回应、改变乃至塑造。也正是法官对先例的偏离乃至打破,才使得法律的生长成为可能,而这恰是作为"客体"存在的大数据技术永难达到的。因为它并没有在真实的人类社会中生活,无法积累像前者那样细微丰富的"人"的个体经验,更无法主动创造统计学意义上的"特殊样本"。由于正是无数鲜活的特殊样本汇聚才构成了理解"活法"的路径,并进一步构成对"价值"进行抉择的理由,所以就这个层面而言,"同案同判"的形式理性与"公平公正"的实质理性之间存在的背离可谓是根本性的。

《中共中央关于全面推进依法治国若干重大问题的决定》中提到,要"努力让人民群众在每一个司法案件中感受到公平正义"。将公民感受与个案公正相结合,突出了我国对通过司法判决实现良好社会效果的重视。而如前文所述,

---

1　〔美〕本杰明·卡多佐:《司法过程的性质》,苏力译,商务印书馆1997年版,第75页。

法官对大数据尤其是源自司法过程以外的大数据的利用,有助于了解"公众理性",揣度社会舆论与大众认知,通过建立"覆盖审判全阶段的风险预警",避免做出"不通民意"的判决。但与上文类似,这里的问题在于"舆论"与"民意"实际彰显着不同的"合理性"追求,不能直接将二者画上等号。

对此,哈贝马斯有过较为充分的阐述。他认为如果使人们仅根据裁判结果的利弊而非对法律背后价值引导的真正认可来行事,将混淆民主与民众意见的界限,最终削弱法的正当性。[1]基于对法治民主的理解,哈贝马斯发展出了自己的法律商谈理论。他认为,法律的共同体不是通过一种社会契约构成的,而是基于一种商谈达成的同意构成的。[2]在微观层面,这体现于人际交往实践中平等、自愿交流,通过语言的媒介实现对彼此的理解并最终达成共识;[3]在宏观层面,理想的"法治国"架构应当由核心的政治系统及边缘的社会组织(市民社会)共同组成,社会组织具有自治权利或国家委托的监督及立法功能,沿着这种"中心—边缘"的轴线应当形成民意与权力的循环。与之相对照,一种中观层面的司法"社会效果"或应具有以下的理论内涵:司法判决之所以具有正当性,不仅由于"强制力保证实施"或判决仅仅在实效层面"有利"于当事人,更重要的是当事人感知到自己作为主体参与到了司法裁决的过程中,全情参与、论争、举证,充分发表并交流意见,在程序中辨清了是非、理清了逻辑。当事人唯有通过对自己实践理性的贯彻才能达到对判决合理性的充分理解。直接言词原则、当事人主义下的对抗制、陪审团的设立等都可视为对这种"参与"的保障。也只有保障了当事人的"参与",才有可能探知并生产出真正的"民意"。扩而言之,司法判决对

1　哈贝马斯关于合法性与正当性的认识,参见李龙:《论协商民主——从哈贝马斯的"商谈论"说起》,《中国法学》2007 年第 1 期。

2　参见〔德〕哈贝马斯:《在事实与规范之间——关于法律和民主法治国的商谈理论》,童世骏译,生活·读书·新知三联书店 2003 年版,第 685 页。

3　这实际上是"交往行为理论",法律商谈理论可被视为交往行为理论在法律政治学层面的推演,二者的核心是一致的。微观层面交往理性的定义见〔德〕哈贝马斯:《交往行为理论》,曹卫东译,上海人民出版社 2018 年版,第 27 页。

于社会大众的商谈亦是重要的。[1]对舆判决理由的翔实书写、裁判文书的网上公开、庭审过程的透明直播,都是这种商谈过程的具体体现。

必须注意的是,这种建制化程序过滤、反映、转化后所导出的"民意",应当与社会大众普遍而单方面的观点、意见或"舆论"做本质的区分。[2]可以说,"民意"是立足于具体案件事实与法律的。在一个特定的"动员起来"的公共领域中,经过程序性商谈后的产物是构建公共理性的真正来源。简单地把统计得来的"多数意见"搪塞为"民意"而加以援引,这样的判决书将难以获得社会的真正认同。以此反观,大数据似乎可以通过对社会观点的收集、行为数据的整理来呈现"社会舆论",但这种意义上的应用依然是一种"法官中心主义"的单向测度,体现的仍然是信息采集者与信息被采集者的不平等关系,并未建立起交互平等的主体间性。

数据收集的片面性暂且不论。假使法官已经借助大数据得到了两种裁判方案的社会评价预估报告,是否可以直接按风险低的方案裁判呢? 显然是不可以的。一方面,大数据所呈递的社会大多数人的意见并不总是合理的,我国已经走过"国人皆曰可杀……然后杀之"(《孟子·梁惠王下》)的野蛮司法时代,更应警惕社会舆论影响力被大数据不当放大;另一方面,也应考虑到司法在社会改造与"本土资源"之间游走的特性,不应忽视"冒天下之大不韪"的判决对于社会风气可能的塑造与引领作用。由此,既然大数据所做出的社会评价并不足以构成对法官行为的直接指引,那么法官在适用司法大数据的相关意见时就必须注重其公开透明、经得起程序检验以及可被解读。如果当事人发现法官在最终的判决意见中使用了大数据所呈递的分析结果,而法官使用自然语言所做的

1　参见范春莹:《法律商谈理论对司法权力独断的消解》,《法律方法》2018 年第 3 卷。

2　哈贝马斯直白地说过:"公共意见……切不把它与民意调查研究的结果混为一谈。"参见〔德〕哈贝马斯:《在事实与规范之间——关于法律和民主法治国的商谈理论》,童世骏译,生活·读书·新知三联书店 2003 年版,第 448 页。

解释并未使人信服，那么即便大数据是某种事实上的先验产物，也未必能增加判决的正当性，反而会引起当事人的困惑乃至排斥；对于更广范围的社会公众也是如此。以目前运用较多的商业大数据为例，消费者往往仅在使用某款应用前被告知个人信息可能被采集，但其对于被采集的时间、方式、数据流向的具体成果无从得知，个人信息以一种完全静默的方式被合法"窃取"。这种单向沟通的方式或许在商业大数据中可被应用，但司法大数据的情况则完全不同。司法大数据想要真正在判决中实现"公共理性"，仅依靠作为技术手段的大数据本身是远远不够的，还必须获得数据主体的公共性授权。而这是一则消息推送式的"信息收集告知书"做不到的，必须像陪审制将直接民主导流进法庭审判一样，设计成体系的配套机制，将"民意"导流进司法程序中，让社会公众对大数据的使用有参与感，从而对最终得出的结论有认同感。否则，大数据的应用将异化为一种实质非理性甚至形式同样非理性的行为。[1]可以想见，在这个"肉身人"向"数字人"全面转向的时代里，未来司法中的参与者可能也会涉及类似"数据支配""困在系统里"的困惑。[2]如果社会公众感知到一种不可知的、未授权的、独立于自己的因素介入了司法程序中，这将削弱司法的公信力，甚至可能诱发司法界的"塔西佗陷阱"：即便叫停大数据的不合理应用，法官不受影响、独立裁判的形象也不复如初，人类法官自由裁量的"黑箱"依然将饱受社会质疑，科技对司法可能产生的浸入式损害莫过于此。总而言之，真正值得追求的"社会效果"并非对某种既有观点的迎合，而是来自案件当事人及社会公众的"信服感"。如果把大数据仅仅视为一种先验的、形式理性的、可以直接运用的工具，那么信服感显然是难以建立于其上的。

---

[1]　韦伯所言的形式非理性的法律类型有占卜、神灵裁判等。对于未来的"科技弃民"而言，大数据在认知上很有可能成为一种新的"神灵裁判"。关于形式非理性的概念，详见〔德〕马克斯·韦伯：《法律社会学》，康乐、简惠美译，广西师范大学出版社 2011 年版，第 233 页。

[2]　数据支配的问题以往在政治学领域内讨论较多，参见吴冠军：《健康码、数字人与余数生命——技术政治学与生命政治学的反思》，《探索与争鸣》2020 年第 9 期。

五、悖论破解：在制度中重构法官"卡里斯玛"

面对悖论，该如何破解？从制度中的主体入手或许是一个重要的思路。韦伯在自己的政治社会学中，依权力的正当性来源将"支配"划分为三种：来自法律制度的法制型支配、来自惯习的传统型支配，以及来自感性信仰的"卡里斯玛"支配——信仰极具个人魅力、带来启示、具有特殊天赋资质的先知或英雄型人物。[1]韦伯认为，第一种法制型权威可通过建立绵密的社会制度来实现"官僚制"的治理，即国家政治体制以"法"为核心进行科层式的展开，并将此模式复制到各种社会组织当中，最终实现一种"最理性的统治"。不过韦伯自己的政治主张恰恰摒弃了这种"最理性的统治"方式，反而希望建立一种"借助'机器'进行领导的民主制"，即一种由具有卡里斯玛气质的领袖通过政党和议会机器领导的官僚制。[2]由此可知，制度中的领导主体实被韦伯视为理性悖论的重要破口。值得注意的是，领导者的卡里斯玛问题在司法领域变得更为突出：作为国家公权力分有者的法官，其在司法场域中"统治"的正当性并不能简单地化约为单一的法制型，相反，是一种杂糅了制度、个人权威、历史传统尤其是大量卡里斯玛的复杂类型。社会民众对法官的印象，亦非完全等同于其他行政官员。法官们往往被寄予更崇高的道德要求与偶像光环。司法权作为统治权的分株在诞生之初常被视为神权的延伸，[3]时至今日，西方的司法程序中依然遗留着许多戏剧化的"仪式碎片"，凸显法律工作者的特殊性，如法槌、假发、长袍式制服、对称而居中突出的建筑空间等。除去这种外在形式化的殊异给人带来的慑服感，如伯

1　参见〔德〕马克斯·韦伯：《支配社会学》，康乐、简惠美译，广西师范大学出版社2010年版，第19页。

2　参见苏国勋：《理性化及其限制——韦伯思想引论》，商务印书馆2016年版，第246页。

3　对法官偶像崇拜的观点，参见顾培东：《社会冲突与诉讼机制》，法律出版社2004年版，第109页。

尔曼所言:"靠了宗教激情,信仰的一跃,我们才使法律的理想和原则具有普遍性。"[1]司法那种"类宗教"的神圣感直接关乎对其自身正当性的证立,而这无疑是实质理性在司法中保留的最大意义。同样,在有着悠久"司法行政合一"传统的我国,司法官员天然地分享着"父母官"的殊荣,如包拯一类司法官员形象在传统民间戏曲及小说中往往被高度神化,被赋予超凡智慧乃至神力,甚至可以出入阴阳,斩首地府判官,匡扶魂灵屈冤。固然迷信之说不足为论,却也充分反映出我国基层群众渴盼司法官员伸张正义如盼云霓、信仰蔚然。法官所拥有的远超普通官员乃至比肩国家统治者的卡里斯玛之特殊性可见一斑。

然而,在形式理性的科层制下,虽然法官职业的重要性与专业性得到不断增强,代价却是其个人特色逐渐被抹除。"官僚制发展愈是完美,就愈'非人性化',换言之亦即更成功地从职务处理中排除爱、憎等等一切纯个人的感情因素,以及无法计算的、非理性的感情因素。"[2]而大数据的"祛魅"伟力无疑将进一步解构法官职业的支配性。一方面,大数据在结构化案件事实、外显化心证"黑箱"等方面的卓越功效使得法官工作"机械化"加强,进而导致法官个体的差异化面貌遭到风蚀侵削,法官与其他行政官员的工作本质日趋混同;另一方面,大数据本身是人类设计的产物。法官作为使用者,仅位于产品线的终端,其间还有算法书写者、程序设计者、软件开发商等大量人员参与其中。他们的个人意见若"倾注"或"渗透"进大数据的内在运行理路,使其沾染上个人色彩,那么本应客观中立的大数据将产生运行偏差乃至歧视,[3]而本应是大数据使用者的法官亦面临被大数据影响乃至支配的风险。诸如此类,均为理性化悖论在法官职业中的具象。而如果承认现代性浪潮中"物"的应用不可阻挡,那么拯救并重构

---

1 〔美〕伯尔曼:《法律与宗教》,梁治平译,商务印书馆2012年版,第31页。

2 〔德〕马克斯·韦伯:《支配社会学》,康乐、简惠美译,广西师范大学出版社2010年版,第46页。

3 算法歧视案例在中国尚未出现,但在美国已有先例,参见郑智航、徐昭曦:《大数据时代算法歧视的法律规制与司法审查——以美国法律实践为例》,《比较法研究》2019年第4期。

"人"的价值可能是唯一的破解之道。及至如今,我们已不可能重拾神鬼之说来复兴法官的卡里斯玛。但在现代制度的基础之上或许亦有可能建构一种"现代"卡里斯玛,以捍卫数字时代下司法职业的实质理性气质。

首先,从消极方面来看,以大数据为代表的现代科技在应用时,首要的是恪守其工具属性,为法官权力的行使预留出边界清晰、不可侵犯的"自留地"。在司法制度中,法官的第一角色是行使自由裁量权、拥有能动性的主体,而不是工具的使用者,更不是既有科技的服从者。"非强制"作为大数据及人工智能应用于司法的底线必须得到澄清。这一方面要求大数据在诉讼不同流程中的具体应用应当严格类型化、区别化,尽快探索基于案件繁简分流的不同层级大数据应用"白名单",在整体把握上将大数据应用的重心放在侦查阶段的事实发现层面;另一方面应当明确规定禁止将个体法官过往判决作为商业大数据分析标的。对于部分案件事实高度类型化、结构化的简单案件进行的裁量建议应当尽可能分割化、模块化,如细化到某一犯罪情节的有无、轻重,尽量避免对案件整体情况做出概率判断;基于大数据呈递的偏离预警亦不宜做硬性规定、强制可采,始终为法官预留出人性判断的空间。而在大数据的具体使用过程中,法院系统内部应当设置统一的数据管理单位,负责司法大数据适用的审批、调度、集中管理等,使法官与大数据的适用拉开一定距离,尽可能减少大数据适用的恣意性。

其次,从积极方面来看,应当高度重视裁判文书的撰写与说理工作。裁判文书是当事人获得的裁量结果的实体承载,随着官方构建的裁判文书公开平台日益完善,裁判文书亦势必在个案与社会公众之间扮演更加重要的枢纽角色。一份严谨、认真、学理思辨与人文关怀俱备的裁判文书不仅可在个案中发挥定分止争之作用,而且通过媒体平台,法官的洞见与智慧可在社会层面得到传递,法官的集体形象也在裁判文书的阅读与传播过程中得到构建。在公众对一篇高质量的裁判文书予以认可、产生共情之时,一种新的"卡里斯玛"无疑正在形成。要想达到此种法治高彰之效,既要求在政策与社会宣传层面鼓励法官撰写充分体现智识转化、情理融贯的裁判文书,也要尝试探索裁判文书的作品化、产权化,以畅通裁判文书在知识生产与作品流转之间的制度渠道,并促进其在司法制度内效用(指导性案例、典型案例)与司法制度外效用(社会评价)之间的良性互动。除此之外,对"直接言词"原则做出数字时代下的阐述与贯彻,亦是构建法官卡里斯玛的重要手段。近代以来,法官之审判需坚持"直接言词"原则,这一点已跨越不同法系与审理模式,为近代法治文明国家所公认,其直接目的是最大限度地保证证据的真实可采,便于法官形成对其证明力的心证。而以大数据为代表的种种现代科技打破了时间的连续性与空间的封闭性的限制,异步审判、远程审理、类脑分析等功能的实现正使得"直接"与"言词"的不必要成为可能。对此,我们在理论认识上应当跳出传统的证据论范畴,意识到"直接言词"原则在"时、空同步"层面的哲学内涵,意识到仪式空间的存在对心理认同与社会构建的必要性。[1]在对应的制度设计上,应当尽可能地避免通信技术在法庭上的滥用,保证存在一个控辩审三方"共时共存"的仪式化法庭空间;在确有不便、难以实现直接审理的情况下,也应通过充实庭前会议、设置远程审判室等方法尽可能保障诉讼程序的仪式性。此外,大数据裁量辅助技术的应用亦应以法官完成亲历审理为前提。在完成基本的诉讼程序、法官初步形成心证意见之后,如果裁量结果只有超出了大数据误差范围才可收知偏离度预警,则应始终保持法官心证形成在前、大数据比对在后的模式,防止大数据对法官的即时反馈造成趋同的后果。

---

[1] 空间与时间是现代性社会研究中的突出问题,尤其是实体空间概念在社会治理中具有非常重要的政治学意涵,列斐伏尔(Henri Lefebvre)、福柯(Michel Foucault)等社会理论家对此多有评述。相关评述参见包雅明主编:《现代性与空间的生产》,上海教育出版社2003年版,第59页;汪民安:《身体、空间与后现代性》,江苏人民出版社2015年版,第99—168页。

六、结 语

大数据的应用是现代性对司法界提出的一个崭新挑战。它不仅要求司法有足够的灵活度去面对大数据的不断进化,在谨慎规制的同时享受科技进步的红利;也要求司法建立起全新的思维框架,来叩问"法律与科技"这个久已有之的法理学命题。与此同时,法官的角色也从古老的原始神坛走下。在未来,到底是数据帮助法官张开千手千眼,触摸到凡人难以体察的社会真相,还是法官沦为被数据操纵的木偶,一切坚固的东西烟消云散? 这些挑战与问题的背后,并没有一个的标准答案可按图索骥,而正是我们当下的选择与态度决定着最终的结局。也唯有在把握人类思维与数据思维根本差异的基础上,抱持着对司法背后崇高价值的尊重,才不会让追求形式理性的狂热蒙蔽司法改革的目光,才不会让司法滑入理性化的悖论。

第五章

法律推理的模型与可计算化理论

自 1949 年洛文杰（Lee Loevinger）提出法律计量学的概念，1970 年布坎南（Bruce G. Buchanan）与黑德里克（Thomas E. Headrick）提出交叉研究法律推理与人工智能设想以降，法律推理模型研究已历五十余年，法律人工智能研究新时期已迈入法律信息学或计算法学的范畴。基于推理特性，演进路径可归纳为：法律推理三进路，即基于规则的推理、基于案例的推理与基于对话的论辩；人工智能三进路，即知识系统、数据系统与论证系统。基于理论导向，研究者提出考察建模所依法学原理的类型化分析框架，将模型分为创见法学理论导向型、既有法学理论导向型、非法学理论导向型与未知理论导向型，未来新出现的法律推理模型均可纳入该分析框架。

目光投回中国现实，我国法律推理模型研究呈"起步虽晚但或领跑实践"趋势。当前我国研究的显著优势来自实践，但亟待厘清法律推理的概念及适用外延。应当坚持法学理论在建模法律推理中的主导地位，尤其在面向人的实务应用、涉及人的基本权利方面，必须坚持法学理论的完全导向。法律推理的可计算化理论，以法律论证指向法律思维活动的整体，基于推理（过程）与证成（结果）的二分，以法律推理为过程的法律论证，强调法律适用过程在逻辑层面的理性；以法律证成为结果的法律论证，强调法律适用结果经对话取得的理性。逻辑理性与对话理性构成共识理性,即法律论证的正确性。法律推理可由人工智能模拟,但法律证成需由人证立,法律推理与法律证成的分界基于是否对人的权利产生实质性影响。本章依据法律推理的可计算化框架,将法律三段论重构为法律三阶三段论,即一阶规范推理与法律解释、二阶证据推理与法律事实、三阶结论推理与法律结论,并着重研讨三阶结论推理的可计算化问题。

一、引　言

法律人工智能作为人工智能介入法学的子领域,也是人工智能与法律研究(Artificial Intelligence and Law,AI&L)的应用面向。根据图灵测试,人工智能致力于实现自动推理,法律人工智能亦试图通过模拟人的法律推理实现自动的法律推理。如何提出法律推理模型的法学理论建构方案就成了现代司法引入人工智能所面临的第一个问题,其所涵盖的法律信息检索系统、证据推理计算模型和法律推理多主体建模等子问题当属法律人工智能的前沿所在,[1]被视为现代司法引入现代科技的十大核心问题之一。[2]

自1970年布坎南与黑德里克提出交叉研究人工智能与法律推理的首份提案,[3]至1981年第一个规则推理模型法律决策系统面世,[4]1984年海波系统(HYPO System)作为首个案例推理模型诞生,[5]1995年"诉答博弈"拉开了对话

1　参见熊明辉:《法律人工智能的十大前沿问题》,《光明日报》2019年8月6日,第11版。

2　参见胡铭、王凌皞:《现代科技引入司法的十大核心问题》,《中国社会科学报》2019年10月16日,第5版。

3　参见Buchanan, Bruce G. & Headrick, Thomas E., "Some Speculation about Artificial Intelligence and Legal Reasoning", *Stanford Law Review*, Vol. 23, 1970, pp. 40−62。

4　参见於兴中:《人工智能、话语理论与可辩驳理论》,《法律方法与法律思维》2005年卷。

5　参见Bench-Capon, T. J. M., "HYPO'S Legacy: Introduction to the Virtual Special Issue", *Artificial Intelligence & Law*, Vol. 25, 2017, pp. 205−250; Rissland, Edwina L., et al., "AI and Law: A Fruitful Synergy", *Artificial Intelligence*, Vol. 150, 2003, pp. 1−15。

论辩进路的序幕,[1]直至 1993 年中国迎来首个法律专家系统即实用刑法专家系统,[2] 2017 年引入深度神经网络算法的"206 系统"刑事版在万众瞩目中开通,[3] 2020 年能够就犯罪事实、认定内容及法律依据三方面做相似度拟合计算的北大法宝类案检索平台上线以来,[4]围绕法律推理模型的建构,域内外的法学家独自或联合人工智能专家提出了诸多重要的成品模型以及建模方案,但问题也随之悄然浮现。

本章拟围绕法律推理及其模型展开,首先沿着法律推理模型的发展轨迹考察演进的特点、世界的趋势和中国的现实,随后发掘我国法律推理模型研究的整体趋势、实践优势与理论困局,再以法律推理的法学理论并佐以推理的逻辑学理论对前述问题一一做出回应,最后提出法律推理的可计算化理论框架,并以之建构法律三段论的可计算化重构方案。

二、 法律推理模型的类型化演进

布坎南与黑德里克最早提出跨学科研究人工智能与法律推理的设想,是基于对运行类似法律推理(建立目标并觉察概念间联系、认定与描述事实、解决规则冲突与运用类比这四个子步骤)的计算机程序的考察而来,并指出交叉学科设想有望同时促进法律推理与人工智能自身的研究。[5]布坎南与黑德里克的考察

1　参见 Gordon, Thomas F., *The Pleadings Game: An Artificial Intelligence Model of Procedural Justice*, Kluwer Academic Publishers, 1995. 参见〔德〕托马斯·F. 戈登:《诉答博弈——程序性公正的人工智能模型》,周志荣译,中国政法大学出版社 2018 年版。

2　参见魏斌、郑志峰:《刑事案件事实认定的人工智能方法》,《刑事技术》2018 年第 6 期;赵廷光:《论"电脑量刑"的基本原理》,《湖北警官学院学报》2007 年第 2 期。

3　参见熊秋红:《人工智能在刑事证明中的应用》,《当代法学》2020 年第 3 期。

4　参见石玥:《类案专题之一 何为类案检索》,微信公众号"北大法宝",2020 年 8 月 31 日上传。

5　参见 Buchana, Bruce G. & Headrick, Thomas E., "Some Speculation about Artificial Intelligence and Legal Reasoning", *Stanford Law Review*, Vol. 23, 1970, pp. 40-62。

对象集中于法律领域外的计算机程序(如有机化学模型、金融模型、暗牌模型、几何模型等),这是因为当时所能指出的法律领域内程序——匹兹堡大学阿斯彭系统(The University of Pittsburgh-Aspen System)、关联因素检索系统(Association-Factor Retrieval System)——均以一个数据库(内存成文法或判例的全文,即主要法律渊源)和一个索引系统作为基本构成,通过关键词的匹配来检索法律规范与既往判例;而这些才仅仅涉及法律推理的前提。布坎南与黑德里克对程序设计所依托的法律检索策略假说提出质疑,并指出该设计既无视了法律推理的目标导向性,也轻视了计算机的认知潜力。

经过半世纪的发展,法律推理模型研究呈现"三进路"类型化演进趋势:从推理特性来看,基于规则的推理(rule-based reasoning)、基于案例的推理(case-based reasoning)与基于对话的论辩(dialogue-based argumentation)组成"法律推理三进路";就人工智能发展而言,知识系统进路、数据系统进路与论证系统进路联结为"人工智能三进路"。

"法律推理三进路"衍生于国内学者归纳的法律人工智能研究"四进路"说,即规则推理进路、案例推理进路、对话论证进路与(大)数据推理进路。[1]由于数据推理的目标在于实现类案推送,建模以案例推理为基,就推理本质而言应为案例推理所涵盖。"人工智能三进路"源于荷兰学者维赫雅(Bart Verheij)就人工智能发展所概括的"四阶段、两进路"学说,"两进路"指逻辑取向的知识系统与概率取向的数据系统。[2]有效的规则构成了知识系统中的知识结构,案例模型成为数据系统中被用于学习的数据,论证系统则有机联结知识系统与数据系统,有机融合规则、案例与论证。"法律推理三进路"与"人工智能三进路"本质上并无隔阂,只存在观察角度的差异,二者均能勾勒出法律推理与人工智能相

1　参见熊明辉:《从法律计量学到法律信息学——法律人工智能70年(1949—2019)》,《自然辩证法通讯》2020年第6期。

2　参见熊明辉:《从法律计量学到法律信息学——法律人工智能70年(1949—2019)》,《自然辩证法通讯》2020年第6期。

互成就的研究走向。本章以法律推理为理论出发点,沿着"法律推理三进路"阐述法律推理模型的类型化演进。

法律推理模型的初期探索来自专家系统(expert system)对法律规则某些方面的模拟,由此诞生的基于计算规则的专家系统亦是第一种人工智能系统。[1]专家系统隶属智能知识库系统(intelligent knowledge-based system),本质是知识系统进路的成果。与智能知识库系统相比,专家系统除了可容纳解决特定问题的知识模型外,还可在无特定人类专家协助的模式下,仅凭自身知识库自行识别语言、感知图像和解决问题。

专家系统是一种模拟人类专家处理问题的计算机程序,通过规则化人类专家在处理问题时所用的知识和经验,以期具备相关领域同等甚至更高等级的能力。[2]萨斯坎德(Richard E. Susskind)提出专家系统的三个必要特征:[3]一是透明性(transparent),指专家系统应能对其得出结论的推理路线进行解释。二是灵活性(flexible),指若修正知识库,不会面临太大困难。三是启发性(heuristic),即专家系统内存的知识不限于专业知识(formal knowledge),还应包括非正式的(informal)、评价性的(judgemental)、经验式的(experiential)且常常是过程化的(procedural)作为专业知识基础的启发性常识(heuristic knowledge),换言之,特定领域人类专家的潜在共识,甚至包括霍姆斯所言"法官与其同胞们所共有的偏见"[4]。

法律专家系统(legal expert system)是应用于法律领域的专家系统的统称,其开拓了规则推理的研究进路。1981年美国兰德公司民事司法中心的沃特曼

1　Rissland, Edwina L., "Artificial Intelligence and Law: Stepping Stones to a Model of Legal Reasoning", *Yale Law Journal*, Vol. 99, 1990, pp. 1957−1982.

2　参见张力行:《计算机法律信息检索与计算机法律专家系统——理论与实践》,《中外法学》1989年第3期。

3　参见 Susskind, Richard E., "Expert System in Law: A Jurisprudential Approach to Artificial Intelligence and Legal Reasoning", *The Modern Law Review*, Vol. 49, 1986, pp. 168−194。

4　转引自胡铭:《超越法律现实主义——转型中国刑事司法的程序逻辑》,法律出版社2016年版,第13页。

（Donald Waterman）与彼得森（Mark Peterson）建立了产品侵权领域的法律决策系统（Legal Decision-making System，下文简称为 LDS 系统）。LDS 系统编码法律知识、法学学说以模拟法律中与规则有关的内容，进而建立严格责任的规则推理模式，最终实现在产品纠纷中比较过失、计算赔偿金，甚至了解、模拟法律谈判的某些内容。LDS 系统的面世确立了构建成熟法律专家系统的可行性，但也凸显出早期技术的青涩以及知识系统的固有缺陷。[1] 一方面，LDS 系统以精确性有失的术语编码掩盖了推理的复杂性。另一方面，编码时为使规则看起来一致、完整，人工智能研究人员需技术性割舍规则的矛盾，造成了知识系统对推理的对抗性、矛盾性的固有缺失。往后，萨斯坎德曾依 1986 年颁布的《英国潜在损害法》设计出推定损失赔偿系统，[2] 并试图建立一个苏格兰离婚法专家系统。[3]

有趣的是，20 世纪 90 年代伊始，域外研究对法律专家系统的兴趣已然减弱，推理的复杂性、不确定性以及投资的成本、效率，促使研发转向了回报更直接、迅速的法律实务的其他方面，如自动文档汇编、网络服务应用程序。[4] 与此同时，国内迎来首个法律专家系统，即 1993 年赵廷光主持研发的实用刑法专家系统，该系统由可检索现行刑法及司法解释的咨询检索系统，可识别犯罪形态、共同犯罪与罪数的辅助定性系统，以及可输出量刑结果的辅助量刑系统（核心）组成。[5] 辅助量刑系统（1993 年）可对定量分析量刑情节进行模糊决策：第一步，认定量刑情节的分量等级；第二步，评价量刑情节的处罚程度（轻重档次）；第三步，计算输出量刑情节积分（＝分量等级×轻重档次）。

1　参见 Rissland, Edwina L., "Artificial Intelligence and Law: Stepping Stones to a Model of Legal Reasoning", *Yale Law Journal*, Vol. 99, 1990, pp. 1957–1982。

2　参见於兴中：《人工智能、话语理论与可辩驳理论》，《法律方法与法律思维》2005 年卷。

3　参见 Susskind, Richard E., "Expert System in Law: A Jurisprudential Approach to Artificial Intelligence and Legal Reasoning", *The Modern Law Review*, Vol. 49, 1986, pp. 168–194。

4　参见 Susskind, Richard E., *The End of Lawyers? Rethinking the Nature of Legal Services*, Oxford University Press, 2008。

5　参见魏斌、郑志峰：《刑事案件事实认定的人工智能方法》，《刑事技术》2018 年第 6 期。

2007 年赵廷光公开了最新版辅助量刑系统的基本原理及其创新性量刑理论。[1]基于贝卡里亚(Cesare Beccaria)关于"罪刑阶梯"(罪刑均衡)的理论构想等,[2]赵廷光提出我国刑法客观存在一个可适用于一切罪行的刑罚阶梯。由此,辅助量刑系统(2007 年)按以下四步实现"电脑量刑":第一步,依法设置量刑空间,量刑标尺的刻度月 = 法定刑(徒刑与虚拟徒刑)总月数/法定刑空间 200 个刻度,依"中间线说"分界从重处罚空间与从轻处罚空间,并与减轻处罚空间共同组成广义量刑空间。第二步,分类统计量刑情节,为详细描述具体案情,赵廷光制作了内含 319 种量刑情节的分类统计表。第三步,综合评价量刑积分,每一个量刑情节的整体积分 = 外部比较积分 + 内部比较积分,构成最高 45 分、最低 5 分、公差为 5 的 9 种情形。第四步,求解量刑最佳适度,依据(第一步取得的)量刑空间刻度与(第二、三步取得的)量刑情节积分,并由此推算宣告刑。根据辅助量刑系统(2007 年)的操作描述,该系统还可自动生成对量刑结论进行说理论证的量刑建议报告书,就功能描述而言,具备法律专家系统的三个必要特征。

对于世界性的法律专家系统长夜,二十年间也曾有人试图打破沉寂。2010 年英国学者斯蒂文斯(Charles Stevens)等在第 27 届国际智能系统研发大会上,以司法咨询专家系统(Judicial Advisory Expert System)为例,该系统能模拟英国货物销售法所规定的财产和风险转移规则,[3]提出基于案例推理、黑板体系结构、面向客户的体系结构及其混合集成,有望成为下一代法律专家系统的替代方

1　参见赵廷光:《论"电脑量刑"的基本原理》,《湖北警官学院学报》2007 年第 2 期。

2　参见〔意〕切萨雷·贝卡里亚:《论犯罪与刑罚》,黄风译,北京大学出版社 2008 年版,第 17—19 页。

3　参见 Barot, Vishal & Carter, Jenny, *Design and Development of a Judicial Advisory Expert System (JAES) to Resolve Legal SGA Ownership Dispute Cases*, Proceedings of the 2008 UK Workshop on Computational Intelligence, pp. 13–18。

案。[1]2013年,深度学习被《麻省理工科技评论》列为十大突破性科技,[2]由此掀起了法律专家系统研究的新一轮热潮。[3]

2016年,华宇元典公司开发的元典律师工作平台上线,高级版量刑分析、检索报告的功能与法律专家系统有关。[4]传统观点认为专家系统是面向封闭系统、固定集合的,当大数据侵入法律专家系统时,规则写入知识库的方式(由人还是由机器)、知识库的更新方式(及时或是时时)都将面临剧变。同年,由北京高院与华宇元典公司合作研发的北京法院智能研判系统"睿法官"上线,该系统具有智能分析前审类案、自动生成庭审提纲、辅助法官推送类案功能。[5]

2017年,上海公安司法机关与科大讯飞公司协作开发的上海刑事案件与民事、行政案件智能辅助办案系统先后上线,又被称为"206系统"(工程)刑事版、民商事版。由公开资料可知,"206系统"刑事版由上海法院、检察院、公安机关的骨干成员以及科大讯飞公司的技术人员共同开发;[6]民商事版首批由四十四名法官作为专业组成员参与开发六类八个案由,并首先从案件量较大的道路交通事故人身损害赔偿纠纷案由开始试运行,[7]在开发环节上与法律专家系统一致。"206系统"还引进深度神经网络算法模型,一方面利用海量的司法数据训练机器、完善模型,一举突破了传统专家系统的知识封闭性;另一方面神经网络算法的隐性运算过程,造成了"206系统"透明性的丧失。

1　参见 Stevens, Charles, Barot, Vishal, Carter, Jenny, *The Next Generation of Legal Expert Systems-New Dawn or False Dawn?*, Research and Development in Intelligent Systems XXVII, 2010。

2　参见"10 Breakthrough Technologies 2013", *MIT Technology Review*, 2013。

3　参见张保生:《人工智能法律系统:两个难题和一个悖论》,《上海师范大学学报》(哲学社会科学版)2018年第6期。

4　参见 https://legalmind.cn/lawyer/html/price.html,2020年3月16日访问。

5　参见《"睿法官"入驻北京法院》,《科技日报》2016年12月19日,第3版。

6　参见严剑漪:《揭秘"206":法院未来的人工智能图景——上海刑事案件智能辅助办案系统154天研发实录》,《人民法院报》2017年7月10日,第1版。

7　参见严剑漪等:《上海智能辅助办案覆盖民商行政全领域　"206"工程民商事版试运行上线》,上海法院网,http://shfy.chinacourt.gov.cn/article/detail/2017/12/id/3101434.shtml,2024年3月17日访问。

与"睿法官"相比,"206 系统"刑事版致力于统一刑事诉讼(尤其是侦查终结与审查起诉阶段的)证据标准。一方面,刑事版试图打通公检法三机关的办案流程,表明系统的智能辅助对象并非限于法官的工作,而是有机联结了检察官、警察的工作,在办案效率及追责溯源上均有所裨益。首先,"206 系统"的智能辅助机关并非限于法院,而是涵盖了刑事诉讼的主要专门机关,长期运行后有助于提供一种基于大数据的宏观视野。其次,"206 系统"的智能辅助事务并非限于汇总、终结案件,而是在全程办案的基础上进一步学习。最后,"206 系统"的智能辅助目标并非单纯协助办案,而是试图统一刑事诉讼三阶段的证据标准,实现知识系统对刑事诉讼专家知识的"反哺"。而这正符合布坎南与黑德里克最初的设想,既要设计可执行一定程度法律推理的计算机程序以增加计算机问题决策的知识储备,也能促进对法律问题解决环节的系统研究以更好理解法律推理的思维过程。[1]

另一方面,"206 系统"并非万全,至少仍需回应审判中心主义的几点基本诘问,如统一刑事诉讼证据标准是否必要、可行,[2]串联公检法三机关办案流程是否将造成只配合、不监督的退化,是否还需联结其他与刑事诉讼相关的专门机关(如监察委、监狱),以及被追诉人的人权保障、律师的辩护权如何避免被忽视甚至被规避等。

遵循先例是英美法系的显著特征,大陆法系也同样重视案例推理。基于案例的推理并非纯粹以案例审判,而是依案例推理。先例、类案本也是知识与经验的知识库。即使先例在我国并无裁判依据效力,法官也认可类案检索对审判的重要作用。[3]2010 年,最高法发布《关于案例指导工作的规定》并于次年发布

---

[1] 参见 Buchanan, Bruce G. & Headrick, Thomas E., "Some Speculation about Artificial Intelligence and Legal Reasoning", *Stanford Law Review*, Vol. 23, 1970, pp. 40–62。

[2] 相关讨论可见熊秋红:《人工智能在刑事证明中的应用》,《当代法学》2020 年第 3 期;谢澍:《人工智能如何"无偏见"地助力刑事司法——由"证据指引"转向"证明辅助"》,《法律科学》(西北政法大学学报)2020 年第 5 期。

[3] 参见刘雯静:《类案智能推送改进建议——基于法官用户体验及类案检索系统的比对研究》,马鞍山市中级人民法院网,http://maszy.chinacourt.gov.cn/article/detail/2019/12/id/4739358.shtml,2020 年 10 月 14 日访问。

第一批指导性案例。2019 年,海波系统的创始人给予高度评价,认为中国的指导性案例包含了得以联结详细案情与原则性法律规定的一般性事实,这体现出有必要检索一般性事实相同的已决案件。[1]

2018 年人民法院"类案智能推送系统"上线,[2] 运作后台由技术人员对案件人工标注法律术语("贴标签"),用户检索时后台通过对比关键词与标签以自动推送类案。曾有时任法官助理经比对中国裁判文书网、北大法宝等五个常用案例检索系统,提出该系统还应在基础定位、数据来源、推送精度、用户体验以及报告生成五个方面持续进步。[3] 2020 年最高法发布《关于统一法律适用加强类案检索的指导意见(试行)》,明确了"类案"即"与待决案件在基本事实、争议焦点、法律适用问题等方面具有相似性,且已经人民法院裁判生效的案件",并规定了应当进行类案检索的四种办案情形,明列了类案检索范围的四个优先顺位,彰显出我国对案例推理的重视与指导。围绕基本事实、争议焦点与法律适用三个类案要素,2020 年 10 月 31 日上线的北大法宝类案检索平台结合自然语言处理、机器学习等技术,可在对应的犯罪事实、认定内容与法律依据三个维度进行相似度拟合计算,生成类案反馈结果。[4]

世界范围内首个基于案例和假设的先例推理模型,来自 1984 年美国匹兹堡大学教授里斯兰(Edwina L. Rissland)与其博士生阿什利(Kevin D. Ashley)依美国商业秘密保护法开发的法律论证程序海波系统。[5] 海波系统不仅是法律推理与人工智能交叉研究的第一个案例推理模型,也是人工智能领域内首个经由案例

1　参见凯文·阿什利、黎娟、王春穗:《法律人工智能系统:法律实践的新工具》,《自然辩证法通讯》2020 年第 6 期。

2　参见中华人民共和国最高人民法院编:《中国法院的互联网司法》,人民法院出版社 2019 年版,第 5 页。

3　参见刘雯静:《类案智能推送改进建议——基于法官用户体验及类案检索系统的比对研究》,马鞍山市中级人民法院网,http://maszy.chinacourt.gov.cn/article/detail/2019/12/id/4739358.shtml,2024 年 10 月 14 日访问。

4　参见石玥:《类案专题之一|何为类案检索》,微信公众号"北大法宝",2020 年 8 月 31 日上传。

5　参见 Rissland, Edwina L., et al., "AI and Law: A Fruitful Synergy", Artificial Intelligence, Vol. 150, 2003, pp. 1-15。

与假设以一种基于先例的方式来正视推理议题的项目。[1] 2017 年英国利物浦大学计算机科学教授本奇-卡朋（Trevor J. M. Bench-Capon）高度评价海波系统及其衍生模型在过去三十年来引领了案例推理的研究议程。[2]

海波系统的突出贡献在于凭借维度（dimension）机制与三层论证（three-ply arguments），实现了对类比推理与对抗式推理的模拟。维度代表了案件事实中与审法律议题有关的某个方面，海波系统共使用十三个维度（见表 5-1）匹配、比较案例，多数时候一次只使用不超过四个或五个维度。典型维度的性质是连续的，取值从完全偏向原告到极度有利于被告。部分维度的取值由列举的点组成，有的少至两点，即原告全赢与被告必胜；甚至有的维度只有一个取值，如被告行贿则原告获得优势，但如该案中无贿赂行为，意味着该维度对当前事件没有帮助，则将不被适用。

一个维度在当前事件中存在适用与不适用两种情形。适用的，则以一个向量表示该维度，取值范围从完全有利于原告至极度偏向被告。动态观察该向量，不难发现从某个时刻开始，维度将不再有利于原告而开始偏向被告。更进一步地，假设当前事件存在 n 个可适用的维度，则产生一个 n 维空间，该空间内的某些位置有利于原告而另一些偏向被告。至此，基于案例的类比推理似乎变成一种通过寻找最近邻区或者利用计量科学即可解决的线拟合问题，但本奇-卡朋对此持谨慎态度：一方面，线拟合问题的解题思路不同于案例推理，如将二者断然等同，则有可能无法实现模拟案例推理的目标。另一方面，就算试图使用线拟合技术，当前仍缺乏足够数量的案例；即使存在足够多的案例，也极少有人

1　参见 Rissland, Edwina L., "Artificial Intelligence and Law: Stepping Stones to a Model of Legal Reasoning", *Yale Law Journal*, Vol. 99, 1990, pp. 1957-1982。

2　参见 Bench-Capon, T. J. M., "HYPO'S Legacy: Introduction to the Virtual Special Issue", *Artificial Intelligence & Law*, Vol. 25, 2017, pp. 205-250。

愿意承担这项工作。[1]也许,后两个问题对我国而言反而是机遇。

表 5-1　海波系统的维度

名称	译名	性质
Competitive Advantage Gained	获取竞争优势	连续
Vertical Knowledge	纵向知识	二元
Secrets Voluntarily Disclosed	自愿披露秘密	连续
Discloses Subject to Restriction	受限制的披露	二元(本奇-卡朋)
Agreement Supported by Consideration	对价支持契约	二元
Common Employee Paid to Change Employers	普通员工转职薪酬	一元(本奇-卡朋)
Exists Express Noncompetition Agreement	有明确的竞业禁止协议	二元
Common Employee Transferred Product Tools	普通员工转让产品工具	一元(本奇-卡朋)
Non-Disclosure Agreement Re Defendant Access	被告访问保密协议	二元
Common Employee Sole Developer	普通员工独立开发	二元
Non-disclosure Agreement Specific	保密协议细节	二元
Disclosure in Negotiations with Defendant	与被告协商披露	二元
Security Measures Adopted	采取的保密措施	列举八个点

资料来源:Bench-Capon, T. J. M., "HYPO'S Legacy:Introduction to the Virtual Special Issue", *Artificial Intelligence & Law*, Vol. 25, 2017, pp. 205-250。

前述 n 维空间的划定,为基于案例的对抗式法律论证提供了思路。海波系统首先给定一组位于 n 维空间的先例,随后向该空间提供一个新的事件,构造法律论证的思路即根据这些先例寻找支持或反对某一方的论据,此时处于 n 维空间的所有案例被划分为原告先例(plaintiff precedent, Pp)、被告先例(defendant precedent, Pd)与当前事件(current case, Cc),而原告的任务即论证当前事件与

1　参见 Bench-Capon, T. J. M., "HYPO'S Legacy:Introduction to the Virtual Special Issue", *Artificial Intelligence & Law*, Vol. 25, 2017, pp. 205-250。

原告先例而非被告先例在 n 维空间里等价。该论证以海波系统所特有的三层论证结构展开：

一层·援引（cite a case）：原告援引一个与当前事件相似且于己有利的原告先例，并主张遵循原告先例裁判。海波系统以维度的重叠程度、事件结局、共享维度的大小、遗漏相邻区域的潜在相关性这四个指标来衡量案例之间的相似程度，如有一些案例评价为均等相似，则原告可同时依据这些案例在第一层中构造论证。

二层·回应（response）：被告回应原告，通过指出当前事件与原告先例之间的重要差异，主张原告先例不应被遵循，如提出某个维度在原告先例中存在（或很重要）而在当前事件中不存在（或不重要）。被告还可援引新的被告先例，该先例与当前事件相似且于被告有利，提出当前事件与被告先例更相似，以主张应遵循被告先例裁判。

三层·反驳（rebuttal）：原告反驳被告以回应其论证。反驳的方式有三种：（1）甄别反例（distinguish the counter examples），与被告回应原告的方式类似，即指出当前事件与被告先例间存在重大差异，主张被告先例不应当被遵循。（2）强调优势（emphasize strengths），例如提出当前事件与原告先例重叠的某些维度在当前事件的取值更有利于原告。（3）弱化缺陷（show weaknesses not fatal），即说明原告先例的缺陷并不致命，例如提出某个仅存在于原告先例的维度对于当前事件与原告先例的相似性毫无影响。

海波系统诞生于专家系统尚处主流且蓬勃发展的时期，相较而言，专家系统无法进行基于案例的类比推理或对抗性推理，更遑论提出假设案例。海波系统一方面在一定程度上成功表达了专家系统模拟法律推理所固有缺失的对抗性，另一方面也为基于案例的推理进路奠定了坚实的基石。[1]自海波系统以来，

---

[1]　参见凯文·阿什利、黎娟、王春穗：《法律人工智能系统：法律实践的新工具》，《自然辩证法通讯》2020年第6期。

1992 年,阿什利的同门斯卡拉克(David B. Skalak)开发出应用于美国税法领域、成功结合规则与案例推理的卡巴莱系统(CABARET)。[1] 1995 年,阿什利的学生埃勒温(Vincent Aleven)将海波系统改造为智能辅导法学院学生学习的卡托系统(CATO)。2009 年,阿什利的学生布鲁宁豪斯(Stephanie Bruninghaus)进一步扩充了卡托系统,开发出能够预测美国商业秘密保护法案例结果的争议点预测系统(Issue-Based Prediction, IBP)。[2] 2016 年,阿什利的学生格拉布美尔(Matthias Grabmair)建立了基于价值判断的论证预测模型(Value Judgement-based Argumentative Prediction Model, VJAP),[3] 一定程度上回应了 2001 年苏斯坦(Cass R. Sustein)的评价。苏斯坦认为,阿什利对于海波系统给出的结论仍相当模糊,未能说明在缺乏逻辑必要性的个别案例推理中将如何对论证的说服力进行排序,以至法律人工智能系统当前所做的类比推理均缺失价值判断,而后者却是必不可少的。[4]

从基于规则的逻辑推理、演绎推理,到基于案例的类比推理、对抗性推理,似乎研究进路将自然而然拓展向更具对抗性的法律论证环节。20 世纪 90 年代后,法律专家系统迎来长夜,案例推理进路沿着阿什利的探索稳步推进。因人工智能在冲突规则推理、法律预测开放结构等问题上取得的长足进步,致力于打造法律论证、法律证成模型的学术共同体兴起。

1995 年,德国学者戈登(Thomas F. Gorden)利用条件推衍逻辑(logic of conditional entailment)提出一种适用于民事诉讼领域的对抗性法律论证的形式化计

1　参见 Rissland, Edwina L. & Skalak, David B., "CABARET: Rule Interpretation in a Hybrid Architecture", *International Journal of Man-Machine Studies*, Vol. 34, 1991, pp. 839-887。

2　参见 Rissland, Edwina L., et al., "AI and Law: A Fruitful Synergy", *Artificial Intelligence*, Vol. 150, 2003, pp. 1-15; Bench-Capon, Trevor, et al., "A History of AI and Law in 50 Papers: 25 Years of the International Conference on AI and Law", *Artificial Intelligence Law*, Vol. 20, 2012, pp. 215-319。

3　参见凯文·阿什利、黎娟、王春穗:《法律人工智能系统:法律实践的新工具》,《自然辩证法通讯》2020 年第 6 期。

4　参见 Sunstein, Cass R., "Of Artificial Intelligence and Legal Reasoning", *University of Chicago Law School Roundtable*, Vol. 8, 2001, pp. 29-36。

算模型,即诉答博弈(Pleading Game),[1]建模原理来自对阿列克西(Robert Alexy)法律论证话语理论的部分重述,并借由美国《统一商法典》第九条进行测试,该条款充溢着有关担保交易的各种例外及冲突的规则。1997年,荷兰学者帕肯(Henry Prakken)基于董番明(Phan Ming Dung)抽象论证框架的一种可利用优先性来解决冲突规则的语义,[2]提出了建模可废止论证(尤其受例外支配的规则推理与不一致信息推理)的逻辑系统(Logical Tools for Modelling Legal Argument)。[3]1998年,荷兰学者洛德(Arno R. Lodder)基于对话视角对法律证成展开了作为结果的证成与作为过程的证成的二分,指出只从结果的角度建模证成,就会忽略证成过程中其他例外与弱的反论证被击败的过程,因此需要且只有通过程序性、对话式的模型才能表达作为过程的证成,进而得以完全地、充分地建模法律证成。由此,洛德提出"对话法律"(DIALAW)法律证成模型。[4]

由于戈登的诉答博弈是对话论辩的首个形式计算模型,且帕肯与洛德在著述中均对其有过详尽讨论,因此考察论证系统进路将以诉答博弈为起点。

在民事案件可获裁决的(诉答—法庭调查—审判—上诉)民事诉讼程序序列之中,戈登认为诉答是第一个,目的在于确认案件以待审理的法律性以及事实性争议点(issues)并使之尽量降至最小量;同时戈登也指出现代民事诉答常不给原被告充分的交锋时间,仅在原告提交起诉状(complaint)、被告提出答辩状(answer)、原告提出答复(reply)之后即较早终止。此后,争议点被划分为三个层面:(1)对象层面,用于放置法律性争议点与事实性争议点;(2)元层面,涵

---

1 参见 Gordon, Thomas F., "The Pleadings Game: An Artificial Intelligence Model of Procedural Justice", *Kluwer Academic Publishers*, 1995。参见〔德〕托马斯·F. 戈登:《诉答博弈——程序性公正的人工智能模型》,周志荣译,中国政法大学出版社2018年版。

2 参见 Dung, Phan Minh, "On the Acceptability of Arguments and Its Fundamental Role in Nonmonotonic Reasoning, Logic Programming and N-person Games", *Artificial Intelligence*, Vol. 77, 1995, pp. 321-357。

3 参见〔荷〕亨利·帕肯:《建模法律论证的逻辑工具:法律可废止推理研究》,熊明辉译,中国政法大学出版社2015年版。

4 参见〔荷〕阿尔诺·R. 洛德:《对话法律:法律证成和论证的对话模型》,魏斌译,中国政法大学出版社2016年版。

盖了用于解决对象层面冲突的原则,如上位法优先原则、新法优先原则;(3)元-元层面,位于该层的规则被用于给元层面的原则排序。

诉答博弈从原告提出主诉求或主要主张(main claim)开始,随后被告基于回应的义务,需要对该诉求做出承认或拒斥的行动,被告承认则诉答结束,被告(通常)拒斥则原告需要举出论证以支持其诉求,随后回应义务又一次转向被告。论证由以下内容组成的集合表示:(1)表达某条特殊规则有效的公式;(2)对应该规则的具体化条件的公式;(3)表达该规则是可适用的公式。由于诉答博弈每一轮允许不止一个博弈行动,因此一轮博弈包括原告(或被告)的一系列行动以及对方需回应的所有行动,直至没有行动尚待回应之时诉答终结。诉答博弈的结果要么是某一方全胜,因为其行动被承认;要么是平局,因为行动被两次拒斥的则回应无法继续进行,此时争议点获得确认,至此实现诉答之确认最小量争议点的目的,并遗留给民事诉讼程序序列的下一阶段,由法官介入调查审判。有趣的是,在遵循程序性规则的前提下,法官仅能就被确认的争议点及博弈双方提交的论证来审理案件,司法自由裁量权的边界至此被划定。

与诉答博弈相似的是,对话法律也试图建构一种能够发生回应与对话的法律论证模型,但是二者又是截然不同的。对话法律如此刻画法律证成:(1)有两个参与方;(2)规范参与方之间论证交换的规则;(3)双方认同命题的,则该命题是被证成的。[1]洛德指出,法律命题的证成只限于特殊对话的特定参与方的共识(consensus)达成,该命题能否被推广至对所有理性人而言是证成的(甚至此时可以问该命题是否公正),该问题无从回答,因此不存在法律命题被证成的独立标准,因为它仅限于特定的对话场景且只能由程序来判定。

帕肯的工作重点并没有关注诉讼程序的某个环节或法律命题最终是否被人接受,而是试图直接透视逻辑在法律推理中的作用,认定法律推理的可废止

---

1 参见〔荷〕阿尔诺·R. 洛德:《对话法律:法律证成和论证的对话模型》,魏斌译,中国政法大学出版社2016年版,第207页。

特征,并提出以非标准逻辑中那些能够形式化非单调推理的主要方法,来形式化可废止论证。具体来说,帕肯以两种方法来建模可废止推理的两个方面:第一种是建模例外子句方法,即建模带显性例外子句的推理,除非有相反说明,否则假定这些子句为假;第二种是建模例外选择方法,即在隐藏例外前提下优先选择冲突结论中最具体的那个,相当于"特别法优于一般法"的应用。两种方法都可用于建模受例外规则支配的推理,后一种方法还可应用于不一致信息推理的建模。对比两种方法,除了第二种方法比第一种更富有表达力(因此计算更复杂)以外,整体上二者都表现得相当出色。帕肯从应用层面提出了方法比较的新思路,即需求决定选择。具体而言,如果系统中法律已被固定而未给不一致留有空间的,则例外子句方法更优;如果建模需要表达例外,则例外选择方法更能襄助。

横向比较三个论证系统,戈登反思诉答博弈的局限在于未能说明成文法之外借助案例进行的论证,也无法表征法律论证中有关传统理念、比喻和目的的使用,同时,作为建模基底逻辑的条件推衍过于偏向采用特殊性标准来解决规则的冲突问题,该标准的复杂性或许遮蔽了诉答博弈的基本观点。[1]而与帕肯的工作相比,诉答博弈的行动前提集是动态建构的,博弈者每一轮都有权提出新的前提且都能做出不止一个行动。但在帕肯的逻辑系统中,博弈各方均无法改变确定的前提集。[2]与对话法律相比,诉答博弈的优势在于可通过舍弃部分论证及时终结,但产生的对话不如对话法律自然。[3]这也对应了戈登本人对于结论的强调,诉答博弈并非法律推理"行为"的模型,因为诉答博弈并未构造真实的法

---

[1]　参见〔德〕托马斯·F.戈登:《诉答博弈——程序性公正的人工智能模型》,周志荣译,中国政法大学出版社 2018 年版,第 308 页。

[2]　参见〔荷〕亨利·帕肯:《建模法律论证的逻辑工具:法律可废止推理研究》,熊明辉译,中国政法大学出版社 2015 年版,第 307—313 页。

[3]　参见〔荷〕阿尔诺·R.洛德:《对话法律:法律证成和论证的对话模型》,魏斌译,中国政法大学出版社 2016 年版,第 208—209 页。

律论证。[1]

更有趣的是,论证系统进路朝着人工智能建模法律推理的目标出发,最终却收获了法哲学的硕果。依托诉答博弈,戈登提出了三个颇具争议的断言:第一,单独的演绎论证对法律裁决的证成而言既不充分也不必要。第二,应使用非单调逻辑的可废止规则来公式化表达法律规定。第三,司法自由裁量权的限度划定应取决于裁决(诉答程序确认的)争议点的公正的程序性规则。

帕肯的法哲学结论由逻辑与法律论证两方面组成。在逻辑方面,帕肯提出应当把逻辑当作推理的工具而非模型,在具体建模时需注意标准逻辑不足以解释可废止推理,但是可废止逻辑并未彻底避开逻辑,仍然可以使用逻辑术语对其进行分析。而在法律论证方面,帕肯提出了法律论证的四层图景(见图 5-1):一是逻辑层,根据前提与结论间的基本逻辑关系判定该论证是否支持结论。二是论辩层,通过给定的前提与评价标准来决定论证间优先关系。三是程序层,定义话语规则(程序规则)以便引导更为真实的论辩过程。四是策略层,可识别辩论、博弈等的策略与技巧,原理在于一个真正的法律论辩胜者总得知道些法律以及程序之外的策略。

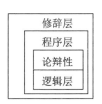

图 5-1　法律论证的四层图景(左为帕肯,右为洛德)

资料来源:〔荷〕阿尔诺·R. 洛德:《对话法律:法律证成和论证的对话模型》,魏斌译,中国政法大学出版社 2016 年版,第 200—202 页。

洛德借由逻辑和心理两个视角对论辩实现证成的考察,区分了论辩的理性

1　参见〔德〕托马斯·F. 戈登:《诉答博弈——程序性公正的人工智能模型》,周志荣译,中国政法大学出版社 2018 年版,第 305 页。

与对话式理性论辩,进一步评估了帕肯的论证四层观。逻辑视角下,有效的论证得以证成结论,犹如由公理得到定理,但该过程与程序无关;心理视角下,结论由确信的论证所证成,此时与论证的结构不相关。由此,在洛德看来,帕肯论证图景的四个层次之间不应是递进关系,而应当为嵌套关系:(1)逻辑层与论辩层呈递进关系,包含理性论辩的内容,属于逻辑视角的范畴;(2)程序层囊括前两层,还需包含对话式理性论辩,此时进入心理的视野;(3)程序层则嵌于修辞层之中。洛德与帕肯在论证层次观点上的最大区别在于,帕肯论证的步步推进使得每一个论证都必须至少在逻辑上使人信服,否则就无从进入论辩或其他层;而洛德认为,结论被证成的未必都属逻辑上被确信的,也可能在心理上被确信,因此修辞层的范畴最广,包含了程序层及其内里的论辩层与逻辑层,以及这些之外的心理视角下的对话式理性论辩。

基于对话的论辩进路近年来仍蓬勃发展。2005 年,洛德与泽里兹利格(John Zeleznikow)合作,将对话法律改进为在线争议解决模型。[1] 2006 年,戈登基于诉答博弈的研究成果,与沃尔顿(Douglas Walton)合作开发了被称作卡涅阿德斯系统(Carneades)的结构性论证计算模型,并将最终版提交至 2016 年论证计算性模型大会(COMMA)。该模型致力于将可废止推理建模为论证的构造和评估程序,有望为平衡冲突论证、建立论辩式模型提供支持。2013 年,帕肯进一步将欧盟第六框架项目资助的阿斯皮克框架(Argumentation Service Platform with Integrated Components, ASPIC)发展为 ASPIC⁺抽象论证框架。

围绕建模原理、应用目标、研发意义与后续发展等方面,沿规则推理、案例推理与对话论辩之法律推理三进路,前文考察了世界范围内二十三种重要的法律推理模型,发现法律推理模型的演进呈现类型化特点(见图 5-2)。当然,世

---

1 Lodder, Arno R. & Zeleznikow, John, "Developing an Online Dispute Resolution Environment: Dialogue Tools and Negotiation Support Systems in a Three-Step Model", *Harvard Negotiation Law Review*, Vol. 10, 2005, pp. 287-337.

界范围内辅助法官裁决的人工智能模型或方法不仅限于前文所涉二十三种,如在美国威斯康星州诉卢米斯案(Wisconsin v. Loomis)中辅助法官量刑的"风险评估软件"(Correctional Offender Management Profiling for Alternative Sanctions, COMPAS)。当前 COMPAS 与"分类监管量表(修订版)"(Level of Service Inventory-Revised, LSI-R)等已被美国一半以上州用来辅助法官量刑,同时也面临着信度和效度不足的准确性问题、种族偏见和歧视的社会问题以及公开不足和难以质证的正当程序问题。[1]本章并未将上述风险评估方法列入法律推理模型的讨论范围,原因在于评估被告人犯罪危险性的软件或方法虽能够辅助法官量刑,但很难认同其进行了法律推理的建模工作,或属于法律专家系统。换言之,法律推理模型大多用于协助司法裁决,但具备该辅助功能的人工智能方法并不都能和法律推理模型画上等号。同样是辅助量刑,赵廷光的辅助量刑系统建基于贝卡里亚的罪刑阶梯理论,并翔实披露了所模拟的量刑推理过程,而 COMPAS 受制于专利性要求,确切的建模原理无法经现有资料分析得知,LSI-R 所考量的风险需求因素基本源于犯罪学而非法学的理论。[2]其他用于预测美国联邦最高法院的

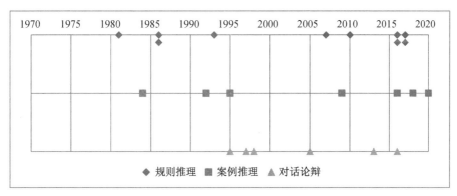

图 5-2　基于推理的模型演进年代图

　　1　参见李本:《美国司法实践中的人工智能:问题与挑战》,《中国法律评论》2018 年第 2 期;杨学锋、张金武:《以 LSI-R 为量具的缓刑犯违规风险评估实证研究》,《中国刑警学院学报》2017 年第 4 期。
　　2　参见李本:《美国司法实践中的人工智能:问题与挑战》,《中国法律评论》2018 年第 2 期;杨学锋、张金武:《以 LSI-R 为量具的缓刑犯违规风险评估实证研究》,《中国刑警学院学报》2017 年第 4 期。

尚处实验阶段的算法,用于代替人类律师审查合同的人工智能,用于预测犯罪的地区、指导警察部属巡逻的软件等,[1]要么囿于建模原理无法探知,要么与法律推理难以产生联系,因此最终未被纳入法律推理模型的研究范畴。

基于理论导向的模型分析

然而,法律推理三进路与人工智能三进路两种观察角度均为对传统的扬弃,笔者拟提出第三种基于理论特性的观察视角(见图5-3),将关注点聚于模型模拟法律推理这一"过程"所依照的理论。根据所依理论的可知与否、是否为法学理论、既有抑或创见三个层次,将法律推理模型分为四种类型:创见法学理论导向型、既有法学理论导向型、非法学理论导向型以及未知理论导向型。

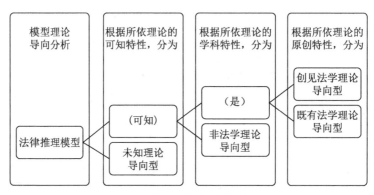

图5-3　基于理论的模型分析结构图

所谓既有法学理论导向型,指建模法律推理过程所依的法学理论未超出当时已有法学理论的范畴。首先,既有法学理论导向型要求模型建模时所依的理论是可知的,且是法学理论"完全导向"的。例如,"206系统"虽然在开发环节与法律专家系统一致,但其引进了隐性运算的神经网络算法,使得建模推理时并非由法学理论"完全导向",因此"206系统"并非既有法学理论导向型,而是非法学理论导向型,借此保持法学理论研究者对"206系统"推理环节的警醒。

1　参见陈邦达:《人工智能在美国司法实践中的运用》,《中国社会科学报》2018年4月11日;左卫民:《关于法律人工智能在中国运用前景的若干思考》,《清华法学》2018年第2期。

其次，"既有"的内涵既包括传统的、主流的法学理论，例如诉答博弈的建模原理来源于阿列克西的法律论证话语理论；也包括新颖的、并非主流的法学理论，例如建基于董番明的抽象论证框架的可废止论证逻辑系统。"既有"的判定点为建模之时，是故所依理论与所建模型在逻辑上存在先理论、后模型的时间次序。一方面，一旦模型完成，此后其他模型所依理论的导向事宜与之无关，例如，虽然海波系统在模拟法律推理过程层面属于非法学理论导向型，但是其后衍生的卡巴莱系统等是何理论导向型，不受海波系统的影响。另一方面，因建模所取得的法律推理新理论，不导致模型构成创见理论导向型，因此即使诉答博弈、可废止论证逻辑系统的创建者都因法律推理建模研究收获了法哲学的硕果，二者仍属既有法学理论导向型。

最后，根据先理论、后模型的时间次序，所有的法律推理模型固然是在建模时已有的法学理论的基础上建立的，但并非所有模型都是既有法学理论导向型，这是对建模"法律推理"这一核心工作的强调。建立法律推理模型需要攻克大量疑难、琐碎的问题，知识库的完备与更新、各项功能的取舍与设计、操作系统的便宜与智能等都是开发人员不得不面临的挑战。而理论导向的分析视角关注的是机器模拟"法律推理"这部分工作的情况，回应的问题是机器在进行法律推理、取得法律结论这一单向过程中受到何种法学理论主导，关注的是核心工作所依之核心理论，而非与建模相关各项工作的理论情况。

与既有法学理论导向型相对应、对立的是创见法学理论导向型，指建模法律推理过程所依的法学理论是创建者提出的新见的模型。首先，创见法学理论导向型的推理建模理论是可知的、法学理论"完全导向"的。其次，创见法学理论导向型的法律推理模型，其建模所依理论的提出者就是模型的创建者，否则就应归入既有法学理论导向型。如果提出者不是创建者，就意味着所提理论在建模之时已成既定，即并非新见，例如，可废止论证逻辑系统。再次，决定模型理论导向的是建模所依法学理论，而非建模所得法学理论。最后，前文满足创见法学理论导向型要求的仅有对话法律,可见法学家对于为建模法律推理而构建新的法学理论的兴趣不高,一方面可能出于法学界对现代科技攻克自然语言处理的期待与信任,另一方面或是源于法学领域本身的学科自信与理论深度。

非法学理论导向型与既有法学理论导向型、创见法学理论导向型整体对立,是建模法律推理过程所依理论可知但并非法学理论主导的法律推理模型。第一,前述两种类型均强调的法学理论"完全导向",是法学理论导向型的显著特征。其一,法律推理模型不可能不受到法学理论指导,本观察视角强调的是建模法律推理过程时所依的理论问题。其二,机器模拟人类进行法律推理这一过程所依的理论只要不是法学理论"完全导向",就属于非法学理论导向型。例如,海波系统以维度机制来匹配、比较案例的相似程度,推理的过程更像是有关线拟合的计量科学问题。[1] 又如,人民法院类案智能推送系统通过比对前台用户检索的关键词与后台人工标注的法律标签来推送类案,甚至令人质疑机器模拟推理过程的客观存在。

第二,非法学理论导向的法律推理模型中法学理论的主导程度一般而言只能定性为"非完全导向",而无法进一步定量具体的主导程度。近年来陆续上线的睿法官、"206 系统"以及北大法宝类案检索平台等,在推理环节均引入了机器学习乃至神经网络算法等前沿科技,使得本就秘而不宣的法律推理过程更加神秘,为法律推理过程的可解释、可溯源带来了巨大的挑战,更遑论测度推理环节中法学理论的参与程度了。纵使就输出结果的二次评价而言,存在机器推理更胜一筹的可能,但就相关模型的真正落地使用而言,法学仍面临着伦理与权威的挑战。

所谓未知理论导向型,是指建模法律推理过程所依理论尚未可知的法律推理模型。囿于商业秘密、文献公开以及文章篇幅等因素,在前文考察与提及的

---

[1] 参见 Bench-Capon, T. J. M., "HYPO'S Legacy: Introduction to the Virtual Special Issue", *Artificial Intelligence & Law*, Vol. 25, 2017, pp. 205-250。

全部二十三种法律推理模型中,尚有八种属于未知理论导向型:基于规则推理的有元典律师工作平台(高级版);基于案例推理的有卡巴莱系统、卡托系统、争议点预测系统以及基于价值判断的论证预测系统;基于对话论辩的有在线争议解决模型、卡涅阿德斯系统以及 ASPIC$^+$抽象论证框架。

首先,造成推理建模理论未知的原因既包括商业秘密、文献公开等客观因素,也包括研究限度、文章篇幅等主观因素。例如,元典律师工作平台(高级版)的公开资料仅限于简单的功能介绍资料,使人难以合理推测推理环节的运作原理。又如,前文在考察案例推理进路的域外部分时着重考察海波系统,因此对卡巴莱系统等的提及仅作为对模型演进的梳理。

其次,理论导向的未知特性是暂时性的、可解决的。可通过进一步的研究、与创建者展开有效对话、实际接触模型并进行探究式操作等方式突破暂时的未知,从而将模型归属于更加准确、更加合适的类型。之所以将前述提及的全部二十三种法律推理模型均做理论导向的类型化分析,也是为了展现未知理论导向型在分类意义上的兜底功能,理论导向的分析框架具备涵盖所有法律推理模型的能力。

此外,对于采用运算过程隐秘的算法技术的法律推理系统,虽然就理论而言其推理过程确属不可知,但其开发环节及代码等仍是可知的、可解释的、可追溯的。而且,此类模型在模拟法律推理时最需提示的是非法学理论因素的介入,将之归入非法学理论导向型是更好的选择。

基于理论导向的分析框架,考察法律推理模型的类型化演进(见图5-4)。撤去暂时限定为未知理论导向型的八种模型,综合观察余下十五种重要的、典型的、具有代表性的法律推理模型,可得以下结论及推论:(1)既有法学理论导向型占半数以上,且出现年份均衡,表明法律推理建模研究一直以来都是由既有法学理论主导的,既有法学理论亦是机器模拟法律推理一直以来的主要推手。(2)非法学理论导向型在过往研究中仅有1984年面世的海波系统,后在

2010 至 2015 年扎堆再现,而同一时期,既有法学理论导向型与非法学理论导向型出现断层,背后原因一是深度学习掀起了新一轮研究热潮,[1]二是我国在政策层面对互联网司法、智慧司法建设做出了顶层的设计与指导。[2](3)创见法学理论导向型仅有对话法律,个中缘由可能在于法学对现代科技的信任,也可能在于法学本身创新的困难。(4)非法学理论导向型近年来持续涌现,热度较高,尤其应引起法学理论家的关注。法律推理是法学理论的关键问题,模拟法律推理更是法律人工智能的核心话题。倘若在深度学习导致的断层之后,仅出现非法学理论导向的法律推理模型,笔者以为如此局面远非所愿,因此如何把握既有法学理论在法律推理建模中的主导地位,如何创新可计算化的法学理论从而将模型的理论导向仍然限定于法学理论之中,是法学研究亟待解决的重要问题。

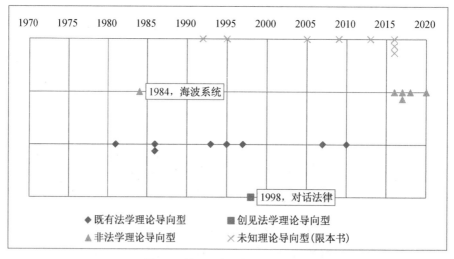

图 5-4　基于理论的模型分析年代图

1　参见张保生:《人工智能法律系统:两个难题和一个悖论》,《上海师范大学学报》(哲学社会科学版)2018年第 6 期。

2　参见中华人民共和国最高人民法院编:《中国法院的互联网司法》,人民法院出版社 2019 年版。

三、 法律推理可计算化的中国现实

将目光投回法律推理可计算化的中国实现,增加中国因素,以比较法的视野考察法律推理模型的类型化演进(见图5-5和图5-6)。

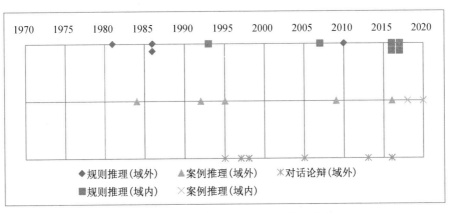

图5-5　基于推理的模型演进年代图（域内外）

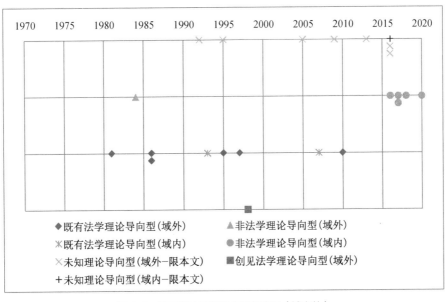

图5-6　基于理论的模型分析年代图（域内外）

　　纵观法律推理模型在世界上 50 年的发展历程,我国研究总体呈"起步虽晚但或领跑实践"的发展趋势。以 1995 年为中线,域外研究发生了从规则推理到对话论辩的兴趣转移,我国研究实现了从无到有的重要突破。以 5 年为一个区间进行观察(例如,1990 至 1995 年区间,包含 1990 年但不包含 1995 年),我国模型的发生众数出现在 2015 至 2020 年。2015 年 7 月,最高人民法院提出"智慧法院"概念。2016 年 11 月,时任首席大法官周强在第三届世界互联网大会智慧法院暨网络法治论坛上提出"将积极推动人工智能在司法领域的应用"[1]。2017 年 7 月,国务院印发《新一代人工智能发展规划》,其中提出要"建设集审判、人员、数据应用、司法公开和动态监控于一体的智慧法庭数据平台,促进人工智能在证据收集、案例分析、法律文件阅读与分析中的应用,实现法院审判体系和审判能力智能化"[2]。2015 至 2020 年区间,元典律师工作平台、睿法官、"206 系统"刑事版和民商事版、人民法院类案智能推送系统以及北大法宝类案检索平台陆续上线,表明我国相关研究发展势头迅猛,颇有后来居上之势。

　　据《新一代人工智能发展规划》"三步走"战略,到 2020 年,"人工智能总体技术和应用与世界先进水平同步","新一代人工智能理论和技术取得重要进展"。而在法律人工智能领域,作为领域内核心话题的法律推理可计算化在国内的实现也有机会超越域外,实现领先。其一,2015—2020 年区间直至包括 2020 年在内,国内共上线六个具备各种程度模拟法律推理环节的操作系统,在模型生成的数量上实现历年最高。其二,在此期间上线的六个模型中,至少有三个引入了机器学习乃至深度学习等人工智能前沿技术。深度学习的实质,就是通过模拟人脑的分层结构,对外部输入的声音、图像、文本等数据进行逐层学习并把学习的知识传递给下一层,逐层实现输入信息的分级表达、特征提取,最

1　邓恒:《人工智能技术运用与司法创新》,《人民法院报》2017 年 12 月 14 日,第 2 版。
2　《国务院关于印发新一代人工智能发展规划的通知》(国发〔2017〕35 号),2017 年 7 月 8 日发布。

终实现对外部数据解释、推理、预测与识别的功能。[1]相较于传统的简单或浅层机器学习,深度学习的精度通常更高,是大数据分析的核心技术。[2]深度学习对庞大数据量与强大计算力的内在需求也蕴含了我国的技术底气与创新力度。其三,在推进法律推理模型的研发进程中,我国形成了从政策到实践、从实务到理论的自上而下、自下而上的合力,在开发环节,公安司法机关、科技公司技术人员形成通力协作;相比而言,域外研究人员在开发模型的初期似乎总是单打独斗。其四,除极少数学术面向的法律推理模型外,国内大部分模型的适用面向及开发目标都是直指实务的,域外研究虽不排斥实务面向,但显然并无此应用倾向,这再次体现出我国对于实务目的的重视。其五,就模型的应用层面而言,我国模型的理想使用者总是法院,模型应用目标总是智能辅助法官办案,实则反映出我国正在推进诉讼制度改革所秉持的以审判为中心的理念。相较之下,属于英美法系的英国、美国着重于开发民商法领域的规则推理、案例推理模型,理想使用者往往是诉讼构造中的当事人一方,甚至于构建美国法学院学生教学辅助的卡托系统;而属于大陆法系的德国、荷兰则更乐于研究法理学领域有关法律论证的对话论辩模型,且似乎比起应用更重视理论上的研讨。

　　领跑实践的优势把握与风险把控并存,目光流转于理想与现实之间,还得辩证认识、厘清以下关系问题:首先是数量与质量的关系问题。其一,虽然在2015至2020年区间(包含2015年,也包含2020年),域内模型在发生数量上同时实现了历年中国最高与世界最高,但是其中理论导向可知的五种法律推理模型均为非法学理论导向型,其余一种为未知理论导向型,显然这些模型在推理时的"法律"色彩不浓厚,理论基础不坚实。其二,所提及的全部二十三种法律推理模型中,域内模型仅有八种,况且是在中文资料更加充足条件下粗略计数

1　参见郭丽丽、丁世飞:《深度学习研究进展》,《计算机科学》2015年第5期。

2　参见程雪旗、靳小龙、王元卓登:《大数据系统和分析技术综述》,《软件学报》2014年第9期。

的,表明我国研究确实起步较晚,也表明新发模型即使在数量上也仍未形成显著优势。其三,域内八种模型存在一定的重复计数情况,例如将"206系统"刑事版与民商事版、辅助量刑系统(1993)与辅助量刑系统(2007)均分作计数。其四,对于理论界和实务界期待最高、讨论最多的"206系统"刑事版正在质量问题上面临着"简单案件不需要,复杂案件不敢用""补课而非升级"[1],以及"证据标准化不可避免地加剧了法定证据主义倾向"等诘问。因此,直面数量与质量的关系问题,既要正视数量不足的现实状态,也要冷静对待数量激增落定后的实际质量。人工智能模拟法律推理是一个学科交融、科技前沿问题,质量优势显然比数量优势重要得多。

其次是新兴技术的引入与经典理论主导的关系,也即法学理论在模型构建中的地位问题。从简单案件与疑难案件的二分来看,对于前者,经验丰富的办案人员不需要花费大量脑力,却不得不消耗较多精力来应对。就脑力消耗而言,似乎不要求机器具备过多智能,因此也并非研发热点;但就精力消耗与切实缓解"案多人少"问题而言,对简单案件施用由法学理论主导、一定程度引入新兴技术的法律推理模型,有望尽快实现模型真正的实务落地,促进疑难案件的精力转向,使法学专业理论主导法律推理模型、法律专业人士主办法律疑难案件。在简单事件上信赖运算能力更强的机器,是社会生活的基础共识,由此笔者认为这并不会显著挫伤司法公信力,反而可能增进"机器法官无法替代人类法官"的认识。然而现实是,现有法律推理系统在处理简单案件的模块上"不好用",既在系统原理的披露、解释上有所不足,也在技术运用的法律专门化上有所缺失。[2]

于后者,实务人员在办理疑难案件时"也更愿意相信自己的大脑而不是眼

1 谢澍:《人工智能如何"无偏见"地助力刑事司法——由"证据指引"转向"证明辅助"》,《法律科学》(西北政法大学学报)2020年第5期。

2 参见左卫民:《从通用化走向专门化:反思中国司法人工智能的运用》,《法学论坛》2020年第2期。

前的机器"[1]，表明在真正面对公权力与人的权利同台竞技时，法律以及法律人对权力滥用和人权保障的警醒与坚守，以至于"不敢用"当前的法律推理模型。根据联合国《公民权利及政治权利国际公约》第 14 条的要求，"人人在法院或法庭之前，悉属平等。任何人受刑事控告或因其权利义务涉讼须予判定时，应有权受独立无私之法定管辖法庭公正公开审问"[2]。当人的法律推理经由算法编译为计算机语言，进而脱离人进行独立演算与结果输出时，"公正"如何反思，"公开"如何保证，尤其是在面对信息纷杂、利益纠葛、权利救济与责任裁判刻不容缓的疑难案件时。在"公正"问题上，技术本身是价值中立的，但使用技术建模法律推理、使用建模所得模型进行法律推理的人是依据价值判断的，认知偏见将会产生不可估量的影响。在法学理论的认知中，公正的反思有赖于公开的保障，但当新兴技术尤其隐秘运算的神经网络引入法律推理的建模时，"公正"的问题被算法黑箱的"公开"问题牵连，同样保持着悬而未决的状态。故面对新兴技术的引入与经典理论的主导关系问题时，在建模法律推理的技术环节应当坚持法学理论的主导地位，在面向"人"的应用模型上应当坚持法学理论的完全导向。这是针对现阶段法律推理模型"不敢用""不好用"的现实反思，也是针对未来使法律推理模型"敢用""好用"的必然要求。

再次是内外合力问题。前文已述我国实现领跑实践的优势之一在于形成了从政策到实践、从实务到理论的合力局面，但在该局面之下，笔者认为潜藏着两个法律隐患。一是遗漏了律师，形式上就已造成了控辩两造对抗的不平等。我国《刑事诉讼法》1996 年第一次修改引入了对抗式要素，2012 年第二次修改强化了对抗式的刑事构造，因而在法教义学层面已初步确立对抗式庭审模式，

1　谢澍：《人工智能如何"无偏见"地助力刑事司法——由"证据指引"转向"证明辅助"》，《法律科学》（西北政法大学学报）2020 年第 5 期。

2　《公民权利及政治权利国际公约》，联合国网站，https://www. un. org/zh/documents/treaty/A-RES-2200-XXI-2。

在以审判为中心的指导下,实质性对抗式诉讼的确立已成为当前的改革走向。[1] 2020 年,中共中央《法治中国建设规划（2020—2025 年）》明确提出要"实现刑事案件律师辩护、法律帮助全覆盖",显见律师对于推进庭审实质化、深化以审判为中心的刑事诉讼制度改革之重要作用。然而,研究在法律推理模型的建构上忽视了律师,尤其是在展开公安机关、检察机关与法院合作开发的同时,忽视了律师,此举在形式上显然有违平等保护原则。在模型建构现实环节,公安机关、检察机关基于内部办案需求对模型及其操作系统提出设计需求固然是合理行为,并且也是参与建构环节的必然举动,然而该行为是以律师被忽视为前提发生的,在控辩平等保护原则的延展上缺失了合理性。

二是公安机关、检察机关与审判机关通力协作开发,在诉讼构造上或不利于审判机关对审前机关的制约。分工负责、互相配合、互相制约,是我国公安司法机关进行刑事诉讼的基本原则。作为一种刑事诉讼构造的以审判为中心,表现出以审判程序为刑事程序之中心、以法庭审判为审判阶段之中心、以第一审程序为审判程序之重心的特点。[2] 在审判中心主义的指导下,我国刑事诉讼构造的改革形势欣欣向好,但短期内仍无法彻底超越侦查中心主义的传统。而在现实中,公安司法机关围绕法律推理系统的搭建展开了通力合作,在公安机关一贯强势的传统之下,模型的构建乃至法律推理过程的模拟环节,不可避免地存在倾向公安机关等审前机关的或然性,使得侦查中心主义的传统在新时代新兴技术引入司法的潮流中被继续保留,无益甚至有损于审判中心主义的贯彻。

从次是适用面向的问题,也即法律推理模型研究的最初目标是面向实务还是面向学术的。毫无疑问,所有研究的最终目标都是将之运用于实践中,但对最初目标的回答却实质性地决定了研究方案的设计与进度把握。若最初目标

1　参见胡铭:《审判中心与刑事诉讼》,中国法制出版社 2017 年版,第 76—80 页。
2　参见胡铭:《审判中心与刑事诉讼》,中国法制出版社 2017 年版,第 5—6 页。

是面向实务的,研究方案在设计上表现出快速、便捷、可行的特点,强调尽快做出可用的成品,为此自然会召集实务专家和科技人员合作开发,实务专家以其自身实务经验提供建模所需的基础知识和操作需求,科技人员以其掌握的前沿技术提供建模的手段方法和操作培训,自然而然造成了法学理论退居次位、法学家难觅声迹的局面。若最初目标是面向学术的,研究方案的设计表现出耗时、递进、可变的特点,力求尽可能实现可靠的创新,为此需要法学家持续经年推进研究,展开各方面合作,汲取各学科方法,在法学理论的指导下琢磨、推敲出极具理论性的法律推理模型,该模型在正式推向实践之前能够被法学家们充分讨论、批判与论证。从长远来看,最初即以学术面向为目标的模型研究无疑是更好的选择,但面对人工智能等新兴领域不断拓展介入其他领域的科技发展现状,及时做出面向实务的尝试,也未尝不是符合事物发展客观规律的。但这样的尝试能否真正在面向"人"、面对基本权利时成为辅助法律裁决的重要依据,仍需法学家以法学理论对之进行理性的批判与论证,否则只会造成科技对法学的倾轧,或者法学对科技的盲从。

最后是理想使用者的问题。适用面向的选择还不足以锚定真正的使用群体,职业的不同导致使用群体的利益与需求不同,使得法律推理模型的运用前景相当广泛,此处可展开合理的想象或设想。在以审判为中心的指导下,公安司法机关被分列为审判机关与审前机关,法官需在秉持中立地位、独立行使审判权的前提下平等聆听检察官和被追诉方的质证与意见,指挥庭审直到本次庭审程序完毕,当庭或经庭后评议宣判裁决结果。由此,审判机关、审前机关与被告人及其律师之间形成了利益的冲突与平衡关系,因而在需求上也存在联系与区别。法官希望庭审能够有重点、有效率、有质量、有序地进行,双方能够围绕关键证据展开充分质证以厘清关键事实,庭后能够同样有重点、有效率、有质量地评议本案、对比类案,查清事实、平衡利益以实现定分止争、类案类判。检察官与律师希望他们能够及时有效地提交证据集合、获知开庭时间、取得裁决结果,法官能够充分听取直至采纳己方意见,从而获得对被告人公正的裁决。差异在于,检察官寄希望于法官尽可能采纳己方证据及量刑建议,被追诉方对可能存在的非法证据排除等案件实体事实外可能有利于被告人的程序问题负有初步举证责任。由此,法官对于庭审笔录(语音识别)、类案检索具有明确的需求,检察官与律师对于证据提交(甚至已提交证据的在线整理)、即时通信的需求更显著。在庭审之外乃至审判阶段以外,审判机关在自身业务及行政管理上亦有特殊需求。同理,审前机关、律师乃至监狱等刑事诉讼各环节参与人及单位,也都是法律推理模型及其配套系统的潜在用户。

此外,在法学理论与实务之间还存在一个群体值得法律推理模型的研究人员予以关注,那就是法学生,尤其是正在形成法律推理能力与习惯的法学生。如海波系统创建者阿什利的学生埃勒温(Vincent Aleven)就将海波系统改造为智能辅导法学院学生学习的卡托系统,后续被布鲁宁豪斯进一步开发为能够预测美国商业秘密保护法案例结果的争议点预测系统。[1]对法学生关于法律推理的学习、运用和反思进行持续的关注,或许也有助于推进法律推理模拟建模的研究。更有甚者,在法律行业以外,内置法律推理模型的系统也可设计成人民群众的法律普及、法律咨询的公益法律服务系统或对话型机器人,长此以往有利于全民守法、法的实施乃至我国法治文明建设。

以部门法划分为基准,域外模型在个体适用的法律子领域上主要是针对民商领域(8/15),其次是一般法律领域(6/15)以及一个用作学习辅导的卡托系统(1/15)。其中除海波系统及其后续成果外,各基于规则的法律专家系统或基于对话的法律论证模型的内部或之间都没有共通性,涉及的具体部门法包括美国的产品侵权法(法律决策系统)、商业秘密保护法(海波系统、争议点预测系统)、税法

1　参见 Rissland, Edwina L., et al., "AI and Law: A Fruitful Synergy", *Artificial Intelligence*, Vol. 150, 2003, pp. 1-15; Bench-Capon, Trevor, et al., "A History of AI and Law in 50 Papers: 25 Years of the International Conference on AI and Law", *Artificial Intelligence Law*, Vol. 20, 2012, pp. 215-319。

(卡巴莱系统),英国的潜在损害法(推定损失赔偿系统)、货物销售法(司法咨询专家系统)和苏格兰的离婚法(苏格兰离婚法专家系统)等。法律推理模型的域外发展为自己长期树立着从子部门法到部门法再到国家法律体系之间的桎梏。

首先,在以生成法律专家系统为主流的研究初期,法律推理的模拟主要来源于对人类专家解决相关法律问题思路的计算机语言重述。为了保障法律专家系统的透明性、灵活性与启发性,不可避免地以具体的部门法或子部门法作为可靠的建模参照。

其次,部门法桎梏的存在预示着域外(尤其英美法系国家)的法律推理模型研究采取了一种自下而上的研究模式,即从子部门法、部门法到国家法律体系直至国际法律体系的研究发展指向。这是一种从具体到抽象、由特殊向一般发展的模式,优点是研究起步时更易上手,而劣势在于世界法律发展至今,各部门法的内在深化已达相当高的程度,但难以拓展到整个法律体系的适用。

再次,自发产生、长期存在的部门法桎梏导致了域外模型在推广普及、交流促进上的不足与困难,而不足来源于困难。一方面,交流需先解释:模型建模所参照的依据是哪国法,该特定部门法或子部门法的适用过程是什么样的;在该特定模型之下的法律推理意欲为何,是否强调与法律论证的边界,具体建模该特定含义的法律推理的模拟过程是什么样的;机器实际运行法律推理环节的实现过程是什么样的,如何进行验证与调优等反馈过程;等等。另一方面,推广还得确定该特定部门法与被推广部门法在适用上的同异点,尤其是在法律推理上的差异点;该特定模型对于法律推理的模拟与建构,是否也满足了被推广部门法的法律推理的特点;参与建模环节的人类专家的成分如何,主导建模的理论依据为何,法学家对此如何评价;等等。

最后,同样值得注意的是,两大法系的分化在域外模型研究中也有所体现。英美法系(如英国、美国)的法律推理模型在适用上常常锚定某一特定的部门法或者子部门法,相比而言应用价值更明显。大陆法系(如德国、荷兰)比起陷于部门法内,更倾向于在一般层面上直接展开法律推理可计算化的最顶层思考,著述中对法律推理的学理解析更加深刻,理论价值更加突出。

反观域内,个体模型适用的法律部门包括民刑兼适(4/8)、刑事(3/8)以及民商事(1/8),呈现"大部门法"应用的特点,模型之间尚不存在同域外研究类似的部门法桎梏。总的来说,我国的法律推理模型具有以下特点:

首先,当前我国法律推理模型的具体适用场景主要为类案检索、办案辅助,有关法律推理的思考较为薄弱。建模环节要么采取法律专家系统的策略,即模拟人类专家(尤其法官)的办案思路;要么引入人工智能的技术,却因陷于算法"黑箱"而无法保障专家系统的透明化,致使对法律推理的法理思考游离于实务与技术之外,割裂部门法之间共通的法律推理的桎梏由此也无从产生。

其次,我国当前遵循由"大部门法"自上而下的研究模式,进而有望从距离法理层面仅一步之遥的相当宏观的高度来思考法律推理的可计算化议题。这是一种介于具体与抽象、特殊与一般之间的模式。

最后,我国法律体系在世界两大法系之间的站位同样反映在了法律推理模型研究中。如仅以英美法系与大陆法系的两分作为参照,我国法律体系整体倾向于大陆法系并保持对英美法系精华之汲取。而就法律推理模型研究的部门法桎梏而言,英美法系因专攻于子部门法而深陷部门法桎梏,大陆法系因深耕于一般理论层面而未见枷锁。

四、 法律推理的可计算化理论

逻辑学是研究区分正确推理(论证)和不正确推理(论证)的方法与原理的学问。[1]主流逻辑学认为,推理(reasoning)是指从已知的(或者为实现某种目的而

---

[1]　参见〔美〕欧文·M. 柯匹、卡尔·科恩:《逻辑学导论》(第13版),张建军等译,中国人民大学出版社2014年版,第7、40页。

故意肯定的)前提推出结论的过程,概言之,推理是从前提到结论的结构。论证(argument)由命题(proposition)组成,指的是任一这样的命题组:组内的某一命题是由其他命题推出的,并为该特定命题的真值提供支持或者依据。简单来说,论证是指内含推理这种结构的命题簇,该命题簇与异议、争论都无关,因为主流逻辑关心的是论证的形式(form)是否保真、论证的质(quality)是否实际达成了保真的效果。论证是逻辑学关心的主要对象。[1]由此可得到的两个结论是:在主流逻辑学看来,推理与论证是包含的关系,论证是包含推理的;并且此处的"论证"与争论、异议都无关,也即与法学论证中常常裹挟着的利益冲突、价值判断都无关,逻辑学的论证是理性的,因此逻辑学的"论证"不完全是法学论证的上位概念。

　　进一步地,逻辑学根据前提对结论的支持方式,将论证分为演绎论证(deductive arguments)与归纳论证(inductive arguments)。演绎论证从其前提绝对必然地推出其结论,该必然是绝对的,不存在必然的程度,也不以任何其他情况为转移。在前提为真、推理有效的条件下,演绎论证可以确定得到真结论,而演绎逻辑的核心任务就在于区分有效的(valid)演绎论证与无效的演绎论证。其中"有效"是指一个论证的前提为其结论提供了绝对必然的支持,因此有效与否只适用于描述演绎论证的性质。归纳论证从其前提仅仅或然地推出其结论,该或然是一种可以用程度来衡量的性质且可能受其他情况的影响。归纳逻辑的核心任务在于确定那些能够直接引导行为的事实或者基于其他的论证能够建立起来的事实。[2]由此,如果暂时排除法学论证中的异议与争论,只观察法律论证中从其前提到其结论间的逻辑关系,就会发现在两种主要的论证类型中,法学论证的逻辑关系具有两面性,并且在大多数时候具有归纳论证的特点。大多

　　1　参见〔美〕欧文·M.柯匹、卡尔·科恩:《逻辑学导论》(第13版),张建军等译,中国人民大学出版社2014年版,第7—12页。
　　2　参见〔美〕欧文·M.柯匹、卡尔·科恩:《逻辑学导论》(第13版),张建军等译,中国人民大学出版社2014年版,第31—42页。

数时候,法律论证需要先通过归纳的逻辑来发现、概括、描述那些直接引导本案法律行为的事实以作为建立论证的前提,获得作为小前提的法律事实后,再采用演绎的逻辑来推导法律结论。在大多数情况下,法律论证中的前提对结论的支持程度都不是绝对必然的,由于"每个论证或者是演绎的,或者是归纳的"[1],法律论证的逻辑关系应当是归纳的。由此法律推理之演绎推理的"演绎"、归纳推理的"归纳"和法律论证的"论证",与逻辑学的演绎论证、归纳论证、论证都有所不同,重视这些差异比个中相似更重要,只有这样才有望避免"或者误解了逻辑,或者误解了法律推理,或者同时误解了这两者"[2]的情况。

更进一步地,演绎论证之下存在直言三段论,也即逻辑三段论。需要注意的是,逻辑三段论特指向直言三段论,也只有直言三段论可以被简称为三段论。直言三段论的正式定义是"由三个直言命题组成的演绎论证,其中包含且仅包含三个词项,每个词项在其构成命题中恰好出现两次"[3]。要注意,逻辑三段论与法律三段论间存在诸多差异,不可混为一谈:首先,作为法律三段论之大前提的法律规范一般以"如果……那么……"作为基本结构,该陈述属于假言(或条件)命题,不符合"由三个直言命题组成"的基本要求。

其次,直言三段论中的大前提特指包含大项(也即结论的谓项)的前提,小前提特指包含小项(也即结论的主项)的前提;[4]而法律三段论的大前提特指法律规范,小前提特指法律事实。

再次,演绎逻辑的目标在于区分有效论证与无效论证,该有效仅指形式上

1　〔美〕欧文·M. 柯匹、卡尔·科恩:《逻辑学导论》(第 13 版),张建军等译,中国人民大学出版社 2014 年版,第 32 页。

2　陈坤:《逻辑在法律推理中没有作用吗?——对一些常见质疑的澄清与回应》,《比较法研究》2020 年第 2 期。

3　〔美〕欧文·M. 柯匹、卡尔·科恩:《逻辑学导论》(第 13 版),张建军等译,中国人民大学出版社 2014 年版,第 243 页。

4　参见〔美〕欧文·M. 柯匹、卡尔·科恩:《逻辑学导论》(第 13 版),张建军等译,中国人民大学出版社 2014 年版,第 244 页。

的有效,即论证的形式是否保真;然而法律三段论的目标绝不仅限于从法律前提到法律结论之间在形式上的有效性,还内含合理性、正当性、人权保障、良法善治等更高的价值追求。此外,逻辑学的形式上有效与法学关于形式的理解也不完全相同。逻辑学关心论证的形式是否是一种能够保真结论的结构,直言三段论共有 256 个标准式,当中仅有 15 个有效形式,这意味着任何与这 15 个形式相同的逻辑三段论都是形式上有效的,即从其前提到其结论的形式是保真的。而法的形式是一个内涵丰富的概念与论题,作为一个法律概念,法的形式在哲学上就是法的自身,在法哲学上常被视为逻辑;作为一道法学论题,法的形式与法的实质是一对重要的分析框架,但也"毕竟只是一个符号"[1],讨论须取决于特定的语境,置于基本的形式平等与实质平等语境下。形式平等是不加区分、一以贯之的平等,而实质平等是加以区分、实事求是的平等,由此可以一般地认为法的形式往往是先行于实质且服从于实质的。

最后,法律三段论关心其前提的正当性就如同关心其结论的合理性以及从大小前提到结论的涵摄,但逻辑学家只关心从前提到结论的逻辑关系,因为"检验前提的真实性或虚假性是一般科学的任务"[2]。阿列克西的法律论证理论将法律论证区分为两个层面的证成,即通过内部证成来判断结论是否为由前提有逻辑地推导出来的,通过外部证成来处理前提是否正确的问题。可以说,作为法律三段论之大前提的正当性与小前提的真实性是外部证成的任务。

上文基于逻辑学(主要是古典逻辑)的视角分析了(逻辑的)推理与法律推理、(逻辑的)论证与法律论证、逻辑三段论与法律三段论、逻辑的形式与法的形式之间的差异,得出了推理与论证的关系表现为后者包含前者、论证是理性的且与争论无关、法律论证的逻辑在逻辑学意义上具有两面性且常常是归纳的等

---

1 张真理:《论法的形式与实质》,《法律方法》2007 年第 1 期。
2 〔美〕欧文 · M. 柯匹、卡尔 · 科恩:《逻辑学导论》(第 13 版),张建军等译,中国人民大学出版社 2014 年版,第 40 页。

结论,强调了逻辑学的推理和论证、演绎和归纳、三段论与法学的相应对象都不一样,并非后者的所谓上位概念,即使认为法律论证是逻辑学的论证之于法学的应用与深化,法律论证也发生了剧烈的异化,至少是超越了逻辑学论证的理性边界。往后,笔者将回归法律推理与法律论证的法学理论,厘清法律推理的概念尤其是其适用的外延、与法律论证的关系等,为法律推理的可计算化理论的建构提供理论基础。

法律推理既是法律逻辑学的研究客体,也是法理学的研究分支,可以从法律逻辑层面与法理层面来观察法律推理。法理学认为,法律推理是指从一个或几个已知的前提(法律规范、法律事实、已决案例、法律原则等)得出某个法律结论的思维过程。[1] 易言之,法律的适用过程,也即广义上的法律推理。

博登海默(Edgar Bodenheimer)将作为法律方法的法律推理区分为分析推理(analytical reasoning)与辩证推理(dialectical reasoning)。[2] 分析推理,即形式推理,是指适用法律过程中所用之演绎方法、归纳方法和类推方法(甚至还包括设证方法),[3] 换言之,运用形式逻辑进行的法律推理。其中,演绎是关于从一般到特殊的推理;归纳是构成从特殊到一般的推理;类推可被描述成从特殊到另一种特殊的推理。前文已述,逻辑的演绎、归纳与法的演绎、归纳都不相同。同样,类推在逻辑学上作为归纳论证的下位概念,也是其最常见的类型,[4] 在法律推理中却是与归纳同位阶的概念。这再次强调了当目光流转于逻辑与法律推理之间,尤其是用近似逻辑的目光来看待、评价法律推理时,需时时保持冷静。同时,这也暗示了形式推理中的形式并非逻辑学的形式,虽然形式推理最常使用

1　参见张文显:《法理学》(第5版),高等教育出版社2018年版,第298页。

2　参见〔美〕E. 博登海默:《法理学:法律哲学与法律方法》,邓正来译,中国政法大学出版社2017年版,第509—525页。

3　参见〔德〕阿图尔·考夫曼、温弗里德·哈斯默尔:《当代法哲学与法律理论导论》,郑永流译,法律出版社2013年版,第180—181页。

4　参见〔美〕欧文·M. 柯匹、卡尔·科恩:《逻辑学导论》(第13版),张建军等译,中国人民大学出版社2014年版,第512页。

逻辑的原理和方法,甚至是法律推理中最形式、最逻辑的部分,但绝不能将形式推理与仅以形式逻辑进行推理混为一谈。最简单的反驳莫过于类推的合法性与正当性出自对正义与政策的考量,出自对原则和价值的权衡,从而调整作为类推前提的法律规范的适用范围,而非出自从其前提到其结论的逻辑结构是否在形式上有效。

形式推理与仅以形式逻辑进行的推理不可混为一谈,并不意味着不能用逻辑的思维与方法来考察法律推理。一般来说,分析推理就是指逻辑层面的法律推理,虽然逻辑即使是在分析推理中也不占据主导地位,甚至还得不时遭受来自"法律的生命不在于逻辑,而在于经验"引用者的抨击,但是"否认或缩小形式逻辑在法律中的作用也是不恰当的"[1]。参照逻辑的有效性来看,演绎推理比归纳推理、类推更符合逻辑的必然性,但法律推理永远滞后于案件发生,因此即使是最符合逻辑必然的演绎推理,也无法达致逻辑上演绎论证的绝对有效。法律三段论是演绎推理的最简单方式,也是与逻辑最像的法律推理模式,然而正如前文已述,逻辑三段论与法律三段论之间存在诸多差异。根据演绎逻辑的一般原理,在使用演绎方法进行分析推理时,若满足前提真实、推理形式有效这两个要件,演绎推理将取得正确的结论。此时演绎推理取得的法律结论所具有的正确性,更确切的含义是合法性。当然在多数情形下演绎结论是合法且正确的,除非立法本身出现了严重的问题。

与分析推理相对应的是辩证推理,即实质推理。具体而言,博登海默提出了法官有必要使用辩证推理的三种主要情形:(1)法律未曾规定简洁的判决原则的新情形;(2)一个问题的解决可以适用两个及以上互为抵触的前提但必须做出真正选择的情形;(3)尽管存在可以调整所受理案件的规则或先例,但是法院在行使其所被授予的权力时考虑到该规则或先例在此争议事实背景下尚缺

1　〔美〕E. 博登海默:《法理学:法律哲学与法律方法》,邓正来译,中国政法大学出版社 2017 年版,第517页。

乏充分根据而拒绝适用它的情形。[1]由此，笔者试图将辩证推理概括为适用法律过程中分析推理受限时所用之利益衡量、政策指导、价值选择的方法。其中，利益、政策与价值是指导辩证推理的依据。

首先，基于法的安定性与终局性，除非法外情形或其他特殊情形，法官一般不能拒绝裁判，因而总得面对分析推理适用受限的情形。为取得既合法又合理的正确法律裁决结论，法官此时转向辩证推理的法律方法，是法律推理的应有之义。其次，辩证推理不意味着任意、随意甚至恣意的推理，前述法官有必要使用辩证推理的三种情形实则已经明确了辩证推理的进路：要么从无到有，解决迄今悬而未决之问题；要么由多到一，处理必须只能选择一个的问题；要么从有到无，部分或完全摒弃某项法律规则的适用。虽然情感上的潜在影响是存在的，但博登海默认为法官所使用的那种并不完全客观的判断标准，"并不是那种毫无控制的意志或主观偏爱的产物，而是以整个法律秩序与社会秩序为基础的，也是以那些渊源于传统、社会习俗和时代的一般精神为基础的"[2]。最后，虽然辩证推理是在分析推理适用受限时启动的，但二者并非决然的排斥关系。辩证推理的启动固然源于分析推理的推导受限，但辩证推理是关于前提尤其是大前提的推理，辩证推理所得关于前提的结论，可作为新的可接受的前提进行分析推理而取得法律结论。辩证推理与分析推理之间即是如此的辩证关系。

在分析推理与辩证推理、形式推理与实质推理之外，法律推理作为一种以保护公民权利为目的的创造性实践活动，还被认为存在名为权利推理的方法。[3]权利推理，是指以公民权利保护为目的导向的推理。权利推理与分析推理、辩证推理在适用上存在重叠：对于宪法及法律明文规定的权利，以该法律作为前

1　参见〔美〕E. 博登海默：《法理学：法律哲学与法律方法》，邓正来译，中国政法大学出版社 2017 年版，第519 页。

2　参见〔美〕E. 博登海默：《法理学：法律哲学与法律方法》，邓正来译，中国政法大学出版社 2017 年版，第523 页。

3　参见张文显：《法理学》（第 5 版），高等教育出版社 2018 年版，第 300 页。

提的分析推理是权利推理；而对于宪法及法律未明文规定且须经辩证推导的权利，此时的辩证推理也是权利推理。权利推理在宏观的法理层面表现为保护社会弱者的原则，在中观的法律实施层面表现为民商法、行政法（行政相对人）领域的法不禁止即自由原则以及刑法领域的无罪推定原则，而在微观的个案裁判层面表现为"努力让人民群众在每一个司法案件中都能感受到公平正义"[1]。

五、 法律三段论的可计算化理论

法律三段论可以说是法律推理的最基本理论模型。前文业已探讨逻辑三段论与法律三段论的关系，逻辑三段论特指向直言三段论，其与法律三段论在从前提到结论的结构、推理的目标、前提的内涵以及对前提的关心上存在诸多差异，不能简单认为法律三段论是逻辑三段论之于法学的运用。从理论的概念位阶来看，逻辑三段论在逻辑学理论中的概念位阶为"推理—演绎推理—直言三段论"，而法律三段论在传统法学理论中处于"法律推理—分析推理—演绎推理—法律三段论"的位置。然而，法律逻辑的论证转向或早已使得法律三段论的理论内涵与实践运用超越了传统意义上演绎推理、分析推理甚至法律推理的范畴，因而对于法律三段论的功能批判与误解澄清一时间混杂为一体。

法律三段论并非法律推理唯一或最好的理论模型，但也始终不是最差的推理模型。自近代以来，法律三段论仍然在各种法律推理模式中占据主导地位，[2]其重要价值可见一斑。当前，法律人工智能系统也主要是基于法律三段论来展开研发工作的。[3]前文建构的法律推理的可计算化理论，提供了将法律论证分为

1　习近平：《在首都各界纪念现行宪法公布施行 30 周年大会上的讲话》，《人民日报》2012 年 12 月 5 日，第 1 版。

2　参见焦宝乾：《三段论推理在法律论证中的作用探讨》，《法制与社会发展》2007 年第 1 期。

3　参见熊明辉：《法律推理的人工智能建模》，微信公众号"智合"，2017 年 12 月 15 日上传。

法律推理与法律证成两阶段,继而分离人工智能建模法律推理与人证立法律结论的分析框架,由此试图将该分析框架应用于法律三段论,基于过程与结果的二分提出法律三段论的可计算化理论,即法律三阶三段论。

对于建构法律三段论的可计算化理论,首先须正确认识法律三段论,其关键在于准确认识法律三段论能做什么、不能做什么、存在哪些误解,也即法律三段论的局限以及作用。

法学家对于法律三段论的批判经久未歇,个中误解的产生缘由有两种:一种是将法律三段论过低地评估为只适用形式逻辑的三段论,甚至忽略了逻辑三段论仅指向直言三段论的事实,看似批判法律三段论,实则顾左右而言他;另一种是将法律三段论过高地期待成适用一切法律思维活动的程式,将法律三段论等同于法律推理的万能公式,反而造成了法律三段论基本功能的架空。而理性的批判介于此二极端之间。概括而言,法律三段论在法学理论上所遭受的理性诘问主要是这四对矛盾关系:法律三段论与法律规范、价值判断、经验以及主体因素之间的矛盾。

法律三段论与法律规范、价值判断之间的矛盾,是法律三段论沿着"法律推理—分析推理—演绎推理"的概念轨迹所受到的法理批判,立足于法律三段论仅作为演绎推理最简单形式的前提。批判的路径为,认为法律三段论的大前提是既定的制定法,[1]当法官不可避免地遭遇"无法可依"的现实困境时,以法律三段论推导结论的进程就失效了,因而法律三段论的实践价值大打折扣。从法律推理的理论视角来看,如认为法律三段论是演绎推理的最简单形式,演绎推理在一般意义上是不关心大前提的,但是当演绎推理推进受阻时,归纳推理、类推等其他分析推理方法即刻开启,第一步就是展开对法律规范的价值反思,法律三段论既定的大前提发生"松动",与前提"既定"的前提发生矛盾,此时批判路

---

1 参见刘克毅、翁杰:《试论演绎式三段论法律推理及其制度基础——兼及大陆法系司法制度及其运作机制》,《甘肃政法学院学报》2006年第2期。

径失效。从法律论证的理论视角来看,如认为法律三段论是内部证成的基本方式,则法律三段论的推理目标之一就是辨别出既定规范之外的大前提以供给外部证成,继而推导出新的前提,因而前提仍非既定。从法律三段论的理论视角来看,法律推理的目光应当在法律规范、法律事实以及法律结论之间发生往返流转直至获得最优解,因而三段是不断被审查、修正甚至推翻的,在最终被认定前不存在既定的状态。由此,如以狭义范畴理解法律三段论,其与法律规范、价值判断并非对立的关系,但是法律三段论确是不涵盖演绎之外关于法律规范的推理与证成。同时,法律规范仅仅是法律三段论的前提之一,作为小前提的法律事实的推理与证成,亦未被狭义范畴的法律三段论所涵盖。

法律三段论与经验、主体因素之间的矛盾,是法律三段论沿着"演绎推理—分析推理—法律推理"的概念轨迹所遭受的理性诘问,此时是以广义的范畴认识法律三段论,立足于法律三段论可用于描述法官裁判过程或者法律适用过程的前提。法律三段论与经验的矛盾,突出表现为霍姆斯的名言"法律的生命不在于逻辑,而在于经验"被频频引用,以向法律三段论发难。但布鲁尔(Scott Breuer)认为,霍姆斯的本意并不在于批判演绎推理,却非出于本意将经验放在逻辑的对立面,从而引发了误导甚至是有害的影响,应将其名言修正为"法律的生命在于:逻辑中充满着经验,而经验又要受逻辑的检验"。[1]然而,前文早已阐述过,法律三段论不仅是逻辑,因此法律三段论与经验之间并无强加的矛盾。

法律三段论与主体因素的矛盾,具体是说法律三段论是一种对法律适用过程静态的呈现,忽略了论证主体之间的互动。[2]有学者认为,法律三段论在裁判中的真实作用不是支配法官裁判的过程,而是在裁判文书说理的过程中"以其无懈可击的逻辑性证明推理的无可争辩"[3]。根据拉伦茨(Karl Larenz)有关现代方

1　参见焦宝乾:《三段论推理在法律论证中的作用探讨》,《法制与社会发展》2007 年第 1 期。

2　参见熊明辉:《审判实践中法官的论证技艺》,《法学》2012 年第 9 期。

3　周舜隆:《司法三段论在法律适用中的局限性——兼论法官裁判思维》,《比较法研究》2007 年第 6 期。

法的论辩,对于借助逻辑涵摄经由法律推得裁判的程序,法学家们要么认为根本无法做到,要么认为其意义并非想象般重大。[1]如考夫曼(Arthur Kaufmann)就认为,法律三段论在当代法学方法论中所占分量比它应得的更多。[2]但值得注意的是,考夫曼所下论断立足于法律三段论等同于直言三段论的前提,其实是略有偏颇的。即使是明确支持涵摄的菲肯切尔,也是将其作为"程序的最后步骤"[3]。同样作为涵摄甚至是"古典"涵摄模型拥趸的德国行政法学者科赫(Koch)与吕斯曼(Rüßmann)则认为涵摄使得所有实现法律规范所设条件的案件事实都获得了相同的处理,并被以一般的形式予以表达,因此涵摄在可能的范围内保障了法的安定性,起法律拘束力之作用。[4]殊途同归,有学者以涵摄模式的结构论与价值论研究回应了涵摄怀疑论,提出涵摄构成可被检验的平等对待原则与法的安定原则的必要条件,是一种承载着法治价值的法学方法论的辩护。[5]

由此,在演绎推理的最简单模式与法律适用的表达程式之间,法律三段论的局限主要体现为以下两点:一是未能涵盖关于前提的论证。法律三段论一方面在最初的"首轮"法律推理或就遭遇前提需得外部证成的困境,包括对大前提法律规范与小前提法律事实的选定和认定;另一方面在最后的"末轮"法律证成仅从结果的角度描述裁判的形成,忽略了证成阶段各方法律推理结论相互博弈的过程。二是未能实际支配法律适用的过程。不论是持涵摄怀疑论的学者抑或拥护法律三段论主导地位的法学家,无一不支持法律三段论并未实际支配、充分刻画法律适用完整过程的观点,学术的交锋主要汇聚在法律三段论是否不

---

[1] 参见〔德〕卡尔·拉伦茨:《法学方法论》,陈爱娥译,商务印书馆2003年版,第33页。

[2] 参见〔德〕阿图尔·考夫曼:《法律获取的程序——一种理性分析》,雷磊译,中国政法大学出版社2015年版,前言,第1—12页。

[3] 〔德〕卡尔·拉伦茨:《法学方法论》,陈爱娥译,商务印书馆2003年版,第33页。

[4] 参见〔德〕卡尔·拉伦茨:《法学方法论》,陈爱娥译,商务印书馆2003年版,第34—35页。

[5] 参见雷磊:《为涵摄模式辩护》,《中外法学》2016年第5期。

可替代这一问题上。法治价值的判断、中央政策的指导、个中利益的权衡以及法官个人乃至这一群体的偏好等因素，都不免对终局结论产生这样那样的影响，这些影响常常在以三段论形式呈现的裁判文书中难以言明甚至不可言说。

即使局限犹在，法律三段论仍有其不可替代的重要作用，具体来说包括以下三个一般意义与两个特殊意义的作用。在一般意义上，其一，法律三段论作为"首轮"法律推理，通过剖析该步法律推理未能良好推进的受限细节，可以为大小前提的外部证成提供明晰法律争议所在的原材料。其二，法律三段论在"末轮"法律证成作为裁判说理的基本模板，有望通过详尽的过程梳理与充分的结果说明来尽可能复原法律适用的争议过程，以尽可能弥补法律三段论未能完整涵盖前提论证、刻画法律适用的局限。我国近年下达两部司法解释性质的文件对此予以规范与指导：一是2018年最高法《关于加强和规范裁判文书释法说理的指导意见》，其中第7条"诉讼各方对案件法律适用存有争议或者法律含义需要阐明的，法官应当逐项回应法律争议焦点并说明理由。法律适用存在法律规范竞合或者冲突的，裁判文书应当说明选择的理由"，要求法官对法律规范的选定等法律适用中的各项争议逐项证成。二是2021年最高法《关于深入推进社会主义核心价值观融入裁判文书释法说理的指导意见》，其中第7条"案件涉及多种价值取向的，法官应当依据立法精神、法律原则、法律规定以及社会主义核心价值观进行判断、权衡和选择，确定适用于个案的价值取向，并在裁判文书中详细阐明依据及其理由"，要求法官对价值判断过程进行证成。其三，正因法律三段论在法律原理及适用规则上守住了法律适用的首尾进程，法律三段论整体上展示出不可替代的法律拘束力，一方面所有被裁判的案件都在法律三段论的框架下获得平等对待，另一方面受制于逻辑有效的最低理性限度，法律三段论实现了对恣意裁量的规制和对法的安定的保障，承载着显著的法治价值。

在特殊意义上，也即法律三段论之于我国的特殊作用上，其一，有学者认为，我国传统思维善于神秘地领悟与笼统地概括，但疏于精密地分析与严谨地论证,因而更应注重法律三段论之于法律论证的逻辑导向。[1]其二,经考察自2018 年公布实施以来《人民陪审员法》第 20 条所规定的法官指引机制的实际落实情况,有法官认为,法律三段论可作为建构法官庭审前、庭审中以及庭审后指引和保障人民陪审员有效、独立认定案件事实机制的重塑路径。指引有两个核心:一是法律规范的指引,也即目光在法律规范与个案事实之间往返流转;二是证据规则的指引,也即目光在证据、个案事实以及经验法则之间往返流转。[2]

　　为克服法律三段论的前述局限并发挥其前述重要作用,法学家尝试对法律三段论进行重构。2007 年,有学者提出一种重构的法律三段论图式,以程式化语言制约并预测法官的裁判与判决的证成,具体结构为"支持规则→附加规则……→裁决规则(法律事实)↔案件事实→判决结果"。[3]其中裁决规则的推理与证成,换言之,法官对其裁决理由的证成,构成此图式的核心,具体指法官所创立的直接处理本案要件事实的理由,支持规则与附加规则为此提供支持。自裁决规则起,可见熟悉的法律三段论。2012 年,有学者将法律三段论重构为法律五段论,其中以法律规范集、法律规范解释集、法律证据集、案件事实集为法律论证的前提,以法律结论集为法律论证的结论。2017 年,又有学者从人工智能建模法律推理的角度,认为单以法律三段论作为建模的既有法学理论,存在三个问题:一是法律三段论忽视了从证据到事实的证据推理;二是忽略了事实与证据之间的事实论证;三是以法律三段论建模法律推理尤其案例推理的,事实上是以假定既往所有生效裁判案例的法律推理均不存在任何问题为前提的。因而学者将法律五段论更新为法律规范、规范解释或解释推理、证据推理或事

1　参见焦宝乾:《三段论推理在法律论证中的作用探讨》,《法制与社会发展》2007 年第 1 期。

2　参见张晓行、蒋利龙:《参审制下法官指引机制的重塑——以司法三段论为路径》,载国家法官学院科研部:《司法体制综合配套改革中重大风险防范于化解——全国法院第 31 届学术讨论会获奖论文集(上)》,人民法院出版社 2020 年版,第 162—174 页。

3　参见张其山:《司法三段论之重构》,《法律方法》2007 年第 1 期。

实论证、法律事实以及法律结论。[1]

立足于法律三段论的局限及其作用与法律推理的可计算化理论,笔者拟提出法律三段论的可计算化理论,即基于过程与结果、推理与证成、人工智能与人的二分,将法律解释分为过程的规范推理与结果的规范证成,将法律事实分为推理的证据推理与证成的事实证成,将法律结论分为可由人工智能建模的结论推理与须由人来证成的结论证成,将法律三段论重构为法律三阶三段论,并着重研讨规范推理、证据推理与结论推理的可计算化实现。

法律规范是一个既定的、静态的客体,但适用于个案的法律规范须经历论证才能被选定与用于说理。法律解释指向对法律规范的论证,分为对规范的推理与证成。根据法律推理的可计算化框架,规则的推理阶段强调法律解释的逻辑理性,规范的证成阶段强调法律解释的对话理性,逻辑理性与对话理性共同构成法律解释的共识理性。人工智能可尝试模拟规范推理,而规范的证成须由人来进行。根据法律实践的特定目标,法律解释对法律规范的论证,可能生成一个或多个结论,该结论可能是终局性的,也可能是阶段性的。

拉伦茨认为,法律解释的任务由法学与司法裁判各自分配,法学提出并回应解释上的问题,为司法裁判未雨绸缪;法官则以这些结论应对个案,并以个案来检验这些结论,反馈并敦促法学对之重新审查。[2]我国法理学的主流观点将法的运行分为法的制定与法的实施两个环节,[3]大致对应了拉伦茨所言之法律解释的两个任务。之所以将法学解释对应法的制定,而非传统的法学理论或学术观点,是因为法官以这些法学解释结论作为裁判依据。由于具备裁判依据意义,这些法学解释结论在我国几乎只可对应法的制定环节。由此,下文从法的制定与法的实施两个角度分别对法律解释的推理与证成进行考察。

1　参见熊明辉:《法律推理的人工智能建模》,微信公众号"智合",2017 年 12 月 15 日上传。

2　参见〔德〕卡尔·拉伦茨:《法学方法论》,陈爱娥译,商务印书馆 2003 年版,第 195 页。

3　参见张文显:《法理学》(第 5 版),高等教育出版社 2018 年版,第 242 页。

在法的制定环节,法律解释对法律规范的论证结果是立法解释、司法解释及司法解释性质文件的通过与发布。拉伦茨提出,法律解释的目标是探求法律对于今日法秩序的标准意义,也即其今日的规范性意义。[1]这就要求法学的法律解释在今日法秩序中具有通用性,具体包括以下三个方面的要求:第一,"今日"强调法律解释的实践性与时效性,尤其在证成面向今日法秩序的司法解释时更应重视其实践性,在重新审查面向"昨日"法秩序的法律解释时也要认识到其时效性,尊重并认可其历史贡献。第二,"通用性"或者规范性,意味着法学的法律解释得能解决同一类问题中的大部分,尤其得妥善处理那些经常发生且难度不大的案件。第三,对于偶发或者疑难复杂的案件,便要求法学解释得事前尽量预料、事后及时回应。然而,法学解释是否如愿妥善地处理了简单案件,是一个问题而非前提,也即前述学者所提出的第三个问题,[2]单以法律三段论建模法律推理的存在认为,既往生效裁判案例不存在问题的假定前提。并且,法学解释主体之中的学者群体往往更倾向于钻研疑难问题,但笔者仍持这样的观点,也许,检验生效案例的裁判论证路径,再进一步完善简单案件的法律解释方案,是一条促进同案同判与繁简分流的路径。

在法的实施环节,法律解释对法律规范的推理结果是各方当事人获得对己方有利的多个阶段性结论,法律解释对法律规范的证成结果是法官以各方结论及其论证为前提而裁判所得的一个终局性结论。首先,本环节的法律解释在结果上是法官的法律解释,但在过程中还包括原告与被告、控方与辩方、起诉方与应诉方的法律解释,如果只对法官的法律解释进行建模,就会重蹈法律三段论未能涵盖前提的论证、未能充分刻画法律适用过程的覆辙。其次,起诉方与应诉方的法律解释本就是法官解释应纳为前提考量的内容,在以审判为中心促进庭审实质化的改革指导下,更应重视各方当事人对法律规范的解释。最后,作

1　参见〔德〕卡尔·拉伦茨:《法学方法论》,陈爱娥译,商务印书馆2003年版,第199页。
2　参见熊明辉:《法律推理的人工智能建模》,微信公众号"智合",2017年12月15日上传。

为过程的当事人解释一般都具有明确的意图与利益指向,与作为结果的法官解释和前述法学解释指向法治价值显著不同,这就对人工智能建模规范推理提出了个性化要求。

由此,在法律推理的可计算化框架下,人工智能只能建模法律解释关于规范推理的部分,因为最终对人发生直接效力的立法解释、司法解释和相关性质文件以及裁判文书的产生同样需要由人来证成。在此,对于人工智能模拟规范推理可提供的具体辅助服务,提出以下的方案与设想:在法的制定环节,人工智能推演规范推理可用来发现现行法律规范之间的竞合与冲突,预测规范推理的潜在问题,并提出可能的解决办法等,以辅助司法解释及相关性质文件的修改与废止;在法的实施环节,人工智能建立规范推理的算法模型可用来推送对一方当事人有利的法律规范及解释方案,预测他方当事人可能提出的规范解释方案,数据分析既往生效裁判中法律规范的解释情况等,以辅助法律活动中当事人极具目的性的法律解释活动。

此外,在法的制定与实施的前环节,人工智能还应用于完善法律规范的检索系统,这固然是人工智能初涉法学的尝试。1970 年布坎南与黑德里克最早提出人工智能与法律推理的联合设想时,所举的例子就是法律检索系统(阿斯彭系统与关联因素检索系统),并提出有关法律检索策略的三个假说,假说之一认为法律检索者是通过确认首要的、单一的关键词或基本概念来寻找相关材料的。[1]时至今日,关键词检索法或者说布尔检索法虽仍是主流,但是其平均查全率仅为 20%,[2]且无法完全发掘出检索词与被检索信息之间的语义关系。2019 年,上海交通大学联合上海市检察机关,通过对比 TF-IDF 模型、逻辑回归匹配模型并结合深度学习模型,提出了一种用于自动匹配检察方面的法律与司法解释的

1　Buchanan, Bruce G. & Headrick, Thomas E., "Some Speculation about Artificial Intelligence and Legal Reasoning", *Stanford Law Review*, Vol. 23, 1970, pp. 40-62.

2　参见熊明辉:《法律人工智能的十大前沿问题》,《光明日报》2019 年 8 月 6 日,第 11 版。

BERT 深度匹配模型,相比传统的布尔检索方法,该模型能挖掘出更多的语义信息,进而实现更准确的匹配。[1]

在法的制定及实施的后环节,具备规范推理推演功能的人工智能模型可用来检验与反馈生效裁判文书的规范证成是否具备基础的逻辑理性,也即法律适用的错误。机器学习一般包括选择数据、构建模型、验证模型、测试模型、使用模型与调优模型六个基本流程,因而规范推理模型具备验证与测试规范推理的能力。该功能可用于检验生效裁判文书中规范推理的问题与风险,一方面提供给立法者与法学家以辅助法的制定环节,另一方面供给法的实施坏节以辅助审判监督程序。

其实,关于法律解释模拟的问题,2001 年就有学者提出法律解释是法律知识表达的核心,因而法律解释的模拟对于法律人工智能系统的研制而言既是难点也是关键。[2] 2018 年该学者再次重申了该主张,并指出对于法律解释与证据推理的模拟这两个关键问题的"认识不够,投入不足,研究薄弱",导致法律人工智能系统的研制"效果难免差强人意"。[3] 法律三阶三段论提出了一种建模法律解释的方案,即基于法律推理的可计算化框架对推理与证成的二分,利用人工智能开发法律解释的规范推理模型,以全程辅助法的运行环节。

法律三段论被认为忽略了从证据到事实的证据推理过程,忽略了事实与证据之间的事实论证内容,因为法律事实常常作为名词被使用,法律三段论又以之为前提,不免使法律事实被看作既成的,实则证据推理与事实论证都隐含于其内。法律三阶三段论提出,法律事实是依据证据裁判原则认定个案事实的论证过程及其结论,基于过程与结果被二分为证据推理与事实证成。

1　参见聂豪豪、尚珂全、刘浩、张月国、许可、孙锬锋:《基于 BERT 深度模型的法律与司法解释自动匹配技术研究》,载《新时代智慧检务建设论文集》(会议文集),2019 年,第 1—17 页。

2　参见张保生:《人工智能法律系统的法理学思考》,《法学评论》2001 年第 5 期。

3　参见张保生:《人工智能法律系统:两个难题和一个悖论》,《上海师范大学学报》(哲学社会科学版)2018 年第 6 期。

　　证据推理的模拟是法律推理过程模拟的起点与难点,但不论是法律推理的人工智能建模还是法律推理的法学理论研究,都对证据推理的研究有所忽视,常常认为疑难案件难就难在法律规范的适用而不是个案事实的认定上。[1]关于人工智能建模证据推理的逻辑形式,存在两种截然不同的观点。有学者认为,诉讼中做出事实认定的法官(注意此处该学者认为证据推理的主体不包括当事人)与事实本身互相隔离,法官只能不断地做出从证据到推断性事实(中间待证事实),再到要件事实(次终待证事实),最后到实体法要件(最终待证事实)的概括(generalization),以期形成证据推论链条,因而证据推理的逻辑形式是归纳的。但笔者认为,法官所做证据推论链条的起点不仅包括证据,而且包括当事人基于证据推理而得到的推断性事实、要件事实甚至实体法要件,因而诉讼中认定事实的主体不限于法官,还有当事两方。然而"概括之于证据推理,必要却危险",为了避免人工智能推演的证据推理输出过于荒唐的结论,笔者在此引用特文宁(William Twining)的名言并提议建立储存概括的社会知识库,而且认为该知识库还有利于人工智能对法律解释的模拟。

　　证据博弈观虽然认同证据推理与经验有关,但认为处理证据推理的最佳逻辑方案并非归纳逻辑而是协同推论。[2]协同推论由非形式逻辑学家提出,因此在术语的使用上,常以推论替换逻辑,以理由替换前提,以主张替换结论。与形式逻辑只关注如何支持前提不同,协同推论还考虑如何反对前提。诉讼中起诉、应诉两方(注意此处的学术文献认为证据推理的主体不仅限于法官)在进行证据推理时不仅要考虑支持己方的证据,还需考虑反对己方的证据,审判方则需对双方主张的证据进行权衡,权衡内含支持与反对的思量,因而证据推理更接近于协同推论。为评估冲突的证据推理,证据博弈观提出了四种评估方案:一

　　1　参见张保生:《人工智能法律系统:两个难题和一个悖论》,《上海师范大学学报》(哲学社会科学版)2018年第6期。

　　2　参见熊明辉、杜文静:《在证据与事实之间:一种证据博弈观》,《浙江社会科学》2019年第6期。

是主观层面的目的取向评估,在诉讼中起诉方与应诉方尽可能最大化当事人的合法权利,而审判方则以司法公正为目标。二是论证框架,前文所述的帕肯建模可废止论证逻辑系统所依据的董番明的抽象论证框架,就是一种重要的人工智能建模框架。三是概率框架,即以概率数值表示证据对事实的支持程度,如贝叶斯模型(Bayesian model)及其衍生的似然比(likelihood ratio)等方法。在某受贿案的一审程序中,被告人及其辩护律师曾以似然比方法来描述控方非法取证的可能,[1]但公开的二审判决文书对此并无回应。[2]四是情节框架,用于帮助分析证据推理所获结论的融贯程度,其原理在于实验证明比起以随机的顺序讲述真实发生过的情节,以恰当的顺序讲述虚假的情节更具有说服力。其中,后三种方案属性质较为客观的规范性框架。

有趣的是,证据博弈观同样提出了证据推理与事实论证的二分,但认为二者关注的是诉讼中证据与事实之间论证流动的两个面向,证据推理的思维走向是从前提到结论,而事实论证的思维方向是从结论到前提再回到结论。后者再细分为证据挖掘与证据推理两个环节,也即证据博弈观所提出的案件事实的认定过程是由论证者首先或至少提出一个事实主张,随后挖掘并且权衡支持与反对该主张的证据,最后利用证据推理证成结论,完成关于案件事实的论证。但法律三阶三段论所提出的事实论证过程,仅包括证据推理与事实证成两个阶段,在论证的具体展开上,强调以演绎推理为先、以逻辑理性为基础、以共识理性为目标,在人工智能建模推理与证成的逻辑形式上不限定具体的建模逻辑,且不将事实论证限定于诉讼的过程中,而是依法律三段论的特点适用于包括诉讼在内的法律适用的活动,因此可以将上述两种关于人工智能建模证据推理的逻辑形式观点看作法律三阶三段论的具体建模理论方案,也即建模可依的既有法学理论。

1　参见梁权赠:《用数字证明:从周文斌案的概率分析说起》,《证据科学》2015 年第 4 期。
2　参见江西省高级人民法院(2016)赣刑终 33 号刑事判决书。

法律结论以法律解释的结论及论证、法律事实的结论及论证为基础,包括以前两个阶段所得规范解释与事实认定的结论及其论证为前提而进行的结论推理,以及在结论推理的基础上以获得终局结论为目标的结论证成。

假设在规范的推理及证成、事实的推理与证成阶段都已完成的基础上,结论推理呈现出法律三段论的基本形态,也即从已被解释的规范到已被认定的事实,再到法律结论。

首先,从审判实践的角度来看,起诉状是结论推理在审判实践中的最早形态。起诉状中,起诉方据其自身利益与意图在(理想状态下)逻辑理性的限度内解释规范和认定事实。案件被受理、起诉状到达后,应诉方同样据其自身目的在(理想状态下)逻辑理性的限度内解释规范与认定事实,并提交对应的答辩状。但是即使在理想状态下,充分论证的起诉状与答辩状也并未减少法官关于规范与事实乃至结论的证成的工作量;况且在一般现实状态下,起诉状与答辩状所展示的规范论证与事实论证亦常常存在逻辑理性减损甚至缺乏的情形,一方面加重了法官无法律意义的工作量,另一方面也强调了法律推理以逻辑理性为最低理性限度。人工智能建模法律推理应以逻辑理性为理性底线,否则当后台编码与前台运行之间的距离越来越远、人工智能的算法模型越来越晦涩时,无法排除由此建构的法律推理模型存在丧失逻辑理性、输出荒唐信号的可能,所谓提供智能辅助更是回到原点。

其次,就法律三段论本身而言,推理的目光在三段之间往返流转,已成为法律三段论适用的基本共识,但研讨至此,法律三阶三段论仅对法律解释与法律事实分作讨论,并未讨论将二者进行联结;事实上,在法的实际运行环节,论证甚至可早早就止于法律解释而产生司法解释及相关性质文件的环节,或止于阶段性的个案事实侦查工作而暂不需要使法律解释与法律事实发生联结。但是,司法解释产生真正之于个人的效力是需要借助法律事实而具象化的,个案事实的侦查工作也必然受到法律规范的指引,法律解释与法律事实的联结总要发生或是已经悄然发生。结论推理得以在法律解释与法律事实之间搭建目光往返流转的桥梁,使得该流转有案可稽、该论证过程有迹可循,而不是看起来仿佛仅仅依据现有的规范解释结论与事实认定结果就能以形式逻辑"船到桥头自然直"地推导出无懈可击的终局结论。以结论推理联结法律解释与法律事实是法律三段论之目光往返流转的要求。

最后,从法律推理的可计算化理论来看,结论的论证基于以过程与结果二分为结论的推理与结论的证成,结论证成亦要求结论推理独立建模的必要性。使法律解释与法律事实发生联结只是结论推理的第一步,结论推理本质上仍是法律推理,而是结论推理的前提比法律解释之规范前提、法律事实之证据前提更加复杂与抽象,推理的难度更是只增不减。根据法律推理的可计算化理论,结论推理仍然首轮以演绎推理为先,以检验逻辑理性的底线为先,因为即使在默认规范推理与证据推理至少满足逻辑理性限度的理想状态下,结论推理还需要考量人对规范与事实的证成是否达致对话理性,是否在证成阶段反而无意或刻意歪曲逻辑理性。故结论推理的前提不仅包括规范与事实的论证结论,而且包括规范与事实的论证过程;不仅以规范推理与事实推理为前提,而且以规范证成与事实证成为推理的前提。这就要求人工智能建模结论推理时首先得实现法律解释与法律事实两个阶段发生联结与信息交互,其次得实现以二者为前提展开关于结论的推理,结论推理之中包含对规范论证与事实论证的评价。或许令人担心的是,人工智能建模的结论推理模型需对人关于规范与事实的证成进行评价,是否意味着人工智能将习得人关于证成的策略,尤其是当中巧妙颠覆逻辑理性的诡辩策略。笔者认为,评价证成与提出证成之间尚存有与无的鸿沟,也许无须过度地担心,但人工智能的发展确使这样的担心无法被完全化解。避免的途径可能包括对结论推理模型的推演加以一定的限制,以及坚持人工智能建模结论推理时的人的因素限制,一是坚持结论证成由人来证成,二是坚持建模结论推理时法学理论的主导地位。

如将所有案件及法律适用的活动都以"规范推理—规范证成—证据推理—事实证成—结论推理—结论证成"全流程进行处理,一方面在短期内无法实现,另一方面也易造成无意义的负累。在此想要讨论的是,面向提供智能辅助的法律推理可计算化目标,法律三阶三段论作为未来指导人工智能建模法律推理的既有法学理论,并非空中楼阁,其所能提供的可计算化价值具体表现在以下几个方面。

第一,法律三阶三段论源于法律三段论的基本理论,法律三段论作为最基本的法律推理模型,无论对于法律推理的研究抑或法律人工智能系统的研发,都可认为是最重要的模型,即使其常常遭受误解与批判。法律三阶三段论以法律三段论与法律推理的可计算化理论为基,提出了一种构建法律推理模型的法学理论方案,坚持了法学理论的完全导向。

第二,通过梳理法律三段论的局限与作用,法律三阶三段论澄明了误解主要来源于对法律三段论过高或过低的期待,发现局限实际为未能涵盖关于前提的论证,以及未能实际支配、充分刻画法律适用的过程,阐述作用实际体现在为大小前提的论证明晰争议所在,以翔实的裁判说理弥补未能充分刻画的论证过程,以不可替代的法律拘束力保障法的平等与安定,以严密的逻辑特色指引我国传统上更显抽象特征的论证思维,以及作为建构我国法官指引参审机制的重塑路径。

第三,以法律推理的可计算化理论为框架,将传统视域下静态的法律规范、法律事实与法律结论,首先转化为有关法律规范、法律事实与法律结论的论证,随后基于过程与结果二分为有关规范、事实与结论的推理以及证成,三阶推理的部分可由人工智能建立对应的法律推理模型以逻辑理性为底线并予以智能辅助,三阶证成的部分坚持由人来进行以实现法律三阶三段论的人与机器的合作和人对机器的制衡,以及法律推理的可计算化理论的可计算化价值。

第四,从长远来看,虽然有关规范、证据与结论的推理模型都尚且处于研发早期或仍未开启的阶段,但法律三阶三段论提供了一项具有指导意义的研发方针,即法律解释、法律事实与法律结论三段之间未来亟待相互联结以实现目光的往返流转,因此在建构某一具体阶推理模型时,需考虑代码的兼容、联结位置的留存等,以便于未来对各个模型的比较、更新与集群。

第五,针对人工智能建模法律三阶三段论之三阶各自推理模型的轻重缓急,基于规则的规范推理模型以及与之相关的法律规范检索系统,对于缓解案多人少问题、满足日益增长的法律生活需要的中国现实而言,无疑是实践价值更高、落地推广更快的选择。但对于如何把握法律推理模型研究的国际核心竞争力,如何凭借既有的法学理论提出建构法律推理的创见,如何依据既有或创见的法学理论建立可用的法律推理模型,道阻且长,行则将至。

六、结　语

我国法律推理模型研究呈起步虽晚但或领跑实践的总体趋势,不过在数量与质量、新兴技术与经典理论、内外合力、适用面向以及理想使用者等方面,优势与风险并存,机遇和挑战同行,尤其法学理论之于法律推理建模的主导地位受到严峻挑战。当前我国研究的显著优势来自实践,但急需对法律推理的概念尤其适用外延予以厘清。应当坚持法学理论对于法律推理建模的主导地位,坚持法学理论在面向人及人的基本权利方面的完全导向,坚持以理论创新巩固实践优势。

人机关系是一种分工合作而不是分离对立的关系,人机"职权"分配的界线在于是否实质性影响人及其权利。作为过程的法律推理可由人工智能模拟,该阶段的逻辑理性可由人工智能检验,但作为结果的法律证成只得由人来证立,该阶段的对话理性直至法律论证的终局结论只得由人评价、证立。

法律推理的可计算化理论,以法律论证指向法律适用全过程,以法律推理作为过程的法律论证,应强调法律适用过程在逻辑层面的理性,以法律证成作为结果的法律论证,强调法律适用结果经对话取得的理性;以逻辑理性为底线,法律论证的正确性是由逻辑理性与对话理性构成的共识理性;法律推理可由人工智能模拟,但法律证成需由人证立,二者的分界基于是否对人及其权利产生实质性影响。

可计算化框架将法律三段论重构为法律三阶三段论,也即一阶规范推理与法律解释、二阶证据推理与法律事实、三阶结论推理与法律结论。人工智能推演规范推理可用于完善法律规范检索系统,发现法律规范之间竞合问题,预测规范推理潜在问题,反馈规范证成逻辑理性。人工智能建模证据推理的逻辑方案存在归纳说与协同说两种观点。结果推理的人工智能建模以前述两阶及其两段证成为基础,首先使前两阶段发生联结并实现目光的往返流转。

第六章

智能辅助审判的算法透明化问题研究

人工智能时代来临,智能辅助系统之于司法审判的重要性日益彰显。尽管智能辅助司法审判系统在我国方兴未艾,但通过借鉴和参考国际视野范围内的一些范例及研究,我们可以预见智能辅助系统的运用必将给现代司法审判带来诸多方面的挑战。作为人工智能辅助司法审判系统平稳运行的基础,算法的重要性不言而喻,算法的透明化则是发挥算法功能的必由之路。如何实现人工智能辅助司法审判系统的算法透明化? 这一问题的解决将成为我国人工智能辅助司法审判系统运用的合理性来源,并为该系统未来的深度应用提供更多的空间和价值。

一、引 言

要在司法审判中引入人工智能辅助系统进行算法决策,首先必须解决算法决策的合理性根源问题,即"为什么算法决策会比人类决策更靠谱""我们依赖算法决策的理由是什么"。在刑事司法的语境下,尤其是在司法审判中,天然地强调公平、正义等价值,排斥和抗拒可能造成与司法审判所追求的价值相悖的一切因素。迎合着诸多价值追求,伴随着人工智能算法的快速发展,算法决策的合理性和吸引力日渐展现:这种决策的做出离不开机器学习中严格的算法训练,大量吸收和学习法官审判的经验和方法作为训练的数据集,最终不偏不倚地体现法官的直觉,并用中立的对于经验和方法的不断学习来提高结果的准确性和合理性。我们所期待的是它可以比法官独立做出的决策更为可靠,它的决策过程和结果应当能够尽可能地模仿一个毫无偏私的法官的决策,无论在论理还是结果上都最大限度地保证公平公正。尽管目前实践中算法决策的运行状况和运用效果与理想的状况和效果间存在差距,但随着技术的进步和研究的深入,这些目标和效果必将成为现实,因而高度可靠性可以构成司法审判引入人工智能系统进行算法决策的重要理由和依据。

算法透明化是实现可靠算法决策的必由之路。首先,可靠的算法决策离不开算法技术层面和形式层面的令人信服,表现为这种算法决策不会对于毫无关联的因素进行考虑并得出荒谬的结论使社会和公众产生不安。虽然社会和公众并不全然知晓其运行原理,但可以大致获得想要的结果并逐渐对其产生信任。其次,在本质上,算法决策的可靠性根源于算法透明化的要求。人们只有充分理解算法决策的运行机理并与其产生互动,才有可能对算法决策产生信任感,这也是法官在通过人脑决策与通过智能审判系统的算法决策获得社会公众的信任和依赖时最大的不同,意味着人脑决策很容易产生可靠感,而算法决策则只有达到算法透明化的要求,才能被认定为是可靠的。然而,对人脑如何做出决策方面的研究尚且无法做到尽善尽美。社会心理学、行为经济学和神经科学等学科的交叉研究证实了,人脑中之前所坚信的或想要付诸行动的内容与之后行为中实际所做的事情之间存在差距,这种差距的形成原因和机理十分复杂并且难以解释。例如,法官对同一被告人在逮捕和取保候审两种措施间做出选择后,可以对其做出决策背后的原因进行合理解释,但是这绝不意味着他所公开给出的理由与其实际做出决策时的想法完全一致或者高度重叠。这种现象的普遍性告诉我们,刻意追求法官人脑决策的解释理由是天真并且难以实现的,甚至是完全没有必要的。换言之,我们对于人类决策者为何以这种方式而不是那种方式来对案件做出决策的理解还远非完美,那么类比之下,我们对算法决策的理解和研究也就先天存在局限。因而,算法透明化要实现的是,我们即使不能够完全理解机器学习算法设计时所依据的基本原理和做出预测的相关性因素,也至少能够对审判者基于智能辅助审判系统的人工智能算法所做出决策的原因进行一定程度的了解,并能够探讨其合理性、提出相关质疑和在受到算法决策的损害时获得赔偿。换言之,算法透明化是面对算法做出不可靠决策时人们所拥有的最后武器。

二、 智能辅助审判算法透明化的合理限度

算法透明化对破除"人工智能威胁论"和打破"算法霸权"意义重大。在已经引入弱人工智能技术的当下,人工智能辅助司法审判系统中的算法决策已经构成对法官决策能力的部分侵蚀,这是一个值得重视和令人担忧的现象。因为随着技术的发展,在注定引入强人工智能技术的未来社会中,司法审判对人工智能的态度抉择无论如何都将极大地改变传统的审判模式和格局,甚至可能引发颠覆性的后果。因此,对于算法透明化的推广必须尽快提上日程。算法透明化的合理性根源于现代社会中的每个个体对可能出现的"算法霸权"的忧虑。当具有垄断地位的智能辅助司法审判系统运行时,算法的自动化决策结果会对被告人的人身权利造成极大影响,被告人却很难获得任何与算法相关的有效信息。算法决策的垄断性和权威性地位已经对被决策者的选择权造成了限制,这种情况下对被决策者造成的压力是巨大的,被决策者的知情权有被剥夺的风险。此时,能够减少这种风险的算法透明化应运而生,以应对"算法霸权"和个人权利间形成的形式上和实质上的不对等,从而使得被告人在智能辅助司法审判系统的运行中有效地保护自己,以平等武装、天平倒向弱者的方式达到实质

平等的目标。[1]

　　智能辅助司法审判系统中的算法决策作为现代司法审判中的一部分,应当天然地遵循对于正义价值的追求,这便是算法透明化的意义所在。算法自动化决策的采用作为一种技术创新,并不应当被单纯地看作对传统司法审判效率的促进,更何况效率并非司法审判的首要价值,在司法审判中对效率的片面强调将导致严重的伦理失误。技术创新的目的在于相比传统方式能从结果上更大程度地减少司法审判不公可能造成的不利社会影响,实现对正义价值的追求,而不仅仅注重效率。传统的正义理念告诫我们,要在审判中保持适度的公开透明和对抗性,保障控辩双方有效参与,只有这样才能保证裁判的事实信息客观、全面、完整,避免过于倾向某一方的观点,避免认定事实出现偏差。而要有效维护正义价值,就必须借助于算法的透明化。在和日常道德伦理联系最紧密的法律领域中,即使运用算法决策也应在审判中保持适度的公开透明和对抗性,保障控辩双方有效参与,算法决策不应当成为对审判结果产生争议后推卸责任的借口。算法透明化的实现,有助于减少人们对诸如智能审判系统的使用会将审判活动移交给技术专家或技术机构从而操纵审判的疑虑,减少类似的道德风险。因为现阶段人工智能技术的突然介入及某些个案不正义结果的出现,已经客观上导致社会公众对法官采用算法决策深深的不适感,甚至引发包括技术创新将使审判者难以承担责任、审判行为难以被理解等方面的担忧。算法透明化的实现,将从根本上实现个案中的平等、公正等价值,消除人工智能技术带来的不安和恐慌。

　　算法透明化是有限度的,这种透明是一种相对透明而非绝对透明,因为"黑箱"效应的普遍存在导致包括人脑决策在内的现代社会的很多决策的做出理由都不能被很好地解释,对透明化过度的追求将是天真并且难以实现的。从实践

---

[1]　参见陈瑞华:《程序性裁判中的证据规则》,《法学家》2011 年第 3 期。

的角度来看,透明化的有限性体现为,算法透明化在很多情形下要遵循"不公开是原则,公开是例外"的规则,[1]有时需要根据算法决策运用的具体情境综合考量各种利益因素并最终得出结论。从法律的角度来看,当我们在考虑算法透明化时,固然希望通过可能的方式对涉及公共利益的算法进行公开,从而使得算法可以受到多方的检验,但这种美好的愿望始终受到商业秘密、国家秘密等保护方式的限制。此时,如何在算法监督、技术发展、经济利益三者间进行权衡就显得尤为重要。算法监督的背后代表着法的价值,是对以公共利益为名限制乃至侵害私人权益的决策行为的积极避免和有效控制,是算法决策下应对算法霸权的重要手段和措施。技术发展的背后代表着社会价值,因为人工智能技术的发展、科技的创新是当代社会进步的重要标志,它符合时代的潮流和趋势,将极大地促进社会生产力的提高并带动全社会的技术进步,因而蕴含了重要的社会价值。经济利益的背后代表着对于企业价值和权利的保护,对企业经济利益的保护能避免经济体私权利受限,保持社会经济发展活力,因此也是利益权衡中的重要一极。在三者出现冲突时,权衡的方法在于将公平正义作为价值导向,以算法透明化为根本目标,原则上以算法监督的需要为重,同时兼顾技术发展和经济利益的考量。例如,在智能审判系统运用算法决策的场景下,若算法公开的需要与商业秘密保护相冲突,则要在保护商业秘密的同时以可行的方式最大限度地公开算法,确保用于智能辅助司法审判系统的算法决策能够符合传统刑事司法审判中的正义、平等、公正等价值,不可与其相悖。同时,坚持有限度地公开,使得算法的公开是具有较高的标准和条件的,且只针对特定的算法监督或者审查机构,并应在监督程序内受到严格的保密,对在程序外的随意泄露进行追责,使得相关技术的发展和相关企业经济利益受到应有的保护。[2]

1　参见徐凤:《人工智能算法黑箱的法律规制——以智能投顾为例展开》,《东方法学》2019 年第 6 期。

2　参见 Wisser, Leah, "Pandora's Algorithmic Black Box: The Challenges of Using Algorithmic Risk Assessments in Sentencing", *American Criminal Law Review*, Vol. 56, 2019, pp. 1811-1832。

三、 智能辅助审判算法透明化的实践困境

从技术角度对算法透明化问题进行解构是至关重要的。当考虑到技术架构必然要引入公平正义的概念时,算法自动化决策所造成的偏差问题便不再可以从法律角度进行单方面解构,还需要从技术的角度深入了解算法为何会造成用于训练的数据的结构偏差以及如何避免此类缺陷。[1]

算法歧视也称算法偏见,主要表现为在算法决策中某个团体或某些个人相比于其他相似的团体或个人受到明显不公平的偏爱或歧视。[2]算法歧视是机器学习中数学化了的特殊定义,是一种在评估或取样时高于或低于被表征群体的误差。[3]因为与伦理道德联系紧密,算法歧视被视为人工智能领域中"关键的伦理问题"或者"关键性道德问题"。

在刑事司法领域中,算法歧视的情况已经陆续出现。在美国,一款名为"替代制裁的矫正罪犯管理分析"(COMPAS)的智能辅助审判工具的使用一直存在争议。它由 Northpointe 这家企业设计,旨在预测被告人再犯可能性,通过 137 道题目的测试,以获得的答案为基础运行相应的算法,并最终给出 0—10 分的"再犯危险系数"打分,从 0 到 10 的分数增加意味着危险系数的逐渐升高。这份测试包含了家族状况、社交情况、居住情况、住所环境、教育经历、人格测试等 15 个板块,但并没有向社会公众公开该风险评估算法的任何细节,"具有极高社会危险性"的判断标准因为商业秘密和知识产权的保护而不能被公开。尽管备受关注的威斯康星州诉卢米斯案在 2017 年就以卢米斯不服原审判决,申请司法复核

1　参见 University of Helsinki Legal Tech Lab, *Legal Tech Lab: Research*, https://www.helsinki.fi/en/networks/legal-tech-lab/research,2020 年 5 月 8 日访问。

2　参见 Toohey, Lisa, et al., "Meeting the Access to Civil Justice Challenge: Digital Inclusion, Algorithmic Justice, and Human-Centred Design", *Macquarie Law Journal*, Vol. 19, 2019, pp. 133–156。

3　参见杨庆峰:《数据偏见是否可以消除?》,《自然辩证法研究》2019 年第 8 期。

的请求被否决作结，[1]但该案所反映出的类似 COMPAS 这种智能辅助审判工具可能存在的算法歧视问题是不容忽视的。首先，它限制了被告人获取自身数据方面的权利，也不允许被告人了解对其做出决策的算法运行的原理，从而无法审视针对自己不利的证据，这显然是对审判中正当程序的违反。其次，威斯康星州最高法院驳回卢米斯的请求时认为商业秘密优先，且 COMPAS 的算法内容属于核心商业秘密，故不予公开。为了保护私人企业 Northpointe 关于 COMPAS 的商业利益而牺牲传统司法审判所要求的公平、正义等固有价值，是一种可怕的牺牲和不良的导向，将使得智能辅助审判系统中法官应用算法自动化决策的目的出现偏差甚至误入歧途。最后，算法无法被公开和解释，导致被决策者无从知晓原判决所依据的数据是否真实准确，数据是否存在不足或者有无被污染或篡改的可能。此外，在其所出具的风险评估报告所依据的测试结果中，家族状况、社交情况、居住环境、教育经历、经济实力等评价指标的构建合理性存疑。因为美国社会中普遍存在的种族歧视、贫富差距、社会不公等现实问题，不同人种间对相关问题的回答存在较大差异，容易对黑人造成显著不公。同时，做出决策的算法所依据的数据来源中含有被告人过去的犯罪记录，如保释期间的重新收监次数、被刑事拘留的次数、缓刑期间再犯新罪的次数等，也有毒品、药品滥用记录等通常会被视为品行证据的记录。在算法不透明的情况下，外界大众及被决策者很难了解这些指标所占的权重，也就无法知晓是否引发了算法歧视，甚至造成算法歧视的严重程度也很难被衡量。在澳大利亚，将人工智能和数据分析用于执法时也出现了算法歧视问题。以新南威尔士州为例，在执法过程中，执法人员用于筛选犯罪嫌疑人员的算法就被认为存在种族偏见甚至歧

---

1 参见卫跃宁、袁博：《守定与融合：大数据时代的刑事诉讼方法论省思》，《浙江工商大学学报》2019 年第 1 期。

视。[1]在整个新南威尔士州范围内,仅3%的人口是土著居民,尽管如此,在算法的选择和决策之下,筛选出的具有犯罪嫌疑的人员中超过50%是土著居民或托雷斯海峡岛民,很明显地体现出这一应用于执法过程的算法给予了土著居民和托雷斯海峡岛民以不公平的"偏爱"。[2]所谓"见一叶而知深秋,窥一斑而知全豹",以上刑事司法领域中的算法歧视现象同样可能发生在民事司法领域中,故应予以重视。当前,随着智能辅助司法审判系统中算法决策技术的使用范围不断扩大、使用频率迅速增长,算法歧视的现象层出不穷,但迄今为止依旧未寻得治理良方。

造成算法歧视的主要原因有:数据偏见、机器学习偏差和实践偏见。

所谓数据偏见,是指与数据有关的偏见。算法的顺利运行依赖大量的数据输入和训练,因而要根据智能审判系统的算法设计需要,对必要数据进行采集。在采集完成后还要针对数据进行人工的组装、清理、标注、注释,以方便后期的筛选和操作。在标注时我们必须确保所纳入的数据能满足算法设计的需要,并根据具体的问题和训练需要进行细致的筛选。在与数据相关的各种阶段都有可能导致数据偏见的产生,并且表现形式各异,数据采集阶段会比较多地受到人为偏见和认识的影响,提供给机器学习的数据有可能数量不足或者受到污染;而在编码阶段的数据偏见则明显不同,编码技术的高低直接对数据偏见的程度造成影响。

新闻网站 ProPublica 曾针对佛罗里达州一家法院运用 COMPAS 风险评估系统进行过调查,在其2013年和2014年做出的风险评估报告中,黑人被标注为具有较高社会风险的概率是白人的两倍,同时,即使白人被标注为有较低的社

1　参见 Ferguson, Andrew G., "Policing Predictive Policing", *Washington University Law Review*, Vol. 94, 2017, pp. 1109-1190。

2　参见 Desai, Deven R. & Kroll, Joshua A., "Trust but Verify: A Guide to Algorithms and the Law", *Harvard Journal of Law & Technology*, Vol. 31, 2017, pp. 1-64。

会风险,其实际再犯概率和情况并不会比黑人少见。[1]之后,COMPAS 的研发公司 Northpointe 对此次调查提出了质疑,并对同一批数据进行自我检查,宣称没有发现种族歧视现象。但我们必须重视计算机科学和社会科学对于相对似然性理解的差异。在社会科学中,相对似然性可以在特定情况下被用作计算和预测特定群体成员做出特定行为的概率,但这并不意味着一些特定领域的预测,诸如针对某些特定个体再犯可能性的预测可以依据已有的针对某些特定群体的数据统计做出,尤其当这些统计数据是从一个经济有巨大发展、文化有巨大变革的社会中采集时。根据科技哲学界技术价值论的观点,技术本身是具有独特价值的,且这一价值并不是由人类赋予的。因此,排除人为因素,发挥数据技术的本身特性,会使其非价值中立的特点显现,数据所造成的偏见问题与社会伦理中的公平问题密切地联系在了一起。数据科学家凯西·奥尼尔(Cathy O'Neil)曾指出,数据偏见是历史数据的必然产物。[2]在特定时空和文化的影响下,历史数据中掺杂了很多偏见因素,当机器学习、算法训练基于这些历史数据时,其学习和训练的结果会混入带有人类价值观念因素的偏见。因而,利用此类历史数据进行的算法训练最终形成的程序将使得"垃圾近,垃圾出",可能导致种族或性别歧视现象进一步加剧和恶化。

所谓机器学习偏差,是指构建并训练算法阶段出现的偏差,主要有样本偏差、测量偏差、算法偏差三种。[3]第一,样本偏差的出现主要是由于训练数据时出现了问题,所选取的训练样本数量不够多且代表性不足,进而导致用于训练模型的数据在模型未来会被投入使用的场域下明显不足。虽然从现实的角度来

1　参见 *Machine Bias: There's Software Used across the Country to Predict Future Criminals. And It's Biased against Blacks*,https://www. propublica. org/article/machine-bias-risk-assessments-in-criminal-sentencing,2020 年 5 月 10 日访问。

2　参见杨庆峰:《数据偏见是否可以消除?》,《自然辩证法研究》2019 年第 8 期。

3　《知识点:几种机器学习算法的偏差以及防范》,今日头条,https://www. toutiao. com/a6636606784838566404/,2024 年 3 月 4 日访问。

看,算法的训练无法覆盖可能与其发生交互的所有数据领域,但可以通过数据科学和社会科学的互通与取长补短来实现样本偏差的减少,通过在多种具有代表性的场域下的样本训练来尽可能地消除产生样本偏差的根源。第二,测量偏差主要是由测量或者观测设备发生故障所导致的,可能使得数据在特定方向上发生扭曲。克服这种测量偏差的最优解是拓展和增加测量或者观测设备的种类,并通过人工的方式依靠专业人员对比不同设备的输出结果。第三,算法偏差是一种训练模型过程中的偏差。在机器学习中,偏差是算法的数学属性并且会对差异有偏向。一方面,高偏差模型具有高度复杂性,使其对进行训练的数据的适应度较高,因而并不会对数据和噪声敏感;另一方面,高偏差模型具有刚性,使其对数据和噪声并不敏感,对复杂性的忽略会导致数据训练的适应度不足。最终,通过数据科学家的不断训练和不懈努力,找寻并且实现复杂性和刚性这两种特性之间的适度平衡,减少这种偏差的存在和发生。在避免机器学习偏差方面,离不开数据科学家对训练数据的筛选和对训练模型的构建,更离不开他们对于机器学习偏差的敏锐意识。因此,应重点研究如何通过一致的、迭代的方法持续测试模型,在技术上为人工智能算法构建中算法歧视的消除贡献力量。

所谓实践偏见,是指实践过程中形成的偏见,这种偏见与社会环境、社会文化、人类认知有密切的关系。这正迎合了 2002 年以来技术哲学界关于技术工具论与价值论的争论中技术工具论的观点,其认为在技术中立的情况下,偏见来源于人类自身。[1]无论是长期存在的社会偏见还是夹带私人看法的个人偏见,通过具体的算法设计或运行主体,如程序员、代码的作者、黑客等,在专业代码设计、编程以及算法训练等环节渗入,最终形成带有偏见的模型。[2]虽然实践偏见的形成机理最为简单,但实践偏见是克服难度较大的一种偏见。对于主体的私人

1　参见杨庆峰:《数据偏见是否可以消除?》,《自然辩证法研究》2019 年第 8 期。
2　参见曹建峰:《人工智能:机器歧视及应对之策》,《信息安全与通信保密》2016 年第 12 期。

偏见,我们尚且可以通过对算法的检查和修正来避免,但若是社会偏见则很难避免,甚至需要解决能否真正避免的问题。正如前文所述,算法决策的合理性和吸引力源于算法决策具有的高度可靠性,它可以比法官通过人脑独立做出的决策更为可靠。但高度可靠性这个概念终究是抽象的,我们需要在特定的时期、特定的环境下比较使用算法时所造成偏见的情况和单纯地依靠人脑所造成偏见的情况孰优孰劣,不能简单地将所有的实践偏见都纳入应当避免的范围,因为实践偏见受到社会文化的影响极大,且在不同时空语境下具有多样性。因此,避免实践偏见应被理解为算法决策能够避免人类决策在相同情境下会造成的更大偏差。当算法替代传统人脑决策的任务时,自动承保算法使得传统人脑决策下难以被批准贷款的申请人能够不被边缘化,工作申请筛选算法使得没有推荐人和没有良好教育经历的候选人有更多的面试机会,这些算法决策结果能使平等、公正的价值在相比于传统人脑决策的情况下有更多的实现机会。[1]在人工智能研究的热潮下,人们开始更加注重算法决策可能造成的社会后果和政治影响,并积极寻求消除社会偏见及其对算法的有害影响。当机器深度学习技术的发展导致算法更加复杂、透明化难度更大时,对实践歧视状况的改变更加依赖于技术层面能在解决社会歧视、制度偏见等社会问题时贡献自己的力量,哪怕这种力量是微小的,对社会现状的改变来说依旧很重要。

所谓"黑箱",通常是指那些不能为人所知的系统和区域;与其相对的概念是"白箱",通常是指那些能够为人所全部知晓的系统和区域。正如我们每天观看电视节目却无法知晓电视机运行的原理和内部结构一样,"黑箱"问题在当代社会生活中是普遍存在的。我们所说的算法"黑箱"主要是指"算法做出决策领域的未可知",其在具有"黑箱"问题的普遍特点的同时又兼具自身特性。对算法"黑箱"的抵触并不代表我们对于人脑"黑箱"的默许甚至提倡,但事实证明针

---

[1] 参见《人类是糟糕的决策者,可算法就没有偏见了吗?》,搜狐网,https://www.sohu.com/a/253521109_682144,2024 年 3 月 4 日访问。

对人脑决策的"黑箱",我们多半会采取容忍的姿态,这种人为情感方面的接受态度的形成并不简单因为人脑的思维方式和冰冷的机器运算存在差别,更因为我们明白人脑决策的"黑箱"不具有连续性,是随机的、偶然的,其出现有一定的概率且并不会有长久的不良影响,而算法"黑箱"则截然不同,它一旦形成,则具有连续性、稳定性、确定性,并注定会造成长期持续且难以被人类社会所接受的不良影响。[1]

从打破算法"黑箱"的角度看,程序代码等内容是一个算法运行的基础,是"黑箱"产生的原因,是理想中打破算法"黑箱"的目标对象;从保护企业商业秘密的角度看,这些程序和代码是一个人工智能研发企业中科研人员的智力成果,是企业的核心竞争力,是企业商业价值的体现,是企业继续生存和在人工智能研究领域继续取得突破的命脉。虽然相比于解释算法原理,公开程序代码带来的效果更为直接,但一旦对程序代码进行公开,就会涉及已申请专利的软件价值的贬损、对人工智能算法开发企业核心商业机密的侵犯、对企业知识产权的损害等问题,取得的效果可能适得其反。深度学习算法所蕴含的复杂代码很难被解释和理解,盲目采取公开代码的做法可能会导致不仅所要达到的打破算法"黑箱"的目的难以实现,算法和代码还可能被动机不纯的人员利用来扰乱系统和操纵算法,或被社会中存在竞争关系的企业或者黑客组织等别有用心的人员或组织所利用,以危害企业商业安全和网络社会安全,最终事与愿违。涉及国家秘密的算法一旦被公开,则可能造成更为恶劣的社会后果,甚至威胁到国家安全和社会稳定。因而,在现实中为满足商业秘密保护和国家秘密保护的需要,算法研发主体或国家安全责任主体会对算法以"故意"不透明的方式拒绝各种形式的公开,以完成对企业利益或社会特定群体利益乃至国家安全利益的保护,从而形成算法"黑箱"。

---

[1]　参见马长山:《智慧社会背景下的"第四代人权"及其保障》,《中国法学》2019年第5期。

其次，技术的专业性所导致的算法"黑箱"在一些研究中也被称为技术文盲所导致的算法"黑箱"，[1]主要是针对算法公开透明对象的特点而言的。其成因在于人工智能技术、计算机科学技术具有较高的理解难度和专业性，而不同专业间的专业知识和研究内容又存在鸿沟，无论是算法的设计、训练，还是数据的组装、清理、标注、注释等人工智能、计算机科学专业领域的名词和技术，都是进行跨专业研究的其他专业专家难以理解的。对跨学科研究人员而言，由于缺少一定的专业基础知识和思维方式，即使算法责任主体通过一定的渠道和方式对算法原理或者编程代码的全部或重点内容进行了公开，在对专业内容只附带较少解释或者没有进行解释的情况下，难以实现对算法的深入了解，更何况即使附带权威、细致的解释，学科间的差异和技术的专业性也足以致使表面公开透明的算法不能为其他学科研究人员正确了解和认知。此时，若将算法公开透明的对象推及社会普通公众，这种"文盲"的现象就会更加明显，可能导致社会大众因为专业知识的缺失而丧失了解的兴趣和欲望，对外公开的算法实质上对大多数公众来说都属于无效信息，公开的效果不仅大打折扣，甚至可能趋于无意义，从而在社会层面形成算法"黑箱"。

最后，机器学习算法的难以预测也会导致算法"黑箱"问题，主要成因在于深度学习算法技术快速发展，而解释技术未能与之良好同步。在20世纪70年代到90年代，由于计算机的计算能力有限，神经网络模型存在问题，浅层学习备受推崇，深度学习处于被抛弃的边缘。[2]但2006年以来，辛顿（Geoffrey Hinton）等人提出了偏差的CD-K算法及快速计算受限玻尔兹曼机器（RBM）网络的权值，RBM已成为增加神经网络深度的重要工具，从而导致深度信念网络（DBN）等的广泛使用。深度学习是机器学习的一个最新阶段，其已经在语音和图像识别方

1　参见 Burrell, J., "How the Machine 'Thinks': Understanding Opacity in Machine Learning Algorithms", *Big Data & Society*, Vol. 3, 2016, pp. 1-12。

2　参见侯宇青阳、全吉成、王宏伟：《深度学习发展综述》，《舰船电子工程》2017年第4期。

面有了突破性的成效,[1]是对之前机器学习算法的一种超越,并且作为一种新兴的研究方向,有助于强人工智能目标的实现,因为深度学习能使机器模仿人类的视听和思考等活动,因而对人工智能相关技术起到较大的推动作用。人工神经网络方面的研究促进了深度学习的起源,深度学习结构是包括许多隐藏层的多层感知器,通过组合低级特征发现数据的分布式特征表示,它形成了一个更抽象的高级表示属性类别或特征。对深度学习进行研究的目的在于建立一个神经网络,该网络可以通过例如图像识别、声音识别和文本识别的方式来模拟人的大脑进行分析和学习的方式,并复制人脑解释数据的机制。通过神经网络深度学习的算法,它们在训练时抓取了海量数据并划分为数以千万计的变量来自动加权计算和输出结果,拥有十分复杂的计算过程和计算难度。想要凭借人类已有的知识和原理对深度学习算法进行理解目前存在困难,其运算的原理和细节不但对社会公众、算法用户来说难以理解,而且对具有专业知识和技能的技术人员来说也难以展开分析和进行解释。在这种情况下,不透明的原因已经转移为专业人士认知限度的极限以及解释技术的落后所导致的技术上的困难,这种算法"黑箱"的打开存在难度。

四、 智能辅助审判算法透明化的规制路径

2007 年,丹尼尔·希特伦(Danielle Keats Citronl)提出了"技术性正当程序"(Technological Due Procoess)的概念,在坚守正当程序关于中立性、公开性、对等性和参与性的司法理念的同时,也要求兼容发展技术理性以助力技术创新,因

1　参见郑远攀、李广阳、李晔:《深度学习在图像识别中的应用研究综述》,《计算机工程与应用》2019 年第 12 期。

而强调通过优化设计提高自动化决策程序的公平、透明和可问责性。[1]他特别关注的是提升自动化决策过程的技术化程度,从而使之更具平整、可见及责任追究的可能。虽然这个词汇通常被用于自动化行政中,但在某些情况下如诉讼程序中也有一定适用空间:这二者都依赖人身权益保障实现程序正义,即追求法律上的合理结果或称之为"法治"的结果。接下来我们将深入研究审判过程中"技术性正当程序"的核心含义及其相关内容。

尽管传统的程序正义理论并没有充分考虑到人工智能在法庭应用上的普遍化趋势,因此对于算法歧视、算法"黑箱"、数据偏移等问题所引发的自动化司法决策过程问题常常束手无策,这使得该观念的核心原则如中立性、透明度、平等性和参与感等方面受到了不同程度的影响;但在弱人工智能时代下,智能化司法的选择仍以人为主导,并尽量利用好人工智能的能力,所以程序正义理念仍然是规范审判过程中的大数据与算法技术的根本指导思想。因此应该坚守以人为中心的原则,充分发挥出科技的积极作用,避免掉入科技窠臼,并且要坚持人工智能部分取代人类、全面提升人类的价值观。[2]

(一) 裁判中立和程序公开:算法透明原则的引入

算法"黑箱"的问题不仅源于对保障国家安全与商业机密的需求,同时也可能由算法本身引起。因此我们必须遵循两个关键的原则:首先是让算法变得更加透明,以便于人们了解相关的决定是否合理;其次是要详细地记录下算法执行时确定的信息及根据的规定,这样才能保证这些决定可以被追踪和回溯。关于第一条原则,目前学者们对此有两种不同的观点:"全部公开"和"限定公开"。支持"全部公开"的人士强调,所有涉及法律或行政程序的算法应该全部对外公

---

1 参见 Citronl, Danielle Keats, "Technological Due Process", *Washington University Law Review*, Vol. 85, No. 6, 2008。

2 参见于海防:《人工智能法律规制的价值取向与逻辑前提——在替代人类与增强人类之间》,《法学》2019 年第 6 期。

布,而非仅仅局限于所谓的"商业机密"。[1]他们还呼吁政府关注算法在公共领域的透明度,并且通过制定法规来规定相关方须公开其源代码,从而允许大众对其进行审查。然而,持"部分公开"意见的人则认为,公开基础数据和代码是不现实且没有必要的。一方面,从技术的视角看,大部分人都无法理解那些看似混乱的代码,因此强迫公开可能会导致公众监督的效果甚微;另一方面,基于比例原则,如果算法的设计师和管理员将其系统的算法与数据代码透露给警察、法官或者当事人,可能会危及我国的数据安全和信息保障。[2]在刑事司法系统内,公安机关、检察院与法院的人员及其相关参与者不必深入了解算法的基础编码,仅需掌握使用该算法的关键参数、权重设定以及历史精度情况即可。这部分信息相对来说较易于由技术团队提供。基于此,一旦其他法律法规明确了保护国家安全和商业秘密的相关措施,开发出预警执法和风险评测系统的公司应负责收集一定时间段的数据输入和产出成果,并且允许外部的特定群体获得限制性的访问权利,以防止被告人因为种族、性别或经济状况等问题遭受不公平对待。

(二)权益保障和过程控制

根据程序正义理论的核心原则,有权接受判决的人应享有公平地参加审判流程的可能性,以便对其产生的决定产生实质性的影响力。然而,在智能辅助审判体系里,因为算法与数据由政府机构掌控,被告受到技术的限制且缺乏足够的数据处理能力和分析技巧,因此他们无法在法律程序中对判断的结果进行质疑、反击或提出辩护观点。为了确保被告能全面参与到审判环节,我们必须建立起一套以算法审计为主导的过程管理制度,让被告人有机会阐述他们的看

1　参见李婕:《垄断抑或公开:算法规制的法经济学分析》,《理论视野》2019 年第 1 期。
2　参见刘东亮:《技术性正当程序:人工智能时代程序法和算法的双重变奏》,《比较法研究》2020 年第 5 期。

法并对算法推理及预估结果做出回应；同时，也需要审判部门在审理期间公开解释其使用智能化辅助工具做出的决定背后的合理原因，关注被告人的反应并迅速给出合理的解答。

算法审计及算法透明度是针对算法"黑箱"带来的潜在问题的一种回应方式。然而，它并不等同于完全开放 AI 的源代码，而是通过受控且非专业的团队进行监控，并对此类的错误决定予以修正，而不是把所有的代码和资料都公布给大众。这种审查方法的主要环节包括审计跟踪和专家审核，其中审计跟踪需要程序员创造出一种回溯技术，用以记录支撑算法决策的基础事实和准则，也就是在每次使用算法的时候，都要保存非特定的被告人的数据、特定的被告人的数据及其组合产生的评价计算的过程细节，详尽地描述了系统做出每一步关键决策时的具体准则。这样一来，就有了后续对于算法决策合理性的研究和技术论证的可能，也方便法院向嫌疑人解释判决的原因。另外，审计跟踪系统的设立能涵盖软件编写、实现和运用过程中各个角色的行为动作，从而形成一个完整的责任链条，有利于对算法决策全程的持续监管和检测。至于专家评审阶段，鉴于被起诉人和律师的专业技能限制，可以通过引入《刑事诉讼法》第 197 条规定的专家辅助人制度，让辩护方聘请的有特殊领域知识的人员加入到算法审计专家组内。法院、检察院及公安机关应于审判前组建专门团队来审查与评价智能法律裁决体系，该团队对于其决定机制的精确性和误差程度提出的看法需一并提交给案件当事人，供他们参考阅读、提取或复印。此外，作为算法审查的一员，辩护方的专家可在审理过程中针对相关的科技难题提供解释，以使法官、检察官和被告更深入地了解自动化的法律判断成果及其局限性。

智能辅助审判面临的主要威胁在于逐步削弱了当事人的诉讼行为自由度及救济途径，使得被告方的诉讼权利变得形同虚设，进而破坏了司法判决的公正性和有效性。因此技术的引入并不只限于增强公检法机关侦诉审的能力，而更应去保障被告方的诉讼权力,解决控辩失衡的问题。换句话说,首先,当公检法部门运用预测警务系统和犯罪危险评测工具时,需要依据具体案例状况,明晰智能辅助审判有可能出现错误的情况,并在告知嫌疑人及其辩护律师关于做出决策时电脑生成的实际事实或者法律法规研究成果的基础上,详尽解释其背后的计算逻辑。此外,我国《个人信息保护法》第24条第3项还指出:"通过自动化决策方式作出对个人权益有重大影响的决定,个人有权要求个人信息处理者予以说明,并有权拒绝个人信息处理者仅通过自动化决策的方式作出决定。"唯有让算法决策在受到其影响的人面前显现为公开且易懂的,才能使算法看起来可靠。

然而,当公检法需要提供其决定原因的时候,它们必须清晰地指出两个关键因素:首先是强调产生特定的决议过程中计算方法的重要性,而不是广泛讨论该计算机程序设计或数据库结构;[1]其次是因为这些执法者可能无法深入了解法律人工智能的基础编程语言及数学公式,因此更适合用通俗易懂的方法描述如何得出这个结论的过程及其背后的理论基础。此外,鉴于当前我国人民法院面临着因科技进步导致的内部分析资源短缺问题,因此可以参考专利纠纷中存在的专门负责技术的顾问机制,即引进具有相关领域专长的助理审判员参与到一些特殊类型的犯罪案例处理过程中。这样一来,如果某位法官对复杂且难搞清楚的高级科学挑战感到困惑的话,这位助理审判员就可以利用他的技能解答疑问,并且能有效分析自动化的判断是否符合法律法规的要求,从而做出公正合理的判决。

(三)保障程序公正的关键:算法问责机制

若未受到约束,便无需承担责任。然而,当前的归责体系并未考虑算法决

1　参见周尚君、罗有成:《数字正义论:理论内涵与实践机制》,《社会科学》2022年第6期。

定或人类-机器共同决策的可能性,这使得我们难以有效地处理现有分布式的道德责任分配难题。因此,构建适当的人工智能问责机制是必要的,以预防智能司法系统可能出现的管理不足及权限滥用问题。为此,我们可以从两方面着手优化算法问责机制:首先,应把保障当事人权益放在首位,并确定公安机关司法人员优先追究的原则。由于在刑事司法中,警方和法院工作人员与受害者的利害关系更为密切,他们对被告方诉求的侵犯也是最直接的,并且他们在利用人工智能工具的过程中还有监督审查的责任,需要及时发现并解决问题。其次,为了激励科技进步和推动新技术在法律领域的深度应用,应该明晰仅在算法决策程序存在系统性和构造性错误的情况下才能向技术人员追责,一般情况下不可将司法工作的失误原因归咎于算法设计师、开发者或维护者。[1]最后,在实施追责之前必须明确技术人员的协作司法职责。对于负责设计和建设智能司法系统的工程师来说,无论他是软件开发商、系统架构师还是应用维护员,不管他的动机如何,都需要严格遵守警方和法院提出的设计要求与目的,避免插入可能会影响用户权益的规定,也就是说,不允许编码变成制定法规的行为。[2]特别是当个人权利已经在《宪法》与《刑事诉讼法》里被明确定义时,这反映出特定历史阶段社会公众的需求和社会的主流价值观念,不能简单地将其视为计算机科学家在实验室内编写代码的工作。另外,前述关于科技工作者建立审查跟踪系统并辅助用户理解算法及其原因的责任,可以通过由最高人民法院、最高人民检察院以及公安部等相关部门联手的相关技术监督机构制定标准化法规的方式,统一设定开发准则和法律责任。

1　参见高童非:《数字时代司法责任伦理之守正》,《法制与社会发展》2022 年第 1 期。

2　参见〔英〕理查德·萨斯坎德:《线上法院与未来司法》,何广越译,北京大学出版社 2021 年版,第 162—163 页。

五、结　语

算法不透明的影响和效应是广泛的,研究路径是复杂多样的。在人工智能技术层面,算法不透明引发的算法可解释性难题是继理性主义和经验主义之后第三代人工智能所要攻克的核心问题之一,是目前人工智能研究领域的困难所在,是国际相关学术研究的最前沿;在法学层面,算法不透明对决策对象的知情权构成了威胁,使得公平、公正这一法的价值追求难以实现,更引发了关于算法解释权、算法监督权等方面的广泛讨论;在科技哲学、科技伦理学层面,算法"黑箱"涉及技术中立、人工智能威胁论等方面的争论;在社会学、心理学层面,算法不透明背后所隐藏的对于人类决策复杂性的研究和心理学模型的构建亟待突破。因而,从法学研究的角度来看,法学领域研究者应洞悉算法透明化的技术性和专业性,其作为技术问题的属性决定了法学研究应以技术研究为基础,这绝非孤立学科所能完成的,而应该是融贯不同研究领域的具有交互性、整体性、全局性特点的研究。

下　篇

下篇的内容主要聚焦于现代科技引入司法的应用及相关配套机制，包括两个方面，即现代科技在司法领域中的实践应用，以及新技术在司法中运用的配套机制设计。在现代科技于司法领域的实践应用方面，下篇选取了九个重点的应用场景：大数据背景下的犯罪预测、大数据侦查的基本定位与法律规制、数字时代的积极主义法律监督观、全域数字法律监督体系、数字时代的不起诉制度、人工智能裁判与审判中心主义、现代科技融入刑事辩护、电子数据的定位与审查判断规则以及区块链司法存证。在相关配套机制设计方面，下篇关注三个方面的问题：在线纠纷解决机制社会性推广的问题与完善、司法裁判人工智能化的困境破解与机制设计、智慧司法背景下在线诉讼发展的困境与消弭。总的来说，下篇主要是从现代科技的实践应用和配套机制方面展开论述，既针对现实性具体问题，又重点关注现代科技引入司法的相关配套机制设计，希望据此对现代科技引入司法有较为详尽全面的整体描绘。

第七章

大数据视野下犯罪预测的机遇、风险与规制

　　"数据"在刑事司法决策领域的应用日益受到关注。以传统统计学为基础的犯罪预测早在20世纪中叶就已在西方国家的警务部门得到广泛运用。该过程被认为是"精算司法"（actuarial justice）在刑事司法领域兴起的体现。[1]随着信息技术的发展,大数据、云计算和人工智能等技术的发展与普及,一个以海量信息和数据挖掘为特征的大数据时代已经到来。2011年,美国《时代》杂志将"预测警务"称为年度50项发明之一。[2]区别于传统结构化、抽样、假设检验的犯罪预测模式,大数据背景下的犯罪预测侧重于数据的大样本、全样本分析,并通过算法寻找相关变量之间的关系。在此基础上,"预测警务"得以快速发展。[3]目前,大数据在犯罪预测领域的应用呈现类似"双刃剑"的局面。一方面,信息化方式的引入改变了传统警务的执法模式,提升了犯罪预测的效率与精确度;另一方面,数据获取过度侵犯隐私、预测决定做出的算法"黑箱"现象以及数据信息壁垒等问题层出不穷。域外"预测警务"已经有多年的实践,其经验和教训对于我

1　参见 Brayne, Sarah, "Big Data Surveillance: The Case of Policing", *American Sociological Review*, Vol. 82, 2017, p. 981。

2　参见 Momsen, Carsten & Rennert, Cäcilia, *Big Data-Based Predictive Policing and the Changing Nature of Criminal Justice*, KriPoZ, 2020, p. 160。

3　参见 Joh, Elizabeth E., "Policing by Numbers: Big Data and The Fourth Amendment", *Washington Law Review*, Vol. 89, 2014, pp. 35-68。

们具有借鉴意义,鉴于此,本章尝试以比较研究方法切入,探讨大数据视野下犯罪预测的机遇、风险与规制。

一、 大数据背景下犯罪预测的本质与创新

大数据背景下的"犯罪预测"被西方学者喻为"老把戏,新技术"(old trick, new tech)。[1] "老"指的是犯罪预测惯用的理论模型和实践样态与以往基本一致;"新"指的是大数据技术下犯罪预测的样本选择与分析方式有所变化。大数据背景下的犯罪预测是传统犯罪预测原理与新兴大数据技术的结合,兼有犯罪预测的传统特色与海量数据的双重特征。

(一) 本质:犯罪预测的理论模型与实践样态

随着政策科学的发展,以量化分析为基础的政策分析得到极大成长并强调现代科学技术和各种研究论证方法的使用。[2] 犯罪预测就是依靠可靠性日益提高的数据以及分析技术,做出正确的犯罪预警,达到科学地预防和控制犯罪的目的。然而不论信息技术如何发展,犯罪预测所赖以维系的理论模型和实践样态并没有发生根本性的改变。

近重复理论(Near Repeat Theory)和风险地形建模(Risk Terrain Modeling)仍然是犯罪预测主要的两个理论模型。近重复理论旨在"识别和解释某些犯罪表现出的在同一地点产生重复犯罪活动的现象"。该理论认为,一旦在特定地点发生犯罪,统计学上该地点和附近区域发生犯罪的可能性就会增大。在发生

1　参见 Reshanov, Alex, *How Bias Sneaks into Big-Data Policing*, https://lifeandletters. la. utexas. edu/2020/10/how-bias-sneaks-into-big-data-policing/,2021 年 1 月 15 日访问。

2　参见刘建宏主编:《犯罪干预与预防评估系统回顾研究》,人民出版社 2015 年版。

首次犯罪后的短时间内,附近环境可能遭受其他类似的犯罪事件。[1]近重复理论提出,在财产犯罪尤其是入室盗窃案件中显示出极强的近乎重复模式。此时,通过大数据的收集与分析,当某地出现近重复犯罪时,警方就可以加强对特定地域的巡逻,以威慑犯罪。风险地形建模则更多侧重于社会、物理空间和行为因素间的动态交互作用。风险地形建模的创建首先需给各个因素配值,然后每个因素形成单独的风险地图层,最后当所有图层在 GIS 系统中组合在一起时,会形成一个风险地形图。风险值越高,代表该位置发生犯罪事件的可能性越大。[2]风险地形建模不仅可以适用于入室盗窃等案件,还可以有效应用于预防暴力犯罪。随着数据量的增大以及交互式信息技术的进步,风险地形的预测及预警机制正愈加精确化。

从犯罪预测的实践样态来看,根据预测对象不同,犯罪预测可分为以人为预测对象和以犯罪区域为预测对象。其中,对犯罪人再犯罪的风险预测是"预测警务"的主要运用场合。例如,英国达勒姆郡警察局和剑桥大学合作开发的随机森林(a random forest)预测危害风险评估工具 HART(Harm Assessment Risk Tool)。[3]该系统使用达勒姆郡警察局 2008 年至 2012 年共 104 000 个监禁案例,并提取案例中记载的年龄、性别、邮政编码、犯罪历史以及犯罪类型等信息。[4]通过 HART 模型,能对犯罪者未来 24 个月的风险进行预测。当犯罪者被捕后,警察就会利用该系统对其进行预测并做出是否羁押的决定。

1　参见 Ferguson, Andrew Guthrie, "Predictive Policing and Reasonable Suspicion", *Emory Law Journal*, Vol. 62, 2012, p. 278。

2　参见 Kennedy, Leslie W., et al., "Risk Clusters, Hotspots, and Spatial Intelligence: Risk Terrain Modeling as an Algorithm for Police Resource Allocation Strategies", *Journal Quantitative Criminology*, Vol. 27, 2011, pp. 345-346。

3　参见 Urwin, Sheena, "Algorithmic Forecasting of Offender Dangerousness for Police Custody Officers: An Assessment of Accuracy for the Durham Constabulary Model", research presented as for the purpose of gaining a Master's Degree in Applied Criminology and Police Management at Cambridge University, 2016, p. 15。

4　参见 Morison, John & Harkens, Adam, "Re-Engineering Justice? Robot Judges, Computerized Courts and (Semi) Automated Legal Decision-Making", *Legal Studies*, Vol. 39, 2019, p. 625。

区域犯罪预测是对一个场所、社区、城市、省或国家的犯罪现象进行预测，评估其犯罪发生的趋势，为区域犯罪预防提供基础。德国 Precobs 软件是区域预测的典型，该软件主要利用过往犯罪的数据（如位置、时间、事件和其他细节）等查找"高风险"区域。[1]其预测过程可概括为以下步骤：首先，定义检测重复犯罪的标准；其次，计算在逆向分析中已经检测到近重复数据出现的区域并创建空间预测。通过逆向模拟测试标准和计算的区域，以查看所选假设是否有效。当这些区域记录了新的触发要件时，将创建预测（警报），[2]以安排警察的执法活动。

（二）创新：犯罪预测的样本选择与分析方式

大数据的运用，创新了以下过程。"预测警务"的开展过程是大数据公司和警务部门间不断进行数据交换与预测执行、反馈的过程，大致由以下步骤组成（见图 7-1）：

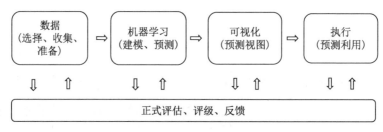

图 7-1 "预测警务"的过程

可以看出，数据是"预测警务"开展的前提与核心。相较于传统犯罪预测方式，大数据背景下的犯罪预测最具"颠覆性"的发展当属样本选择和分析方式的变化。

---

1 参见 *Crime Predicting Computers*，https：//www. ebuyer. com/blog/2014/12/crime-predicting-computers/.，2021 年 1 月 15 日访问。

2 参见 Seidensticker, Kai, Bode, Felix, Stoffel, Florian, *Predictive Policing in Germany*，https：//www. researchgate. net/publication/332170526_Predictive_Policing_in_Germany，2021 年 1 月 15 日访问。

在信息化平台并未普及时，有关犯罪的信息主要通过纸质方式予以存储。因而早期运用数据分析进行犯罪预测时，警察需借助纸质地图，通过人工方式将案件有关的各种信息如时间、地点等跟纸质地图结合起来，从而寻找其中的规律。此时由于人力资源的限制，样本选择非常有限，往往通过抽样方式进行采集，预测结果会有较大偏差。抽样调查中，无论样本选择多大，都会存在一定程度的争议。相较而言，大数据背景下的犯罪预测采用的是全样本分析。由于数据处理技术增强，通过机器学习可以同时处理数以百万计的数据，偏差大大降低。此时数据样本选择不再局限于以往发生的真实案件，社交媒体上的数据也成为犯罪预测的主要来源。大数据技术所具有的实时搜集、处理数据的能力凸显。

传统犯罪预测主要依靠经验分析、因果关系分析，而大数据犯罪预测更加注重数据之间的相关性分析。具体而言，大数据分析将"抽样"转变为"普查"，内含的数据算法将案件事实间的联系从因果关系证明转向相关性证明，根本上改变了社会科学实践方式。传统犯罪预测中，囿于技术局限，犯罪预测所依赖的数据是传统的社会科学数据，包括真实发生的案例、实验、调查和访谈等。数据的结构化、滞后性导致此时的犯罪预测体现为循证式、被动式的分析。[1]具体预测时，则离不开警察在办案过程中所积累的经验，因而这种预测是初级的、不成熟的。大数据技术所具有的相关性分析可以减轻人们处理数据时主观假设的影响，完全依靠数据之间的相关性进行阐述。此外，社交网络的发展使得当今社会的数据来源更为多样。数据的海量化、多样化、非结构化是信息社会区别于传统社会的重要特征。此时传统分析方式难以处理此种数据。海量的、非结构化的数据催生了开发用于分析此类数据的软件算法研究。[2]大数据分析依赖的

---

[1]　参见 Brayne, Sarah & Christin, Angèle, "Technologies of Crime Prediction: The Reception of Algorithms in Policing and Criminal Courts", *Social Problems*, Vol. 68, 2021, pp. 608-624。

[2]　参见 Chan, Janet & Moses, Lyria Bennett, "Is Big Data Challenging Criminology?", *Theoretical Criminology*, Vol. 20, 2016, p. 27。

文本挖掘、数据挖掘以及机器学习功能使得实时分析数据成为可能。此时的犯罪预测体现为一种相关性、主动式的分析方式。准备数据、建立模型、机器学习、预测可视化、执行是大数据犯罪预测必不可少的环节。[1]

二、 犯罪预测数据化的新机遇

犯罪预测是犯罪预防必不可少的前提条件。在大数据加持下,犯罪预测的手段和方式更加智能化,各种可视化技术和机器学习算法被运用到犯罪预测中,从而给犯罪预防带来了非常重要的新机遇。

(一) 改变传统警务执法模式

传统"标准警务"往往体现为事后的应对。在警力、经费有限的条件下,警务资源更多地投入到案件侦破、打击现行犯罪中,从而形成热点聚焦和大案主导的反应式警务模式。然而,反应式警务模式正面临边际效能困境,在一定时期、一定区域内更多的警力资源投入对于整体警务效能提升的作用呈递减态势。在美国,20世纪80年代起警察管理部门开始把警务资源从巡逻转向处理公民的报警电话,因此强化了孤立的应对性警务。然而,实践证明传统的事后应对、反应式警务只能促进打击犯罪,并不能对犯罪预防起到非常大的积极作用,因而也难以达到有效控制犯罪的目标。

在人员不足、经费有限的情况下,如何合理配置警务资源、提升警务效能成为现代警务改革的重要问题。信息科技的进步为此提供了解决之道。通过加强警务系统的信息化、数据化水平,促使警察执法模式从传统"标准警务""反应式警务"向"智慧警务""预测警务"过渡。基于大数据的运用,犯罪预测的数据

---

1 参见 Bharati, Alkesh & Raghuvanshi, Sarvanguru, "Crime Prediction and Analysis Using Machine Learning", *International Research Journal of Engineering and Technology*, Vol. 5, 2018, p. 1038。

化程度凸显。警务部门根据犯罪预测所形成的可视化视图，可以更加合理地安排日常工作。在 2009 年美国"预测警务"研讨会上，时任旧金山警察局局长乔治·加斯科恩（George Gascón）曾表示，"有了'预测警务'，我们可以在适当的时间把警察放到适当的位置或提供其他服务来打击犯罪，并且可以使用更少的预算做到这一点"[1]。也因此，警察巡逻的随机性递减，警务执法模式由传统走向数据化、智能化。

（二）提升犯罪预测的效率与精确度

在传统警务模式中，犯罪预防往往采用随机预防式巡逻。有观点认为，如果警察开着有巡逻标志的警车定期在小区巡逻，即使他们没有特定目标，也会震慑住潜在的犯罪分子。20 世纪 70 年代，华盛顿的警察基金会在密苏里州的堪萨斯市做了一个实验，结果显示，随机预防式巡逻对犯罪率没有产生实质影响。[2]与此相反，大数据在犯罪预测中最直接的作用就是提升犯罪预测的效率与精确度，从而达到更好的犯罪预防效果。

首先，犯罪预测数据化可以提高犯罪预测的效率。在传统警务模式中，警察巡逻是随机的，此种无目的出警是对警力资源的浪费。在大数据环境中，通过数据预测，警察执法变得更为"智慧"。预测警务理论认为，在统计上更有可能犯罪的地区应该有针对性地增加警力。[3]通过将随机巡逻变为"定点巡逻"，通过数据指导警察巡逻的模式，甚至是在特定的时间和地点，稀缺的警察资源可以集中在犯罪风险较高的地区，促进警察资源的有效利用。自 2017 年来，德国黑森州国家刑事调查局通过 KLB-operativ 内部开发软件，使辖区内每个警察都

1　Pearsall, Beth, "Predictive Policing: The Future of Law Enforcement?", *NIJ Journal*, Issue 266, 2010.

2　参见〔加〕欧文·沃勒:《智慧的犯罪控制》，吕岩译，中国法制出版社 2018 年版。

3　参见 Braga, Anthony A., et al., "The Relevance of Micro Places to Citywide Robbery Trends: A Longitudinal Analysis of Robbery Incidents at Street Corners and Block Faces in Boston", *Journal of Research in Crime and Delinquency*, Vol. 48, 2011, pp. 7, 11。

可通过智能手机的应用程序对入室盗窃案件进行预测。该应用程序每天早上更新,以映射过去十天有参考价值的入室盗窃案并突出显示每日热点地区。[1]

其次,犯罪预测数据化可以提高预测的精确度。犯罪预测某种程度上是犯罪事件是否发生的概率问题。在传统的犯罪预测中,犯罪预测的精确度并不高,因而针对性犯罪预防的效果并不理想。在数据体量小及质量不高的情况下,警察所能获取的预测结果相对有限。随着信息技术的发展、预测数据的海量化以及精准化,犯罪预测的精确度可以得到相当程度的提高。一方面,数据所具有的客观性,可以弥补人类感知的脆弱性,从而增强预测结果的客观性与精确度。美国纽约警察局曾被曝种族歧视严重,该警察局超过95%的情报调查以穆斯林为目标,还曾被曝出监视黑人生活。[2]除此之外,犯罪嫌疑人的性别、阶级、财富等都可能对警察的主观预测产生影响。然而在大数据世界中,此类个性化数据在某些情况下可予以一定限制,避免因警察的主观预测而对犯罪预测结果产生影响。另一方面,预测结果的高精确性又可以缓和警察执法过程可能造成的社会恐慌。在预测结果产生后,警务部门需要对预测结果进行反应,通常表现为到一些热点地区巡逻或者定点逮捕犯罪嫌疑人,而如果预测不够精准,很可能会打草惊蛇,甚至引起周围群众的恐慌心理。

(三)确保执法过程证据留痕与可追溯

警务部门作为行政执法机关,其执法行为依据的方式、方法、过程都可能面临相对人和社会公众的质疑与监督。在大数据犯罪预测过程中,犯罪预测软件是警察执法的工具,犯罪预测结果是警务部门采取相应手段的前提。若警务部

---

1 参见 Seidensticker, Kai, Bode, Felix, Stoffel, Florian, *Predictive Policing in Germany*, https://www.researchgate. net/publication/332170526_Predictive_Policing_in_Germany,2021 年 1 月 15 日访问。

2 参见 Zubair, Ayyan, *Domain Awareness System*, https://static1. squarespace.com/static/5c1bfc7eee 175995a4ceb638/t/5f170be2dc09615b852699d7/1595345890732/Domain%2BAwareness. pdf,2021 年 1 月 15 日访问。

门根据预测结果采取了一定行为,后续就可能面临需要对执法行为进行说明甚至产生责任承担的问题。此时,数据化的犯罪预测通过数据留痕可以使犯罪预测的过程通过可视化的方式保存下来,进而确保执法过程的证据留痕以及后续的责任承担。[1]

通常情况下,警察采取行动前的准备工作很难被完整记录。数据化的犯罪预测通过预测软件则可将这一过程自动记录下来。通过记录,警察可以说明他们访问了哪些数据库,使用了哪些步骤、条件进行查询,从而证明他们在调查潜在犯罪嫌疑人时所采取的步骤。例如,警察在采取行动逮捕犯罪嫌疑人后可以说明,他已经访问了相关个人信息数据库并结合车牌进行检查,用这些信息佐证他的怀疑。通过数据留痕、数据库的访问记录等可视化方式进行说明,不仅可以体现警察执法行动的依据,还可以简化法官对警察合理怀疑的判定。[2]此外,犯罪预测数据化可以在警务部门内部形成一种进行数据审核、记录收集标准的良好风气。通过记录,相关部门可以随时检查警察执法的依据,了解哪些因素会对警察逮捕犯罪嫌疑人产生影响,并将此作为一种内部监督策略用于后续的问责机制中。[3]例如,在警察通过犯罪预测当场抓获犯罪嫌疑人并予以逮捕的情况下,如果逮捕错误,在后续的内部追责过程中,可令警察对预测过程进行说明。

(四)促进刑事侦查理性与经验的平衡

依托大数据进行犯罪预测是连接传统侦查与信息化的大数据侦查的纽带。大数据侦查的核心就在于利用大数据技术进行犯罪预测与打击。[4]传统侦查决策讲求经验决策,主要凭借决策者在侦查工作中积累的办案经验或形成的办案直

---

1 参见胡铭:《电子数据在刑事证据体系中的定位与审查判断规则》,《法学研究》2019 年第 2 期。

2 参见 Ferguson, Andrew Guthrie, "Big Data and Predictive Reasonable Suspicion", *University of Pennsylvania Law Review*, Vol. 163, 2015, pp. 352-353。

3 参见 Gray, David C., "ABA Standards for Criminal Justice: Law Enforcement Access to Third Party Records", *Oklahoma Law Review*, Vol. 66, 2014, pp. 919-962。

4 参见胡铭、龚中航:《大数据侦查的基本定位与法律规制》,《浙江社会科学》2019 年第 12 期。

觉来指导办案。然而,此种依赖侦查人员个人主观经验与判断的侦查模式在大数据时代显得捉襟见肘。大数据时代的侦查工作急需理性主义及精算司法的普及,但理性主义和经验主义的极端化都不可取。西方学者曾提出"大数据经验主义"概念,认为大数据时代"理论终结"。[1]如若延伸到刑事侦查领域,是否意味着大数据时代的刑事侦查只需要数据理性,而不讲求传统经验、理论分析的运用? 其实大数据时代侦查工作的开展应讲求理性主义与经验主义的平衡。在犯罪学领域,研究人员早已将社交媒体上的数据作为研究数据的来源。作为用户自我生产的数据,研究人员可以看到用户实时生成的自我报告数据。这些数据可以补充或替代传统来自实验、调查和访谈等途径的社会科学数据。[2]此时数据的海量与混乱导致只有使用全体数据而不是样本数据才能对相关问题进行解释。犯罪预测背景下的大数据侦查即是如此。在面对新型犯罪、网络犯罪等特殊类型犯罪时,大数据侦查尤显必要。相对而言,在面对传统类型犯罪时,侦查人员个人的主观能动性以及经验决策在案件侦查过程中仍具有重要地位。

三、 犯罪预测数据化的可能风险

随着信息化的发展、计算机处理器的加快以及存储数据量的增多,先前离散的数据网络得到新的发展。[3]基于数据质量和数量对"预测警务"的重要性,警务部门和相关合作公司会积极寻求大量的数据应用于相关预测系统。由于缺乏明确的监督和制约法规,在数据的获取、运用、整合阶段都易产生相应的风险。

---

[1]　参见齐磊磊:《大数据经验主义——如何看待理论、因果与规律》,《哲学动态》2015 年第 7 期。

[2]　参见 Chan, Janet & Moses, Lyria Bennett, "Is Big Data Challenging Criminology?", *Theoretical Criminology*, Vol. 20, 2016, p. 25。

[3]　参见 Ferguson, Andrew Guthrie, "Big Data and Predictive Reasonable Suspicion", *University of Pennsylvania Law Review*, Vol. 163, 2015, pp. 352-353。

（一）数据搜集——"黑数据"现象导致歧视

"黑数据"（black data）亦称为"坏数据"（bad data），是所有警务部门在大数据预测时面临的共同难题。算法是一个黑箱，进入黑箱的数据对其结果的产生起决定作用。当前，预测警务所采用的数据质量并没有达到理想状态。一方面，面对庞大、不断增长的网络数据系统，缺乏相应共享数据的质量控制。警务部门可以在各种网络社交媒体上搜集数据，而此类平台的数据往往缺乏监管，可靠性存疑。另一方面，数据来自现实世界，带有种族差异和不公平的天性。"警务部门一直在大量收集数据，但我们不知道数据来源是否可靠、有效和干净。因而，我们需要对数据收集进行监督以确保数据干净。"[1]若缺乏数据搜集过程中的质量监督，预测结果可能会导致偏见的产生，甚至扩大现有偏见。

刑事司法制度有其自身固有的偏见。在西方刑事司法系统中，种族和宗教容易引发歧视。经济、社会地位上的弱势群体以及一些少数民族人群，受到暴力以及其他犯罪侵害的概率明显更高。有德国学者进而指出，"预测警务"可能会放大现有的偏见和歧视。例如，警察在被定义为"热点"的地区更频繁地巡逻，在该地区将记录更多的犯罪报告，同时，在未来预测中该地区的犯罪数量占比将更大。[2]美国 Palantir 和 DAS 预测系统的反对者认为：警察依据自己的种族偏见使用数据监控，从而监控甚至逮捕更多的人，是"种族主义的循环"。[3]2016 年，美国非营利组织人权数据分析小组（Human Rights Data Analysis Group）利用 Predpol 算法，在奥克兰市地图上推演了由警察记录数据所构成的毒品案件逮捕的空间分

---

[1] Ferguson, Andrew Guthrie, *The Rise of Big Data Policing: Surveillance, Race, and the Future of Law Enforcement*, New York University Press, 2017, p. 132.

[2] 参见 Momsen, Carsten & Rennert, Cäcilia, *Big Data-Based Predictive Policing and the Changing Nature of Criminal Justice*, KriPoZ, 2020, p. 166。

[3] 参见 *The LAPD Has a New Surveillance Formula*, https://theappeal.org/the-lapd-has-a-new-surveillance-formula-powered-by-palantir-1e277a95762a/, 2021 年 1 月 15 日访问。

布。结果显示,逮捕行动主要集中在非白人和低收入人口占主导的社区。如果将这些数据输入机器学习算法,则可能加剧人口逮捕的不平等分布。[1]因而,在数据搜集阶段如何最大程度避免"黑数据",提高搜集数据的质量,至关重要。

(二) 数据获取——过度侵犯个人隐私

数据获取是"预测警务"开展的前提。在数据获取过程中,"个性化数据"的过度整合与利用是"预测警务"过度侵犯隐私权的重要体现。美国洛杉矶警察局曾与 Palantir 公司合作,整合个人数据用于警务监测和预防。Palantir 平台可以获取自动车牌读取器(automatic license plate readers)的数据以搜集所有公民的信息,而不限于犯罪嫌疑人。随后,系统可以绘制数据地图以帮助警察追踪城市中的车辆和人员,使执法部门了解驾驶员的典型出行方式并识别差别。据此,警务部门可建立一个庞大的个人信息数据库。即使从未与警察直接接触,个人信息亦可能被存储在数百万个数据点中,包括驾驶汽车的型号、家庭住址等。[2]美国纽约警察局与微软公司曾合作开发一项大数据犯罪预防和反恐技术——DAS 系统。DAS 系统可以利用摄像机、自动车牌读取器和射频感应器创建纽约市的实时监测地图。该系统与整个纽约市的私人闭路电视监控(privately-owned CCTV cameras)合作,并与多个非纽约警察局的情报数据库进行对比。在DAS 系统运行后,纽约市市民认为其严重侵犯了个人隐私权以及免于无根据监视的权利。2018 年,纽约市议员吉布森(Vanessa L. Gibson)提出了《监视技术公共监督法》(The Public Oversight of Surveillance Technology),以期对此进行规制。同时,美国各地开始制定协议,确保不会滥用自动车牌读取器和其他监视技术。[3]

1　参见 Lum, Kristian, Isaac, William, "To Predict and Serve?", *Significance Magazine*, Vol. 13, 2016, pp. 14-19。

2　参见 Brayne, Sarah, *Op-Ed: One Way to Shrink the LAPD's Budget: Cut Costly and Invasive Big-Data Policing*, https://news. yahoo. com/op-ed-one-way-shrink-100529937. html. ,2021 年 1 月 15 日访问。

3　参见 Zubair, Ayyan, *Domain Awareness System*, https://static1. squarespace. com/static/5c1bfc7eee175995a4ceb638/t/5f170be2dc09615b852699d7/1595345890732/Domain%2BAwareness. pdf. ,2021 年 1 月 15 日访问。

（三）"算法黑箱"——预测缺乏公正、透明

在大数据犯罪预测系统制定过程中，往往需要计算机科学家的帮助，绝大部分警务人员没有编写代码的能力。除数据分析人员外，几乎所有的数据系统对用户来说都是"黑箱"。即使是简单的数据库，用户也无法理解。数据是算法运算的前提。然而，数据获取阶段存在"黑数据"现象，来自现实世界的数据带有种族差异和不公平的天性，同时新的数据技术具有一定的保密性，加之数据中的隐私和宪法保护不够，[1] 导致公众认为使用这些数据的算法天然地带有不安全性。同时，商业领域保密措施的存在，意味着大数据算法等私营供应商可以规避公共部门的透明度要求，使大数据警务变得难以监管和规范。在缺乏透明度和问责制的情况下，若法院、公民无法理解该技术，而律师、新闻工作者和学者也无法质询该数据，那么谁能信任算法产生的结果？[2]

此外，当以大数据为基础的算法软件具备机器学习能力时，预测过程将变得更难掌控。机器学习取决于数据，可以访问的数据越多，学习的效果就越好。数据的质量、数据输入系统的方式以及如何"训练"系统以分析数据可能会严重影响由算法生成信息的有效性、准确性和实用性。[3]机器学习的结果意味着，预测过程可能会超出其初始编码并使用新的数据产生结果。在这种情况下，使用者甚至程序员都可能不知道算法运行的过程究竟如何。[4]不透明问题带来的影响可能是致命的。有学者认为，在犯罪学语境下，使用增强型机器学习（reinforced

---

1　参见 Ferguson, Andrew Guthrie, *The Rise of Big Data Policing: Surveillance, Race, and the Future of Law Enforcement*, New York University Press, 2017。

2　参见 Ferguson, Andrew Guthrie, *The Rise of Big Data Policing: Surveillance, Race, and the Future of Law Enforcement*, New York University Press, 2017。

3　参见 Domingos, Pedro, "A Few Useful Things to Know about Machine Learning", *Communications of the ACM*, Vol. 55, 2012, p. 78。

4　参见 Giuffrida, Iria, Lederer, Fredric, Vermerys, Nicolas, "A Legal Perspective on the Trials and Tribulations of AI: How Artificial Intelligence, the Internet of Things, Smart Contracts, and Other Technologies Will Affect the Law", *Case Western Reserve Law Review*, Vol. 68, 2018, pp. 777-779。

machine learning），即机器试图建立为特定问题提供正确答案的规则，是一种解决办法。然而，这意味着除非每个犯罪都被举报，警察平等地追究所有人犯下的所有类型罪行，否则不可能有一个能够预测犯罪本身的强化学习系统。因为事实上，行为会影响结果，导致得到的预测反馈非常有限。[1]因此，"算法黑箱"实际上可能使社会公众处于"黑暗"之中，人们并不知道什么时候、出于什么原因，自己可能就会出现在犯罪预测系统当中。

（四）数据隔离——信息孤岛的产生

信息孤岛是指信息相互之间在功能上不关联互动、信息不共享、不互换的现象。每当数据系统不兼容或未与其他数据系统集成时，就会产生信息孤岛。信息的不对等、不对称是警务部门开展工作的一大障碍。在英美德三国，不同辖区的警务部门系统独立，使用的数据库也大不相同。就"预测警务"而言，信息数据缺乏共享、联动将会导致警务部门资源利用低下，造成人力、物力、财力的浪费。

然而各个辖区警务部门采用不同数据、不同预测软件，具有一定的现实依据（此处仅针对财产犯罪而言）。美国犯罪学家认为，财产犯罪是可预见的行为且往往只需该地区有警察驻守就可以制止，但暴力犯罪往往更难预测和制止，因而目前"预测警务"较多适用于财产犯罪。[2]财产犯罪如盗窃等往往具有很强的地域性。不同的警察辖区对此规定不尽相同，因而搜集的数据也大不一样。这种数据收集的先天性缺陷导致某一辖区所采用的预测方式在另一辖区并不能适用。以英国 HART 预测软件为例，该系统收集的数据主要是达勒姆警察局

1　参见 Haskins, Caroline, *Academics Confirm Major Predictive Policing Algorithm is Fundamentally Flawed*, https://www. vice. com/zh-CN/article/xwbag4/academics-confirm-major-predictive-policing-algorithm-is-fundamentally-flawed. ,2021 年 1 月 15 日访问。

2　参见 Police Executive Research Forum 2014, *Future Trends in Policing*, Washington, D. C.：Office of Community Oriented Policing Service, 2014, p. 5。

的羁押案件。这意味着该系统的适用范围具有局限性,其他地区的警察局不能应用该系统。此现象在德国警务部门体现得更为明显。德国联邦各州警务部门针对"预测警务"开发了相应专属的软件系统。[1]这些系统同 HART 一样,都限于某辖区使用。相较而言,美国 PredPol、Palantir 等数据平台在一定程度上实现了利用海量数据进行数据整合的优势,适用面较广,因而也得到美国很多警务部门的采用。当前,"预测警务"中更为严重的一个信息孤岛问题在于:一些本可以整合、共享的数据库,彼此之间并没有实现有效的数据共享与流通,从而造成资源的浪费。

四、 犯罪预测数据化的规制路径

大数据视野下的犯罪预测面临多种风险。因此,通过一定举措对这些风险予以规制是"预测警务"发展的必然要求。

(一)优化数据选择标准

对大数据支持下的"预测警务"而言,数据是预测的灵魂所在。数据搜集阶段存在"黑数据",容易对犯罪预测产生不良影响。因而需要对所选数据进行一定限制,避免无关因素影响预测结果。优化数据选择是为了后期算法利用数据处理时最大程度确保结果的真实性与客观性,因而在数据收集选择阶段就需要把数据的真实性和客观性作为数据选择的标准。

首先,确保数据的真实性。目前,警务部门获取数据的来源除自身所做的犯罪记录以及公共部门的犯罪监测数据及社会性数据外,有很大一部分数据来自第三方私人平台。在涉及警察等公共部门提供的数据时,为了保证预测结果

1　参见 Seidensticker, Kai, Bode, Felix, Stoffel, Florian, *Predictive Policing in Germany*, https://www. researchgate. net/publication/332170526_Predictive_Policing_in_Germany, 2021 年 1 月 15 日访问。

的真实性,需要尽可能收集与犯罪有关的各方面信息,减少犯罪数据不足所带来的偏差,扩大数据收集范围;在涉及第三方私人平台的数据时,需要制定相应的数据过滤机制,剔除不真实的数据。其次,确保数据的客观性。保持数据客观性是为了避免偏见与歧视。目前,美国一些司法辖区都进行了一定程度的数据收集和审查改革,但是并没有相关法律对警察执法期间形成的非法和有偏见的数据进行限制。[1]因而,未来需要改革相关法律,限制或禁止警察使用非法和有偏见的数据,避免由于反馈回路的存在对未来的数据处理与预测产生不良影响。再次,数据收集、选择阶段要完全做到没有"黑数据"的存在并不现实。要想真正解决这一问题,还得通过明确的归责制度。预测系统的存在具有一定证据留痕的效果。警察行为是否合法、合理,可以通过回溯相关数据库与警察做出决定时的衡量因素来判断。由警务部门承担在采用预测系统时使用的数据是真实客观、无偏私的说明责任,可以在一定程度上化解该问题,并可以通过事后的追责程序,追究由警察预测数据的疏失或滥用导致侵害犯罪嫌疑人甚至普通公民权益的问题。

(二) 坚持"个人自决"与比例原则

大数据使隐私侵权变得十分容易、普遍,甚至有人预言:"大数据时代,隐私权已死。"[2]数据挖掘使民众隐私权遭受前所未有的侵犯。"互联网是有记忆的",民众并不能寄希望于一切侵犯个人隐私、对自身造成伤害的行为会随着时间流逝而消失。因而,最根本的解决办法在于从源头保护好个人隐私。

首先,坚持"个人自决"原则。在德国,宪法规定"收集和处理个人数据需受到限制"。信息自决权被视为一般人格权的体现,并在 1983 年被德国联邦宪法

1　参见 Richardson, Rashida, Schultz, Jason M., Crawford, Kate, "Dirty Data, Bad Predictions: How Civil Rights Violations Impact Police Data, Predictive Policing System, and Justice", *New York University Law Review*, Vol. 94, 2019, pp. 15-55。

2　徐明:《大数据时代的隐私危机及其侵权法应对》,《中国法学》2017 年第 1 期。

法院确认为基本权利。《欧洲人权公约》第 8 条第 1 款规定，"人人享有使自己的私人和家庭生活、家庭和通信得到尊重的权利"，这也是"个人信息自决"的体现。其次，在坚持信息"个人自决"前提下，遵循比例原则。德国联邦宪法法院强调，出于客观确定和有效的理由，只有在应对危险行为时，类似"预测警务"系统的使用才基本被允许。[1]这也是《欧洲人权公约》第 8 条第 2 款所倡导的。在2009 年美国国家司法研究所与司法援助局和洛杉矶警察局联合举办的会议上，司法部司法援助局高级政策顾问托马斯·奥莱利(Thomas O'Reilly)提出，"预测警务的开展不应秘密进行，我们应该一开始就邀请隐私权倡导者和社区领袖来解释该计划，并征求他们的想法和意见，减轻他们的担忧"[2]，以此加强隐私保护，促进公众参与。

（三）提升算法预测透明度

算法不透明是社会公众对"预测警务"产生不信任感的重要原因。"预测警务"的应用必须解决不透明问题。解决的方法包括加强公众对算法决策的了解、明确警务部门在搜集数据时的责任承担问题以及在相对范围内披露算法预测的过程等。

首先，应让公众了解大数据监管与日常生活中的其他算法决策并无不同。"预测警务"的开展并不针对特定的个人，而只是通过一系列的数据、算法预测何时何地发生犯罪的概率，借以合理安排警务部门的日常工作。同时，应对不透明问题并不意味着警方需要提供更多的信息，而是需要明确一定的责任承担。公众需要的并不一定是公布算法决策的具体过程，而是使用该算法的原因，以及其中的衡量因素是否公正、是否包含偏见等。民众对透明性的不满主

1　参见 Momsen, Carsten & Rennert, Cäcilia, *Big Data-Based Predictive Policing and the Changing Nature of Criminal Justice*, KriPoZ, 2020, p. 167。

2　Pearsall, Beth, "Predictive Policing: The Future of Law Enforcement?", *NIJ Journal*, Issue 266, 2010.

要来自政府监视的秘密性质、无限制地进行数据挖掘,而不是实际的技术监视能力。

其次,算法披露只能在一定范围内,要求严格的算法透明是不现实以及不必要的。一方面,在某些情况下,可以允许披露算法,揭示预测过程,以此增强警察执法的可信度。另一方面,商业模式决定了算法的专有技术需要保密。披露源代码意味着揭示公司在业务上的竞争优势。若是对算法毫无限制地披露,会对相关公司的商业利益造成严重的损害。并且,在人工智能中,由于机器具有反馈回路(feedback loops),拥有再学习的能力,机器学习模型每次分析都会有所不同。即使具有技术能力,也可能无法看到基本公式。因而怎么披露算法、向谁披露算法成为亟待解决的问题。有立法者提出:设立一个监管机构或审计部门,专门处理算法出现问题时的审计,确保预测过程公平公正。[1]例如,警察根据大数据预测做出相应执法行为后,若产生的相应后果可能对犯罪嫌疑人或普通民众造成不公正,可以将预测算法披露给中立的监管机构或审计部门,由特定机构进行审查及认定算法决策是否公正、合理。

(四) 完善数据交流互通

警务部门进行犯罪预测的数据来源大致可以分为公共主体和私人主体两类。从公共主体来看,一方面可能是警务部门前期侦查犯罪所保留的数据,例如犯罪嫌疑人、犯罪时间、犯罪地点、犯罪类型等数据;另一方面可能是公共监管机构如交通部门所掌握的公民驾驶证信息、车牌号、车型等信息。从私人主体来看,数据可能是社交平台上用户注册时所填写的个人信息以及用户使用相应平台时留下的数据,通过大数据挖掘技术和信息搜集技术可以得到。因而,要形成一个海量的数据共享平台,必须在保障相应隐私的前提下促进数据之间

1　参见 Hosanagar, Katik & Jair, Vivian, *We Need Transparency in Algorithms, But Too Much Can Backfire*, https://hbr.org/2018/07/we-need-transparency-in-algorithms-but-too-much-can-backfire,2021 年 5 月 13 日访问。

的交流互通。

首先,警务部门需要加强自身的基础数据平台建设。例如,对于先前犯罪的各项数据,要统一数据采集、存储、整理、传输、保存等各个环节的标准,并在最大程度上收集犯罪数据,扩大数据范围。同时,由于不同犯罪所体现的犯罪特征具有不一致性,需要根据不同的犯罪种类创建相应的数据库。其次,警务部门要加强对交通部门、民政部门等其他政府部门的数据采集和共享,推动政府公共部门之间的数据协作。再次,警务部门要联合私人主体平台,加强对社会范围内的数据收集与共享,扩展数据的规模。最后,不同辖区的警务部门之间要加强内部数据共享,打破数据的地域壁垒,从而为"预测警务"的开展提供海量的数据资源。

五、结　语

随着数据收集、整合和挖掘技术的进步,以数据驱动为主的技术方法成为警务部门执法的重要手段。同时,越来越多复杂的社会、经济和政治问题需要通过数据进行评估和解决,[1]"数据治理"正成为信息化时代的重要特征。目前,以数据为基础的犯罪预测在我国的运用日益广泛,"预测警务"这一新的警务运行模式随着国家大数据战略的推进也正在实践中深化运用。与其他国家类似,我国"预测警务"的开展也面临着算法不透明、数据壁垒以及数据获取与个人隐私保护之间的固有矛盾等问题。只有抓住机遇并直面问题,以法治的进路规范科学的数据预测,公安部门才能更好地预防犯罪的发生,在信息化时代担负起维护国家安全的重要使命。

1　参见 Richardson, Rashida, Schultz, Jason M., Crawford, Kate, "Dirty Data, Bad Predictions: How Civil Rights Violations Impact Police Data, Predictive Policing System, and Justice", *New York University Law Review*, Vol. 94, 2019, pp. 15-55。

第八章

大数据侦查的基本定位与法律规制

大数据在侦查中的运用正在深刻地改变刑事司法的过程。在线的数据调取、数据挖掘、数据清洗、数据碰撞等新的侦查手段,使侦查部门更加高效率地侦破犯罪。但不同种类的侦查技术手段对民众的权益也产生了不同的影响,这些技术红利能否真正转化为司法红利,仍是存疑的问题。本章通过类型化大数据侦查手段,剖析此类新型侦查手段对刑事司法正当程序、公民的个人信息权及隐私权、刑事证据制度、侦辩关系、庭审规则以及传统侦查理论的侵蚀。在整体解构的基础上,从法治和人权保障视角出发,回应如何在刑事侦查领域中构建大数据侦查的法治化道路。

一、引 言

受益于互联网的迅猛发展以及数据的指数级增长,大数据技术正日趋成熟并对社会的各个领域产生深远影响。[1]"大数据+"模式是社会发展形态变迁的重要途径之一,"大数据+司法"正成为我国当前司法体制改革的重要助推力。在刑事司法体系中,行使侦查职能的公安机关最先受益于技术力量的运用,在公

---

1 参见胡铭主编:《聚焦智慧社会:大数据方法、范式与应用》,浙江大学出版社 2018 年版,第 1 页以下。

权力的主导推动下,随着大数据与人工智能技术的不断升级换代,大数据技术运用在公安机关基本已实现全覆盖。

毋庸置疑,尖端科技的运用让传统刑事侦查发生了重要改变。甚至,主流观点认为在刑事侦查中运用大数据技术是能够替代传统侦查模式的一种全新方法,并将之归纳为所谓的"大数据侦查模式"。大数据技术在司法领域的深度应用与过去的信息化建设在理念上一脉相承,并更突出现代科技对刑事司法影响的广泛性与深刻性。在人工智能再次掀起的探讨智能科技与法律关系的热潮中,值得警惕的是,在法学领域、实践领域与科技领域对前沿技术在司法场景中的应用形成了明显的认识冲突,这是一种技术与权力、权利及义务融合下形成的隔阂。那么,基于此种认识和话语上的隔阂,大数据侦查与传统的现行侦查模式究竟是何种关系:影响、改变还是替代? 大数据侦查究竟应该是何种基本定位? 现有刑事诉讼制度能否对其进行有效规制? 本章尝试围绕上述问题展开理论思考,从刑事司法体系的角度审视大数据侦查及其基本定位,在此基础上探讨大数据侦查的规制路径。

二、 大数据侦查与我国传统侦查模式之关系

在我国,大数据侦查被视为区别于既有传统侦查的一种全新侦查模式。有学者指出:"大数据侦查是一种数据驱动型侦查模式,是大数据时代的到来所催生的新生事物,主要是指侦查机关针对已经发生或者尚未发生的犯罪行为,在以云计算为基础的技术平台上采取数据挖掘的方式,固定证据、证明犯罪事实或者预测犯罪,推进侦查活动顺利进行的一种现代化的侦查模式。"[1]然而,大数据侦查究竟是否是对传统侦查模式的颠覆性的替代? 大数据侦查与传统侦查

---

[1]　杨婷:《论大数据时代我国刑事侦查模式的转型》,《法商研究》2018 年第 2 期。

模式究竟是什么关系？对于这些问题的理性认识是我们准确定位大数据侦查的基础。

（一）理念上：大数据侦查尚未颠覆传统侦查模式

传统侦查理念强调的是"因果关系"，与之不同，大数据侦查的核心理念则是"相关关系"。从本体论上看，相关关系与因果关系都代表两个及以上变量之间的关系。相关关系意味着一个变量发生变化时，可能引发其他变量也发生变化，但这种状态不表示变量之间存在必然联系；而因果关系则意味着变量之间存在原因和结果上的逻辑关系，表示变量之间存在必然联系。从两者关系来看，具有相关关系并不意味着一定具有因果关系，但具有因果关系表示一定存在相关关系，两者是充分非必要之关系。

在大数据领域，相关关系主要用来解决由事物复杂性或者随机性所带来的暂时无法用因果关系解释的难题，这是由应用场景所决定的。其他领域对相关关系的广泛应用并不意味着在法律领域，相关关系就能颠覆因果关系的运用并进行替代，而只能是作为一种更为宽泛的变量之间的关系，与因果关系同时存在，甚至在某些特定场景中，相关关系只能作为因果关系之补充。如在刑事程序中，相关关系只能用来筛选案件线索作为后续寻找案件事实中具体因果关系的铺垫。

在刑事领域，侦查活动主要针对已然犯罪事实，旨在寻找犯罪嫌疑人及相关证据材料，而犯罪嫌疑人与犯罪事实之间必须存在因果关系。刑事司法程序的公正价值也要求每一个案件都需要有确实、充分的证据来证明犯罪嫌疑人与犯罪事实之间存在逻辑明确的因果关系。而法律规定的疑罪从无原则要求，对假设存在因果关系的案件，如没有确实、充分的证据来证明，则该因果关系应视为不成立。显然从逻辑层面看，这种因果关系无法用相关关系来解释或者替代，而从理念层面来看，以相关关系为核心的大数据侦查理念也无法对以因果关系为核心的传统侦查理念进行替代,因为刑事侦查的根本目的始终是追求可以充分证明的、明确的因果关系。

（二）功能上:大数据侦查尚未替代传统侦查模式

侦查工作是侦查人员和犯罪事实之间进行信息交换和实践认知的过程。[1]这个过程是对犯罪主体实施犯罪行为达成犯罪目的,从而形成犯罪事实过程的回溯。实际上,侦查活动获得的动态信息始终引导着侦查人员的实践认知,从认识论上来看,传统侦查的运行模式是"信息引导认知",而大数据侦查是"数据引导认知"。以信息论为参照,"信息引导认知"与"数据引导认知"是两种不同的模式,二者之间是从属关系,即"数据引导认知"模式从属于"信息引导认知"模式。

在信息和知识领域,"数据-信息-知识-智慧层次结构"(Data-Information-Knowledge-Wisdom,下文简称 DIKW)又被称为"信息层次结构"或"知识金字塔",这是一个被广泛运用的理论模型(见图 8-1)。该模型将数据、信息、知识、智慧区分为不同的层次,认为:数据是离散的、客观的事实或观察,未经组织和处理,不能传达任何特定的含义;信息是为了某个特定的目的经过组织或结构化的数据;知识是信息、理解、能力、经验、技能和价值观的混合体;智慧则处于体系的顶端,但是学界对其定义仍存在争议。[2]根据 DIKW 模型,传统侦查与大数据侦查处于不同层次,以信息为核心的传统侦查模式要较以数据为核心的大数据侦查模式更加贴近案件事实。以 DIKW 模型为参照,可以构建侦查当中的"数据-信息-证据层次结构"(见图 8-2)。

---

[1] 樊崇义、张自超:《大数据时代下职务犯罪侦查模式的变革探究》,《河南社会科学》2016 年第 12 期。

[2] Rowley, Jennifer, "The Wisdom Hierarchy Representations of the DIKW Hierarchy", *Journal of Information Science*, Vol. 33, 2007, pp. 170-174.

图 8-1　数据-信息-知识-智慧层次结构

图 8-2　数据-信息-证据层次结构

"数据-信息-证据层次结构"表明传统侦查与大数据侦查处于不同的位阶，现有的大数据侦查在功能上是无法替代传统侦查的，主要有以下原因：

首先，根据 DIKW 模型和"数据-信息-证据层次结构"，数据经过处理、结构化后成为信息，信息经过认定后成为证据。在实践中，传统侦查通过现场勘验检查、询问、讯问、技术侦查等各种措施，获取涉案物品、相关人员的生物信息、犯罪嫌疑人口供等案件信息，经过侦查人员的经验判断，通常采取的侦查措施的指向性都非常明确，收集的信息基本都为有效信息，在刑事诉讼中能够直接作为证据证明案件事实。而大数据技术依靠的主要是计算机的计算能力以及技术人员建立的算法模型，基于相关关系进行数据的广泛收集，但是这些数据并非都是有效的信息，其中很大一部分都是无效数据，有些甚至是虚假数据，必须运用数据的清洗、管理、查询、比对以及挖掘技术进行处理，将数据筛选、处理成有效信息。

其次，在空间层面，以数据为基础、计算机技术为承载的大数据侦查只能在虚拟空间进行，而传统侦查则不受此限制。伴随着科技的发展，现有传统侦查的范围涵盖物理空间和虚拟空间。相比传统侦查，虽然大数据侦查获取的数据数量巨大，但局限性也非常明显，因为并非所有的犯罪都会在虚拟空间留下数据，从实践上看，只有少数几种现实行为完全发生在虚拟空间的犯罪（如电信网络诈骗等)才能发挥出大数据侦查的应有功效。在大多数刑事案件中,大数据侦查只是传统侦查在虚拟空间侦查能力上的强化和补充,如通过大数据的分析能力为办案人员提供侦查线索等。

再次,以"数据引导侦查"为主要特征的大数据侦查是以"信息引导侦查"为主要特征的传统侦查的一种基础形态。一方面,从数据和信息的关系层面来看,数据始终是信息的基础,大数据侦查能够帮助提供充足的数据,进行信息筛选;另一方面,由于犯罪事实带来的真实信息具有固定性和有限性,这些信息相比于数据在内容上不会超过案件事实本身的范围,所以不管多么庞大的数据,案件侦查的最终目标仍是剔除无效数据,而只收集符合案件事实情况的数据并处理成有效信息。因此,就回溯案件事实真相来说,具有更高位阶属性的传统侦查比大数据侦查更具有可靠性,且从技术形态来说,大数据侦查也只能够为传统侦查提供支持,却不能进行替代。

最后,在证据层面,信息要比数据具有更强的证明力。在刑事诉讼中,就数据和信息本体而言,数据证明案件事实的证明力要小于信息。如前文所述,在刑事侦查中基于多种方式收集到的数据数量庞大,但不是都记录着事实真相并能够将这些数据与犯罪嫌疑人的行为进行关联。根据疑罪从无原则,如果无法判断作为证据的数据真实有效,则不能将之作为认定犯罪嫌疑人有罪的依据。只有从所有数据中提炼出有效数据并处理成信息,才能提升证明力并作为有效证据使用。另外,尽管《刑事诉讼法》将电子数据列为证据的一种,[1]但实际上电子数据应当被理解成一种能够证明案件事实的信息,并非字面意义上的数据,刑事程序对证据的实质性要求意味着在侦查的运行过程中,大数据侦查只能作为一种侦查手段凭借技术优势为传统侦查提供和分析更多的数据,而不能替代传统侦查进行证据收集,根本原因是大数据侦查尚不能智能化到将虚拟数据与

---

[1]　参见胡铭:《电子数据在刑事证据体系中的定位与审查判断规则》,《法学研究》2019 年第 2 期。

现实空间的物理介质或行为进行映射。

三、作为一种强制性侦查措施的大数据侦查

通过上述分析,我们可以做出一个初步判断:大数据侦查在性质上尚不能构成一种全新的侦查模式。根据我国《刑事诉讼法》第 108 条的规定,侦查是指公安机关、人民检察院对于刑事案件,依照法律进行的收集证据、查明案情的工作和有关的强制性措施。按照对于侦查的传统理解,侦查行为可以区分为任意性侦查和强制性侦查,而大数据侦查应属于一种强制性侦查措施。

(一)强制性侦查措施的界定标准

根据《刑事诉讼法》对侦查的定义,我国的侦查可以分为收集证据、查明案情的工作和有关强制性措施两大类。其中,强制性措施是指侦查机关为收集证据、查明案情和查获犯罪人而采取的限制、剥夺人身自由或者对人身、财物进行强制的措施。[1]因此,在我国刑事司法语境下,强制性措施直接关涉公民的人身权和财产权,仅限于在侦查阶段行使,也被称为强制性侦查措施。

一般认为,侦查活动可以分为强制性侦查措施和任意性侦查措施。对于界定二者的标准,国内外学界仍存在不同观点,主要有"侦查相对人是否同意说""是否侵犯公民重要利益说"以及"兼顾说"三种。"侦查相对人是否同意说"认为,"强制侦查与任意侦查是根据侦查行为是否由相对人自愿配合为前提而对侦查行为所做的分类"[2]。"是否侵犯公民重要利益说"认为,所谓强制性侦查措施就是侵犯个人重要利益的处分,而任意性侦查措施则是不侵犯个人重要利益

---

1 参见王爱立主编:《中华人民共和国刑事诉讼法释义》,法律出版社 2018 年版,第 237 页。
2 孙长永:《侦查程序与人权》,中国方正出版社 2000 年版,第 24 页。

的处分。[1]"兼顾说"认为:"所谓强制侦查行为是指采用强制性手段,对当事人的重要生活权益造成侵害的侦查行为,如逮捕、拘留、搜查、扣押等;而任意侦查行为则是指不适用强制手段,不对当事人的生活权益造成侵害,而由当事人自愿配合的侦查行为,如询问犯罪嫌疑人、询问证人等。"[2]

我国《刑事诉讼法》通过对侦查措施的列举,在形式上区分了"强制措施"和"强制性侦查措施",但未对任意性侦查措施做出明确规定。甚至可以说,"我国刑事诉讼法中并无任意侦查与强制侦查的区分,几乎所有的侦查措施都带有'强制'色彩"[3]。《刑事诉讼法》第一编第六章"强制措施"中规定了拘传、取保候审、监视居住、拘留、逮捕五种强制措施。第二编"立案、侦查和提起公诉"规定了搜查、扣押、冻结、技术侦查等强制性侦查措施,但未涉及大数据侦查。从立法来看,强制措施和强制性侦查措施在适用上有所区别:一是在适用对象上,强制措施只能针对犯罪嫌疑人、被告人实施,而强制性侦查措施的适用对象不仅包括犯罪嫌疑人、被告人,还包括诉讼参与人以及案件相关人员;二是在涉及权利上,强制措施旨在限制或剥夺侦查相对人的人身权利,而强制性侦查措施的实施会影响侦查相对人的人身权利和财产权利。从法律层面来看,不管是强制措施还是强制性侦查措施的适用,都不以侦查相对人的同意为前提条件。从经验层面来看,部分侦查人员指出,如果以侦查相对人是否同意为标准界定强制性侦查措施,那么侦查活动将难以开展,因为大部分侦查相对人对侦查有着天然的抵触心理,要求其主动配合侦查工作违背正常人的心理活动规律。

因此,对于强制性侦查措施的界定以"是否侵犯公民基本权利"为标准较为适宜。如德国《刑事诉讼法》将强制措施界定为对公民的基本权利(包括人格自

1　〔日〕田口守一:《刑事诉讼法》,张凌、于秀峰译,法律出版社 2019 年版,第 52 页。
2　谢佑平、万毅:《刑事侦查制度原理》,中国人民公安大学出版社 2003 年版,第 226 页。
3　孙长永:《强制侦查的法律控制与司法审查》,《现代法学》2005 年第 5 期。

由权、生理权利、财产权、住宅权、邮电通信秘密权、职业自由权、信息自主权）造成侵害的侦查措施。[1]

（二）大数据侦查对公民基本权利的限制及影响

大数据侦查是新兴事物，域外不同法系国家对大数据侦查的态度和规制各有不同。普通法系以美国为代表，对大数据侦查的规制主要依赖既有的联邦宪法第四修正案确立的关于搜查的原则[2]以及保障公民个人隐私权的判例法。大陆法系则往往以公民基本权利的保护为标准对大数据侦查新设详细的法律规则以对其进行限制，只是各国对保护公民基本权利类型的选择有所不同。

欧盟规制大数据侦查主要以公民隐私权保障为中心，法律依据主要是《欧洲人权公约》和《欧盟基本权利宪章》规定的原则性条款以及《欧盟通用数据保护条例》规定的具体规则。《欧洲人权公约》第 8 条规定，[3]对隐私权的干涉必须符合法律规定，干涉必须具有合法目的，并且必须在民主社会中进行。针对警察在刑事侦查中运用大数据技术作为调查方法可能侵犯个人隐私权的问题，欧洲人权法院认为私人生活作为一个范畴包含广泛的内容，很难进行详细定义。《欧洲人权公约》第 8 条保护但不仅限于保护固定范围内的私人生活，在这个范围中，个人可以按照自己的选择过自己的个人生活，并可以完全将外部世界排除在外。另外，第 8 条还保护个人与其他人或者外部世界建立发展关系的权利，如私人生活也可能包括专业或商业性质的活动。因此，即使在公共场合，也存

1　参见〔德〕克劳思·罗科信：《刑事诉讼法》，吴丽琪译，法律出版社 2003 年版，第 273 页。

2　美国联邦宪法第四修正案是美国"权利法案"的一部分，旨在禁止无理搜查和扣押，并要求搜查和扣押状的发出有相当理由的支持。公民的人身、住宅、文件和财产不受无理搜查和扣押的权利不得被侵犯。除依照合理根据，以宣誓或代誓宣言保证，并具体说明搜查地点和扣押的人或物，不得发出搜查和扣押状。

3　《欧洲人权公约》第 8 条规定："人人有权享有使自己的个人及家庭生活、家庭和通信得到尊重的权利。公共机构不得干预上述权利的行使，但是依照法律规定的干预以及基于在民主社会中为了国家安全、公共安全或者国家的经济福利的利益考虑，为了防止混乱或者犯罪，为了保护健康或者道德，为了保护他人的权利和自由而有必要进行干预的，不受此限。"

在一个人与人互动的区域,这也可能属于"私人生活"的范围。[1]基于此,欧洲人权法院认为安全机构针对特定个人收集和存储数据也是对其私人生活的干扰,尽管这些数据都是从公共场所(包括互联网)收集的。[2]

与欧盟不同,德国对大数据侦查的限制主要基于公民的信息自决权(信息自主决定的权利),围绕着该权利,德国《刑事诉讼法》对大数据侦查的相关措施设立了详细的实施规则。德国《刑事诉讼法》第98条规定了计算机排查侦缉和数据比对两种形式的侦查措施,从实质上看,两种措施采用的技术分别是数据挖掘和数据比对。[3]针对数据挖掘,即计算机排查侦缉,德国《刑事诉讼法》进行了严格限制,主要包括:一是在适用案件类型上进行了明确,如麻醉物品或武器非法交易、伪造货币或有价证券、危害国家安全、公共危险犯罪等;二是明确了适用条件,即存在足够的事实依据表明发生了重大犯罪行为;三是采用严格司法令状批准实施;四是针对数据的流转设定了详细的程序。相比于计算机排查侦缉,德国《刑事诉讼法》对数据比对的规定要宽松得多,主要原因是两种措施涉及数据的种类不同,因而对公民权利的侵犯程度不同。数据比对对公民权利的侵犯程度一般要小于计算机排查侦缉,因为计算机排查侦缉可以适用于所有需要部门的数据,而数据比对主要以政府部门已收集存储的数据为主。

在我国,法律领域尤其是私法领域对大数据的性质分歧颇大,并未达成一致意见,但从司法机关颁布的司法解释以及大数据技术在侦查实践中的运用来看,我国的大数据侦查通常会涉及以下几类公民基本权利。

1. 隐私权。个人隐私又称私人生活秘密或私生活秘密,是指私人生活安宁,不受他人非法干扰,私人信息保密,不受他人非法搜集、刺探和公开。[4]随着互

1　相关案例参见 Niemietz v. Germany, no. 13710/88, ECHR 16th December 1992; P. G. and J. H. v. the U-nited Kingdom, no. 44787/98, ECHR 25th September 2001。

2　相关案例参见 Shimovolos v. Russia, no. 30194, ECHR, 28th November 2011。

3　参见宗玉琨译注:《德国刑事诉讼法典》,知识产权出版社2013年版,第53—55页。

4　参见张新宝:《从隐私到个人信息:利益再衡量的理论与制度安排》,《中国法学》2015年第3期。

联网、大数据技术在社会生活中的不断渗透,特别是美国国家安全局针对社会实施全方位监听的"棱镜计划"的曝光,引发了全球对个人隐私权被侵犯的担忧。欧盟通过不断扩张隐私权的范围而将公民的各类数据纳入公法保护;德国则发展出所谓的"信息自决权",保护范围涵盖"所有能够直接或间接识别自然人的信息资料",尽管信息自决权仍存在争议。[1]在我国,隐私权保护已经被写入《民法典》的"侵权责任编"。虽然未在宪法层面明确规定隐私权,但我国《宪法》规定了公民人格尊严应受保护,这在很大程度上可以作为隐私权的宪法基础。[2]在刑事诉讼领域,对隐私权的直接关注并不多,针对隐私权的讨论也往往限于某些强制性措施的实施,如技术侦查措施。但侦查实践已经走在了立法的前面,如对互联网公开信息进行监控;与第三方网络服务提供商展开协作,对用户的实时聊天和社交工具涉及的内容进行检索;大数据挖掘技术的应用导致公民的个人隐私被计算机刻画成数据模型。这些都会对公民的个人隐私权产生实质影响。

2. 个人信息权。我国法律对个人信息权并没有予以明确规定,在司法实践中常常将个人信息权与隐私权、名誉权混淆使用。在公法领域,《刑法》第253条规定了侵犯公民个人信息罪,《刑事诉讼法》第64条规定了保护相关诉讼参与人的个人信息。在私法领域,公民个人信息权利主要由《民法典》以人格尊严、肖像权、名誉权、隐私权的形式予以保护。2014年《最高人民法院关于审理利用信息网络侵害人身权益民事纠纷案件适用法律若干问题的规定》首次明确提出个人信息权,[3]2017年通过的《民法总则》第111条正式确立个人信息权。

1　参见〔德〕克劳思·罗科信:《刑事诉讼法》,吴丽琪译,法律出版社2003年版,第71页。

2　参见王利明:《隐私权概念的再界定》,《法学家》2012年第1期。

3　《最高人民法院关于审理利用信息网络侵害人身权益民事纠纷案件适用法律若干问题的规定》第12条规定:"网络用户或者网络服务提供者利用网络公开自然人基因信息、病历资料、健康检查资料、犯罪记录、家庭住址、私人活动等个人隐私和其他个人信息,造成他人损害,被侵权人请求其承担侵权责任的,人民法院应予支持。"

在大数据背景下,刑事诉讼中的个人信息通常以数据形式存在,出于收集证据材料、查明案件事实的需要,侦查机关收集的数据要与侦查相对人的个人相关。而哪些是案件有关信息,哪些是无关信息,在实践中很难准确区分。这便容易导致数据收集的扩大化,进一步影响到公民的个人信息权。

3. 财产权。公民的个人数据具有财产权属性。一方面,公民的个人数据本身具有价值,能够通过公开出售获取经济利益,这从目前我国已经建立多个大数据交易平台(如中关村数海大数据交易平台等)可见一斑;另一方面,个人数据包含的内容也具有经济价值。在刑事侦查中,强制性措施的实施很容易对公民的财产权造成侵犯,如对侦查对象的个人数据进行查封、扣押,或者对其电子邮件、交易账户(如股票等)进行冻结等。显然,大数据侦查的运用会对财产权造成侵害,不仅包括公民既有的财产,也包括预期获得的利益。

四、 大数据侦查法律规制的双重路径

在梳理大数据侦查可能侵犯哪些公民基本权利的基础上,需要认真思考如何有效规制大数据侦查这一问题。以"是否侵犯公民基本权利"为标准,大数据侦查属于强制性侦查措施,应纳入现有法律规制的体系。同时,基于"数据-信息-证据层次结构",应按照合法性原则和比例原则来审慎设计新的规制措施。

(一)纳入现有强制性侦查措施的规制体系

不能将大数据侦查与传统侦查相割裂,在法律做出重要修改之前,可将大数据侦查纳入现有的强制性侦查措施的规制体系。大数据侦查与我国《刑事诉讼法》规定的搜查、勘验检查、技术侦查和调取证据等强制性侦查措施既有联系又有区别。从法律规范和实践操作来看,前述几种侦查措施的制度设置虽然无法完全涵盖大数据侦查措施,但明显存在着交叉。

首先,我国法定的搜查适用需要具备特定的条件:(1)在对象上,搜查仅针对物理介质,包括身体、物品、住处和其他有关的地方;(2)搜查时需要出示搜查证,被搜查对象主观上知道搜查行为的实施;(3)搜查必须有见证人在场;(4)搜查结果需要由见证人确认。大数据侦查并不符合上述要求,因为大数据收集、查询、比对和挖掘行为都秘密进行,侦查相对人并不知道自己被调查。并且大数据技术行为通常针对的是数据,尽管数据通常存储在物理介质中,但是侦查措施主要在虚拟空间实施,因此大数据侦查实施并不需要开具类似搜查证的合法性依据。

其次,我国的勘验检查可以分为线下和线上两种形式,即以互联网为分界线,在物理空间和虚拟空间都可以进行。《刑事诉讼法》规定的主要是勘验检查的线下模式,内容主要包括在适用对象上罗列式地规定了场所、物品、人身、尸体四类,并在适用程序上进行了详细的规定,如需要见证人、开具合法性证明文件等。另外,线下的勘验检查还包括复验、复查以及侦查实验等多种形式。勘验检查的线上模式的法律规定主要包括《最高人民法院、最高人民检察院、公安部关于办理刑事案件收集提取和审查判断电子数据若干问题的规定》以及《公安机关办理刑事案件电子数据取证规则》。具体而言,《最高人民法院、最高人民检察院、公安部关于办理刑事案件收集提取和审查判断电子数据若干问题的规定》第 9 条和《公安机关办理刑事案件电子数据取证规则》第 27 条分别对网络远程勘验进行了规定。相比于线下模式,勘验检查的线上模式实施得更加严格,除了必要的见证人制度设计,对特定案件还需要全程同步录像。大数据侦查与勘验检查存在一定交叉,主要体现在数据的收集上。勘验检查的线上模式实际上是通过网络技术进行数据收集,这与大数据侦查中的数据收集在形式上有所重叠,但两者仍有区别。在实践中,大数据侦查的数据收集往往在案件发生以前便已经完成,这些数据要么是第三方机构协助收集的,要么是通过行使社会管理职能,借助大规模监控收集存储的。这种数据收集时间节点的前移,导致勘验检查相关规定无法对大数据侦查实施有效监管。

再次,关于调取和收集、提取措施,《刑事诉讼法》并没有直接对其进行明确规定,但通过法律规定可以认为调取及收集、提取符合强制性侦查措施的条件。根据法律规定,调取和收集、提取具有区别:调取的对象可以是物证、书证、视听资料和电子数据,而收集、提取只能针对电子数据;从证据来源上看,调取由第三方提供,而收集、提取则由侦查机关主动发现。由上述分析可知,对大数据侦查来说,不论是调取还是收集、提取,都只是数据收集的过程。调取和收集、提取行为无法成为在实践中主要应用的数据查询、比对以及数据挖掘的规范依据。更何况,与大数据侦查所涉及的数据量相比,调取及收集、提取的数据只能被称为"小数据"。另外,大数据侦查所使用的数据是基于事先建立的数据库,而并不依赖事后的收集。如果需要调取和收集、提取规定对大数据侦查发挥作用,则需要进行重新界定。

最后,技术侦查是和大数据侦查相关度最高的强制性侦查措施。对于技术侦查,2012 年《刑事诉讼法》进行了明确,但仍处在一种"模糊授权"的状态。[1]以实施对象为标准,技术侦查措施可以分为三类:以犯罪嫌疑人的通信工具为对象的技术侦查措施,如电话侦听、网络侦控等;以人为对象的技术侦查措施,包括秘密跟踪、密拍密录等;以物为对象的技术侦查措施,如秘密搜查、秘密检查等。[2]从特征上看,我国现有的技术侦查手段呈现出对象特定性、秘密性、技术性、内容涉及高度隐私性。通过对技术侦查部门办案人员的访谈,我们了解到,在侦查实践中,大数据技术已经与多种技术侦查措施结合使用,这是由于随着社会不断向信息化发展,人们的大量活动都在互联网中展开,技术侦查措施的采用也随着办案的需要更加倾向于以通信工具为对象的电话侦听以及网络监控。

---

1 参见胡铭:《技术侦查:模糊授权抑或严格规制——以〈人民检察院刑事诉讼规则〉第 263 条为中心》,《清华法学》2013 年第 6 期。

2 参见法律出版社法规中心编:《中华人民共和国刑事诉讼法(注释本)》,法律出版社 2019 年版,第 110 页。

在网络监控方面,大数据侦查显然比技术侦查措施更具优势,因为大数据侦查使用的数据是全样本数据。从功能上看,技术侦查措施与大数据侦查有重叠,但两者具有本质上的差别,主要在于数据来源的不同,相比于大数据侦查,技术侦查措施更强调对未来数据的收集,而大数据侦查主要基于既有的数据进行分析,当然同时也包含部分即时生成的数据,因此技术侦查措施无法覆盖大数据侦查的所有功能。

(二) 按照合法性原则和比例原则完善大数据侦查的法律规制

鉴于国内对大数据的本质属性并未达成一个共识,因此在《刑事诉讼法》中引入数据的相关理论并不实际。基于"效率优先"的侦查实践使得公民的基本权益无法受到妥善保护,刑事程序的公正价值难以保障。根据合法性原则和比例原则,现有《刑事诉讼法》有必要以保护公民基本权利为核心,针对大数据侦查进行相应规制。

根据合法性原则,我国应在法律中将大数据侦查确立为强制性侦查措施,这既符合"以是否侵犯公民基本权利"为界定标准的强制性侦查措施,同时也具备实践基础和立法基础:实践基础是指侦查机关对大数据的运用已经较为成熟,只是暂时无法可依;立法基础则体现在虽然现有《刑事诉讼法》没有对大数据侦查进行规范,但是在公安机关制定的《公安机关执法细则(第三版)》(以下简称《细则》)中已经做出明确规定。《细则》第十六章为"犯罪信息采集与网上侦查措施",其中第16-02款明确规定了查询、检索、比对数据措施,具体内容包括:(1)核查犯罪嫌疑人身份;(2)核查犯罪嫌疑人前科信息;(3)查找无名实体、失踪人员;(4)查找犯罪、犯罪嫌疑人线索;(5)查找被盗抢的机动车、枪支、违禁品以及其他物品;(6)分析案情和犯罪规律、串并案件,确定下一步侦查方向。这说明侦查机关在实践中已经意识到需要对大数据侦查在法律上进行限制,但因其效率优先的价值导向,所以并没有在相关法律中予以明确。

就大数据侦查的具体规则设计而言,在现有《刑事诉讼法》体系下,应在"侦查"章中单独设立"大数据侦查"一节,将大数据侦查增设为一种新的强制性侦查措施。在明确大数据侦查为强制性侦查措施的前提下,针对大数据侦查的技术特点,在适用条件、使用权限以及外部监督上进行制度设计。

1. 大数据侦查的适用条件

我国《刑事诉讼法》将侦查启动的门槛设立为立案程序,规定发现"有犯罪事实或犯罪嫌疑人"就应当予以立案,[1]但为了保障立案条件能达到实质要求,相关的司法解释都规定了立案前可以进行初查。同时,法律授权侦查机关在初查时可以采取不限制被调查对象人身权和财产权的各类措施。[2]立案前的初查制度设计无法满足规制大数据侦查的需要,考虑到大数据侦查的实施会大范围侵犯公民的个人基本权利,应当按照比例原则,对大数据侦查分别在初查阶段和侦查阶段设立不同的适用条件。在初查阶段,首先,根据目的正当要求,大数据侦查只能用于刑事程序,而不能用于其他目的,如非法个人目的等;其次,实施大数据侦查应当具有必要性,即只有在穷尽其他途径且不会或较小侵害公民基本权益的情形下,才能经过严格的审批程序,实施大数据侦查。另外,根据不同大数据技术侵害公民基本权利的程度不同,应当对大数据侦查中的查询、比对、挖掘区分不同审批层级,规定大数据查询和比对需要报请办案机关主管领导审批,大数据挖掘则需要继续报上一级主管部门领导审批。

在侦查阶段,大数据侦查的数据查询、比对和挖掘侵犯公民合法权益的程度有所不同,在适用案件范围上应进行区别规定。首先,对于数据查询,案件范

1　《刑事诉讼法》第 109 条规定:"公安机关或者人民检察院发现犯罪事实或犯罪嫌疑人,应当按照管辖范围,立案侦查。"

2　《公安机关办理刑事案件程序规定》第 171 条规定:"对于审查中发现案件事实或者线索不明时,必要时,经办案部门负责人批准,可以进行初查。初查过程中,公安机关可以依照有关法律和规定采取询问、查询、勘验、鉴定和调取证据材料等不限制被调查对象人身、财产权利的措施。"《人民检察院刑事诉讼规则》第 169 条也做出了类似的初查规定,但重点强调"不得采取技术侦查措施"。

围可以覆盖刑法规定的所有案件类型,但需要明确启动数据查询的实质条件,即进行数据查询需要有明确的犯罪嫌疑人或发生犯罪的事实,这与刑事立案程序的启动条件相重叠,但由于大数据查询与传统数据查询具有相同的实施便利性,在实践中很容易被用于侦查犯罪目的以外的非法活动,为了防范大数据查询的任意启用,避免导致强制性侦查措施被用于常态化的大规模监控,有必要对大数据查询进行附条件适用。其次,在数据比对和挖掘上,应当对适用案件的范围进行明确划分。数据比对和挖掘结果通常涉及公民的高度个人隐私,而计算机对大量数据的分析能够刻画一个人的性格特点和活动规律,可以说这种"3D 人物画像"式的分析结果甚至能够超过被分析者本人对自身的了解程度。因此,按照比例原则的必要性要求,大数据比对和挖掘应当只限于侦查严重犯罪时使用。所谓严重犯罪,可以参照对技术侦查措施适用范围的规定,主要包括危害国家安全犯罪、恐怖活动犯罪、黑社会性质的组织犯罪、重大毒品犯罪以及可能判处七年以上有期徒刑的刑事案件。

2. 大数据使用权限统一管理

对于大数据侦查,应当严格限制大数据使用权限。在侦查实践中,侦查机关的大数据使用通常以发放数字证书的形式实现。每一位侦查人员几乎都有权进行其所需要的数据查询、比对或挖掘,但这样的后果是会产生大量的无效行为,主要包括两种类型:一是拥有大数据使用权限的侦查人员往往依据个人的喜好选择是否使用大数据、对哪些内容实施大数据技术,甚至由于很难界定是否与案件相关,侦查人员对与案件无关的信息也可自由适用大数据技术;二是数字证书通常发放至个人,对数字证书的使用监管只能通过计算机系统的使用记录,但这种方式无法确定是数字证书持有者本人在进行操作,实际有可能是数字证书被他人借用,也有可能被盗用。尽管《刑事诉讼法》规定了侦查主体对侦查当中涉及的秘密和隐私有保密义务,但是由于信息获取的不可逆性,信息一旦被侦查人员知晓,很难对其进行保密监管。因此,有必要在制度设计时将大数据使用权限进行集中统一管理,建立专门的部门,根据侦查人员的申请和要求,由更专业的技术人员进行审核并提供大数据服务,避免侦查人员直接对数据库进行操作,而特殊情形下(如异地办案等)可以根据需要配置专业的设备(类似于警务通等)进行远程申请。这在实践中的应用都已较为成熟,能够在维护公民合法权益的同时,保障侦查机关的办案效率。

3. 对强制性侦查措施导入外部监督

我国《刑事诉讼法》赋予检察机关对刑事程序实行法律监督的权力,但我国现有的侦查权基本处于封闭运行状态。根据有效监督原则,应当对刑事侦查当中的强制性措施导入检察机关的外部监督,实现监督的有效性。权利克减与权力谦抑作为强制性措施监督的价值平衡,要求审慎适用强制性措施,"充分考虑是否为侦查所必需、更轻缓的替代措施是否可行,在非强制手段能够满足侦查需要的情况下尽可能不用强制手段"[1]。相比于其他强制性侦查措施,大数据侦查更易泛滥,导致侦查权力扩张、公民权利克减,因此有必要强化强制性措施的外部监督机制。在具体规则设计上,一方面应赋予检察机关对实施大数据侦查的知情权。侦查主体在选择适用大数据侦查时应当告知检察机关,只有在制度上保障知情权,检察机关才能实现有效监督。另一方面应当完善《刑事诉讼法》第 117 条的规定,保障对违法强制性措施的救济权。现有法律只针对侦查过程中侵犯公民人身权利和财产权利的违法强制性措施赋予检察机关进行纠正的救济权,但在信息化社会,除了财产权外,大数据侦查还可能侵犯公民的隐私权和个人信息权,在某些情形下,这些侵犯公民合法权利的行为导致的后果可能更甚于侵犯人身权,因此有必要赋予检察院对大数据侦查违法的救济权。

1　孙谦:《刑事侦查与法律监督》,《国家检察官学院学报》2019 年第 4 期。

五、结　语

"学者须于无疑中寻找疑处,方为有得。"[1]对于侦查部门来说,大数据侦查是一项既新又没有那么新的侦查措施,新的地方在于人工智能的兴起引发了大数据的又一波热潮。通过政府自上而下的政策引导,我国社会各个领域都将"大数据+人工智能"奉为圭臬,司法大数据与人工智能的应用更是被公安机关期待能够以此摆脱长期以来破案效率有待提升、错案冤案仍然存在的困境。然而大数据侦查又没有那么新,这是因为我国公安、司法机关的信息化建设自20世纪90年代开始已经开展了20多年,各项新型计算机技术的不断实践应用发挥出一定功效,所以大数据侦查作为一项技术对公安机关来说并不陌生。

不可否认,大数据技术经过不断迭代,确实让侦查机关办案如虎添翼,具有应用的必要性,也符合中国的国情。但如果说大数据侦查导致既有侦查模式的全面颠覆,就目前司法大数据和人工智能的应用程度来说,这仍为理想蓝图。总的来看,现有大数据侦查在本质上仍属于一种强制性侦查措施,我国《刑事诉讼法》已经将技术侦查措施纳入到了法律监督的版图,为了保障公民合法权益,防止侦查权被滥用,同样技术属性很强的大数据侦查措施也理应受到法律规制,这样才能尽可能消除技术给刑事司法带来的负面影响。

---

[1]　胡适:《容忍与自由》,中国画报出版社2013年版,第239页。

第九章
数字时代的积极主义法律监督观

数字时代,检察机关的法律监督面临着新的机遇与挑战。传统法律监督观具有限缩性、被动性、滞后性等特点,很难化解数字时代的新问题和新风险。2021 年 6 月 15 日,中共中央印发了《关于加强新时代检察机关法律监督工作的意见》(以下简称《意见》),提出了新时代"加强检察机关信息化、智能化建设,运用大数据、区块链等技术"推进检察机关法律监督工作。监察体制改革以及四大检察的重新定位,大数据、区块链等新技术引入带来法律监督的流程再造,使得传统法律监督观很难在理论上有效支撑数字时代的法律监督职能,亟待重新审视我国的法律监督理论以洞察当前数字技术带来的新型法律监督实践及其合法性困境,并以理性的精神重塑新时代检察机关的法律监督。

一、 积极主义法律监督观的提出

我国法学界围绕检察权性质的讨论由来已久,主要存在四种观点,即司法权说、行政权说、双重属性说和法律监督权说。[1]近年来,全球化和经济压力导致

---

1 关于检察权性质的讨论参见龙宗智:《论检察权的性质与检察机关的改革》,《法学》1999 年第 10 期;谢鹏程:《论检察权的性质》,《法学》2000 年第 2 期;陈卫东:《我国检察权的反思与重构——以公诉权为核心的分析》,《法学研究》2002 年第 2 期;苗生明:《新时代检察权的定位、特征与发展趋向》,《中国法学》2019 年第 6 期;周新:《论我国检察权的新发展》,《中国社会科学》2020 年第 8 期;等等。

世界范围内许多国家的检察官角色和职能产生了转变,呈现出检察官权力的日益增强趋势。[1]在我国,随着监察体制改革、认罪认罚从宽制度改革以及检察机关内设机构改革的逐步推进,检察机关的定位也日益清晰。[2]"中国检察机关是国家的法律监督机关,承担惩治和预防犯罪、对诉讼活动进行监督等职责,是保护国家利益和社会公共利益的一支重要力量。"[3]法律监督权已经成为我国检察机关的核心职权,而传统法律监督观在新形势新制度新问题之下,已经难以满足新时代检察工作的要求,大数据法律监督等新探索在实践中应运而生,积极主义法律监督观正是在这一背景下提出的新理论。

(一)积极主义法律监督观的内涵

所谓积极主义法律监督观,是指数字检察背景下检察机关积极、主动、高效地行使法律监督职能,提升刑事、民事、行政和公益诉讼等领域监督工作质效的法律监督新理念新方法新形态。"观"即对事物的认识或看法,是带有某种价值判断的认识。"法学及司法裁判的特质正在于它'几乎完全是在与价值判断打交道'。"[4]检察机关亦是如此,其所享有的裁量权是"国家刑事司法系统的核心",检察官也必须努力将利益相关者的价值观转化为实践。[5]积极主义法律监督观相对于传统法律监督观,带有明显的价值判断,是以数字检察战略为指引,以检察权的国家法律监督权性质为基础,以数字检务实践为源泉的一种新型法

---

1 参见〔澳〕维多利亚·科尔文、菲利普·斯坦宁编:《检察官角色的演变》,谢鹏程、蔡巍等译,中国检察出版社 2021 年版,第 8 页。

2 学界近年来关于检察机关法律监督的研究大多围绕监察体制改革、认罪认罚从宽制度和检察机关改革等方面进行,主要内容参见樊崇义:《检察机关深化法律监督发展的四个面向》,《中国法律评论》2017 年第 5 期;陈瑞华:《论检察机关的法律职能》,《政法论坛》2018 年第 1 期;秦前红:《两种"法律监督"的概念分野与行政检察监督之归位》,《东方法学》2018 年第 1 期。

3 《习近平致信祝贺第二十二届国际检察官联合会年会暨会员代表大会召开》,《人民日报》2017 年 9 月 12 日,第 1 版。

4 〔德〕卡尔·拉伦茨:《法学方法论》(第 6 版),黄家镇译,商务印书馆 2020 年版,第 277 页。

5 参见 Bibas, Stephanos, "Prosecutorial Regulation versus Prosecutorial Accountability", *University of Pennsylvania Law Review*, Vol. 157, 2009, p. 996。

律监督理论。

积极主义法律监督观区别于传统法律监督观的特征在于三个方面：一是积极主义法律监督观发挥了检察机关的主观能动性，改变了传统监督模式下检察机关被动监督的局面。尤其是目前部分地方司法机关联合探索搭建大数据诉讼平台，借助数字检察系统，通过案件数据碰撞，发现各类型诉讼案件流程中存在的问题，进而制发检察建议，实现检察机关在事前层面的主动监督。二是相较于传统法律监督，积极主义法律监督观更具广度和深度。在广度上，主要是检察机关的法律监督范围实现扩展和突破，这种范围的扩大不仅仅局限于单一层面上诸如刑事、民事、行政以及公益诉讼领域内的新兴、疑难问题等，还表现在双向层面甚至多向层面上的交叉复杂案件。在深度上，检察机关在发现问题之后，继而开展数据挖掘、数据碰撞、线索追踪、监督建议、提起诉讼、监督执行等工作，超越了传统诉讼监督手段，也是传统监督模式下无法实现的。三是积极主义法律监督观更强调与各监督机关之间的交流协作，打破了传统法律监督观中检察机关孤立的监督地位。数字检察背景下，检察机关大多通过制发检察建议等方式与各机关共同解决问题，检察建议在积极主义监督观下具有更加重要的地位和作用。

（二）传统法律监督观的瓶颈

长期以来特别是改革开放四十多年来的司法实践证明，检察机关对侦查权、审判权和刑罚执行权进行监督，在保证司法执法权规范行使中发挥了重要作用。[1]但传统法律监督模式在监督内容和监督手段上存在一定的局限，已经成为法律监督工作的瓶颈。

首先，传统法律监督方式在监督范围上存在限缩性，与检察机关长期以来

---

[1]　参见孙谦：《新时代检察机关法律监督的理念、原则与职能——写在新修订的人民检察院组织法颁布之际》，《人民检察》2018 年第 21 期。

的宪法定位并不相称。虽然检察机关在宪法层面是国家法律监督机关,但从1979 年《人民检察院组织法》第 5 条所列举的监督范围限于刑事法律活动就可以窥见,检察机关的法律监督范围存在实质限缩。在很长一段时期内,检察机关实际执行的法律监督职能并不能满足宪法层面对其所赋予的职能期待。直至 2016 年,国家监察体制改革试点工作开始推进,将检察机关的职务犯罪侦查职能和机构转隶监察委员会,即由后者实际承担原由检察机关承担的职务犯罪侦查职能。[1]这给长期以来以刑事公诉权为核心的检察机关造成了较大冲击,但同时也为检察机关改革发展提供了新的契机。2018 年《人民检察院组织法》修改,拓宽了检察机关法律监督的范围,不再局限于刑事案件的法律监督,而是延展至民事、行政、公益诉讼。但是,即便如此,一些涉及公民基本权利的重要方面依旧处于法律监督的"真空地带",亟待转变法律监督观念予以涵摄。

其次,传统法律监督方式在手段上存在被动性和滞后性。我国检察机关法律监督存在广义和狭义之分,广义上是指检察机关全部的职能权力,狭义上则仅指诉讼监督职能。[2]应当说,诉讼监督是检察机关法律监督的核心,本章所论述之内容,一般意义上也聚焦于诉讼监督职能。但即便作为检察机关法律监督活动的主要抓手,在诉讼监督领域也长期存在两个较为显著的问题,即被动性和滞后性。被动性表现在诉讼监督工作的启动以其他机关或者个人提供线索为前提,滞后性则表现在诉讼监督工作的开展基本都是在事发之后。在这种具有被动性和滞后性的监督模式下,极容易产生形式化的积弊。近些年来,为解决监督被动与滞后问题,在司法实践中,检察机关提前介入引导侦查、调查制度正呈现较好态势,[3]但是这种同步监督因为缺乏刚性,很难对侦查、调查活动形成有

---

1 参见陈光中、邵俊:《我国监察体制改革若干问题思考》,《中国法学》2017 年第 4 期。

2 参见龙宗智:《检察机关办案方式的适度司法化改革》,《法学研究》2013 年第 1 期。

3 关于检察机关介入侦查程序的研究相对较早,近期学界对于检察机关介入调查的研究较多,参见左卫民、刘帅:《监察案件提前介入:基于 356 份调查问卷的实证研究》,《法学评论》2021 年第 5 期;董坤:《检察提前介入监察:历史流变中的法理探寻与机制构建》,《政治与法律》2021 年第 9 期;等等。

效控制,尤其是在监察调查案件中,还存在一定的难度。而且即便是同步的诉讼监督,也应当存在一定的边界,因为诉讼监督仍然属于一种程序性权力,其应当建立于公、检、法"分工负责、互相配合、互相制约"的基础上,不宜逾越权力结构。[1]

(三)数字时代法律监督的新趋势

近年来,人民检察院面对日渐增长的智慧司法发展需求和发展不充分之间的矛盾,努力探索推进检察系统数字检察工作。2018年1月3日,最高人民检察院在充分调研论证基础上,明确提出智慧检务建设重大战略,正式印发《最高人民检察院关于深化智慧检务建设的意见》,勾勒了未来智慧检务建设的蓝图。最高人民检察院前副检察长孙谦曾撰文表示,检察机关是国家治理体系中的重要组成部分,其检察办案和法律监督方式的深度转型迫在眉睫。智慧检务就是检察机关积极顺应科学技术发展趋势,主动运用大数据、人工智能等信息技术,对检察工作进行的一次全面、深刻的智慧化改造。[2]现阶段运用大数据等新技术推动检察工作的转型升级,推行智慧检务,是当前检察机关的重要任务。中共中央印发的《意见》也在第19条着重强调了加强检察机关信息化、智能化建设的具体内容和方向,数字检察战略的逐步推进为检察机关更好地履行法律监督职能展现了新的发展趋势。

首先,数字赋能使得检察机关法律监督方式迎来变革。以往检察机关的传统法律监督观,注重通过对个案案件情况的审查判断来发挥诉讼监督效能,这种方式存在及时性不足和覆盖面较窄的缺陷。当下,随着大数据等新技术在检察领域的逐渐适用,检察机关法律监督在空间和深度上均得到质的提升。新时代检察机关理应借势、借力数字技术的发展,有效促进检察机关法律监督体系

---

1 参见吴宏耀、苗生明等:《大家谈:新时代检察基础理论的重点问题》,《国家检察官学院学报》2021年第1期。

2 参见孙谦:《推进检察工作与新科技深度融合　有效提升办案质量效率和司法公信力》,《人民检察》2017年第19期。

和监督能力的现代化。[1]其次,检察机关在办案理念上也发生新的变化。在传统的法律监督工作中,检察人员思维常常限于独立的办案环节,尤其是集中于刑事案件审查起诉检察监督,对于其他程序阶段关注较少。数字检察战略中大数据平台的开发和运用,使得全诉讼流程清晰可见,极大地扩展了检察办案人员监督的面向,自然对检察办案人员的监督思维提出了新的要求。最后,检察机关独立行使检察权不是独自开展法律监督。数字时代开展检察机关法律监督工作不再仅局限于检察机关,否则会陷入数据孤岛,而应加强与其他各机关的交流协作,应当在数字检察战略下,融入法律职业共同体理念,逐步形成以检察机关为主、其他各机关配合的法律监督新模式。

当下,数字时代的检察机关正在数字检察战略下,全面提升法律监督在刑事、民事、行政与公益诉讼等方面的监督质量和效果,各地有了很多创新性的探索和做法。这一方面使得检察机关法律监督呈现出多点开花、改革不断的新局面,另一方面也使得我们看到了法律监督中的一些乱象。因为缺乏直接的法律依据且没有明确的理论指引,大数据、人工智能等新技术的引入是有风险的,我们既不可以故步自封,又不能盲目冒进,这便需要我们继续在理论上反思如何创新数字时代的法律监督理论。通过对数字检察战略下法律监督活动开展情况的实证调查,本章尝试提出积极主义法律监督观这一新理论,试图支撑并解释当下检察机关在数字检察时代完善法律监督职能的新趋势。

二、 积极主义法律监督观的理论基础

理论源自实践,而没有理论指导的实践最终往往很难走向成功。积极主义法律监督观源自大数据法律监督等检察实践,回应了当下检察体制改革的时代

---

[1] 参见贾宇:《检察机关参与网络空间治理现代化的实践面向》,《国家检察官学院学报》2021年第3期。

探索,有助于提升新时代检察机关法律监督的质效。这背后是宪法层面的强力支撑,契合了国家治理能力现代化的要求,并且与传统法律监督方式并不抵牾。

(一) 积极主义法律监督观的宪法依据

有学者将刑事诉讼法称为"适用的宪法",或者称为"宪法性刑事诉讼法"[1]。检察制度同样与宪法关系十分紧密,我们可以将检察制度称为"宪法适用的制度"或者"宪法性检察制度"。《人民检察院组织法》被定位为宪法相关法,是直接保障宪法关于检察制度规定实施和检察权运作的法律规范。

我国 1954 年《宪法》第 81 条规定了检察机关"对于国务院所属各部门、地方各级国家机关、国家机关工作人员和公民是否遵守法律"进行监督的职能,这也是对检察权的定位。1978 年《宪法》第 43 条恢复了 1954 年《宪法》关于检察机关的宪法地位。[2] 1979 年《人民检察院组织法》根据 1978 年《宪法》,首次明确规定了"人民检察院是国家的法律监督机关"。1982 年《宪法》修改,正式将"人民检察院是国家法律监督机关"明确写入宪法文本。2018 年修订的《人民检察院组织法》,在第 2 条再次重申人民检察院是国家的法律监督机关,并对具体职能范围做出规范。应当说,自改革开放以来,人民检察院作为专门的法律监督机关,是由我国宪法所创设的,是根植于我国历史条件和社会时代背景的,[3] 并以宪法为依据明确了检察机关法律监督的一系列职能。

理论界以《宪法》第 134 条的规定为依据,将检察权区别于行政权与司法权,定性为法律监督权,强调检察机关公诉、侦查、侦查监督、审判及执行监督等所有职能都应当统一到法律监督权的属性中来。[4] 虽然这一观点在理论界还存在

1　〔日〕田口守一:《刑事诉讼法》(第 7 版),张凌、于秀峰译,法律出版社 2019 年版,第 6 页。

2　1975 年《宪法》对检察机关的地位做了根本性的修改,该法第 25 条第 2 款规定:"检察机关的职权由各级公安机关行使。"

3　参见秦前红:《全面深化改革背景下检察机关的宪法定位》,《中国法律评论》2017 年第 5 期。

4　参见刘立宪、张智辉等:《检察机关职权研究》,载孙谦、张智辉主编:《检察论丛》第 2 卷,法律出版社 2001 年版,第 83 页。

争议,但是其在内容上较为贴合我国实际,也符合《宪法》文本。域外国家对检察权的讨论虽然着墨不多,而且囿于法系差异和近年来司法制度的不断发展产生了较多新的变化,但是总体上也存在一定的共性。一个较为显著的特征是当前检察官角色越发重要,尤其是随着协商性刑事司法的发展,检察官被认为已经成为"法官前面的法官"[1]。有研究从比较法的角度出发,将美国与瑞士、法国和德国三个欧洲国家的检察机关做比较研究,认为为了应对不断增长的案件数量,几乎所有刑事司法系统都表现出提供替代程序的明显倾向,一个共同的趋势是强化检察官在此类程序中的主导作用,随着时间的推移,检察官已经逐渐演化成为"决策者的角色"[2]。事实上,检察官因其在刑事司法系统中调和者的角色定位,跨越了对抗式司法与职权式司法之间、警察与法院之间、法律规范与自由裁量之间的界限,使得检察权的地位在世界范围内日益突出。[3]因此,可以说,域外对于检察机关的职能定位随着司法改革和司法环境的不断变化而发生变化,并呈现出权力扩展和主动性增加的趋势。我国检察权的宪法定位使其区别于域外检察权,也使得我国的检察机关承载了更多的职能和责任,这种宪法定位使得检察机关履职的压力是巨大的,特别是在对各级国家机关及其工作人员的监督中,在对四大检察的并行监督中,只有主动运用现代科技并用好公诉权、部分案件自侦权等,才能够真正承担起宪法所赋予的职责。

(二)积极主义法律监督观有助于法治与治理能力现代化

"科技兴,则法治强。现代数字科技已经成为法治现代化的重要引擎。"[4]党的十八届三中全会提出的全面深化改革的总目标,是完善和发展中国特色社会

1　Luna, Erik & Wade, Marianne, *The Prosecutor in Transnational Perspective*, Oxford University Press, 2012, p. 377.

2　Gilliéron, Gwladys, *Public Prosecutors in the United States and Europe*, Springer, 2014, p. 322.

3　参见 Sklansky, David A., "The Nature and Function of Prosecutorial Power", *Journal of Criminal Law and Criminology*, Vol. 106, 2016, pp. 473–478。

4　张文显:《论中国式法治现代化新道路》,《中国法学》2022 年第 1 期。

主义制度,推进国家治理体系和治理能力现代化。[1]"现代法治为国家治理注入了良法的基本价值,提供了善治的创新机制。"[2]在全面依法治国战略背景下,国家治理体系和治理能力现代化要求建设中国特色社会主义法治体系,这一体系包括完备的法律规范体系、高效的法治实施体系、严密的法治监督体系、有力的法治保障体系和完善的党内法规体系。[3]其中严密的法治监督体系包括监察监督、法律监督、群众监督、党内监督等,是保证法治运行的重要标尺。检察机关的法律监督作为司法监督的重要表现形式,是党和国家监督体系建设不可或缺的重要力量。检察机关作为国家法律监督机关,在构建严密的法治监督体系中理应肩负起更多的职责,这就要求构建决策科学、执行坚决、监督有力的法律监督权运行体系。针对实践中检察机关法律监督确实面临实施效果不彰、被监督机关配合度不高等困境,当下迫切需要转变检察机关的法律监督理念和方式方法,以提升法律监督质效,适配新时代对检察机关法律监督职能提出的新要求。

积极主义法律监督观至少在两个层面上有助于法治与治理能力现代化。其一,积极主义法律监督观符合深化法治建设的要求。自改革开放以来,经过长达四十余年的发展,中国特色社会主义法律体系已经基本形成,我国在法治建设上已经取得长足进步,初步实现了"形式法治"。现阶段的重要任务应当是逐步深化法治建设,推进"实质法治"建设。[4]积极主义法律监督观强调发挥检察机关能动性,变被动履责为主动履行检察监督职能,正是走向"实质法治"的体现。其二,积极主义法律监督观符合新时代数字法治和智慧司法建设的要求。

1　国家治理体系指的是包括经济、政治、文化、法律制度等领域的一套紧密联系、相互协调的国家制度。国家治理能力则是指运用国家制度管理社会各方面事务的能力。二者是有机整体,是从整体上解决中国各种具体问题的有效方式。参见江必新:《推进国家治理体系和治理能力现代化》,《光明日报》2013年11月15日,第1版。

2　张文显:《法治与国家治理现代化》,《中国法学》2014年第4期。

3　参见习近平:《关于〈中共中央关于坚持和完善中国特色社会主义制度　推进国家治理体系和治理能力现代化若干重大问题的决定〉的说明》,《人民日报》2019年11月6日,第4版。

4　参见李树忠:《迈向"实质法治"——历史进程中的十八届四中全会〈决定〉》,《当代法学》2015年第1期。

数字法治和智慧司法建设在新时代背景下愈显重要。2018 年司法部印发了《"数字法治、智慧司法"信息化体系建设指导意见》，提出以信息化引领和带动司法事业发展，提升推进全面依法治国战略的能力和水平的建设目标。同年，最高人民检察院发布了《关于深化智慧检务建设的意见》，指出要全面实现检察工作数字化、网络化、应用化、智能化。[1]积极主义法律监督观立足于数字检察系统建设，是在大数据背景下创新法律监督的有效指引，是数字法治和智慧司法在检察机关法律监督领域的重要体现。

（三）积极主义法律监督观与传统法律监督方式并不抵牾

需要说明的是，积极主义法律监督观的提出并不必然消解传统法律监督方式的合理性，二者之间应当是一种并行不悖的关系，而非排他式的关系。传统法律监督方式虽然存在一定的被动性和滞后性，但是其监督线索主要来源于具体个案。以这种获取线索的途径开展法律监督工作，有助于保障监督的具体成效，提升监督的精准性。比如，在对刑事案件的监督上，传统法律监督的监督线索一般来源于当事人的申诉控告，即通常情况下当事人申诉控告是发现错裁错判的主要线索，检察机关据此开展针对个案的检察监督工作，从而精准纠错，维护个案司法公正，从宏观层面上看，也能够满足让人民群众在每个个案中感受到公平正义的要求。积极主义法律监督观则不同，它更强调从类案治理的角度，利用数字检察系统，主动发现同类问题，更多地聚焦于难以在个案监督中发现的同类案件，继而有针对性地开展法律监督工作。因此，积极主义法律监督观与传统法律监督方式应当是互补的，二者均是检察机关行使检察监督职能的有效方式，只是积极主义法律监督观在新时代背景下更具活力，但并不能因此摒弃传统法律监督方式，二者应当统一于检察机关法律监督职权。

1　参见郭洪平：《最高检印发意见深化智慧检务建设》，《检察日报》2018 年 1 月 4 日，第 1 版。

三、 积极主义法律监督观的实践逻辑

积极主义法律监督观的提出并非一种由学理到实践的过程,而是在数字时代检察法律监督实践探索的新方法新形态基础上形成的一种新理论。为解释积极主义法律监督观的实践逻辑,笔者以浙江省绍兴市检察机关的法律监督案例与数据为样本展开实证调研。[1]之所以选择浙江省绍兴市检察机关,主要考虑的是该市检察机关是全国数字检察工作的积极探索者,在数字法律监督领域走在全国前列。2021 年,时任最高人民检察院检察长张军在该市检察机关调研后指出:"大数据助力检察工作高质量发展,大有作为!你们在数字检察方面发扬了敢为人先的首创精神,许多经验值得借鉴!"[2]从分析样本来看,积极主义法律监督观的实践逻辑呈现出以下几个特征。

(一)从以刑事检察监督为主到基于"四大检察"的并行监督

近年来,检察机关改革以国家监察体制改革及反贪、反渎职能转隶为契机,以内设机构改革为突破口,着力破解"重刑轻民"局面,提出了刑事检察、民事检察、行政检察、公益诉讼检察"四大检察"全面协调、充分发展的新目标。从以刑事检察监督为主的传统法律监督发展到基于"四大检察"的并行监督,正是承载着积极主义法律监督观的基本面向。从浙江省绍兴市检察机关的检察监督实践来看,其立足于"四大检察"之上,以数字检察系统为依托,全面推进法律监督工作。根据调研统计情况,绍兴市检察机关共搭建 23 种类案功能模块,其中包括套路贷案件、保险理赔诈骗案件、刑拘不当下行问题、虚假诉讼监督、"非标油"公益诉讼监督、以短刑期逃避强制戒毒情况等等。

---

1 浙江省绍兴市位于我国东部发达地区,陆域总面积为 8273.3 平方千米,常住人口 527.0977 万人,城镇人口 335.33 万人,城镇化率 66.6%,常住外来人口达 79 万人。2020 年,绍兴市国内生产总值(GDP)达 6000 亿元。

2 参见邱春艳:《大数据助力检察工作高质量发展大有可为》,《检察日报》2021 年 6 月 22 日,第 2 版。

具体来看,在刑事检察领域,绍兴市检察机关建立了大数据刑事检察监督平台,从业务信息挖掘开始,经过自行核查,将得到的线索反馈给侦查、调查办案机关,实现检警、检监协作,再通过数据研判线索,督促侦查、调查办案机关依线索查办案件,并通过派驻检察的方式推动案件办理。数据统计显示,绍兴市检察机关自 2018 年应用该平台以来,各项监督数据明显提升。立案监督数由 68 件提升至 94 件,撤案监督数由 1 件提升至 59 件,纠正违法数由 14 件提升至 58 件,移送线索数由 5 件提升至 58 件,纠正漏诉人由 3 人提升至 9 人,纠正漏捕数由 5 人提升至 79 人。在民事案件检察监督方面,绍兴市检察机关以虚假诉讼为抓手,创设了虚假诉讼监督"五步走"模式(智能排查→初步审查→深入调查→引导侦查→裁判监督)。通过这种平台监督,绍兴市全市虚假诉讼案件办结数量由 2017 年的 9 件提升至 2020 年的 396 件,涉案金额由 2017 年的 300 万元提升到 2020 年的 9000 万元。并且两级检察院在民事检察监督案件数量比上也产生显著变化,基层院数量比由 2017 年的 49% 升至 2020 年的 90%,市院由 2017 年的 51% 降至 2020 年的 10%。在行政诉讼和公益诉讼领域,绍兴市检察院也选取了大众较为关注的案件,比如违法占地、行政非诉执行等行政案件和国有财产保护、公租房问题、"非标油"污染大气等公益诉讼案件,均取得了较为显著的监督效果。此外,绍兴市检察院不仅仅面向"四大检察"领域,还专门建立了刑事执行 APDA(Action Plan Do Analyze)社区矫正智慧检察系统、财产刑执行一体化监督系统、未成年人"星海守望"系统等,采用全息档案、智能巡查等技术,显著提升了检察机关法律监督质效。

(二) 从个案监督到基于类案检索的全过程监督

数字时代的检察监督,获取案件信息的渠道被打开,可以监督的范围更加广泛。以绍兴市检察院为例,在大数据平台的辅助下,其在检察监督策略上已经由个案监督转向以类案监督为主导的方式。前已述及,以往检察监督的策略侧重于对个案的证据标准、审查认定、法律适用等方面,虽有一定成效,但与积极主义监督观主张以"类案监督"为主的模式相比,还存在显著差距。检察机关法律监督已经不再仅仅关注个案的对错,而是通过对批量相似案件的监督,来解决人民群众反映强烈的难点和痛点问题,帮助公安、法院以及行政机关解决还没有关注或者已关注却难以解决的问题。最为关键的是,类案监督的方式聚焦案件的全过程,使得许多问题在进入诉讼程序前被发现,这便使得检察监督由事后监督转变为事中监督,甚至在一定程度上可以事前预防而达到事前监督的效果,不仅有助于进行专项监督整治,还有助于杜绝、防止更多类似个案的发生。

以绍兴市检察院办理的车辆骗保案为例,就能清晰地展现出这种类案监督方式的显著成效。保险诈骗是国内外车辆保险行业都面临的问题,绍兴市检察监督平台的数据显示,绍兴市车损保险领域存在伤残率高、理赔数额高、诉讼率高等异常现象。针对这一情况,绍兴市检察机关立足民事检察监督职能,利用数字检察平台,从整理和归纳车辆保险理赔纠纷的裁判文书入手,发现部分修理厂存在将事故车辆拖至自家厂内维修的现象。该现象的背后是,修理厂一方面以不出修理费等理由诱骗出险人转让保险权,另一方面则采取拖延方式阻碍保险公司定损。一旦过了定损期限,修理厂则制作修理清单,委托评估机构出具评估报告,并以保险受让人名义向法院提起车损保险理赔诉讼。在司法惯性中,法院一般会认定当事人委托的第三方评估机构在可信度方面要高于保险公司的定损意见,如此一定程度上会助成修理厂实施保险诈骗行为。绍兴市检察机关通过数据分析碰撞发现,辖区内的部分修理厂几年内涉及的保险纠纷诉讼达百余件,后查实虚假保险理赔线索 60 余起,促使公安机关立案侦查 5 个保险诈骗团伙共 27 名成员,犯罪金额逾 1500 万元。

(三) 从被动监督到基于数据的主动监督

传统的检察机关法律监督大多以案件当事人的举报申诉和诉讼程序进程之中的问题为索引,这种监督模式相对而言较为被动,监督线索的来源不够稳定,检察机关法律监督工作常处于疲软状态。而且受制于"分工负责、互相配合、互相制约"原则的影响,在监督工作上常常是侦查机关、调查机关移送什么,检察机关就办理什么,如果没有线索移送,基本上就不会主动开展法律监督工作。这种局面伴随着数字检察系统与平台的运用迎来了新的改变,开始走向积极监督的模式。"人工智能的可怕之处在于预测的精准性"[1],而这种基于大数据预测的精准性在提高刑事司法系统的准确性、公平性以及提升效率等方面显示出巨大的潜力,有助于推动刑事司法系统的积极发展。[2]因此,以大数据、人工智能技术为代表的现代信息技术,为积极主义法律监督提供了工具可能性。

绍兴市检察机关在数字检察理念的引导下,以获取尽可能多的基础数据为前提,充分运用现有的统一业务应用系统,着力将能够获取到的公安、行政机关数据以及检察院自有数据归集、整理,并在此基础上充分运用和挖掘现有数据信息。比如,以绍兴市开展的虚假诉讼监督为例,检察机关通过"民事裁判文书智慧监督"系统检索发现,以彭某某为原告,在两年时间内,法院做出的相应生效裁判文书多达 50 件,涉案金额合计 271.67 万元,存在虚假诉讼嫌疑。[3]首先,需要明确数据来源,包括民事裁判文书(来源于法院裁判文书网)、公安机关查询信息(与公安机关联系后获取)、关联人员资金明细与交易流水(从金融机构调取,可通过涉案账户数字化查询系统查询)。其次,对数据进行分析:从裁判文书基本信息入手,基础数据以原告、被告、案由、代理人为要素,并对这类借贷案件的特性进行分析,进一步归纳出同一原告、密集起诉、公告送达、证据格式

1　〔日〕松尾丰、盐野诚:《大智能时代:智能科技如何改变人类的经济、社会与生活》,陆贝旎译,机械工业出版社 2016 年版,第 7 页。

2　参见 Simmons, Ric, "Big Data, Machine Judges, and the Legitimacy of the Criminal Justice", *U. C. Davis Law Review*, Vol. 52, 2018, p. 1070。

3　在这一系列案件中,传票送达被告的方式无一例外均为通过公告送达,且被告人均未出庭应诉,法院都做出了缺席判决;提交的证据较为简略,无论借款金额多少,一般均为借条一份,无其他证据;诉讼标的与原告的年龄、职业及经济能力不相匹配。可参见绍兴市越城区人民法院(2016)浙 0604 民初 6661 号民事判决书、绍兴市越城区人民法院(2018)浙 0604 民初 2194 号民事判决书等。

化、缺席判决等要素点。最后,数据分析的具体步骤如下:(1)锁定要素,筛查指标。抽取民事诉讼中的年龄、籍贯、格式化借款、第三人、异常调解、异常费用(服务费、调查费等)、异常辩解等七个要素点进行指标筛查,并同步建立与"套路贷"虚假诉讼的信息关联。(2)收集文书,数据碰撞。全面收集一个区域、一段时间内法院民事诉讼裁判文书,检索上述重点指标,抽取出原告身份相同、起诉数量异常高、且具有虚高借款、殴打、非法拘禁、泼油漆等要素的民间借贷案件,再结合人工分析,判断是否存在"套路贷"可能,据此作为可以成案的监督线索。(3)分类处理,充分取证。每条线索由专门办案组负责核查,刑检部门联合民行部门,运用自行向有关人员调查取证、向法院调阅案卷、通过派驻检察官办公室进入公安侦查信息系统查阅案件信息等手段,尽可能获取信息,还原全貌。刑检部门再对获取的信息进行犯罪构成要件分析、定性分析,对可定性为"套路贷"违法犯罪线索的,与公安机关进行沟通,对本可以采用立案监督方式的案件,引导公安立案后,提前介入引导侦查、全程跟进,固定证据基础。

由此可见,基于数据的主动式法律监督的基本进路如下:在智慧裁判监督系统的帮助下,运用大数据能够快速抽取同案要素、发现异常类案。在此基础上,检察官再通过人工筛查,形成合理怀疑。初查后交由公安机关立案,积极引导侦查。从彭某某案来看,这种做法是行之有效的,数据分析乃至大数据的使用能够有效帮助检察官发现可疑线索。该案例清晰地反映出绍兴市检察机关依托数字技术,改变了监督线索来源被动的局面,监督线索和监督方向由检察机关主动掌握,形成了数字赋能检察、数据引导监督的主动监督模式。[1]

---

[1]　比如在民事领域,绍兴市全市民事监督案件较2017年末启用数字检察时上升了43%,2018—2020年共提出抗诉、再审检察建议874件。在刑事领域,也形成了检察机关向公安机关移送线索的新局面,绍兴市公安机关根据检察机关移送的线索抓捕涉黑恶、虚假诉讼犯罪嫌疑人150余人,成批涉黑恶犯罪和虚假诉讼被发现。总的来看,绍兴市检察机关依靠这种积极监督模式,不仅扭转了长期以来的被动局面,而且使得众多以前难以发现或者发现了但难以处理的问题得到切实有效的解决。参见范跃红、胡妮娜、关闻哲:《数字化"解锁"法律监督大能量》,《检察日报》2021年9月21日,第2版。

（四）从依法独立行使监督权到基于多元协作的有效监督

在传统的法律监督方式中，检察机关作为国家法律监督机关依法独立行使监督权，这便使得监督机关与被监督机关常常会因为各自立场不同，在监督事项上产生一种对立博弈局面。这不仅体现在外部监督工作的开展上，甚至在检察机关内部，囿于职能划分较细，也存在相对独立情况。积极主义法律监督观则是在检察机关依法独立行使监督权的基础上，将法律监督转变为基于多元协作的有效监督。

绍兴市检察机关在数字检察模式下，开始重新审视监督角色与被监督角色之间的关系，从法律职业共同体理念的角度出发，重点关注各主体职能定位的互补性，通过加强与各被监督机关的沟通和协作，完善检察机关自身的监督方式与方法，进而促进被监督机关认可检察机关的监督建议。另外，当下法律问题日渐多元，很多新型疑难问题不再局限于刑事、民事、行政或者公益诉讼领域，而是向二元或者多元交叉领域发展，刑民交叉、刑行交叉或民行交叉案件日益增多。比如，在绍兴市检察监督工作中发现的"套路贷"案件，通常就既涉及刑事又涉及民事。又如，一些侵犯公共利益的案件中也往往涉及刑事检察和公益诉讼等多项职能。这些新的变化一定程度上也促使绍兴市检察机关走向以多元协作为路径的法律监督方式。

在内部监督合作上，以"捕诉一体"改革为契机，绍兴市检察机关提出了"监督+侦查"双轮驱动的监督模式。"双轮"是指在监督侦查工作的同时行使《刑事诉讼法》保留的检察机关部分职务犯罪侦查权。这种模式的关键是整合了检察机关内部侦查监督部门和职务犯罪自侦部门的职能，实现互相配合、协同推进。在外部监督合作方面，绍兴市检察机关着力推进与公安机关、法院等开展协作。以虚假诉讼案件为例，从诉讼流程上看，检察监督需要针对的是人民法院做出的、已经发生效力的裁判，由于虚假诉讼行为人的刻意操作，这类裁判在证据层面通常并无显性问题，因此，人民法院一般会依照证据优先的原则依法做出判决。从个案来看，很难发现存在虚假诉讼嫌疑，如果检察机关提出检察监督建议，法官会在一定程度上产生抵触情绪。为了打破立场上的桎梏，绍兴市检察机关一方面引导检察官转变对虚假诉讼监督的认识，另一方面切实加强与公安、法院等机关在办案理念方面的共融，凝聚协同监督的合力。

（五）从个案治理到基于算法工具的社会治理

法律监督与社会治理存在内在的耦合关系，检察机关行使法律监督职能是推进国家治理体系和治理能力现代化的重要环节，[1]虽然传统的法律监督方式一定程度上也有利于社会治理，但更多的是个案层面的治理，而不是具有普遍效应的社会治理。数字时代的算法正逐渐从过去单一的数据分析工具，转变为能够对社会治理产生重要影响的力量，法律监督可以借助于大数据和机器深度学习基础上的算法，以获得越来越强的自主学习与决策功能。绍兴市检察机关在数字检察模式下，充分运用算法工具促进类案治理并达到社会治理之效。相比个案存在偶发性，类案便为机器学习和自动决策提供了可能性，并且可以通过算法找到一系列机制性和制度性痛点。算法作为分析工具，使得数字时代的法律监督可以填补制度漏洞并修复机制问题。基于算法工具，绍兴市检察机关共发现了 20 余个具有系统性、普遍性的突出问题。

比如，绍兴市检察机关在办案过程中，发现强制隔离戒毒人员通过虚构轻微刑事案件来逃避强制隔离戒毒的情况。通过调查研判，检察机关发现该情况并非个案，于是运用数字检察平台等系统展开类案数据分析，精准挖掘出徇私枉法犯罪串案线索。通过进一步调查发现，该情况的产生缘由在于刑罚执行场

---

[1]　参见黄文艺、魏鹏：《国家治理现代化视野下检察建议制度研究》，《社会科学战线》2020 年第 11 期。

所与强制隔离戒毒所之间工作衔接机制不当,缺乏对强制隔离戒毒人员在刑罚执行完毕后的接收管理机制。因此,强制隔离戒毒人员利用这一机制漏洞,通过伪造通常判处三至五个月刑罚的轻微刑事案件,以逃避两年的强制隔离戒毒。绍兴市检察机关在发现这一机制漏洞之后,通过制发检察建议来敦促相关机关完善衔接机制,从源头上防止类似案件再次发生。又如,绍兴市检察机关聚焦检察公益诉讼,在"非标油"污染大气案件上发力。"非标油"的含硫量超过标准的120—180倍,严重危害公共安全,价格还要比成品油低18.5%,扰乱正规的油品市场。最为关键的是,该违法行为较为隐蔽,发现难、取证难、监管难,处于无人管、无人查的状态,即使个别查处也意义不大,难以杜绝违法行为。绍兴市检察机关通过算法分析,从买方入手调查,精准锁定购买"非标油"的终端消费企业72家、对应登记柴油车辆408辆、"非标油"115万吨。通过比对72家企业国标用油数据,确认115万吨"非标油"被违规使用。[1]继而跟进监督出售"非标油"的企业,推动税务、工商等部门实现行政监管互联互通,形成整治合力。检察机关通过法律监督,有力地惩治了"非标油"产业链,极大地提升了社会治理水平和能力。

四、 积极主义法律监督观的局限性及其应对

积极主义法律监督观在我国检察实践中已经有了初步尝试,我们在看到其正面作用的同时,应审慎对待其可能存在的局限,警惕积极主义法律监督观蜕变为监督权的极度扩张,防止积极主义法律监督观走向激进主义法律监督观,以实现数字时代检察机关法律监督工作的良性有序发展。

1　参见翁跃强、苏文玉等:《以数字化赋能检察机关参与和服务市域社会治理现代化》,《人民检察》2021年第14期。

（一）积极主义法律监督观的局限性

1. 受制于数字检察系统建设，产生木桶效应

积极主义法律监督观能够发挥多大作用，取决于最短的那一块板即数字技术，也就是说数据获取、数据建模、数据分析等数字技术对于检察机关法律监督发挥了重要作用，同时法律监督的质效被数字技术所限制。如前所述，积极主义法律监督观是以数字检察系统为依托，数字检察系统建设是否完备在很大程度上就决定着积极主义法律监督观的实施成效。但是实践中数字检察系统建设至少在以下方面仍存在短板：其一，数据来源渠道较窄。根据绍兴市检察机关工作人员的相关说明，目前数据资源的获取渠道主要是中国裁判文书网，来自公安、法院、行政机关等单位的数据信息相当有限。一方面，这与当下各机关之间分工负责的思维相关，涉及监督时合作意识并不强，对于开展法律监督工作存在一定抵触情绪，不予配合情况时有发生。另一方面，存在一定的数据壁垒。各机关均有一套内部数据存储系统和一套外部公开存储系统，对于内部存储系统中数据的使用存在较大限制，基本上很难突破这一壁垒。而外部系统存储的数据又相当有限，数据价值不高。其二，系统开发存在技术瓶颈。当下司法实践中，由于存在技术难题以及司法本身的复杂性，甚至人工智能的运用主要还是以"人工+智能"的方式展开。[1]同时，负责平台搭建的技术人员缺乏足够的法律知识体系，而负责数据资源整合应用的办案人员又缺乏一定的专业技术知识，这种矛盾局面使得数字检察系统开发的实质提升常常举步维艰。

2. 个人信息权利保护能力不足，侵蚀基本法律价值

2021 年 11 月 1 日正式实施的《个人信息保护法》在第二章第三节专门对国家机关处理个人信息做了特别规定，其中强调国家机关为履行法定职责处理个

1　参见胡铭、宋灵珊：《"人工+智能"：司法智能化改革的基本逻辑》，《浙江学刊》2021 年第 2 期。

人信息的,应当履行告知义务,还应当依照法律、行政法规规定的权限、程序进行,不得超出履行法定职责所必需的范围和限度。应当说,随着现代社会法治观念的不断发展,公众对于自身权利的重视程度显著提升,个人信息权利属于较为新兴的权利领域,但是因其与公民自身各项权益息息相关,逐渐成为新时代公众关切的主要权利。与传统法律监督相比,积极主义法律监督观下检察机关法律监督的范围得到扩大,尤其是以大数据信息获取为主要内容的数字检察系统,更是拓展了检察监督的广度和深度。但与此同时,随着数据获取的广度和深度不断推进,一个不容忽视的问题是对公众信息权利的保障。例如,随着区块链技术的普遍使用,数以百万的日常行为与数据将被记录在区块链上,人们交换的信息内容、访问的地方以及与他人互动的数字痕迹,将永久地以不可变的方式保存在那里。[1]从实践情况来看,检察机关积极履行法律监督权时,尤其是在涉及个人信息数据的获取、存储、使用、销毁等方面存在个人信息权利被忽视的问题。虽然当下对于个人信息保护依然需要衡量更多的利益关系,[2]但检察机关作为国家法律监督机关在开展法律监督工作中,尤其是在涉及个人信息数据的获取、存储、使用、销毁等方面,与《个人信息保护法》的相关规定还存在差距,可能超越履责范围与限度,导致人权、自由等基本法律价值被侵害。

3. 引发各机关之间的权力冲突,导致司法资源损耗

在实践中,检察机关在主动行使法律监督职权时容易受到来自被监督机关的抵触,大多表现为不予配合或者配合度不高。虽然在传统法律监督模式下也会有这一状况,但积极主义法律监督观显然导致这种监督与被监督之间的冲突关系更趋紧张。从本质上来看,监督机关与被监督机关这种表象上的配合度不高,根本缘由还是在于权力冲突。传统法律监督模式下,检察机关的法律监督

1　参见 Belonick, Paul, "Transparency is the New Privacy: Blockchain's Challenge for the Fourth Amendment", *Stanford Technology Law Review*, Vol. 23, 2020, pp. 118–119。

2　参见张新宝:《从隐私到个人信息:利益再衡量的理论与制度安排》,《中国法学》2015 年第 3 期。

主要是以被动介入为主,而积极主义法律监督方式下,检察机关运用大数据分析等技术主动发现被监督机关存在的问题,进而制发检察建议,一方面容易触及被监督机关的痛点,另一方面也可能使被监督机关产生自有权力受侵犯之感。比如,在绍兴市的调研中,刑事领域的"刑拘下行"问题较为突出。绍兴市刑检部门办案时发现,公安机关可能存在部分刑拘案件不当下行情况,于是联合技术部门将刑拘、批捕、起诉等数据碰撞分析,筛选出故意伤害等类案异常下行线索,快速固定故意伤害类案件证据,制发检察建议督促公安机关开展专项整治,倒查案件 768 件。又如,当下认罪认罚从宽实践中的检察机关主导态势,无形中也与人民法院审判权形成一定的冲突,北京余金平交通肇事案中的"检法争议"便是典型案例。这些掣肘或争议使得程序更加复杂,甚至出现程序倒流,原本就紧张的司法资源显得更加不足,并对司法的权威性产生直接影响。

(二)对积极主义法律监督观之完善

积极主义法律监督观意味着检察机关的法律监督具有更强的主动性、冲击力和影响力,我们在肯定数字时代积极主义法律监督观的正向作用的同时,要防止积极主义法律监督观可能带来的问题。这便要考虑如何有效规制积极主义法律监督观并将其纳入法治的轨道,防止法律监督职能的异化。

1. 以法定主义厘定法律监督的权力框架

虽然积极主义法律监督观强调发挥检察机关的主观能动性,但是在以法定主义为主要原则的中国司法语境下,其能动范围应当是有边界的,应符合法定主义之要求。具体来看,应当依据 2018 年修改的《人民检察院组织法》第 20 条规定的检察机关职权范围为其划定限度。修改之后的检察机关职权内容较之前有了一定扩展,当下职权范围包括检察院自侦案件的侦查,刑事案件的批准、逮捕、公诉的审查,提起公益诉讼,对诉讼活动的监督,对生效裁判文书的执行监督,对监狱、看守所执法活动的监督,以及法律规定的其他职权。上述内容大致构成了新时代检察机关职权范围的权力框架,并与"四大检察""十大业务"格局相适配。因此,积极主义法律监督观应当以此权力框架为边界,不宜蓄意僭越或刻意扩权。特别是要警惕泛化法律监督权概念,严禁以法律监督为名不当干涉其他机关职权的行为。近年来,随着认罪认罚从宽、公益诉讼等改革举措的推进,检察机关日益成为具有主导性的关键责任主体。在这种主导性增强的过程中,依托数字检察平台践行积极主义法律监督观很容易产生一种检察机关大包大揽的思维,检察办案人员极易将权力触角伸向被监督机关,影响甚至替代其他机关行使职权。有鉴于此,应遵循法定主义原则的边际,以避免监督权的职权重合或者冲突。

2. 警惕将法律监督扩权为全面的一般监督

从《人民检察院组织法》第 20 条来看,我国的法律监督主要集中于诉讼活动,虽然也包括行政公益诉讼中制发检察建议、督促行政机关予以行政处罚等对行政机关的监督,但总体来看这些仅是对诉讼监督的补充,而不是广泛意义上的一般监督。通说认为,一般监督权是指检察机关针对国家机关、社会团体、公职人员和公民的行为是否遵守法律进行监督。[1]一般监督和积极主义法律监督观,不是一个概念。一般监督的概念来源于苏联的监督制度,虽然我国的检察制度受到苏联的一定影响,但我国并没有将检察机关的法律监督确立为"最高监督",没有实行苏联式的"一长制"[2],一般监督也与现代科技并没有直接的关联。积极主义法律监督观所倡导的仍然只是一种有限的监督,而不是全面的一般监督。我国的法律监督与人大监督、纪检监察监督等共同组成中国特色监督体系。为防止法律监督权的滥用,破解"谁来监督监督者"难题,应加强对检察监督的外部监督制约,尤其是对检察机关积极行使法律监督职能的行为进行监督,着重发挥社会监督、媒体监督、监察监督以及党内监督等有效力量。

1　参见雷小政:《往返流盼:检察机关一般监督权的考证与展望》,《法律科学》(西北政法大学学报)2012年第 2 期。

2　所谓"一长制",是指苏联宪法和法律将法律监督权赋予检察长行使。参见谢鹏程、任文松:《苏联检察制度对我国的影响》,《河北法学》2010 年第 7 期。

3. 依据比例原则为法律监督设定理性限度

积极主义法律监督观在数字检察背景下的应用场域是趋向多元化的,而且与传统法律监督方式不同的是,积极主义法律监督观下,检察机关完全掌握了监督工作的主动权,不仅包括监督的启动,还包括监督的范围和内容。因此,检察机关自身应当以比例原则设定积极主义法律监督的理性限度。首先,积极主义法律监督观应当以比例原则中的适当性原则为要求。也就是说,检察机关在启动监督工作时应当以解决现实问题,进而促进社会治理为目的,采取的监督方式应具有妥适性,而不应当基于权力冲突或其他缘由开展工作。其次,积极主义法律监督观应当以比例原则中的必要性原则为要求。"必要性审查的观察点则转移到个人利益上,相对偏向对个人利益的保障,其坚持'最小侵害'的严格标准,将传统的控权理念发挥到了极致。"[1]这意味着检察机关的法律监督方法的选择应当是能达成监督效果的必要方式,即选择使用对当事人的利益限制或损害最少的手段,在审慎地权衡公共利益与权利之后再采取相关措施。比如,采用传统的法律监督方式就可以达到监督效果的,便不需要引入数据分析等可能侵犯公民隐私权的科技手段。最后,积极主义法律监督观应当以比例原则中的均衡性原则为要求。即法律监督所采取的措施与其所达到的目的之间必须合比例或相称。也就是说,要求检察机关在开展法律监督时,面对多种可能选择的监督措施,应采行更有利于权衡方法与目的之关系的措施。[2]

4. 弥补数字检察系统建设的短板

可考虑从两方面入手。第一,加强与各机关各部门的交流协作,或者向上一级政府机关、政法委申请,加快构建区域内各机关办案数据共享机制,搭建数

---

[1] 梅扬:《比例原则的适用范围与限度》,《法学研究》2020 年第 2 期。

[2] 从实践操作层面来看,比例原则的具体内涵和操作流程都围绕位阶秩序展开。一般认为,其司法适用应遵循"适当性—必要性—均衡性"的审查步骤。但实践中,比例原则的个案适用不见得都按部就班,甚至审查的次序也可以颠倒,呈现出"全阶式适用""截取式适用""抽象式适用"三种类型。参见蒋红珍:《比例原则位阶秩序的司法适用》,《法学研究》2020 年第 4 期。

据存储平台,聚合法院裁判数据、公安刑事诉讼数据、检察院办案数据,以及市场监管、社保、卫生、税务、教育等方面的公检法业务数据和行政执法数据等,从而拓展法律监督数据来源渠道。第二,在检察办案人员选任上,可考虑招收部分复合型人才,尤其是计算机技术和法学的复合型人员,这样不仅有助于法律监督数据平台建设,而且在运用上也能够增强能动性和准确性。[1]此外,司法实证研究亟待深化,以便解决长期困扰大数据、人工智能在司法领域应用的法律解释模拟、推理程序启发、法律自然语言理解等问题。[2]

五、结　语

贝克(Ulrich Beck)等学者提出的"风险社会"理论有着很强的解释力,"风险可被定义为以系统的方式应对由现代化自身引起的危险和不安。风险有别于传统的危险,它是现代化的威胁力量和令人怀疑的全球化所引发的后果"[3]。数字时代又何尝能脱身于风险社会?数字时代的积极主义法律监督观,能够彰显检察机关作为宪法规定的国家法律监督机关的定位,促进社会现实问题的解决,进而推动国家治理能力现代化;与此同时,积极主义法律监督观可能带来新的问题,监督与被监督、怀疑与信任、安全与风险常常处于一种紧张关系中,很难达成长期的平衡,这便需要通过持续的理性反思进行调适。检察机关的法律监督对诉讼活动甚至行政活动的干预范围和深度扩大了,监督决策和监督行为成为新的风险的主要来源。借助现代科技的治理机制和治理手段,检察机关的法律监督能力显著提高了,但同时又面临着现代科技带来的制度化风险和技术性风险。也正因此,对于积极主义法律监观的研究仍有很多值得讨论的理论和现实问题。

1　参见胡铭:《数字法学:定位、范畴与方法——兼论面向数智未来的法学教育》,《政法论坛》2022 年第 3 期。

2　参见李占国:《网络社会司法治理的实践探索与前景展望》,《中国法学》2020 年第 6 期。

3　〔德〕乌尔里希·贝克:《风险社会:新的现代性之路》,张文杰、何博闻译,译林出版社 2018 年版,第 7 页。

第十章

全域数字法治监督体系的构建

围绕权力制约与监督的话题经久不衰,如何制约和监督权力,不仅是国家治理进程中需要高度重视的问题,也是政党建设过程中不可忽略的重要方面。党的十八届四中全会通过了《中共中央关于全面推进依法治国若干重大问题的决定》,首次完整提出要建立"严密的法治监督体系"。这也是党的文件首次将"法治监督"一词作为独立术语正式使用。党中央提出要加强党内监督、人大监督、民主监督、行政监督、司法监督、审计监督、社会监督、舆论监督,努力形成科学有效的权力运行和监督体系,增强监督合力和实效。权力监督体系当以法治监督为目标,形成法治化规范化的现代权力监督体制。法治监督体系是一个全方位、制度化的监督体系,作为中国特色社会主义法治体系的重要组成部分,其核心在于运用法治来制约、监督权力,将所有公权力的配置与运行都置于法治的轨道上。[1]

与此同时,随着信息技术飞速发展和国家大数据战略深入实施,数字化在经济社会高质量发展中的作用愈加重要、日益凸显。党的十八大以来,习近平总书记围绕网络强国、数字经济、数字政府、数字化改革等提出了一系列战略性、创造性的重要论述,系统擘画了数字中国的宏伟蓝图。党中央高度重视大

1　参见江必新、张雨:《习近平法治思想中的法治监督理论》,《法学研究》2021 年第 2 期。

数据运用在法治建设中的重要作用。数字赋能能够疏通传统的问题发现难、案件办理难、协同治理推进难等堵点,以智能算法提升治理的精准度,以数据融合拓展治理的经纬度,由点到面,实现从个案到类案再到治理能力的全面跃升。[1]有鉴于此,实践中正积极探索构建全域数字法治监督体系。基于对杭州市全域数字法治监督体系构建的近距离独立观察,本章的研究尝试探讨全域数字法治监督的提出轨迹、价值逻辑等理论问题,反思全域数字法治监督与大数据法律监督的关系以及检察机关在全域数字法治监督体系中的定位,运用法学理论和技术赋能两大工具来分析实践问题,尝试一窥全域数字法治监督体系的构建和实现路径。

一、 全域数字法治监督体系的提出

(一) 全域数字法治监督体系的提出轨迹

近年来,我国探索构建严密的法治监督体系进入了快车道。2019 年 10 月 31 日,党的十九届四中全会通过了《中共中央关于坚持和完善中国特色社会主义制度推进国家治理体系和治理能力现代化若干重大问题的决定》,提出要健全党统一领导、全面覆盖、权威高效的监督体系。2021 年 11 月 16 日,习近平总书记在《中共中央关于党的百年奋斗重大成就和历史经验的决议》中强调,党领导完善党和国家监督体系,构建以党内监督为主导、各类监督贯通协调的机制,加强对权力运行的制约和监督。[2] 2022 年 10 月 16 日,习近平总书记在党的二十大报告中强调要完善党的自我革命制度规范体系,坚持制度治党、依规治党,健

---

[1] 参见胡铭:《数字法学:定位、范畴与方法——兼论面向数智未来的法学教育》,《政法论坛》2022 年第 3 期。

[2] 参见《中共中央关于党的百年奋斗重大成就和历史经验的决议》,《人民日报》2021 年 11 月 17 日,第 1 版。

全党统一领导、全面覆盖、权威高效的监督体系,发挥政治巡视利剑作用,落实全面从严治党政治责任,用好问责利器。[1]应当说,党统一领导、全面覆盖、权威高效的监督体系是党在新时代加强从严治党的全新布局,要以党的自我革命引领社会革命。从党的十八届四中全会提出建立"严密的法治监督体系",到党的二十大部署加强法治监督、确保法律实施的重大任务,从逻辑关系上看,是一脉相承的。从严治党的监督体系与严密的法治监督体系侧重点虽有不同,但具有内在一致性,均是党领导下构建的有效监督体系,以便探索一条长期执政条件下解决自身问题、跳出历史周期率的道路。

浙江省委于2022年初印发了《关于践行习近平法治思想加快建设法治中国示范区的决定》(以下简称《决定》),其中强调坚持把法治监督作为党和国家监督体系的重要内容,构建党统一领导、全面覆盖、权威高效的严密法治监督体系。[2]《决定》的内容建立在对从严治党的监督体系和严密的法治监督体系深刻理解基础之上,是党的领导在法治监督体系层面的创新。在此基础上,杭州市委政法委以打造党委领导下的"法治大监督"格局为导向,以数字赋能为方式,以推动各类监督有机贯通、相互协调、形成合力为目标,提出了全域数字法治监督体系的全新理念,以使得监督体系更好地融入国家治理体系,对推进国家治理体系和治理能力现代化、释放更大治理效能有所裨益。

全域数字法治监督体系作为一种全新的概念表达,试图对传统法治监督体系予以优化和升级,推动法治监督体系由零散到聚合的应然转变。传统的法治监督体系侧重于发挥权力机关自我监督的内部优势,各机关之间相对独立,缺乏外部监督机制。这种仅依赖于权力机关"挥刀向内,自我革命"的方式往往会陷入形式化的窠臼,不监督或者监督之后不作为成为实践常态。全域数字法治

1　参见《深刻领悟"两个确立"的决定性意义　自觉用党的二十大精神统一思想和行动》,《人民日报》2022年10月18日,第2版。

2　参见陈东升、王春:《以最有力法律监督保障共同富裕示范区建设》,《法治日报》2022年3月6日,第4版。

监督强调的是一种监督体系的聚合形态,将各权力机关的数据资源归集到平台中心,通过算法实现数据碰撞,在发现问题后启动监督机制。实质上是将需要监督的权力部门归集到一起,设立中立的数据分析平台,进行数据分析研判,实现部门协同的数字法治监督,以打破"谁来监督监督者"或是"监督者自监"的矛盾局面,利用数字化平台拓展各部门法治监督的广度和深度。

从本质来看,全域数字法治监督体系的核心要义是实现跨部门、跨场景、跨领域的深度协同。全域数字法治监督体系就是指突破部门限制、场景固化、领域壁垒,强化业务数据相互贯通、整体联动、一体推进,运用数字信息技术,扫清传统法治监督体系的灰色地带,全面显著提升法治监督质效而组成的监督有机整体。在此基础上,全域数字法治监督的特征也愈渐明晰,主要有三个方面:一是监督范围上全面多维,范围的全面性不仅仅体现在参与数字法治监督主体的全面之上,更体现在部门之间数据深度融合之后的多维领域;二是监督手段上数字赋能,数据处理和算法技术是全域数字法治监督的核心驱动;三是监督形式上协同共治,协同的法治监督形态不仅仅有助于部门自检自查,也有助于推动监督体系的良性发展,构建和实现法治大监督格局。

(二)检察机关在全域数字法治监督体系中的定位

全域数字法治监督体系的实践性探索,由杭州市委政法委牵头,由杭州市人民检察院负责具体协调各项工作。那么,检察机关在全域数字法治监督体系中是否处于主导地位,或者承担主导责任?检察机关究竟扮演什么样的角色?我们需要从理论上思考检察机关在全域数字法治监督体系中的适当定位。

1. 法律监督从属于法治监督体系

在分析检察机关在全域数字法治监督体系中的定位之前,需要明确检察机关法律监督与法治监督体系之间的关系。从具体涵盖范围来看,二者之间是包含与被包含关系。构建严密的法治监督体系是建设中国特色社会主义法治体系不可或缺的重要组成部分,在法治监督体系建设中,检察机关法律监督发挥着特殊而重要的作用。作为执法司法活动的参与者,检察机关在诉讼程序中履行专门监督职责,履行宪法法律确立的法律监督机关职责,强化参与、跟进、融入式监督,推动与其他各类监督有机贯通、相互协调,促进执法司法制约监督体系改革和建设,助力构建严密的法治监督体系。[1]在构建和实现全域数字法治监督体系中,检察机关的法律监督是十分关键的组成部分。以大数据法律监督为代表的检察机关新型法律监督样态,能够推动执法司法、监督办案等工作不断向数字化方向发展,实现各部门信息共享,不断提升法治工作的质量和效率。

2. 检察机关在法治监督体系中的枢纽作用

《宪法》第 134 条规定,中华人民共和国人民检察院是国家的法律监督机关。较具共识的观点是,法律监督作为专门术语是具有特别指代性的,"法律监督"一词专指检察机关所进行的监督,法律监督是专门的国家机关(人民检察院)根据法律授权,运用法律规定的手段对法律实施情况进行监督,并能产生法定效力的专门工作。[2]检察机关的法律监督有特定的范围,其监督具有专门性、程序性、事后性、法定性等特点,[3]整体上看主要是在司法和执法领域,进一步来说集中在诉讼领域,这符合其法律监督的基本属性界定。[4]结合前述关于法治监督体系与检察法律监督的关系论述,可以看出宪法赋权的法律监督地位使检察机关在法治监督体系中具有应然的重要地位。检察机关具有刚性的法律监督职能,也是唯一以监督为主要职责的机关,这决定了其在构建和实现全域数字法治监督体系过程中适合扮演枢纽角色。比较来看,在各类监督中,检察机关的法律监督具有显著的专业性、主动性和权威性。全域数字法治监督体系的构建

1　参见孙谦:《加强新时代检察机关法律监督　凝聚中国特色社会主义法治监督体系合力》,《人民检察》2022 年第 16 期。

2　参见张智辉:《论检察》,中国检察出版社 2013 年版,第 10 页。

3　参见朱孝清、张智辉:《检察学》,中国检察出版社 2010 年版,第 191 页。

4　参见叶青、王小光:《检察机关监督与监察委员会监督比较分析》,《中共中央党校学报》2017 年第 3 期。

和实现需要检察机关发挥枢纽作用,以协调各监督主体和监督职能。

3. 检察机关大数据法律监督的探索为全域数字法治监督奠定了实践基础

近年来,数字检察作为新时代检察机关依法能动履职的一种工作理念、工作样态、工作模式,在"检察大数据运用"或"技术赋能法律监督"框架内与时俱进,具有实质性、指导性、前瞻性。数字检察是检察机关运用数字赋能深化法律监督,通过数据共享、线索归集、类案办理,能动推进社会治理体系、治理能力现代化的数字监督思维、理念、程序、效应的集成、跨越、引领、再造、重塑性变革。其中,大数据法律监督是最为典型的代表之一,大数据法律监督是检察机关因应数字时代需求的选择。对于什么是大数据法律监督,尚未有明确的界定。一般认为,大数据法律监督是各级检察院基于内生的、外引的政法数据,通过专门算法智能化地履行刑事、民事、行政和公益诉讼检察职能,履行宪法法律赋予的法律监督职责。[1]大数据法律监督承载着法律监督数字化智能化的迭代升级,包含技术、赋能、范式的转型升级,是应对与适应数字安全、数字司法公正、权利保障、制约监督及基础建设等方面现实需要的重要改革举措。利用技术赋能法律监督,提升监督质效的成果有目共睹,大数据检察监督正逐渐走向深入发展阶段。[2]检察机关作为法律监督机关、司法机关,是保护国家利益和社会公共利益的重要力量,加之大数据先天禀赋技术与制度、介质与场域纵横交织的特质,内在决定了新时代数字检察必然带有数字赋能法治、监督促进治理的特点。在检察机关大数据法律监督工作已经取得良好质效的前提下,发挥检察机关在构建和实现全域数字法治监督体系中的枢纽作用也是应有之义。

4. 检察机关参与法治监督体系的合理边界

如前所述,法治监督体系包含众多的监督主体,检察机关不可能也不应该以领导者的姿态来统辖诸多监督主体。检察机关在全域数字法治监督体系中

1　参见高景峰:《法律监督数字化智能化的改革图景》,《中国刑事法杂志》2022 年第 5 期。

2　参见胡铭、何子涵:《大数据法律监督的实践逻辑与风险控制》,《人民检察》2022 年第 11 期。

是枢纽角色,在参与全域数字法治监督过程中应当以法律监督范围作为合理边界,警惕"大包大揽"的一般监督思维。从全域数字法治监督体系的内容来看,全域数字法治监督方式重构了监督流程,明确信息流转产生的问题线索先由相关单位处置,对在合理期限内未完成整改的,再启动监督程序,使"柔性"的问题提示移交和"刚性"的监督手段相融合,从而实现从以外部监督问责为主向以内部监督整改为主的机制转变。实际上也可以将之划定为两个阶段。第一阶段是相关单位自我处置、自我监督。这一阶段并不需要检察机关在数据线索碰撞并移交线索处置单位的过程中发挥监督职能。第二阶段是相关单位在限期内未完成或者不作为,此时才需要检察机关或者其他主管的监督机关介入。检察机关的监督应限定在法律监督职责范围之内,聚焦司法执法领域,其他监督事项由数字化系统自动划转有权监督机关。

二、 全域数字法治监督体系的基本要求与目标

(一) 全域数字法治监督体系的基本要求

从全面从严治党到严密的法治监督体系,再具体化为构建党统一领导、全面覆盖、权威高效的严密法治监督体系,构建全域数字法治监督体系的基本要求,主要体现在以下三个方面:

首先,党的领导贯穿监督体系的始终。党的领导是我国社会主义法治之魂,是我国法治同西方资本主义国家法治最大的区别。[1]习近平总书记强调,党的领导是党和国家的根本所在、命脉所在,是全国各族人民的利益所系、命运所系,全党必须自觉在思想上政治上行动上同党中央保持高度一致。必须坚持党

---

[1]　参见习近平:《坚定不移走中国特色社会主义法治道路　为全面建设社会主义现代化国家提供有力法治保障》,《求是》2021 年第 5 期。

的领导、人民当家作主、依法治国有机统一。[1] 2018 年通过的《宪法修正案》,在第一条增加了"中国共产党领导是中国特色社会主义最本质的特征"。党的领导从《宪法》序言进入正文,以清晰的法律条文落实《宪法》序言提出的根本原则,实现了党的领导在立法内容和立法方式上的历史性发展。[2] 中共中央发布的《法治中国建设规划(2020—2025 年)》着重强调了加强党对法治监督工作的集中统一领导,把法治监督作为党和国家监督体系的重要内容。具体到全域数字法治监督体系来看,党的领导贯穿全域数字法治监督的始终,是法治监督权威性的依托。全域数字法治监督体系的建设与推进,需要发挥党的领导的全局性意义,有助于调动各方力量,凝聚法治监督合力,提升法治监督权威。

其次,全域的概念契合全面覆盖的理念。全面覆盖不仅仅体现在党的领导方面,同时也是对法治监督体系的要求。在全面推进依法治国战略中,形成严密的法治监督体系,需要加强党纪监督、行政监察、审计监督、司法监督和国家机关内部各种形式的纪律监督。[3] 对权力进行全面的制约和监督,是全面从严治党的应有之义。只有建立全面覆盖的法治监督体系,才能最大限度地发挥法治监督的优越价值。全域数字法治监督体系中的全域,虽然是一种新的概念表达,但其与全面覆盖具有内在一致性。所谓全域,即是指全领域、全地域、全范围、全流程的意思。不仅仅是地域上的覆盖,更是社会治理全领域、全方位的覆盖,这种全面性也是全域数字法治监督在范围层面的重要理念。2022 年以来,杭州推进全域数字法治监督体系建设试点,统筹搭建"两仓(舱)三中心",实现归集数据源信息 4000 余万条,研发 12 个协同监督场景,为全国破解执法司法信息共享问题提供"杭州方案"。全域数字法治监督体系之目标就是让法治监督

---

1 参见《中共中央关于党的百年奋斗重大成就和历史经验的决议》,《人民日报》2021 年 11 月 17 日,第 1 版。

2 参见宋功德:《全方位推进党内法规制度体系建设》,《人民日报》2018 年 9 月 27 日,第 7 版。

3 参见江必新、张雨:《习近平法治思想中的法治监督理论》,《法学研究》2021 年第 2 期。

在社会治理的各方各面发挥显著成效。

最后,数字赋能推动监督体系愈渐高效。一般意义上,高效性并不是严密的法治监督体系的主要价值,但在法治实施体系中则更强调高效性。在从严治党的监督体系中,高效性是核心要素之一。站在新时代背景下的法治监督的新征程上,浙江省委印发的《决定》融合了从严治党和法治监督体系的内容,将高效作为严密法治监督体系的要素之一,为在法治监督体系中引入数字化方案提供了理论支撑。在全域数字法治监督体系中,数字赋能就是推动法治监督体系高效化的核心驱动。杭州作为全域数字法治监督体系建设的全省试点城市,2022年以来围绕研发应用平台、推动数据共享,全力推进全域数字法治监督体系建设,渐次铺陈"整体智治、高效协同"的数字监督路径,努力为彰显中国特色社会主义检察制度优越性提供基层数字治理样板。[1]当前,标准统一、整体联动、业务协同、信息共享的法治信息化体系的基础构建已经完成,覆盖全方位多领域公共法律服务的数字法治平台基本建立,大数据监测分析汇聚近20亿条数据,包含覆盖全国4000多个协同部门和海量的各类信息,并融合集成为一个完整体系。应当说,数字赋能为全域法治监督插上了科技翅膀,在有效利用的前提下显著提升了监督体系的监督效率,是对传统法治监督方式的优化和升级。

(二) 全域数字法治监督体系的目标

整体上来看,全域数字法治监督的目标是,通过系统化地梳理体制机制和相关技术,借力大数据、云计算、人工智能等数字技术,形成"1+9"的法治监督体系架构:"1"即以党内监督为主导,党内监督主要包括党委全面监督、纪委监委专职监督、党的工作部门职能监督、党的基层组织日常监督、党员民主监督等;"9"即推动人大监督、行政监督、司法监督、审计监督、财会监督、统计监督、民主

　　1　参见叶伟忠:《检察工作高质量发展示范窗口的能动创建——以浙江杭州检察工作为观察视角》,《人民检察》2022年第10期。

监督、群众监督、舆论监督。通过对既有监督主体监督程序和监督工作机制的系统性重塑，培育新的监督运行机制，形成全方位预测、预警、预防的整体效能，使原有监督主体的监督效能得到更好的发挥。新的监督运行机制将在厘清相关监督主体职能的基础上，打通以往由数据共享不足造成的监督堵点和难点，弥合既有监督运行机制中的漏洞，推动各类监督有机衔接、相互协调并形成合力，最终推动形成"党委统一领导、全面覆盖、协同高效、有统有分"的"法治大监督"格局。简言之，全域数字法治监督平台建设旨在凝聚各方监督力量，通过充分挖掘数据，向各监督主体提供更多监督线索，拓展其监督职能，提升监督质效，为构建数字时代的严密法治监督体系拓展新的渠道。

其一，创新法治监督机制。全域数字法治监督运用数字化改革的思路、路径和技术，通过多部门监督主体之间在大数据资源上的协同共享，织密以大数据为基础的法治监督网络。新的法治监督依托相应监督规则和融合后的大数据，构建相应的算法模型，重塑监督流程和工作机制，促进各既有监督主体业务逻辑与数字监督逻辑的重新组合。在大数据算法技术和法律监督制度的深度融合中，创新基于大数据算法的新型监督机制。全域数字法治监督实行"双轨制"，即履职轨和监督轨。就搭建的监督平台而言，应当以履职轨作为常态化的监管目标，以监督轨作为特别情况的治理目标。全域数字法治监督体系涉及的领域十分广泛，如果过于追求权力机关从外到内的监督治理，一方面可能存在逾越当下职权架构之嫌，另一方面也可能增加监督治理难度和成本。常态化的履职监督则更偏向发挥机关内部自省的监督力量，其本质只是将问题的发现主体由履职机关自身转移到全域数字法治监督平台，这不仅仅是因为平台数据归集更易于发现自身监管的灰色地带，还是因为通过中立的数据归集平台分析发现问题并转移至职权机关的过程具有可视性，通过平台能够知悉职权机关是否履职和履职的具体情况或结果。从此种意义来看，监督轨道更倾向属于"兜底性监管手段"。只有当职权机关不作为或者履职不符合法律规定时，才需要刚性监督的介入。

其二,变革法治监督理念。在以往的监督体制中,尽管也有相应的协同机制,然而由于未能建立充分有效的信息共享机制,传统的监督存在监督职能条块分割、监督方式滞后、监督作用乏力等问题。以司法领域的法律监督为例,尤其是在刑事司法领域,检察机关法律监督职能的滞后性和缺乏刚性一直以来都是学者诟病的问题,当然,这一问题涉及司法机关职权配置等多个方面的原因,但至少职权机关之间各自独立、缺乏协同是重要的影响因素。在其他监督领域,甚至由于信息的不对称和监督事权上的重叠,不同监督相互交织或者互相推诿的现象时有发生。这既可能造成监督成本上升,也可能形成监督的灰色地带,严重影响法治监督的治理效能和社会效果。有鉴于此,全域数字法治监督体系以实现协同共治为目标,在有效的数据流程分析、数据特征归集和数据碰撞中,及时发现管理漏洞,实现事后监督向事前预防、事中预警转变,精准识别、管控潜在法治风险,实现监督的集约化,降低监督成本,推动监督向预防和疏导端发力,为法治监督体系运行提供"基础工具箱",实现监督理念的变革。

其三,提升法治监督质效。传统的法治监督体系在监督功能和监督效果上存在一定短板,监督功能的特定性决定了监督效果的特定性,虽然也能实现一定的法治监督质效,但更多地局限于各监督的具体领域,难以形成合力,也难以在更高层次上实现法治监督促进社会治理的价值意义。法治监督的应然状态是监督功能和效能的有机结合,为实现立党为公、执政为民的执政理念打下坚实基础。在此意义上,全域数字法治监督体系能够从促进监督功能的有效发挥入手,真正破解"法治监督体系不够严密,各方面监督没有真正形成合力"的现实难题,使"法治"与"监督"互促互益,最大限度地发挥监督功能。不仅如此,从已经开展的全域数字法治监督的实践来看,新的监督体系还能围绕事关人民群众切身利益的民生问题,开展导向明确的监督,从衣、食、住、行等方面着手研发应用场景,比如特定行业准入、法治营商环境共护、道路质量管控、国土资源智护等等,通过充实数据底舱、贯通数据通道、加强应用反馈,切实提升民众生活的幸福感、获得感和安全感,实现社会治理和有效管理的有机融合。

三、 全域数字法治监督体系的技术维度

全域数字法治监督需要借助数字化手段来实现,而云计算、大数据、人工智能、移动互联网等技术正是目前广泛使用的实现行业数字化的通用技术手段,对实现全域数字法治监督也将起到巨大的作用。由于全域数字法治监督体系有其内在特点,为达成其目标,实现其主要功能,体现其核心要义,需要技术层面的具体考虑。

(一) 法治监督业务知识化

法治监督就是对宪法和法律实施的全过程进行监督,确保书面上的法条真正变成社会规范和人们的行为规范。[1]数字法治监督是用数字化的技术实现法治监督,进而提升法治监督的效果。其中非常核心的技术要求是使法治监督业务在数字空间中知识化,即让法治监督涉及的法律条文和其对应的行为规范在数字空间中可存储、可展示、可查询、可分析、可推理。为实现法治监督业务知识化,一方面要促进数字监督法治体系的创立和变革,促成简单模糊的法律语言向精细化的具体法律条文转变,以增强法律条文和规章制度在数字空间的可解释性和可操作性;[2]另一方面要在当前以法律知识问答、类案推荐、辅助裁判等为主要应用场景的法律知识图谱基础上,推进和深化数字法治监督知识图谱研究。

法治监督知识图谱与法律知识图谱的最主要区别是前者扩展了法律知识

1　参见曹建明:《形成严密法治监督体系　保证宪法法律有效实施》,《求是》2014 年第 24 期。
2　参见曾智洪、王梓安:《数字监督:大数据时代权力监督体系的一种新形态》,《电子政务》2021 年第 12 期。

图谱的本体,从而具备监督的能力。法律知识图谱本体通常包含案例、罪型、法条、犯罪过程、犯罪嫌疑人等核心实体和实体间相关关系,而法治监督知识图谱本体需要增加监督主体、监督对象、监督方式、监督流程、监督规则、监督系统、监督数据等实体和实体间相互关系,使得法治监督知识图谱能回答谁来监督、监督谁、为何监督、如何监督的问题,再配合知识图谱推理引擎,可根据数据、规则、法条实现自动化演算推理,达到高效监督的目标。法治监督知识图谱的构建是一个多方协作、人机协同、不断迭代的过程,监督主体的业务专家从现有典型的监督场景出发,总结梳理出该场景中法治监督知识图谱涉及的实体和关系,交由算法专家根据场景选择合适的算法模型进行开发调试,并且和业务专家一起验证结果,依据结果调整算法模型,直至达到应用要求。在完成现有典型场景下的法治监督知识图谱构建后,可以总结形成图谱构建的方法论,应用到其他监督场景,不断丰富法治监督知识图谱,并且迭代演进构建方法,提升构建的效果和效率。

法治监督业务知识化是全域数字法治监督的核心,是法治监督知识、经验的沉淀,是开展监督工作的范本,是全域数字法治监督系统中查询、推荐、分析、决策等功能的基础。

（二）数据高效安全互联互通

1. 分布式数据协同

全域数字法治监督中的"全域"强调跨部门、跨场景、跨领域的深度协作,自然也包括数据的深度协同,而大数据技术从诞生之初就为解决多源、大数据量的数据计算问题提供强大的支持,非常适合应用到全域数字法治监督中。作为法治监督中一种重要的监督方式,法律监督也已经存在大数据赋能的典型案例。但是,随着大数据产业的蓬勃发展,数据的安全问题日益凸显。《网络安全法》《数据安全法》《个人信息保护法》等法律法规的相继颁布实施,尤其是《个人信息保护法》的落地实施,对个人数据信息的监管规范提出了更高的要求。因此,全域数字法治监督中的数据协同需要更加强调在数据安全的条件下,实现数据的互联互通。

尽管将不同来源的数据统一接入、汇聚到一个平台是目前常见的数据互联互通方式,但实现互联互通并不只有大集中的模式,可借鉴数字化技术中分布式的概念,将数据协同分为数据节点和协调节点,数据分别保存在各数据节点中,由协调节点负责整体协同计算。每一类监督、每一个监督主体是数据节点,在数据协同中的地位是相同的,都有在数据安全技术保障和法律许可的前提下,提供自有数据供协作方使用并向协作方申请使用数据的权利。协调节点是一个枢纽,提供统一数据标准、统一数据目录、统一数据安全标准、统一权限标准,起到协同数据节点联合计算的作用。具体到技术层面,隐私计算技术可以在不获知其他参与方原始数据的情况下处理数据,保障数据在流通与融合过程中"可用不可见",是一种数据安全合规流通的"技术解"[1],在实现数字法治监督的数据安全互联互通方面有大量研究内容和巨大发展空间。

2. 从"人找数据"到"数据找人"

数据建模分析是实现数字法治监督的重要手段,而全域数字法治监督更是涉及多部门、多领域、多类型的数据,识别、理解这些数据并使之用于建模分析需要花费大量时间。根据 Crowd Flower 公司对来自各机构的 200 名数据科学家的问卷调研结果,数据准备所花费的时间占据整个数据分析任务的 79%。[2]因此,识别、理解数据是提升法治监督建模分析效率的关键环节,对实现数据高效互联互通有着极大的影响力。具体而言,就是要把识别、理解数据从"人找数据"转变为"数据找人"。系统平台通过理解用户期望建模分析的监督业务和已经

1　参见闫树、吕艾临:《隐私计算发展综述》,《信息通信技术与政策》2021 年第 6 期。

2　参见 Crowd Flower, *2016 Data Science Report*, http://visit.crowdflower.com/rs/416-ZBE-142/images/CrowdFlower_DataScienceReport_2016.pdf,2022 年 11 月 12 日访问。

熟悉理解的数据,主动推荐适合建模分析的数据内容、模型算法和应用工具,从而减少用户盲目探索的时间,进而提升建模分析的效率。

"数据找人"的实现关键在于法治监督业务知识图谱和数据知识图谱的结合。法治监督业务知识图谱提供业务和数据的关系,数据知识图谱提供数据之间的关系,两者的结合使得业务跟数据广泛连接,为数据的主动推荐铺平道路。数据编织(Data Fabric)[1]为实现"数据找人"提供了一种解决思路。其主要技术包括:一是能够在数据之间建立虚拟链接,简化数据访问的模式,减少数据复制的数量,维持数据来源的可靠性;二是建立统一智能化和自动化的数据目录,利用 AI 能力,自动化地实现基于语义和知识的分析,理解数据及其业务含义,形成数据知识图谱,让需要数据的用户随时了解到数据位置、数据质量、数据业务、数据权限等信息;三是建立低代码数据平台,允许用户通过自服务的方式,访问并获取数据;四是通过提供整体的自动化策略,确保数据安全,增加数据的隐私和权限保护,并提高数据质量。

(三)法治监督全过程智能化管理

全域数字法治监督要求在多跨监督场景中实现从"个案监督"到"类案监督"再到"社会治理"的监督模式转变。整个过程时间长、节点多,其中涉及大量线上线下信息采集录入、关联匹配,多部门任务协调、分配、反馈,因此需要对全过程进行智能化管理以提升效率。

一是线索管理智能化。在线索收集整理过程中,线索类型丰富多样,存在图片、视频、语音、文本等不同格式,采用 OCR、图像识别、语音识别、自然语言处理等技术不仅可以为线索打上标签,有组织地管理线索,还可以提取图片、视频、语音、文本中的关键要素信息,与已有的线索和数据进行关联比对碰撞,从

---

[1]　参见李佳师:《数据编织,大数据的新风口?》,《中国电子报》2021 年 8 月 31 日,第 7 版。

而发现线索间关联,自动实现线索的合并、归集。有机串联后的线索会形成线索脉络,刻画出事件全貌,为个案的管理、类案的发现提供有效支撑。

二是协同任务管理智能化。在实现从"个案监督"到"类案监督"再到"社会治理"的过程中,监督主体往往不是单一的,例如浙江省台州市三门县"农药包装随意丢弃"的监督中就涉及人大、检察院、农业农村局等部门的联合行动。[1]因此,为实现监督主体的高效分工协作,促进监督效率,系统需要通过监督主体职责、监督要求、监督内容、所需数据等信息,自动推荐合适的监督主体,并进行任务下发、定时通知结果反馈、归集反馈结果、评价反馈质量等一系列管理活动。

三是效能评估智能化。全域数字法治监督运行的所有数据在系统中流转,为全面、及时、准确地评估监督效能提供了数据基础。合理的指标体系能够客观反映业务运行状态,及时找到业务运行中的不足和缺陷,快速寻找改进问题的关键切入点,因此如果针对性设计全域数字法治监督的指标体系,开发相应的计算逻辑,全面、实时、动态地获得计算结果,就能将监督的效能直观地展示出来,并且通过对指标趋势的分析,还可以持续跟踪监督成效,进而反映出治理成效。合理的指标体系需要达到让管理者和执行者"不能不看、不得不看"的效果。"不能不看"意味着管理者通过指标体系可以快速掌握职责范围内业务运行情况,做到心中有数。"不得不看"意味着执行者通过指标体系可以快速了解管理者关心的信息,从全局角度考虑工作内容。

(四)上下融合,内外衔接

民众也是全域数字法治监督的参与者。要提升民众的参与度,提升民众的获得感和幸福感,就要求法治监督上下融合,内外衔接。

上下融合指线上线下要深度融合。法治监督不可能全部在线上完成,对于

---

1 参见陈玲玲:《三门:打造智慧法治监督共同体》,《台州日报》2022年7月19日,第1版。

部分线索的收集、争议的实质性化解、监督效果的落地性验证等还需要在线下完成,要坚持线上与线下有机融合的思维方式,形成线上和线下相互辅助、共同推进态势。随着移动互联网技术的发展,各类 App 及微信小程序已经成为生活的必需品,为民众提供了大量便利服务,利用无线终端的便捷性提供更加优质的法治监督服务亦成为可能。线上,民众参与法治监督所需的信息、知识、信息传递与交流的工具需要通过 App 获得;线下,民众获得的信息、反映的问题、表达的情感也需要通过 App 传达到相关监督主体。可以说,线上线下融合的技术关键点在于形成一套符合全域数字法治监督业务运行特点的移动 App。

内外衔接是内网与外网的有机衔接。法治监督主体的主要业务往往是在内网中办理的。例如,检察机关采取的就是内网和外网相互隔离的模式,检察人员办案主要依赖于内网。而民众从线上获得对法治监督的感知主要来源于互联网,其参与法治监督、从法治监督中得到获得感,一定程度上也需要通过互联网实现。因此,全域数字法治监督中的监督主体需要在确保安全的前提下,探索实现内外数据、流程互通,办案过程适度"外化",和民众在互联网中的监督活动实现互通,真正实现信息互享、高效协同。

四、 全域数字法治监督体系的风险与挑战

构建全域数字法治监督体系无疑是对传统法治监督的优化和升级,这种从分散走向聚合、从传统赋能走向数字赋能的新模式,也必然会带来职能之间的权力冲突、数字技术与法律之间的契合难题。如何应对全域数字法治监督可能产生的新风险与新挑战,是需要考虑的现实问题。对此,可以从协同共治化解部门职权冲突、完善多跨平台建设以及加强数据安全和隐私保护三个方面展开研究。

第一,协同共治化解部门职权冲突。如前所述,全域数字法治监督的覆盖

范围十分广泛,涉及的职权部门也相对较多,在很多领域都存在一定的交叉。如何妥善化解各职权部门之间的权力冲突,成为推行全域数字法治监督体系需要重点关注的问题。实际上,从当下搭建的全域数字法治监督平台来看,各部门之间按照双轨制的运行机制,在履职轨的数据处理模式下,一般并不会产生部门职权冲突,本质上属于内部处理。但在监督轨之下,就容易产生逾越职权体系之嫌。例如,由检察机关作为监督治理主体,容易产生的质疑是检察机关能否超越法律监督范畴,将其监督范畴扩展至一般的法治监督领域。此问题涉及检察机关法律监督与一般监督的关系。应当明确的是,检察机关在全域数字法治监督体系中发挥枢纽作用,其法律监督职能不可扩展至一般监督领域。全域数字法治监督提供的是一种聚合的监督形态,即便是在监督轨,检察机关也不能作为一种泛在的监督治理主体。各职权部门应当以协同共治的理念善用全域数字法治监督平台,新的监督体系不是部门职权划分的新场域,而是凝聚监督力量、以数字赋能的协同共治的新方式。

第二,完善多跨平台建设。全域数字法治监督需要系统平台承载以实现自动化的数据共享协同,而不是现有的人工拷贝方式。根据前文的论述,全域数字法治监督平台需要分布式架构,除了在主管部门有一套协调节点系统外,各个监督主体都应该有数据节点系统以获取业务数据、实现数据共享协同。但现实问题是分布式数据共享协同架构技术还不够成熟。据此,如果要搭建全域数字法治监督平台,在设计和建设方面应当充分考虑技术现状,立足于现有的技术框架,但不能止步不前,平台系统也要继续跟踪技术发展趋势,学习先进前沿的技术,随技术进步同步更新迭代。另外,平台系统之间建立跨部门链接,在物理层面需要网络联通,在数据层面也需要统一的数据标准。这些内容都要求多职权部门之间要协调、推进、推广,这是一项繁重又琐碎的协同沟通工作,但是它的成效又极大影响着平台建设周期。因此,在平台搭建工作中,一方面要贯彻协同理念,节省线下互通时间成本,提升沟通效率;另一方面也要做好持久战准备,不断地优化升级全域数字法治监督平台。

第三,加强数据安全和隐私保护。在数字化转型的浪潮中,无论是政府还是企业,都在实现业务在线化、网络化,让数据的采集、汇聚、处理、应用变得更加方便快捷,但是相应的数据安全防护工作并没有有效地开展,重大数据泄露事件不时发生,[1]极大地影响了政府、企业的信誉,增加了个人的信息安全风险。同时,由于大数据分析的一个非常显著的特点是从各类看似不相关的数据中挖掘出有效信息,这需要采集不同行业、不同部门的数据,有些数据还涉及个人隐私,在这些数据的传输、加工过程中会存在更大的隐患。全域数字法治监督是跨领域、跨部门、跨场景的深度协同,其数据安全和隐私泄露同样存在风险。此外,类比与大数据侦查和个人隐私信息保护之间存在的冲突,[2]通过大数据技术在特定场景进行法治监督同样需要个人的出行轨迹、医疗信息、购物喜好等个人隐私信息,也存在监督效果和隐私保护的冲突。尤其是进行大数据预警预测时,监督对象的实际行为还没有真正发生,适用何种法律条款和何种手段进行干预目前尚存在争议。因此,在全域数字法治监督体系中如何健全数据安全体制机制和相关技术,完善隐私保护法律体系,是需要重点考虑的问题,未来在构建过程中应当着重予以关注和处理。

五、结　语

"中国式法治现代化新道路是中国式现代化新道路在法治领域的具体体现。"[3]全域数字法治监督作为一种新的监督理念,在坚持党的领导和坚持以人

1　参见李佳师:《数据泄露事件频发　物联网时代安全挑战升级》,《中国电子报》2018 年 9 月 7 日,第 1 版。

2　参见王长杰:《大数据侦查与个人隐私信息保护平衡问题研究》,《中国人民警察大学学报》2022 年第 9 期。

3　张文显:《论中国式法治现代化新道路》,《中国法学》2022 年第 1 期。

民为中心的要求下,探索中国式法治现代化道路。它既是新时代推进依法治国战略的核心任务,也符合建设数字强国、推进国家治理能力和治理水平现代化的要求,是数字法治与监督体系相结合的选择。在构建全域数字法治监督体系的过程中,应当充分认识到检察机关的枢纽作用,明确法律监督与法治监督体系的关系,以检察机关作为国家法律监督机关的宪法定位为基础,发挥检察机关在大数据法律监督中的经验积累优势,助推全域数字法治监督工作开展。从价值维度上来看,全域数字法治监督体系创新了法治监督的形式,变革了法治监督理念,能够显著提升监督质效。高质量推进法治监督工作,离不开法治逻辑与数字监督逻辑的深度融合,在技术维度上,通过有效的流程分析、特征归集和数据碰撞,及时发现并填补管理漏洞,从事后监管向事前预警、预测、预防转变。着力推进法治监督业务知识化,实现数据高效安全互联互通与全过程智能化管理,构建上下融合、内外衔接的法治监督平台。与此同时,也应当深刻认识到全域数字法治监督存在一定的风险和挑战,在职能权力冲突、平台建设以及数据安全隐私保护方面还存在需要解决的现实问题。总的来看,全域数字法治监督体系是对传统监督体系的优化和升级,是新时代创新法治监督机制的积极尝试,实践已经迈出了探索的脚步,理论研究尚待深化。

第十一章
数字时代不起诉制度的机遇、困境与变革

现代科技的迅猛发展正在深刻地改变着司法的现实样态,也给予人们前所未有的想象空间。具体到刑事司法场域,一方面,数字时代的现代科技应用催生了大数据侦查、大数据法律监督、人工智能审判等刑事司法新模式、新实践,为刑事司法的运转持续赋能;另一方面,长期以来我国刑事立法一直呈现单向度的犯罪化趋势,导致轻微犯罪不断扩张,过多的案件涌入挤占了有限的刑事司法资源。可以说,数字时代和轻罪时代的交织叠加对正在剧烈变革的刑事司法提出了全新且深刻的挑战和要求。相对于其他司法主体,检察机关在这种交织复杂的时代背景中居于关键地位,"两个时代"对检察制度的深度影响既体现为积极主义法律监督观的塑造和全域数字法治监督体系的创新,也体现为在轻罪治理过程中运用数字技术构筑全方位、规范化的不起诉制度体系。

一、引　言

不起诉制度是起诉便宜原则的重要体现。根据此种制度安排,检察机关认为犯罪嫌疑人的行为不构成犯罪或依法不应当追究刑事责任的,认为其犯罪情节轻微,依照刑法规定不需要判处刑罚或者免除刑罚的,以及对于补充侦查的

案件,仍然认为证据不足,不符合起诉条件的,应当或者可以对犯罪嫌疑人做出相应的不起诉决定,并终止诉讼程序。2012 年《刑事诉讼法》修改时,立法机关在此基础上,又正式确立了附条件不起诉制度,即检察机关对于符合法定条件的未成年犯罪嫌疑人,决定暂时不起诉,并令其于监督考察期限内履行特定义务。[1] 随着犯罪圈的日臻扩张,加之舆论场对犯罪附随性后果的非理性介入,理论界急需思考何以实现更为包容的现代化犯罪治理。对此,主流观点认为有必要规范不起诉裁量权的行使,拓宽实定法关于不起诉制度的适用条件,以程序出罪机制(主要是相对不起诉和附条件不起诉)节制刑罚的司法适用,并至少呈现两条阐释脉络:一是以犯罪生态和结构的剧变为背景反思传统的一元治罪体系,并围绕程序出罪的体系化构建,提出相对不起诉、附条件不起诉的精细化作业方式;[2] 二是从实践出发,解剖部分地区司法机关在醉驾等轻罪案件上自发进行的有益探索,主张将附条件不起诉制度扩大适用到全部轻罪案件。[3] 前者本质上是因应犯罪结构变迁的宏观叙事,理论家们尝试在刑事政策和社会问题间寻求结构化的归纳总结;后者侧重于吸纳基层司法机关的治理经验,实践被视为重要资源,进而驱动制定普遍适用的一般社会规范。

虽然关于不起诉制度的学术产出已颇为丰硕,但在具体研究方法和对象的选取上,既有研究或侧重比较法上的译介,或仅仅聚焦犯罪结构这一单一时空背景,导致相当一部分成果仍然在上一轮立法建议的圈层中徘徊,缺少审视在数字化浪潮中变革的刑事诉讼的开阔视野。事实上,随着现代科技持续赋能数字法治与智慧司法建设,刑事司法中的各主体皆在以新理念和新模式推动新实践。数字化驱动下的司法实践,不仅产出了全域数字法院、数字检察等智慧司法成果,更已然转向数字决策,数字技术被用于评估暂缓起诉之风险不再是虚无的

---

1 参见胡铭:《刑事诉讼法学》(修订版),法律出版社 2019 年版,第 439 页。

2 参见樊崇义:《中国式刑事司法现代化下轻罪治理的理论与实践》,《中国法律评论》2023 年第 4 期;王迎龙:《轻罪治理背景下出罪模式研究》,《比较法研究》2023 年第 4 期。

3 参见陈瑞华:《轻罪案件附条件不起诉制度研究》,《现代法学》2023 年第 1 期。

愿景。这些现代技术给刑事司法系统带来的深刻变革不亚于犯罪样态的结构性转变,后者在理念上激活不起诉制度,而前者使科学规范持续运行成为可能。

　　基于此,本章的问题意识如下:第一,数字时代刑事司法的转型是否为不起诉制度带来新的机遇？这些机遇能在何种程度消解其适用范围扩张之疑虑？第二,数字时代的技术手段如何与相对不起诉、附条件不起诉有效利用司法资源、填补被害人损害、被追诉者再社会化以及特别预防等制度价值相协调？第三,数字时代的不起诉制度应当如何顺势调整？第四,何以防范数字技术可能裹挟的程序性风险以及如何为立法提供教义学准据？唯有以动态发展的眼光重新系统审视不起诉制度,结合其在面对数字诉讼法学系统性变迁时遇到的新问题,方能使不起诉的制度设计兼顾科技发展与犯罪样态的变化,为新样态下的犯罪治理以及新一轮刑事程序法的修改提供智识助益。

二、　数字时代不起诉制度的新机遇

　　我国《刑事诉讼法》对各种不起诉范式的边界规定较为模糊,存在不合理之处,且彼此之间存在范围交叉重叠的问题,从而引发不同范式之间的关系混乱,影响了制度的功能实现。除此之外,不起诉制度可能本身就被限定在狭窄的范围内。比如,2012年《刑事诉讼法》修改时,立法者审慎地限制了附条件不起诉制度的适用主体和刑度范围,既有对当时法治状况的综合考量,也有对检察机关可能滥用自由裁量权之虞以及对社会公众认可度的重重顾虑。随着数字技术在要素、平台、产出三个层次的全方位兴起,不起诉制度或可跳出刑事犯罪结构性变化的论证逻辑,转向迎接数字时代的新机遇。

（一）夯实制度基石:提供辅助量刑预测

　　不起诉制度的适用基础在于"（不）需要判处的刑罚"之判断,主要包括相对不起诉中对"犯罪情节轻微,依照刑法规定不需要判处刑罚或者免除刑罚"的判断,亦包括附条件不起诉运行过程中办案机关需要综合个案情况评估嫌疑人是否"可能被判处一年有期徒刑以下刑罚"。这一设计未能在附条件不起诉与相对不起诉之间勾勒出清晰的边界,从而可能造成制度浪费;[1]同时,过窄的准入范围极大地压缩了轻罪出罪空间,背离制度的立法意旨。倘若将附条件不起诉的适用范围扩张至全部轻微罪案件(即三年有期徒刑以下刑罚),[2]立法者似乎又对"事实的轻罪"可能缺乏刚性制约存有隐忧;[3]一方面,为使"事实的轻罪"的宣告刑落入附条件不起诉的适用范围,检察机关必须权衡减轻和从轻情节,这不仅在识别难度上高于"法定的轻罪",还可能人为制造同案量刑的偏离;另一方面,附条件不起诉本就被指侵犯法院审判权,"事实的轻罪"在一般性的构成要件之外又需要检察机关做出更深层次的实体处遇决定,这无疑给予检察机关过大不受约束的裁量空间。

而在数字时代,计算机技术对数据要素的充分利用将使案件的情节筛选与要件识别更为准确严密,一些风险评估和量刑辅助系统的介入可有效消除量刑时人为预断的差异,相当多的成果已在世界范围内取得广泛应用。例如在美国,COMPAS 是一款基于机器学习的风险评估工具,该工具由 43 个风险量表模型组成,其键入数据主要源于一份包含 137 个问题的长问卷,实践中辅助法官进行量刑预测的准确度超七成。[4]此外,美国多个州法院运用 EBS 系统进行风险评

---

1 参见杨帆:《不起诉种类的边界厘定及体系重塑研究》,《东方法学》2022 年第 6 期。

2 根据犯罪的理论分类,再结合我国犯罪结构的转变,一般认为处三年有期徒刑以下至拘役的为轻罪,以拘役或徒刑以下刑罚处罚的则为微罪。参见卢建平:《轻罪时代的犯罪治理方略》,《政治与法律》2022 年第 1 期。

3 "事实的轻罪"与"法定的轻罪"相对,是指嫌疑人所犯之罪的最高刑为三年以上有期徒刑,但因具有减轻处罚情节使其最终的期望刑期在三年有期徒刑以下。参见张明楷:《轻罪立法的推进与附随后果的变更》,《比较法研究》2023 年第 4 期。

4 参见 Elyounes, Doaa Abu, "Bail or Jail? Judicial versus Algorithmic Decision-Making in the Pretrial System", *Columbia Science and Technology Law Review*, Vol. 21, 2020, pp. 418−419。

估,该算法能有效规范 ASSYST 量刑辅助的波动。[1]而纽约的法官正运用一种梯度增强决策树技术进行审前风险评估和量刑预测,该系统为每个案件建立了一棵决策树,算法可以自行判断减轻或加重情节并给出合理的一致性量刑结论。[2]在我国,各地法院先后开发智审辅助量刑裁决系统、量刑建议辅助分析系统等数字应用,通过人工智能辅助量刑。[3]同样地,检察机关也在检察业务应用系统2.0版中增加了量刑辅助系统等智能辅助办案工具,利用大数据提供历史上同类案件的量刑情况,辅助检察官提出精准化的量刑建议,法院最终采纳率接近97%。[4]

数字时代下司法机关充分利用数字技术三大基本要素,通过深度学习训练人工智能,评估被追诉者的再犯风险并得到较为精准的量刑预测。总体而言,数字技术所提供的量刑预测资源有助于不起诉法定要件的规范判断,从而消解不起诉决策的差异化可能,避免司法的任意性和不确定性。如此,不起诉制度所依赖的刑度的识别就不再具有过于松弛的空间,即使扩张适用范围以囊括所有"事实的轻罪",数字技术仍然能为检察机关构筑相对刚性的准入护栏,避免起诉裁量权的滥用与擅断。当然,审查起诉阶段所使用的智能化量刑辅助也无需特别精准的预测。一方面,检察机关仅需运用数字技术对"未来的审判"进行快照而非深描,以求判定嫌疑人是否在"事实的轻罪"这一法定阈值之下。另一方面,虽然计算机辅助量刑多数情境下仅关乎价值无涉的判断,但由于轻缓的预期刑只是附条件不起诉众多要件之一(相对不起诉中则为不需要判处刑罚或者免除刑罚),最终决定的形成亦需检察官在其他主观要件的判断上与算法互动并相互支撑。故而当前数字技术对于刑格预测的可靠程度足以满足各类不

1　参见 Roth, Andrea, "Trial by Machine", *Georgetown Law Journal*, Vol. 104, 2016, pp. 1267-1268。

2　参见 Kleinberg, Jon, et al., "Human Decisions and Machine Predictions", *The Quarterly Journal of Economics*, Vol. 133, 2018, pp. 245-260。

3　参见孙道萃:《人工智能辅助量刑的实践回视与理论供给》,《学术界》2023 年第 3 期。

4　参见张昊:《精准办案辅助提升法律监督能力》,《法治日报》2021 年 11 月 10 日,第 3 版。

起诉法定要件的判断。

（二）保障实质平等:羁束起诉自由裁量

相对不起诉和附条件不起诉的正当性基础在于保障被追诉者、被害人以及社会公众的实质平等,既要避免轻微犯罪之人被标签化,又要防止过度倚重特别预防,从而动摇社会对司法的信赖。以附条件不起诉为例,就具体化的实证规范而言,当前各国的程序法主要呈现两种模式。一是直接将"满足公共利益"规定为附条件不起诉的法定条件。例如,德国《刑事诉讼法》第153a条就规定,对被指控人发布的要求和指示必须可以消除起诉的公共利益。[1]荷兰《刑事诉讼法》第167-2条也明确了检察官可以公共利益为由在不起诉决定中附加条件,并由总检察长委员会细化放弃起诉的指导原则。[2]二是将"公共利益"隐匿于法伦理性原则身后,透过规范间的关联互动进行言说。譬如,美国的暂缓起诉制度适用于"推定被告可被成功起诉"的案件。[3]同样地,我国《刑事诉讼法》虽未明确指出附条件不起诉须更符合公共利益,但规定了启动的前提在于符合起诉条件,至于缘何放弃起诉,实际是国家追诉利益、社会公共利益以及当事人利益间均衡调整的结果。因此,检察官须依照合目的性的考量,在处理案件时参酌公共利益之维护,尤须审酌放弃追诉是否造成一般预防及正义观感的负面影响。[4]相对于量刑情节的班班可考,公共利益的内涵则较为抽象:年龄、种族和社会阶层等法外因素可能会左右检察官对追诉利益之衡量。如此一来,宽阔的裁量空间可能使附条件不起诉沦为先入为主的选择性执法,进而侵蚀公平正义的刑事司法理念,因此立法者极力避免大范围释放附条件不起诉的启动空间。

1　参见§ 153a I StPO。

2　参见OECD, *Performance of the Prosecution Services in Latvia: A Comparative Study*, OECD Publishing, 2021, p. 70。

3　参见Greenblum, Benjamin M., "What Happens to a Prosecution Deferred—Judicial Oversight of Corporate Deferred Prosecution Agreements", *Columbia Law Review*, Vol. 105, 2005, p. 1869。

4　参见林钰雄:《刑事诉讼法》(下册),新学林出版股份有限公司2017年版,第151页。

　　智慧司法技术的出现无疑极大地消解了前诉讼环节自由裁量的无序扩张。英格兰和威尔士首席大法官伯内特勋爵（Ian Burnett）曾预言计算机分析大数据的技术可在预防诉讼和促进和解上大放异彩。[1]原因在于，数字技术接管了规范言说、犯罪情节呈现等工作，为系争中的多元利益平衡提供资源，跳出了常规的诉讼机制。实践中，检察机关已经通过犯罪信息汇集、大数据要素生产、规则制定搭建新型检务中枢，辅助案件的审前处理。在过去，面对可能判处相同刑罚的两个人，检察官可能在潜意识里将一位身材魁梧、目光凶狠的贫穷青年视为聚众斗殴的惯犯，反之则容易相信一名外表看似孱弱，实则是滋事老手的家境殷富的少年，并做出不起诉决定。这种偏见和成见在不知不觉中前置，导致检察官在考量是否追诉的各方面因素时出现系统性偏差。而在数字时代，法治监督业务知识图谱已与数据知识图谱有效结合，由"数据找人"绘制的人物虚拟肖像基于机器学习的精算，可以过滤掉一些自由裁量的成见，从而保障裁量的结果更符合公共利益。甚至，基于模拟大脑运作的机制、深度学习理论以及计算机对人类心理状态的阅读，人工智能能够对公共利益等价值问题进行判断，并通过属性特征、属性值以及最终形成特征向量的过程使得价值数据化，形成价值数据集。[2]

　　由此可见，在案件处理的早期，办案人员科学使用风险评估工具，可在不损害公共安全和利益的基础上，筛选出合理的起诉替代措施：[3]一方面，评估算法综合历史经验值，给出嫌疑人再犯的概率颇具准确性，例如在一些北欧国家，数字

　　1　参见 Bindman, Dan, "Lord Chief Justice Hails Potential of Big Data and AI to Reduce Litigation and Promote Settlement", *Legal Futures*, Jun. 11, 2018, https://www.legalfutures.co.uk/latest-news/lord-chief-justice-hails-potential-big-data-ai-reduce-litigation-promote-settlement,2023 年 12 月 5 日访问。

　　2　参见彭中礼：《司法人工智能中的价值判断》，《四川大学学报》（哲学社会科学版）2021 年第 1 期。

　　3　参见 Picard, Sarah & Lowry, Michela, "Risk Assessment and Pretrial Diversion: Frequently Asked Questions", *Center for Justice Innovation*, Jun. 13, 2018, https://www.innovatingjustice.org/sites/default/files/media/documents/2018-06/risk_assessment_diversion_faqs.pdf,2023 年 12 月 5 日访问。

技术能以相当高的准确度预测一个新生婴儿在二十岁之前是否会因重罪而被捕。[1]检察官依托风险评估系统做出不起诉决定,可避免法外因素的隐性渗透。另一方面,理想状态下搭载类案监督的大数据法律监督平台具备识别司法人员违法、违规裁量行为的能力。数字监督平台持续性、系统性地输出预警信息,上级检察机关获取后释放约束性指示,不仅起到关键的司法控制作用,还能掌握人机决策的主导权。此外,有学者从制度价值维度指出,附条件不起诉容易混淆不具有特殊预防必要性和有特殊预防必要性的行为人,从而给前者增加额外的负担并导致不公正现象的发生。[2]对此,数字技术可有效区分行为人的犯罪类型和原因,为检察机关设置考察教育项目类型提供精准的辅助和参考。由此可见,搭载深度机器学习的数字平台的出现能有效限制检察机关的起诉裁量权,令不起诉制度的扩张具备实质公平的可能。

(三) 完善支撑体系:配置个性监督考察

犯罪学理论表明,将一个人越早送进刑事司法程序中,其将来停留在刑事司法体系的时间就会越久。[3]为避免犯罪人群的"标签化",不起诉制度(尤其是附条件不起诉)围绕犯罪的特别预防,由检察机关主导设计针对性、个性化的监督考察项目,被追诉者则必须履行相关的负担或指示。然而监督考察并非传统办案审查证据和适用法律的工作,是一个需要多元主体参与的互动过程。欧洲检察官咨询会(CCPE)曾指出,大量的物质资源、精心准备的公众教育、充分的信息公开是起诉替代措施能够实施的前提;当然,还需要训练有素的专业人员(如调解员)与检察官一道执行和跟进这些措施,这些专业人员还必须获得适当

---

1 参见 Berk, Richard, "Artificial Intelligence, Predictive Policing, and Risk Assessment for Law Enforcement", *Annual Review of Criminology*, Vol. 4, 2021, p. 232。

2 参见史立梅:《论醉驾案件的程序出罪》,《中国法学》2022 年第 4 期。

3 参见张甘妹:《犯罪学原论》,汉林出版社 1985 年版,第 36 页。

的报酬。[1]实际上,司法周边资源匮乏导致起诉替代措施效果减损的事例屡见不鲜。例如,捷克司法系统的数字化、智能化水平相当有限,只能通过缓刑监督官的随机探访来监管嫌疑人,这使得发现违反替代起诉管理规定演变为一场"猫鼠游戏"。[2]而在我国,近年来仅在未成年人案件中开展监督考察就面临重重困境,更遑论要求检察官对成年人进行日常行为考察监督。[3]因此,有不少观点主张当前社会支持体系的建设尚无法满足不起诉制度的扩张需要。

然而数字时代的司法实践表明,技术升级与司法效率间可以形成正向循环,高效处理重复性工作又恰好是数字技术的特质,因此数字化的监督考察环境使弥补社会支撑体系的先天不足成为可能。所谓数字化的监督考察体系,既包括对行为人的实时管控及动态预警,也包括依托数字技术的个性化教育矫治和考察方式。当前,各国检控部门正探索数字技术在附条件不起诉监督考察中的运用,根据其介入的程度及发挥的功能,具体可分为两类。一是数字化平台可以提供应用辅助,监督考察的主体依旧是司法官。例如,一些检察机关专门开发附条件不起诉监督帮教平台,以学院化、学分制的方式对被附条件不起诉人进行分级干预;同时,通过移动终端绘制学员行动轨迹的精准"画像",设置多重电子围栏。[4]还有一些检察机关开发微信小程序,为涉案人员提供法规学习、公益服务打卡的虚拟考察平台,用于附条件不起诉的监督考察。亦有检察机关在数字平台内搭建"双向联系"管道,个性化帮助涉案人员回归社会。二是数字化平台可以自主输出个性化的监督考察建议,司法官是平台的监督者。颇具代表性的是美国皮纳尔县检察官办公室启动社区监管数字化转型项目(DTCS)。该

---

1 参见 Consultative Council of European Prosecutors, *Opinion No. 2 (2008) on "Alternatives to Prosecution"*, Council of Europe, https://rm.coe.int/168074773f, 2023 年 12 月 5 日访问。

2 参见 Scerba, Filip, "The Use of Alternative Measures in the Czech Republic", *Baltic Journal of Law and Politics*, Vol. 6, 2013, p. 98。

3 参见何挺:《附条件不起诉扩大适用于成年人案件的新思考》,《中国刑事法杂志》2019 年第 4 期。

4 参见郭荣荣等:《萤火如拳—树光》,《检察日报》2023 年 4 月 26 日,第 10 版。

项目搭载了高度集成化的 iTether 平台,既可实时访问教育矫治资源,又兼具监控嫌疑人、上载转处计划等功能,简化了检察官的诸多重复性工作。同时,平台集成的 Reconnect 程序能以涉案证据为基础并综合案件的基本情况,为嫌疑人量身定制转处方案:譬如程序判断涉案青年受家庭教育的程度严重不足,则自动推荐一定时长的"父母教育"课程;行为人若涉嫌交通类犯罪,程序则除提供数据库内的驾驶类课程以外,还会建议行为人与因交通事故致残的社区居民接触,帮助行为人深刻认清不良驾驶的后果。[1]

从上述实践探索可以看出,数字技术日新月异的应用产出有效弥补了社会监督体系建设不足的短板。一方面,数字技术的赋能使审前监管由粗放走向集约。不起诉制度的刑事政策意义在于以非羁押的教育矫治措施实现犯罪特别预防,故取得合格的监督考察成果是最终不起诉决定的正当性准据。这意味着司法机关必须全过程、全要素地掌握嫌疑人的行为和思想动态。数字化的监管手段能充分发挥司法资源的积极效应,检察机关进行起诉裁量的重心不再是能否监管而是何以更有效。另一方面,数字技术构筑的虚拟支撑体系丰富了司法机关的选择。人工智能在辅助检察机关设计个性化的监督考察方案上具有优势:从检察机关的视角看,算法解放了社会调查结果分析、教育考察措施设计的部分工作,资源紧张与制度精细化作业的关系得以缓解,附条件不起诉制度不再"食之无味、弃之可惜";从嫌疑人的视角看,个性化的矫正措施能从根源上消除自身犯罪的内生因素,考察的过程中也不再有同质化的负担。由此可见,数字时代全方位的个性化考察监督使附条件不起诉兼具手段正当性和目的正当性,这些新机遇充分诠证了不起诉制度扩张的前置和基础性条件已经基本达成。

1　参见 *Diversion Program the Focus of National Case Study*, Pinal County Attorney's Office, Mar. 9, 2022, https://pinalcountyattorney. org/diversion-program-the-focus-of-national-case-study/,2023 年 12 月 5 日访问。

三、数字技术介入不起诉制度的困境与回应

数字时代的刑事司法在数字化要素、平台和应用等方面进行了全方位探索，在提升司法效能的同时也为不起诉制度的范围扩张和全面激活注入新的动能。但与此同时也应看到，数字技术与不起诉制度的融合面临内外双重困境，必须进行识别并加以规制，如此方可为数字时代不起诉制度的建构提供有效程序牵引。

（一）数字时代下不起诉制度面临的两个主要困境

1. 数字技术应用于刑事司法的系统性痼疾

围绕人工智能展开的各类数字技术已在刑事司法中普遍应用，在实现各种法律、政治与道德目标的过程中，相关争议阐之未尽。实际上，人工智能应用于刑事司法系统所面对的冲击和挑战兼具融贯性与本体性，不因具体应用的场域而转移。数字技术介入下的不起诉制度同样面临这些共性的困境，主要有三。

其一，评估嫌疑人社会危险性、特殊预防必要性算法的结果公正性存疑，可能动摇不起诉的基石。量刑辅助系列应用的出现使得检察机关的量刑预判能够趋近法官平均集体经验值，但蕴含隐性偏见的集体经验也可能包含在算法之中。数字技术可能将那些人类潜意识里蕴含偏见的不当决策固化；[1]此外，因性别、年龄或任何其他不可改变的特征而加重惩罚，让人觉得相当不公。[2]试举一个不现实但能说明问题的例子，假设算法存在系统性缺陷，任何出生于贫困家庭、

1　参见 Fagan, Frank & Levmore, Saul, "The Impact of Artificial Intelligence on Rules, Standards, and Judicial Discretion", *Southern California Law Review*, Vol. 93, 2019, p. 1。

2　参见 Hunter, Dan, et al., "A Framework for the Efficient and Ethical Use of Artificial Intelligence in the Criminal Justice System", *Florida State University Law Review*, Vol. 47, 2020, p. 791。

涉嫌抢劫犯罪的嫌疑人均被列入高风险类别,而其中部分洗心革面、痛改前非的行为人亦得遭到畸重量刑建议的裹挟,无法适用不起诉制度。此类评估结果显然受到广泛质疑,原因在于:一方面,主流量刑评估算法运用的是假说推理,这种不保真的推理类型可能使运行结果与真实的应用不相匹配。[1]现阶段人工智能在辅助检察官做出不起诉风险判断时所依赖的还是静态的算法,不具备自动迭代和根据个案灵活变动的能力,错误的输出致使检察官判断失准。另一方面,机器学习的复杂性可能会降低检察官推翻机器建议的可能性,[2]从而形成结果依赖,加剧"理念锚定"[3]的系统性风险。长此以往将动摇不起诉制度的根基,背离公平正义的刑事司法理念。

其二,嫌疑人、被害人和社会公众对裁量过程的参与权和知情权受限,侵蚀不起诉决策的正当程序。数字技术为不起诉的决策过程,尤其在公共利益的识别和判断上提供相对客观的指引,拘束了检察裁量权的运行。但一般情况下,检察机关在不起诉决定书的正文部分不会详述量刑评估的缘由,风险评估在社会调查情况的部分带过,而不诉是否符合社会公共利益则通常不予论证。质言之,诉讼当事人无法获取检察裁量的过程性信息,间接增加了救济的难度。数字时代的程序正义赋予当事人了解算法运行的权利,尤其强调其深度参与算法决策运行程序。然而我国司法机关对于人工智能产品的公开尚处于起步阶段,一方面,当事人无法从终局性文书中得知司法机关是否采用人工智能工具;另一方面,根据《最高人民法院关于规范和加强人工智能司法应用的意见》(以下简称《意见》)等现有的规范性文件,数字技术公开的范畴仅限

1　参见胡铭:《数字法学研究的实验方法与风险防控》,《华东政法大学学报》2023 年第 1 期。

2　参见 Donohue, Michael E., "A Replacement for Justitia's Scales: Machine Learning's Role in Sentencing", *Harvard Journal of Law & Technology*, Vol. 32, 2019, p. 666。

3　"锚定"作为一个行为经济学术语,指的是人类决策者对某一切实可用的证据进行权衡的现象,这种权衡方式通常不利于刑事司法决策。参见 "Criminal Law-Sentencing Guidelines—Wisconsin Supreme Court Requires Warning before Use of Algorithmic Risk Assessments in Sentencing-State v. Loomis 881 N. W. 2d 749 (Wis. 2016)", *Harvard Law Review*, Vol. 130, 2017, p. 1536。

于功能、性能与局限,[1]至于算法的编码、结构、变量、原理等事项,通常当事人无法获知。[2]这也使得控辩双方处于先验的不平等状态,辩方难以审查附条件不起诉的决策过程是否形式正确抑或考虑了不当因素。此外,不仅算法输出结果的准确性关乎程序正义,当事人对用于生成结果的数据之准确性也具有正当程序利益。[3]在辩方提出数据方面的异议时,司法机关通常以数字技术的评估是过程性、辅助性的行为而拒绝公开数据的来源,这显然背离正当程序的基本要求。

其三,数字化监督考察平台的建设无法剥离现实场景的支持,且总体设计仍较为单一和粗疏,容易形成范式依赖。与数字技术的其他的应用场景相似,司法数字化的背后需要充分的现实资源支撑,否则只能是无根之木。例如,人脸识别系统实现犯罪精准侦查的前置性条件在于天网监控系统的密织;实现刑罚执行的智能化亦需在物理上设置不同安全等级、不同监控力度的羁押场所。就附条件不起诉的监督考察而言,云题库、在线课程等虚拟场景仅是多元教育矫治措施的一面,社区服务场所、特定诊疗项目、社工群体招募等现实场景是数字化平台无法替代的。除此之外,当前基于地方实践供给的教育考察项目仍显单调,无法缓解数字时代新型犯罪层出不穷与被动治理间的紧张关系。显然,犯罪治理是一个需要多方主体参与的系统性工程,目前已经投入实践的监督考核平台主要聚焦未成年人司法和醉驾等轻微案件的公益服务考察,是形势、政策驱动下的产物,缺乏统一、智能的全方位聚合,即使推广到其他类型的犯罪矫治,也无法实现个性化治理。

2. 数字技术对不起诉基本价值的冲击

在司法实践中,不起诉制度是进行案件繁简分流以减缓轻罪时代诉讼压力

1　参见《最高人民法院关于规范和加强人工智能司法应用的意见》第6条。

2　参见 Wexler, Rebecca, "Life, Liberty, and Trade Secrets: Intellectual Property in the Criminal Justice System", *Stanford Law Review*, Vol. 70, 2018, pp. 1349-1350。

3　参见 Villasenor, John & Foggo, Virginia, "Artificial Intelligence, Due Process and Criminal Sentencing", *Michigan State Law Review*, Vol. 2020, 2017, p. 322。

的主要途径之一,具有节约司法资源、加强犯罪特殊预防、恢复法秩序的和平等重要价值。数字时代的到来一方面强化了不起诉制度的根基,另一方面也在某种程度上冲击了上述价值,造成内部困境。

首先,数字时代不起诉制度(特别是附条件不起诉)的全面扩张实际造成司法资源的"转移支付",减损司法人员适用的积极性。处理刑事案件所涉及的资金投入往往颇为巨大,[1]因此,无论是欧陆国家的起诉替代性措施抑或美国的审前转处项目,均在利用替代举措避免传统案件处理的费用,从而有机会将稀缺资源分配给更严重的案件。数字技术介入后,案件分流的过程得到规范性指引,同时效率显著提升。然而,人工智能辅助附条件不起诉决策提升的是过程效率而非结果效率。表面上看,不起诉所预期的繁简分流(达致所谓金字塔型诉讼结构)能够实现,但案件总量并未减少,原先由法官处理的案件改由检察机关进行终局性处理,司法资源的分配此消彼长。另外,鉴于附条件不起诉的监督考察总体由检察机关负责,在与政府部门、社区、公益组织的整体串联上,检察机关需要倾注更多的司法资源。当然,检察机关还需要投入大量的时间、精力学习和掌握数字辅助技术以应对不起诉案件的剧增。

其次,前置数据获取环节的规范供给阙如,被污染的数据源将削弱风险评估算法的准确性,最终影响犯罪预防效果。虽然刑事司法环境中的算法常遭到公正性批判,但其本身很少是问题的症结所在。因为人工智能算法能从经验中学习,并随着时间的推移修正算法本身的性质以趋向均值。风险评估结果的准确性和公平性问题更多来自数据以及如何管理数据,[2]这些不准确的数据,一部

---

[1]　参见 Hunt, Priscillia, et al., "The Price of Justice: New National and State-Level Estimates of the Judicial and Legal Costs of Crime to Taxpayers", *American Journal of Criminal Justice*, Vol. 42, 2016, p. 213。

[2]　参见 Berk, Richard, "Artificial Intelligence, Predictive Policing, and Risk Assessment for Law Enforcement", *Annual Review of Criminology*, Vol. 4, 2021, p. 233。

分是由于人类过去行为的偏差而产生的。[1]即使是精通数据分析和算法设计的专家,也难以将法律语言和相关价值进行数字表达,[2]更遑论有无特殊预防必要性这种需要综合考虑各种因素的价值判断。另一部分则是因汲取数据的过程欠缺正当性准据而被污染。辩方有权知晓所有键入风险评估系统的数据(例如身份信息、前科、性格测试等),这一部分数据通常由检察机关以讯问或调查的方式获取,或委托专门机构和组织进行。然而目前实证规定未就数据获取的正当程序进行相应规范,至于如何涤除被污染的数据也无据可循。

最后,数字技术的介入强化了控辩双方的实质不平等,既不利于犯罪嫌疑人的再社会化,又影响法秩序的恢复。数字时代下,各类人工智能通常经司法机关引入刑事司法系统,加之数据获取难、算法不公开,控辩双方的天平一开始就向控方倾斜。数字办案系统在辅助检察官进行风险评估和量刑预断时,至少呈现决策权让渡的外观,并且由于辩方对数字技术的介入程度和判断方式并不知情或知道得相当有限,当对结果有异议时,会不可避免地归因于控方,加剧控辩双方冲突。[3]甚至,被害人与嫌疑人、被害人与司法机关的关系也因数字技术的介入越发紧张。随着人工智能系统在司法中被一体化应用,各层级的检察机关均使用同一套系统,那么在被害人提出申诉时,上级检察机关可能会做出类似的司法判断,由此阻断了被害人的实质救济路径。[4]此外,数字技术的介入也对嫌疑人的矫治效果造成冲击。由于附条件不起诉的启动要求嫌疑人具有悔罪表现,因此通常与认罪认罚从宽制度相伴相生。当人工智能根据风险评估结果推荐合适的监督考察项目时,放弃审判可能不是嫌疑人的自愿选择,因为这些监

参见 Goel, Sharad, et al., "The Accuracy, Equity, and Jurisprudence of Criminal Risk Assessment", in Roland Vogl ed., *Research Handbook on Big Data Law*, Edward Elgar Publishing Limited, 2021, p. 14。

2 参见江溯:《大数据在刑事司法体系中的应用及其问题》,《月旦法学杂志》第 304 期(2020 年)。

3 参见李训虎:《刑事司法人工智能的包容性规制》,《中国社会科学》2021 年第 2 期。

4 参见丁晓东:《人机交互决策下的智慧司法》,《法律科学》(西北政法大学学报)2023 年第 4 期。

督考察项目远非那么有利。[1]当整个决策的过程没有人机、控辩的互动时,嫌疑人可能只是出于逃避审判而选择技术性认罪,即使后续通过了教育考察结果的验收,再社会化程度也令人存疑。

(二)数字时代改良不起诉制度的基本路径

数字技术应用于不起诉场景的内外双重困境,是数字时代的刑事立法者和司法者在进行不起诉制度改良时需要有效应对并系统约束的。为充分利用数字技术赋能的积极影响,避免减损制度功能,在整体布局附条件不起诉的制度建构时应当遵循数字正当程序、人权保障、法和平性恢复等原则,从以下三个路径寻求突围。

第一,运用数字技术进行评估前的数据开示与个案救济。为避免不起诉准入空间的释放导致检察裁量权的无序扩张,检察机关需依靠数字辅助系统,收集个案参数后键入评估程序,得到被追诉者再犯可能性、是否应特殊预防的建议以及预期刑的范围。尽管量刑和风险评估算法确实遭受公平性诘问,但并非所有差异都是由前置性偏见造成的。一方面,有些差异可能是对公平的基本定义在计算机科学上的合理反映。完美无瑕的无偏见结果可能并不是控制附条件不起诉的最终目标,因为人类裁量的替代方案与理想图景相去更远。[2]另一方面,审查起诉阶段对量刑算法的要求低于审判阶段。附条件不起诉的量刑法定要件是描述性概念,对此,只需要基于统计数据在明显的阈值处划定界限。[3]基于上述判断,规范数字时代下不起诉运行的关键不在算法而在数据。面对智慧检

---

[1] 参见 Shireman, Charles & Reamer, Frederic, *Rehabilitating Juvenile Justice*, Columbia University Press, 1986, p. 135。

[2] 参见 Rizer, Arthur & Watney, Caleb, "Artificial Intelligence Can Make Our Jail System More Efficient, Equitable, and Just", *Texas Review of Law and Politics*, Vol. 23, 2018, p. 213。

[3] 参见〔德〕安德雷阿斯·霍恩多夫:《〈刑事诉讼法〉第 153a 条第 1 款是打击"日常轻微犯罪"的极端手段?》,载〔德〕汉斯-约格·阿尔布莱希特、魏武编译:《德国检察纵论》,中国检察出版社 2021 年版,第 206—207 页。

务系统的大范围应用以及数字检察的考评压力,检察官似乎欠缺足够的动力突破数字技术得出的量刑建议,数字技术正呈现出一种"非对称决策者"的地位。这也使得参数的获取在很大程度上影响了最终裁量结果。通常情况下,检察机关会以讯问和社会调查的方式获取数据。就讯问而言,发问的检察人员是否经历严格、科学的培训,采取何种发问的方式及态度,都会对结果产生影响。然而,当前刑诉法的配套规定阙如,辩方查阅、摘抄和复制案卷材料已无法满足数字技术应用后相关数据资料的互通。鉴于此,数字时代不起诉制度的建构应着重围绕检察机关评估前的数据开示,尤其注重辩护人以及有专门知识的人对相关数据的获取,并听取辩方对于参数获取程序和具体内容的意见。例如,可以通过特定的方式向辩方展示构建风险评估模型所依据的数据、资料,供其对风险评估模型的准确性进行验证。[1]

第二,数字技术与不起诉裁量过程的合作与分离。现阶段,数字技术作为司法辅助工具的定位已在相关规范性文件中得到确认,例如,《意见》明确提出"辅助审判原则",要求坚持人工智能对审判工作的辅助性定位和用户自主决策权。[2]与审判工作不同,检察机关推动不起诉的根本目的不在于合乎比例原则的惩戒,而在于妥善分配检察资源并完成嫌疑人、被害人以及社会公众意见的交互。这也决定了数字技术与检察官之间不是简单的辅助关系,而是一种极为特殊的人机合作关系,具体体现在两个方面。一是裁量过程中人机在商谈中合作。风险评估的算法可能预置了技术人员的偏见,但一些自然语言助手拥有的"假设性思维和分析智能",有助于消除人类的认知偏差。[3]由于不起诉均属于轻罪案件,检察官需要独任裁量,通常不会有专门的检察官助理作为对话伙伴,倘若能在检察官评估嫌疑人量刑时提供可资商谈的"伙伴",对于弥补其认知偏差

1　参见张吉喜:《逮捕社会危险性条件中犯罪嫌疑人逃跑风险评估研究》,《中国法学》2023 年第 4 期。

2　参见《最高人民法院关于规范和加强人工智能司法应用的意见》第 5 条。

3　参见 Le, Nguyen-Thinh & Wartschinski, Laura, "A Cognitive Assistant for Improving Human Reasoning Skills", *International Journal of Human-Computer Studies*, Vol. 117, 2018, p. 46。

和精神耐力不足将大有裨益。二是申诉和救济过程中的人机分离。风险和量刑评估为检察裁量提供法官集体经验的平均参考，使得裁量权的运行拥有一套可预测的客观准据。但由于检察一体原则衍生出数字检察平台的一体化，为避免上级审查沦为"影子拳击"，这就要求检察机关在决定和审查不起诉时进行不同程度的说理。不起诉的决策检察官要对个案参数的选取、计算机辅助系统的算法做简要说明，同时还必须在个案中运用自身的专业及裁量，做出妥适的判断；[1]对于显著偏离量刑评估结果的案件，检察官应负有更重的说理义务。[2]上级检察机关在复查不起诉决定时应避免使用人工智能工具，综合案件的情节、嫌疑人社会背景以及社会公共利益，独立进行审核。

第三，数字化监督考察平台的多部门互通与共建。数字时代附条件不起诉制度扩张的主要矛盾是对犯罪嫌疑人的矫治教育需要同不充分、针对性不强的监督考察体系建设之间的矛盾。数字化平台的出现实际上赋予了检察机关参与社会治理的更多可能，不仅监督考察的手段更为丰富和个性化，考察的质效也大大提升。但数字化监督考察措施不可能完全取代传统的教育矫治方案，当人工智能推荐根据个案设计出的个性化方案，例如在特定场所进行公益劳动时，相关现实场景必须提前筹措。此外，亦有实证研究表明，社区与各种刑事司法利益攸关体之间的相互依存性至关重要，只有检察官之外的其他利益相关者高度依存，才能确保附条件不起诉的有效实施。[3]鉴于当前的虚拟监督考察平台和现实场景的同质化程度均较高，为使社会治理效能最大化，未来在考虑全面确立附条件不起诉制度时应同步建立由检察机关统辖、政府其他部门协同、社会公益组织共同参与的社会矫治和教育平台，平台上所有考察监督

1　参见李荣耕：《刑事程序中人工智慧于风险评估上的应用》，《政大法学评论》第 168 期（2022 年）。

2　参见周翔：《刑事司法人工智能实现结果公正的技术方法和限度》，《中国刑事法杂志》2023 年第 4 期。

3　参见 Pettus, Carrie, et al.，"'People Make Mistakes' Stakeholders and Participants' Perceptions of the Acceptability, Appropriateness, and Feasibility of Diversion and Deferred Prosecution Programs"，*Psychology, Public Policy, and Law*，Vol. 29, 2023, p. 166。

场景按照犯罪的类型和相关的监管部门分类,协力破解附条件不起诉社会支持不足之难题。首先,在资源配置上,检察机关可与提供各种现实矫治场景的单位签订帮教考察协议,各单位根据工作性质及时将相关的任务清单、日程安排、培训内容上传至数字化平台。其次,在监督方式上,要加强对数字监管的人为抽查,根据被附条件不起诉人的实时考察情况赋码管理;同时,可将社会工作志愿者纳入检察辅助人员库,赋予一定的平台管理权限,例如负责嫌疑人公益服务的签到、服务成果的验收等。最后,在检察队伍建设上,要将上述场景的管理和使用列入检察官业务培训的重点范围,推动检察官不断强化数字意识和思维,提升和改进数字运用能力与方法,[1]强化附条件不起诉制度运行的支撑力量。

四、 数字时代下不起诉制度的程序设计

当前,围绕轻罪案件程序出罪的现实需求,已有不少具体设想。应该看到,立法者更倾向于选择妥适的、渐次的立法模式。所以,一方面,数字时代下不起诉的改进方案仍应注重循序渐进,毕竟大刀阔斧改革的代价是不确定性,尤其这一制度又直击社会公众的正义观感。另一方面,数字时代的特质决定了立法难免迟滞于技术的迭代升级,对此必须预留数字技术介入的制度空间,以期在未来的实践和发展中逐渐被吸收。鉴于数字时代的特殊背景,下面将沿着改良不起诉制度的基本路径,以维护公共利益、保障个人权利为抓手,将数字技术带来的新机遇转化为合乎法治国基准的程序构造。

1　参见贾宇:《论数字检察》,《中国法学》2023 年第 1 期。

（一）数字时代附条件不起诉制度的适用条件

按照本章的基本设想，数字技术的机能和特性决定了数字时代附条件不起诉的实践运行总体应符合"宽进严出"的基本原则。这意味着，首先，在案件准入上，可进一步放宽对涉案对象的限制。实定法将适用主体框定在未成年人本就出于渐进式立法的考量，那些对社会危害性不大、改造较为容易的人群理应进入附条件不起诉的视野。[1]考虑到未成年司法的特殊性，有学者建议构建成年人与未成年人案件附条件不起诉制度的二元化处理模式。[2]因此，下一轮《刑事诉讼法》修改可以考虑塑造附条件不起诉的二元立法体例，即在第二编第三章明确附条件不起诉的一般性规范作为总则性条款，同时通过特别程序的方式规定未成年人附条件不起诉的特别条款。

其次，对于适用的案件类型，当前限制在《刑法》分则第四章至第六章，主要是基于未成年人犯罪的特点。进入数字时代，附条件不起诉的评估主要围绕风险和量刑评估展开，一套科学且保障正当程序的算法具有极强的个案生命力，没必要削足适履，大范围限制案件类型。但完全不加限制似乎也不合适，依据数学原理和统计学原理建构的算法得出的分析结果尽管可能是准确的，但不排除可能出现严重冲击社会公众对公平正义之观感的问题。实际上，域外国家多从反面列举不能适用的具体情形，例如美国审前转处计划将涉嫌严重暴力犯罪、性虐待或性侵犯、危害国家安全、公职人员违反职务公正等犯罪的人员排除在外。[3]对此我国可予以借鉴，绝对禁止危害国家安全犯罪、恐怖活动犯罪等严重损害公共利益的案件适用附条件不起诉制度；此外，围绕数字技术提供的社会

---

[1] 参见陈光中：《关于附条件不起诉问题的思考》，《人民检察》2007年第24期。

[2] 参见刘学敏：《附条件不起诉与刑事政策目的之达成：附带处分的性质辨析》，载郭烁主编：《刑事诉讼法案例进阶》，法律出版社2023年版，第212页。

[3] 参见 U. S. Department of Justice, *Justice Manual: Pretrial Diversion Program*, https://www.justice.gov/jm/jm-9-22000-pretrial-diversion-program, 2024年3月17日访问。

危险性量化评估结果,将人身危险性较大的,共同犯罪中的主犯、累犯、再犯等具有国家追诉利益的情形亦排除在外。

再次,在刑罚条件上,一方面,实定法"可能判处一年以下有期徒刑"的限制导致部分轻罪被排除在适用范围之外,使得罪刑不均衡等缺陷更为突出。另一方面,倘若直接将适用条件放开到"可能判处三年以下有期徒刑",在数字量刑和风险评估技术的精准性尚待实践进一步检验时,这种突兀的空间释放无疑极大地扩张了裁量空间,极端情况下一些法定刑在十年以上的案件亦可满足附条件不起诉的法定要件。对此,本章原则上主张将全部"事实的轻罪"纳入附条件不起诉的审查范畴,但同时也主张"两步走"的改革路径:第一步,在下一轮修法时率先解决当前实践中基层检察机关在醉驾等轻罪中探索的所谓"附条件的"相对不起诉之正当性问题,将刑罚条件规定为"可能判处一年以下有期徒刑"的案件,既囊括了危险驾驶罪、妨害安全驾驶罪、高空抛物罪等法定刑在一年以下的轻罪,也为像袭警罪、故意伤害(轻伤)这样的法定轻罪提供了过渡地带;第二步,以部分区域试点的形式,为"可能判处一年以上三年以下有期徒刑"的案件提供准入许可,但应同步限制为"再犯可能性低或过失犯罪",后续再根据试点情况解除全部限制。如此,既涵盖了全部有出罪必要的轻罪,同时也提供了数字辅助技术充分运转的空间。

最后,在罪后主观表现方面,现行规范中所谓"有悔罪表现"尚不足以吸收协商式司法的理念,且存在重叠认定的问题。具言之,虽然具有自首或立功表现以及犯罪中止等情节可以视为有悔罪表现,但这部分情节已经在数字技术评估风险、提出量刑预测的时候被吸收,不具有独立价值。实际上,该要件的意义在于凸显嫌疑人在刑事诉讼中的主体地位,赋予其直接参与形塑附条件不起诉之负担的权利。实践中,检察机关也通常将附条件不起诉的意见和附带条件作为具结书的内容让嫌疑人一并签署。[1]未来修法时,应当明确认罪认罚从宽与附

---

[1]　参见"李某诈骗、传授犯罪方法　牛某等人诈骗案",《最高人民检察院公报》2021年第5号,第24—26页。

条件不起诉制度的衔接,将"有悔罪表现"修改为"认罪认罚",当然具体的表现形式可以是向被害人赔礼道歉、积极退赃、尽力减少或者弥补损失等。

(二)数字技术辅助识别适用条件的规范构造

数字技术作为"非对称决策者",可在相对不起诉和附条件不起诉法定要件的判断上发挥关键辅助作用。可靠的量刑预测系统需要大数据资源和科学算法的支撑,其结果的准确性依赖于符合正当程序的参数键入。总体上看,量刑辅助系统已由审判场景周延至检察机关审查起诉阶段,但当前的规范仅围绕认罪认罚从宽程序的单一场景展开且精细化程度有限。例如,《人民检察院办理认罪认罚案件开展量刑建议工作的指导意见》第20条虽然明确了"人民检察院可以借助量刑智能辅助系统分析案件、计算量刑",但至于何以参考人工智能的结论、何以结合具体案情审酌、参考的权重为何,则留下"耐人寻味的遐想空间"。由此观之,为使数字时代下扩张的附条件不起诉拥有规范化的运行环境,最大限度地兑现数字技术的优势和效能,势必要进一步补足数字技术与裁量过程合作模式的规范供给,具体思路如下。

第一,通过数字技术划清相对不起诉、附条件不起诉以及缓刑之间的界限,塑造起诉裁量的差序格局。一般认为,相对不起诉和附条件不起诉在具体运行上相互重叠,部分适用相对不起诉的案件亦可适用附条件不起诉。甚至实践中还出现因标准不一导致的相似犯罪情节得到相对不起诉和附条件不起诉两种性质不同的处分的情况。同样地,附条件不起诉与缓刑亦有重叠,前者之所以适用率较低,是因为相对不起诉和缓刑的量刑建议都近乎终局性处置,不再有后续烦琐的监督考察程序。鉴于此,有观点主张在制度设计上明确两种不起诉制度的逻辑关系,形成阶梯式裁量体系。[1]这种观点可能有一定道理,但根本原因

1　参见郭斐飞:《附条件不起诉制度的完善》,《中国刑事法杂志》2012年第2期。

仍然在于裁量的过程缺乏刚性的制约机制。通过对现行规范的目的解释，已经可以得出相对不起诉适用于那些没有监督考察必要性的案件，并且在与附条件不起诉竞合时具有优位性。问题的本质在于，检察官总能找到合适的理由来论证是否具有监督考察必要性，这才模糊了两类不起诉之间的界限。事实上，数字技术辅助附条件不起诉法定要件的识别对界限的廓清具有重要意义。一方面，监督考察必要性很大程度上是一个统计学问题，即在过去相同或类似情节的案件中有效地监督考察组成了界分两者的经验束；另一方面，引入数字技术辅助要件识别还能倒逼量刑指南的完善，使各种案件情节收敛于一个严格可重复的空间，如果没有充分的理由，检察机关一般不宜突破。

第二，确立"社会调查+讯问"的参数取得双轨制规范程序。键入量刑评估系统中的数据对结论起决定性作用，为保证参数取得符合正当程序，未来在轻罪案件的审查起诉时有必要引入社会调查程序作为数据取得的一般性来源，同时以讯问作为补充手段。按照本章的设想，社会调查应尽量完整、透明，具体包括嫌疑人的健康状况（包括是否有药物、毒品、酒精等依赖）、犯罪史、社会生活状况（家庭成员间的感情和关系、社会交往等）、经济状况、教育程度以及与涉嫌犯罪相关的情况等。附条件不起诉的扩张可能导致司法资源不足以支撑全面的社会调查，对此可以采取委托调查的方式，引入政府部门、社区等第三方主体参与调查。[1]当然，社会调查的程序也应进一步规范。一是社会调查的结果需经控辩双方的充分交互并达成共识。在进行量刑和风险评估之前知晓关键数据，有助于控方预测可能的诉讼结果，从而在认罪协商的过程中做出明智的选择。对此，社会调查的结果应在风险评估之前就向辩方开示，如此方能确保辩护中有实质性的准确对象。[2]二是尽早实施社会调查并启动风险和量刑评估。附条件

1　例如，可以参考《人民检察院、公安机关羁押必要性审查、评估工作规定》第14条第1款之规定："审查、评估犯罪嫌疑人、被告人是否有继续羁押的必要性，可以采取自行或者委托社会调查、开展量化评估等方式，调查评估情况作为作出审查、评估决定的参考。"

2　参见郑曦：《数字时代刑事证据开示制度之重塑》，《华东政法大学学报》2023年第4期。

不起诉的目标是增加轻罪案件的审前分流并避免案件在刑事司法程序中延宕过久。对于轻罪案件,在侦查阶段就着手开展社会调查无疑更利于增加流转效率和嫌疑人及时复归社会。

(三)以"可视化"的公共利益严格限制裁量权

不起诉制度的扩张使得大量轻罪案件涌入,如不加以严格把握,则极易给社会公众带来负面观感,因此检察机关以何种基准裁量就成为严格限制不起诉"出口"的着力点。域外许多国家都把"公共利益的维护"作为不起诉的裁量标准,我国现行法暂未明文写入,未来可考虑以此作为检察机关应当参酌的重要事由。与数字技术在不起诉准入阶段高效、精准地梳理适用法定条件不同,公共利益是不确定的法律概念,因此计算机辅助软件难以准确评估。然而,司法官可能的裁量越是不一致,量化方法就越是解决之道。[1]鉴于数字技术与检察裁量间特殊的合作关系,对于公共利益的价值判断已不单是算法的职责,更需要依靠人机的协同耦合。在是否具有追诉利益的判断上,数字技术与检察官之间是一种合作关系,体现在:第一,呈现个案中公共利益的全方位图景,在裁量过程中起到宣示和提醒注意的功能;第二,通过堆叠大数据样本生成经验库,在类案处理过程中输出处理意见;第三,遵循数字时代积极主义法律监督观,在不起诉案件的监督过程中主动发现线索,同步上传至检察一体化平台并指导相关责任主体及时纠偏。总的来说,数字时代下不起诉制度的适用扩张需要辅之以强有力的裁量权控制,这也揭示了上述数字技术之三功能确有必要内嵌于不起诉的程序设计中。

事实上,组建一套行之有效的算法来判断公共利益并非易事,原因在于追诉利益的判断不可能彻底地公式化,尤其在关涉刑事司法整体秩序和观感的起

---

1 参见 Quattrocolo, Serena, "Forecasting the Future While Investigating the Past. The Use of Computational Models in Pre-Trial Detention Decisions", *Revista Brasileira de Direito Processual Penal*, Vol. 7, 2021, p. 1872。

诉裁量中,目前尚不宜让人工智能进行过多的价值判断。不起诉案件中公共利益的整体判断需要检察官综合各种因素进行审酌,数字技术能够做的是为个案提供"可能符合公共利益""可能不符合公共利益"的情节图谱,对此,可以通过司法解释枚举释明公共利益的判断基准并持续塑造教义学体系,[1]再经由"原始数据"到"训练数据"的人工标注过程转化为计算机语言。[2]例如,追诉利益衡量通常涉及以下几个方面:其一,法益受侵害的严重程度与刑事制裁之比例性;其二,法益侵害或造成的损害极其轻微而无定罪之必要性;其三,犯罪前科的严重程度;其四,是否有其他替代性制裁措施;其五,被追诉者的认罪悔罪态度;其六,是否得到被害人谅解以及一般公众的接受程度。[3]倘若没有数字技术的介入,检察官在上述情状的判断过程中更倾向于内心直觉;反之,当人工智能将公共利益的客观元素"可视化",检察官遵循数字技术的结构化框架审酌个案情节,而不是信手拈来式的擅断。实际上,数字时代下不起诉的决策仍然是一个尊重检察官裁量的过程,只不过数字技术作为一种制约机制,通过互动式指引规范了分析个案的框架。此外,公共利益的某一元素是否具有"一票否决权"的问题亦值得思考。实证研究表明,部分地区为防止被害人申诉,若被害人不谅解则不能适用不起诉制度,[4]长此以往,所谓"听取被害人意见"有异化为"征得被害人同意"之风险。事实上,不起诉制度运行过程中所谓的"严出"是指司法机关对于每一个要素严格审查、综合考量、详细说理,重在过程之"严"而非结果之"严"。为保证"三个效果"的有机统一,未来在调适不起诉制度时,应注重检察文书对公共利益每一个要素的综合性说理。

　　另一个需要关注的问题是数字技术在监督附条件不起诉裁量中的作用。

1　参见牟绿叶:《自诉转公诉的基础规范和判断标准——以国家追诉利益为切入点》,《环球法律评论》2023年第4期。

2　参见王禄生:《论法律大数据"领域理论"的构建》,《中国法学》2020年第2期。

3　参见温祖德:《从起诉裁量论起诉政策及转向计划之订定》,《检察新论》第26期(2019年)。

4　参见何挺:《附条件不起诉制度实施状况研究》,《法学研究》2019年第6期。

虽然《刑事诉讼法》规定了对附条件不起诉的决定,被害人可以向上级检察机关申诉,但未曾涉及审查申诉的方式。数字时代的刑事司法系统因为有人工智能等技术的介入而增加了新的审查对象,即数字技术本身。欧盟最新的《人工智能法》创制性地指出,公民将有权对人工智能系统进行投诉,并有权就高风险人工智能系统影响其权利的决定获得解释。[1]由于应用于附条件不起诉的数字技术本身就属于高风险人工智能,[2]未来或可借鉴《人工智能法》的规定,要求上级检察机关在审查附条件不起诉的决定时就数字技术的使用情况、检察官采纳或者不采纳人工智能预测的结论做出详细阐述。当然,除了被动监督,上级检察机关亦可利用大数据法律监督平台主动监督的功能制约和限制下级检察机关的裁量权。一方面,上级机关使用基于机器学习的工具来分析附条件不起诉数据库,标记全域检察机关个案裁量偏离平均水平的案例并进行分层预警,若偏离阈值过大或样本过多,上级检察机关应及时介入并予以纠正;另一方面,对于几类标志性案件(如没有具体被害人、涉及人员众多的、宣告刑在阈值边缘),上级检察机关可以启动一个有意识的、结构化的数据收集和分析流程,开展持续性的随机抽检,以确保裁量权的正确实施。

五、结　语

不起诉制度不仅关涉轻罪嫌疑人的再社会化,更关乎社会宽宥以及刑罚哲学非报应论的义理,是刑事程序中恒常的命题。随着数字时代愈来愈多的人工智能应用于刑事司法的各色场景,不起诉制度同样应当紧随浪潮,以开放的姿

---

[1] 参见 IMCO & LIBE, *Artificial Intelligence Act: Deal on Comprehensive Rules for Trustworthy AI*, European Parliament（Dec. 9, 2023）, https://www.europarl.europa.eu/news/en/press-room/20231206IPR15699/artificial-intelligence-act-deal-on-comprehensive-rules-for-trustworthy-ai,2024 年 3 月 17 日访问。

[2] 根据欧盟委员会的定义,执法过程中风险评估和分析、预测刑事犯罪的人工智能工具属于高风险人工智能。参见 European Commission, *Artificial Intelligence Act*, COM（2021）206 final, ANNEX III。

态去吸纳时代的变革、技术的赋能。数字技术的介入无疑使实践中遇冷的不起诉制度具有复苏之态势。尤其是量刑辅助系统和风险评估系统在轻罪案件中的精准作业有效约束了检察裁量的宽泛空间,提振了立法操持者和社会公众对于不起诉制度运行的信心。与其他的应用场景相类似,数字技术应用于司法系统的系统性弊病尚未革除,同时还反过来冲击着不起诉制度的意旨。面对内外双重困境,数字时代的附条件不起诉制度更加应当坚守刑事司法的正当程序。诚如费利克斯(Felix Frankfurter)法官在罗钦案中论证的那样:"如果认为可通过将'正当法律程序'冻结在某个固定的时间或思想阶段来避免这种司法判断⋯⋯是无生命机器的功能,而不是法官的功能。"[1]需要指出的是,数字时代不起诉制度的建构不是"新瓶装旧酒"式的立法,而是基于数字司法战略,对司法系统布局进行改良的一次"万里长征"。尤其是附条件不起诉中监督考察所需要的完善的社会支撑体系,更是"难以毕其功于一役"。面对不起诉制度适用范围的进一步扩张、数字技术所做的并未背离传统法学理论的规训,本章所提及的一系列规范构造旨在进一步限制检察机关的裁量权,从而回到公平正义的刑事司法之本初。

---

1 Rochin v. California, 342 U. S. 165 (1952), p. 171.

第十二章
人工智能裁判与审判中心主义的冲突和消解

随着深度学习、神经网络等人工智能技术的不断发展，人工智能裁判已成为当前备受关注的一个热点问题。最高人民法院提出"加快建设人民法院信息化3.0版和'智慧法院'"以来，[1]杭州互联网法院等三家互联网法院对智慧司法进行了积极探索，随之而来的是对人工智能运用于司法裁判的热烈讨论。诚如有学者所说："人工智能技术在法学领域迟迟未有进展，不是因为人工智能技术欠缺，而是法学研究水平有待提升。"[2]人工智能运用于司法，与我们所普遍认可的司法规律的冲突已经在实践中凸显。其中，审判中心主义的要求，[3]与"自动贩售机式"的人工智能裁判，乃至与司法大数据下的"技术辅助功能"，都有着较大的差异，甚至存在直接的冲突，相关研究亟待深入。

---

[1] 参见徐隽：《人大常委会听取最高法司法公开报告："智慧法院"将加快建设》，《人民日报》2016年11月6日，第3版。

[2] Aikenhead, Micheal, "A Discourse on Law and Artificial Intelligence", *Law Technology Journal*, Vol. 5, No. 1, 1996.

[3] 参见胡铭：《审判中心与刑事诉讼》，中国法制出版社2017年版，第4页。

一、人工智能裁判与审判中心主义的不同样态

从字面意义上理解,司法裁判应当是指审判阶段法院对定罪、量刑和一些程序性争议做出裁决的活动。[1]但是在审前阶段并不能排除裁判样态的存在,以上海"206"刑事案件智能办案辅助系统为例,其功能模块中的"单一证据校验功能"便可以用在审前阶段的非法证据排除。[2]因此,本章的讨论主要关注审判阶段,但并不排斥审前阶段的相关问题。

(一)人工智能裁判:弱、强两种样态

按照智能的程度,人工智能裁判可以分为弱人工智能裁判和强人工智能裁判两种样态。

弱人工智能裁判具备明显的司法辅助技术特征。当前的弱人工智能裁判可大致划分为两类:司法行政辅助类技术与司法裁判辅助类技术。前者在实践中主要表现为检索功能、智能阅卷、文书自动生成、语音识别记录、诉讼流程节点管理控制等,公检法三机关各自构建的智慧系统基本都具备上述功能,主要是为了提高工作效率和业务管理水平。后者在审前阶段以证据校验、量刑建议为主要运用场景,在审判阶段则表现为智慧法院的类案推送、量刑辅助、审判偏离度分析、执行辅助等。对于同案同判,虽然学界存在不同的观点,[3]但人工智能下的司法大数据使"同案类判"得以实现,再配合裁判偏离度分析,让同案、类案得以类似处理。

强人工智能裁判的典型代表是"深度学习"式裁判方法。就其技术实现路

1　参见陈瑞华:《刑事司法裁判的三种形态》,《中外法学》2012 年第 6 期。

2　崔亚东:《人工智能与司法现代化》,上海人民出版社 2019 年版,第 111—112 页。

3　相关讨论参见刘树德:《刑事司法语境下的"同案同判"》,《中国法学》2011 年第 1 期;陈景辉:《同案同判:法律义务还是道德要求》,《中国法学》2013 年第 3 期;孙海波:《类似案件应类似审判吗?》,《法制与社会发展》2019 年第 3 期。

径概括而言,可分为以下阶段:自然语言—法律语言—计算机语言+法律规范的算法化=裁判。在刑事司法的语境中,人工智能裁判的过程大致如下:办案系统对案件信息进行录入形成证据摘录进而进行分析(自然语言处理、语义理解)—法条理解(自然语言处理、语义理解)—类案推送(要素式类案、法条式类案)—自动量刑(海量数据进行深度学习后形成的量刑模型,包括定罪与量刑两个方面)。真正的强人工智能裁判应当是在上述过程的基础上,人工智能具备自主意识而进行刑事司法语境中的案件判决。但在当前的技术水平下,即便是对自然语言的结构化转换,仍然是有待攻克的难题。

从整体上看,不管是弱人工智能还是强人工智能,技术的算法设计意味着具体的标准。从"输入内容"到"输出结论"这个过程是环环相扣式的逻辑递进,在排除底层算法漏洞、大数据资料错误等前提下,这种裁判的过程不存在"过程性"的影响因素,这种减少司法裁判获取过程中影响因素的做法与司法改革的现实状况不谋而合。特别是在刑事司法裁判近年来的改革中,对事实认定的标准、证据的收集确认标准、量刑的标准不断出台更加细致的客观化规范,明晰法官做出裁量的界限范围,严格限制法官在各项诉讼活动中的自由裁量权。即便刑事证据领域有引入"排除合理怀疑"这种依赖法官主观内心判断的标准,看似增强法官自由裁量的改革,但这种主观标准的背后,我们依旧可以在司法解释和实践中提炼出来具体的客观标准。[1]问题是:绝对的形式化的客观标准、纯粹的规范理性是否是司法裁判的应有内涵? 真正的司法裁判绝不是对案件事实进行规范匹配下的纯粹演绎推理。

(二)审判中心主义下司法裁判的基本样态

党的十八届四中全会决定提出"推进以审判为中心的诉讼制度改革",相关

---

[1] 参见陈瑞华:《刑事证明标准中主客观要素的关系》,《中国法学》2013 年第 4 期。

改革正在不断推进。"所谓审判中心主义,强调审判对于整个刑事诉讼程序的统摄作用,侦查程序只是审判程序的准备阶段,案件事实和证据的查证必须以控辩平等对抗、法官居中裁判的法庭调查程序为准。"[1]司法改革的顶层设计者已经充分肯定了审判中心主义在依法治国中的重要作用,实务界和理论界则对审判中心主义的改革路径提出了具体的建议。如陈光中教授认为,审判中心主义改革对司法裁判的要求主要包括以下几个方面:首先,要保证司法机关依法独立行使职权,特别是要保障审判权的独立行使;其次,要完善辩护制度,特别是法律援助制度;再者,要完善证人出庭制度,探索贯彻直接言词原则;最后,要保证侦查、审查起诉质量,为公正审判奠定坚实基础。[2]

可见,审判中心主义的主要关注点在于法庭,强调的是庭审的决定性作用。相比之下,人工智能裁判会因技术上的原生缺陷或者技术的使用规范问题,对审判中心主义改革的基本要求产生直接冲击。同时,人工智能裁判或许会给普通民众造成一种印象,即法庭空间将变成一个科技化的生产工厂。审判中心主义营造的法庭的空间化场景对于司法审判有着重要的影响,不管是古代的广场式法庭空间还是现代的剧场式法庭场所,"都对司法活动的制度、精神和习惯的形成具有内在的潜移默化的影响"[3]。审判中心主义要解决的核心问题是庭审实质化问题,让法庭成为事实证据调查、定罪量刑辩论、裁判结果形成的关键场域,以实现所谓"看得见的正义"。当前,我国庭审走过场问题还没有得到彻底的解决,而人工智能裁判可能进一步加剧庭审的虚置化,"庭审弱化、虚化,将直接削弱审判的功能,进而影响案件的实体公正和程序公正"[4]。

1　胡铭:《审判中心、庭审实质化与刑事司法改革》,《法学家》2016年第4期。

2　参见陈光中、步洋洋:《审判中心与相关诉讼制度改革初探》,《政法论坛》2015年第2期。

3　舒国滢:《从司法的广场化到司法的剧场化》,《政法论坛》1999年第3期。

4　戴长林、刘静坤:《〈关于全面推进以审判为中心的刑事诉讼制度改革的实施意见〉的理解与适用》,《人民司法(应用)》2017年第10期。

二、人工智能裁判与审判中心主义的冲突

审判中心主义承载着控辩平等对抗、法官独立审判等传统司法原则,是当前司法改革的主要抓手,并且体现了司法公正、公开等一系列司法价值。人工智能裁判正在颠覆我们对这些传统司法和改革举措的认知,并使得人工智能裁判与以审判为中心的诉讼制度产生直接的冲突。

(一)人工智能裁判对传统司法原则的冲击

1. 刑事诉讼构造失衡的加剧

审判中心主义本质上是对诉讼构造的调整,主要调整刑事诉讼中控诉、辩护、审判三方主体之间的法律关系。审判中心主义语境下,整个刑事诉讼过程应当以司法权为中心,强调第一审程序的决定性作用,以审判统摄侦查、起诉程序,以庭审检验侦查、起诉的成效,通过控辩平等、法官居中裁判来发现真实、解决纠纷和定罪量刑。但是人工智能作为一种技术介质融入司法活动,从整体上改变了传统的诉讼角色之间的地位与关系。

法官居中裁判的地位出现了改变。以美国威斯康星州诉卢米斯一案为例,虽然社会风险评估工具的规制最终可以算法公开、辩方的风险意见书等程序性措施予以保障,但这些看似公正的程序性保障"忽视了法官缺乏对风险评估工具自身风险予以评估的能力,也没有考虑到法官基于内部和外部的压力而倾向于接受使用这样的风险评估工具,外界也无从知悉其决策过程"[1],即便在弱人工智能裁判的样态下,法官已然欠缺应对科技对裁判权的冲击的能力。在强人工智能时代来临后,法官的淘汰或许并非杞人忧天,真正行使司法裁判权力的

---

[1]　朱体正:《人工智能辅助刑事裁判的不确定性风险及其防范——美国威斯康星州诉卢米斯案的启示》,《浙江社会科学》2018 年第 6 期。

是人工智能技术的算法设计与维护人员。可以说，人工智能的运用已经开始改变法官在刑事诉讼构造中的地位，造成"控辩平等继续失衡、居中裁判更加困难"的局面。

控辩失衡的难题继续加剧。我国的人工智能裁判发展是以司法公权力推动建设为主，而国外主要是在民商事领域尤其是律师行业中首先发展起来。公权力的强势推动给律师的辩护工作带来了更多的挑战，具体体现在两个方面：一方面，辩方难以真正参与到审前的人工智能裁判过程中。我国的侦查机关、检察机关运用人工智能技术，在海量数据支撑下进行证据能力校验、量刑结果预测，这对追诉机关提升追诉能力的作用是毋庸置疑的。而律师掌握的信息非常有限，即便拥有阅卷权，律师也很难和掌握高科技手段的追诉机关进行平等对抗，在认罪认罚从宽的协商中也显然处于弱势而往往不得不接受控方提出的要求。另一方面，必须考虑人工智能技术可能带来的误用、滥用风险。人工智能技术对证据的审查判断、量刑建议决策有大数据支持保障，可以轻松实现对瑕疵证据的补强、对程序漏洞的弥补。本应用于排除非法证据的技术手段因没有律师有效参与或者律师没有能力参与，极有可能异化为追诉机关掩盖工作失误的工具。

2. 对法官独立审判的可能影响

当事人及其律师并非必然就处于弱势地位，一旦资本的力量介入，当事人及其律师可能运用人工智能的技术手段来大幅度提升自己对抗公权力的能力，甚至给法官的独立审判带来直接的挑战。国外已经有相关实践，如西方国家的一些法律科技公司通过人工智能技术对法官的裁判行为进行收集分析。法律人工智能可以详细地解读出法官进行裁判的决策模式，然后创建特定法官在面对相关法律事务时可能采取的行为模型，而且这类行为模型的最终结果被法律科技公司公布，这引起了法官们的恐惧——自己的裁判行为已经毫无神秘感、神圣性，而且可能与民众预期的规范结果不同。不过这对于律师行业来说也许是一个利好消息,至少缓解了辩方的劣势地位。

这种对法官裁判的统计分析、画像及其公开,显然给传统的法官独立审判带来了冲击,以至于法国近期已经出台规定来限制这种行为。法国《司法改革法》(Justice Reform Act)第 33 条规定"不得为了评价、分析、比较或预测法官和司法行政人员的职业行为而重复使用其身份数据",否则将会面临五年以下的有期徒刑。这一法条的适用对象包括个人、研究人员和科技公司。我国的裁判文书网已经成为世界上最大的案例公开平台,上网的海量裁判文书对案件的各方面信息进行了全面的公开,包括审判人员的个人信息,这便使得我国的法官同样面临着被统计、被画像的风险,但我们并没有这样的禁止性规范措施。法国的"限制诉讼分析和预测"禁令究竟会对司法产生怎样的影响,是否恰当,是否值得我们借鉴,都仍有待讨论。

3. 对司法裁判合法性的冲击

司法裁判的合法性并非仅仅来自于案件审理的正确性。虽然有研究发现,采用大数据学习建模进行定罪的正确率可以达到 90% 以上,[1]量刑的准确性可以达到 70% 以上,[2]但这仅是绩效意义上的合法性,只是司法裁判合法与正当的一个面向。

马克斯·韦伯认为,合法性来源有三种类型:传统合法型、卡里斯玛合法型(魅力合法型)和法理合法型。[3]赵鼎新教授则在其基础上提出了程序合法性、绩效合法性和意识形态合法性。[4]现代法治国家中的法官,一般都要经过严格的遴选机制和程序来任命,并按照司法规律来开展司法审判,被认为具有法理合法性和程序合法性。人工智能裁判作为一种全新的虚拟"法官",在程序上是具备部分意义上传统法官的合法性来源的,但其与传统法官相比较的主要优势在于具备绩效

1　参见刘品新:《大数据司法的学术观察》,《人民检察》2017 年第 23 期。

2　参见白建军:《基于法官集体经验的量刑预测研究》,《法学研究》2016 年第 6 期。

3　参见〔德〕韦伯:《学术与政治》,钱永祥等译,广西师范大学出版社 2004 年版,第 198 页。

4　参见赵鼎新:《合法性的政治——当代中国的国家与社会关系》,台大出版中心 2017 年版,第 22—47 页。

合法性。当前的实践已经证明,在某些案件的裁判中,人工智能裁判的准确率已经超过了传统法官。但这是否意味着人工智能裁判的合法性基础就大于传统的人类法官呢? 结合司法裁判的特点,我们可以看到,司法裁判最基本的作用在于定分止争,适用的对象是作为纠纷主体的人,所以"人的接受度"是司法裁判实现定分止争的关键一环。这也是为什么对人工智能裁判的讨论到最后总是会落到哲学的层面即"人的尊严"这一问题上。如司法裁判的公开性、民主性、参与性、可接受性等,与人工智能裁判都存在显著的差异。

(二) 人工智能裁判对司法改革的消解

1. 司法责任制的失焦

"让审理者裁判,让裁判者负责"是围绕审判中心主义展开的司法改革的一项重要举措,与其相配套的是被称为"司法改革的牛鼻子"的司法责任制改革。而不管是弱人工智能裁判还是强人工智能裁判,都可能对上述改革产生冲击。传统司法裁判中,对司法责任的界定主要是指审判责任,并可分为违法审判责任、审判瑕疵责任和监督管理责任三类。[1] 在检察机关的相关改革中也有共性,《检察机关办案责任制改革试点方案》同样是为了改变"审者不定、定者不审"的弊端。强、弱两种样态下的人工智能裁判,都必然会部分或者全部占据人作为司法裁判的主体性地位,并带来责任的转移。如同自动驾驶给侵权责任分配带来的主体权责变更一样,在面对人工智能裁判可能存在的司法错误时,司法责任追究制度如何追责亦是一个新的问题。

2. 对庭审规则的颠覆

审判中心主义改革的基本要求之一就是实现庭审实质化。"庭审的实质化是实现中国式对抗制刑事诉讼构造的重要途径"[2],而人工智能裁判的运行样态

1　参见李浩主编:《员额制、司法责任制改革与司法的现代化》,法律出版社2017年版,第435页。

2　胡铭:《对抗式诉讼与刑事庭审实质化》,《法学》2016年第8期。

可能会让庭审再次陷入虚化的危险，甚至存在高科技让庭审完全退出历史舞台的可能。学者们对于庭审实质化的实现路径已经有一些基本共识：改变以往的审判式庭审，转向对抗式审理；坚持的基本原则和理念应当是独立审判、无罪推定、控辩平等对抗、证据裁判、卷宗移送改革、侦查逮捕制度等。[1] 在具体制度设计上，重视庭审规则，贯彻直接言词规则，保障辩护方质证权利，完善证人出庭作证制度，保障当庭裁判，这些都属于庭审实质化实现的基础条件。[2]

但在面对人工智能裁判时，首先，庭审过程中，是否还需要保留鉴定、申请回避等制度？质证如何进行？诉讼主体最后的陈述是否可以省略？其次，在人工智能裁判尤其是强人工智能裁判中，计算机二值逻辑下，证据的直接输入而非质证辩论是否会重返"法定证据主义"的藩篱？最后，对算法规则的遵守是否会成为人工智能裁判下新的规范要求标准？虽然算法替代法律不现实，但是 AI 裁判的技术性外衣，不仅加剧了控辩的不平衡，而且使法官同样也面临着地位弱化的危机。甚至整体上看，人工智能裁判让司法裁判在算法面前有着虚化的风险，司法可能在算法面前失去了尊严，这是当前改革中由"技术辅助向技术依赖"转型带来的危机。可以预见，在任何自动化审理中，如果突破了对诉讼中"人的主体性"的界限，而将案件的证据审查、事实认定、定罪量刑等关键性问题交由机器来自动化审理，都会面临上述困境。

3. 对审级制度的冲击

案件经历人工智能审判后，如果被告人不服并进行上诉，而上诉理由中包含对某些经过人工智能裁定的事实，虽然上诉人认为法律适用错误、事实认定不清，但是如果二审法院的裁判系统仍是相同的人工智能裁判系统，则二审实际上并无意义。即使是采用仅具有辅助性功能的弱人工智能裁判，

1　参见孙长永、王彪：《论庭审实质化的理念、制度和技术》，《现代法学》2017 年第 2 期；汪海燕：《论刑事庭审实质化》，《中国社会科学》2015 年第 2 期。

2　参见熊秋红：《刑事庭审实质化与审判方式改革》，《比较法研究》2016 年第 5 期。

比如对社会危险性的分析判定是类似上海"206"刑事案件智能办案辅助系统或者美国威斯康星州诉卢米斯案中的危险性评估系统,那同样不过是一审的重复,实质上给审级制度带来了虚化的危机。当前人工智能裁判进行的要素式审判或许可以在一定程度上避免这样的虚化风险,但技术上对法定、酌定等情节判断又可能面临着难以穷举的技术困境。即便二审采用普通的法官审理模式,让法官推翻一审中的人工智能裁判显然也是难度极大的事情。

4. 证据校验审查的形式化陷阱与滥用风险

上海"206"刑事案件智能办案辅助系统作为审前的人工智能裁判典型系统,其重要的功能模块"单一证据校验系统",在逻辑检验上可以提供充分的效率以及程序合法验证。但是,线上证据整体上属于"二手证据"系统,对于物证、书证等实物证据,多数还是需要以实物形式提交于法庭,笔录类和言词类证据更是需要经过控辩双方的质证,如果仅仅是对照证据指引清单进行证据检验,可能会使证据审查掉入形式化的陷阱。同时,通过证据指引指导取证在实践中有可能成为办案机关对瑕疵证据甚至违法取证的补正机制,因而出现被滥用的风险。能够以电子形式呈现并不意味着可以取代实物证据,毕竟,审判的过程不是网络购物,当事人不能像在网购中那样要求程序倒流——"7天不满意退货"。当然,这并不是否认电子化带来的巨大作用,而是要结合线上线下建立双重证据系统。如甘肃白银案能够告破,十分重要的一点就在于物证的保存;杭州张氏叔侄冤案得以纠错,关键性因素也是公安机关"物证保存库"的建设。所以,司法机关对实物证据等应当进行"电子化+实体化"的双重保障,不能单纯线上校验即做出程序性或者实体性裁判处理。

（三）人工智能裁判对基本司法价值的影响

1."算法黑箱"：司法公开与司法公正

人工智能裁判存在的"算法黑箱"问题，越来越被我们所认识。特别是刑事案件中涉及被告人、被害人相关权利的技术，是审判公开的基本要求。算法公开问题尚有待在立法上进行解决。进一步的要求则是人工智能裁判中的司法公正问题。人工智能的深度学习模型是基于自学习方式进行的，为什么大数据学习的结果呈现出这样一种模型，而不是其他种？算法中风险数值是如何计算的？各因素的权重是多少？这就涉及大数据下深度学习的另一个问题，即"相关性而非因果性"，这会带来对无罪推定原则的冲击。因为各种分析均是对不确定结果的预测，即便无限趋于真，也不一定是已经发生的事实。侦查阶段的人脸识别、审判阶段对减刑和假释犯罪嫌疑人的回归社群的评估均在此列。主要原因还是在于人工智能在大数据条件下深度学习的算法是一种不可解释的状态，结果的准确与否是一种技术上的逻辑结果，而非人类的理性认知。

2. 直接言词：裁判的亲历性

庭审虚化是我国刑事司法实践中长期存在的突出问题，这也是以审判为中心的诉讼制度改革要解决的关键性问题。控辩式庭审能更好地保证庭审在查明事实、认定证据、保护诉权、公正裁判方面发挥决定性作用，因此，在审判中心主义改革背景下，庭审需要完善举证、质证和认证规则，充实法庭调查和辩论程序。在弱人工智能裁判中，机器的辅助作用对直接言词的冲击较小，法官仍可以充当庭审主导者的角色，并通过剧场化的庭审，对证据进行审查、对案件事实进行认定。但当强人工智能时代到来，证据审查、事实认定问题完全于线上解决，完全依赖人工智能的技术，这种颠覆式裁判必然会彻底改变直接言词的基本要求。

3. 自由裁量：价值判断与利益衡量

法官的自由心证是建立在价值判断基础上的自由裁判。人工智能裁判虽然有深度学习这种技术手段，但是价值判断很难在计算机的深度学习中被人工智能裁判模型所吸纳。每个个案涉及的因素都很多，可以说是千案千面，完全一样的案件几乎是没有的。即使在轻罪案件中，涉及的因素也很多，如在被告人可能被适用拘役刑和附加刑的案件中，考虑到被告人的家庭情况（比如有年迈父母要赡养或者家境极为贫困），法官就可能酌情减免附加的刑罚金。法律适用作为一种对现实社会的反映，在裁判的利益衡量中融入社会一般公正观是一种常态，而这种利益衡量是一个十分复杂的过程，"这种带有人情味的价值判断"很难被机器所学习。

4. 裁判的可接受性：机器理性与过程正义

以历史大数据构建的案件模型专家系统，一般只适配普通案件，无法处理疑难复杂案件、新型案件。当法律专家系统无法匹配类案，无法实现类案推送时，人工智能裁判将陷入困境，只能仍由法官予以审理，这也是考夫曼所言的"演绎推理无法产生新的知识"[1]。从成本收益分析来看，疑难复杂案件属于刑事案件中占比量非常小的案件种类，少量疑难复杂案件交由法官来审理，符合司法经济性要求，即大量简单案件模式化快速处理，少量疑难复杂案件按照普通程序处理。真正的问题并不在于这种分流处理，而在于法官难以介入案件的模型算法以及参数调整，只能接受技术人员的算法所实现的结果。对于算法构建的模型有种经典说法——"判断出是猫最重要，而怎么判断出是猫不重要"（过程不重要，重要的是结果）。这种说法显然忽略了人的主体性，强调了最终的结果却忽视了程序的重要性尤其是过程正义的重要性，从而消解了程序的独立价值。人工智能裁判的运作模式尤其是"算法黑箱"与不可解释所带来的封

1　〔德〕阿尔图·考夫曼：《法律获取的程序——一种理性的分析》，雷磊译，中国政法大学出版社2015年版，第21页。

闭性,有可能彻底改变这种过程正义给诉讼主体带来的判决认同感,进而影响裁判的可接受性。

三、 人工智能裁判与审判中心主义冲突之消解

(一) 算法规制的再理解

随着人工智能裁判的实践运用,必然要考虑算法规制问题,但是透明原则下的算法公开并不能够实现公平公正的目标追求。首先,算法在计算机技术上的不可解释性让"算法可知"本身存疑;其次,即便算法能够实现透明,在特殊类型的案件中,比如涉及国家安全、恐怖犯罪、商业秘密、社会秩序和个体隐私等,在利益主体权衡中,算法是否应当透明也值得探讨;最后,即便算法应当并且可以实现透明,作为事前规制,是否能够保证算法在正当程序范围内被执行也尚存疑问。我们不能否定透明原则,但应该对透明原则的必要性和可行性有充分的认识。

在面对科技与司法结合的场景时,有学者倡导保障犯罪嫌疑人、被告人的知情权、数据辩护权、人工智能相关技术回溯权等。[1]这些权利的本质都是在程序视野中继续深化对算法的规制,知情权的背后是赋予犯罪嫌疑人以程序性告知权利,进而可以保障辩方获得一种程序性辩护权。大数据是人工智能技术的基础,知情权赋予后,保障被追诉方的数据辩护权,辅之以专家辅助人等制度,可以平衡被追诉方在面对人工智能技术时的劣势地位。人工智能相关技术的回溯权则更多的是从侦查行为合法性以及对证据能力的审查上来检验人工智能算法。技术上的知情、辩护与回溯,有助于保障人工智能裁判在受到各方监督

---

[1] 参见王燃:《大数据时代侦查模式的变革及其法律问题研究》,《法制与社会发展》2018 年第 5 期。

的状况下合理运行,让各诉讼主体有能力、有途径确保人工智能裁判在技术结果上的准确性,同时确保诉讼主体真正参与到诉讼过程。这种方式在一定程度上能够让司法裁判在绩效和程序民主上更加稳定。

根据福柯的"话语—权力"互生理论,知识是被占据而来而非表达出来的。[1]人工智能对司法话语的影响,本身是强势技术理性与弱势认知理性之间的冲突。当"算法黑箱"在技术上无法实现透明时,在保障最大准确性与效率性的前提下,要解决的主要问题是:不透明但极具效率的"技术理性"如何被"认知理性"所接受,从而避免两种话语之间的冲突。[2]各种程序性的救济、人工智能裁判的充分说理、衡量各方利益,均是对两种冲突之间的弥合,让技术理性的强势在认知理性面前降低姿态,以实现其被接受的目的。

(二)人工智能裁判的范围限制

1. 类型化适用

以案件类型化作为智能审判的标准,已有部分地区进行相关的试点,但主要集中在民商事案件领域,刑事案件的试点适用仍有待规划。未来,人工智能裁判在刑事案件的适用中,可考虑限定于轻罪案件。不管是从技术实践样态还是效率方面考量,抑或就司法公正而言,对司法人工智能的裁判适用范围做出限定都是必要的。比如从罪名上进行轻重罪的分流适用,从刑期上进行刑期上限为"三年或是更低"的划分。根据近十年《中国法律年鉴》的信息,单纯以刑期为轻罪标准看,轻罪案件的比例占所有刑事案件的比例约为40%,首先可以在这些轻罪案件中选择认罪认罚的案件试点适用人工智能裁判,这样的话风险较小且对以审判为中心的诉讼制度的影响较小,然后可随着人工智能裁判的日趋成熟,适度扩大适用范围。如数量极大的醉驾案件往往犯罪事实比较简单、证

1　参见〔法〕福柯:《福柯说权力与话语》,陈怡含编译,华中科技大学出版社 2017 年版,第 236—244 页。

2　参见王禄生:《大数据与人工智能司法应用的话语冲突及其理论解读》,《法学论坛》2018 年第 5 期。

据较为明确,引入人工智能裁判具有可行性。

2. 程序定位

一种思路是可以将强人工智能裁判作为新的裁判程序类型,赋予当事人程序选择权,即可以定位为一种新型的简易程序。弱人工智能裁判主要是起到司法辅助的功能,相对来说争议较小。这是当前解决人工智能裁判对审判中心主义改革诸多制度冲击的有效路径选择。赋予当事人程序选择权,主要是考虑到充分尊重诉讼主体的尊严,在最大限度上避免人工智能裁判可能带来的负面效应。人工智能裁判带来的案件分流和高效率,为有争议案件或重大案件的诉讼程序节省了宝贵的司法资源,从而为审判中心主义提供资源支撑。

另一种思路是从契合司法改革的制度设计而言,可以将人工智能裁判作为一种前置性的调解程序。借鉴民事领域的 ODR 在线调解机制,将人工智能裁判的预测结果在庭前即告知诉讼参与主体,在刑事案件中,这种调解的最终司法效力可按照刑事和解进行解释。

3. 审理内容限定

在人工智能裁判技术发展之初,技术上最大的困境就在于如何让计算机实现类人的通识感知,比如语言理解。按照目前计算机领域研究的结论来看,有哥德尔不完备定理的存在,[1] 让计算机实现"思维"是一件当下技术水平无法实现的事情。对于案件的事实认定、是否定罪等定性方面的判定,人工智能很难像法官那样做出对罪名的立法动机、综合全案评估、公序良俗和社会效果考量等方面的"判断"。在美国威斯康星州诉卢米斯一案中,风险评估系统并非替代法官做出判决,而是对比了数百份相同案情的判例,做出在"程度认定"上具备较高风险的结论,这和量刑辅助功能异曲同工,最终的定性、裁判依然由法官做

---

1 所谓哥德尔不完备定理,简单来说就是真与可证是两个概念。可证的一定是真的,但真的不一定可证。1961 年,牛津大学的哲学家卢卡斯(John Lucas)提出,根据哥德尔不完备定理,机器不可能具有人的心智。反对这种观点的学者认为,哥德尔不完备定理与机器有无心智其实没有关系,但哥德尔不完备定理对人的限制同样也适用于机器倒是事实。

出,类似于量刑上的参考意见。这可以为我们限定当前人工智能裁判的审理内容:只做参考依据,不做定性判断。

(三)保障人工智能裁判中的律师参与权

审前人工智能运用的样态,如证据校验、量刑预测等,主要作用在于强化追诉方发现犯罪线索能力、审查证据能力以及提高其追诉成功率,但不应排除辩护方在其中的作用。审判中心主义所要求的庭审实质化,最重要的表现即为两造的平等对抗,而这种平等对抗要建立在审前程序中律师参与权保障的基础上。应赋予律师在审前人工智能运用中充分的知情权、参与权与技术回溯权,可以对证据的校验、瑕疵补强、排除等提出意见。

在审判阶段,人工智能的运用同样应该建立在律师充分参与的基础上。只有在律师的帮助下,被告人才能自愿而明智地做出程序选择。同时,还可以聘请掌握计算机、人工智能等技术的专家辅助人参与人工智能裁判,为被告人提供技术方面的帮助。只有律师和专家辅助人有效参与审判,才能使得证据调查、质证等环节依旧保持两造对抗的基本构造,才能使得被告人的基本诉讼权利得到保障。

(四)基于人机协同的裁判文书的说理

人工智能裁判能够自动生成裁判文书,这在技术上已经没有问题。但是,这种裁判文书的说理性是很薄弱的,更多的是一种公文程式。人工智能裁判对于裁判文书的说理性反而提出了更高的要求,在人机协同的基础上,可由法官在自动生成的裁判文书中添加人类的理性。在司法责任制背景下,如果没有裁判文书的说理性,人工智能技术将成为裁判者逃避责任的借口。在"算法黑箱"这类技术难题未得以解决前,需要有法官的理性作为最终的说服途径。这种说理和诠释也是对人工智能裁判"价值判断失效"的重要弥补,特别是个案评价、刑事政策、社会效果等考量是不断变化的,最终的人工智能裁判中的价值判断经由裁判文书说理实现司法中的利益衡量。

从说理和诠释的重点来看，为了使大数据、人工智能等技术理性与法官行为和动机的目的理性相契合，人工智能裁判文书应当基于人机协同而关注四个方面的重点：(1)案例数据是否充足？(2)裁判结果是否合理？(3)因果关系是否相当？(4)正反计算是否对称？[1]

四、结　语

纵观人类司法制度和司法裁判的发展史，人的主体性一直牢牢把握着裁判的控制权，已经形成了一整套承载着司法规律的审判制度和法官制度，而科技与司法相结合所产生的人工智能裁判让这一切发生了重大改变，可以说潘多拉的魔盒已经被打开，所产生的影响究竟有多大尚不可知。在国家顶层设计和司法机关积极试点的背景下，拥抱人工智能裁判已经是一种趋势。人工智能裁判不仅仅是一种司法辅助系统，也不仅仅是解决法律实务中案多人少等难题的权宜之计，而且可能是颠覆我们传统的司法原则、司法理性和司法认知并产生深远影响的巨大变革。

审判中心主义及其相关改革，本来是要解决我国传统刑事司法的诸多顽疾，但在这些问题尚未解决之际，人工智能裁判正在悄悄地侵蚀着庭审实质化改革想要建立的"看得见的正义"。人工智能裁判与审判中心主义的诸多冲突，充分说明了科技与司法相结合需要更加充分的理论积淀和更加细致的具体制度设计。如何避免司法的基本原则被破坏、制度供给被消解、技术理性难以被民众认同等问题，尚需要我们在反思传统司法理论的基础上对实践中正在发生的变化予以正面回应。

1　参见李飞：《人工智能与司法的裁判及解释》，《法律科学》(西北政法大学学报)2018 年第 5 期。

第十三章
现代科技融入刑事辩护的机遇、挑战与风险防范

现代科技融入刑事辩护,是司法与科技深度融合的外在引力和刑事辩护实质需求的内生动力共同使然的结果,这也构成了现代科技融入刑事辩护的理论原点。现阶段,面对智慧公安、智慧检察和智慧法院的快速发展,我国刑事辩护变革正在发生但有所滞后,司法改革过程中控、辩、审三方的技术革命不平衡问题突出。基于科技进步是把"双刃剑"的历史认识,在呼吁积极拥抱现代科技的同时,应当关注诸如人工智能等技术进入刑事辩护的风险、律师面对科技问题的辩护乏力、辩护活动信息安全的潜藏风险等问题。机遇与挑战并存之下,刑事辩护应明确现代科技作为技术支撑和辅助手段的功能定位,坚持从刑事司法理性、刑事辩护规律和刑事辩护能力出发,努力推动现代科技与刑事辩护的良性共融。

一、引 言

伴随着互联网、大数据、人工智能等现代科技与司法的深度融合,智慧公安、智慧检察、智慧法院建设正在如火如荼地展开,也给律师提供法律服务的传统模式带来了深层次影响。[1]在美国,律师事务所已经开始尝试使用具有认知能

---

[1] 参见王俊峰:《在法治中国建设的伟大实践中彰显律师作用》,《人民政协报》2017年9月14日,第3版。

力的人工智能律师 ROSS 代替人类雇员,[1]斯坦福大学等高校联合研发的律政界 AlphaGo,更是战胜了 20 名顶级律师。[2]在我国,作为司法惠民重要举措的互联网律师事务所("无人律所")亦已推行开来,提供在线电话视频咨询、在线法律事务办理、在线服务预约登记等互联网法律服务。[3]此外,"法小淘""吴小用""法狗狗""小崇"等法律机器人也相继面世,助力律师法律服务新生态。

在此现况下,我们不禁深思:人工智能取代律师只是时间问题吗?传统的刑事辩护如何面对现代科技的机遇与挑战?本章旨在讨论刑事辩护应当如何拥抱现代科技,以及如何实现刑事辩护对现代科技最大限度的趋利避害等,以期对理性认识现代科技发展背景下的刑事辩护有所裨益。

二、 现代科技融入刑事辩护的理论原点

现代科技融入刑事辩护,是司法与科技深度融合的外有引力和刑事辩护实质需求的内生动力共同使然的结果,这也构成了现代科技融入刑事辩护的理论原点。一方面是司法与现代科技的深度融合,刑事司法活动的科技化水平不断提升,以信息化、电子化、智能化等为支撑的智慧公安、智慧检察和智慧法院等战略推进,使得刑事辩护必须做到与时俱进。另一方面是现代科技发展给刑事辩护提供了实质帮助,例如科学技术支撑下的司法鉴定、专家辅助人制度等的引入,能够有效弥补律师特定专业的知识短板,而且在诸如网络科技犯罪、生命科技犯罪、化学

1 　参见司晓、曹建峰:《论人工智能的民事责任:以自动驾驶汽车和智能机器人为切入点》,《法律科学》(西北政法大学学报)2017 年第 5 期。

2 　比赛由 20 名有经验的律师与训练好的法律 AI 程序,围绕"解释合同"中的审查保密协议(NDA)展开。人类律师的平均准确率达到了 85%,而 AI 的准确率达到了 95%。另外,AI 在 26 秒内完成了任务,而人类律师平均需要 92 分钟。值得注意的是,人工智能在这些合同中最高可以达到 100%的准确率,而人类律师的最高准确率仅为 97%。

3 　参见左盛丹:《互联网律师事务所亮相　助力法律服务全覆盖》,中国新闻网,http://www.chinanews.com/it/2017/12-21/8406085.shtml,2024 年 3 月 28 日访问。

科技犯罪等高新科技犯罪中,科学技术的掌握和运用也直接关乎刑事辩护的质量。

(一) 外在引力:司法与科技的深度融合

现代科技的应用为司法改革提供了极大便利。习近平总书记针对司法体制改革明确指出:应遵循司法规律,把深化司法体制改革和现代科技应用结合起来,不断完善和发展中国特色社会主义司法制度。[1]公安部 2017 年发布的《关于推进公安信息化发展若干问题的意见》,明确提出推进大数据时代公安工作的信息化、智能化、现代化建设,积极探索"互联网+警务"新模式;最高人民检察院 2018 年工作报告中明确要求"深入推进智慧检务建设,推动新时代检察工作质量效率变革";最高人民法院 2018 年工作报告中同样也强调"加强信息化、人工智能与法院工作的深度融合,完善智能审判支持、庭审语音识别、电子卷宗随案生成等智能辅助办案系统"。

以法院改革为例,为了避免传统法院审判和管理活动中基础设施建设的耗时费力,查阅整理法律法规、案例以及诉讼卷宗等的琐碎繁杂,法院系统积极探索利用计算机系统和多媒体等,以期实现中国司法机构的跨越式发展。[2]自人民法院第一个五年改革纲要明确"加强法院办公现代化建设,进一步提高司法效率和法院管理水平"的发展目标以来,法庭的电子化和法院的网络化建设,成为我国法院系统现代化建设和转型的重要着力点(见表 13-1),并以"办公现代化建设→管理现代化建设→法院科技化建设→法庭科技化建设"为具体脉络,呈现出一种司法与科技由浅入深、由点及面的深度融合。上海市第二中级人民法院的 C2J 法官智能辅助办案系统,以"一轴九库"为核心,集信息海量、检索便捷、管理精细、适法统一、交流互动等特色于一身,推动了审判管理、诉讼流程和诉讼保障等的智能化。[3]浙江省高级人民法院联手阿里云打造的智慧法院,借助

1　参见李阳:《习总书记这句话,道出本轮司改"大手笔"》,《人民法院报》2017 年 7 月 11 日,第 1 版。

2　参见季卫东:《人工智能时代的司法权之变》,《东方法学》2018 年第 1 期。

3　参见《我院率先打造智慧法院　推出 C2J 法官智能辅助办案系统》,上海市第二中级人民法院官网,http://www.shezfy.com/view.html?id=69980,2024 年 3 月 12 日访问。

阿里云的大数据处理能力,建立了"审务云"平台及司法大数据服务平台,实现法院司法信息资源的统一管理和资源共享。2017 年成立的杭州互联网法院更是司法新模式的最新探索。参照法治发达国家的普遍经验,律师在国家治理现代化中可以扮演非常重要的角色。[1]对于刑事辩护律师而言,作为刑事诉讼三角模式中的重要一环,面对刑事司法活动在各个环节出现的主动适应信息时代的变化,[2]控诉方和审判方的电子化、科技化、智能化发展,急需现代科技的武装,以回应现代科技与司法深度融合的外在引力。

表 13-1   人民法院五年改革纲要中的"科技嵌入司法"

改革纲要	科技嵌入司法(举例)	发展面向
"一五"纲要	1. 配备文字录入、录音、录像、投影、闭路电视监控系统等相应的技术设备; 2. 基本实现计算机等现代化技术手段在庭审记录、诉讼文书制作、法院人事管理、档案管理、统计数据信息处理等方面的应用。	办公现代化
"二五"纲要	1. 司法审判管理与司法政务管理的电子化、信息化; 2. 改革庭审活动记录方式,加强信息技术在法庭记录中的应用,有条件的法院可以使用录音、录像或者其他技术手段记录法庭活动等。	管理现代化
"三五"纲要	1. 人民法院行政管理、法官培训、案件信息管理、执行管理、信访管理等方面的信息化; 2. 规范庭审直播和转播,完善公开听证制度,研究建立裁判文书网上发布制度和执行案件信息的网上查询制度。	法院科技化
"四五"纲要	1. 推进庭审全程同步录音录像,规范以图文、视频等方式直播庭审的范围和程序; 2. 完善审判流程公开平台、裁判文书公开平台、执行信息公开平台和网上诉讼服务平台等。	法庭科技化

资料来源:根据人民法院第一个五年改革纲要(1999—2003)、人民法院第二个五年改革纲要(2004—2008)、人民法院第三个五年改革纲要(2009—2013)和人民法院第四个五年改革纲要(2014—2018)整理。

---

[1]   参见程金华:《依法治国者及其培育机制》,《中国法律评论》2015 年第 2 期。
[2]   胡铭:《大数据、信息社会与刑事司法变革》,《法治现代化研究》2017 年第 3 期。

（二）内生动力：刑事辩护的实质需求

从宏观上来看，刑事辩护对现代科技的实质需求正随着刑事立法、刑事犯罪和刑事司法等的变化而不断加强，特别是我国刑法立法观日益转向积极，刑法修正案不断增加罪名、降低入刑门槛，刑事案件数量持续增长。[1]同时，现代科技发展也刺激了犯罪的智能化、科技化和隐蔽化。以计算机网络犯罪为例，从1986 年发现首例涉及计算机犯罪（利用计算机贪污）和 1996 年破获首例纯粹计算机犯罪（制造计算机病毒）至今，计算机网络犯罪数量逐年上升，方式和类型也日趋多元，并呈现出由以计算机为犯罪工具向以计算机为犯罪对象的纵深发展态势。互联网正成为犯罪的重灾区和引擎，新型高科技犯罪对刑事辩护显然提出了新的要求。哪怕是面对传统的普通刑事犯罪，现代科技在刑事辩护中的运用也日益广泛，特别是随着电子数据作为一种法定的证据种类正式写入《刑事诉讼法》、最高人民法院主导的海量裁判文书上网、侦查同步录音录像和庭审笔录电子化等改革，现代科技在刑事辩护中的运用已经难以逆转地成为一种常态。

从微观上来看，现代科技融入刑事辩护，有助于实质提升个案中的辩护质量和效率（见表 13－2）。首先，辩护律师运用现代科技，提升了刑事辩护能力，并能反馈在由无罪辩护、罪轻辩护、量刑辩护和程序性辩护等组成的多元化刑事辩护格局当中。[2]例如，在无罪辩护、罪轻辩护中，律师可以通过申请专家辅助人出庭，就有关专门性问题提供技术支持；在量刑辩护中，可以借助裁判文书网，通过海量数据挖掘和类案比较，进行罪责分析和量刑预测，并制定出最有利于被追诉人的辩护方案和量刑协商；在程序性辩护中，可以借助侦查讯问的同步录音录像，就讯问笔录的有效性、侦查程序的合法性等发表辩护意见。其次，

---

[1]　参见魏晓娜：《完善认罪认罚从宽制度：中国语境下的关键词展开》，《法学研究》2016 年第 4 期。

[2]　参见陈瑞华：《刑事辩护的几个理论问题》，《当代法学》2012 年第 1 期。

现代科技的运用可以提升律师证据运用的能力,如帮助律师对证据群进行整理,对事实可能性进行评估,建构在陪审员看来具有似真性的故事,为证人出庭作证进行心理学分析,对判决正当性进行论证,等等。再次,现代科技使得刑事司法更加透明,为律师提升刑事辩护质量提供了新的契机。随着阳光司法的改革,审判流程、裁判文书、庭审活动和执行信息的四大信息化公开平台的打造,为律师提供了有效辩护、实质性参与的机会。与此同时,微博、微信等自媒体平台以及智能手机的流行,使得社会公众有了更加充分的渠道来监督司法、参与司法,[1]这也使得律师刑事辩护活动更受关注。最后,现代科技进步有利于提升刑事辩护的效率,进而避免由辩护活动中的拖沓、低效等造成被追诉人权利救济的迟延。

表 13-2 具体个案刑事辩护中的科技嵌入

具体阶段	举例说明	传统做法	嵌入科技
委托阶段	案件咨询	在浩瀚书海中收集相关法律和案例	互联网技术支持、无纸化的资料收集,以及法律 AI 的资料整合
侦查阶段	申请变更强制措施	挖掘个案中的定罪量刑、人身危险等信息	法律 AI 支持下的量刑预测、大数据支持下的人身危险分析
起诉阶段	查阅案卷	查阅纸质案卷材料,动辄数十本、上百本	电子案卷材料,以及通过法律 AI 检索前后矛盾信息,挖掘辩点
审判阶段	证据质证	围绕传统实物、言词证据的合法性、真实性、相关性等展开	未来要对公诉机关利用 3D 和 VR 等高科技进行证据展示的"虚拟证据"予以质证*

注:* 参见洪雷:《证人戴 VR 眼镜"返回"凶案现场》,《法制晚报》2018 年 3 月 1 日,第 A09 版。

三、 现代科技融入刑事辩护的具体挑战

现代科技的内在属性之一是风险,现代科技潜藏着对人类社会的各种威

1　参见胡铭:《司法公信力的理性解释与建构》,《中国社会科学》2015 年第 4 期。

胁。盲目地崇拜、过度地利用和绝对地依赖现代科技,会将人类社会发展引入歧途。因此,我们应对现代科技融入刑事辩护的潜在风险给予足够重视。

(一) 人工智能进入刑事辩护的风险

集推理、感知和自然语言处理等功能于一身的人工智能,正在深刻影响着人类社会,机器人辅助甚至取代人类工作的范围越来越广泛并且正在进入司法领域。例如,服务于 BakerHostetler 律师事务所的机器人律师 ROSS,已经能够省时且高效地处理案件。2015 年,美国奥特曼韦尔公司(Altman Weil)就人工智能能否取代律师,对 20 家美国律师事务所的合伙人进行了一项民意调查,结果显示人们对人工智能的认可度越来越高,多数人相信人工智能能够取代人类律师。[1]对于我国的刑事辩护而言,面对公安司法机关迅速推进智能化改革,刑事辩护律师的智能化建设明显是相对滞后的。虽然现在人工智能还无法绝对化地替代刑事辩护律师,但是人工智能的进入已经开始替代律师的一些简单工作,造成低端律师的边缘化,并对辩护理论带来冲击。我们应认真思考一系列的问题,如智能机器人能否作为辩护人、专家辅助人或证人等参加法庭审判,以及如何协调司法伦理和科技伦理之间的关系,防范类似于美国量刑风险评估系统 COMPAS 潜藏的算法偏见等。[2]具体实践中,又该如何设定刑事辩护中人工智能的使用边界,明晰人工智能在刑事辩护中的可为与不可为,以及如何克服法律人工智能设计者的主观偏见等。

(二) 律师面对科技问题的辩护乏力

现阶段的司法与科技深度融合,还主要体现在官方主导下的智慧司法改革

1　参见高奇琦、张鹏:《论人工智能对未来法律的多方位挑战》,《华中科技大学学报》(社会科学版)2018年第 1 期。

2　量刑风险评估系统 COMPAS 是由美国 Northpointe 公司开发的,用于对犯罪人的再犯风险进行量化评估,法官据此判定罚则。但是,算法偏向性地歧视黑人,白人更多被错误地评估为低犯罪风险,而黑人被错误地评估为高犯罪风险的概率是白人的两倍。

中,辩护律师在面对电子化、信息化和网络化等智能武装的公安司法机关之时,存在着在诸如鉴定意见、视听资料、电子证据等证据的收集、存储和使用过程中有效辩护乏力的问题。以司法鉴定为例,侦查和公诉机关主导下的司法鉴定,其公信力本身就容易被人质疑,[1]而且在法庭审判中,鉴定人极少出庭,律师又因专业知识匮乏而无法有效质证,法官同样很难对鉴定意见进行审查判断,使得鉴定意见作为一种既非常重要又具有很强专业性的证据,在我国的司法实践中常于尴尬境地。[2]我国《刑事诉讼法》虽然引入了"有专门知识的人",即确立了专家辅助人制度,但是专家辅助人制度的实践运行不容乐观,辩护律师与行业专家间的良性互动、长效机制尚未形成,救急的多、维系的少,咨询的多、委托的少,制度功能亟待发掘,辩护律师借助专家辅助人的技术化武装辩护不足。

(三)辩护活动信息安全的潜藏隐患

互联网、大数据等现代科技助力侦查、检察和审判工作的跨越式发展,数据采集初具规模,标准化、规范化、专业化的数据存储、运算和运用能力逐步提升,这背后是立足于国家安全和信息保密等方面的整体利益而构建的网络安全系统。而与之相对应的是,当前律师事务所和辩护律师个人还停留在网络化管理和电子化办公的初级阶段,信息安全意识、信息安全维护能力等普遍不足。在实践中,律师事务所和辩护律师很容易成为黑客攻击的"优质"目标,例如2015年黑客利用密锁(Cryptolocker)病毒攻击齐普里克(Ziprick)和克莱默(Cramer)律师事务所,2017年黑客利用彼佳(Petya)病毒攻击欧华律师事务所(DLA Piper)。在美国,不仅官方会为律师提供责任安全保险,美国律师协会也会颁布诸如《防御网络风险:律师选择网络责任保险方针指南》等实用手册,而且律师

1　参见陈永生:《中国司法鉴定体制的进一步改革——以侦查机关鉴定机构的设置为中心》,《清华法学》2009年第4期。

2　参见胡铭:《鉴定人出庭与专家辅助人角色定位之实证研究》,《法学研究》2014年第4期。

事务所和律师个人能够积极主动地寻求网络信息安全保护。

（四）不当使用现代科技的违规操作

律师职业以当事人利益为中心，市场化、商业化的法律服务模式更是容易造成律师追求经济利益最大化的执业倾向。刑事辩护尤其容易面临律师违规和行业风险。广受争议的《刑法》第 306 条所确立的律师伪证罪，以及《刑法修正案（九）》增设的泄露不应公开的案件信息罪和公开披露、报道不公开审理案件信息罪，都是基于防范律师不当的违规操作。现代科技的运用，使得这种风险被进一步放大。如某裁判文书显示，在接某犯辩护人妨害作证罪案中，接某在代理刑事案件过程中不当使用泛科技化的手机、网络等信息传播媒介，操纵、引诱证人违背事实等干扰作证，且以其辩护人的身份为原案被追诉人传递信息等。[1]现代科技的运用中，个别律师违反职业伦理要求，滥用会见权，向犯罪嫌疑人、被告人通风报信，教唆翻供，[2]以及滥用微信、微博等自媒体平台，试图操控舆论并影响审判，是当前刑事辩护需要警惕的新问题。

四、 现代科技融入刑事辩护的风险防范

就如梅达顺大法官所言："科技可能颠覆或挑战律师习以为常的模式，但以击败科技的态度应付是不正确的。因为，科技可能提升生产力和效率，进而让事务所提供更高素质的法律服务及省钱。"[3]同时，在潜在风险面前，刑事辩护该如何进行有效的风险防范，是个亟待思考的现实问题。

1　参见《接某犯辩护人、诉讼代理人毁灭证据、伪造证据、妨害作证罪一审刑事判决书》，中国裁判文书网，http://wenshu.court.gov.cn/content/content? DocID = 8373c6c7-bf03-4ee0-ab54-8bc036c03583&KeyWord = 辩护人、诉讼代理人毁灭、伪造证据，帮助当事人毁灭、伪造证据，2024 年 3 月 27 日访问。

2　参见陈学权：《"会见不被监听"对律师职业伦理的挑战及应对》，《法学杂志》2012 年第 11 期。

3　郑靖豫、傅丽云：《梅达顺：律师须思考科技化执业模式》，《联合早报》2017 年 1 月 10 日，http://www.zaobao.com/news/singapore/story20170110-711564，2024 年 3 月 26 日访问。

（一）一个前提：坚守法治的基本使命

现代科技在为律师工作提供便利的同时，也加剧了刑事辩护的执业风险。在绝大部分中国律师"个体户"式的执业方式之下，律师执业基本上是以个人为基础的"自食其力"，由此造成的是律师工作中非专业性事务占比高，职业纯洁性相对较低。[1]一方面是经济利益的直接驱动，另一方面是现代科技（具有隐蔽性高、传播性强和影响力大等特点）的变相诱惑，可能会导致律师犯下伪证罪、妨害作证罪等，以及泄露不应公开的案件信息和公开披露、报道不公开审理案件信息等的新问题。这不仅损害律师群体的形象，更是直接违背了法治要义。辩护律师在现代科技融入和市场化、商业化的法律服务模式之下，更应当始终铭记、坚守法治的基本使命，不仅应当坚决捍卫个案公正，而且应当有公益精神、社会担当和家国情怀，切实发挥其作为"在野法曹"在保护当事人合法权益、维护社会正义和促进法治完备等方面的应有作用。

（二）两点认识：尊重刑事辩护规律和理性对待现代科技的应用

刑事辩护的专业性日益重要，现代科技融入刑事辩护也应当走专业化的道路，以尊重刑事辩护规律为前提，而不是宽泛地谈现代科技运用的意义。例如，刑事辩护要求"尊重被追诉人的尊严"，在申请取保候审和审前羁押必要性审查工作中，在充分挖掘个案中的定罪量刑、人身危险等信息之外，可以利用法律 AI 支持下的量刑预测系统、大数据支持下的人身危险分析等，合理主张变更刑事强制措施，而不能将被追诉人作为客体加以任意处分，更不能以所谓的大数据分析、科学预测任意限制公民人身自由。又如，刑事辩护要求遵循司法证明的规律，可以通过法律 AI 检索和整理案卷材料中的矛盾点、辩护点，并以阅卷摘要

---

1 刘思达：《分化的律师业与职业主义的建构》，《中外法学》2005 年第 4 期。

的形式掌握案情和摘编证据等,而不能因所谓的高科技降低证明标准——现代科技的发展反而应提升司法的证明标准,[1]更不能以所谓的科学运算代替证据链条和质证、认证过程。

正如在人民法院体制改革中所强调的"有机融合科技理性和司法理性"[2],刑事辩护在拥抱现代科技的同时,也应当以司法理性和刑事辩护理性为起点。在多元辩护策略中合理嵌入现代科技,理性认识现代科技的辅助性地位,有效进行文件处理、资料整理、诉讼预测、风险评估等工作,并警惕现代科技在刑事司法中的风险。不仅要以刑事诉讼中的"守夜人"角色,直面国家公权力机关智能化、科技化转型升级可能会给刑事诉讼构造带来的冲击,而且也要关注现代科技嵌入刑事辩护活动可能给自身带来的违规风险、技术绑架等挑战。例如,理性对待庭审网上直播,应警惕刑事案件庭审网上直播潜藏的对隐私权的侵犯风险,使证人出庭难上加难,同时给司法审判造成舆论压力。又如,理性对待互联网审判,与杭州互联网法院、宁波移动微法院等的发展相适应,将来刑事案件也可能在互联网上开庭,这绝不仅仅意味着利用互联网技术的"网络审判",而且意味着直接言词原则、证据规则和庭审程序的变革。律师辩护权属于正当法律程序,[3]而正当法律程序的底线正义应当成为辩护律师捍卫的重点。

(三) 三项保证:提升专业知识、拓展业务能力和强化行业自律

刑事辩护实质上是一个复杂的认知和判断、攻击和防御的角力过程,案件背后关涉人情、事理和法则等多种因素和利益衡量,这与人工智能下的模拟归纳推理和模拟法律分析有着显著差异。机器"认知"存在短板,无法对事实进行

1　参见张婷婷:《科技、法律与道德关系的司法检视——以"宜兴胚胎案"为例的分析》,《法学论坛》2016年第1期。

2　倪寿明:《为新时代贡献司法智慧和力量》,《人民法院报》2018年2月23日,第2版。

3　参见祁建建:《美国辩诉交易中的有效辩护权》,《比较法研究》2015年第6期。

活跃的重新构造和理解。[1]作为律师辅助性工具和手段的现代科技,虽然可以为律师查阅资料、搜索文献和整理案卷等提供便利,但是无法替代人类思维和主观感知,无法掌握刑事辩护的经验哲学,也无法具体开展诸如会见当事人、与办案人员沟通以及独立参加法庭审判等具体诉讼活动,因为诸如此类的活动都建立在交互式的经验积累基础上。这就要求律师理性地认清现代科技嵌入刑事辩护的边界,在机器所不能的专业知识提升和实务经验积累等方面,捍卫刑事辩护律师作为的"自留地"。

综合运用现代科技,广泛拓展业务能力,是西方国家律师执业的基本经验。因此,应当进一步提升刑事辩护律师在犯罪学、侦查学、逻辑学、医学和法庭科学等领域的基本素养。司法实践也证明了,那些对科学技术原理一无所知的律师,常常在交叉询问过程中对专家证人的可信性及其出具的专家意见进行猛烈的攻击,这极大地损坏了专家的名誉,损害了辩护律师与行业专家间的良性和谐关系。这种盲目的攻击,恰恰显示了辩护律师在业务能力上的不足,特别是在当前司法改革控、辩、审三方技术革命不平衡发展的当下。为了有效避免可能发生的辩护乏力等问题,辩护律师既要积极主动地学习、参与和监督司法公权机关的科技运用,又要通过自行技术武装或专家辅助介入等提升业务能力。

在信息时代,律师执业的不规范现象时常被曝光,诸如发表不当言论、违反收费规定、以不正当手段承揽业务等,暴露出了当前律师行业自律的问题。我国律师职业伦理尚未真正形成,行业自律程度较低,而现代科技的运用为律师行业自律提出了要求并提供了契机。司法行政机关、律师协会、律师事务所等一方面要引入科技手段,就律师行为是否遵守"职业行为的道德准则"展开实质监督,另一方面也要为信息时代律师执业风险防范等提供宣传引导和技术支持。

---

1 参见吴习彧:《司法裁判人工智能化的可能性及问题》,《浙江社会科学》2017 年第 4 期。

五、结　语

现代科技与刑事司法的深度结合,是我国当前司法改革中的新亮点,为司法体制创新和智慧司法建设等提供了前所未有的机遇与挑战,我们正经历着人工智能语境下的刑事司法转型。[1]源自律师对其法律服务工作质量和效率追求的内心自觉,刑事辩护的科技革命正悄然兴起,现代科技与刑事辩护的深度融合是当下可预期的愿景。对此,我国的刑事辩护界真的准备好了吗? 现代科技融入刑事辩护,还有一系列的问题需要深入思考,例如:智能机器人能否以辩护人、专家辅助人或证人等身份参加法庭审判,又应当如何进行专门规制,如何进行现代科技嵌入刑事辩护的认知判断和利益衡量;面对刑事辩护电子化、智能化的发展趋势,律师该如何趋利避害,最大限度地利用现代科技实现技能提升,并避免被人工智所替代;等等。

1　参见李晟:《略论人工智能语境下的法律转型》,《法学评论》2018 年第 1 期。

第十四章

电子数据在刑事证据体系中的定位与审查判断规则

互联网时代,电子数据在刑事审判中的重要性日益彰显。然而,在规则层面与审判实践层面,对电子数据的定位却呈现显著差异。通过对网络假货犯罪案件裁判文书的分析发现,电子数据在刑事审判实践中存在定位泛化的问题,相关审查判断规则主要围绕电子数据的真实性展开,其关联性审查本质上也是真实性审查,其合法性审查亦主要是为了保障真实性。电子数据鉴定虽然被广泛适用,却未能发挥预期作用,而专家辅助人的引入尚处于初级阶段。为了准确定位电子数据并发挥其应有的作用,应在广义理解电子数据的基础上,在真实性与正当程序保障的价值权衡中,构建适应互联网时代需求的电子数据审查判断规则。

一、引 言

信息化、数据化正在潜移默化地改变着司法,这种改变的深刻程度超出了多数人的预期。"互联网时代,尤其是社交网络、电子商务与移动通信把人类社会带入了一个以'PB'(1024TB)为单位的结构和非结构数据信息的新时代。"[1]

---

1 〔英〕维克托·迈尔-舍恩伯格、肯尼思·库克耶:《大数据时代:生活、工作与思维的大变革》,盛杨燕、周涛译,浙江人民出版社 2013 年版,第 1 页。

司法必须对此做出回应,而这种变化正在发生。例如,技术层面,最高人民检察院 2014 年建设了电子数据云平台,实现了首批全国检察机关 31 家电子数据实验室的互联互通,用大数据服务办案;[1]规则层面,最高人民法院、最高人民检察院、公安部颁布了《关于办理刑事案件收集提取和审查判断电子数据若干问题的规定》(以下简称《电子数据证据规定》);司法改革层面,中央全面深化改革领导小组会议审议通过了《关于设立杭州互联网法院的方案》,作为司法主动适应互联网发展大趋势的一项重大制度创新。[2]

毋庸置疑,电子数据在互联网时代的审判中具有举足轻重的地位。电子数据的研究日益受到我们的重视,对于电子数据的收集、保管、审查以及电子数据的关联性、合法性等问题,已经有了不少成果。然而,现有研究主要是从一种新确立的证据种类的角度来研究电子数据。我们对于电子数据在以审判为中心的证据体系中重要法律地位的认识尚有不足,对于各种传统证据的电子化及其审查判断规则问题的探究尚浅。我们正在强调并介绍西方的电子证据规则,而我国的互联网产业、生活方式的互联网化和互联网审判的实践等诸多方面已经走在了世界前列。证据法的理论亟待回应司法实践,毕竟,"在诉讼理论中,出现过各种各样基于实践理性的回应……对证据,已经不再根据僵硬的证据规则,而是根据当时的经验知识和理性来作出判断了"[3]。面对司法实践对电子数据理论研究的迫切需求,学术研究有责任在对司法实践进行细致观察和经验分析的基础上做出必要的理论回应,以直面互联网时代实践对司法提出的新问题。本章在以审判为中心的刑事诉讼制度改革的背景下,尝试重新审视电子数据在证据体系中的定位与审查判断规则。

1　参见许一航:《检察机关电子数据云平台建成使用》,《检察日报》2014 年 12 月 28 日,第 1 版。

2　参见李英锋:《互联网法院:开启涉网纠纷解决新时代》,《人民法院报》2017 年 7 月 1 日,第 2 版。

3　〔德〕沃尔福冈·弗里希:《法教义学对刑法发展的意义》,赵书鸿译,《比较法研究》2012 年第 1 期。

二、双重定位：电子数据的法定化与传统证据的电子数据化

首先，本章从规范分析的角度，讨论电子数据在证据体系中的定位问题，以作为研究的逻辑起点。

（一）作为一种独立证据的电子数据

随着电子数据在司法实践中的运用不断增加，越来越多的学者主张电子数据应当是一种独立的证据种类。这一点在立法修改的过程中得到了体现，2012年《刑事诉讼法》第48条将"电子数据"纳入法定证据种类之一，但未对电子数据做出明确界定。最高人民法院2012年颁布的《关于适用〈中华人民共和国刑事诉讼法〉的解释》（以下简称《2012年刑诉法解释》）第93条采用列举法，指出电子数据具体包括电子邮件、电子数据交换、网上聊天记录、博客、微博客、手机短信、电子签名、域名等。新司法解释《电子数据证据规定》第1条则做了明确界定："电子数据是案件发生过程中形成的，以数字化形式存储、处理、传输的，能够证明案件事实的数据。"这就意味着将以数字化形式记载的证人证言、被害人陈述以及犯罪嫌疑人、被告人供述和辩解等传统证据，排除出了电子数据的范围。

有意思的是，三大诉讼法对于电子数据的定位是有差异的。2012年《刑事诉讼法》并没有将电子数据单列，而是将电子数据与视听资料同列为第八种刑事诉讼证据。对此，有学者解释如下："传统的视听资料与电子数据在其属性上既存在根本区别，但又存在密切的联系，2012年《刑事诉讼法》第48条采取将'视听资料'和'电子数据'合并作为一种证据种类进行规定的立法形式，既有效解决了司法实践中将电子数据作为证据使用的法律根据问题，也避免了在某些特殊情况下，如计算机网页的视频文件、视听资料与电子数据难以截然分开的难题。"[1]上述

---

[1]　陈光中主编：《〈中华人民共和国刑事诉讼法〉修改条文释义与点评》，人民法院出版社2012年版，第52页。

解释恰好说明了,电子数据与其他证据种类存在明显交叉,实际上不仅仅是视听资料,电子数据和书证、物证等其他传统证据也可能发生重合。如我国《合同法》第 11 条便明确规定了:"书面形式是指合同书、信件和数据电文(包括电报、电传、传真、电子数据交换和电子邮件)等可以有形地表现所载内容的形式。"

上述规定使得三大诉讼法在对电子数据的法律地位进行界定时,出现了显著不同。2012 年《民事诉讼法》第 63 条和 2014 年《行政诉讼法》第 33 条的规定类似,[1] 即将电子数据写入了证据种类,并将电子数据作为一种独立的证据种类,而不是与视听资料并列。这从立法技术来看,显然是不合适的,三大诉讼法应在这一点上形成一致的规定。涉及的交叉问题还有待进一步厘清,如最高人民法院《关于适用〈中华人民共和国民事诉讼法〉的解释》(2015 年发布,现已失效)做了一点尝试,其第 116 条明确指出:"存储在电子介质中的录音资料和影像资料,适用电子数据的规定。"参照上述规定,前文所指出的电子数据和视听资料难以界分的问题在一定程度上就能够被解决。

(二)互联网时代传统证据的电子数据化

上述将电子数据作为一种新的独立证据种类的定位,反映了我们对于电子数据的重要性的认识,是对证据种类进行细分的结果。1996 年修改《刑事诉讼法》时写入了视听资料,而 2012 年修改时又增加了电子数据,这反映了时代的变迁和证据形式的变化。从立法技术来看,这是在立法和司法解释层面采用了狭义的电子数据概念,并力图将电子数据与其他传统证据种类相区分。

如果从计算机及信息科学的角度来看,电子数据(electronic data),一般是指基于计算机应用、通信和现代管理技术等电子化技术手段形成的包括文字、图形符号、数字、字母等的信息。也就是说,从广义来看,互联网世界中的诸多信

---

[1]　2012 年《民事诉讼法》第 63 条规定的八种证据为:(1)当事人的陈述;(2)书证;(3)物证;(4)视听资料;(5)电子数据;(6)证人证言;(7)鉴定意见;(8)勘验笔录。新《行政诉讼法》第 33 条规定的八种证据为:(1)书证;(2)物证;(3)视听资料;(4)电子数据;(5)证人证言;(6)当事人的陈述;(7)鉴定意见;(8)勘验笔录、现场笔录。

息都以电子数据的形式存在,如以数字化形式记载的证人证言、被害人陈述以及犯罪嫌疑人、被告人供述和辩解等证据,都可以以电子数据的形态存在,而在技术层面等同于狭义的电子数据。也许正是看到了这一点,《电子数据证据规定》第1条在对电子数据进行狭义界定的同时,做出了例外规定:"确有必要的,对相关证据的收集、提取、移送、审查,可以参照适用本规定。"但对于究竟什么是这里所说的"确有必要",并没有明确的解释,也很难进行科学的解释。

回到《电子数据证据规定》所确立的电子数据的狭义概念。从本质来看,电子数据的主要特点不应当是(1)案件发生过程中形成的,也不应是(2)能够证明案件事实,因为这两点和传统证据并无二致;而应在于(1)是一种数字化形式存储、处理、传输的信息,并且(2)是一种虚拟空间的信息。物证书证、证人证言等传统证据,可以转化为电子数据的形态,即通过数字化处理,成为虚拟空间的信息而存在。如古迹、文物等大量的实物已经被电子化,以便于存储和保护,这便使得实物证据转化为了电子数据。传统证据不再仅存在于实体空间中,而是可能通过数字化存储在硬盘、云盘等看不见、摸不着的虚拟空间中,正在试点的互联网审判更是要求将传统的证据转化为数字化的证据以便于质证、认证。也就是说,互联网时代不仅使得大量的证据以电子数据的形态存在,而且要求将一些传统证据转化为电子数据,这两类电子数据虽然有所不同,但在审查判断证据时都需要考虑电子数据的自然属性,这就使得我们仅仅有传统的证据规则是不够的,还需要构建一套虚拟世界的证据规则。《电子数据证据规定》对于电子数据的界定及其所确立的审查判断规则,是建立在狭义电子数据的概念基础之上的,从立法技术的角度来说,这样处理比较简单,但从互联网时代司法实践的需求来看,恐怕很难满足迅速发展的智慧司法、互联网审判的要求。

可见,电子数据不仅在互联网时代的司法审判中作为一种独立的证据广泛存在,而且对于传统证据产生了颠覆性的影响。在此意义上,我们可以说,电子数据是互联网时代的"证据之王"。这便要求只要是与计算机及信息技术相关的能够证明案件事实的材料,原则上均应纳入电子数据之范畴,并形成一套基于互联网和数字时代要求且符合电子数据自身特点的审查判断规则。

三、 从裁判文书看电子数据在刑事证据体系中的定位

(一) 数据来源与样本情况

本章的研究以网络假货犯罪(互联网领域的侵犯知识产权类犯罪)案件的电子证据应用情况为分析样本,尝试展开实证研究。选择此类案件,是考虑到网络假货犯罪案件的审判涉及电子数据的情况较多,尤其是网络购物平台涉及假货犯罪案例具有典型性和时代性,能够为我们提供很好的分析样本。笔者所在的杭州又是电子商务之都,是互联网法院和阿里巴巴的所在地,选择此类案件有利于相关调研和访谈工作的开展。案例的来源是通过北大法意的中国裁判文书库(http://www.lawyee.org/Case/Case.asp)检索,从中提取了 10 年(2005—2015)相关裁判文书的全样本,共计 877 个案例。[1]排除 24 个无效样本后(审理段或证据段中为空白内容,或者是二审法院对一审法院审理的事实及证据的确认而无实质内容),中国裁判文书库收录的 10 年间涉及网络假货犯罪案件的有效样本共计为 853 个。[2]将所有这些案例编号并输入 SPSS 软件,进行统计分析。

如图 14-1 所示,涉及电子取证的案件以具有明显现代数字化特征或与互联网相关的案件为主,排名前五的案件是销售假冒注册商标的商品、侵犯著作

1　检索规则具体如下:在案例高级检索处点击检索说明栏的"参考案由",在案由检索区的案由树中勾选"刑事→破坏社会主义市场经济秩序罪→侵犯知识产权罪",分别进行以下检索:(1)全文关键词"网店　假"+案由"侵犯知识产权罪";(2)全文关键词"电脑　假"+案由"侵犯知识产权罪";(3)全文关键词"互联网　假"+案由"侵犯知识产权罪";(4)全文关键词"网络　假"+案由"侵犯知识产权罪"-全文关键词"网络联系";(5)全文关键词"网上　假"+案由"侵犯知识产权罪";(6)全文关键词"微信　假"+案由"侵犯知识产权罪"。

2　其中一审裁判文书 809 个(第 F 列"审判级别"字段下字典值为"一审案件"),二审裁判文书 44 个(第 F 列"审判级别"字段下字典值为"二审案件")。

权、假冒注册商标、侵犯商业秘密以及销售侵权复制品。其中,以销售假冒注册商标的商品为涉案事由的案件数量最多,远远多于其他种类案件数量。互联网的高速发展在给社会带来进步的同时也为这些犯罪提供了温床,尤其是这些案件本身的特殊性决定了其在办理过程中需要借助于电子取证,如在审理销售假冒注册商标的商品案件时,要对销售行为及其产生的结果进行认定,就不可避免地需要运用到销售记录。随着网络购物和互联网金融的发展,交易多采用支付宝、网络转账、网上银行等方式,而这些电子记录就成为此类案件中重要的证据形式。

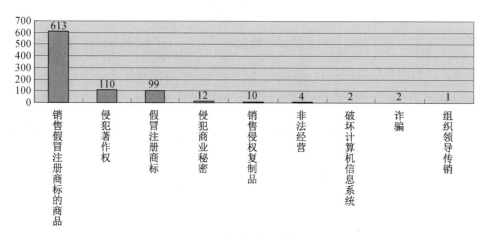

图 14-1　案件罪名分布情况

(二) 电子数据的取证方式与在法庭上展示的形式

从判决文书中可以看出,互联网犯罪案件中涉案的电子数据通常并不唯一,表现形式也很多样,因此对不同类型的电子数据可能会运用不同的取证手段,即电子取证是一个非常复杂的手段群。在此,对样本案件中不同电子取证方式出现的次数进行统计,见下图 14-2。其中,将电子数据打印、直接导出、截图等是运用次数最多的手段,其次是电子数据的调取、检验鉴定、提取、拍照等。

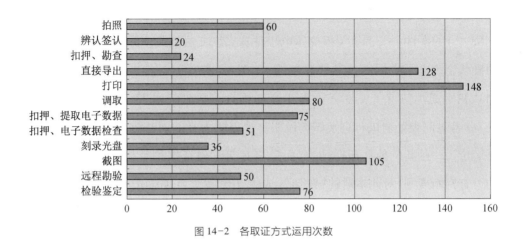

图 14-2　各取证方式运用次数

图 14-2 显示,打印是侦查机关取证采用最多的方式,通过打印输出方式取证的有 148 件次。这主要是因为打印方式简便易行,但是这种单纯通过打印出文档或图片来取证的方式显然很容易引起争议,甚至比复印件更容易被质疑。类似的方式还有直接导出、截图,分别有 128 件次和 105 件次。这与《电子数据证据规定》第 18 条呼应:"收集、提取的原始存储介质或者电子数据,应当以封存状态随案移送,并制作电子数据的备份一并移送。对网页、文档、图片等可以直接展示的电子数据,可以不随案移送打印件;人民法院、人民检察院因设备等条件限制无法直接展示电子数据的,侦查机关应当随案移送打印件,或者附展示工具和展示方法说明。"向第三方有关机构调取证据仅有 80 件次,比笔者预期的要少。具体情况包括:向腾讯财付通后台调取交易数据,向淘宝公司调取涉案网店信息,向支付宝公司调取账号注册信息及交易记录,向人人网调取账号充值记录,向奇虎公司调取云盘存储数据,等等。第三方机构通常向侦查机关提供数据光盘或者盖章书面记录,而上述材料的获得和真实性十分依赖第三方机构的配合与诚信度。此外,在此次收集到的裁判文书中只有一例显示对电子数据做了公证,说明公证方法在电子取证中很少使用。

那么,这些电子数据在法庭上是以什么方式展示的呢? 让我们再来看一下公诉机关提交法院审判阶段电子数据的表现形式。统计结果显示,在57.21%(488个)的案件中公诉机关提交了电子证据,其中,法院或公诉机关将这些证据明确认定为电子数据的占案件总数的17.01%(83个),或者将其归为书证(40个)、视听资料(4个)或勘验笔录(1个),而大多数法院即73.77%的法院(360个)并未对此类证据进行直接归类说明。这表明大量的司法机关并未将电子数据定位为一种新的独立证据种类,而是将其与其他证据种类相混同,采用类似的审查判断规则,对此本章的第四部分将展开讨论。在明确按照《刑事诉讼法》规定的证据种类进行举证的案例中,电子数据的表现形式也并不清晰,如在××·泰勒、沈××等销售假冒注册商标的商品案中,判决书中列明了公诉机关作为电子数据举证的证据如下:"广州市公安局经济犯罪侦查支队四大队穗公经电检2012005号电子物证检验报告,证明公安机关对在广州市番禺区祈福新村B区十三街B112号提取的兼容组装电脑主机一台进行电子物证检验,并将'DailyOrders. csv'电子数据刻录到光盘。"[1]该案中,并没有将移动硬盘、电脑、电子邮件、网页截图等纳入电子数据的举证种类,而是纳入了物证、书证和勘验、检查笔录等传统证据种类。

裁判文书显示,公诉机关提交的电子数据主要表现为以下几类形式。(1)实物的形式:电脑、硬盘、光盘等。只有一成左右的案件中会存在电子数据的原始载体,三成左右的案件中会有电子数据的复制件(如光盘)。(2)书面的形式:打印件、扣押清单、截图、各类工作记录等。接近一半的案件中,电子数据都以打印件的形式存在;超过六成案件的电子数据完全以书面形式呈现。[2](3)笔录的形式:表现为与电子数据紧密相关的各种笔录,如搜查笔录、检查笔录、辨认笔录、提取笔录、远程勘验笔录、现场勘验笔录等。(4)鉴定意见的形式:实际表现为鉴定意见书、鉴定说明书、鉴定结论书、检查意见书等。

---

1 参见广东省高级人民法院(2013)粤高法刑二终字第42号刑事判决书。
2 参见胡铭、王林:《刑事案件中的电子取证:规则、实践及其完善》,《政法学刊》2017年第1期。

根据《关于办理网络犯罪案件适用刑事诉讼程序若干问题的意见》(以下简称《办理网络犯罪案件程序规定》,现已失效)所归纳的对网络犯罪案件的电子证据形式要求,现实中的做法明显不相符合。该规定要求能够获取原始存储介质的,应当封存移送原始存储介质,无法获取原始存储介质的,可以提取电子数据;收集、提取的原始存储介质或者电子数据,应当制作电子数据的复制件一并移送;可以直接展示的电子数据,可以不随案移送电子数据打印件,但应当附有展示方法说明和展示工具;收集、提取电子数据应当制作笔录。上文统计显示,向法庭提供原始载体的比例显然偏低,甚至连提交复制的光盘和相关笔录也没有成为一种普遍的做法。值得注意的是,法院审判阶段,居然有超过60%的案件中的电子数据最后完全是以转化为追诉方书面材料的形式存在。还有部分案件中是以公安机关出具的"证明""情况说明"等形式,以证明相关电子数据的存在。这显示,电子数据在法庭上的定位及其表现形式与法律、司法解释的规定有较大的差距。

四、以"求真"为导向的电子数据的审查判断

上文中,对于电子数据的取证方式和在法庭上呈现的形式进行了直观的解读,这一表象显示出电子数据在我国刑事庭审的证据体系中的定位是模糊的。虽然法律和司法解释对于电子数据已经有了明确的界定,但实践中电子数据与其他传统证据的区别并不显著,电子数据甚至常常被转化为传统证据在法庭上呈现。与此同时,传统证据在互联网背景下,与电子数据交织在一起,这显然也会对电子数据的审查判断产生直接而重要的影响。

(一)围绕电子数据的三性展开

《电子数据证据规定》第2条明确规定:"人民检察院、人民法院应当围绕真

实性、合法性、关联性审查判断电子数据。"这意味着,从规则层面来看,法庭之上对于电子数据的质证和审查判断主要围绕着真实性、合法性和关联性展开。从裁判文书来看,对于电子数据的质证主要表现为四种类型,可见表14-1。

表14-1 对电子数据的质证

案例	控方举证	被告方质证理由及类型	法官不予采信的理由
陈××销售假冒注册商标的商品案*	网页截图、注册资料、交易明细记录、支付宝账户等书证及视听资料等	不真实:仅将网店销售记录导出打印统计,没有进行审计,无法证实该证据的客观、公正、真实	数据从服务器中提取,由淘宝网及支付宝公司提供,无法删改
符×等销售假冒注册商标的商品案**	司法鉴定意见书及其附件所列的交易明细表等	真而不实:犯罪金额中应当扣除虚拟交易(刷单)金额和快递费	没有事实依据
顾×、张×销售假冒注册商标的商品案***	某某公司出具的材料,证明账户的注册人为张×、银行卡照片、活期历史明细清单等	无相关性:张×只是借身份证给他人开网店,不知道卖出货物的真假,也不知道销售的数量	张×与被告人顾×以及相关证人的证言能够相互印证
黄×销售假冒注册商标的商品案****	公安机关出具的扣押物品、文件清单及情况说明,司法鉴定意见书和货值金额情况、补充说明等	程序违法:立案、扣押赃物及鉴定的时间顺序不符合程序要求,公安机关超越职权	对于本案的侦破情况,公安机关已在工作情况中详细阐述

注:*参见广州市海珠区人民法院(2012)穗海法刑初字第302号刑事判决书。
　　**参见上海市第二中级人民法院(2013)沪二中刑(知)终字第1号刑事判决书。
　　***参见上海市浦东新区人民法院(2011)浦刑初字第2079号刑事判决书。
　　****参见上海市闵行区人民法院(2012)闵刑(知)初字第83号刑事判决书。

所统计的案件中,辩护方对公诉方所提交电子数据的质疑情况主要包括:对电子证据原始性、真实性的质疑,对依电子数据得出的犯罪数额是否准确的质疑,对电子数据提取、存储和固定等程序合法性的质疑,对电子数据鉴定意见合法性的质疑,等等。其中,辩护方异议获得法院支持的比例极低。从获得法院支持的少量个案来看,有效的质证主要集中于对涉案数额的异议。如辩护方准确分析电子数据所含信息从而使得法院对犯罪数额做出从轻认定;又如对电子数据提取时程序严重不合法的质证意见,从而排除了据此认定的犯罪金额。对于辩护方对公诉方电子数据提出的质疑,多数判决书并没有详细说理,往往是笼统地对公诉方证据给予采信,如表述如下:"本院认为,上述证据间相互关联、相互印证,证据具有真实性、合法性、有效性,可予以认定。"[1]但这种笼统表述显然很难说服被告方。

(二)以虚拟空间中信息的真实性为重点展开审查判断

从裁判文书来看,在电子数据的三性中,法庭质证最主要是围绕真实性展开的。这体现了"求真"是电子数据审查判断的主要价值取向。

"求真"的重点是证实虚拟空间中信息的真实性。辩护方对电子数据的真实性的质疑,如表14-1所示,主要分为两种类型:(1)直接质疑不真实,包括电子数据是否为虚假信息或被篡改等。对于不真实的质疑,很大程度上是因为公诉方在法庭上的举证,采用的是打印件、情况说明、笔录等形式,这样做虽然简便且直观,但是很难将虚拟世界中的信息以充分且可信的方式展现出来。但律师此类质疑的成功率并不高,相关网络公司和系统信息的持有者的配合成为关键,这也使得公安司法机关对淘宝、支付宝、腾讯等互联网巨头的依赖性越来越高。(2)真而不实,主要表现在大量的案件中被告方对犯罪事实无异议,但对涉案数额的计算有不同意见。例如,耿×销售假冒注册商标的商品案中,律师对构成犯罪没有异议,但对数额提出如下意见:"耿×在经营网店过程中,为争揽客户采取了在第三方网站进行虚假交易的模式来提高网店信誉度与知名度,故存在应予扣除的虚假交易部分计人民币13 111.6元。"法院采信了律师的质证意见:"辩护人提交的虚假交易记录,证明耿×的淘宝网店销售记录中存在虚假交易部分;辩护人提交的耿×淘宝网店销售记录,证明鉴定金额存在计算错误部分。"[2]

1　福州市鼓楼区人民法院(2014)鼓刑初字第74号刑事判决书。
2　上海市第二中级人民法院(2012)沪二中刑(知)终字第2号刑事判决书。

对于电子数据真实性的倚重有其必然性。一方面,我国的刑事证据体系本身就以追求真实为特点,"有真相才有正义,查明真相是中国司法文明的优良传统"[1]。虽然电子数据是一种新型的证据种类,但我国所规定的电子数据证据规则主要围绕传统的"求真"理念而展开。即使在西方,真实对于证据法也是十分重要的,如特文宁(William Twining)一再强调应"认真对待事实",并指出:"威格摩尔的'科学'仅仅是一种在法学教育内认真并系统地处理事实问题的努力的一个例证——但无疑是最为重要的一个。"[2]

另一方面,电子数据是一种虚拟网络空间中的信息,对其真实性的审查与传统证据有着较大差别。例如,一个书证和一个电子文档,从内容来看是很相似的,而且可能相互转化,但其真实性的审查判断有很大的差异。书证的审查判断主要是从其来源、是否原件、具体内容等角度进行,而电子文档存储于虚拟网络空间中,其背后有副本文件、位置信息、系统信息等多个数据信息;书证很容易被损毁,但不易篡改、伪造、变造,而电子文档即使被删除,仍然会留下可还原的信息,很难在虚拟空间中彻底抹去,但很容易被修改,很难区分其是原始文档还是曾被篡改、伪造、变造。这就意味着,电子数据因为系统信息的存在而比传统证据有更高的可靠性,同时,电子数据由于存储于虚拟空间而使得其真实性比传统证据更容易被质疑。也正因此,电子数据的真实性在司法实践中争议更大,若要证明真实性,所要做的例如保管链的鉴真等基础性工作就更为复杂。

回到规范层面,我国三大诉讼法都明确规定了"证据必须经过查证属实"。《2012年刑诉法解释》第93条明确规定了审查要点,主要也体现了"求真"的倾向:(1)是否是原始介质;(2)是否有文字说明和签名;(3)是否附有笔录、清单;

1　陈光中:《公正和真相才是现代刑事诉讼的核心价值观》,《社会科学报》2016年9月1日,第3版。
2　〔英〕威廉·特文宁:《反思证据:开拓性论著》(第二版),吴洪淇等译,中国人民大学出版社2015年版,第25页。

(4)是否符合技术规范;(5)是否完整;(6)是否真实;(7)与案件事实有无关联;(8)是否全面收集。"求真"在《电子数据证据规定》中表现得更为清晰,该规定第22—28条对电子数据的真实性、完整性、网络身份与现实身份的同一性、瑕疵补正等做出了详细规定,体现了对"求真"的具体化要求。[1]上述司法解释从取证过程、举证形式、内容本身、完整性审查等层面规定了较为翔实的真实性审查规则,这与裁判文书所展示的电子数据真实性审查判断的简单化、与传统证据审查判断的趋同化,是有较大差异的。

此外,"求真"的追求受限于计算机、互联网、云计算等技术的发展。可以说,网络虚拟空间中的安全防护技术及相应的管理措施很难跟上互联网犯罪的步伐。信息加密、防火墙、访问权限控制、计算机病毒防治以及建立数据备份系统等防护技术仍存在诸多漏洞,这便给司法过程中的"求真"带来了难题。例如,我们很难证明暗网中的真实。章莹颖案等案件让暗网逐步进入了刑事司法研究的视野。[2]暗网是那些不能通过超链接访问而隐藏于网络深处的资源集合,不属于那些可以被标准搜索引擎索引的表面网络。[3]传统的搜索引擎"看"不到,也获取不了这些存在于暗网中的涉及犯罪的内容,而通过暗网被隐藏起来的虚拟空间的信息远多于我们日常在普通网站中可以获得的信息。

1　对电子数据是否真实,《电子数据证据规定》规定了应当着重审查以下内容:(1)是否移送原始存储介质;在原始存储介质无法封存、不便移动时,有无说明原因,并注明收集、提取过程及原始存储介质的存放地点或者电子数据的来源等情况。(2)电子数据是否具有数字签名、数字证书等特殊标识。(3)电子数据的收集、提取过程是否可以重现。(4)电子数据如有增加、删除、修改等情形的,是否附有说明。(5)电子数据的完整性是否可以保证。

2　2017年6月,中国访美学者章莹颖在美国遭绑架一案中,被害人在案发后多个月仍未被找到。嫌疑人勃兰特·克里斯坦森(Brendt Christensen)案发前曾多次在暗网上浏览网站"绑架101"里面关于完美绑架幻想、绑架计划入门等内容的帖子。人们由此推断,克里斯坦森很可能将章莹颖绑架之后通过暗网进行了人口贩卖交易。参见《章莹颖的遭遇真的与"暗网"有关?》,新浪网,http://news.sina.com.cn/s/wh/2017-07-22/doc-ifyihrit1203076.shtml,2017年9月13日访问。

3　参见王佳宁:《"暗网"对国家安全的危害》,《网络安全技术与应用》2016年第9期。

（三）对电子数据关联性的审查本质上仍然是"求真"

电子数据的关联性，是电子数据所承载的信息与案件事实存在着客观上的内在联系性，从而起到证明作用。即电子数据必须与待证的案件事实有内在联系，这种内在联系具体表现为，电子数据应当是证明待证的案件事实的全部或一部分信息。关联性"旨在向事实裁判者展现将有助于作出决定的全部信息。对不相关证据的排除也遵从于发现事实真相的价值，因为它使事实认定者的注意力集中于适当的信息，且仅仅集中于适当的信息"[1]。从本质来看，电子数据的关联性问题体现了"求真"的价值趋向，目的仍然是发现虚拟空间中的事实真相。

互联网世界中的任何行为，都会在虚拟空间中留下痕迹，从而为查明真相提供重要的信息。然而，这些虚拟空间的信息究竟是谁留下的、是怎么留下的等问题，与现实世界是有显著差异的。如在本章研究的裁判文书中，QQ 聊天记录是十分常见的一种电子数据，虽然其所记载的内容明确，但被告人常常辩称和自己无关联：QQ 被盗号；别人也知道密码；不是自己所说的；所说并非真实意思表达；等等。关联性审查的司法实践显示，对于电子数据的关联性审查主要分为两个方面：一是从内容来看，审查电子数据所承载的信息是否同案件事实有关；二是从载体来看，主要审查虚拟空间的身份、行为、介质、时间与地址同物理空间的当事人或其他诉讼参与人能否关联起来。[2] 上述关联性审查实际上是一种推理的过程，即由电子数据的内容及虚拟空间的身份、行为、介质、时间与地址等已知的判断（前提），推导出电子数据与案件具有相关性的思维过程，它是审查电子数据关联性的主要方法，而这正是电子数据"求真"的难点所在。由于

1　〔美〕戴维·伯格兰：《证据法的价值分析》，张保生、郑林涛译，《证据学论坛》第 13 卷（2007 年）。

2　参见刘品新：《电子证据的关联性》，《法学研究》2016 年第 6 期。

关联性主要是一个经验问题,很大程度上依赖于人们的经验与常识来判断,这就使得对证据关联性的判断很难提出可操作的具体标准,也很难在立法或司法解释中予以明确。在裁判文书所记载的判决意见中,对于电子数据关联性的审查很容易含糊其辞或简单化处理,如表14-1所示。

电子数据所具有的关联性,包括直接关联和间接关联两种形式。直接关联类似于传统证据中的直接与待证案件事实相关,而间接关联是指无法准确地把握其因果关系,故不能用其直接认定案件事实。例如,大数据的运用便具有间接关联的特点。在大数据被广泛运用的今天,人们日益相信,"直觉、经验和统计数字应该结合起来以做出更好的选择"[1]。2017年8月1日开始实施的最高人民法院《司法责任制实施意见(试行)》,提出了法官审理案件应全面检索类案和关联案并制作检索报告。在具体的司法证明中,基于全样本数据所反映出的规律在多大程度上能够影响案件事实的证明,仍然缺乏足够的实证支撑,而适用间接层面的关联性。

(四)"求善":合法性审查围绕保障真实性展开

"求善"的价值要求电子数据的适用应符合正当法律程序和保障被追诉人的基本权利,展开合法性的司法审查。这本是一种独立的价值,但裁判文书显示,辩护方对电子数据合法性的质疑数量虽然不少(占了所有异议的一大半),却主要是围绕真实性展开的论辩。辩护方对电子数据合法性问题的攻击多以"没有鉴定人员签名""送检人显示为无"这样的瑕疵以及没有多少具体线索的一般性"程序不合法"为理由。结果多为两种情况:一种是法院按照普通物证的非法证据排除进行判断,"公安机关虽未严格依照有关规定的程序提取涉案电子数据,但……以完全封闭方式……能相互印证……对制作提取过程……作出

1　〔美〕伊恩·艾瑞斯:《大数据:思维与决策》,宫相真译,人民邮电出版社2014年版,第212页。

了必要说明……合理解释",控方从而较为容易地对证据合法性进行补证;另一种是以辩护方"非法取证问题未提供线索或者材料"为由予以否定。[1]也正因此,裁判文书显示,辩护方对电子数据合法性的异议成功率是比较低的,此类辩护意见并未起到多大实际效果。

从规范层面来看,现有的电子数据合法性审查主要围绕保障真实性而展开。《电子数据证据规定》对于电子数据合法性审查的规定,审查内容主要是围绕真实性保障,而不是正当法律程序。《电子数据证据规定》第 24 条对此做出了四项具体规定。[2]第一项规定的是审查侦查人员人数及其是否符合技术标准。要求电子取证由两位侦查人员执行并无刑事诉讼法上的明确依据,是否有必要也存在争议;关于是否符合技术标准,则主要涉及电子数据的真实性是否有保障。第二、三、四项分别规定了笔录记载情况,见证和过程录像,存储介质、数据备份和录像等情况,这些内容在侦查取证的正当性中并非关键,也不涉及基本权利,反而对于保障电子数据的真实性具有一定的意义。

五、 对司法鉴定的依赖抑或是对专家辅助人的倚重

在对于电子数据真实性的审查中,司法鉴定具有十分重要的地位,这体现了对电子数据"求真"的技术需要。电子数据司法鉴定与传统证据的鉴定有着较大区别,也较多地被质疑,而准确定位并发挥专家辅助人在相关案件中的作

1　参见胡铭:《电子数据在刑事证据体系中的定位与审查判断规则——基于网络假货犯罪案件裁判文书的分析》,《法学研究》2019 年第 2 期。

2　具体包括:(1)收集、提取电子数据是否由两名以上侦查人员进行,取证方法是否符合相关技术标准。(2)收集、提取电子数据,是否附有笔录、清单,并经侦查人员、电子数据持有人(提供人)、见证人签名或者盖章;没有持有人(提供人)签名或者盖章的,是否注明原因;对电子数据的类别、文件格式等是否注明清楚。(3)是否依照有关规定由符合条件的人员担任见证人,是否对相关活动进行录像。(4)电子数据检查是否将电子数据存储介质通过写保护设备接入到检查设备;有条件的,是否制作电子数据备份,并对备份进行检查;无法制作备份且无法使用写保护设备的,是否附有录像。

用,具有紧迫性和现实意义。

（一）"求真"与电子数据的司法鉴定

裁判文书显示,在488个明确列明有电子数据的案例中,有241个案例有鉴定书作为证据呈现,占了将近50%。在是否有鉴定人出庭的统计中,明确提到有鉴定人出庭对电子数据做出说明的有14.34%（70个）。与一般案件相比较,这个比例是相当高的,[1]体现了司法鉴定在电子数据审查判断中的独特作用。电子数据具有高科技属性,对其真实性的审查便离不开以高科技为基础的鉴定。这种证明价值建立在特定科学知识或者技术原则基础之上的鉴定意见,因为由具备相关专业知识并且得到国家资质认可的专业技术人员做出,能够有效弥补侦查人员和司法人员相关知识的欠缺,通常被认为具有较高的证明力而备受青睐。

也许正因此,有关法律法规特别强调了鉴定对电子数据的重要性。《人民检察院办理网络犯罪案件程序规定》第28条规定:"电子数据取证主要包括以下方式:收集、提取电子数据;电子数据检查和侦查实验;电子数据检验和鉴定。"这里需要注意的是,上述规定将电子数据的鉴定和电子数据的检验并列在一起。前文的实证研究显示,在有电子数据的案件中,常常把"鉴定检验"作为一种取证方式,便是和这种并列性规定相关。如果从内涵来看,鉴定和检验显然是不一样的,鉴定的主体是具有鉴定资质的独立第三方,而检验的主体是有关部门指定的机构。但如果从"求真"的角度来看,两者又是共通的,都是运用专门知识对电子数据的真实性进行审查判断。也就是说,上述规定体现了我国电子数据的司法鉴定主要是站在"求真"的角度展开的。

---

[1] 据浙江省司法厅统计,2013年该省办理涉及诉讼的司法鉴定36 832件,但鉴定人出庭作证只有167次,出庭率仅为0.45%。参见俞世裕、潘广俊、林嘉栋、余晓辉:《鉴定人出庭作证制度实施现状及完善》,《中国司法鉴定》2014年第5期。

　　裁判文书显示,电子数据的鉴定结果在个案中被质疑的情况较为普遍。这与电子数据鉴定的特点有关:(1)电子数据的司法鉴定并未纳入司法行政机关统一管理的三大类,缺乏有效的管理。根据全国人民代表大会常务委员会《关于司法鉴定管理问题的决定》第 2 条,明确列举并纳入统一管理的是三大类司法鉴定,即国家对法医类、物证类、声像资料司法鉴定业务的鉴定人和鉴定机构实行登记管理制度。[1]电子数据的司法鉴定并不属于这一范围,因而呈现出混乱状态,有的地方将其归入声像资料类,有的地方没有做电子数据鉴定的司法鉴定机构,更多的地方是由公安检察机关工作人员的检验来替代鉴定。(2)要求专门知识,但缺乏统一的鉴定资质要求。在实践中,既有鉴定机构出具的鉴定意见,也有某些专门机构出具的鉴定证明书,[2]还有涉案单位出具的说明材料。如在顾×、张×销售假冒注册商标的商品案中,被告方对于博邦公司的鉴定资质提出质疑,法院最终认定:"博邦公司出具的鉴定情况说明并非刑事诉讼证据中的鉴定结论,其内容为被害单位的辨认,其证据属性应当归类于刑事诉讼证据中的被害人陈述……故对博邦公司出具的鉴定情况说明予以采纳。"[3](3)电子数据鉴定的专业性很强,法官对其缺乏必要的审查判断能力。数据分析表明,电子数据是否鉴定对法官是否采纳电子证据的影响微乎其微。如表 14-2 所示,体现两者相关显著性的 P 值=0.55>0.05(其中 P 表示显著性水平),表明鉴定情况与法院对电子数据的采纳情况不显著相关。之所以会出现这种现象,主要的原因可能还是当前我国法官对电子证据审查判断能力总体较弱,无论电子证据是否鉴定,法官都较难从实质上对其进行有效的审查。从统计数据来看,

---

　　1　2015 年,最高人民法院、最高人民检察院、司法部联合出台的《关于将环境损害司法鉴定纳入统一登记管理范围的通知》,又将环境损害司法鉴定纳入了统一管理。

　　2　在该案中,公诉机关提交的证据包括:上海市公安局金山分局出具的扣押物品、文件清单及拍摄的扣押物品视频录像、下载的淘宝网销售记录,上海市金山区价格认证中心物品财产估价鉴定结论书,证人刀某、张某某的证言,商标注册证明、未授权声明、鉴定证明书,上海市浦东新区公证处公证书,上海市公安局金山分局出具的案发经过,等等。参见上海市徐汇区人民法院(2012)徐刑(知)初字第 10 号刑事判决书。

　　3　上海市第一中级人民法院上海市浦东新区人民法院(2012)沪一中刑(知)终字第 3 号刑事判决书。

法院显然极度偏向采纳控方提交的电子数据(采纳比例高达96%),所以是否鉴定对电子数据采纳的影响几乎可以被忽略。

表14-2　鉴定情况与法院对电子证据的采纳情况的相关性

Summary Output					
回归统计					
Multiple R	0. 060 714 29				
R Square	0. 003 686 22				
Adjusted R	−0. 006 585 1				
标准误差	0. 172 858 54				
观测值	99				
方差分析					
	df	SS	MS	F	$gnificance\ F$
回归分析	1	0. 010 723 56	0. 010 723 56	0. 358 886 71	0. 550 521 77
残差	97	2. 898 367 35	0. 029 880 08		
总计	98	2. 909 090 91			

(二)专家辅助人的准确定位及其作用的发挥

表14-2表明,司法鉴定在电子数据的采信中并未发挥预期的作用。但司法实践中,涉及电子数据的案件又广泛采用鉴定,这两者之间似乎存在矛盾。从裁判文书中可以看出,电子数据的鉴定实际上包含了三种形式:(1)一般意义上的司法鉴定;(2)侦查机关指定的机构出具的检验报告;(3)具有专门知识的人的意见。我们往往只看到了一般意义上的司法鉴定,而忽视了后两者发挥的重要作用。

电子数据真实性的审查,关键是涉及专门知识,这便为专家辅助人发挥作用提供了广阔的空间。裁判文书中采用的鉴定说明书、鉴定报告书、鉴定证明书等,从本质来看都是专家出具的意见。专家辅助人的引入,可以有效解决电子数据司法鉴定中遇到的机构资质、鉴定人资质等问题。裁判文书显示,在司法实践中,法官对这些专家意见给予了等同于司法鉴定意见的地位。但从规范层面来看,在我国,专家辅助人的意见并不是一种证据,在电子数据领域同样如此。《电子数据证据规定》第 26 条第 3 款明确规定:"公诉人、当事人或者辩护人、诉讼代理人可以申请法庭通知有专门知识的人出庭,就鉴定意见提出意见。"也就是说,将专家辅助人定位为协助质证的专家,这便极大地限制了专家辅助人的作用。笔者对此曾做过专项研究,并主张"如果要充分发挥专家辅助人在庭审中的作用,便需要超越质证权,从整体上重新思考专家辅助人的定位,而其中的关键是专家辅助人意见的证据能力问题"[1]。

关于电子数据的检验报告,应当统一纳入专家辅助人制度。《电子数据证据规定》第 17 条规定:"对电子数据涉及的专门性问题难以确定的,由司法鉴定机构出具鉴定意见,或者由公安部指定的机构出具报告。对于人民检察院直接受理的案件,也可以由最高人民检察院指定的机构出具报告。"该条规定进一步明确了电子数据的检验报告制度,即由侦查机关指定的机构出具检验报告。《电子数据证据规定》第 26 条第 4 款规定:"对电子数据涉及的专门性问题的报告,参照适用前 3 款规定。"[2]这就使得检验报告具有了司法鉴定和专家意见(前3 款规定)的作用,不论在电子数据的取证、举证抑或质证中都可以广泛适用。这里的侦查机关指定的机构,显然不是司法鉴定机构,否则就没有必要做此特别规定了;也不应当是侦查机关内部的机构,否则很难摆脱自侦自检的质疑,而且侦查机关本身有鉴定机构,也没必要纳入这里的指定机构。基于控辩平等对

---

[1] 胡铭:《鉴定人出庭与专家辅助人角色定位之实证研究》,《法学研究》2014 年第 4 期。

[2] 《电子数据证据规定》第 26 条前 3 款规定如下:"公诉人、当事人或者辩护人、诉讼代理人对电子数据鉴定意见有异议,可以申请人民法院通知鉴定人出庭作证。人民法院认为鉴定人有必要出庭的,鉴定人应当出庭作证。经人民法院通知,鉴定人拒不出庭作证的,鉴定意见不得作为定案的根据。对没有正当理由拒不出庭作证的鉴定人,人民法院应当通报司法行政机关或者有关部门。公诉人、当事人或者辩护人、诉讼代理人可以申请法庭通知有专门知识的人出庭,就鉴定意见提出意见。"

抗的诉讼构造,这里的指定机构的专家出具的检查报告,应当统一纳入有专门知识的人的意见,即作为专家辅助人意见来适用和规范。

六、 迈向互联网时代的电子数据及其审查判断规则

互联网时代的电子数据作为一个极速发展的新兴领域,不断对刑事审判和传统证据产生重要影响。上述经验分析表明,为了因应互联网时代的要求和司法实践的需要,我们应将电子数据做广义的定义:在虚拟空间以数字化的方式存储的、可以用于证明案件事实的信息。在此基础上,在"求真"和"求善"两大价值的平衡中,确立电子数据的审查判断规则,并最终确立一套互联网领域的证据规则。这里的重点应是梳理哪些是电子数据与传统证据共性的规则,哪些是电子数据所特有的规则。

（一）共性规则

这里的共性规则,并非要归纳电子数据与传统证据有哪些共同的特点,而是要思考电子数据应该遵循正当程序和证据法的一般要求,以避免电子数据出现不受现有规则限制的问题。

电子数据的证据规则应在传统制度与规则的基础上发展并创新,而非另起炉灶。从西方研究来看,电子数据的收集包括从被告人处收集以及从第三方进行收集,两者适用不同的程序。从被告人处收集电子数据,主要有四种情形,即搜查令、同意搜查、一览无遗原则以及紧急情况;从第三方收集电子数据,主要包括自愿披露和强制披露两种情形。电子数据在法庭中的适用,则涉及电子数据的鉴定、传闻证据规则以及专家证人等问题。[1]这些问题往往可以在西方已有的证据制度和

1　参见 DeGaine, Major Jacqueline J., *Digital Evidence*, The Army Lawyer, 2015。

规则中找到依据和支点,如美国联邦证据规则中就有不少相关规定。

从我国电子数据的现有规定和司法实践来看,电子数据的审查判断并没有和初查、技术侦查、搜查、非法证据排除等相关制度有效衔接。如《电子数据证据规定》主要是围绕电子数据的真实性,而忽略了网络信息监控和监听等技术侦查本质上是一样的,网络信息提取和进入物理空间搜查是类似的,电子数据的提取与强制性侦查行为具有共性,相关缺失使得这些直接涉及公民基本权利的电子取证行为缺乏必要的制度规范;[1]又如《关于办理刑事案件严格排除非法证据若干问题的规定》完全没有提到非法电子数据的排除问题。实际上,按照传统的逻辑便可以厘清不少电子数据问题。电子数据的取证过程涉及公民基本权利和正当法律程序,而规范电子取证的关键在于法庭上对电子数据的审查判断,即通过司法审查来实现电子取证的正当化,并转化为电子数据的排除和审查规则问题。

(二) 差异性规则

电子数据的审查判断规则应当建立在电子数据的物理属性和特点的基础上,这就是使得电子数据区别于传统证据的审查判断而具有差异性。这些差异性规则是审查所有数字化信息都可以适用的,也便成为现有涉及互联网的审判以及未来互联网法院审判的基础性证据规则。

第一个层面,应基于电子数据的特点确立"求真"规则。与传统证据相比,电子数据具有系列显著特点,[2]为了"求真",就必须对电子数据的收集、保存、鉴

---

[1] 参见龙宗智:《寻求有效取证与保障权利的平衡——评"两高一部"电子数据证据规定》,《法学》2016年第11期。

[2] 从优势来看,电子数据更难被破坏,几乎不需要任何物理的空间来存放;可以被精确地复制,因此其副本可以代替原件来证明案件事实;只要经由合适的工具,很容易分析电子数据是否被修改;如果有人想销毁电子数据,该电子数据的复本还会存在于人们无法直接察觉的电脑或互联网的某个地方。从困难来看,与传统证据相比,电子数据不易被理解、被感知;虽然可以被复制,但要证明该复本与原本具有相同的证明力,需要审查其可靠性和具体的来源;易于修改的特性,虽然可以用专门的技术来分辨,但增加了技术上的问题;网络的发达,使得电子数据可能轻易地通过网络被人修改、操控或传送。

定等提出符合其特点的规则。

电子数据的收集和保存是"求真"的关键。由于电子数据的脆弱性,执法人员在收集电子数据时,需要非常小心以避免存储于虚拟空间中的资料遭受任何损害或者变动,在收集或保存电子数据的过程中,保管链条的完整性非常重要。需要建立一套每一个步骤都有相关记录的标准处理程序,以确保相关电子数据的原貌与完整性。如国际计算机组织(IOCE)曾公布一套"处理计算机证据的国际标准",包括了处理电子数据的基本规则:(1)扣押电子数据时,不可改变证据的内容;(2)当有必要存取原始的电子数据时,应由有鉴识能力的人员处理;(3)应完整地记录、保存以及留供审查所有关于电子数据的扣押、存取、储存或搬运的行为;(4)在持有电子数据期间所发生的任何与该证据有关的行为,皆由电子数据的持有人负完全的责任;(5)任何负责扣押、存取、储存或搬运电子数据的机构,皆应遵守以上处理原则。[1]所有关于收集电子数据的指导原则或者规范,主要目的都是避免任何可能会改变或者破坏电子数据的原貌之行为。如何保持具有易于修改及灭失特性的电子数据的完整性,是电子数据收集及审查判断时应首要考虑的问题。

电子数据的鉴真过程就是审查判断电子数据真实性的过程。即通过审查检材的可靠性、检材提取的规范性以及保管过程的完整性等来为鉴定提供基本的前提条件。[2]重点在于:(1)保管链审查。需要审查电子数据的收集、运输、保管、鉴定等环节是否形成完整的保管链,这是保障公诉方提交的电子数据不被污染、损坏、篡改或替换的要求。从获取电子数据至该电子数据被提交到法庭,关于该电子数据的流转和放置的基本情况,以及保管和检验电子数据的人员的情况,这些信息应该是连续且完整的。(2)司法鉴定与专家辅助人意见。我们并不需要也不可能使法官都成为电子数据的专家。司法鉴定是检验电子数据

1　参见法思齐:《美国法上数位证据之取得与保存》,《东吴法律学报》第 22 卷第 3 期。

2　参见陈瑞华:《实物证据的鉴真问题》,《法学研究》2011 年第 5 期。

真实性的重要手段;而司法实践显示,充分发挥专家辅助人的作用是当前解决专门问题更有效的方法,应赋予专家辅助人意见以证据能力。(3)值得信任的存管方法。互联网世界需要依靠新技术与第三方信用体系,如杭州安存公司提出"瞬间证明虚拟世界的真实性",基于全数据生命周期电子数据存管与证明体系,从数据生成与创建、数据存储与传输、数据取证的数据生命环节,闭环解决电子数据与司法证据间的要求差异,使之符合司法要求。[1]这已在司法实践中有效适用,如某判决书指出:"确认涉案商品信息不存在的安存证据保全图片打印件一份,用以证明天猫公司在收到起诉状后已删除了相关信息,确认涉案信息已不存在,履行了相应的法律义务。"[2]

第二个层面,司法实践反映出,我国电子数据运用的短板是缺乏体现"求善"价值的合法性审查。需要认真考虑如何在电子数据运用中实现控制犯罪的价值与公民权利保障之间的平衡,而我国当前应重点思考如何补齐电子数据运用中公民基本权利保障的短板。

电子数据合法性审查的重点是对于公民基本权利的保护,尤其是电子数据所承载的大量信息涉及公民的隐私权保护。如美国《爱国者法》一经通过,便被侦查犯罪的执法人员视为面对恐怖分子和计算机犯罪时手中可掌握的最有利武器。该法强化了对互联网和电子邮件的监控,如政府能够获得公民访问的互联网地址和发送、接收电子邮件的地址,而不需要合理根据或合理怀疑。这固然有利于打击特定犯罪,但对于公民自由和隐私权的保护显然是极具负面影响的,因而受到诸多批评。[3]这便涉及电子取证中的价值权衡问题,说明美国在严重

　　1　杭州安存网络科技有限公司创建于 2008 年。基于全数据生命周期电子数据存管与证明体系,公司研发了八大产品系,即:语音保全系、邮件保全系、凭证保全系、合同保全系、版权保全系、电子政务保全系、医疗数据保全系、即时通信保全系。安存与全国 28 个省(市、区)200 多个地区的公证机构及阿里云、百度云、腾讯云等伙伴建立了深度的合作关系,提供一站式电子数据证明解决方案服务,努力构建全方位电子数据证明体系。详见其官网,http://www.ancun.com/,2017 年 9 月 23 日访问。

　　2　杭州市余杭区人民法院(2015)杭余知初字第 1137 号民事判决书。

　　3　参见胡铭:《价值抉择:反恐措施与刑事诉讼》,《政法论坛》2006 年第 6 期。

恐怖犯罪的威胁之下,体现"求善"的正当法律程序有所退让。又如韩国大法院曾指出:打印或复制电子设备载体上存储的犯罪事实相关文件的过程,可视为根据扣押、搜查令状而进行的搜查行为。因此,打印或复制的电子文件对象与搜查、扣押的对象应当相同,应将其限定为与犯罪事实相关的电子文件。[1]这实际上强调的是电子取证应遵循正当程序原则、令状主义原则、比例原则。

电子数据合法性审查主要围绕程序问题展开,关键是应明确违法的程序性后果。电子数据收集的主体、方式、步骤、工具等必须符合我国法律规定。对于电子数据的收集、保管等违反程序规则,足以影响其他人的重大权益的,应适用非法证据排除规则。排除的情形应主要包括:通过非法搜查、扣押获得的电子数据;私自拦截取得的传输中的电子数据;非法侵入计算机系统获得的电子数据;私自破解的已加密的电子数据;以植入木马、病毒等侵害他人合法权益的手段获得的电子数据;等等。实证研究表明,我国侦查机关电子取证中的程序违法往往并未导致被排除的后果,而是被作为瑕疵证据并轻易予以补证。这便要求将来在完善非法证据排除规则时,对非法电子数据的排除应做出比一般性非法证据排除的更明确且严格的规定,以防止电子监控、电子搜查等被滥用。

七、结　语

互联网、大数据和人工智能正在深刻地改变着司法的过程,电子数据在其中发挥着越来越重要的作用。实证研究显示,电子数据在刑事审判中的运用呈现出泛化的趋势,与规范层面的证据规则有着较大的差距。这一方面反映了互联网时代刑事审判对电子数据的实质需求,另一方面也说明了规范层面已经与司法实践有所脱节。"未来已来",互联网法院已经在杭州成立,大数据正在颠

1　参见〔韩〕丁雄奭:《认定电子证据等电子设备载体证据能力》,载卞建林、韩旭主编:《刑事庭审实质化和有效性问题——第九届中韩刑事司法学术研讨会论文集》,法律出版社2018年版,第2页。

覆我们对于证据的真实性、关联性的认识,"人工智能的可怕之处在于预测的精确度"[1]。现有电子数据的审查判断规则基于将电子数据定位为一种新证据而设计,并未充分考虑传统证据的电子数据化,也并未充分考虑电子数据应用可能带来的司法风险。"必须充分意识到,科学研究发现的因果关系并不可能穷尽世界的因果关系,甚至有些通过实证科学研究发现并为当时人们所接受的因果关系也完全有可能是错误的。"[2]未来对于电子数据的研究,应建立在对电子数据在证据体系中的准确定位的基础上,深入思考科技带来的新机遇及其局限,在"求真"与"求善"双重价值的平衡中,探索构建一套适应互联网时代刑事司法需要的证据规则。

---

1 〔日〕松尾丰、盐野诚:《大智能时代:智能科技如何改变人类的经济、社会与生活》,陆贝旎译,机械工业出版社 2015 年版,第 7 页。

2 苏力:《法律与科技问题的法理学重构》,《中国社会科学》1999 年第 5 期。

第十五章
区块链司法存证的应用及其规制

区块链司法存证已经在我国司法实践中得以有效运用。从规范层面来看，电子数据的证据保全创新是区块链存证的本质；从事实层面来看，区块链存证主要解决的是电子数据的推定真实性。区块链存证的公有链模式和私有链模式都存在缺陷，联盟链模式逐渐成为主流。区块链司法存证的运用尚不能完全解决信任问题，对最佳证据规则、传闻证据规则等证据规则有直接影响，亦对刑事辩护提出了挑战。法律规制的重点是需要保障上链前电子数据的原始性和应用区块链技术提取电子数据的程序合法性，避免区块链特性可能带来的不利影响及解决区块链存证中的鉴真等问题。

一、引　言

数字时代对证据法提出了新问题、新挑战，[1]我国司法实践的迫切需求和积极探索，正在倒逼工业时代的证据法学向数字时代的证据法学转型。区块链司法存证就是在这样的背景下提出的新课题。2018年6月，杭州互联网法院宣判了全国首例区块链司法存证案件（以下简称杭州案）。法院采信了原告方运用区块链

1　参见胡铭主编：《聚焦智慧社会：大数据方法、范式与应用》，浙江大学出版社2018年版，第1—5页。

存证的证据并据此认定了侵权事实,这便首次在司法裁判层面认可了区块链存证方式。2019 年 7 月,全国首例区块链存证刑事案件在浙江省绍兴市上虞区人民法院宣判(以下简称绍兴案)。这便将区块链存证运用于刑事司法(诈骗案)。[1] 2021年 8 月,《人民法院在线诉讼规则》(以下简称《在线诉讼规则》)开始施行,首次明确规定了区块链存证的效力范围和审查规则。在这一过程中,我们可以看到近年来各地司法机关对区块链存证平台和区块链司法运用的实践冲动,显然,区块链司法存证的理论研究已经明显滞后于司法实践中的探索。

对于刑事案件而言,取证、认证标准比民事案件更为严格。区块链存证运用于刑事案件,标志着区块链存证技术的适用范围日益扩大,对于相关证据规则和当事人权利保障的影响也将日益深远。区块链作为一种计算机技术的新型应用,包括了分布式数据存储、加密算法、共识机制、点对点传输等技术,具有防篡改、可追溯、共享分布式记账等特点。绍兴案中,司法机关利用区块链存证技术处理刑事案件,对于电子数据的效力确认具有标志性意义,但是这种新技术在司法领域的新型应用尚缺乏深入研究,亟待在经验层面解释区块链存证的实践逻辑并揭示其背后的基本法理,在此基础上探讨区块链存证的有效法律规制。

二、 区块链司法存证的规范定位与实践模式

(一)规范层面的定位

我国《刑事诉讼法》和《民事诉讼法》都没有对区块链司法存证做出规定,但

---

[1] 参见浙江省绍兴市上虞区人民法院(2019)浙 0604 刑初 776 号刑事判决书。该案的基本情况如下:2019年 7 月,绍兴市上虞区人民法院借助区块链加密技术,对全国首例区块链存证刑事案件进行宣判,判决被告人构成诈骗罪。在该案中,被害人众多,分散于全国各地,单笔犯罪数额小但总量大。为防止光盘中的数据丢失或被篡改,上虞区司法机关联合互联网企业的区块链团队,以区块链技术对数据进行加密,并通过后期哈希值比对,确保电子证据的真实性,公检机关一致认可本案证据的流转和比对处理过程。参见胡铭:《用区块链技术解决刑事诉讼证明难题》,《民主与法制时报》2020 年 5 月 14 日,第 6 版。

从相关法律和司法解释来看,已经有区块链司法存证在规范层面的初步探索。特别是《在线诉讼规则》首次对区块链存储数据的真实性审查做出指引,如该规则第16条明确了上链前和上链后数据真实性不同的审查认定规则,确认了区块链存储数据具有推定上链后未经篡改的效力。新近出台的《数据安全法》和《个人信息保护法》虽然没有明确涉及区块链存证,但其对于数据处理、数据安全、数据开发利用、个人的数据合法权益和个人信息保护等问题的细化规定,将影响到电子数据的提取、保存和运用等,为区块链司法存证提供了更大的运用空间。

被称为我国首部真正意义上的信息化法律的《电子签名法》,在2004年的时候已经有初步探索。该法第5条对数据电文满足法律规范规定的原件形式要求的条件做出了规定:其一,能够有效地表现数据电文所载内容,且可供随时调取查用;其二,能够可靠地保证自最终形成时起,数据电文的内容保持完整、未被更改,但是,增加背书以及数据交换、储存和显示过程中发生的形式变化,不影响其完整性。同时,该法第8条规定,数据电文作为证据的真实性和可靠性审查重点是:生成、储存或者传递数据电文方法、用以鉴别发件人方法、保持内容完整性方法以及其他相关因素。这里虽然没有直接规定区块链司法存证,但对电子数据的存储、审查等的相关规定,可以在一定程度上为区块链司法存证的法律价值提供依据。

最早采信区块链存证的是互联网法院。最高人民法院2018年9月出台的针对互联网法院审判的司法解释中,首次确认了电子数据可通过区块链形式得到验证,即区块链存证的电子数据可在司法裁判中运用。[1]该司法解释还对区块链存证的专家辅助人和司法鉴定制度做了规定:(1)互联网法院可依职权或根

1　参见《关于互联网法院审理案件若干问题的规定》第11条:"当事人提交的电子数据,通过电子签名、可信时间戳、哈希值校验、区块链等证据收集、固定和防篡改的技术手段或者通过电子取证存证平台认证,能够证明其真实性的,互联网法院应当确认。"

据当事人申请,委托司法鉴定机构对电子数据的真实性进行鉴定,还可以调取其他相关证据进行核对;(2)当事人可以申请具有专门知识的人即专家辅助人对电子数据提出专业意见。从证据规则层面看,2019 年修订的最高人民法院《关于民事诉讼证据的若干规定》第 94 条规定,人民法院可以认定"由记录和保存电子数据的中立第三方平台提供或者确认的"电子数据的真实性,这便为包括区块链存证平台在内的第三方存证平台存储的电子数据的证据效力提供了依据。

新近实施的《在线诉讼规则》对于区块链存证意义重大,使得区块链司法存证的深度应用成为可能。《在线诉讼规则》第 16—19 条明确了区块链司法存证推定有效规则,具体而言,有两个层面的含义:第一个层面是推定真实,即对于上链存储数据的真实性问题,如果没有相反证据则可以推定其真实,也就是说,若要推翻就应由提出异议方而非存证方举证证明;第二个层面是有限真实,即推定真实规则仅限于认可"上链后"的真实性,也就是说,认可上链后不能篡改,但无法保证上链前存储的电子数据的真实性。[1]通过上述有限真实规则,一方面是充分肯定了区块链司法存证在保障证据真实方面的优势,另一方面是注重了规范区块链司法存证的限度,从而较为客观地推动区块链司法存证的有效运用。

从上述规范层面来看,区块链存证在司法中要解决的核心问题是推定真实性,这便决定了不能将区块链存证定性为一种新的证据种类,其仍然属于电子数据,是区块链技术存储的电子数据。事实上,对于区块链存证的推定真实性,域外已有先例。《美国联邦证据规则》规定,电子流程和信息系统生成的数据记录可以自我鉴真,不需要外在的证据证明其真实性。[2]《佛蒙特州证据规则》第902 条更是进一步明确规定,区块链记录可以自我鉴真,无需外部证据加以验证

---

1 在我国的司法实践中,很多电子数据在产生时就同步进行区块链存证了,这种情形下就不存在"上链前"和"上链时"的时间节点区分。

2 参见 Fed. R. Evid. 902(13)。

即可推定表面真实。[1]进一步来看,区块链存证创新了电子数据的证据保全形式,本质上是一种证据保全创新。如何对极易发生变化的电子数据进行证据保全,一直是困扰司法实务的难题。传统方法是将需要保全的电子数据复制并存储在可信存储设备上,但这种方法的缺点是很明显的,即很难保障电子数据的同一性、完整性和准确性。司法实践中,这种电子数据的真实性常在法庭上被质疑,这也使得电子数据的采信率常常明显低于物证、书证等传统证据类型。司法解释规定,[2]保护电子数据的完整性可以采用计算电子数据完整性校验值等方法,这便契合了区块链司法存证的精神。如何理解这里的"完整性"? 在司法实践中,电子数据的完整性主要是通过提供真实性保障来提升证据的可信性;在区块链技术下,电子数据的完整性可通过哈希值等校验算法来实现数据"码流"的完整性。

(二) 实践层面的模式选择

区块链司法存证已经在各个层面开展探索。三大互联网法院都已建成自己的司法区块链,即杭州互联网法院"司法区块链"、广州互联网法院"网通法链"以及北京互联网法院"天平链"电子证据平台;最高人民法院还搭建了"人民法院司法区块链统一平台",尝试自上而下统一搭建、统一协调区块链司法存证。各级地方人民法院也做了诸多探索。[3]从实践探索来看,区块链存证主要有三种模式。

1. 公有链模式

公有链是每个节点都向任何人开放,任何人均可以参与其中进行计算,而

---

1 参见 Vermont Rules of Evidence, Rule 902。

2 参见《关于办理刑事案件收集提取和审查判断电子数据若干问题的规定》第5条。

3 如吉林省高级人民法院电子证据平台、山东省高级人民法院电子证据平台、郑州市中级人民法院电子证据平台、合肥市蜀山区人民法院电子证据平台、成都市郫都区人民法院电子证据平台等。最高人民法院计划统筹协调法院系统的区块链平台建设,对于已经搭建起"司法链"的地方法院,其相关系统可以继续运行。

且任何人都可以下载并获得完整的区块链数据,典型的代表是数字货币,如比特币、以太币、瑞波币等代表性的数字货币都采用了公有链技术。一般认为,公有链最大的优点是去中心化、安全性,这些数字货币的安全性很高,同时也不受任何人的控制;公有链的缺点也很明显,有这么多随意进出的节点,也就很难达成共识,黑客可能伪造很多虚假的节点,有些节点还可能随时死机。所以公有链有一套很严格的共识机制,而正是共识机制问题直接导致了公有链处理数据的速度很慢,如数字货币转账就需要很长的时间。

作为全国首例区块链司法存证案的杭州案中,原告公司通过第三方存证平台(保全网),对被告公司的侵权网页予以取证,并通过区块链储存电子数据以证明该电子数据的完整性和该电子数据未被篡改。法院对涉案电子数据的证据效力审查,主要从以下三个方面做出认定:(1)存证平台的资质;(2)侵权网页取证的技术可信度;(3)区块链电子数据保存完整性。该案运用的便是公有链模式。在该案中,第三方存证平台通过网页截图、侵权网页源代码和调用日志等计算出哈希值,最终上传到比特币区块链和 FACTOM 区块链中。杭州互联网法院在裁判中虽然采信了该证据,但还是持个案分析的谨慎态度。法院在该案判决书中指出,应采行"开放、中立的态度进行个案分析认定"[1],以理性对待区块链存证等现代技术在证据认定和庭审中的运用。

从形式来看,公有链是理想的司法存证方式;然而,从实际操作来看,公有链存证模式存在缺陷。司法个案的发生往往具有显著的随机性,我们很难预先得知哪些电子数据在未来需要成为法庭上的证据,哪些电子数据可能是关键性的证据。这便需要开放,让所有生产电子数据的主体以及产生电子数据的软件主动认同某种共识机制,并参与到区块链存证中去。各类主体认同、参与这种共识机制也需要漫长的过程,即便所有生产电子数据的主体愿意参与到这种共

---

1 杭州互联网法院(2018)浙 0192 民初 81 号民事判决书。

识机制中来预防未来风险,由于电子数据和节点数量非常庞大,所需消耗的网络及电子资源常常是司法本身所难以承受的,这就使得达成共识的成本过于高昂。还需要注意的是,司法具有某些特有的属性,如集中裁判、中立性和亲历性,与完全去中心化的公有链可能产生冲突。特别是去中心化的证据材料意味着控辩双方无法在庭审中进行有效的对辩,难以对庭审中的证据做出审查判断,也背离了司法集中判断权。

2. 从私有链模式到联盟链模式

有些区块链的应用场景并不希望任何人都可以参与这个系统、查看所有数据,只有被许可的节点才可以参与并查看所有数据,这种区块链结构被称为私有链。私有链的优点是可以完全自行制定策略且速度极快;相比较而言,缺点则是私有链还达不到完全的去中心化。联盟链是由某些组织或者机构组成联合体以共同参与管理的一种区块链,参与的组织或者机构各自运行一个或多个节点,其数据只允许系统内不同的主体进行读取和发送交易,这些交易数据将被共同记录。相较于公有链,联盟链的优点是处理数据的速度快,节点的数量和身份都已明确,可以使用相对松散的共识机制,处理数据的速度便得以显著提升;联盟链的缺点则是并不能完全做到去中心化,因为主体的联盟之间从理论上看是可以联合起来修改区块链中的电子数据的。从本质来看,联盟链可以归入私有链,其区别在于私有程度有所不同,联盟链的权限设计要求更复杂,因此可信度便也更高。

2018 年 9 月,北京市东城区人民法院就一起信息网络传播权案(以下简称北京案)做出判决,认可了区块链存证的法律效力。将杭州案和北京案相比较,两案发生的时间较为接近,但采用的区块链存证存在差别。在北京案中,被告公司在未经授权的情况下,擅自将涉案文章发布于其经营的手机软件中,并采用在线付费阅读方式向公众提供涉案的文章。原告公司发现被告公司的侵权行为后,利用第三方存证平台(真相科技旗下的 IP360)录制了查阅涉案文章的全过程。该平台自动将录屏电子数据上传到平台的联盟链中,并向原告公司出具了由司法鉴定机构与其联名签发的载有区块链保全 ID、取证时间、证据哈希值等保全证书。法院采信了原告公司在诉讼中提交的电子数据的完整性、可靠性和真实性,从而认定了被告公司的侵权行为。[1]

司法领域的联盟链建立在私有链的基础上,首先由相关的法院、检察院、公安机关、公证机构、司法鉴定机构等建立各自的私有链,在此基础上形成共同管理的联盟链,每个机构负责管理其中的一个节点,并且由该机构负责读写数据和发送交易的权限。[2]如上海、江苏、浙江和安徽四地人民法院采用蚂蚁区块链技术,尝试通过建立"长三角司法链",推动司法办案的一体化进程。最高人民法院建设的"人民法院司法区块链统一平台"是升级版的司法领域的联盟链,该平台将最高人民法院、高级人民法院、中级人民法院和基层人民法院四级法院链接在一起,同时加入了国家授时中心、公证处、司法鉴定中心、多元纠纷调解平台等数十个节点,共同开展区块链建设。[3]

对刑事案件而言,包括案卷笔录在内的证据材料在公检法三机关之间流转,即让各种证据材料在各自系统流转,各方都能够公开访问一个共同的区块链,还可以把公证机构、司法鉴定机构、价格评估机构等吸纳进来。同时,各系统通过上链信息,验证相关的电子数据。而且,随着区块链上存储数据的机构的增多,篡改、删除区块链中数据的成本及难度就会增大,该区块链的安全性也就随之提高。电子数据的上链信息是统一保存的,因此,在区块链共识机制的强力约束下,所有的增删改行为都需得到各个节点的同意并被记录。也就是

1　参见北京市东城区人民法院(2018)京 0101 民初 4624 号民事判决书。

2　参见浙江省湖州市中级人民法院课题组:《关于区块链运用热下的冷思考》,《人民法院报》2020 年 5 月 8 日,第 5 版。

3　我国现在已经建成的司法链是以法院系统为主的,如最高人民法院建设的"人民法院司法区块链统一平台"还没有接入公安机关和检察机关,主要由各级法院建立节点(本质上是各自的私有链),按照联盟链的共识算法和规则运营,角色平等。

说,任何单一组织或机构都无法单独对电子数据进行增删改,这就使得相关主体可以做到分别提取、统一保管电子数据。从技术上看,区块链存证所存储的是电子数据的哈希值,而不是电子数据本身,由于哈希算法具有不可逆的显著特征,其他非办案的组织或者机构即便获得了相关的哈希值,也不可能反向计算出电子数据的原文,这便可能实现电子数据的保密性和不可篡改性的兼顾。[1]

三、 区块链司法存证与电子数据的审查判断

近年来,随着区块链技术的逐渐成熟和区块链司法存证运用的日益增多,基于区块链技术的电子数据的审查判断正成为司法实务中的一个新问题。新出台的《在线诉讼规则》对此做了积极探索。最高人民法院司改办刘峥指出,新规则的实施,"有利于规范区块链技术司法应用,严格区块链存证审查标准,充分发挥区块链技术优势,进一步促进区块链存证行业有序发展"[2]。然而,这仅仅是一个开端,相关审查判断规则以及对传统证据规则的影响尚待细致观察和深入研究。

(一)电子数据的真实性与区块链存证的真实性

从我国司法实践来看,法庭上对于电子数据的审查判断是以虚拟空间中信息的真实性为重点展开的,即对于电子数据的三性(真实性、关联性、合法性),法庭质证主要围绕真实性展开。对裁判文书的实证分析显示,"电子数据在刑事审判实践中审查判断规则主要围绕'求真'展开,关联性审查本质上仍是'求真',合法性审查亦主要为了保障真实性"[3]。

---

1 参见陈平祥:《运用区块链技术提取和审查刑事电子数据》,《检察日报》2019 年 10 月 14 日,第 3 版。
2 徐隽:《网上审案,便民又规范》,《人民日报》2021 年 8 月 9 日,第 13 版。
3 胡铭:《电子数据在刑事证据体系中的定位与审查判断规则》,《法学研究》2019 年第 2 期。

区块链存证使得法庭减少了对于电子数据真实性问题的争议，而更多地聚焦电子数据的关联性、合法性问题，这对于提升庭审效率显然是有益的。换言之，区块链存证的直接目的在于解决电子数据的真实性问题。《关于互联网法院审理案件若干问题的规定》第 11 条对此做了明确规定，即包括区块链在内的新技术在证据收集、固定和防篡改等方面发挥了重要作用，以证明电子数据的真实性。区块链技术在上述杭州案、北京案中有效运用，甚至在绍兴案这样的普通刑事案件审判中运用，正体现了这一点。刑事案件的证明标准是所有案件中最高的，要求达到案件事实清楚、证据确实充分并且排除合理怀疑，因此也必然对证据的真实性要求更高。结合存证平台资质审查、区块链电子数据完整性审查、电子取证的技术手段可信度审查等方面，区块链存证显著提升了电子数据的真实性。在"求真"的背后，区块链存证要解决的深层次问题是司法"信任"。长期以来，司法公信力问题一直是困扰司法机关及司法裁判的一大难题。[1]现代科技的引入，带来了革新性、颠覆性的思维理念，使得司法公信力获得了高科技的支撑与背书，区块链技术所具有的去中心、不可篡改等特征，恰好是提升司法公信力所急需的要素。[2]例如，杭州市检察机关推出的"非羁码"，[3]将区块链技术应用于对取保候审、监视居住等非羁押被追诉人的数字监控，对数据进行实时加密、上链认证并实现了操作日志、数据访问的可追溯与防篡改，初步形成了"区块链监督"链，为降低羁押率和解决非羁押被追诉人的监管难问题提供了新的数字化方案。

1　参见胡铭：《司法公信力的理性解释和构建》，《中国社会科学》2015 年第 4 期。

2　区块链作为一种去中心化的数据库，是一审使用密码学方法相关联产生的数据块，每一个数据块中包含了一次网络交互的信息，用于验证其信息的有效性（防伪）和生成下一个区块。虽然对于区块链技术仍然有这样那样的争议，但区块链因其本身所具有的去中心、不可篡改、可追溯等特征，极适合与电子数据存证相结合。

3　杭州"非羁码"的全称为非羁押强制措施数字监管系统，是一款和健康码类似，能够对非羁押人员进行有效监管的 App。它能弥补传统的电话监管等方式的缺陷，由被动接收信息变为主动，在出现突发情况时，能第一时间进行处理。这样，非羁押人员能过上正常生活，执行机关也能进行有效监管。参见姜涛、王藤儒：《数字化非羁押监管运用前瞻》，《检察日报》2020 年 12 月 16 日，第 3 版。

区块链存证的真实性并非绝对的,其本身的审查判断亦需要一套规则。例如,在北京案中,被告对原告的区块链存证过程提出了质疑:"IP360 证据提取专用系统"页面显示的创建时间与保全时间不一致,且显示的存证机构为"个人",因此难以证明取证过程的真实性。在杭州案的判决中,对区块链存证的审查判断提出了如下思路:应根据电子数据的相关法律法规综合判断其证据效力,认定标准既不能降低也不能提高。也就是说,不能因区块链存证技术具有防篡改、防删除的特点而降低其认定标准,同时,不能因为该技术本身属于新型高科技手段而排斥其适用或者提高其认定标准。审查的重点包括电子数据来源、技术手段安全性、内容完整性、形成合法性、方法可靠性、其他证据相互印证的关联度等,证据效力应根据上述方面的综合审查判断来认定。[1]

对于区块链存证的真实性审查,司法实践中根据区块链生成方式的不同,分为原生型存证和非原生型存证两种类型。原生型存证是指电子数据在区块链系统生成并存储,其后的任何变动都被实时记录在区块链上。也就是说,原生型存证是通过区块链所存储的电子数据,是产生并存储于虚拟空间的原始记录,是一种原始证据。非原生型存证则是通过现代技术手段抓取电子数据的各种特征并备份到区块链上,上链后数据的真实性能够得到充分保障,但上链前数据的真实性可能会受到质疑。如果要证明上链前数据的真实性,便需要对上链前的取证过程提供相关过程性证据。上述不同存证方式所存储的电子数据在真实性、完整性等方面有所不同,对其真实性的审查需要区分是上链后数据还是上链前数据。[2]

此外,鉴于区块链存证技术的成本较高,对于大量普通案件以及多数没有争议的电子数据,并没有采用该技术的必要性。在绍兴案中,需要引入区块链存证的原因在于该案的涉案总额巨大但单笔犯罪数额小,被害人人数众多但分

---

1 参见杭州互联网法院(2018)浙 0192 民初 81 号民事判决书。

2 参见胡萌:《区块链存证的效力及审查规则》,《人民法院报》2021 年 8 月 5 日,第 8 版。

散于全国各地,在此情况下,如果使用传统的取证存证方式则成本会非常高,也很难有效地证明电子数据的真实性、完整性。区块链存证技术在该案中的运用,是应对上述问题的有效方法。

(二) 区块链存证对证据规则的影响

区块链存证使得法庭上对电子数据的审查判决发生了重要变化,特别是对最佳证据规则、传闻证据规则、非法证据排除规则等产生重要影响,这便要求对传统的证据规则重新做出诠释。

1. 最佳证据规则

《在线诉讼规则》指出,法院审核通过后的电子化材料和电子数据,可以直接在诉讼中使用,经当事人举证质证后,依法认定其真实性。对此,何帆指出:"这意味着经人民法院审核通过的电子化材料具有'视同原件'的效力,当事人不必再重复提交实体原件材料。"[1]这在一定程度上拓展了传统的最佳证据规则的内涵。

最佳证据规则是一项规范证据效力以保障证据真实性的规则。从源头来看,最佳证据规则最初指向的是文书类证据,即以文字材料的内容在法庭上证明案情时,必须提交该文字材料的原件。1945 年,美国赫齐格诉斯威夫特公司(Herzing v. Swift Co.)一案的判决书中写道:"最佳证据规则在其现代的应用中仅指这样一条规则,即一份文字材料的内容必须通过引入文书本身来证明,除非对原始文书的缺失提出令人信服的理由。"[2]这说明传统上的最佳证据规则是一项适用于书证的规则。最佳证据规则的名字本身,很容易让人误解为在所有案件中都应当提供最有分量的原始证据。实际上,这个规则原初的含义就是"原始文书规则",其仅是一项规定原始文字材料在证据效力上具有优先性的规

1　徐隽:《网上审案,便民又规范》,《人民日报》2021 年 8 月 9 日,第 13 版。

2　宋英辉等:《外国刑事诉讼法》,北京大学出版社 2011 年版,第 110 页。

则。后来,《美国联邦证据规则》将最佳证据规则从书证扩展到了录制品或者影像,其第1002条规定:"为证明书写品、录制品或者影像的内容,应当提供其原件,本证据规则或者联邦制定法另有规定者除外。"[1]

区块链存证是否应适用最佳证据规则,关键在于区块链存储的电子化材料能否被视为原件。从上文关于区块链存证的本质、案例及相关技术的讨论可知,电子化材料一旦上链,区块链上各个节点就会对通过算法确认的数据同步进行记录并存储,各个节点所存储的信息在内容、时间等方面都是完全一致的,也正因此,区块链网络中各节点记录并存储的证据均可被视为原件。然而,区块链网络的每一个节点记录并存储的数据,实际上是根据最先得到记账权的节点确认对相关内容进行的同步备份,从这一意义来看,除了享有最先记账权的区块链节点外,其余节点上存储的数据又可以被我们视为一种复制件。换言之,区块链存证网络各个节点保存的电子化材料,既能被视为原件,也可以被视为一种复制件,这便和传统的最佳证据规则有了显著的差异。[2]因此,有必要在区分原生型存证和非原生型存的基础上,结合区块链存证平台的技术能力、上链前电子数据的过程性证据、电子数据是否真实完整地上传至区块链网络等做出综合性判断。

2. 传闻证据规则

传闻证据规则被视为对抗式诉讼中最重要的证据规则之一。该规则要求证人证言须在法庭上接受控辩双方交叉询问的检验,这种交叉询问被认为是被

1　王进喜:《美国〈联邦证据规则〉(2011年重塑版)条解》,中国法制出版社2012年版,第336—337页。

2　原件论者认为:上链的电子化材料存在被完整复制的可能性,由于电子数据的原始文件都为二进制编码组合,其经完整复制的复制件与原件功能相同。因此,只要电子数据被完整记录,就能够据此判断它具有与原件一样的证据效力,区块链存证作为一类特殊的电子数据也同样适用上述原件论推定。复制件论者认为:上链的电子化材料本质上是一种看不见、摸不着的证据,其生成、存储、传递等过程无法直观地为我们所看到或感知,书证化或者经复制的电子数据本质已为复本。因此,在区块链存证中,除最先获得记账权的节点外,其余节点存储的数据皆为复制件。参见张玉洁:《区块链技术的司法适用、体系难题与证据法革新》,《东方法学》2019年第3期。

追诉人质证权保障的基本要求,也就是说,只有在符合法定例外情形时才允许采信庭外陈述,这便要求在庭审中原则上排除传闻证据的适用。传闻证据规则以及交叉询问在英美法系对抗式庭审中发挥着至关重要的作用,被认为是"有史以来发现事实真相的最伟大的法律工具"[1]。区块链存证对于事实真相的证明,显然与基于交叉询问、保障质证权以揭示真相的庭审规则有着质的不同。

那么,未经庭审交叉询问的区块链存证是否要适用传闻证据规则呢? 由于区块链存证的数字化材料在上链的时候要受到诸多人为因素的影响,与谷歌地图、高德地图这类纯电子的数据存入有着明显差异,区块链存证中的人为因素使得上链前证据的真实性、完整性问题需要通过交叉询问来加以对质,否则就可能属于证据法上的传闻。比如在一个交易中,两个交易人发生了交易,但是这个区块链的数据写入不是自动的原生型存储,而是最后交易完成人写入到区块链网络节点中的,这个时候就有可能加入了人为因素,存在成为证据法上的传闻的风险。如美国联邦第十一巡回上诉法院在"美国诉莱蒙斯"(U. S. v. Lamons)一案中所指出,所有的机器都是人造的,不可能存在完全机器生成的陈述。[2]但是,我们不能因此就认定区块链存证是一种传闻证据。如国外学者所言,对区块链本身的任何审查与人类自身的任何陈述都不相似,人类参与电子记录的生成活动并不意味着该记录成为传闻证据。[3]从域外的司法实践来看,如美国联邦第九巡回上诉法院做出的判决,并没有把区块链存证的电子化材料认定为传闻证据,其理由如下:"传闻证据是庭外由人做出的陈述,区块链证据虽然有人为因素,但是实质上还是由机器来进行运行,不符合传闻证据的主体要求。"[4]

1　〔英〕麦高伟、路加·马什:《英国的刑事法官:正当性、法院与国家诱导的认罪答辩》,付欣译,商务印书馆 2018 年版,第 70 页。

2　参见 U. S. v. Lamons, 532 F. 3d 1251。

3　参见 Pelker, C. Alden, Brown, Christopher B., Tucker, Richard M., "Using Blockchain Analysis from Investigation to Trial", *Department of Justice Journal of Federal Law and Practice*, Vol. 69, 2021, pp. 84-85。

4　Knight, Emily & Jenga, Blockchain, "The Challenges of Blockchain Discovery and Admissibility under the Federal Rules", *Hofstra Law Review*, Vol. 48, 2019, pp. 519-562.

在这里,法院基本上是把区块链存证直接认定为机器行为,也就避免了区块链的传闻风险对其定性的影响。

3. 非法证据排除规则

非法证据排除规则,是执法机关及其工作人员使用非法手段取得的证据不得在审判中采纳的规则,典型的样态是排除刑讯逼供等非法方法所获得的口供。区块链存证的电子化材料和电子数据的收集、存储、提取等过程同样存在合法性风险。这便需要我们思考区块链存证是否应适用非法证据排除规则这一问题。

首先需要明确的是,采用区块链技术存证的电子数据并非自动获得程序上的合法性,还是需要按照法律及司法解释的要求对关键性要素进行合法性审查,以防止非法手段获取的电子化材料成为法庭裁判所依据的证据。2021年新实施的最高人民法院《关于适用〈中华人民共和国刑事诉讼法〉的解释》第112条从取证主体、取证方法、取证程序、批准手续、检查程序等方面,对电子数据取证合法性的审查判断标准做出了明确规定。[1]上述规定虽然不是专门针对区块链存证所做出的,但其规定可以仍然作为区块链存证合法性审查的依据。同时,审查判断中要注意区块链存证和一般电子数据的差别。区块链技术能第一时间自动对区块链存证的电子化材料进行完整性校验,并将自动生成的哈希值上链保存,以防止篡改或删除,这便不再需要由取证人员记录、见证人见证取证过程、取证人员签名盖章等来证明合法性。但可以将电子版的搜查证、扣押令等法律文书,收集、提取电子数据的笔录类材料,区块链存证过程的录像等相关材

1　对收集、提取电子数据是否合法,应当着重审查以下内容:(1)收集、提取电子数据是否由两名以上调查人员、侦查人员进行,取证方法是否符合相关技术标准。(2)收集、提取电子数据,是否附有笔录、清单,并经调查人员、侦查人员、电子数据持有人、提供人、见证人签名或者盖章;没有签名或者盖章的,是否注明原因;对电子数据的类别、文件格式等,是否注明清楚。(3)是否依照有关规定由符合条件的人员担任见证人,是否对相关活动进行录像。(4)采用技术调查、侦查措施收集、提取电子数据的,是否依法经过严格的批准手续。(5)进行电子数据检查的,检查程序是否符合有关规定。

料,以及需要存证的电子数据一起经哈希加密与电子签名后上链保存,以便在存证的电子数据受到异议时进行佐证。

司法解释还规定了电子数据的瑕疵补正规则。即电子数据收集、提取程序存在封存状态、笔录或清单不完整、注明不清等瑕疵,做出合理解释或者经过补正后可以采用为证据。这些电子数据取证瑕疵的情况,恰好是区块链存证中可以避免的,即使偶有出现,也可以通过补正或合理解释来解决。问题的重点在于,应将区块链存证中的严重程序违法纳入非法证据排除的范围,这是数字时代保障公民基本权利的必然要求,也是实现司法公正的应有之义。区块链存证中存在以下涉及公民基本权利的非法行为的,应作为非法证据排除:(1)区块链存证过程中有侵犯公民生命权、人身权、隐私权等权利行为;(2)区块链存证的取证主体、取证地点、取证方式等存疑,不能做出合理解释或者无法提供必要补正;(3)区块链存证的过程存在严重的程序违法,可能影响案件公正审判。

四、 区块链司法存证的局限及其规制

从数字时代司法发展态势来看,包括区块链在内的新技术正成为日益重要的驱动力,"司法系统将在宏观上沿着'上线、上云、上链'三段论的路径前行,由此形成线上司法、云司法与区块链司法,这似乎是不可阻挡的发展趋势"[1]。从域外司法的改革动态来看,美国、英国等西方国家正在积极运用区块链技术推动法院改革。域外法院也正在尝试与第三方科技公司开展合作,利用高科技平台研发的基于区块链技术的信息存储系统,将诉讼中的证据材料上链保存,实现庭审的无纸化以及促进法庭的电子化建设。[2]针对因区块链存证信息量巨大引发的举证质证问题,《美国联邦证据规则》第1006条也允许举证方通过摘要、图

---

1 马明亮:《区块链的兴起及其司法运用》,《检察日报》2021年8月3日,第3版。
2 参见杜乔:《区块链技术在全球司法体系中的应用前景》,《中国审判》2019年第17期。

表等形式在法庭出示此类证据,同时要求其在合理的时间和地点提供原件或复印件供其他当事人复制、审查。[1]尽管如此,我们还是要冷静地对待区块链司法存证,认真审视其可能存在的局限性并做出应有的规制。

(一)区块链司法存证的局限性:以刑事辩护为例

区块链司法存证在各类案件中都已有运用,但考虑到刑事案件最高的证明标准以及对真实性的特别追求,也考虑到笔者的研究专长,在此以刑事辩护为例来审视区块链司法存在的局限性。

区块链存证在助益证据真实性的同时,使得围绕"案件真相"展开的传统刑事辩护面临巨大挑战。在刑事案件中,运用区块链技术的主要是国家公权力机关,而辩护律师在面对"求真"的区块链技术时,很难用传统的质证手段和常规的语言逻辑来质疑控方的区块链存证。这便使得刑事辩护在面对区块链技术时,变得越来越充满风险。不少海外学者早已经指出,现代世界中,我们正在用飞速发展的技术创造着越来越多的不确定性,甚至是将人类置于危险的境地。[2]区块链技术在刑事案件中的运用同样如此,从一定程度上看,区块链存证使得证据的确定性与辩护的不确定性交织在一起,从而加剧了辩护的不确定性。

辩护律师在维护被追诉人的权利时,变得更加艰难。特别是区块链技术在司法领域的运用,给了公权力更强的能力收集包括各种电子数据在内的公民信息,并难以避免地引发人们的担忧。在谈到技术在刑事审判中的应用时,美国学者曾指出:"就像贪食者一样,政府会尽其所能收集一切;和吝啬鬼一样,它会对数据及其操作过程保密。"[3]对这一过程的质疑,似乎并不是传统的职业律师的优势所在。区块链存证甚至在最大程度上削减了对电子数据进行交叉询问

1　参见 Fed. R. Evid. 1006。

2　参见〔德〕贝克:《"9·11"事件后的全球风险社会》,王武龙译,《马克思主义与现实》2004 年第 2 期。

3　〔美〕安德烈亚·罗思:《论机器在刑事审判中的应用》,赖玉强、蒋艳林译,载赵万一、侯东德主编:《法律的人工智能时代》,法律出版社 2020 年版,第 215 页。

的空间,从而使得被珍视的法庭质证权被无情地架空。

随着在线诉讼和区块链存证的日益适用,以强仪式感的庭审来追求看得见的正义的正当法律程序,正在经历显著的变化。前人的实证研究已经显示,现代科技在审判中的运用方式与传统的公正审判原则是有冲突的,甚至可能阻碍并削弱无罪推定原则对被追诉人的保护。[1]在线庭审中,不再有基于法庭的面对面的交叉询问,取而代之的是摄像头、镁光灯,被告人身穿囚服,处于看守所的特定环境中,使得法官更容易认为被追诉人具有人身危险性,更容易将被追诉人与囚犯联系在一起从而产生有罪推定的心理。基于正当法律程序建立起来的刑事辩护制度和辩护权保障体系,正在经历着考验。区块链存证的颠覆性,意味着其不兼容甚至不支持传统的刑事辩护方法。对于辩护律师而言,面对区块链存证,其挑战不仅是如何学会并运用新技术来提升辩护水平的问题,更重要的是需要解决刑事辩护的新难题,探索以不同于以往的法庭质证方式来应对电子数据的审查判断等辩护业务。

未来已来。与在线诉讼相伴相生的区块链存证,使得律师需要亲自到法庭的情况会越来越少,同时,虚拟出庭将会是习以为常的事,这便要求律师具备新的发言和辩护技巧。牛津大学教授萨斯坎德(Richard Susskind)曾指出:"我不是说虚拟法院在未来几年就会变得无所不在。目前在英格兰的司法机关,虚拟庭审仍然相对少见,但到了21世纪20年代虚拟庭审就会变成家常便饭,对此我毫无疑问。"[2]

在此情况下,辩护律师不能再执着于电子数据提取、制作、储存和保管过程的审查以及电子数据内容有无删除、修改、增加等情形的真实性审查,而应该更多地从以下方面着手:(1)关联性审查。电子数据对于待证事实的证明力,应当

---

[1]　参见杜磊:《在线诉讼技术障碍的规则应对》,《民主与法制时报》2021年7月29日,第8版。

[2]　〔英〕理查德·萨斯坎德:《法律人的明天会怎样?——法律这样的未来》(第二版),何广越译,北京大学出版社2019年版,第129页。

根据具体情况,从电子数据与案件事实的关联程度、电子数据之间的关联程度、电子数据与其他证据的关联程度这三个方面进行审查判断。区块链存证对于真实性审查的屏障,使得关联性在电子数据审查判断中处于更加重要的地位。(2)技术规范审查。就区块链存证而言,审查上链存储前数据,应从生成与存储过程、具体形式与来源、公证机构公证、鉴定机构鉴定、第三方见证、关联印证数据等入手;对于上链后的数据,应按照国家标准或行业标准,从技术上审查存证平台的信息系统是否符合可靠性、清洁性、安全性、可用性等要求,存证技术和存证过程是否符合相关行业标准或国家标准中关于加密方式、技术安全、信息验证、数据传输等要求。作为一种特殊形式的证据,区块链存证对相关技术的依赖度较高,因此应当将技术规范、技术标准作为审查判断的重点内容。(3)司法鉴定和专家辅助人。[1]区块链存证的专业性,使得律师本身很难就相关技术问题做出充分的辩护意见,而司法鉴定以及专家辅助人的引入,可以很好地帮助律师解决专业问题。如《美国联邦证据规则》第702条规定了专家辅助人制度,司法实践中专家辅助人也时常提供与区块链、比特币和其他虚拟货币等相关的证词。[2]对此,《在线诉讼规则》第19条做出了明确规定。一方面,当事人可以申请有专门知识的人(专家辅助人)就区块链存证的专业技术问题提出专家意见;另一方面,法院可以依职权或根据当事人的申请,对区块链存证做委托司法鉴定,或者通过与其他相关证据核对来鉴真。

(二)区块链司法存证的规制重点

区块链司法存证的运用前景已然较为明确,在一定程度上可以提升司法信任度,但还不能完全解决信任问题,还存在弱化刑事辩护、限制庭审对抗性、成

---

[1] 参见胡铭:《鉴定人出庭与专家辅助人角色定位之实证研究》,《法学研究》2014年第4期。

[2] 参见Pelker, C. Alden, Brown, Christopher B., Tucker, Richard M., "Using Blockchain Analysis from Investigation to Trial", *Department of Justice Journal of Federal Law and Practice*, Vol. 69, 2021, p. 95。

本较为昂贵等问题。我们应以开放、中立的态度对待区块链司法存证,既不应排斥区块链技术的运用或一味提高电子数据的认定标准,也不应过于追求普遍适用的区块链存证。毕竟,对于多数案件中的电子证据而言,传统的证据审查方法还是可以有效适用的,包括审核电子材料的来源与存储方法、内容的完整与形成方法的可靠、技术的安全与程序的合法等,并可以结合其他证据进行综合性判断。从规范区块链司法存证来看,涉及的问题很多,但以下三个方面应重点考虑。

一是上链前电子数据的原始性。在"去中心化"的情况下,区块链实际上只对录入以后的数据负责,但是数据录入涉及多类主体,而主体的身份具有不确定性。[1]数据上传到区块链之前,我们无法通过区块链技术本身来直接证明数据的真实性和完整性。这便需要结合取证过程的相关信息、勘验检查的相关笔录、见证人见证等来综合分析与研判,以便有效排除在上链之前就已经被篡改、污染的电子数据。对于司法个案中经常涉及的电子邮件、转账交易记录、微信或 QQ 聊天记录等电子数据,运用区块链技术时不仅需要将相关电子材料上传到区块链,还需要记录取证过程并进行完整性校验,校验方式、操作日志、环境参数等都需要做记录。此外,取证过程的合法性也非常重要,这便需要对取证人员的身份识别、取证时间与程序、对象的信息采集流程、现场 GIS 信息等是否合法与完整进行记录和审查,以便证实上链前电子数据的原始性与合法性。

二是区块链特性可能带来的不利影响。基于区块链的特性(一是透明公开,二是不可篡改),一些取证行为可能会存在风险。比如,一些色情的内容,如果被存储到区块链中,这些哈希值会永久存在而无法被删除,那么这种危险行

---

1 在公共的区块链中,涉及四类主体的身份(姓名):(1)最后用户/交易人员(end-users/transactors);(2)区块链矿工(miners);(3)节点(nodes);(4)开发人员(owners or developers)。但是,对于某个数据来说,这四个核心主体中哪个会出问题,具有不确定性。也就是说,区块链存储的数据出现了问题,那么这个问题来自于哪个主体,其实是很难确定的。

为将会永远存在,尤其是儿童色情内容,将会对受害儿童造成持续的伤害。[1]对此,处理方式是通过编码的方式进行转化(第三方机构),这样会增加诉讼成本,也会存在一些风险,比如通过编码以后形成的新数据虽然有一种加密的功能,但是可能会难以被直接读取,在诉讼举证的时候也会存在困难。同时,因为区块链会存在分叉(fork)的可能,当产生分叉的时候,会选取长的那一条新链条而舍弃短的链条,那么运用到存证中,就会有这么一种可能,即存储在短的链条上的数据会无法被存证。

三是区块链数据的鉴真问题。关于区块链数据的鉴真,主要存在以下问题:第一,亦即和上面身份问题类似的一个问题,比如在电子签名中,虽然可以证明某个交易行为和交易主体的独特性,但是对于这个签名和特定主体之间关系的审查是有困难的。第二,关于哈希值的认定问题,如果利用哈希值进行自我鉴真,当哈希值与待证数据共存在同一个设备上,那么可以鉴真;但是如果它被分离到了另外一个设备上,这个时候就可能存在风险,会被认定为不符合证据规则中自我鉴真对同一份证据的形式要求(同一系统),可能就无法自我鉴真。第三,对于机器的可信度存疑。因为一般认为,区块链也会存在错误,没有完美的软件。例如2016年6月,智能合同黑客就暴露过其中的一个易攻击点,并且这只是众多漏洞中的一个。所以在诉讼中,为了防止这种消极影响,还要额外证明区块链数据的精确程度,如可引入专家辅助人。第四,除了机器本身的错误,人的错误也不会被区块链自动修复,如果一开始就输入错误,那么后续是没有办法更正的。证据规则应要求输入的数据保证是准确的,法官仅对于区块链对数据的保管问题做出认定,但无法认定输入数据的同一性。

---

[1]　一般的区块链只存储哈希值,并不存储电子数据本身。不过也会存储部分关键信息,一般不会存储全量数据,否则成本太高。哈希加密在密码学上被认为是安全系数非常高的。但是如果有人知道了用哪种哈希算法,以及自己对应有这种数据库,那么还是存在被还原的可能性。

五、结　语

区块链对于我们来说,可能就像有学者所说的"基于现实的科学产生的新自然"[1]。第四次工业革命所带来的智能化浪潮,使得原本保守的司法裁判日益拥抱新技术所带来的便利,"案多人少"成为直接的诱因,炫酷的新技术让我们有了超越前人的冲动,司法职业伦理、网络安全防范、个人隐私保护等新问题新挑战随之汹涌而来。"法律是鲜活的生命,而非僵化的规则。"[2]法律必须积极应对这些新问题新挑战,可以预见,这个时代的法律和司法将比以往任何一个时代面临更大的变革。区块链存证的运用只是上述变革中的沧海一粟,显然,诉讼法及证据法已经被司法实践远远抛在了后面,时代在呼唤基于基础理论革新的程序和规则再造。

1　〔美〕弗兰克·M. 特纳:《从卢梭到尼采:耶鲁大学公选课》,王玲译,北京大学出版社 2017 年版,第29 页。

2　〔美〕本杰明·N. 卡多佐:《法律的成长》,李红勃、李璐怡译,北京大学出版社 2014 年版,第1 页。

第十六章

在线纠纷解决机制社会性推广的挑战与治理

传统纠纷解决机制在处理在线纠纷时存在固有缺陷,而数字技术的革新为处理在线纠纷提供了全新赋能,催生出大量在线纠纷解决机制(ODR)。从实践来看,ODR 表现出解纷市场潜力大、解纷效率高、解纷更公正、解纷环境日益完善等机制优势,理论上可有效治理在线纠纷,助力国家治理体系与治理能力现代化。但目前,ODR 的理论研究远落后于数字技术的迭代速度,由此引发了定位模糊以及社会性推广的问题。事实上,ODR 不是替代性纠纷解决机制(ADR)的翻版,而是同传统诉讼、替代性纠纷解决机制共存的解纷资源。为明确 ODR 社会性推广过程中应当满足的要求,本章选取了三个现发展势头较好的典型例子,并分别从解纷主体、解纷程序、证据认定方面进行针对性分析。具体而言,第一,ODR 对解纷主体的要求是保持中立原则,具备解纷专业技能且可获得适当激励;第二,ODR 对解纷程序的要求是初期实现纠纷类型结构化,中期实现纠纷解决预期化,末期实现纠纷解决终局;第三,ODR 对证据认定的要求是证据链实现社会化共治,存证、验证技术具备安全可控性和高效性。此外,进一步研究分析后,可发现 ODR 社会性推广过程中面临着来自技术水平、社会观念、法律制度等方面的多重挑战。为此,有必要统筹规划 ODR 的产业发展,优化完善法律制度供给,重塑司法价值取向并建立复合型人才培养制度,通过 ODR 社会性推广实现多元解纷和社会智治,让社会公众真真切切地感受司法的公平正义,提高自身获得感、幸福感与安全感。

一、引　言

随着互联网技术的广泛应用,网络空间在极大地便利人们社交、购物、工作及娱乐的同时,亦提升了在线纠纷的发生频率和累积总量。此类纠纷通常跨越地理界限,导致涉及异地当事人的纠纷解决过程既耗时又昂贵,不仅涉及实际的差旅、住宿、误工成本,还由于线上行为证据难以获取和核实,催生出较高的鉴定支出。此种困境迫使部分当事人要么被迫投入大量资源尝试线下解决,要么因解纷难度大、耗时长而无奈放弃,甚至可能出现因纠纷无果而诉诸网络暴力的现象。[1]更为重要的是,若纠纷不能得到及时、有效、公正的解决,将加剧传统的线下解纷机构——人民法院"案多人少"的结构性矛盾,加重司法系统的解纷压力,进而威胁到社会公平正义。

然而,传统面对面的解决纠纷机制受制于解决成本高和周期长的问题,导致纠纷解决机关法院面临"难以承受之重",也使得解纷效果大打折扣,已然不能满足数字时代的现实需求。是故,国内外逐渐兴起一系列在线纠纷解决机制,如淘宝、亚马逊等电商平台的纠纷处理部门、在线矛盾纠纷多元化解平台、互联网法院、在线行政争议调解中心等。毋庸置疑,数字技术推动着人们生活方式的时代革新,也塑造着纠纷解决领域,使得解纷活动在数字赋能下具有了更为广阔的发展前景和重要的治理潜能,同时也将纠纷解决机制的研究推向新时代的舞台中心。

坦白来讲,相比于 ODR 在实践中的蓬勃发展,理论研究的确有所滞后,且研

---

[1]　参见北京互联网法院(2019)京 0491 民初 3838 号民事判决书。

究范式相对浅显。具言之,国内对于 ODR 的研究主要采用了两条不同的进路:其一,历程梳理与趋势研判。此类研究会着重介绍国内外 ODR 发展历程,并通过分析当前困境就未来趋势进行展望。[1] 其二,特定领域 ODR 的系统研究。此类研究会聚焦于特定领域 ODR 的适用情况,一方面能够更加充分地体现出 ODR 对于化解在线纠纷的重要作用,另一方面可使 ODR 的作用路径及风险挑战更为具象,进而方便"对症下药""药到病除"。[2] 本章认为,第一条进路虽有助于认识现有 ODR 的前世今生,但未深入分析 ODR 面临的现实挑战及实践要求,故在预测未来发展趋势上还有待进步;第二条进路对于特定领域 ODR 的适用或有助益,但难以窥见 ODR 的整体样貌,易陷入"头痛医头,脚痛医脚"的窘境。事实上,从 ODR 的研究谱系来看,当下研究大多都忽略了 ODR 核心本质和性质定位,导致其与传统纠纷解决机制的关系不明,不能凸显 ODR 社会性推广的时代优势与多重挑战,遑论进一步的优化完善。有鉴于此,本章首先拟在梳理 ODR 研究的基础上,明确其核心本质及与传统纠纷解决机制的关系定位;而后选取 ODR 社会性推广的典型样态,探寻其在解纷主体、解纷程序及证据认定方面的应然遵循;最后结合实践情况,分析 ODR 社会性推广所面临的多重挑战,并通过战略布局、制度供给、价值重塑等途径进行优化,助力我国多元解纷机制的建构与数字化赋能,加快实现国家治理现代化。

二、 在线纠纷解决机制的研究现状

纠纷是社会活动中的附属品,随着数字技术的发展,在线纠纷的种类和数

1　参见郑世保:《在线纠纷解决机制的困境和对策》,《法律科学》(西北政法大学学报)2013 年第 6 期;龙飞:《中国在线纠纷解决机制的发展现状及未来前景》,《法律适用》2016 年第 10 期;等等。

2　参见李淑如:《消费者线上纷争解决(ODR)机制——以欧盟与德国之 ODR 法制为启示》,《高大法学论丛》第 1 期;胡晓霞:《消费纠纷的在线解决:国外典型经验与中国方案》,《法学论坛》2019 年第 4 期;等等。

量均呈现持续增长态势。相比之下，传统解纷机构法院面临海量纠纷时显得力不从心，寄希望于法院单兵作战来解决所有社会争议的做法已不再切合实际。尽管替代性纠纷解决机制在诉讼途径之外发挥着重要作用，但在面对互联网环境下大规模、跨地域的纠纷时，受限于实体空间的 ADR 难以有效应对。由此可见，选择受时间、空间局限的传统解纷模式、ADR 意味着选择高成本、低效率的解纷途径，已然无法适应数字时代。面对海量、跨域的在线纠纷，网络平台也深受其扰，不断寻求解决方案，它们发现通过数字赋能似乎可以高效地解决有关纠纷，而且成本较线下诉讼更低。以 eBay 的用户评级系统为例，该系统最初用于及时反馈用户需求、满足用户沟通的需要，后来被嵌入纠纷解决的协商谈判。简单来说，该系统将在线纠纷解决的调解过程拆分为若干操作步骤，[1]再利用数字技术进行辅助，得益于此，eBay 每年处理的纠纷已经超过 6000 万件。[2]

概念是理论研究的基础命题。但目前，ODR 的概念尚无统一定论，学界争论集中表现在 ODR 与 ADR 的关系定位之上。一种主流观点认为，ODR 是从 ADR 演变而来的，或者说 ODR 是 ADR 的线上翻版。比如，拉马萨斯里（Anita Ramasastry）认为，ODR 是 ADR 的一个分支。[3]又如，霍恩（Julia Hornle）进一步指出，ODR 是一种利用互联网信息技术以及相应通信设备来实现纠纷解决的 ADR。[4]再如，郑世保通过划分解纷程序依赖技术的程度区分 ADR 与 ODR，当在线技术助力解纷的主要程序时，认定为 ODR，反之，则只能认定其为 ADR 的辅

1　操作程序步骤如下：1. 确定纠纷类型；2. 当事人陈述请求；3. 询问双方立场；4. 重建各方需求；5. 提供解决方案的建议；6. 允许调整解决方案；7. 建立纠纷解决时间轴；8. 保持及时沟通；9. 将纠纷分解为若干问题；10. 找到解决问题的方法；11. 起草协议。参见 Abernethy, Steve, "Trusted Access to the Global Digital Economy Square Trade International ODR Case Study", *Unece Forum on Online Dispute Resolution*, Vol. 6, 2002, pp. 6–7。

2　详见 eBay, http://community. ebay. com。

3　参见 Ramasastry, Anita, "Government-to-Citizen Online Dispute Resolution: A Preliminary Inquiry", *Washington Law Review*, Vol. 79, 2004, p. 159。

4　参见 Hornle, Julia, "Online Dispute Resolution: The Emperor's New Clothes?—Benefits and Pitfalls of Online Dispute Resolution and Its Application to Commercial Arbitration", *International Review of Law Computers, Technology*, Vol. 17, 2003, pp. 27–37。

助工具。[1]

另一种主流点持不同看法,认为 ODR 并不是 ADR 的线上翻版,而是技术加持的新纠纷解决机制。比如,凯什(Ethan Katsh)等人将信息技术比喻为"第四方",认为在双方当事人、纠纷解决中立第三方之外,信息技术在无人为操作的情况下可以实现纠纷解决。[2]美国律师协会与华盛顿大学法学院希德勒法律、商业和技术中心在《电子商务争议解决》报告中指出,ODR 不限于传统解纷模式,还包括纠纷预防、纠纷解决等多种在线纠纷解决方式的总和。[3]国内学者龙飞虽然没有明确界定 ODR 概念,但是指出 ODR 呈现出两种主要发展方向,一是在全球电子商务环境中应用 ADR 方法和经验,二是在互联网背景下对传统法院体系以及传统诉讼程序进行智慧化的改造。

本章支持第二种观点,但也认为 ODR 与 ADR 之间存在紧密联系,并非一种完全独立的全新机制。事实上,最初的 ODR 可视为 ADR 在网络空间中的简单移植,但随着互联网法院、在线仲裁等新型纠纷解决形式的涌现,又表明 ODR 不是 ADR 在网络空间的全盘映射。近年来,学界共识渐增,如高薇提出 ODR 是一种适应网络社会发展的争议解决制度,可分为外生性 ODR 和内生性 ODR[4]:(1)内生性 ODR 指网络平台为妥善处理平台内用户之间的纠纷,实现保护用户利益、吸引用户流量的目的而自发催生出的解纷机制;(2)外生性 ODR 则是一些权威第三方机构(如行政机关、司法机关等)为约束人们的线上行为,维护网络空间的和谐秩序,基于特定规则而形成的解纷机制。从发展进程来看,我国的 ODR 肇始于在线交易,主要是网络平台实现纠纷解决的内部机制(即内生性

---

[1]　参见郑世保:《在线纠纷解决机制(ODR)研究》,法律出版社 2012 年版。

[2]　参见 Katsh, Ethan & Rifkin, Janet, *Online Dispute Resolution: Resolving Conflicts in Cyberspace*, Jossey-Bass Press, 2001, p. 93。

[3]　参见 The American Bar Association's Task Force on Electronic Commerce and Alternative Dispute Resolution, "Addressing Disputes in Electronic Commerce: Final Recommendations and Report", *The Business Lawyer (ABA)*, Vol. 58, 2002, pp. 415-478。

[4]　参见高薇:《互联网争议解决的制度分析——两种路径及其社会嵌入问题》,《中外法学》2014 年第 4 期。

ODR），后逐渐渗透民间组织，并取得司法机关认可，成为外生性 ODR。[1] ODR 与 ADR 的交融主要体现在外生性 ODR 层面，这类机制在很大程度上借鉴了线下纠纷解决制度，并需妥善处理与线下解纷规范的对接与融合。本章认为，区分 ODR 和 ADR 最清晰明了的方法，是将传统诉讼作为参照物：ADR 的纠纷解决主体区别于法院诉讼，比如调解、仲裁、协商、司法确认等；ODR 的纠纷解决场域区别于线下诉讼，如线上调解、线上仲裁、平台协商等。由此可见，ODR 和 ADR 虽然有交叉地带，但两者是经由不同分类方式概括得出的，颇似程序正义理论中的协商性程序正义与技术性程序正义。目前来看，ODR 正逐步与传统诉讼、ADR 共生共存，成为一种日渐重要的新的解纷资源。

三、 在线纠纷解决机制的核心特点与应然遵循

随着近些年网络信息技术的飞速跃进，在线纠纷解决机制的社会性推广已取得了显著进展与快速发展，基于以前的认知定位 ODR 俨然不再准确恰当。因此，必须结合当前实践，重新审视 ODR 的核心本质，并结合典型样态明确数字时代 ODR 在解纷主体、解纷程序以及证据认定方面的应然遵循，抓住 ODR 社会性推广的时代机遇，以期推动多元解纷机制的全面落实。

（一）在线纠纷解决机制的核心特点

结合当下国内 ODR 的最新进展，其核心特点可以归纳为以下三个方面：首先是高效便民。全国层面来看，员额法官 2017 年人均结案数大约 110 件，员额法官每两个工作日需要审结一个案件，似乎案件压力并不严重，但结合各省份情况显然结论并非如此。据不完全统计，2019 年，重庆市全市法院的员额法官

---

[1] 参见胡晓霞：《我国在线纠纷解决机制发展的现实困境与未来出路》，《法学论坛》2017 年第 3 期。

年人均结案数为 350.3 件[1],广东省为 336 件[2],浙江省为 336 件[3],这些数据足以反映出司法解纷的压力过重。相比之下,ODR 的应用有效地缓解了法院系统"案多人少"的结构性矛盾,使得稀缺的司法资源得以优化配置,更多地集中处理复杂疑难案件。同时,ODR 显著降低了纠纷解决成本,有利于实现法律效果、社会效果与政治效果的一体化,助力国家治理现代化建设。据报道,2020 年全国人民法院审结一审民事案件 597.7 万件,同期淘宝网接受并解决了 216 万起交易纠纷,相当于处理了 36% 的民事案件数量;[4]北京互联网法院院长张雯也指出,北京互联网法院在 2019 年的在线立案数达 42 114 件,审结案件数达 40 083 件,法官人均结案数达 871 件,且平均审理期限缩短至 55 天。[5]此外,《互联网技术司法应用白皮书》的数据显示,通过线上审理模式可以节省 2987 万千米出行里程,节约当事人平均每人每案近 800 元开支,节省 16 个小时在途时间。[6]以上数据生动诠释了 ODR 在提高司法效率、降低诉讼成本、提升公众满意度等方面的突出贡献。

其次是数字赋能。ODR 在很长一段时间的目标就是解决互联网纠纷,尤其是电子商务或在线社交媒体的纠纷。但在"互联网+政务"的新潮下,许多公共部门通过数字辅助建构起外生性 ODR,一方面为人们提供线上政务服务,另一方面也承担起争议解决功能,比如国家税务总局的"个人所得税 App"、公安部

1　重庆市高级人民法院:《重庆市高级人民法院工作报告》,重庆人大网,https://www.cqrd.gov.cn/article?id=248664,2024 年 2 月 24 日访问。

2　广东省高级人民法院:《广东省高级人民法院工作报告》,广东人大网,http://www.rd.gd.cn/attachment/0/1/1856/170370.doc,2024 年 2 月 24 日访问。

3　王逸飞、张斌、郭其钰:《浙江法院去年结案 172.3 万件　每名法官一天办结近一件》,中国新闻网,http://energy.chinanews.com/gn/2020/01-14/9059295.shtml,2021 年 2 月 24 日访问。

4　《淘宝发布 2010 年度数据　揭示国内消费趋势》,专业开发者社区网,https://www.csdn.net/article/2011-01-06/289671,2024 年 2 月 24 日访问。

5　叶晓楠、任妍妍、何玥:《探访北京互联网法院:网上官司网上打　网络纠纷有说法》,《人民日报海外版》2020 年 1 月 7 日,第 5 版。

6　《互联网技术司法应用白皮书》,北京互联网法院网,https://www.bjinternetcourt.gov.cn/cac/zw/1566024698818.html,2024 年 2 月 24 日访问。

的"交通 12123App"等。这些外生性 ODR 的推广和应用,无形中推动社会治理从"三治融合"向"四治融合"演进,并为公民提供了有效参与社会治理的路径,使得多元主体的协同治理不再是一句空话。更为可贵的是,公民通过这些数字化平台,在解决争议时能避免传统面对面交流模式可能带来的心理压力与不适,从而在更加宽松自如的环境中行使权利。此外,随着公民对移动应用和官方网站熟悉度的提升,他们自行解决问题的能力也在增强,能更便捷地获取和利用争议申诉相关信息和服务。而对于公共部门,尽管扩大在线服务范围会相应增加线上纠纷解决的需求,但也有效减轻了面对面服务时反复解释说明的工作负担,优化了公共资源分配,释放了线下服务压力,提高了公共服务效能。

最后是技术集成。ODR 技术集成的特性使其区别于传统技术,它不仅借力数字技术提升效能,还在功能整合方面取得了重大突破,通过集成化技术手段实现了多项业务一站式处理,显著提高了纠纷解决的效率。北京互联网法院发布的《互联网技术司法应用白皮书》指出,智慧司法建设中的数字技术包括法律知识图谱、区块链、即时通信、人脸识别、图像识别、语音识别等十大类别。[1]具体到 ODR 而言,主要运用的是区块链、即时通信、微服务架构以及数据安全交换。以区块链为例,其在保证数据传输和访问安全时,利用块链式数据结构实现验证与存证,甚至还可通过智能合约在条件满足的情况下自动执行协议或合同。这些先进技术通过全方位、全流程的系统建设,形成相互连接的技术矩阵,建立了统一的数据标准和汇聚中枢,构建了一个集统一门户展示、当事人信息管理、事件追踪、信息互动、服务推送、风险预警等功能于一体的数字治理中台。[2]据了解,浙江省的 ODR 平台就将在线咨询、在线仲裁、在线诉讼等不同业务进行了集成,为社会公众提供了一站式服务。截至 2019 年,已经在线调解案件超过 50

---

1   参见孙莹、张晓宇:《北京互联网法院发布白皮书 互联网技术司法应用场景展现》,央广网,http://china.cnr.cn/gdgg/20190818/t20190818_524736268.shtml,2024 年 2 月 24 日访问。

2   参见胡铭:《数字法学研究的实验方法与风险防控》,《华东政法大学学报》2023 年第 1 期。

万,为超过 100 万的当事人提供了便捷的解决纠纷服务。[1]

(二) 在线纠纷解决机制的应然遵循

从国内 ODR 的发展来看,越来越多的人民法院开始接受信息技术化,如北京法院新一代审判智能辅助系统"睿法官"、吉林省高级人民法院打造出第一家省级"电子法院"、河北高院研发的"智审系统"、浙江省高级人民法院牵头成立的"电子商务网上法庭"等等。[2]如上所述,ODR 具有高效便民、数字赋能与技术集成等特点,而这些使得 ODR 成为一种新的解纷资源,能够与传统诉讼、ADR 共生共存,促进多元化纠纷解决机制的构建。本章认为在 ODR 社会性推广过程中,解纷主体、解纷程序、证据认定三方面的内容是绕不开的,如果不能予以明确,必然影响 ODR 解纷能力的充分实现。为此,有必要结合最新实践样态探讨 ODR 社会性推广于以上三方面的应然遵循。

第一,ODR 在解纷主体方面的应然遵循。ODR 中应该由谁来充当法官的角色定分止争呢? 理论上看,ODR 中的解纷主体由两支力量构成,一是运用数字技术处理纠纷的人,二是处理繁杂数据的数字技术。从狭义层面看,解纷主体应该由参与纠纷裁决、引导解纷流程的人充当,但这可能会忽略当事人自主选择式完成解纷需求的场景,故本章采取广义说法。以北明软件有限公司与杭州市西湖区法院开发的在线矛盾纠纷多元化解平台为例,[3]可发现解纷主体应当满足以下要求:(1)秉持中立原则。唯有在不伤害中立性的前提下解决纠纷解决,ODR 才能获得程序正义。内生性 ODR 或许偶尔会出于经济效益考虑,在一些

1　参见胡铭、周翔等:《数字法治:实践与变革》,浙江大学出版社 2022 年版,第 140—141 页。

2　参见周翔:《智慧法院的生成机制与未来发展趋势》,《西安交通大学学报》(社会科学版)2021 年第 3 期。

3　在线矛盾纠纷多元化解平台,旨在通过在线方式为人民群众提供咨询、调解、仲裁、诉讼等服务。当前,该平台引入了浙江省内的司法调解、人民调解、行业调解等多元化解纷资源,并成立了家事、道交、电网、劳动等专业化在线解纷中心。

纠纷处理中偏袒某一方利益,但从长远来看,若伤害了平台解纷机制的中立性,必然会使其丧失正当根基。与内生性 ODR 不同,以在线矛盾纠纷多元化解平台为代表的外生性 ODR 在考虑平台解纷中立性时,更多是秉持程序正义原则,即保持中立态度并基于规范条文进行裁决。(2)具备专业知识。除法律工作经验和法律专业技能外,解纷主体还需要能够熟练使用 ODR 平台,具备一定的数字基础知识。ODR 的研发主要是由技术专家运用专业技能进行的,所以其内在逻辑往往以法律知识为标准,倘若纠纷主体不具备一定专业知识,便无法审查 ODR 的数据训练、算法建构以及智能输出是否符合法律逻辑,遑论实现公平正义。从数据来看,在线矛盾纠纷多元化解平台的机构资源包括人民法院、政务部门、人民调解委员会等单位,服务人员包括调解员和办案法官,具体提供解纷服务的基本都具有相关工作经历、专业背景。[1](3)能够获得适当激励。我国《中华人民共和国人民调解法》第 6 条指出:"国家鼓励和支持人民调解工作。县级以上地方人民政府对人民调解工作所需经费应当给予必要的支持和保障,对有突出贡献的人民调解委员会和人民调解员按照国家规定给予表彰奖励。"依照该规定,对于考核优秀的人民调解委员会和人民调解员,政府会提供相应奖励。其他调解类型,如律师事务所、仲裁委员会等,在提供纠纷解决服务时也会根据争议金额收取一定比例的受理费。在建设纠纷解决机制时主要依靠财政性拨款,社会资本对于纠纷解决机制的建设也值得鼓励与提倡。

第二,ODR 在解纷程序方面的应然遵循。法律规范对传统诉讼程序做了细致规定,以此确保该过程中的程序正义,而 ODR 缺乏法律层面规范条文的详细规定,所以在如何满足高效率的同时避免损害程序正义可谓一大难题。以内生性 ODR 平台代表淘宝为例,可发现解纷程序应当满足以下要求:(1)初期实现纠纷类型结构化。淘宝通过对以往纠纷解决文字、语音进行大数据分析,将"退

1　详见在线矛盾纠纷多元化解平台官网,https://yundr.gov.cn/jsp/index/ServiceAgencies.html,2024 年 2 月 19 日访问。

款原因"与"维权诉求"进行了结构化处理,使得买家在发起维权程序时可点击选择解纷需求,比如,买家通过点击"退款(无需退货)""退货退款"或者"换货"进入相应的解纷场景,选择退换原因、货物状态、填写补充描述和凭证等相关信息,无需借助电话沟通、人工对接等,大大提高了解纷效率。(2)中期实现纠纷解决预期化。纠纷产生以后,解纷结果的可视化、可预期效果将会为当事人提供经济效益和公平正义上的预判,如是否值得投入时间、人力通过该解纷机制解决纠纷。就淘宝的 ODR 来讲,买家申请退款或退货后,系统会自动提示"商家同意或者超时未处理,系统将退款给您","如果商家拒绝,您可以修改退款申请后再次发起,商家会重新处理"。对于卖家,后台会通过评估退款、退货率、好评率、差评率等制度施以激励或处罚威慑。(3)末期实现纠纷解决终局化。实现纠纷解决终局化要求"案结事了"。作为内生性 ODR 代表,淘宝纠纷解决平台主要依靠两类执行方式:一是为当事人提供自愿遵守解纷规则和解纷结果的动力,二是使用专门设立的、具有控制作用的资源以实现解纷。[1]具言之,淘宝通过信任标记、声誉评级系统、技术威胁控制市场准入等措施,对店铺进行动态评分、售后评价等,并依据评分对商品采取下架、限制发布、限制解冻乃至查封账户等措施。[2]当卖家和买家成功协商和解时,淘宝依凭支付宝第三方托管平台,让支付宝平台处理相应交易款项或者卖家用户保证金。

第三,ODR 在证据认定方面的应然遵循。与传统解纷模式相比,ODR 的证据交换与质证环节均在线完成,故对于证据的举证、质证、认证均有特殊要求。具体而言:(1)证据链实现社会化共治。在多元化解纠纷过程中,多元主体共同治理是社会治理的创新举措,[3]而在多元主体协同治理之下,实现纠纷解决平台

---

[1]　参见丁颖、李建蕾、冀燕娜:《在线解决争议:现状、挑战与未来》,武汉大学出版社 2016 年版,第 159 页。

[2]　详见淘宝平台规则(https://rule.taobao.com/),依托《中华人民共和国电子商务法》,包括淘宝平台规则总则和八大类规则:市场管理与违规处理、行业管理规范、营销活动规范、消保及争议处理、信用及经营保障、特色市场规范、内容市场规则、生态角色规则。

[3]　参见龙飞:《多元化纠纷解决机制促进法研究》,中国人民大学出版社 2020 年版,第 74—75 页。

证据链建设社会化共治是一项重要的先行举措。杭州互联网法院已经启动国内第一个电子证据平台,截至 2024 年,该平台已经吸引了来自司法机关、行政机关、第三方取证存证平台等 24 家单位的接入,涉及应用服务、知识产权、金融交易等领域。让更多社会单位参与对接打造证据链工作,不仅可以破解司法服务效率低的难题,还可以提升法官采信电子证据的效率,降低解纷成本,提高 ODR平台的社会影响力和产业参与度。(2)存证和验证技术具备安全可控性。电子数据的接入、传输、交换均应当遵守《网络安全法》《电子签名法》以及《信息安全技术　公钥基础设施　时间戳规范》(GB/T 20520-2006)等有关规范,以确保电子证据在传输、保存过程中保持同一性、完整性,并防止数据泄露或不当使用。例如,杭州互联网法院充分利用人工智能、大数据技术对电子数据进行自动匹配、自动识别与自动归集,实现了数据可视化、标准化、要素化管理。此外,该平台还会将电子数据同步上传到区块链并生成唯一不可篡改的"数据身份证"——哈希值,确保电子数据不被篡改。

总而言之,在维护社会公平正义的道路上,司法活动是不可或缺的,法律底线是不可逾越的。现有法律规范、传统解纷程序、权威解决方案为 ODR 提供了解纷规则层面的参考与借鉴。从长远来看,ODR 会重建畅通、高效地解决纠纷的商业环境,此举又会提高社会对数字经济的信心,数字经济的发展也会反作用于 ODR 的社会性推广。

四、 在线纠纷解决机制社会性推广的多重挑战

尽管数字赋能的 ODR 表现出显著潜力与应用价值,但仍面临一定的技术瓶颈和规范适用盲区,甚至与各国本土司法价值相悖。与此同时,国际社会对 ODR 的建设和应用也未达成一致共识,这意味着在追求实现数字正义的道路上,ODR 仍有一系列挑战需要克服,还要经历一段漫长的路程。

（一）技术赋能挑战

当前，网络信息技术在纠纷解决领域的应用尽管初见成效，但在处理复杂性纠纷上尚存技术优化的空间。其一，纠纷解决过程中总是存在一定的数据收集和分析，但不透明的算法往往易产生歧视或偏见，所以过于信赖大数据的相关性分析，有可能造成解纷结果偏离期待的正义结果，有违信息技术加持解纷资源以实现公平正义的初衷；其二，数字赋能的供给方式上比较单一，主要集中于政府购买信息技术服务的公私合作方式。法院提供在线纠纷解决服务时，往往需要采购科技企业的专业技术服务，尽管这种合作模式可在一定程度上降低成本，弥补法院自身技术研发能力的不足，但同时也潜藏着权力寻租的风险，可能导致解纷效果大打折扣，并对司法公信力造成潜在冲击。并且，我国目前在司法领域同各大信息技术研发公司、科研单位等机构的合作还处于前期探索阶段，要想真正实现高效合作，还需经历长期的磨合。

（二）技术研发挑战

数字技术的研发需要大量时间、人力和物力投入，这涉及组织如何分拨研发资金、投入人力资源至平台 ODR。大型平台凭借其雄厚的财力基础，可能更有条件资助内部 ODR 平台的信息技术研发与应用，而小型和初创平台在努力保持稳健收益的前提下，往往因资源有限，难以独立支撑起一套完整的内部纠纷解决机制，更难以实现 ODR 的完备性以提供优质的在线解纷体验。除研发资金壁垒外，我国还严重缺乏"既懂技术又懂法律"的综合性人才。在 ODR 的社会化推广过程中，法律从业者和技术从业者的专业分工界限分明，技术人员普遍缺乏必要的法律素养，而拥有深厚法律背景和卓越解纷能力的专业人士也鲜有机会投身 ODR 核心技术研发前线。因此，当前急需"信息技术＋法学背景"的综合性专业人才的介入。遗憾的是，我国缺乏科学有效的人才培养机制以及解纷执行保障机制。根据现行法律规范,人民调解不得向当事人收取或者变相收取任何费用、财物,这是对各人民调解组织、人民调解员、参加调解工作的其他人员以及这些人民调解组织的设立单位的明确要求。[1] ODR 下的纠纷调解对调解员的素养、调解水平、调解积极性等要求较高,而现行的免费调解制度和定期培训机制远不足以培养适应在线纠纷解决需求的专业人才队伍并激发其活力。

(三) 数据安全挑战

国内外对于数据安全的重视程度逐步增强,但技术研发市场逐利趋势也在逐渐抬头,我国 ODR 又主要采用政府购买服务的公私合作方式,该过程中若缺乏对信息技术研发人员及其访问使用数据权限的有效监管,势必会引发数据泄露、数据安全问题。早在 2019 年上半年,我国互联网网民规模逾 8.54 亿,互联网使用普及率升至 61.2%,对于熟悉网络环境并信赖在线纠纷解决机制的用户群体来说,ODR 无疑成为解决纠纷的可行途径。然而,我国大部分网民因自身文化程度限制,对 ODR 的认识程度较低且缺乏实操经验,对网站、应用程序、小程序的使用也不够熟练,已经构成对 ODR 社会性推广的重大障碍。进一步讲,民众有限的知识水平还可能加重数据安全风险,最常见的是民众不了解个人信息在 ODR 过程中如何被收集和使用,容易泄露自身敏感信息,比如上传纠纷证据时未进行必要处理,直接上传带有个人地址、电话号码等信息的材料。又或者,随意传播在 ODR 过程中获得的他人信息,将含有对方信息的结果公告在网上,侵犯对方的隐私权。虽然我国社会治理体系经过长期探索,也相应建立了一些 ODR,但由于我国是一个幅员辽阔的大国,地域差异较大,由此造成了在线纠纷解决机制区域发展不平衡,公众对在线纠纷解决机制的参与不充分。

1　参见《中华人民共和国人民调解法》第 4 条。

（四）司法价值挑战

中国古代司法正当化机制主要是恢复和谐与合乎情理,当时的社会正义观念主要以伦理道德为导向,解决纠纷的目标是恢复社会和谐状态。从抗日革命根据地时期至 20 世纪 80 年代中期,我国人民法院担负着人民民主专政工具的角色,法律逻辑的推理只需要满足公众文化认知水平,无需进行逻辑性十足的说理与理性判断。[1]当下,国内时值社会转型之际,纠纷发生的频率增高、纠纷类型多样、解纷难度提升,依靠数字赋能的 ODR 正渴求一种新的社会正义观出现,区别于从前的伦理道德导向与国家权力导向的社会正义观,即一种极致追求真相的社会正义观。然而,数字技术的客观性特质使得 ODR 处理结果在很大程度上减少了对伦理道德情感与国家权力干预的依赖,这一点可能会与公众长久以来形成的、对司法过程包含人文关怀和社会伦理成分的期待产生冲突。简言之,ODR 社会性推广过程中存在两方面的司法价值风险:其一,技术驱动的纠纷解决过程可能导致公众对司法正义的感知变得抽象和机械化,失去传统司法所蕴含的人文温度;其二,数字技术在追求事实真相的过程中,可能弱化对社会公平、正义多元性及伦理价值的深度考量,引发公众对新技术能否公正、合理地解决纠纷的质疑。因此,ODR 的社会性推广不仅仅是技术层面的更新迭代,更是在司法价值重塑与公众认同度之间寻找平衡的重大挑战。

（五）国际合作挑战

国外对于在线纠纷解决已经有若干指导性文件,这些可以为我国发展 ODR 提供有力借鉴,但同时也反映出我国在参与 ODR 国际标准制度方面的局限性。当前,国际上并未形成统一的在线纠纷解决标准与规范,如若不能缩小我国与

1　参见强世功:《调解、法制与现代性——中国调解制度研究》,中国法制出版社 2001 年版,第 248—249 页。

国际上 ODR 规则建设的鸿沟,那么在跨境电子商务争议解决领域,我国将可能面临与他国规则互认性不足、冲突频现的困境。这一挑战不仅会直接影响我国涉外商务争议的解决效率与公正性,减弱我国在国际 ODR 规则制定中的竞争力与公信力,而且长远来看,将对我国 ODR 社会性推广构成实质性阻碍,影响我国治理能力现代化建设目标的实现。因此,在国际合作大背景下,我国 ODR 社会化推广不仅要立足于国内实际,更要着眼于全球视野,通过积极参与国际合作,推动我国 ODR 机制的国际化进程,而这些方面目前尚有明显不足。

五、 在线纠纷解决机制社会性推广的治理路径

基于 ODR——数字赋能的解纷资源这一核心本质,可以认为其研究是多元解纷机制建设中不可或缺的一环,有必要进一步优化其实践运行,充分释放其解纷潜能,助力国家治理现代化。但同时,ODR 社会性推广中遭遇的技术赋能、技术研发、数据安全等多重挑战,又提醒我们要想使 ODR 真正融入国家纠纷解决体系之中,首先要对其风险进行全面系统的有效治理,确保纠纷解决机制始终运行在公平正义的轨道上,致力于实现人民群众的最大福祉。

(一) 统筹规划产业发展

数字技术服务司法活动的前提,是让技术行业能够研发出科学、可靠的技术,否则此后的数字赋能必然是失败的,至少是不符合预期的。是故,如何引导科技企业提供安全可靠的技术成为摆在面前的重要问题。依据市场经济自由竞争理论,企业为了获取更大的商业利润必然会不断推动技术革新朝着更加智能的方向前进,同时会持续降低研发成本并提高技术的易用度,在产品质量和用户口碑方面共同施力。基于此,欲引导科技企业研发安全可靠、负责任的数字技术,需要统筹规划产业战略布局,将产业发展与人民所需有机融合,促进人

工智能技术始终朝着有利于人类文明进步的方向发展。具体而言,可从以下方面着手:

其一,国家有关部门需要制定 ODR 中的数字技术标准,为科技企业研发划定底线,让科技企业在研发时知悉行为是否合规,这看似是对技术研发的限制,但实际上能够保障科技企业的合理预期,增强其研发投入的信心。为确保数字技术标准的落地执行,需要配置相应的法律后果,即当企业将不满足技术标准的产品或服务投入市场应用时,根据具体情节予以行政罚款,情况严重的还可责令暂停相关业务或停业整顿,乃至吊销相关业务许可、营业执照。与此同时,国家应积极采取激励措施,鼓励那些遵守并超越数字技术标准的科技企业发展。这包括但不限于提供财政支持,如研发项目资金补贴,以及人才引进与培养政策扶持,如对高端研发人才的税收优惠政策等。通过这种奖惩并举的方式,国家能够在 ODR 建设中有效引导和规范数字技术的研发和应用,从而推动整个在线纠纷解决机制的健康发展。

其二,营造 ODR 市场化良性竞争环境。目前,法院在 ODR 运营和发展中占据着主导地位,科技企业主要通过提供技术服务的方式参与建设,由此形成了一种公私合作的模式。这种模式虽然取得一定成效,但也存在着严重的寻租风险,故而打造一个充分竞争的市场环境显得尤为重要。一个良性竞争的市场环境不仅能够有效抑制权力寻租行为的发生,还有助于激励科技企业在 ODR 领域实现持续的技术创新,并进一步激发专业纠纷解决人员参与到在线纠纷解决活动中来的积极性。具体措施上,应当建立健全完善的 ODR 市场准入和退出机制,确保在技术快速迭代的过程中,各类市场主体能够在良性、可持续的市场竞争环境中得到发展。同时,还要完善投诉举报机制,确保解纷平台合理、合法地使用平台用户的相关数据,降低数据安全与隐私被侵犯的风险。

（二）优化完善法律制度供给

网络社会治理的必然趋势就是让法律治理从适应技术治理、规范技术治理发展到先于技术治理。[1] ODR 作为网络社会治理的重要组成部分，其相关法律制度建设亟待提上议程。ODR 的社会性推广从根本上依赖于法律规范的与时俱进与精细化完善。一方面，现行规范体系必须做出适时调整以适应 ODR 的独特需求，并提供针对性的制度供给以解决 ODR 与传统诉讼、ADR 之间的适用边界和机制衔接问题。这包括但不限于，总结归纳民事诉讼程序繁简分流改革试点工作成效，加紧建立健全系统的、完备的电子诉讼规则，适当扩宽司法确认适用范围。另一方面，要积极组织专家学者、企业家、法律工作者投身于 ODR 国际合作之中，主动介入国际 ODR 的规则制定，提升我国在跨境纠纷解决领域的影响力和话语权。

除此之外，执行环节的效能是检验 ODR 能否真正实现社会化推广的试金石。为此，在解纷过程中应当优化司法确认程序，依托数字技术打造高效便捷的程序机制，减轻当事人的解纷负担。鉴于外生性 ODR 缺乏自动执行机制的缺陷，有必要效仿内生性 ODR 衍生出适用于前者的执行保障机制。具体可参考信任标记和声誉评级系统：在社会各领域推行个人和企业信用评价体系，借助个人征信、企业征信手段进行事前约束，从根源预防纠纷发生。同时，通过共享信用评价结果，对失信个人和企业采取失信惩戒，如降低其信用评分、声誉等级，严重时可以将其列为失信被执行人，从终端解决纠纷执行问题。

（三）重塑司法价值取向

无论是公众对虚拟空间的信任缺失，还是对个人信息和数据安全的深切忧

---

[1] 参见李占国：《网络社会司法治理的实践探索与前景展望》，《中国法学》2020 年第 6 期。

虑,都会影响 ODR 的社会性推广。事实上,只有让公众亲身感受到 ODR 带来的便利与高效,才能进一步实现其社会性推广。然而,ODR 的司法价值取向是一种对纠纷真相的极致追求,这对于普通民众而言并非自然而然地易于理解或接纳。因此,有必要对该价值取向进行释明,使民众对其形成正确认识。具体而言,ODR 司法价值取向根植于"以人为本"原则,其之所以追求纠纷真相,正是因为秉持着数字技术服务人类、服务正义的基本理念。但值得注意的是,对纠纷真相的过度追求也可能引发反效应,导致技术偏差摧毁司法正义。简言之,纠纷真相的极致追求要耗费大量人力、物力,这会加重解纷成本,使得部分当事人无法得到救济。此外,纠纷真相的极致追求必然对证据提出更高要求,而纠纷当事人作为普遍民众在证据收集方面能力较弱,如果对证明标准要求过高,并不利于案件的恰当处理,更无益于社会秩序的稳定。

职是之故,有必要对 ODR 的司法价值取向进行人性化的重塑,即在"以人为本"原则下强调人的主观能动性与有效参与。具体来说,应当建立健全 ODR 的试用反馈机制。要鼓励 ODR 用户对解纷主体专业素养、解纷程序合理性及证据认定合法性进行综合评价,比如解纷主体是否对案件做了充分准备,解纷程序设计是否流畅,解纷结果是否公开透明,等等。在此基础上,各解纷平台应当及时收集用户使用反馈数据,并不断修正、完善解纷平台建设,提高公众对解纷平台的满意度及处理结果的认可度。此外,还要持续推进用户反馈数据共享机制,打破数据孤岛、数据烟囱现象,借助数据共享实现解纷途径的互联互通,让ODR 在多元纠纷解决体系中释放更大力量。

(四) 建立复合型人才培养制度

如前所述,我国 ODR 社会性推广当下面临着"信息技术+法学背景"的综合性人才严重匮乏问题。对于这一问题的解决,需要建立复合型人才培养制度,以为 ODR 社会性推广提供足够智识资源。具体而言,首先,复合课程设计与解纷技能实操。应推进法学与网络工程、统计学等学科专业的交叉融合,联合不同学院开设跨学科课程,培养既懂法律又懂数字技术的复合型人才。除理论学习外,还应加强法学生的实践技能培养,如通过案例教学、模拟法庭、项目实践等方式,促使法学学子深入了解并熟练掌握ODR的操作原理和技术应用。其次,产学研深度融合。鼓励高校与科研机构、司法部门及企业建立合作关系,共建实验室、研究中心或实习基地,通过实战训练,培养法学与技术交叉领域的应用人才。再次,国际化人才培养。全球化背景下,综合性人才的培养也应具有国际视野,要不断加强与国际社会的交流合作,引进先进理念和技术,培养国际化视野的复合型人才。最后,利用好人才评估与奖惩机制。建立完善的评估机制,定期对人才培养效果进行跟踪评价,并设立专门针对复合型人才的培养项目,包括奖学金、助学金、创新创业竞赛等激励措施,吸引更多优秀学子投身此领域。

六、结　语

互联网、大数据及人工智能等数字技术像空气一样逐步渗透至各行各业,法律服务行业亦概莫能外。从国家未来发展的战略布局来看,法律服务行业是鼓励推进的重点对象之一,关乎国家治理能力现代化建设的ODR也必然是当下和未来的时代焦点。数字时代下ODR社会性推广有利于进一步优化配置解纷资源,释放更大解纷力量,缓解法院案多人少压力,提升国家治理能力和现代化建设水平。本章力求立足于国内ODR社会性推广实践样态,重新审视并明确了ODR在纠纷解决体系中的合理定位。面对ODR社会性推广中遭遇的技术赋能、技术研发、数据安全等多重挑战,首先要完善ODR发展布局,确立数字技术标准并营造良性竞争环境;其次要完善法律规范体系,解决ODR与传统诉讼、ADR之间的适用边界与机制衔接问题,并建立健全ODR执行保障机制;再次要在"以人为本"原则下重塑 ODR 的司法价值取向,建立健全 ODR 使用反馈机制,持续推进用户反馈数据共享机制;最后要建立复合型人才培养制度,从复合型课程设计、产学研深度融合、国际人才培养以及人才评估与奖惩机制等方面培养优质人才,为 ODR 社会性推广提供足够智识资源。本章认为,通过上述治理路径实现 ODR 社会性推广并非遥不可及的理想愿景,而只会是我国多元解纷机制建设以及国家治理现代化进程中一项切实可行且亟待完成的阶段性使命。

第十七章

司法裁判人工智能化的困境破解与机制设计

人工智能介入司法集中体现在审判领域,而其中又以辅助裁判智能化为重点。在最高人民法院的积极推动下,中国各地法院经试点已涌现出一大批初具规模的智能审判辅助系统。但在技术上不可能使人工智能成为完全替代人类的机器法官前,问题即转变为人工智能技术与当前的审判流程如何结合的机制设计与整合问题。人工智能介入司法裁判在带来许多积极价值的同时,在具体运作的过程中却存在着悖反司法规律的风险。破解这一困境的关键在于厘清人工智能裁判与法官裁判的思维差异与比较优势,事实上,二者更多呈现的是互补的关系。在此基础上,应当以人工智能的工具主义和辅助地位为基点,以有限应用为原则,设计具体规则以消解法官过度依赖人工智能的惰性,释放这种互补所产生的积极效应,从而实现人机协同的良性互动。

一、引　言

我国法律人工智能方兴未艾,一大批相关企业纷纷涌现,提供各种科技色彩浓厚的法律服务。与此同时,公检法机关也在以大数据和人工智能技术武装自身,积极推行"智慧公安""智慧检务"和"智慧法院"的建设。其中,法院由于同时具备解决案件量剧增和提升司法质量的效率与公正两方面的需求,并处于此次新一轮司法改革的核心,因而具有更强的科技转型动机。2017 年,最高法印发《关于加快建设智慧法院的意见》,标志着以人工智能等科技为引领的智慧法院建设进一步得到深化。

人工智能介入司法集中体现在审判领域的应用,而其中又以辅助裁判智能化为重点。从各地法院的实施情况来看,人工智能的引入对司法效率的提升和裁判的规范化均起到了积极作用,法官负荷得到减轻,办案资源能够集中用于处理审判核心事务,裁判质量也相应得到一定的提高。然而,伴随着司法人工智能化的全面展开,其对法官决策可能带来的负面影响也逐渐暴露出来,一个典型例子即美国威斯康星州诉卢米斯案。在该案中,法院在参考智能再犯风险评估系统 COMPAS 评估结果的基础上做出了重刑罚的判决,背后反映出的"算法黑箱"和算法歧视问题引发了广泛的社会关注与争议。[1]

对于此现象,法学界学者纷纷撰文给予关注,总体上观点更加谨慎,更多地看到人工智能可能带来的司法风险。一方面表现隐忧,认为人工智能在认知和理解法律问题方面存在缺陷,强调"智识上的挑战,未必适合于转化为大量实践的可能性和需求性"[2];而对人工智能的过度期待将破坏审判主体的双重结构,消解法庭辩论和自由心证的空间,最终造成司法权甚至现代法治秩序的全面解构;[3]同时指出人工智能裁判的运行逻辑与当下以审判为中心的改革可能存在内在机理上的冲突。[4]但另一方面又持乐观心态,看到人工智能给司法带来的诸多积极价值,包括有助于保障司法公开透明、提高司法效率、统一裁判尺度、防范

1　参见朱体正:《人工智能辅助刑事裁判的不确定性风险及其防范——美国威斯康星州诉卢米斯案的启示》,《浙江社会科学》2018 年第 6 期。

2　吴习彧:《司法裁判人工智能化的可能性及问题》,《浙江社会科学》2017 年第 4 期。

3　参见季卫东:《人工智能时代的司法权之变》,《东方法学》2018 年第 1 期。

4　参见胡铭、张传玺:《人工智能裁判与审判中心主义的冲突及其消解》,《东南学术》2020 年第 1 期。

冤假错案、预防司法腐败等,[1]甚至有观点指出随着技术的发展,未来势必出现人工智能与人类法官共同审判,甚至人类法官被大范围替代的局面。[2]但多数学者达成的一个共识是,在技术不成熟前,人工智能应当只能是辅助裁判而非取代法官,独立裁判。[3]

在技术上不可能使人工智能成为完全替代人类的机器法官前,问题的关键即转变为人工智能技术与当前的审判流程如何结合的机制问题。人工智能如何更好地辅助人类法官裁判? 司法裁判中哪些工作可以交给人工智能,哪部分不能让人工智能过度介入? 法官裁判与人工智能裁判二者的关键区别及边界在何处? 本章将尝试对以上问题做出回答。

二、 人工智能在司法裁判中的应用

智慧法院是在此前法院信息化建设的基础上提出的。自 2010 年最高人民法院"国家司法审判信息系统工程"获批以来,全国各级法院先后推进法院信息化转型升级。至 2016 年,《中国法院信息化第三方评估报告》显示,中国法院已基本建成以互联互通为主要特征的人民法院信息化 2.0 版,实现了以内部专网全联通为载体的网上办公办案、数据实时统计更新及互联互通。[4]在这一前提下,

---

1 参见曹奕阳:《人工智能时代司法裁判的机遇、挑战及应对》,《法治论坛》2019 年第 3 期;潘庸鲁:《人工智能介入司法领域的价值与定位》,《探索与争鸣》2017 年第 10 期;高鲁嘉:《人工智能时代我国司法智慧化的机遇、挑战及发展路径》,《山东大学学报》(哲学社会科学版)2019 年第 3 期。

2 "朱新力预测,智能裁判将经历三个阶段的变革:第一个阶段是人工智能辅助自然人法官判案;第二个阶段是进入人机共融时间,也就是人工智能法官和自然人法官共同裁判案件;第三阶段会过渡到以人工智能裁判为主,自然人法官辅助裁判案件。"参见《朱新力:用智能裁判破解"案多人少"难题》,《民主与法制时报》2018 年 3 月 18 日,第 4 版。

3 这也与中央层面的判断一致。在贵阳召开的全国司法体制改革推进会上,时任中央政法委书记孟建柱同志指出,"智能辅助办案系统不替代线下刑事诉讼活动,也不替代司法人员独立判断"。

4 参见马治国、刘宝林:《人工智能司法应用的法理分析:价值、困境及路径》,《青海社会科学》2018 年第 5 期。

《人民法院信息化建设五年发展规划（2016—2020）》提出在 2017 年底总体建成、2020 年深化完善法院信息化 3.0 版的任务，其中，以大数据和人工智能为核心的智慧法院建设被列为重要组成部分。

在最高法的积极推动下，各地法院经试点已涌现出一大批初具规模的智能审判辅助系统（见表 17-1）。总的来看，以上智能审判辅助系统可粗略地分为三类。一是基础型，以类案推送、量刑预测、文书生成为主要功能，如"睿法官"系统、"智审 1.0"系统等；二是综合型，除基础功能外，还能实现各种综合性审判服务，如苏州法院模式；三是证据型，以证据指引为特色功能，最具代表性的即上海"206"系统。倘若对开发时间予以关注，某种程度上能够发现我国司法人工智能由基础功能向综合服务、证据判断深化的发展路径。

表 17-1　我国司法人工智能实践主要成果

主体	系统名称	时间	主要功能
北京高院（基础型）	"睿法官"系统	2016 年 12 月上线	案件画像、相似案例及法条推送、提示案件审查要素、量刑研判分析、文书自动生成
苏州中院（综合型）	智慧法院苏州模式	2016 年 12 月验收	电子卷宗智能编目、法庭随讲随用、类案推送、简易判决一键生成、量刑参考及预警
上海高院（证据型）	刑事案件智能辅助办案系统（"206"系统）	2017 年 2 月 6 日交办，7 月验收	证据标准指引、证据规则指引、类案推送、量刑参考、知识索引、文书自动生成
河北高院（基础型）	"智审 1.0"审判辅助系统	2016 年 7 月上线	电子卷宗随案生成、关联案件查询、类似案例和法律法规推送、文书自动生成、司法大数据分析
江苏高院（基础型）	同案不同判预警平台	2017 年左右上线	相似案件推荐、法律知识推送、量刑辅助、文书纠错、刑附民调解辅助决策和量刑偏离预警
贵州高院（证据型）	贵州法院管理系统、证据大数据分析系统	2016 年 3 月开发，10 月部分应用	证据指引、类案及法律法规推送、文书自动生成、裁判结果参考及偏离预警

然而,从以上考察中也能看出,我国司法实践中应用的人工智能总体上智能化程度仍旧较低,多数功能只是对重复性工作的替代。如文书生成功能减少了法官文字录入量,方便了对材料的查阅及归档;而庭审中的语音同步转换和实时调取证据材料与法律法规,虽然都以大数据和人工智能技术为支撑来实现对语言和文字的识别与理解,但很难说具备了思维层面的智能。另外,尽管类案推送功能的背后是复杂的算法,但也只是更多地表现出便捷化案例与法律检索的工具价值。真正的智能化主要集中体现在证据指引和量刑预测,但实践中出于谨慎的原因,其应用也只限于帮助法官裁判参考研判和查错纠偏。因而,真正意义上的机器法官还只停留在想象中。实践中法官仍占据司法裁判的主导地位,而人工智能是一种辅助工具。

对于司法人工智能实践考察的关键在于其在司法裁判场景中的功能及效果。这是由于法院处于司法的中心,法院之活动,尤其是法官的裁判活动是司法之核心内涵。近年来的法官员额制改革后,法官工作集中于审判活动,辅助性和事务性工作分流给法官助理和书记员,基于这一现实考虑,也足够有理由将司法概念下的法院及法官活动限缩于裁判,即法官认定案件事实、适用法律以解决纠纷的决策过程。

但即便做出如此限定,司法裁判所能涵盖的工作内容也并不少,至少包括庭前的阅卷、开庭审理、庭后制作文书等,在此期间逐步认定事实、寻找法规范并最终形成判决。聚焦于这一过程,目前的司法人工智能在其中能够发挥的功能包括证据判断、类案推送、量刑预测和偏离预警,以及提供文书生成、庭审支持等便捷化服务。其中,前三个涉及实质性裁判,即认定事实与适用法律,最后一个只体现为形式性的技术辅助。

1. 证据判断。依据证据裁判原则,认定案件事实必须以证据为根据。然而,实践中对于案件事实的认定需要收集哪些证据以及如何收集才能构成完整证据链,缺乏统一的标准,因而对证据的审查和判断更多地依赖于法官个性化的经验。对此,人工智能通过算法将专家经验构建的统一证据标准和规则数据化与模型化,再以此为基准在具体案件中对输入的案件材料进行运算,从而发现其中的证据瑕疵和证据之间的矛盾,包括对单一证据合法合规性的校验和对证据链条完整性的判断、对于非法证据的及时排除。值得一提的是,由于技术上的难题,目前司法人工智能的证据判断功能仅限于形式上的检验,如发现涉案扣押物缺少扣押笔录、全案证据有明显的遗漏等。但可以预见,随着技术的发展,人工智能在证据方面的功能终将从形式上的指引和判断转向实质上的事实认定,这也符合前文所指出的司法人工智能不断深化发展的大方向。[1]

2. 类案推送。虽然我国属于成文法国家,在法律上并未正式承认判例的效力,但自 2011 年最高法确立案例指导制度以来,案例在我国司法实践中发挥着越来越重要的作用。事实上,法官为追求正确的判决,也完全有检索相似案例、参考前人经验或正当化审判思路的需求,因而几乎所有智能辅助审判系统都设置了类案推送的功能模块。以往法官只能根据案件特征自行组织关键词进行检索,不仅效率低下,而且精准度也不足,[2]但类案推送模块能够自动提取电子卷宗中的情节要素,并利用后台的案件知识图谱匹配出相似案例,最终按一定规则有序呈现类案推送结果,同时在此基础上还衍生出法律法规推荐、法律知识推送、关联案件推送、争议焦点推荐等功能,从而为法官决策提供全面的知识支持。

3. 量刑预测和偏离预警。在类案推送功能的技术基础上,司法人工智能还能够实现量刑预测,即系统借助知识图谱对海量裁判文书进行机器学习,从中

---

[1]　目前已有学者从理论上探讨人工智能辅助事实认定的技术可能性,这涉及将证据数据化的智能识别、结构化 SQL 语言和多层神经网络等技术,以及对数据进行运算整合的贝叶斯决策算法等,但在技术上仍存在如何克服语言障碍、推理的可计算性和复杂性,如何学习、建立信念和进行表达等难题有待突破。参见栗峥:《人工智能与事实认定》,《法学研究》2020 年第 1 期。

[2]　参见王禄生、刘坤等:《江苏法院"同案不同判预警平台"调研报告》,载李林等主编:《中国法院信息化发展报告 No.2(2018)》,社会科学文献出版社 2018 年版,第 359 页。

发现各个案件情节要素与量刑结果之间的函数关系,最终以此为基础实现个案预测,从而为法官决策提供参考。表面上看,建立的模型只是通过数据挖掘与分析构建的案件要素和裁判结果之间的形式关系,但实质上反映的是海量裁判文书背后隐藏的裁判规律与法官集体经验。建立在量刑预测功能上,系统还能实现偏离预警,即计算出法官实际做出或拟做出的量刑结果对算法预测结果的偏离程度,并根据偏离程度的高低进行不同等级的预警。这也意味着量刑预测并非完全限制了法官的自由裁量权,而只是将其规范在一定的幅度之内。

4. 提供文书生成、庭审支持等便捷化服务。尽管经过员额制改革后,法官得以从大多数技术性工作中解放出来,但基于工作性质的要求,与审判业务紧密相关的事务仍需由法官承担,例如撰写判决书、裁定书等文书和庭审中的部分事务,而司法人工智能也能提供相应的便捷化服务。其一,通过文书自动生成功能,法官能够快速完成法律文书的撰写。其基本原理是,首先系统基于专门的语义分析技术,将电子卷宗中的起诉书、答辩状、证据等前置数据和庭审笔录中的法律要素进行提取识别,再根据后台设置的文书模板一键式自动生成裁判文书初稿,部分系统还辅以文书左看右写和文书纠错功能,以方便法官进一步修改完善,这大大缩短了法官在撰写文书上所耗费的时间。其二,对于庭审中的证据交换和展示以及对此过程加以固定的庭审记录,司法人工智能都能够提供相应的支持。一方面,通过语音唤醒方式,系统能够识别并执行庭审中发言者的特定指令,实时调取相关证据出示在各方显示屏上,并辅以分类标注功能,便利了法庭举证和质证;另一方面,在开庭前通过对发言者的语音绑定,借助人工智能和语音大数据技术,系统能够自动识别不同发言者,并实现实时同步语音向文字的转换和辅助修订,从而快速生成庭审笔录。

无论是制度上的抑或技术上的,任何变革都有其欲达到的特定目标作为推进的动力。以人工智能技术改造司法裁判的样态为例,其原初理想是在公正、效率、公开三个价值层面使司法活动得到规范从而实现升级,在具体实践中这也的确取得了一定的成效。

第一，人工智能在司法裁判领域的应用为促进司法公正提供了新的路径。首先，有助于统一证据标准，防范冤假错案。人工智能介入司法能够通过构建统一的证据指引，引导办案人员收集哪些证据以及如何收集，从而规范取证行为。在裁判环节，人工智能可以辅助法官全面审查证据，判断单一证据是否存在瑕疵、证据链是否完整，从而避免人为的疏忽或认识上的偏差影响案件事实的认定。其次，有助于统一裁判尺度，实现类案类判。实践中类案不类判的现象时常发生，这很大程度是因为法官的自由裁量缺乏相应规则的指引，尤其是在多情节案件中，量刑的判断就主要依赖于法官的主观个人经验，这就容易导致裁判结果的不确定性，最终影响司法公信力。[1]而司法人工智能的类案推送和量刑预测功能可以在定性和定量两个方面辅助法官裁判，排除先决策再论证的直觉主义的偏见，消除法官主观性的影响。[2]前者通过精准推送相似先例丰富法官审判资源，从而发挥示范效应；后者通过发掘裁判规律并将之运算化，使法官裁判尽可能符合集体经验和平均理性，最终促成裁判尺度的统一。最后，有助于规范司法行为，预防司法腐败。类案不能类判的另一个重要原因是法官裁判容易受到非法律因素的影响，如个人利益、外部干预等，这也是容易滋生司法腐败的温床。对此，司法人工智能的偏离预警功能可以将法官裁量限制在一定范围内，对过度偏离的判决能够及时预警，有利于加强法院的内部监督，从而杜绝司法权的滥用。另外，在司法过程中引入人工智能技术使得诉讼活动全程留痕具有了可能，司法活动最终都将以数据的形式沉淀下来，在此基础上法院能够实现基于数据的考核管理和节点控制，进而倒逼司法行为的规范化。[3]

第二，人工智能在司法裁判领域的应用明显有助于司法效率的提升。在目

1　参见白建军：《基于法官集体经验的量刑预测研究》，《法学研究》2016年第6期。

2　参见沈寨：《个案正义视角下司法人工智能的功能与限度》，《济南大学学报》（社会科学版）2019年第4期。

3　参见冯姣、胡铭：《智慧司法：实现司法公正的新路径及其局限》，《浙江社会科学》2018年第6期。

前这场司法人工智能化的变革中,效率逻辑显然要比公平导向更加强大,这"是因为对于人工智能而言,去把握如何提高司法的效率,要比去把握如何实现司法的公平更容易"[1]。首先,人工智能在某些技术性工作上显然比人力做得更好。以庭审笔录为例,以往由于手工录入效率较低,法官在主持庭审时会有意识地放慢速度以保障书记员有充分时间记录。但引入人工智能后,庭审语音能够实现同步转换,从而大大加快了庭审进程,并且系统能够比人工捕捉到更多细节,使庭审笔录更具完整度和准确性。[2]同样,电子卷宗的应用、一键式文书生成技术都能够大大节省人力成本。其次,在人工智能将人力从重复性劳动或事务性工作中解放出来后,这部分人力资源能够相应转移到审判核心事务中,从而实现司法人力资源的优化配置,这在我国法院目前面临"案多人少"矛盾的背景下意义非凡。最后,人工智能在辅助法官实质裁判方面也发挥着效率功能。一方面,类案推送能够快速且精准地为法官判案提供大量法律知识、相似案例等审判资源,提高法官检索效率,帮助法官更快整理出案件争议焦点;另一方面,量刑预测也能助力法官对简单案件更快地做出判决。这二者背后更重要的效率意义在于能够在法官个人层面促进案件的繁简分流,即法官将更多精力用于审理疑难案件,而将简单案件交给司法人工智能。

第三,人工智能在司法裁判领域的应用拓宽了司法公开的方式和内容。这是由于人工智能的引入促进了诉讼活动的全面数据化,在此基础上实现的网络平台建设和司法大数据统计能够极大地提高司法透明度。譬如,在最高法指定的中国司法大数据服务网(data. court. gov. cn)上,各类社会团体和公众都能够获得司法大数据服务,享受司法公开的红利。此外,中国审判流程信息公开网、中国裁判文书网、中国庭审公开网、中国执行信息公开网的建设也促进了司法公开内容从审判活动到审判流程、裁判文书、执行活动、司法政务等的全覆盖。

1　李晟:《略论人工智能语境下的法律转型》,《法学评论》2018 年第 1 期。
2　参见冯姣、胡铭:《智慧司法:实现司法公正的新路径及其局限》,《浙江社会科学》2018 年第 6 期。

三、困境：人工智能裁判的司法风险

人工智能介入司法裁判，在带来许多积极价值的同时，在具体运作的过程中却可能存在悖反司法规律的风险。所谓司法规律，是指由司法的特性所决定的体现对司法活动和司法建设客观要求的法则。立足中国的语境，司法规律至少应当包括严格适用法律、公正司法、正当程序、司法的亲历性与判断性、司法的公信力和权威性等基本内涵。[1]而倘若人工智能过多地介入司法裁判，则可能导致与司法规律的要求相冲突，进而构成对基本司法原则和价值的减损，这是当下尤其需要谨慎注意的。

司法独立是实现司法公正的前提，因为司法权的本质是判断权，而只有独立、无偏私的判断才能确立起公信力和权威性。人工智能以数据化的标准指引法官裁判，更具客观性，并由此压缩了外界干预的空间，但在降低人为干预可能性的同时，其本身可能构成对法官独立性的侵犯。

由于目前司法人工智能只作为辅助裁判的工具，人工智能对法官独立裁判主体地位的替代是隐性的，主要通过塑造法官前见的方式潜移默化地影响法官裁判，表现为证据判断、类案推送和量刑预测三大功能分别在事实裁剪、规范适用和自由裁量权三个方面对法官判断所产生的锚定效应。[2]但这并非意味着这种隐性替代就不值得关注。事实上，这仍足够引起需承受不利裁判后果一方的质疑，即其接受的究竟是人类法官的裁判还是算法的裁判；即使人工智能的评判仅作为参考，这种参考又在多大程度上影响了裁判结果。在此种质疑不能得到

---

[1]　参见陈光中、龙宗智：《关于深化司法改革若干问题的思考》，《中国法学》2013 年第 4 期。

[2]　所谓锚定效应，是指人们往往依赖对事物的第一印象来做出决策，相对有关事物的后续情报相对麻木，或即使做出了某些偏离于被锚定印象的策略调整，调整的幅度也要小于正确决策所需要的幅度。参见刘薇、池翔：《人工智能辅助裁判系统的性质与进路》，《浙江工业大学学报》（社会科学版）2019 年第 4 期。

有效回应前就盲目推进人工智能在司法裁判中的应用,势必将损害司法的公信力与权威性。

　　人工智能动摇法官独立性的结果是审判主体的双重结构,甚至决定者的复数化,即程序员、软件工程师、数据处理商、信息技术公司与法官共同进行司法决策的局面。[1]这也将导致司法权与算法权力之间边界的模糊化,由此产生司法责任制的失焦问题,即在发生司法错误时应当由谁来承担责任以及如何追责的问题。[2]人工智能裁判也因而可能成为法官推卸责任的一个理由。

　　另外,除却上述对独立司法的侵犯,司法裁判人工智能化也使得第三方利用大数据技术影响法官独立审判有了更多的可能。目前,西方国家的一些法律科技公司已经能够做到通过数据挖掘分析特定法官的裁判模式,并由此预测其在某些法律事务上可能采取的行为,当事人及其律师能够借此有针对性地设计辩护策略以提升胜诉率,但这俨然对法官独立的司法权构成了直接的制约和挑战。[3]同样,司法过程与结果的数据化使得人工智能也极有可能沦为行政监督与干预的工具,这更加值得警惕。

　　首先,法官完全有动力遵照人工智能的分析来进行裁判,这不仅是法官心理上容易产生思维惰性的问题,更是当前司法与政策环境下的必然结果。一方面,在我国法院整体面临"案多人少"问题的环境下,法官需要面临案件数激增和法定审理期限的双重办案压力,因而容易产生依赖人工智能裁判的效率需求;另一方面,目前的政策环境过于强调人工智能裁判的积极功用,法官作为非技术人员在这种官方话语的规训下也更容易倾向于将裁判问题交给人工智能

1　参见季卫东:《人工智能时代的司法权之变》,《东方法学》2018年第1期。

2　参见胡铭、张传玺:《人工智能裁判与审判中心主义的冲突及其消解》,《东南学术》2020年第1期。

3　参见胡铭、张传玺:《人工智能裁判与审判中心主义的冲突及其消解》,《东南学术》2020年第1期。对此,法国第2019-222号法律明确规定禁止对法官及书记官进行大数据画像,即"法官和书记官的个人数据不能被用于评估、分析、比较或预测他们的实际做出或将要做出的专业行为",任何违反该条新规的人都可能被判入狱5年(第33条)。这也堪称目前世界主要国家对司法领域人工智能技术应用监管最为严格的立法例。参见施鹏鹏:《法国缘何禁止人工智能指引裁判》,《检察日报》2019年10月30日,第3版。

来决策。[1]并且,在这种政策环境下,当自身的判断与立足于大数据分析的司法预测存在太大差距时,必须承认,法官选择相信自身的心证需要一定的职业道德与勇气,因为当产生责任问题时其需要面临行政与舆论的双重压力,因此法官在权衡中很有可能最终选择推翻自身的观点以契合智能分析的结果。

司法人工智能在推进类案类判的实现,从而接近法官集体平均理性下的形式正义的同时,从另一个角度看却可能是对实质正义的偏离。实践中法官机械主义司法所产生的有争议判决已不鲜见,例如"天津大妈涉枪案"。考察此种现象背后的原因,一定程度上在于法律的有限性无法涵盖千姿百态的社会生活,法律的普遍性无法照顾到个体差异化的情境和正义诉求,法律的稳定性致使其难免会滞后于社会的发展变化。也因此,司法需要具有一定的能动性,需要法官在个案中通过自由裁量达成形式正义与实质正义的平衡,也就是说,司法裁判绝非只是"法律的精确复写"。然而,以大数据分析为基础的人工智能裁判即表现为"输入—输出"的"自动售货机式"的机械裁判,由于脱离了具体的社会生活和个案情境的差异,其只能提供一般、机械和毫无情感的正义,因而无法满足诉讼主体个别正义、实质正义和温度正义的需求。[2]并且,这种机械正义在形式上表现为同质化,因为文书是在同一体系的模板下生成的,无论是语言还是结构都将趋同。而法官对人工智能的过度依赖,也使得原本具有综合性与价值性的司法判断活动变成了纯粹的数学验算行为,法官个人的司法能动和提升司法技能的空间被进一步限缩。[3]如此,在盲目信奉法律教义学与法律推理和论证之外,便产生了第三种法条主义,即盲目地尊崇人工智能裁判。[4]

1　参见刘薇、池翔:《人工智能辅助裁判系统的性质与进路》,《浙江工业大学学报》(社会科学版)2019年第4期。

2　参见潘庸鲁:《人工智能介入司法领域路径分析》,《东方法学》2018年第3期。

3　参见张越然:《人工智能介入司法领域的困境及其应对》,《边缘法学论坛》2019年第2期。

4　苏力以许霆案为例细致分析了法官司法能动、进行价值判断在应对难办案件中的重要性,其表述是,单独的教义分析和法律技能均不足以有效回应难办案件,政治性判断(即立法性质的判断)不可避免。参见苏力:《法条主义、民意与难办案件》,《中外法学》2009年第1期。

同时,司法能动总是与法律发展联系在一起,在英美法系国家表现为法官通过判例创设新的法律制度,而在大陆法系国家表现为法官在法律解释的范围内尽可能接近实质正义,后续再推动立法的修改。因而,人工智能裁判使司法成为对以往判决亦步亦趋而原地打转的"陀螺",在限制司法能动的同时,也导致司法对于立法的审慎性反思与反馈作用的停滞。[1]

另外,机械地认同人工智能裁判的实质是认同其背后的算法,然而当算法本身就不公正的时候,其产生的裁判结果也当然难以称得上公正,如美国威斯康星州诉卢米斯案中的 COMPAS 系统就表现出对黑人再犯风险的歧视性评价,引起了研究者的关注与批评。[2]而当这种机械式裁判在审判中占据了支配性地位,算法独裁的问题也将与算法歧视相伴而生,此时人工智能对于司法公正的影响便不再仅限于实体公正,而是还涉及程序公正,因为当技术具有了一切合理性时,法庭辩论的最后一点喘息空间也将被消解。

可能造成算法独裁的第二个关键是算法的"黑箱"特性。所谓"黑箱",指的是不能打开、不能从外部直接观察其内部状态的不为人知的系统。[3]而算法即符合这种隐喻,由于深度学习具备自动学习的能力,在分析海量数据的过程中会对相关参数进行动态的调整与更新,从而生成高级的认知结果,最终表现为人工智能输入的数据和其输出的答案之间存在着我们无法洞悉的"隐层"。[4]

人工智能裁判同样存在"算法黑箱"的问题,并最终展现为裁判的不透明和

1　参见冯姣、胡铭:《智慧司法:实现司法公正的新路径及其局限》,《浙江社会科学》2018 年第 6 期。

2　无论是对系统的独立测评还是个案应用中的表现,都表现出了算法歧视。"一名黑人女子和另一名白人男子都被指控窃取了价值 80 美元的东西而被捕,女子之前有 4 次不当行为,但无入狱经历,而男子则有两次持枪抢劫,还曾服刑 5 年,结果黑人女子被 COMPAS 判断危险指数为 8,属于高度危险,而白人男子的指数却为 3,属于一般危险。"参见朱体正:《人工智能辅助刑事裁判的不确定性风险及其防范——美国威斯康星州诉卢米斯案的启示》,《浙江社会科学》2018 年第 6 期。

3　参见徐凤:《人工智能算法黑箱的法律规制——以智能投顾为例展开》,《东方法学》2019 年第 6 期。

4　参见许可:《人工智能的算法黑箱与数据正义》,《社会科学报》2018 年 3 月 29 日,第 6 版。

不可解释。即在自动提取电子卷宗或由法官输入相关情节要素后,系统将基于模型运算直接输出其智能分析得到的裁判结果,但法官由于技术认知上的鸿沟而无法知悉人工智能决策的理由,包括模型和各因素的权重为何如此呈现等,导致其难以进行有效的说理,并且"算法黑箱"的存在使得裁判重新具有了某种原始的神秘性。另外,实践中作为合作方的人工智能企业具有商业秘密保护的需要,这也加剧了算法的不透明性。[1]

司法的亲历性要求法官亲身经历案件审理的全过程,直接接触和审查各种证据。[2]然而,人工智能裁判的做出是基于对电子化的案件信息的分析和以往判决的梳理,实质上只是书面审查方式的升级版本,在传统书面审理广受诟病时,其正当性的证成也自然存在争议。[3]

另外,具体到个案的语境下,这种弊端将更加明显。因为认罪悔罪态度等个性因素只有在剧场化的庭审过程前后经由互动和感性的刺激才能获得更生动的认定,并最终反映在法官的判决中。而无论是纸质化的还是电子化的书面审理方式,都无法完整地吸纳这种对差异化情境的考量,最终也就表现为机械式的裁判。

以上问题在底层上反映的是在复杂的司法场域中,弱人工智能在数据、算法与技术三个层面上所面临的难题。在数据上,目前我国的司法数据建设无论在数量还是在质量方面都难以有效满足司法裁判人工智能化的需求,存在着数据不全面、不充分、不客观的问题。更重要的是,大量的司法数据都是以非结构化数据的形式存在的,很难直接作为人工智能处理的对象。在算法上,除却前

1　"美国学者珍娜·布雷尔在《机器如何'思考':理解机器学习算法中的不透明性》一文中,论述了3种形式的不透明性:因公司商业秘密或者国家秘密而产生的不透明性;因技术文盲而产生的不透明性;以及从机器学习算法的特征以及要将它们有效适用的测量中产生的不透明性。"参见高学强:《人工智能时代的算法裁判及其规制》,《陕西师范大学学报》(哲学社会科学版)2019年第3期。

2　参见朱孝清:《司法的亲历性》,《中外法学》2015年第4期。

3　参见冯姣、胡铭:《智慧司法:实现司法公正的新路径及其局限》,《浙江社会科学》2018年第6期。

述"算法黑箱"、算法独裁等算法自身所具有的局限性,人工智能裁判困境的背后可能还反映出算法设计不合理的一面,而在更深层次上可能体现的是计算机科学与法学复合型人才资源支持不足的现实。在技术上,司法场景的特殊性决定了以数据和信息为中心的代码运算难以适应司法裁判的复杂性。一方面,司法领域的语义表达与日常用语存在理解的鸿沟,通用型的自然语义处理技术的适配性因而较弱;[1]另一方面,司法裁判涉及经验知识、情境思考与价值判断,甚至某些时候需要体现温情、良知与人文关怀,而这些模糊领域是目前技术条件下的人工智能所无法触及的盲区。

四、 人工智能裁判与法官裁判的比较优势

司法人工智能的本质是对人类法官司法裁判思维活动的编程式模拟,在以上数据、算法与技术的难题短期内无法得到根本性解决的弱人工智能环境下,人工智能目前尚无法完全模拟法官裁判。如何设计更合理的二者结合机制,以释放司法人工智能的应用价值,同时又尽可能避免陷入悖反司法规律的困境?这需要在明晰人工智能裁判与人类法官裁判的差异的前提下,厘清二者的比较优势。

事实认定可以说是司法裁判过程中第一个基本任务。但司法中认定的事实并非客观事实,因为案件事实发生在过去,而我们无法直接认知过去,只能用现有的证据去推论过去。[2]同时,事实只有具有法律意义才会进入法官裁判的视野。因而司法裁判中的事实认定可以被看作通过证据建构并经法律筛选从而得到法律要件事实,以不断接近客观事实的过程。也就是说,证据是建构事实

---

1 参见王禄生:《司法大数据与人工智能技术应用的风险及伦理规制》,《法商研究》2019 年第 2 期。

2 参见朱佳蔚:《从〈唐人街探案〉看证据与事实的偏离》,《检察日报》2019 年 3 月 20 日,第 3 版。

"大厦"的基石,而事实认定的精髓也在于组合证据以生成事实,[1]并且,其中每一个证据都须合于合法性、真实性、关联性的要求,否则所建构的事实将"坍塌"。

传统上,法官从证据到事实的证明过程依靠的是寻找证据之间以及证据与事实之间的因果关系,每一个证据都要被追问背后的原因,每一种关联都被用以形成推断式的因果链条,展现的是将分散多元的局部片断逐步整合成一个连贯的整体的因果推理思维。而人工智能还无法实现这种推理模式,因而只能以概率上的相关分析替代因果推理,即从大量数据中挖掘出证据与事实之间的关系,例如发现存在"争吵"时"加害"的概率会增加。[2]

思维方式的不同致使二者对于证明标准的理解也存在明显的差异。对于法官,只有证据之间相互印证并最终转化为心证才可确认证据链的完整性,因而证明标准是一个主客观要素相互交融的基准。但目前司法人工智能所采用数据化的证据标准更多是一种对证据规格的要求,即证据链中"量"上的要素要求,是一种形式化的标准,具体来说就是应当收集哪些证据。[3]在达到此标准的基础上,司法人工智能再以概率方法分析全案证据是否形成证据链以及证据之间是否相矛盾,从而完成证据判断。

然而,满足了证据规格的要求并不意味着达到了证明标准,同样,以概率方法对全案证据对比分析实现的一致与印证也并不意味着完成了对事实的证明。实际上,对证据的判断与证明的过程本质上还是属于一种主观性较强的活动,需要法官综合运用常识与经验来认定事实,甚至直觉、灵感等启发式思考在其中也发挥着重要的作用。但目前的人工智能对于经验的植入与非逻辑思维的模拟都存在技术上难以计算化与复杂性较高的问题;一方面,经验并不会全部

---

1 参见栗峥:《人工智能与事实认定》,《法学研究》2020 年第 1 期。

2 参见栗峥:《人工智能与事实认定》,《法学研究》2020 年第 1 期。

3 参见刘品新、陈丽:《数据化的统一证据标准》,《国家检察官学院学报》2019 年第 2 期。

转化为数据,即使经验隐藏于大数据中,也很难被机器学习挖掘出来,更重要的是人工智能无法理解并将其凝聚为信念;另一方面,人类非逻辑思维的运作方式尚无法被一套规则集合所描述,因而人工智能缺乏模拟的依据。[1]

事实上,司法证明本质上不是概率论操作,精确概率存在着不足以解释司法证明的性质与不能完全传递信念的丰富内涵的问题,因而事实认定遵循的只能是一种"道德上的确定性"而非数学上的绝对确定性意义的盖然性方法。[2]但这也并不等于人工智能在证据判断中毫无用处,相反,精准性的特点使得人工智能在形式性审查上具备优势,能够防止法官遗漏证据收集的有关情况。例如,在证据合法性方面,人工智能可以判断证据是否具备证据能力的形式化要素,如讯问笔录是否在形式上符合程序性要求;在证据真实性方面,证据之间的明显矛盾或形态变化可以交给人工智能审查,如签章的真伪。[3]至于对证据证明力的实质性判断,人工智能的分析结果只能作为一种辅助性参考,事实认定仍需交由法官掌控。

认定事实后,接下来的一步是寻找作为大前提的法规范,并将事实涵摄于法律规范中。在大陆法系国家,法规范主要以法条的形式呈现,法官通过法律解释方法将法律规定适用于个案;在判例法系国家,法规范主要存在于先例中,法官在裁判时首先需要从相关案例中归纳出相关规则,再在事实背景下对其进行解释和加以运用。

人工智能无法理解法律背后的制定目的和学理基础,因而只能通过大数据分析和深度学习来认知法律。例如,在对海量判决书进行学习后,人工智能通过数据挖掘可能会发现,在命案中"杀害人数大于二""手段残忍""社会影

1　参见赵艳红:《人工智能在刑事证明标准判断中的运用问题探讨》,《上海交通大学学报》(哲学社会科学版)2019 年第 1 期。

2　参见张保生:《事实、证据与事实认定》,《中国社会科学》2017 年第 8 期。

3　参见纵博:《人工智能在刑事证据判断中的运用问题探析》,《法律科学》(西北政法大学学报)2019 年第 1 期。

响恶劣"等案件情节要素与"故意杀人罪"和"死刑"、"死缓"或"无期徒刑"的判决结果存在强相关关系,而"自首""被害人谅解""积极赔偿"等情节要素与"故意杀人罪"和"有期徒刑"的判决结果存在强相关关系,这就构成了其对《刑法》第232条故意杀人罪条款的理解,人工智能进而在此基础上进行判决预测。

两种思维方式的差异在于法律解释是开放的,而数据分析是封闭的,这背后反映的实际也是法律形式主义和法律现实主义的理论分野。现代法学方法论为法律解释发展出一整套理论方法,至少包括文义、体系、历史、比较、目的或合宪等解释方法以及价值补充、漏洞填补等方法。[1]经由这些解释方法,法官能够将社会共识、司法政策等外部知识以及自身的价值评价、基于良知的情感等主观要素在法律的框架内融于判决之中,裁判从而体现为一种融经验与价值于一体的活动。而人工智能由于计算的闭合性,不具备吸纳这些要素的能力,在表征上因而展现为"自动售货机式"的形式性输入—输出系统,其注重的是系统自身的自洽性和有用性,而不涉及与外部世界的匹配。

人工智能的这种数据分析思维能够适用于事实与法律清晰明了的简单案件,但在面临法律规则清楚但直接适用将导致判决结果不合理或者存有法律漏洞的疑难案件时将失灵。因为这类案件涉及价值判断与利益衡量,这是人工智能机械裁判的逻辑所不能应对的。因此,案件类型可以成为评判人工智能能否介入司法实质活动的一个标准,尤其在疑难案件中,司法人工智能的应用应当谨慎。

从上述两个角度,我们可以发掘出人工智能思维上的两个根本性缺陷,这使得它在面临司法的某些核心问题时显得僵化死板。如果消极地看待技术发展,或许人工智能在这两个方面永远不可能做得比人类好。事实上,它们反映

---

[1]　参见杨仁寿:《法学方法论》,中国政法大学出版社2013年版,第135—137页。

的正是人类的独特之处。

第一，人工智能无法实现情境化思考。"问题总是在情境理解之内发生的。"[1]同样，法官需要解决的个案不是抽象的，而是具体生动的。我们在学习法学理论时面对的可能是甲乙丙丁或 ABCD，但在现实中他们都是一个个有血有肉有感情的人。[2]也就是说，每个案件所处的情境是不同的，并且这种不同不仅仅在于可以被提取为特定情节要素的部分，还包括诉讼主体的语言、表情、生活背景以及诉讼所发生的物理和社会环境等各种鲜活的因素。[3]人类法官能够通过感官捕捉到这些体现案件差异的个性化特征，进而凭借良知、敬畏之心和正义理念反复斟酌与权衡，最终运用法律赋予其的自由裁量权生成一个私人定制的裁判。[4]而人工智能只能按照预先输入的形式化指令对案件进行处理，即使引入了深度学习和神经网络算法等技术，其跟随语境变化进行适应性改变的能力也是十分有限的。[5]

司法需要讲求情境，或许是因为正义原则本身无法超越其所处的语境。而只有人具有情境思考的能力，或许在于人本身不只是在纯粹理性下开展行动。这也就引出第二点，人具有情感，但人工智能无法构建和认知情感。

司法在终极意义上面向的仍是人的问题，并且，正是因为坚持回应人的需求，司法职能才繁荣起来并坚持了下去。[6]而人是理性、感性与智性的结合体，人们来到司法面前，不只是为了得到公正的结果，而且希望得到公正的心灵体验，这也就决定了司法需要体现一定的人文关怀。事实上，这在我国当下的转型时

---

1 舒国滢：《走近论题学法学》，《现代法学》2011 年第 7 期。

2 参见车浩：《最后一课：给北大法学院 2011 级本科生的考试赠言》，载《车浩的刑法题》，北京大学出版社 2016 年版，第 197—206 页。

3 从这个意义上来说，或许并没有所谓的"同案"，而只有情节要素相同的"类案"。

4 参见潘庸鲁：《人工智能介入司法领域路径分析》，《东方法学》2018 年第 3 期。

5 参见沈寨：《个案正义视角下司法人工智能的功能与限度》，《济南大学学报》（社会科学版）2019 年第 4 期。

6 参见〔美〕本杰明·卡多佐：《司法过程的性质》，苏力译，商务印书馆 2005 年版，第 7 页。转引自潘庸鲁：《人工智能介入司法领域路径分析》，《东方法学》2018 年第 3 期。

期更应当被强调,因为"道德/情感仍然是中国社会秩序原理的重要诉求"[1]。因此,法学的基本思维需要更多设身处地的体验和感悟,重点在于心理基础而非逻辑基础。[2]相应地,司法裁判的过程也可以被视为情感与理性双重加工的心理过程。[3]

在司法过程中追求法律与社会的善,要有勇气,更要有良心。因此,法官不仅应当具备高尚的人格、良好的司法能力、实现公平正义的理想和勇敢精神,还需要有良好的人文素养、丰富的社会阅历以及一定的悲天悯人情怀。[4]人类可以做到这一点,因为人与人之间能够发生共情与移情。但目前的人工智能不能,它只是一套纯语法的符号运算系统,没有自身的意识,更莫谈作为心理状态的情感。并且,"至少在可以看得到的将来,算法不能设计人类的态度,技术也无法制造人类的情感,人类在复杂世界中千差万别的情感无法准确地进入机器人的决策系统,将机器人从过往案例中习得的情意表象用于当下的审判未必合适,因为这样的情感只能是生物人与生物人之间的事,没有人类情感的公正司法是不存在的"[5]。事实上,情感与人性紧密相连。

人工智能这两方面的不能也为我们勾画出人类法官与人工智能合作完成审判、实现人机协同的界限,即人工智能更多地承担事务性、技术性、形式性的效率导向型工作,而更核心的、实质性的、涉及人本身的公正导向型工作应当交给人类法官。

1　杜宴林:《司法公正与同理心正义》,《中国社会科学》2017 年第 6 期。

2　参见杜宴林:《司法公正与同理心正义》,《中国社会科学》2017 年第 6 期。

3　参见韩振文:《面向证立获致正当性的司法裁决程序》,《北方法学》2018 年第 4 期。

4　参见胡田野:《法官应是一个怎样的人——怎么看法官职业素养形成》,《人民法院报》2012 年 5 月 23 日,第 2 版。

5　盛学军、邹越:《智能机器人法官:还有多少可能和不可能》,《现代法学》2018 年第 4 期。

五、 人工智能辅助司法裁判的机制设计

事实上,以上分析也揭示出,人工智能裁判与法官裁判的两种思维在很大程度上并不是互斥的,而是一种互补的关系。关键在于如何释放这种互补所产生的积极效应,实现二者的良性互动。这需要合理的机制设计。

首先应当明确的是人工智能的定位。在目前的技术现状下,在司法裁判中应用人工智能应当谨慎,尤其是不能让人工智能的决策代替法官的独立审判。这不仅是因为人工智能本身存在许多有待解决的技术风险与问题,更在于司法裁判不只是纯粹理性的计算,还涉及价值判断,需要有对人本身的理解和同情、对主客体和环境的整体洞察,而人工智能不具备这样复杂与灵动的技艺。

目前,人工智能只能作为一种技术工具辅助法官裁判,这不仅是学界目前的共识,也符合一种隐含的政治要求。实际上,这涉及裁判的合法性与可接受性问题,即人民接受与认可司法裁判的原因。马克斯·韦伯指出正当性的来源有三:传统型、魅力型、法理型。[1]目前人工智能的优势在于高效和形式的统一性,但这俨然不足以为之提供充分的裁判正当性。

实际上,司法权在本质上属于公共权力,是国家基于管理的需要从其职能中分化出来的专门处理司法公共事务的权力,其权力渊源是人民主权。因此,法官行使审判权实际上来源于人民的授权,这种授权往往体现为人民通过代议制度选举或任免法官,因而法官实际是人民的代表。[2]之所以需要人民授权国家来行使司法权,很大程度上在于司法关乎公平正义,而公正是民众基本的内心需求。由于司法事务的重要性,人工智能的介入应当审慎,并且作为公共授权的结果,即使人工智能在某些方面具有更准确的判断,法官也不能将裁决的权

---

1 参见〔德〕马克斯·韦伯:《学术与政治》,钱永祥等译,广西师范大学出版社 2010 年版,第 199—202 页。
2 参见江秋伟:《论司法裁判人工智能化的空间及限度》,《学术交流》2019 年第 2 期,第 101 页。

力转交给人工智能,否则就意味着背弃了人民的授权和公益。人工智能裁判的背后是算法统治,这显然也难以获得基于民意的正当性。

因而,无论是证据判断、类案推送还是量刑预测,人工智能提供的都是一种参考,而无法完全替代法官的思考,文书生成、庭审支持等服务也只是帮助法官更好地完成事务性工作。并且,司法人工智能的应用还应当遵循司法规律,保障司法的固有属性,甚至以强化法官主体地位为根本出发点。这包括需在技术上加强算法的可解释性以保障司法的透明性,人工智能的应用不能过早介入以尊重司法被动性与事后性,庭审无纸化与虚拟化的同时还需保证司法的仪式性不被架空,以及法官应当具有最终的核心决策权力以确保司法的独立性与亲历性不被侵犯。[1]

总之,司法人工智能应当坚守工具主义与辅助功能的本位,唯有如此,才能防范"技术万能论"对司法基本价值的解构。

司法活动的规律、司法判断的特点决定了人工智能在司法领域的应用必须有明确的禁区,并且,这种禁区是由人工智能欠缺人的心性和灵性特质等技术局限所客观决定的。[2]因此,应当为司法人工智能划定一定范围的作用空间,保证应用的适度与有限(见图17-1)。

第一,从整体上看,司法人工智能在研发完成、投入应用前需接受技术审查,这是对其作用空间的首次限缩。对此,应当建立完善和规范的大数据、算法规则的事前评估机制以及算法决策的审查与检验机制,以保证在智能系统设计的过程中有意识地融入了社会共识和司法价值理念。[3]这就要求加强对司法人工智能设计与应用的法律规制和伦理约束,对数据来源、算法规则、产出结果等要素进行详尽的审查、评估与检验,以避免数据瑕疵、"算法黑箱"和设计者偏见等

1　参见王禄生:《司法大数据与人工智能技术应用的风险及伦理规制》,《法商研究》2019年第2期。
2　参见黄京平:《刑事司法人工智能的负面清单》,《探索与争鸣》2017年第10期。
3　参见马靖云:《智慧司法的难题及其破解》,《华东政法大学学报》2019年第4期。

因素导致的程序错误。[1]

第二,在应用层面,人工智能应当更多地运用于处理技术性的、事务性的工作,而尽可能减少其在实质性裁判上的应用,因为人工智能在裁判的核心领域尚未表现出高于人类法官的能力。这是对其作用空间的功能性限缩。

第三,即使人工智能介入实质性裁判,也应当根据案件的类型区分其介入的程度。首先,简单案件与疑难案件应进行区分。简单案件由于类型化特征较为明显,人工智能通过要素化的分析能够得到比较准确的事实和法律预测,司法实践中对于这类案件也往往没有什么争议,因而法官在审理此类案件时可以相对自由地参考人工智能裁判结果。例如,对于民事领域中的小额诉讼、刑事领域中部分轻微犯罪案件以及行政领域中部分适用简易程序的案件,法官就可以充分利用司法人工智能一键式生成判决,再审慎地进行一定的检验即可完成裁判。而对于疑难案件,由于案情复杂,需要更仔细地甄别证据,或涉及纷繁复杂的价值取舍与利益衡量,因而裁判工作应当更多地交由法官承担,人工智能只进行技术性的辅助。其次,公法与私法案件也应进行区分。因为前者涉及公共利益,对于诉讼主体的利益影响也较大,而后者更多关乎的是私权益,当事人因而拥有更多的自治权。因此,在公法案件中,人工智能介入法官实质裁判需要有更严格的条件,而在私法案件中对于是否应用人工智能则可以赋予当事人更多的决定权。最后,在这一基础上设置司法人工智能适用的负面清单。这须综合考量案件的性质、依据的请求权基础、裁判结果的严重程度和可能引发的社会效果等因素,结合法官需求程度进行精细化区分,并以动态评估的方式在司法实践与法律规范之间寻求平衡点。[2]

司法人工智能的最终使用者是法官,因此对司法人工智能应用的限制最终

1　参见贾章范:《司法人工智能的话语冲突、化解路径与规范适用》,《科技与法律》2019 年第 6 期。
2　参见贾章范:《司法人工智能的话语冲突、化解路径与规范适用》,《科技与法律》2019 年第 6 期。

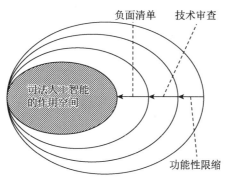

图 17-1 司法人工智能的应用限度

还是要回到人本身上来,而其中的关键在于如何防止法官对技术过度依赖,消解法官的思维惰性。这可以从通过权利约束和通过义务与责任控制两方面来考虑具体规则的设计。

第一,对于司法裁判中人工智能的使用情况,应当赋予诉讼主体知情权与申诉权。首先,由于司法人工智能的应用对诉讼主体的利益有重要影响,尤其是在实体裁判上的应用关乎其诉讼的胜败,因此诉讼主体应当有权知悉和了解有关司法人工智能应用情况的各种信息,在诸如涉及个人隐私等的特定案件中,必要时还应经诉讼主体知情且同意才能应用人工智能。相应地,法院和法官应当保障知情权的行使。在操作上,未来或许各级法院可以专门制定有关自身司法人工智能建设和应用情况的手册,并随同诉讼权利义务告知书在开庭前发放给原被告双方。法官还应当具有一定的说明义务,至少在诉讼主体申请时,法官应当对其在裁判时参考智能分析的情况进行一定的说明,包括证据判断的分析情况、类案推送的检索情况、智能量刑预测的结果以及对此的参考程度和原因。其次,诉讼主体若对法官参考智能分析的裁判结果不服,可以选择直接上诉,但笔者认为这不利于对诉讼主体申诉权的专门性保护,因为上级法官对于技术问题同样不具有专业知识。或许可以参考专利权和商标权领域的诉讼机制,在上诉渠道之外,还应在法院层面或法院外部建立专门的技术审查委员会，负责对法官参考人工智能裁判的争议问题进行专门的审查。当然，诉讼主体申诉时应当提供一定的正当理由，否则应直接驳回，以防止滥诉。

第二，应当加强法官判决书的说理性。司法人工智能无法说理并不意味着法官在参考智能系统的分析时没有必要说理，相反，正因为人工智能的这一局限性，法官在判决书中的说理应当加强而非减弱。尽管这有可能导致法官因利用人工智能辅助裁判带来的效率提升被抵消，但正是因为增加了法官的负担而能克制其技术依赖，并且这种负担并非多余，而是能够弥补"算法黑箱"的缺陷，亦契合了司法公开的要求。法官说理的核心在于法律解释，由于人工智能的引入，法官法律解释的任务也相应发生变化，而拓展至矫正数据偏差、权衡案例数据参照、理性化代码运算、关联算法检验几个方面，并且在诠释时应尤其关注数据的充足性、裁判的合理性、因果关系的相当性和正反计算的对称性四个节点，[1]从而将司法人工智能裁判的形式理性转化为可理解与可辩驳的公共理性。

第三，应当明确法官的裁判责任。导致司法责任的模糊是司法人工智能应用的一大弊端，人工智能裁判很可能成为法官推卸责任的借口。为此，应当明确法官需对裁判结果承担主要责任，具体而言，除非算法或技术的严重问题导致司法裁判出现大面积的错误，一般的错案责任仍应由法官而非算法设计者承担。或许这样的归责原则对于法官来说过于严格，但背后也有其合理依据。因为当人工智能仅被定位为辅助裁判工具时，对案件的最终判断权仍由法官掌握。因此，出现错案，要么是法官的判断与智能分析结果一致或趋近，这时自然有理由对法官加以追责；要么是法官的判断与智能分析结果不一致，这时则有理由质问法官为何没有行使自己的最终决策权进行纠偏。总之，这样严格的归责原则能够倒逼法官更加审慎地利用人工智能辅助裁判，从而促使法官摆脱对司法人工智能的技术依赖。

1　参见李飞：《人工智能与司法的裁判及解释》，《法律科学》（西北政法大学学报）2018 年第 5 期。

第四,应当探索制定审判流程中法官应用司法人工智能的统一使用说明与行为规范,[1]这是具体规则设计的最终形态。使用说明的内容至少应当包括司法人工智能的技术特征与原理、模型训练数据的来源、各个功能的操作方式等,帮助法官快速了解司法人工智能的运作机制,打破人工智能的技术神秘主义。行为规范至少应当包括对法官裁判与司法责任承担主体地位的强调、对系统功能局限性的谨慎提醒,以及法官的说明义务、说理义务、接受审查与监督的义务,甚至分步骤和分阶段地对法官进行风险提示与行为引导。

六、结　语

人工智能时代正全面来临,人机协同也终将是大势所趋,人类必须学会并逐渐习惯与人工智能合作。作为最能反映法律思维的工作,司法裁判也不例外,在人工智能技术发展浪潮和国家司法体制改革的背景下,我国司法机关也正加速向智能化转型。因此,人工智能技术与现有审判流程如何结合的问题无法回避。本章结合"困境—出路—具体机制"的思路,对司法裁判人工智能化这一问题展开讨论,以期提供一可行方案。

作为维护社会公平正义的"最后一道防线",司法终归是以人为中心进行组织和展开的活动,回应的是人的正义需求。人工智能在提升审判效率和质量等方面有着巨大的潜在价值,然而囿于技术的可实现性问题,其尚不具备解决司法裁判某些核心问题的能力,因而也不可忽视人工智能过度介入司法裁判可能带来的风险。在无法预料人工智能裁判将产生何种影响时,司法裁判人工智能化的进程应当更加审慎。

1　参见杨驭颢:《论司法人工智能对法官自由裁量的影响及其应对》,华中师范大学硕士论文,2019年,第34页。目前已有相关规范出台,如2020年7月31日正式试行的《最高人民法院关于统一法律适用加强类案检索的指导意见(试行)》。

事实上，人工智能的兴起给了人类一次自省的机会，迫使我们思考，人是否可以被取代，以及人因何为人。对于法律人而言，则不得不去思考究竟何为法律思维的精髓，是法条的机械适用，还是法条背后那些真正体现人之不可替代性的善、爱和同情。这实际是司法裁判人工智能化的根源性问题。不过，技术奇点后，一个人工智能也会有情感而与人类完全无异，有如科幻电影般的世界是否将在未来真实地出现，也未可知。

第十八章

智慧司法背景下在线诉讼发展的困境与消弭

在当前人工智能技术高速发展的时代背景下,大数据、人工智能、互联网技术运用到司法领域,催生了"智慧司法"的兴起,这是时代发展的必然,也是司法拥抱科技的体现。在线诉讼作为司法信息化建设的重要成果,是对传统诉讼方式的创新发展。虽然在线诉讼在中国起步晚,但自最高人民法院提出建设人民法院信息化3.0版的战略部署以来,在线诉讼迎来了重要发展机遇,并将在司法领域大有作为。当前,各地方法院开展了不同的实践探索,并已取得一定的成绩,在线诉讼在解决民事纠纷方面发挥了较大作用。本章在分析在线诉讼制度理论的基础之上,结合国内法院司法实践的新发展,提出适宜我国在线诉讼发展的制度构想。

一、引 言

早在2016年,中央明确指出要支持"智慧法院"建设,大力推行电子诉讼发展。[1]而在2017年8月18日,全球首家互联网法院挂牌成立。杭州互联网法院

---

[1] 2016年12月15日国务院发布《关于印发"十三五"国家信息化规划的通知》(国发〔2016〕73号),明确提出要建设完善公正司法信息化工程,并将电子诉讼占比作为五个信息化服务指标之一,全国法院电子诉讼占比要在2020年超过15%。

的建立,顺应信息时代的发展要求,通过网络在线的方式审理案件,可以集中司法资源优先处理网络纠纷案件,同时也与中央关于智慧司法建设要求保持一致。在随后一年时间内,国家根据实际需要扩大了互联网法院的设立范围,从原来的一家增加至三家,充分说明了中央对在线诉讼的重视程度。正是在这种情况下,在线诉讼抓住了互联网快速发展的新机遇,并且在智慧法院建设背景下,或将成为全国各级法院的标配。

当前在线诉讼在中国得到了长足发展,学界也围绕在线诉讼展开了深入的研究,试图从概念的确定、理论的支撑、司法实践的探索等方面探寻发展方向,这些都为我们今后更深入地研究在线诉讼提供了很好的借鉴。其实,本章也是在前人研究基础上的进一步思考,从刑事诉讼视角研究在线诉讼的发展情况。虽然在司法实践中,在线诉讼在民商事领域适用得更多,国内学者也大多基于民事诉讼视角展开研究,但是笔者认为,采用刑事诉讼研究视角,可以帮助我们找准在线诉讼的发展定位,明确刑事司法领域中在线诉讼的发展上限。也正是基于这一想法,笔者梳理了在线诉讼在司法实践中的发展情况,试图发现现实中存在的诸多问题,为今后更良性的发展提供有益借鉴。

二、 在线诉讼及其价值

在线诉讼是诉讼方式在线化的表达。智慧司法理念促使法院尝试诉讼方式在线化。通过信息技术的使用,提高诉讼程序、诉讼方式的信息化程度,这也是目前中国司法建设的主要内容。网上起诉、网络庭审、远程出庭作证、电子证据的传送和存储、判决文书的自动生成、电子送达等一系列诉讼内容都属于在线诉讼的范围。要想对在线诉讼进行各方面的研究,就必须对其内涵进行深入了解。在线诉讼的出现顺应时代发展规律,作为新型诉讼方式,它将信息技术和传统的诉讼规则融合起来,以此实现司法的信息化、智能化。

智慧司法的建设过程中出现了"互联网法院""智慧法院""电子法院""电子诉讼"等新的表现形式,并且经常有人将上述概念搞混。虽然互联网信息技术是这些新生事物发展的基础,但它们并不完全相同。在线诉讼与传统线下诉讼相对应,只是将诉讼活动转移到互联网平台进行,本质上仍然属于诉讼的范畴。而智慧法院、互联网法院或者电子法院是人民法院依托信息化技术对传统法院的升级改造,并未脱离法院的本质。智慧法院第一次被提及是2015年,当时最高人民法院正在进行审判体系和审判能力现代化的司法改革。徐骏认为智慧法院是在数据安全可信的保障机制基础上,采用信息技术,促进司法审执公正化和法院管理高效化的信息化系统。[1]简言之,智慧法院就是以科学信息技术为基础建立起来的现代化法院。智慧法院可以分为司法行政意义上的内部智慧法院和提供法律服务的外部智慧法院。[2]它是将现代性科学技术与司法审判相融合的产物,通过对传统法院的升级改造,提高法院运行的智能化,以此建设现代化司法运行机制,本质上还是法院组织形式,二者职能相同。互联网法院的成立则意味着中国法院建设开启了新的发展局面,它的本质在于实现互联网与审判工作的深度融合,最大限度地提升司法效率,为当事人提供便利的诉讼服务,以实现网络空间司法治理和经济社会的高效平稳发展。电子法院也可以分为内部电子法院和外部电子法院。[3]内部电子法院(Internal e-Curia)将电子法院与法院信息化建设相等同,倾向于将其重点应用于审判质效评估、信访信息管理与案件管理。[4]外部电子法院(External e-Curia)则以推行电子诉讼为目标,将电子法院的功能定位在以当事人为中心的司法服务上,最终建立起与物理法

1　参见徐骏:《智慧法院的法理审思》,《法学》2017年第3期。
2　参见蔡立东:《智慧法院建设:实施原则与制度支撑》,《中国应用法学》2017年第2期。
3　参见王福华:《电子法院:由内部到外部的构建》,《当代法学》2016年第5期。
4　参见周强:《尽快建成法院信息化3.0版,促进审判现代化》,《法制日报》2016年2月24日,第1版。

庭相对应的虚拟法庭。[1]从这一角度来讲,电子法院是电子诉讼的载体,而电子诉讼则是电子法院的一种表现方式。那么电子诉讼究竟是什么呢?目前也没有准确的定义。刘敏教授通过列举式定义,将网上起诉、远程立案、网上庭审、远程作证等诉讼形式都列入电子诉讼范畴。[2]而张兴美研究员则是将其定义为诉讼主体法律交往方式的线上再造,可以实现诉讼程序在线化进行的诉讼形态。[3]根据两位学者的探讨,笔者认为其实在线诉讼就是电子诉讼,可能是因为电子诉讼在中国起步较早,所以大家更愿意使用这一概念。[4]

从主体角度来讲,智慧法院、互联网法院和电子法院的主体是各级法院,属于法院内部的智能信息化建设。而电子诉讼、在线诉讼属于诉讼法律主体之间法律交往方式的改变,通过互联网平台将诉讼当事人与法院连接起来,主体是法院和当事人。这是它们之间最大的不同。从本质上来讲,上述探讨的概念其实都属于智慧司法的范畴,是"科技+司法"融合的产物。目前国内正在加快智慧法院项目的建设,在智慧法院建设的基础之上又设立互联网法院,就是想要集中优势资源,依托高效发达的互联网信息技术,实现涉及网络案件的专门化审理。互联网法院是传统法院审判体系与现代信息科技相融合的成果,不仅实现了诉讼纠纷全程在线化处理,同时为法院的信息化建设提供了成功的经验。虽然互联网法院与电子法院在技术支撑上具有相似性,但在价值和功能上截然不同。从法院的性质来讲,互联网法院有着专门的地域管辖范围和案件管辖范围,以及专门的审判制度,是当前法院建设中的专门法院,而电子法院仍属于地

---

[1] 吉林93家法院全部推广并运用电子法院,实现全业务覆盖、全天候诉讼、全流程公开、全方位融合。参见张淑秋:《吉林电子法院"e"流程变革审判方式》,《吉林人大》2015年第11期。

[2] 参见刘敏:《电子时代中国民事诉讼的变革》,《人民司法(应用)》2011年第5期。

[3] 参见张兴美:《电子诉讼制度建设的观念基础与适用路径》,《政法论丛》2019年第5期。

[4] 左卫民教授认为在线诉讼在既有研究中也被称为电子诉讼、线上诉讼或网上诉讼,与在线法院或网上法庭、电子法院或微法院存在某种程度的混用。虽然以上语词有所差异,但相似性也非常突出。笔者比较赞同左卫民教授的观点,认为在线诉讼其实就是电子诉讼,二者并没有本质上的区别,因此本章使用的都是"在线诉讼"这一概念。

方行政区划内各级法院的内部改造,只不过为了提高司法运行效率,在司法活动中融入了互联网的因素。

在线诉讼作为互联网时代的产物,以互联网、大数据、人工智能技术作为依托,同时又遵循传统的诉讼程序,并未突破诉讼的本质属性,实质上依然是诉讼,只是对审理的方式做出了改变。作为一种新兴诉讼方式,其具有以下几点特征。

在线诉讼与传统诉讼活动最主要的区别在于诉讼平台不同,即"在线"。那么何为"在线"呢?互联网时代催生了大数据、云计算、人脸识别、智慧语音等一系列新技术,将人与人之间的联系通过网络平台连接起来,增加了连接的便利性。互联网信息技术的普及,使得传统的诉讼活动实现了从物理场所到虚拟空间的转移,[1]当事人只需要轻点鼠标,即可实现全程化诉讼服务。在线诉讼省去了从起诉到开庭审理的大量时间,法官可以根据实际情况合理安排庭审时间。信息技术使得诉讼活动可以突破时间和空间的限制,无论何时何地当事人都可以享受到便捷的诉讼服务。而传统诉讼活动受人为因素影响较大,时间、地域等都可能限制当事人有效地参与诉讼活动。

在线诉讼既然是智慧司法背景下的产物,毫无疑问也具有智慧的特征。"智"指的是智能,就是将互联网、大数据、物联网、云计算、大数据等新型信息技术运用到司法领域中,实现司法智慧化运行。"慧"是指司法依靠信息化科学技术,利用人工智能辅助系统强化司法的现代化,以此实现司法的自我完善,提高运行的效率。在线诉讼可以实现案件的网络在线审理,但在各流程中又采用多种科技手段,比如人脸识别、智慧语音识别、虚拟现实技术 VR 举证、区块链存证、语义匹配和相似度识别、图像识别、自然语言处理等技术。新技术的应用为诉讼活动的发展带来了新的活力,并作为司法辅助的重要工具,推动司法开始

---

[1] 参见邹军平、罗维鹏:《智能司法模式理论建构》,《西南民族大学学报》(人文社科版)2019 年第 10 期。

新的变革。在过去,所有的诉讼工作都需要人工完成,并且随着法治建设的快速推进,司法机关面临着大量诉讼案件,原有的工作方式无法保证案件的高效处理。人工智能技术的出现为司法机关解决这一问题提供了必要支撑,同时带来了先进的理念和司法技术的变革。

在线诉讼借助信息技术为司法审判带来便利的同时,其背后隐藏的风险也不容忽视。要使信息技术发挥作用,最重要的是要保证数据的安全可靠。当前人民法院关于司法信息化建设的一大重要任务,就是要实现传统司法信息的在线化展示。运用专门的设备和网络技术存储司法数据,然后利用法院内部网络转化成方便法官读取的形式。这就决定了内部网络安全的重要性。如果网络防护薄弱,很有可能受到黑客侵袭或者网络木马病毒的侵袭,造成信息泄露、篡改甚至伪造的风险。除了重视内网的安全性,外部网络的连接同样不能忽视。因为外部网络有可能面临更加复杂的环境,案件证据、信息、资料会受到信息技术的影响。例如,网络庭审中,双方通过网络展示、交换证据和质证,无法像传统庭审方式那样保证庭审的效果。此外,电子证据的存储、保护也有被人为破坏的可能,所以在线诉讼与传统诉讼相比,更不利于数据安全的实现。

在线诉讼为当事人提供了另一种可供参考的诉讼渠道,当事人可以根据实际需要选择线下诉讼或线上诉讼,以实现其诉求,充分保障其诉权的行使。互联网信息的公开性、便捷性、传播的快速性、实时性,决定了在线诉讼同样具有这些特征。过去信息传播的不便捷,导致法庭审理信息或案件信息的不透明;如今在线诉讼可以很好地克服这一缺陷,实现诉讼流程和案件审理过程的全公开,真正做到阳光透明。在线诉讼流程指引程序便利了当事人和社会公众对诉讼进展的了解,体现了对当事人知情权、参与权和诉权的尊重。公众参与司法活动,一方面可以增加法律知识,培养法治意识,另一方面可以监督司法活动,使司法权的行使暴露在阳光下,提升司法影响力和司法公信力,有利于更好地实现司法程序上的正义。有学者将这种公开效果描述为"从广场化的司法到剧场化的司法之后又进入另一种形式化的广场化"[1]。

在实体公正方面,诉讼当事人、参与人和法官依靠诉讼平台进行沟通交流,避免私下接触,同时在线庭审可以保证庭审过程的真实可靠,最大限度地实现实体正义。此外,计算机程序具有固定性、精密性等特点,因此一定程度上可以避免司法工作中的简单错误,增加审理的可靠性。大数据和人工智能的运用可以防范司法工作中一些重复性的错误发生,保障司法的公正性[2]。

科技的兴起,带来了法院的智慧化建设。在线诉讼作为智慧法院建设的重要环节,吸收了智慧法院发展成果,将人工智能、大数据算法技术运用于诉讼中。无论是在庭审记录方面抑或办理案件层面,始终能看到信息技术的影子。比如,北京等地法院将智能语音识别系统运用到庭审活动中,在电子化记录的基础上让庭审记录与人工智能深度融合。[3]上海法院则研发了"刑事案件智能辅助办案系统",实现对证据自动校验等功能。[4]在线诉讼依托人工智能技术,实现诉讼流程全在线、无纸化办公、信息交流无缝对接,提升司法创新力。人工智能技术和司法活动的深度结合,事关司法综合配套改革。[5]科技进步推动国家发展,国家发展要求司法体制不断完善。科学技术为司法发展提供必要的工具和手段,使得司法改革遵循科技发展的轨迹进行,建立了科技与司法之间的良性互动。同时科技发展带来新的法律概念和法律关系,冲击原有的法律体系,这就需要司法适应社会发展,完善法律规则和制度。

1　宋朝武:《电子司法的实践运用与制度碰撞》,《中国政法大学学报》2011 年第 6 期。

2　参见陈骞:《运用大数据防范冤假错案》,《中国社会科学报》2017 年 11 月 22 日,第 5 版。

3　参见蔡传福:《人工智能时代庭审记录的智能化发展》,《人民法院报》2017 年 12 月 6 日,第 8 版。

4　参见严剑漪:《揭秘"206":法院未来的人工智能图景》,《人民法院报》2017 年 7 月 10 日,第 1 版。

5　参见邓恒:《人工智能技术运用与司法创新》,《人民法院报》2017 年 12 月 14 日,第 2 版。

三、 在线诉讼发展的现实状况

如今,全世界都不可避免地被卷入信息时代当中,我们享受技术进步带来的红利,也有幸见证互联网与多领域融合发展的盛况。科学技术的先进成果,为中国司法进步带来广阔的展望空间。在线诉讼不是凭空产生的,其发展也不会是昙花一现,我们需要从多角度分析其产生的原因,这样才能做到现实发展的有的放矢。

最近十年来,中国的信息化建设迎来高速发展的黄金时代,无论是智能手机、移动支付、网络购物,还是直播带货、5G 通信、无人驾驶,信息技术正从方方面面改变着我们的生活。据相关统计,2020 年春节前后中国远程办公需求量环比上涨 663%,有 3 亿人用远程办公的方式实现复工。[1]中国网民的数量从 21 世纪初不足 300 万,到如今超过 9 亿,成为名副其实的网络大国。毫无疑问,中国已经进入全新的时代——互联网时代。科学信息技术的发展改变了各行各业,也对司法提出新的要求。司法信息化正是适应网络信息时代的变化,通过融合司法审判与信息技术而得到的新产物,是经济社会发展的必然结果。近年来,我国先后成立了多家互联网法院,利用互联网技术,实现诉讼全流程在线化,如今在民商事领域已取得不错的成绩。当前,越来越多的法院正在加强其内部的信息化建设进程,以此提高审判能力和审判水平,建立新时代中国司法。

刑事诉讼的基本理念是打击犯罪、保障人权,要实现这一目的,必须坚持庭审实质化、控辩审三方分立等基本要求。司法实践中,刑事案件尚无法实现全流程在线审理,这是因为有法官、学者担心一旦刑事案件线上审理,就会打破传

1　参见苏沐晖:《在线办公是昙花一现还是未来趋势?》,《新产经》2020 年第 3 期。

统控辩审三方结构,使得庭审举证、质证等诉讼环节沦为"线上表演",且不利于庭审实质化的实现。其实,这些学者的担心不无道理,但是过度的担心反而会阻碍司法实践的探索。发展在线诉讼,实现刑事案件的网上庭审,遵循的仍然是控辩审三方分立、实体公正与程序公正并重的刑事司法理念,没有突破传统的诉讼理念,只是在诉讼的模式和庭审的方式上有所改变,本质上仍然是追求打击犯罪、保障人权这一根本目的的实现。

一方面,发展在线诉讼,实现刑事案件在线审理,并不意味着放弃传统的线下庭审模式。对于特定刑事案件,法院有权决定是否采用网络庭审的方式进行。与此同时,法院保障刑事被告人的知情权与同意权,对符合条件的案件,只有取得被告人同意方可在线审理。而对疑难险重案件,法院可以根据案情,灵活采用线上证据交换、质证与线下开庭审理相结合的方式,以此保证案件的公正审判和对当事人诉权的保护。另一方面,传统刑事诉讼所追求的实体公正和形式效率仍可以得到保障。虽然发展在线诉讼确实是为了提高司法效率,但这不意味着提高形式效率的同时要抛弃实体正义。正如贝卡里亚谈及刑罚及时性时所言:惩罚犯罪越是迅速和及时,就越是公正和有益。[1]因此,只有以更迅速、更高效的方式去实现实体正义,才有可能实现得更彻底。而发展在线诉讼,不会降低刑事诉讼程序打击犯罪、保障人权、追求正义的标准,即效率提高,但标准不降低,只是换一种更有效的方式来完成刑事诉讼程序,所需的诉讼流程并没有减少。从这个角度来讲,提高形式效率与追求实体公正是一体两面的关系,提高司法效率是追求实体正义的基本实现手段,而追求实体正义则是提高司法效率的根本目标。

2020 年初爆发的新冠疫情,不仅让经济社会一时陷入困境,更是影响了司法运行秩序。为了维护司法的良性运转,切实保障当事人的合法权益,最高人

1　参见〔意〕切萨雷·贝卡里亚:《论犯罪与刑罚》,黄风译,北京大学出版社 2014 年版,第 47 页。

民法院专门发布加强在线诉讼工作的通知,[1]强化疫情期间司法保障。该通知为疫情防控期间的司法审判提供了明确的法律依据,同时也符合疫情防控的要求。在新冠疫情爆发之前,远程视频庭审有过相应的司法实践,最高人民法院也曾对适用远程视频庭审的刑事案件做出规定,但实践中,在线庭审仍处于摸索阶段,由于刑事案件的特殊性和复杂性,尚无法大规模地推广该庭审方式。此前的新冠疫情正好为刑事领域发展在线诉讼模式、探索在线庭审方式提供了良好的试验场。一方面,利用远程视频庭审系统实现在线审理,可以突破物理空间的限制,克服传统庭审方式对特定空间要求的弊病;另一方面,能在遵循疫情防控要求的前提下,努力实现司法打击犯罪、维护社会秩序的价值,可谓一举两得。

如果说追求公平正义是刑事司法的终极目的,那么提高司法运行效率则是其基本目的。当前经济社会的快速发展,带来的最直接结果就是司法案件数量的大幅上升,基层法院每年要处理成千上万起刑事案件,其中有许多是盗窃、交通肇事、酒驾等事实清楚、案情简单的案件,但是由于刑事诉讼程序的严格规定,案件从侦查、起诉到开庭审判往往要耗费几周,甚至是几个月,这就导致法院内部需要耗费大量的时间和精力准备开庭审理。在此种情况下,人民法院急需通过信息化建设提高司法效率,节省司法资源。由于刑事领域的特殊性,过于激进的改革不利于保障当事人的利益,有可能会遭受专家学者的批评。因此,法院围绕刑事诉讼领域所进行的信息化建设,目前主要针对的是证据的在线化、证人远程出庭作证、网络远程庭审等相关技术的探索,基本可以实现案卷、证据电子化展示,从而将有限的时间用在更重要的庭审环节,提高庭审的质量。以远程视频庭审为例,传统刑事案件开庭审理时,法院需要安排一定数量

1　最高人民法院发布的《关于新冠肺炎疫情期间加强和规范在线诉讼工作的通知》明确规定,刑事案件可以采取远程视频方式讯问被告人、宣告判决、审理减刑假释案件;对适用简易程序、速裁程序的简单刑事案件、认罪认罚案件,以及妨害疫情防控的刑事案件,可以采取远程视频方式开庭。

的法警前往看守所或者监狱押解犯人到庭,这一程序有时会花费数天时间,耗费的是国家资源,某种程度上也是对纳税人的不负责任。但是如果以远程视频庭审的方式在网上开庭审理被告人,就可以省去不必要的浪费,还可以节省诉讼时间,无论是对被告人还是对主审法院都是有利的。正是这种改善司法审判环境、提高司法运行效率、节约司法成本的强烈需求,不断推动法院内部的信息化改革。同样,司法信息化发展也会反过来推动司法的良性运转,二者是相辅相成、相互促进的。

四、 在线诉讼发展的实践可行性分析

笔者已对在线诉讼的内涵进行了解释说明,也阐释了在线诉讼发展的正当性,如果光从理论着手分析,还是会有很多人对其存在疑问。正如我们经常所讲的,理论只有在实践中才能得到检验,而实践又能为理论的完善提供可靠借鉴,两者是相互促进、共同进步的。因此,本部分将重点分析在线诉讼的实践发展情况,通过选取具有代表性的诉讼环节,说明在线诉讼发展现状。

通俗地讲,电子证据就是借用技术手段,将证据材料通过专门的诉讼平台转换成可以在网上预览的证据形式,它是为了方便法官与诉讼参与人参与后续的网络庭审环节、提高诉讼效率而进行的司法数字化建设。证据作为法庭审理活动的核心内容,往往直接决定着案件的走向,因此如何保证证据的真实可靠性,成为法院首先应当关注的问题。如今,信息化技术发展日新月异,深刻地影响着各行各业,也为司法改革提供了契机。借助数字信息技术的先进成果,法院顺势而为,进行诉讼活动的现代化改造,改变了传统的书面证据展示方式,适应司法在线诉讼模式的发展,在证据表达形式上进行创新,实现证据的在线化。目前,最高人民法院正在大力推广在线诉讼模式,这种诉讼模式最大的特点就是依托网络信息技术实现诉讼活动的在线化。所以在这一背景下,大力发展证

据在线化技术也正契合了司法发展主题。证据在线化发展并不是意图改变证据的证明能力,也不是突破证据的相关属性,它是另一种形式的展现,证据的展示范围、展示内容并没有发生变化,从当前的相关研究来看,学界对证据展示制度缺乏系统研究。传统的庭审模式下,证据的出示方式、展示范围、展现内容,开庭前的证据交换以及庭审中的质证都有相应的法律规则,控辩双方需按照特定的程序规则进行,不必考虑应该按照何种形式向法庭提交证据。但是,互联网时代的到来打破了这一传统,网络平台提供了诉讼新途径,因此证据出示制度需要适应网络时代的特点,向着涉网化、电子化方向发展。

最高人民法院对实物证据如何转化成在线证据做出了明确规定。[1]这一条款相当于设置了三个条件:一是适用在线诉讼的刑事案件;二是明确可以转化为在线证据的范围;三是规定转换形式及方式。众所周知,刑事案件往往案情复杂,影响较大,关涉的人员、证据种类较多,对于此类案件不适用在线诉讼,可以避免实物证据在转换成在线证据后出现遗漏、混杂等情况,以此保证证据链条的完整性和真实性。即便刑事案件能够适用在线诉讼方式,法官也要对上传至平台的证据进行初步的审查,确保符合原件基本形式要求。只有形式要件符合规定,证据材料才能进入后续的证据交换、法庭质证环节。当然,证据在线化并不仅仅是为了追求在线诉讼程序的完整性,更大的意义在于:随着当前司法改革的深入推进,法院能够采取一种更为有效且能保证刑事司法理念得到贯彻执行的方式,通过证据在线化的探索,找到适合中国司法审判向前发展的新道路。

但是,我们也应该认识到,目前国内学者对证据在线化、电子化发展仍然持一种小心谨慎的态度,原因在于实物原始证据比转换后的电子证据更能保证真实性,能够避免在线上传产生的风险。正如学者所言,文书和记载思想内容并能够证明案件真实情况的证据,原则上要出示原件,只有在存在真实可信理由

1　根据《人民法院在线诉讼规则》第11条之规定,对于能够以在线诉讼方式审理的案件,当事人可以将线下诉讼材料和实体证据材料,通过拍照、扫描转换成电子形式。

的情况下,才可以作为例外不出示原件。[1]而证据在线化是对最佳证据规则的突破,它以一种更加注重效率的方式维护司法公正性,从比例原则来讲,这种方式一定程度上也是值得肯定的。然而即便是再安全的技术也存在漏洞,网络诉讼平台受制于技术构造,平台系统的搭建直接关系着诉讼程序的开展,证据在线化也面临着信息泄露、电子证据无法真实地表达案件信息等问题。于是,实践中出现了一种新的证据保存形式——区块链存证技术。

所谓区块链,就是指借助计算机技术实现数据分布式存储、点对点传输的一种新型存证方式,它不同于传统的数字加密技术,作为司法诉讼辅助性技术手段,具有"不可篡改性"和"去中心化"两大特征。这一技术主要是为了解决电子证据的采信问题,过往电子证据的收集、存储、传输、保存都需要第三方的介入,这就导致证据的真实性受到质疑。而区块链存证技术可以免去他人伪造的可能性,对数据的取得进行监督。除此之外,区块链还是良好的证据载体,为证据的展示提供了新的思路,并且区块链上的数据可以自动生成数据报告,实现数据的公开透明,法院、检察官、当事人都可以对数据的真实性提出质疑。正是因为区块链特有的加密技术,所以其在刑事司法领域的作用开始显现。2019年11月,绍兴市上虞区人民法院利用区块链存证技术审理了"王某财产诈骗罪"一案,这是国内首例采用区块链技术宣判的刑事案件。本案的难点在于被害人分布在全国各地,财产受骗情况各不相同,且证据材料难以有效收集、传输,而采用区块链技术可以最大限度地保证证据材料的完整、真实、可信,并且可以进行校验,避免被篡改的可能。以往我们的认知都在于,区块链存证技术只有在知识产权领域、民商事纠纷中才能发挥作用,此次的案例证明了在刑事领域使用区块链技术,也能解决证据收集难、流转不安全的难题,相信在今后区块链技术更成熟的情况下,更多复杂的刑事案件中会运用到该技术。

---

[1]　参见易延友:《最佳证据规则》,《比较法研究》2011年第6期。

　　远程作证,顾名思义就是通过视频连接的方式将证人"投射"到法庭当中,即进入虚拟的网络空间参与法庭问询活动。它与远程视频庭审类似,都是利用网络通信技术,通过视频远程连接当事人,以此保证诉讼活动的真实、可靠、完整。远程视频作证虽然并不是新兴的证人作证方式,但是与欧美国家相比,它在我国起步较晚,且司法实践中法官出于对证据证言真实性的考虑,一般不会优先考虑采用远程视频作证的方式询问证人。即使是这样,我们也无法忽视远程视频作证所具有的特殊优势:一是有利于保障司法的准确性。一般而言,刑事案件中原始书证的效力是高于其他证据材料的,但是在没有原始证据证明犯罪的情况下,证人证言就显得格外重要,因为它既能验证被告人口供的真实程度,又可以为公诉方的指控事实增加说服力,便于法官做出准确的心证。证人证言相比书面证言更具有说服力,通过远程视频作证,法官可以对证人进行问询,同时结合视频中的证人神态、言语逻辑、仪态来判断证据的可信度,对案件中存在的疑点问题,法官可以通过质问证人来排除合理怀疑,以此提高案件证据的真实性。二是有利于营造良好的作证环境。众所周知,证人出庭作证往往面临着路途遥远、代价高昂的问题,这就导致在我国证人出庭作证的比例是非常低的,所以有的法院会对证人进行合理补贴,以此来提高其作证的积极性。但是这种做法并不能真正缓解证人不愿出庭的尴尬局面,反而会增加司法成本。而远程出庭作证可以恰到好处地化解这一难题,证人可以免于因作证而耗费的时间、金钱成本。此外,以往证人出庭作证没有积极性还有一个原因,那就是在重大或特殊案件中,证人害怕其人身、财产安全受损,不敢作证。而远程视频作证可以降低证人作证的安全风险,使用特定的图像和声音处理技术隐去关键特征,让证人可以安心作证,这对于打击刑事犯罪、保障被告人及诉讼参与人的权利具有重要意义。三是符合我国刑事司法改革的理念要求。党的十八大以来,推进以审判为中心的刑事诉讼制度改革,成为司法现代化建设的关键任务。在这种背景之下,直接原则能否得到贯彻关系着改革的成效,而直接言词原则得以实现的最直接方式,就是要求证人出庭作证,接受法庭质询。远程出庭作证作为线下证人出庭的一种补充手段,可以在证人无法到庭的特殊情况下,成为一种替代选择。

远程出庭作证的启动方式有两种:一是证人因客观原因不能到庭,提出申请且经过法院审查同意;二是法官根据实际情况考虑到证人出庭作证存在困难,建议证人采用远程视频方式出庭,由证人决定是否采纳建议。但是,不管何种启动方式,都必须是因为客观上证人到场确实困难。当前有学者建议,法院应尽量采取措施来保证证人能够出庭作证。从追求证据真实性和审判公正性角度来讲,确实应该这样做,但是随着司法信息化进程的推进,相关的技术也会更加成熟,在能够保证证人证言可信度的前提下,我们有理由加大证人视频作证的适用力度。远程视频作证只是一种作证的手段和方式,并不会因为线下出庭作证或者网上接受询问,给法官的自由心证造成障碍。笔者相信,一位工作经验丰富的法官不会受到线上视频的烦扰而做出不理智的判断。

在司法实践中,远程作证的地点往往是不固定的,既可以是证人生活的地方,也可以是其工作的地方,具有相当大的灵活性。无论在什么地方参与视频作证,都应该保证以下几点:一是要保证场所的安静和整洁。庭审是神圣威严的诉讼活动,选取合适的地点参与作证活动,是对法官的尊重和对庭审活动的敬畏,能够准确、顺利地将证言信息传达给法庭。嘈杂、混乱的环境会影响法官对信息的获取,不利于审判活动的开展,严重的可能会影响法官对案件的判断。二是要遵守法庭的审判秩序。虽然视频作证变换了作证地点,但是法庭的审理流程没有变,对证人的要求没有降低。证人远离法庭使得对其形式约束力减小,但是内心约束力并未减小。证人应该听从法官的安排,认真回答问询,保证仪表端庄,维护法庭秩序。三是要保证证言不受干涉。作证的环境不能有他人的存在,不能佩戴电子手表、耳机、手机等智能产品,以防止接收他人的隐蔽性指示,这是证人的义务,更是对庭审负责的表现。今后,我们还可以对作证地点的相关规定进行细化,比如明确规定证人只能在家中或者办公室等私密安静的场所作证,或者是前往距离最近的法院、派出法庭借用网络视频系统作证,以此增加作证的私密性、安全性,减少庭审信息泄露的风险。当然,这些也离不开法院的智慧化建设。建立更加智能、便捷的远程视频作证系统和数字法庭,将成为法院接下来的重要任务。

在刑事案件中,远程视频庭审指法庭(主审法庭)与特定场所(远程审理点)之间,借助计算机及网络技术、视频声音传输终端设备等,来完成法庭审理全过程的诉讼活动。那么它与互联网法院采用的网络庭审方式有何区别呢?互联网法院本着"涉网案件,网络审理"的原则,对涉网民商事纠纷采用网络庭审方式审理,即法官在专门的庭审场所,采用专用的线上登录系统,将案件当事人及辩护律师聚集在同一个网上虚拟空间,进而实施诉讼活动。可见,这两种审理方式都是借用计算机及网络技术,实现各方当事人在不同地点完成庭审程序的活动,从这个角度来讲,远程视频庭审即网络庭审、线上庭审。远程视频庭审与传统庭审方式相比,具有以下特点:一是突破了场域界限。实践中,法官、公诉人、辩护律师在线下法庭上参与庭审活动,继续组成控辩审三角结构,而被告人则在看守所特定的房间内,借用庭审系统参与庭审。二是改变了审理方式。传统的面对面庭审变成了面对视频虚拟人物庭审,法官既需要与控辩双方进行线下互动,也需要与网络屏幕中的被告人进行交流。虽然远程视频庭审融合了线下开庭和网上互动两种不同的活动,但是并没有破坏庭审的公正权威性,也没有因为存在法庭和看守所两个审理地点而割裂庭审活动的同一性。

虽然视频庭审并不是刑事司法改革的最新成果,但是自推出以来,发挥着不可替代的作用。一是节约司法成本。传统审判活动,法院需要大量人财物来保障庭审活动的顺利开展,例如在开庭之前,往往要安排数目众多的法警前往看守所押解犯人到庭,完成这一程序所耗费的资源是巨大的,而避免司法资源无序浪费在智慧司法时代成为可能。当前,借助网络庭审的方式,不需要被告人到庭,仅需要将其带到看守所特定的数字设备房间,打开设备登录上线即可开展诉讼活动,节省了人财物成本,同时缓解了法院人手不足、精力有限的尴尬局面。二是提高法官业务能力。据相关统计,中国基层法院的法官年龄普遍在四十至五十岁之间,其中有相当一部分的法官缺少计算机操作知识,原有的审判方式已无法适应快速发展的智能时代。同样,法官的知识结构也需要适应时代发展,进行更新升级。发展信息化司法,实行远程视频庭审,对法官提出了更高的要求,可以倒逼法官不断学习新的技能,提高实际的业务能力和素养。熟练的系统操作事关庭审活动的质量,同时也事关对刑事案件的重视和对被告人相关权利的保障。这既是对法官业务水平的考验,也是对法院信息化发展程度的考验。三是保障诉讼活动的顺利开展。被告人能否顺利到庭参与审判,决定着庭审活动能否顺利开展。在司法实践中,由于存在被告人被羁押场所路途遥远、押解途中突发自然灾害或事故等种种因素的制约,庭审活动有时无法正常开展,不仅浪费了司法资源,而且打乱了法院原有的诉讼活动安排。与此同时,法警、被告人在路途中常常面临着不可抗力的风险,无法有效地保护其人身安全。曾经有新闻报道过,两名被告人在押解过程中,因为遭遇突发交通事故而重伤、身亡。我们都知道,被告人在未经审判定罪时并不是罪犯,在上述情况下,被告的生命权无法得到完全的保护,这样的悲剧是对被告人的不负责任,会引发对法院司法公信力的质疑。而远程视频庭审可以克服不必要的风险,从源头制止风险因素,保证被追诉人和司法人员的人身安全。

刑事案件中网络视频庭审方式的运用不在少数,不论是在惩罚犯罪、维护社会秩序方面,还是在警醒民众、维护法律权威方面,都发挥着不可或缺的作用。

据相关统计,2020年上半年网上开庭审理的案件数量同比增长数倍。[1]其中违反疫情防控的刑事案件、普通的刑事案件实现网络庭审的比例也不低。例

---

[1]　参见徐隽:《上半年全国法院网上开庭同比增长9倍》,《人民日报》2020年7月16日,第11版。

如,深圳市法院在线审理了一起盗窃案,化解了被告人因路途遥远无法出庭受审的难题,体现了司法为民的理念。湖北某法院远程审理的涉疫刑事案件,很快审结宣判,与以往线下审理相比节省了大量的时间和精力。安徽省阜阳市太和县人民法院利用远程视频庭审方式审理的"冯铁职务犯罪案",通过视频直播公开庭审的方式,为广大党员干部、国家公职人员上了一堂生动的法治教育课程,警醒他们始终牢记使命、遵纪守法。即便是在往年没有突发公共卫生事件的情况下,视频庭审也得到广泛的使用。例如,浙江省温岭市自 2014 年至 2017年,共审结刑事案件 6600 余件,而通过视频庭审的案件达 2200 余件,比例将近三分之一。而这不过是三四年的数据,按照法院目前的信息化发展速度,在某些比较发达的基层人民法院,这一比例有望达到一半。这意味着,以刑事远程视频庭审为核心的在线诉讼模式在中国有较大的发展空间,关键看法院是否有决心和魄力继续推进刑事诉讼领域的在线诉讼改革。至少在当前形势下,在可预见的几年时间里,在线诉讼会进一步地完善,刑事远程视频庭审的范围和条件也会有相应的改变。

杭州作为电子商务产业发展的聚集地,一方面享受发展的红利,另一方面又面对呈几何式增长的"网络纠纷"。2015 年,浙江省探索建立网上法庭,利用电子诉讼的方式解决网购纠纷,此后又经历了多次的实践探索,最终确定了互联网法院这一专门法院模式。从杭州互联网法院成立的前世今生中可以发现,化解涉网民商事纠纷是其使命,也是最大的目标。

互联网法院积累了大量实践经验,已经逐步形成一套相对成熟可靠、安全可信的网络审理规则。有学者认为,杭州互联网法院今后的管辖范围必定会扩展到刑事案件,这是互联网法院作为制度先行先试者的价值所在。[1]互联网法院要成为引领法治建设的"中国方案",就必须充分发挥勇于探索、善于实践、敢于

---

[1]　参见于志刚、李怀盛:《杭州互联网法院的历史意义、司法责任与时代使命》,《比较法研究》2018 年第 3 期。

创新的精神,在不突破全面依法治国总体框架的前提下,开创涉网刑事案件管辖的新局面。虽然当下仍有许多学者担心,互联网法院管辖涉网刑事案件会冲击原有的刑事诉讼规则,但随着实践探索的深入推进,这一设想将会成为现实,并为刑事领域方面的在线诉讼建设提供有效借鉴。

依托人工智能系统审理案件的最大优势就是,可以借助系统事先设置好的程序来制约法官的自由裁量。正如霍姆斯所言,法律的生命不在于逻辑,而在于经验。[1]理解法律的最好方法就是实践,而人工智能最大的特点就是擅长学习。作为一种智能辅助系统,"睿法官"可以在对海量案件信息进行学习的基础之上,形成完整的知识体系,并且通过智能化剖析将案件类型化,然后辅助法官裁判。对于简单案件,"睿法官"可以自动检索案例库,形成初步裁判并生成法律文书;而对于复杂案件,则会提取关键要素,为法官提供裁判依据。相关数据显示,截至 2017 年底,"睿法官"系统通过风险预测,成功分流民事和行政案件 30多万件,优化了审理流程,提高法官裁判的效率。同时,在刑事案件的审理方面,"睿法官"已经可以实现接近 100% 的量刑精确度,既兼顾了案件审理速度,又保证了案件的公正准确处理。

根据上述内容,可以将国内的在线诉讼分为两种类型:一是以杭州互联网法院为代表的线上全流程再造的诉讼模式;二是以北京、上海等先进地区为代表的阶段性线上诉讼模式,即利用智能辅助系统,实现线上与线下的合理衔接。无论哪种模式,本质上体现的都是司法拥抱科技的开放态度。但是,到目前为止,仍有两个重要的问题需要厘清:一是在线诉讼究竟是传统诉讼的辅助手段,还是具有独立价值的新型诉讼模式;二是如何确定刑事案件在实践中的适用界限。

针对第一个问题,如果仅仅把在线诉讼定位成向法官、诉讼当事人提供便

1　参见〔美〕霍姆斯:《法律的生命在于经验——霍姆斯法学文集》,明辉译,清华大学出版社 2007 年版,第82 页。

利化诉讼服务,那么当前的实践探索已经足够其发挥作用。但是,如果认为在线诉讼和传统诉讼模式一样具有独立价值,那么就需要我们深入研究适应其发展的程序制度。无论是网上立案、证据交换,还是网上审理,都要明确具体的制度规范作指引。就网上审理而言,虽然新时代下有所创新,量刑辅助系统、智能裁判等技术的运用对于实现智能裁判发挥着重要作用。然而我们也应该看到,网上审理并不能突破传统诉讼程序的限制,依然需要与刑事诉讼中的法律制度相衔接。从这一角度来讲,在线诉讼其实兼具独立价值和辅助功能。

　　针对第二个问题,在线诉讼这一概念自被提出以来,社会各界就对它寄予厚望,当然司法实践的快速推进也证明了在线诉讼在中国大有可为。最高人民法院刚开始推出在线诉讼时,是希望通过案件程序的繁简分流,实现民商事案件的高效审理。各地法院在深刻领悟最高人民法院意图的基础之上,开展了各具地方特色的实践探索,并取得显著的成效。虽然在线诉讼在设计之初重点考虑的不是刑事案件,但经过这几年的发展,个别地区法院已经实现了刑事自诉案件的全流程在线审理,还有些法院规定轻微刑事案件可以用视频庭审的方式进行。这些都说明我国法院在实践中开始摸索刑事案件在线化诉讼新模式。不过我们也应该清醒地认识到,民商事案件主要涉及私权利主体之间的纠纷,采用在线诉讼的方式解决并不会对当事人的人身权利产生过重的影响,而且在兼顾案件公正处理的基础之上,能够让当事人享受到司法信息化建设带来的益处,节约时间,提高效率,因此几乎所有案件种类都能被包含在内。但刑事案件涉及查明事实真相,追究犯罪,保护他人生命财产安全,具有比其他类型案件更高的要求,这决定了在线诉讼在刑事领域无法得到更高程度的发展。这既是对当下现状的反映,也是今后我们应明确的方向。并不是所有的刑事案件都适合采用在线诉讼的方式审理,也不是所有的刑事案件采用在线诉讼的方式都能取得比之前更有效的结果。如果案件处理一味地求新、求快、求进,我们或许会在信息化世界中迷失,甚至无法自拔。

五、 刑事司法领域在线诉讼发展的现实问题

司法的最终价值在于"公正",包括程序公正与实体公正,电子诉讼将以极不平衡的程度影响法庭诉讼程序。[1]结合了技术信息与传统诉讼程序的在线诉讼,在带来司法变革的同时冲击司法原有的规则。例如,在线庭审技术的推广,使得当事人可以打破时空的限制,根据法官的要求在线上平台进行庭审。但是在线审理冲击了传统线下审理的直接言词原则,当事人、诉讼参与人和法官无法面对面地交流,法庭审理更加流于形式,会弱化法官在庭审中的主导地位。再如,大数据类案推送技术是计算机编程人员根据法官的需求开发的,其中必定掺杂着技术人员的自我认知,这种情况下推送的案件并不是完全可靠的,可能会影响法官的判断。因此,技术介入司法领域,一定程度上挑战了司法的独立和权威性,为商业开发公司介入司法提供了契机和载体。

在线诉讼虽然是法院进行司法现代化的积极探索,但是所有诉讼环节仍应该遵循刑事诉讼的程序规则和诉讼原理,即在传统刑事诉讼程序的框架内进行。信息技术手段对司法审判的渗透,应当是有益且有序的。无论是线下开庭审理,抑或远程视频庭审、网络庭审,都要保证诉讼构造的稳固性。庭审实质化作为当前刑事诉讼改革的要点,应该贯彻下去。虽然远程庭审依然可以保证控辩审三方的主体地位及庭审结构,但是这种需要依靠视频技术来维系法庭关系的庭审方式,已经在动摇刑事审判的根基。控辩审三方在场仅是形式正义的体现,当事人利益维护以及庭审实质化的实现才是远程庭审的实质正义所在。[2]作为在线诉讼发展过程中最为关键的环节,也是能代表其发展程度的环节,远程

---

1 〔德〕Peter Gilles:《德国民事诉讼程序电子化及其合法化与"E—民事诉讼法"之特殊规则》,张陈果译,载张卫平主编:《民事程序法研究》第3辑,厦门大学出版社2007年版,第308页。

2 参见顾亚慧:《重大疫情下刑事案件远程庭审的运行与反思》,《中国政法大学学报》2020年第4期。

庭审对刑事程序合法性的冲击体现在两个方面：

第一，突破了直接审理和言词审理两大原则要求。[1]传统的法庭审理活动中，各方参与人齐聚在封闭法庭空间内，他们之间存在言语、神情、肢体动作交流，并且能够通过这些交流传达对某一事实或者证据材料的态度，这对法官观察被告人的言行举止进而做出正确决断具有重要意义。网络庭审无法将被告人的神情动态、肢体语言信息有效地传达给法官，受制于技术设备因素，同样的信息可能在视频呈现过程中发生改变，影响法官对庭审的掌控和对事实的认识。我国司法审判历来重视"察言观色"，在古代审判技术不发达的情况下，依靠法官对被告人察言观色，结合案件信息做出裁判成为审判的重要手段。犯罪心理学中也有专门的非言语行为研究，通过观察嫌疑人的肢体行为，发现其隐藏的心理特征。肢体行为与言语表达的组合，才是个人所展示出的最本质特点，会增加他人的信任感和真实感。然而视频庭审弱化了非言语行为的表达，限制了法官对被告人及其陈述做出真实全面理解，背离了直接言词原则的初衷。

第二，削弱了庭审实质化的要求。形式化审判、形同虚设的审判规范长期影响着中国司法的进步，而刑事司法的发展更是受到以案卷笔录为中心的裁判模式的误导。这种畸形的裁判方式直接导致了一系列冤假错案的发生，广受学界批判。但是经历了数十年的发展，案卷笔录中心审理模式已经与中国的司法融为一体，即便是正在进行的以审判为中心的刑事诉讼改革，依然无法根除庭审形式化的问题。实际审判活动中，法官重视公诉方提供的案卷笔录信息，对辩护意见不予采纳的情况时有发生。形式上的平等并不等于实质上的平等。法院原本希望借助司法信息化建设，从形式到实质都能有所改善，但现在看来这一意图是否能真的实现还存在疑问。受案卷笔录中心主义影响，中国的法庭

1　直接审理原则要求公诉人、诉讼当事人和参与人亲临法庭，并且法官要亲自从事法庭调查活动。言词审理原则强调法庭审判中的诉讼行为以言词陈述方式表达，任何证据材料都要以言词陈述方式进行，以此作为裁判依据。

审理程序对于裁判结论的产生没有实质性的意义,最多是一种带有明显象征意义的法律仪式。[1]证人远程作证、被告人接受远程视频审判这些在线化的诉讼程序,是否也让庭审活动变成一种带有象征意义的法律仪式? 答案是肯定的。在远程庭审规则相对不完善的今天,法官有较大的权力决定是否采用在线的方式接受证人作证、被告人审判,这样就增加了庭审虚化的风险。此外,网络视频形式决定了其与开庭审理的异质性,即控辩双方的对抗性"先天不足"。这一切都说明,远程审理淡化了控辩交锋的场景。虽然远程庭审能够弥补证人、被追诉方出庭成本高、风险大的缺点,并且有助于法官借助技术提升审判质量,但法官能否克服庭审过程中可能存在的技术问题,摒弃案卷笔录的诱惑,在现实与虚拟中抽丝剥茧,凭着真实直观的感受做出公正判决,这或许直接关系着庭审实质化能否实现。正基于此,我们才更应该加大对在线庭审的研究力度,尤其是在网络庭审、在线庭审适用普遍的今天,对于如何有效确保庭审规范性这一问题,必须加以重视。

传统庭审模式下,庭审规范更多地强调庭审纪律,如言语规范、行为规范、着装及仪表规范。而视频庭审模式下,庭审规范则对技术性要素提出较高的要求,坚实的技术能够保障远程庭审的规范化运行。当前各地法院开展的信息化建设,多集中在网络视频技术建设、办公网络系统建设两大模块,属于"智慧司法"最低程度的建设。由于地区经济发展水平的差异性,再加之各地区法院对信息化审判系统所持态度的不同,这就使得实践中对信息技术的探索程度存在差异。以远程审判系统的建设为例,东部沿海地区早在五六年前就联合技术公司研发技术、搭建平台,并在不断适用的过程中逐步完善。以杭州互联网法院为代表的几家互联网法院,实际上就是使用远程视频技术实现在线审理。而经济落后地区受制于资金、政策、区位等不利因素,信息化建设水平较低,也不重

---

[1]　参见陈瑞华:《刑事诉讼的中国模式》(第3版),法律出版社2018年版,第288页。

视对远程视频系统的开发,所以远程视频系统的使用能够在经济发达地区推广开来。通过观察视频庭审的司法实践,我们可以发现当下使用远程庭审的平台存在很大的不同,有的法院建立专门的远程庭审系统,有的法院借助微信、QQ等移动社交软件实现庭审,还有的法院利用互联网法庭开展工作,平台的不专业、技术的不规范都会影响远程庭审的效果。再加之网络黑客、病毒的存在,会加重庭审的风险,一旦与庭审相关的视频画面、案件信息泄露出去,会侵犯当事人的隐私。如果不能消除实践中可能存在的技术风险,那么就不能保证庭审井然有序地进行。

如果说技术要素是影响庭审规范性的必然障碍,那法官的职业素养和业务能力则是可能障碍。技术要素强调了根据司法需要而扩展、限定和调适若干法律律令的要素,其中之一则为法官职业素养。[1]信息技术时代,法官的职业素养不仅体现在能娴熟地利用法律规则定罪量刑,而且在于能借助技术手段提高发现实体真实,这是司法改革对法官提出的新要求,也是一种理想状态。但是要达成上述目的,仍然存在困难。首先,远程庭审系统的操作是一项复杂严谨的工作,对于那些习惯了传统庭审方式的法官而言,可能无法熟练地使用该系统,会增加其工作量,让其产生消极不满的工作态度。其次,远程庭审缺乏统一、有效的操作规范,无法给法官提供明确的指导,会增加法官操作的自由度,不利于审判的正规性。最后,远程庭审的相关规定模糊,没有设置权利保障机制,即便法庭上出现侵犯被告人辩护权的情况,也无法向法官请求保护。

实际上,远程庭审对大多数人来讲都是陌生的概念,即便对于那些身经百战的法官、检察官、律师而言也不是绝对熟悉的,具体应用过程中会无可避免地发生一些特殊情况。如何解决存在的技术风险问题,并确保法官自理、规范的使用,是我们今后应该关注的重点。

1　参见〔美〕罗斯科·庞德:《法理学》,邓正来译,中国政法大学出版社 2004 年版,第 72—73 页。

在线诉讼意味着部分诉讼活动一定会在网络空间中进行。在庭审实践中，网络庭审将控辩审三方通过信息技术连接起来，但实际上他们身处两个或者是多个不同的地点参与庭审活动。通过与个别律师交谈得知，一般情况下，辩护律师、法官、公诉方需要前往法院参加开庭，被告人则是在看守所参与审判；也存在法官和辩护律师在庭、公诉人在检察院、被告人在看守所的情形。这两种情况存在共同点，即被羁押在看守所的被告人要单独面对远程庭审的局面。庭审过程中被告人缺少与辩护律师的沟通，一些事关庭审的信息无法有效地传达给律师，会降低辩护质量。传统庭审中，辩护律师是与被告人"捆绑"在一起的，作为一个整体共同面对公诉人的指控。在法庭上，被告人和辩护律师之间可以通过眼神交流、肢体语言的方式传递信息，律师的语言甚至能影响到被告人的供述，不管这种供述是否真实合理，至少被告人充分表达自己意见的权利得到保障。但在远程庭审中，由于其互联网在线化属性，被告人与辩护律师的联系被割裂，这种"割裂"不仅仅体现在空间上的距离，还体现在情感上的疏远。身边缺少了辩护律师的陪伴，被追诉人会产生心理上的失落感和无力感，无法有效地配合律师进行辩护，辩护的质量会大打折扣。

空间上的转换会增加个人的心理负担。传统庭审程序中，被追诉人处于被告人席位，左边是气势汹汹的公诉人，右边是面无表情的辩护律师，正前方是正气凛然的法官，后面是装备齐全的法警。在这种环境下，被告人心理上负隅顽抗的想法已经消除大半，经过控辩双方的唇枪舌剑以及法官的循循善诱，被告人很有可能供述真实情况。但是在羁押场所，被告人面对着空无一人的前方，只能茫然地注视屏幕。如果遇到网络延时、视频卡顿、声音嘈杂等突发情况，更是会影响被告人如实供述的心情。所以以上情况不但无法保证庭审的质量和效率，反而会提高被告人虚假供述的程度，不利于发现实体真实。

被告人的诉权会受到限制。刑事案件中实物证据是以固定方式呈现的，拥有特定的载体，诸如书证、物证、视听资料等等，庭审中需要通过法庭宣读、展示、触摸等方式来认定是否采信。虽然远程庭审中这些环节都不会缺少,但是隔着屏幕展示的证据无法让被告人产生"真实感",对于某些需要被告人仔细辨认的证据材料,目前的远程庭审还无法达到使人身临其境的程度。

通过对上述情况的梳理,我们可以得出一个结论:在线诉讼发展确实带来了司法效能的提升,却是以牺牲被告人诉讼权利为代价的,即便对权利的损害很小,在刑事司法领域越来越追求实体和程序双重正义的当下,这种损害也是不被认可的。

随着社会分工特别是市场经济条件下高度社会分工的发展,法律机构会发生一种趋势性的变化,即法律的专门化。[1]法律机构和法律人才的专门化组成了法律的专门化。在法律机构建设方面,国家近几年来积极推动司法体制改革,通过内设机构合并来优化职权,加强党中央对法治建设工作的领导,并积极推进以审判为中心的诉讼制度改革。在法律专业化队伍建设方面,通过员额制改革、司法人员技能知识培训,建立专业化、精细化、高水平司法队伍。在司法活动方面,通过智慧法院、智慧检务、智慧警务三大系统建设,将现代科技运用于司法领域,意图建立符合中国特色的现代法治体系。在刑事诉讼中,刑事案件按照特定程序由侦查、起诉到审判依次进行,从而形成公安机关、检察机关、人民法院三者之间的横向结构关系。在庭审过程中形成检察机关、诉讼当事人、法院三方之间的控辩审三角关系。公安机关、检察机关、人民法院根据各自办案的实际需要,制订不同的发展计划,开发出适应自己机关特点的技术和应用。同时各级机关在总体规划的基础之上,采用招标或者合作的方式开发软件或平台。司法活动具有不同于其他活动的特性,司法活动是高度分工的专有活动,这意味着在线诉讼的适用并不是泛化的。目前我国确立了司法公开原则以及附条件不公开原则,因此在线诉讼也应该遵循司法公开原则,以特殊案件的不

1　参见苏力:《法律活动专门化的法律社会学思考》,《中国社会科学》1994年第6期。

公开为例外。在线诉讼意味着案件所有细节需要被上传至网络平台,需要经过网络庭审,意味着案件公开,所以对于私权隐私案件,在线诉讼的适用程度较低。除上述案件之外的涉网纠纷案件、轻微刑事案件是可以适用的。目前在线诉讼针对的也主要是民事案件,大多数刑事案件还无法实现从起诉到宣判的全流程在线化。在线诉讼并不是传统诉讼形式的替代品,而是适应信息时代司法变革的产物。司法活动的高度分工性决定了在线诉讼无法实现全方面全领域的覆盖,这是目前的实际情况。

　　司法程序,是指规范司法行为和司法活动的程序,[1]即我们所通常讲的诉讼程序。司法的本质就在于通过程序限制司法权的行使,保证当事人的诉权行使,从而发现真实,实现社会正义。司法程序规制诉讼主体活动,可以最大限度地避免由诉讼本身导致的社会冲突和对社会秩序的破坏。[2]司法程序又可以细分为刑事、民事和行政司法程序,每种程序的制定都有自己的考量,针对不同案件规定不同程序。司法程序是依程序规范由三方共同实施的动态过程。科技的发展带动司法的进步,促进司法变革。科技与司法的融合,使得技术改变了司法原有的程序和规则。在利用科技推动司法现代化建设的过程中,掌握信息技术的人员参与到司法建设过程中,通过技术开发、软件编程将自己的理解加入司法中,使得技术无法完全中立,那么司法原有的独立性、司法程序的固有属性会受到技术的冲击。因此,学界主张明确技术权力介入司法权力的限度,避免人工智能、信息技术应用到司法程序中,突破司法固有属性。司法实务界也担心技术权力过多地干涉司法程序,会使得司法过度依赖科技,所以主张对科技的适用保持谨慎的态度,同时认为技术应作为司法辅助手段,用以提高工作效率,反对技术深入司法核心领域。科技是把双刃剑,在为司法带来新的活力的同时,也挑战着传统的司法程序规则。而在司法拥抱科技的同时,司法权力的

1　参见江必新、程琥:《司法程序的基本范畴研究》,《法律适用》2012 年第 5 期。
2　参见宋英辉、李忠诚:《刑事程序法功能研究》,中国人民公安大学出版社 2004 年版,第 6 页。

独立属性、司法程序的独立构造也在制约着司法领域科技的应用和推广。

刑事在线诉讼在实践中的探索如火如荼,但是相关法律规则的保障跟不上其发展。虽然最高人民法院出台规范性指导意见,赋予在线诉讼发展正当性,然而这种正当性显得有点不够"正当"。2021 年 5 月发布的《人民法院在线诉讼规则》第 1 条指出"在线诉讼活动与线下诉讼活动具有同等法律效力";第 3 条第 2 项则明确了刑事案件适用在线诉讼的范围,即在线诉讼可以适用于刑事速裁程序案件,减刑、假释案件,以及因其他特殊原因不宜线下审理的刑事案件。虽然相比过去有关规定有了实质的发展,但是关于适用在线诉讼的刑事案件范围仍存在模糊性。例如,因其他特殊原因不宜线下审理的刑事案件,该条文中"其他特殊原因"并不明确。由于法律规范不明确,实际操作中,法官有很大的自由裁量权决定哪些刑事案件可以采用网络庭审的方式进行。此外,目前已有的法律法规中的绝大多数条款是针对民商事领域的在线诉讼发展设置的,这就导致刑事案件在考虑适用在线诉讼时,必须同时考虑传统刑事诉讼规范与在线诉讼相关的规定,这在无形中加大了司法工作的难度。

在线诉讼依托互联网平台开展诉讼活动,将法院和诉讼当事人聚集在网络虚拟空间,打破了庭审活动的时空限制,这会与司法的直接言词原则冲突。人工智能裁判的运行样态可能会让庭审再次陷入虚化的危险,甚至是存在高科技让庭审完全退出历史舞台的可能。[1]以在线庭审为例,法官在法院内部通过网络平台进行庭审,诉讼当事人在某个不特定的空间上线参加庭审活动,每个人都需要对着镜头才能看到其他人,这与传统庭审对簿公堂有所区别,主体之间少了眼神交流。如果是直播庭审,双方控辩就会成为视频背后的利益博弈,诉讼主体必须牢记审判过程是逻辑与价值相互协调融合的过程。[2]古代司法确立的"五听"制度一直沿用至今,法官通过法庭对案件当事人察言观色,对案件细节

---

1 参见胡铭、张传玺:《人工智能裁判与审判中心主义的冲突及其消解》,《东南学术》2020 年第 1 期。
2 参见陈增宝:《司法裁判中的情感因素及其调控》,《人民法院报》2016 年 6 月 17 日,第 5 版。

和当事人陈述进行判断分析,进而形成内心确信并发现事实真相。但是在线庭审使得法官无法直接接触案件及当事人,更无法准确地把握庭审细节。同样,在线庭审也带来了证人远程出庭作证真实性的问题,缺少了传统法庭场所的束缚,证人很可能和当事人串通一气,证言真实性无法得到保证。

人工智能带给司法群体的是一个"简单而含蓄的挑衅性任务"[1]。在今后一段时间内,技术无法让人工智能实现对人类非逻辑思维的较好模拟,也无法完成真正的证据说理。[2]员额制改革之后,中年法官占据了入额法官群体的很大一部分,他们早已习惯传统的工作方式,对法律新科技手段的接受度较低,尤其是对一些过于先进现代化的司法系统设备,这些法官更是存在排斥心理。以大数据类案推荐为例,类案推送大多采用知识图谱、自然语言识别技术,同时结合技术开发者提供的人工建模,从海量法律文书中提供关键细节进行标注。[3]若法官对该系统的原理缺乏了解,在实际使用中则可能会面临推送案情相似性低、细节把握不严谨等问题,其实对于案件审理反而是不利的。除此之外,目前国内法院开发的各种办案辅助系统,虽然一定程度上简化了烦琐的办案流程,但是并没有从根本上解决长久以来法院案多人少的问题。类似量刑辅助、类案推送这些对法官操作要求较高的办案系统,实际上加重了法官的办案压力。因为在一些偏远地区的基层法院,信息化建设程度低,法官自身能力有限,对这种先进办案系统的认识程度不够,操作起来不易,抵触情绪自然时有发生,这与司法辅助系统开发的初衷不符。

中国紧随信息化发展的步伐,根据实际需求逐步发展在线诉讼技术,通过互联网法院建设实现涉网纠纷案件全流程的在线诉讼。而地方各级法院在最高人民法院的统一指导下,逐步建立起诸如吉林电子法院、安徽法院诉讼服务

1　Sergio Ferraz, Victor Del Nero:《人工智能伦理与法律风险的探析》,《科技与法律》2018 年第 1 期。

2　赵艳红:《人工智能在刑事证明标准判断中的运用问题探讨》,《上海交通大学学报》(哲学社会科学版) 2018 年第 4 期。

3　参见王禄生:《大数据与人工智能司法应用的话语冲突及其理论解读》,《法学论坛》2018 年第 5 期。

网等网上诉讼服务平台。国内的在线诉讼实践可分为两种模式：一类是"阶段性模式"，即将科技引入诉讼的某个阶段；另一类被称为"全程性模式"，即将科技引入诉讼的全过程。[1]各地法院根据实际需求，建立多种在线诉讼服务平台，可以实现案件的阶段在线诉讼服务，只有杭州互联网法院在总结过去经验的基础之上，实现了涉及网络纠纷案件的全流程在线诉讼，[2]并且也多是民商事案件，这是互联网法院设立的主要目的。由于互联网法院定位的特殊性，所以对于涉网以外的刑事案件、民商事案件的审理，仍然遵循传统的线下诉讼方式，为了实现诉讼效率的高效，会尽可能将技术引入到诉讼流程中，但是无法做到全流程覆盖。由于刑事、民事、行政案件审理机制不同，诉讼程序也各有特色，目前的技术只是提升司法运行效率的工具，无法忽略个案差异，实现案件在线化全覆盖。例如，我们所熟知的司法大数据与人工智能技术，主要是沿着知识图谱—情节提取—推理预判的结构发展的。而在知识图谱建构方面，技术高度依赖人工，人的主观性注入技术应用中，司法的独立性无法得到保证。在技术无法实现在线诉讼全覆盖的情况之下，我们应该更多地反思技术带来的负面影响。科技再先进，终究只是司法运行的工具，司法不会成为技术的傀儡。

六、 在线诉讼发展的新路径展望

在国家信息化发展的总体背景下建设法治国家，首先要做的就是完善立法，只有以坚实的法律根基作为支撑，才有可能消除改革路上的种种难题。多年来，国家一直重视立法体制的完善，无论是中央层面的立法体制改革，还是地方层面的制度改进，充分体现了中国一直以来坚持的依法治国原则。近些年

1　参见侯学宾：《我国电子诉讼的实践发展与立法应对》，《当代法学》2016 年第 5 期。

2　参见余建华、孟焕良：《浙江高院联手阿里巴巴打造智慧法院》，《人民法院报》2015 年 11 月 25 日，第 1 版。

来,中国经济社会得到突飞猛进的发展,各项事业稳步推进。越是在这种情况下,越需要国家不断出台新规定,多层次、多角度支持新事物的发展。针对在线诉讼发展中出现的超越法律规定、缺乏有效监管等新问题,国家应该拿出实际行动予以解决。因此,非常有必要从中央层面构建在线诉讼的规范体系,指导各地法院的统一建设。[1]

在国家信息化建设的总体背景下,法院的在线诉讼实践有了长足的发展。各地法院开展了富有自身特色的诉讼在线化建设项目,在线庭审、人脸识别、智慧语音技术得到广泛应用。在线诉讼在实践发展的同时,却忽略了一个重大问题——改革合法性问题。在线诉讼实践在改变传统诉讼活动的同时,也给中国传统的诉讼活动、司法体制及其运行机制带来了前所未有的挑战,这种挑战不仅体现为其面临的技术难题,更体现其面临的法律难题。[2]长期以来,我国注重"先改革后立法,先试点后总结"的模式,改革领先于法律的情况时常出现,官方也积极支持这种发展模式。[3]最高人民法院制定了多部规范性文件用以指导在线诉讼和法院信息化建设。与此同时,地方各级法院响应最高院的号召,出台地方规范性文件支持本院的在线诉讼信息化建设,一场关于诉讼方式的大变革正在如火如荼地进行着。

从严格意义上来讲,一项改革所需要的法律,应当是狭义上的法律。目前中国在线诉讼建设所依据的主要是"两高"出台的规范性文件和地方司法机关自行制定的规范性文件,其效力均偏低。在线诉讼的出现与发展体现着科技进步对诉讼方式与司法体制的影响,诉讼实践中出现的诸多合法性难题,急需在正式法律层面给予回应。因此,要制定正式的法律,使得作为司法改革重要内容的诉讼建设"于法有据"。[4]为了解决在线诉讼建设过程中出现的与现有法律

1　参见左卫民:《中国在线诉讼:实证研究与发展展望》,《比较法研究》2020年第4期。

2　参见刘敏:《电子时代中国民事诉讼的变革》,《人民司法》2011年第5期。

3　参见刘松山:《当代中国处理立法与改革关系的策略》,《法学》2014年第1期。

4　参见侯学宾:《我国电子诉讼的实践发展与立法应对》,《当代法学》2016年第5期。

冲突的情形,我们需要制定具有更高效力的法律用以统一指导在线诉讼的建设,为其提供坚实的根基,以防止实务中因合法性不足而产生的新问题。

当前在线诉讼可以分为全程性和阶段性两种模式,全程性诉讼模式运用最多的是民事简易程序案件和小额诉讼案件,而实践中刑事案件多采用阶段性诉讼模式来审理,即部分诉讼环节通过在线化的方式来处理。这样做的原因有两点:一是刑事案件往往案情复杂,涉及人数多,贸然采用线上诉讼的方式不利于发现事实真相,必须使用传统诉讼方式来追查犯罪;二是对于犯罪事实清楚、案情简单的刑事案件,采用线下侦查起诉与线上问询审理相结合的方式,有利于减少不必要的司法资源浪费和不利因素对案件的影响。在过去,由于缺乏对刑事案件在线诉讼中适用的明确规范,各地法院在探索过程中缺乏统一的指导,即便是重大刑事案件也会采用阶段性的在线诉讼模式。《人民法院在线诉讼规则》第3条明确了刑事案件在线审理的适用范围:一是刑事自诉案件;二是速裁程序案件;三是因其他特殊原因不宜线下审理的刑事案件。也就是说,只有这三类案件可以以阶段性在线诉讼模式开展工作。最高人民法院在疫情期间出台的《加强和规范在线诉讼工作的通知》也规定了可以使用远程视频庭审方式审理的刑事案件类型,增加了认罪认罚从宽案件、妨害疫情防控的刑事案件这两类。虽然两项规定存在细微的差别,但笔者认为使用远程视频庭审与采用在线审理方式,本质上是一样的,都是借助计算机设备、网络系统,实现异地在线连接。因此从这个角度来讲,笔者认为上述条款规定的几类案件采用阶段性诉讼模式具有合理性。但是,笔者也认为认罪认罚案件不能全部适用在线审理,比如对于侵犯个人隐私、未成年犯罪案件,要严格禁止在线审理。

明确在线诉讼的适用条件,对于研究刑事领域的在线制度发展具有重要意义。在线诉讼发展秉持以人民为中心的思想,意在满足人民群众的诉讼需求,用科技体现司法温暖。因此,适用在线诉讼模式办理案件,首先,要向当事人讲明利害关系,在征得同意的基础之上才可以采用,否则会影响当事人的自由选择权利。其次,刑事案件通过在线审理的方式进行,并不意味着放弃了传统诉讼方式。如果审理过程中发现案情复杂、设备影响审理进度,法官可以自行决定转换为传统模式,或者是当事人提出请求,法官按照规定终止审理,依法转化为普通程序。最后,法院必须严格遵守规定,不得主动选择采用在线诉讼的方式审理案件,更不能超越法律规定,随意扩大适用范围。我们应该认识到,发展在线诉讼不是为了取代传统诉讼方式,前者虽然具有独立价值,但也要以维护传统诉讼价值理念为使命。尤其是对于刑事案件的审理,更应该严谨、细致,过于追求信息化审判也许会适得其反。

在线诉讼涵盖了起诉、庭审、裁判、执行等一系列流程,不同种类的案件实现同等的诉讼审理,是司法实践和制度上的一大创新。但是三大诉讼法对各自领域的案件适用不同的规则,单纯依靠在线诉讼这一审理方式,一方面会对原有的司法规则造成冲击,另一方面相关信息技术的统一使用使得不同案件的审理出现脱节。为此,我们必须重新审视信息技术在在线诉讼程序中所发挥的作用。这并不意味着我们要放弃或者限制在线诉讼,而是希望从技术上找到解决办法,实现案件的全领域全流程覆盖。国内对在线诉讼的实践主要表现在电子法院、移动微法院等在线诉讼平台的建设中,目前这些平台为大多数民商事案件纠纷提供诉讼服务,将先进的信息技术引入到平台中,提高了司法工作效率。但是司法规则的不同也带来许多问题,难以保证简单刑事案件同样可以实现诉讼活动的全程在线,成为制约在线诉讼进一步发展的障碍。

在技术上,笔者认为可以在在线诉讼平台上将刑事案件、民商事案件、行政案件作为独立的模块进行建设,每类案件的线上诉讼同样可以采用大数据、智慧语音等技术,只不过针对三类案件不同的法律规则设置特定的技术标准。在线诉讼运用的智能辅助系统应当在技术标准上透明,并且能够维护本身的公正客观。鼓励技术开发公司之间相互交流,避免技术垄断从而影响司法中立。有学者认为智能系统的应用涉及多方权益,司法部门可以通过设立委员会的形式参与到智能系统规则制定的过程中,保障智能系统研发过程的公开性与参与性。[1]如今,5G 通信技术也加快了民用的步伐,有了新技术的加持,在线庭审过程中的通信质量会得到很大提升。与此同时,也可以将发展相对成熟的 VR、3D 视频技术引入庭审,在网络庭审、远程视频作证等诉讼环节发挥作用,增加庭审的真实感。对落后偏远地区的法院要加大技术支援力度,可以通过设备的更新升级、技术的引入,提高其硬件水平。法院、检察院应该加强合作,联合开发适合办案的软件系统。

最近几年,中国各级法院开展多样的在线诉讼建设,智能司法辅助应用系统在全国得到推广,并取得一定的成绩。但是由于智慧司法辅助技术的开发缺乏统一的技术标准,这就导致技术对司法领域的渗透正在加强。当前中国的在线诉讼发展更加侧重民商事领域,并逐步向刑事司法领域扩展。但是刑事诉讼中诉讼双方地位的不同和弱对抗的庭审状态无法有效地保障被追诉人在法庭对抗环节的权利。"云庭审"技术的应用,改变了传统的法庭审理方式,将各方当事人集中在网络平台参与审理,这样就更加削弱了庭审对抗状态,使得"弱对抗"变得更弱,甚至是没有对抗。因此,我们需要重新考虑是否继续追求在线诉讼程序的全覆盖,并应巩固现有的成果,不断提高在线诉讼程序在民商事领域的应用,相应地限制智能司法应用在刑事等领域的扩张,不要过度追求司法的智慧化、智能化,防止司法沦为技术的附庸。

诉讼活动无论是在线下进行,还是在线上进行,都要以正当程序原则为根本遵循,这是对司法运行规律的尊重,也是确保诉讼活动规范性的基本要求。在线诉讼作为人民法院的新探索,面临着法律制度和司法实践的双重问题。在法律制度层面,现有关于在线诉讼的法律规定适用范围不明确,适用标准不一致,权利保障不完善。在实践层面,法官不能很好地适应此种模式,消极审理的

---

[1]　参见陈实、卫晨曙:《论智能时代我国司法审判的科技异化》,《上海法学研究集刊》2019 年第 9 期。

情况时有发生;法院不严格遵守相关程序规定,设置自己的适用标准;过度追求在线审理效率,简化审理流程。如今,我们建立起来的庭审系统确实能够提升审理效率,但是也对法院及司法人员提出了更高的要求。只有在遵守诉讼规则的基础上,借助庭审技术和设备,才有可能以最优方式发现真相,维护司法公正。

要充分发挥在线诉讼的审理优势,必须做到以下几点:一是尊重自由选择权。在没有征得当事人同意的情况下,不得强迫、诱骗当事人使用在线庭审方式。二是明确案件适用范围。目前相关法律规定的是刑事附带民事案件可以适用在线诉讼,刑事自诉、速裁程序案件等简单刑事案件可以采用在线审理或远程视频庭审的方式。针对上述情形,我们应该统一适用条件,对简单刑事案件允许采用,而案情严重、情况复杂的刑事案件一律不允许采用,尤其是对于故意伤害、杀人这类侵犯公民人身权利的犯罪,应坚决禁止在线审理。三是做好审判信息的数据留痕工作。采用在线审理程序处理的案件,对所有通过网络进行的证据交换、证据展示、法庭辩论、被告人陈述等信息都要进行数据的保存,在事后交辩护律师或者被追诉人确认。四是探索涉网刑事案件在线审理的可能性。当前以互联网法院、电子法院、移动微法院为代表的诉讼发展实践,已经形成一整套合理和规范的审理规则。既然轻微刑事案件、民商事案件、刑事案件和行政案件可以采用在线诉讼模式审理,那我们是否可以考虑将一些案情简单的涉网刑事案件纳入在线审理的范围。笔者认为,当下网络的发展带来网络诈骗、网络金融犯罪等一系列问题,所以其发展是有现实需求和条件的。目前国内已经有学者提出建议,互联网法院应管辖涉网络刑事案件,从部分网络刑事案件拓展至全部网络刑事案件。[1]当然,具体如何开展,还需要后续的调研论证。

1　参见自正法:《互联网法院管辖刑事网络案件的可能与限度》,《宁夏社会科学》2020 年第 3 期。

七、结　语

科学技术与司法的融合改变了传统司法运作的机理,但是也为司法效率与司法正义的提升提供了契机。要坚持以当事人为中心的发展理念,通过信息化方式服务法院的审判权,保障当事人的诉权得到良好的实现。在线诉讼虽然是一种新的诉讼形式,但其实质依然是诉讼,并未突破诉讼的本质特征。在线诉讼的建设应当遵循客观规律,同时符合诉讼的程序规则,保持技术的中立,避免陷入技术万能论和诉讼保守论的论调中。在线诉讼与线下诉讼相比,具有便捷性、高效性、实用性特征,能够有效地改善司法运行压力,通过更加公开的诉讼形式促进司法的公平正义。但是也要看到在线诉讼对原有司法规则、司法秩序的挑战,直接言词、交叉询问等规则会在线上庭审流程中被弱化。此外,在线诉讼不具有普遍适用性,对特定的案件可以实现全流程覆盖,但是因为技术的限制、法律规则的限制,在线诉讼目前还无法实现所有案件的全流程覆盖。

正如前文所述,阶段式在线诉讼和全程式在线诉讼或许是目前比较符合中国司法实际的两种模式,其中阶段式在线诉讼更加适合刑事案件的审理。笔者坚信今后会有更多符合规定的刑事案件利用在线审理的模式,得到更加公正公开的处理。当然,我们也不能被现有的成果冲昏了头脑,法院应当在认清现实的基础之上,结合技术开发应用情况、案件特点等因素,有序地引导在线诉讼的适用,促进在线诉讼更加规范、有序、平稳地建设,不能急于实现在线诉讼全覆盖,应当稳扎稳打,在实践中逐步摸索出更多经验。

附　录
域外数字时代的司法变革文献综述
——以英、美、澳、法、德五国为例

数字时代,科学技术是推动生产力发展的重要因素和力量。如今,科技的便捷、高效、创新影响着我们社会生活中诸如经济、教育、医疗、交通等各个方面。司法作为社会生活的一部分,难免受到科学技术的渗透和影响。司法与科技的结合,司法的科技化、智能化是现代司法融入信息社会的重要体现。作为英美法系的代表性国家,英国、美国和澳大利亚的司法制度具有非常重要的研究价值,并且英、美、澳等国针对科技与司法的结合也在立法、理论和实践上具有诸多运用。作为传统的大陆法系国家,德国和法国科技司法的发展相较于英美要缓慢许多,这与其司法传统密不可分。域外研究可以帮助我们更加深入地理解科技与司法在各国法律理论和实践中的运用。因而,本附录拟从科技与司法结合的角度,对域外国家尤其是英、美、澳、法、德等国的相关制度做一文献综述,以期为我国司法智能化、信息化的建设提供一定的借鉴与研究素材。

一、　远程作证

证人出庭作证是庭审实质化的重要体现。在奉行当事人主义诉讼模式、讲

究面对面交叉询问的英美法系国家,证人出庭更是庭审的重中之重。庭审程序的进行都围绕着证人而展开。随着科技的迅猛发展,一些以科技手段为依托的作证方式逐渐得到发展。正如学者所言:"技术的进步使当今世界各国的法院能够远程获取证人的证词。"[1]然而,远程作证在英美两国的运用都经历由儿童作证(特殊作证主体)扩展到一般证人出庭作证、专家证人出庭作证,由单向闭路电视作证、双向闭路电视作证到网络视频媒介作证的发展历程。远程作证的出现也引发证人保护与被告人当庭对质权之间的冲突,从而引发法官和学者就面对面交叉询问与远程作证两者间的讨论和研究。

(一) 远程作证的萌发阶段

在英美,远程作证的出现都呈现出一个共同的特点:最初,远程作证是在儿童证人出庭作证时开始采用,尤其是在性侵案件中的儿童受害人作为证人出庭的情况下。随后,远程作证的主体不断扩展到非儿童证人的成年证人、专家证人等主体,而民事案件中远程作证的采用则比刑事案件发展更加迅速,接受度也更高。起初,在刑事案件中引入远程作证引发了美国违宪审查的热潮,而在英国,远程作证与自然正义原理的冲突也是部分法律专业人员排斥远程作证的原因。相较于刑事案件中两国所持的谨慎态度,民事案件中的远程作证发展相对快速,"接近正义"的提出、司法效率的要求加之没有刑事当庭对质的严格限制,远程作证在英美两国开始被广泛采用。

在美国,视频会议在司法中的运用最早可以追溯到 20 世纪 70 年代。1996年美国《联邦民事诉讼规则》修改,正式将以视频会议为媒介的远程作证方式在法律中规定下来。[2]在英国,自 1985 年开始,信息交流技术就已经在英格兰和威

1　Dutton, Yvonne M., "Virtual Witness Confrontation in Criminal Cases: A Proposal to Use Videoconferencing Technology in Maritime Piracy Trials", *Vanderbilt Journal of Transnational Law*, Vol. 45, 2012, p. 1285.

2　参见 Kenniston, Carolyn W., "You May Now 'Call' Your Next Witness: Allowing Adult Rape Victims to Testify via Two-Way Video Conferencing Systems", *Journal of High Technology Law*, Vol. 16, 2015, p. 98。

尔士法院中体现出一定的作用。20 世纪 90 年代以来,视频技术在刑事法院中的运用也十分普遍,但主要限于为儿童和青少年以及刑事欺诈案件中的海外证人提供证词。在 2002 年 7 月,立法将这一作证方式的主体扩大到了脆弱证人和易受胁迫的证人(vulnerable or intimidated witnesses)。[1]

(二) 远程作证的技术特色

技术的发展使证人出庭作证的方式有了很大的革新。通过实时双向视频会议技术(videoconferencing technology, VCT),可以将证人的图像和声音从世界上任何地方传输到审判庭,只要相关位置已经配备必要的技术。而该技术依赖于位置之间点对点(point to point)的数据链接,且必须装有摄像头、麦克风、用于显示可视图像的屏幕以及视频会议硬件(“codec-编解码器”)。为了传输图像和声音,设备的每个终端都必须连接到依赖于类似高宽带电话线(high bandwidth telephone lines)或因特网协议(Internet Protocol, IP)的综合数字服务网络(Integrated Services Digital Network, ISDN)。实时双向视频会议技术可以将与音频完全同步的高质量视频图像同时从一个位置传输到另一个位置。换句话说,一个人的声音与嘴唇运动完全协调。如今,大多数视频会议越来越多地通过 IP 模式提供,并且只要法院或其他地点可以连接互联网,视频会议就可以免费提供。但是通过 IP 互联网连接可能会有信号不稳定的情况,此时基于 ISDN 专门通信线路的方式将更加稳定和可靠,费用也更高。

在美国,威廉和玛丽法学院的麦克格洛斯林(McGlothlin)在高科技法庭上曾对远程作证进行实验,其试验表明:尽管该技术无法准确复制法庭上面对面现场作证的情况,但可以非常接近。在该法庭中,实时双向视频会议技术可以将证人的图像直接显示在证人席后面,法官的图像可以直接显示在法官席

1　参见 Brooke, Henry, “The Legal and Policy Implications of Courtroom Technology: The Emerging English Experience”, *William & Mary Bill of Rights Journal*, Vol. 12, 2004, p. 699。

(bench)后面,律师的图像可以显示在律师席上。此外,高端视频会议设备允许同时传输计算机图像,无论是数字文档还是PPT或者类似的电子幻灯片。国外有学者认为,随着技术的不断改进,图像和声音的质量可能会变得更好,以至于人们很难意识到远程证人不在法庭现场。[1]更何况,"随着差旅成本和困难的增加,视频会议所具有的降低成本的作用,使其变得特别有吸引力。如今视频会议在审前程序(pretrial matters)、审判程序(trials)、行政性听证(administrative hearings)和上诉(appeals)等相关事项中运用非常多"[2]。

(三)远程作证适用的影响因素

远程作证的适用在刑事和民事案件中所需考虑的因素有所不同。民事案件中采用远程作证,目前更多的是以效率导向为基础,而从刑事案件最初可以采用远程作证的情形来看,其是以儿童证人免受法庭威胁和创伤为基础的。因而,对于为了效率"缩小证人与法庭间的距离"和为了司法公正"拉大证人与法庭间的距离",不能简单地进行功能等同。决定是否采用远程技术,需要考虑的不仅是远程技术本身及其成本、使用的质量,更包括远程技术如视频会议所伴随的法律和实践问题。民事案件中,在证人出庭需要长途跋涉的情形下,证人具有极大的不便性并且需要承担较高的开销,除此之外,还存在实际出庭作证可能会对证人的健康和安全造成威胁的情形。在上述两种情况下,采用远程作证具有一定优势。

但在刑事案件中,一方面,并非所有人都认同允许控方证人通过实时双向视频技术在刑事审判中针对被告作证的适当性。[3]反对刑事审判中适用远程作证的论点包括:远程作证可能会侵犯被告面对对他不利的证据的权利,因为该证

---

1 参见Lederer, Fredric, "The Legality and Practically of Remote Witness Testimony", *The Practical Litigator*, Vol. 20, 2009, pp. 20–21。

2 Lederer, Fredric, "The Legality and Practically of Remote Witness Testimony", *The Practical Litigator*, Vol. 20, 2009, p. 19。

3 参见Dutton, Yvonne M., "Virtual Witness Confrontation in Criminal Cases: A Proposal to Use Videoconferencing Technology in Maritime Piracy Trials", *Vanderbilt Journal of Transnational Law*, Vol. 45, 2012, p. 1285。

词的提供不是"面对面"（face to face）的；[1] 远程作证不能确保作证的真实性与在被告面前作证的程度相同；[2] 远程作证的情况下，法院和陪审团对证人的行为举止和真实性的评估难以与现场提供证词达到相同的程度。

另一方面，有些法院认为，基于"公正利益"（interest of justice）和其他特殊情况，可以在刑事案件中采用远程作证。在一定情况下，当证人出于安全、健康或工作相关因素的考虑而不愿或无法亲自参加审判时，各国刑事法院都允许采用实时双向视频技术作证。尽管美国通常对在刑事案件中远程作证的采用持谨慎的态度，然而在证人以安全和健康为由不愿或不能出庭的情况下，允许通过实时双向视频技术作证，尤其是在涉及外国证人、法院传票权限受限的情况下。[3] 在案件涉及外国证人的时候，若需寻求外国证人的证词，此时由于法院传票的管辖范围所限，允许远程作证可能是获得该证人的合作和证词的唯一途径。

可以肯定的是，在如今的国际法环境下，美国的检察官并不能强迫外国证人提交视频作证，更多的是要求其本人到美国作证。然而这样的方式，往往会面临失败。视频作证则可以解决这一问题。据一位美国律师所述："其他国家的公民往往会拒绝前往美国作证，但是他们愿意接纳一些对他们来说负担较小的要求——通过视频在他们所在的国家进行远程作证。而且随着经济的全球化，在未来的联邦刑事审判中对外国证人的需求将大幅度增加。"[4]

涉及外国证人的情形，例如，海盗案件。有学者提出，在海盗案件中，某些情况下允许通过双向实时视频技术作证可以更好地起诉海盗。海盗罪是各国都可以行使普遍管辖权的古老罪行。在美国，海盗袭击的数量和严重程度不断

1　参见 Friedman, Richard D., "Remote Testimony", *University of Michigan Journal of Law Reform*, Vol. 35, 2002, pp. 701−707。

2　参见 United States v. Bordeaux, 400 F. 3d, p. 554 (8th Cir. 2005)。

3　参见 Dutton, Yvonne M., "Virtual Witness Confrontation in Criminal Cases: A Proposal to Use Videoconferencing Technology in Maritime Piracy Trials", *Vanderbilt Journal of Transnational Law*, Vol. 45, 2012, p. 1286。

4　Helland, Lynn, "Proposed Amendments to Fed. R. Crim. P. 26: An Exchange: Remote Testimony—A Prosecutor's Perspective", *University of Michigan Journal of Law Reform*, Vol. 35, 2002, p. 725.

增加,海盗因犯罪而被起诉和惩罚的风险却很小,这其中的一个原因就是对海盗罪的指控难度较大,证人出庭困难,导致大多数情况下,国际社会不愿起诉海盗,而满足于简单地释放海盗。海盗犯罪这样一种国际规模的犯罪往往涉及来自全球的证据、犯罪嫌疑人、受害者和证人,要处理这种犯罪,需要花费大量的金钱,并且会面对一系列的困难。如果要求证人当庭提供证词,国家必须支付将世界各地证人运送到庭审地点的费用,而这些费用可能会特别巨大。获取现场证词的困难不仅在于成本,更是因为各国无法强迫非本国人亲自参加审判。在海盗袭击中,幸存的船员或在海上航行中协助俘获海盗的海军军官,如果因为生病、正在海上执行工作或出于安全考虑而无法出庭作证,此时也不能强令其出庭。在某些情况下,允许远程作证可以降低获得成功起诉海盗案件所需证据的困难程度,同时促进司法公正。但是允许远程作证必须出于司法公正,且要满足一定条件,请求远程作证方需提供证据证明:(1)证词对公正合理解决案件是必要的;(2)证人出于正当理由无法或不愿亲自出庭作证;(3)视频作证时需采用适当的保护措施,确保被告享有公正审判的权利以及确保证人理解诚实举证的义务。只有这样,才可以平衡诉讼各方的利益。当证人使用实时双向视频技术作证时,被告人享有公正审判的权利也受到一定保护,此时被告和证人都能互相看到对方,被告也可以在审理期间实时地对证人进行交叉询问,法庭和陪审团也可以看到证人作证的情况,并评估证人的可信度。甚至在特定情形下,被告可以从远程作证的规则中受益,因为审判将以快速的方式进行,避免被告花费大量时间在法庭上等待。因而某些情况下,在海盗犯罪案件中采用远程作证将促进司法公正,并使更多国家承担起起诉海盗的责任。[1]

有美国学者总结认为,远程作证适用的条件可以包含以下三个方面:(1)保

---

[1] 参见 Dutton, Yvonne M., "Virtual Witness Confrontation in Criminal Cases: A Proposal to Use Videoconferencing Technology in Maritime Piracy Trials", *Vanderbilt Journal of Transnational Law*, Vol. 45, 2012, pp. 1287 – 1289。

护法院和公众的利益,确保审判是经由必要的证据以公平公正的方式解决的;
(2)保证证人的利益和证人方便;(3)从被告乃至公众的角度确保审判公正。[1]

英国在 2003 年修改《刑事司法法》时,对采用远程作证所应衡量的因素做
了规定,包括:(1)证人出庭的便利性;(2)证人亲自出庭的重要性;(3)证词对
案件的重要性;(4)证人本人的意见;(5)证人作证现场设备的适用性;(6)指示
是否可能倾向于抑制一方对证人证词的有效验证。[2]

(四) 远程作证在制定法中的体现

1. 美国

在美国,《联邦民事诉讼规则》第 43(a)条对远程作证做出了规定:"在审判
中,除联邦法规、联邦证据规则或最高法院通过制定其他规则规定外,必须在公
开法庭上作证。在令人信服且出于适当保障的情形下,基于正当理由,法院可
以允许通过实时传送从其他地方进行远程作证。"[3]此条款是在 1996 年修改《联
邦民事诉讼规则》时予以确定的。其中重要的一点是删除了"口头"(orally)作
证的要求。这就表明,如果证人不能口头交流,则可以通过其他方式在公开法
庭上提供证词,比如书写或手语。还有一种情况是,先进技术的发展使证词的
提供方式更加多样化,比如远程作证。但是远程作证的采用必须存在令人信服
的情况,出于正当的理由才可行。现场提供证词的重要性永远不能被忽视和遗
忘。当证人由于意外原因(如意外事故或生病)而无法参加审判,但仍能够在其
他地方作证时,远程作证很有可能会被采用。在没有规定远程作证采用的传输
方式时,可以视情况采用不同的传输方式。对于不那么重要的证词,音频传输

1　参见 Dutton, Yvonne M., "Virtual Witness Confrontation in Criminal Cases: A Proposal to Use Videoconfe-
rencing Technology in Maritime Piracy Trials", *Vanderbilt Journal of Transnational Law*, Vol. 45, 2012, pp. 1332-
1336。

2　参见 https://www.cps.gov.uk/legal-guidance/live-links,2020 年 7 月 30 日访问。

3　参见绿铉、卞建林:《美国联邦民事诉讼规则证据规则》,中国法制出版社 2000 年版,第 80 页。

就足够;当证词存在争议事项时,最好选择视频传输。在远程作证的过程中,必须采取保障措施,确保证人识别准确,并确保作证的独立性与传输的质量。[1]联邦上诉法院法官甚至已经开始在口头辩论中采用视频会议技术。

但是,远程作证在刑事案件中的采用并没有以制定法的形式规定下来。美国联邦宪法第六修正案规定了被告有与反对他的证人对质的权利。《联邦刑事诉讼规则》对宪法修正案的精神予以了继承。《联邦刑事诉讼规则》第26条规定:"在审判中,除非法规或规则另有规定,否则证人必须在公开法庭上作证。"2002年,在修改《联邦刑事诉讼规则》时,美国司法会议曾提出要增加第26条(b)款对远程作证予以明确,提议增加的内容为"远程作证。出于司法公正,法院可以在下列情况下允许证人远程通过双向视频技术提供证词:请求方为远程作证提供了特殊的理由;采用了适当的防护措施;根据《联邦证据规则》第804条第(a)款第4、5项,该证人不可能实际出庭",但是这一提议遭到最高法院的拒绝。斯卡利亚(Scalia)法官认为:对质权条款通常要求在被告在场的情况下提出指控,"虚拟对抗可能足以保护虚拟宪法权利,但是否足以保护真实宪法权利则值得怀疑"[2]。布雷耶(Breyer)和奥康纳(O'Connor)法官则持不同意见,布雷耶法官认为:"这一做法剥夺了诉讼当事人、法院和公众接受科技进步带来的好处,这些技术有助于创建更为高效、公平的审判程序。"[3]然而,2002年《联邦刑事诉讼规则》的修订还是给远程作证的适用留下了空间,在第26条中,"orally"即必须"口头"提供证词已经被删除,就是为了适应无法在公开法庭上提供口头

1　参见 https://1. next. westlaw. com/Link/Document/FullText? findType = L&pubNum = 1000600&cite = USF-RCPR43&originatingDoc=N65E90BC0B8B611D8983DF34406B5929B&refType=LQ&originationContext=document&transitionType=DocumentItem&contextDatary=sc. Cate,2020 年 7 月 30 日访问。

2　Judge Herbert B. Dixon Jr. , "Remote Witness Testimony in Criminal Trials: Technologically Inevitable or Constitutionally Doomed", *The Judge's Journal*, 2008, p. 46。

3　Judge Herbert B. Dixon Jr. , "Remote Witness Testimony in Criminal Trials: Technologically Inevitable or Constitutionally Doomed", *The Judge's Journal*, 2008, p. 46。

证词的情形。[1]但是,修正案意见稿关于增加第 26 条(b)款的提议未被通过,表明部分美国联邦法院法官对该作证方式的合宪性还是持怀疑的态度。

针对《联邦刑事诉讼规则》第 26 条的修改,有学者也提出了自己的意见,建议将其修改为:"(b)远程作证。出于司法公正,法院可以在下列情况下允许证人通过远程双向视频技术提供证词。(1)请求方为远程作证提供了特殊的理由。(2)该技术允许在法庭上参加审判的人清楚地看到且听到证人作证的情况,同时证人也可以看到、听到法庭上的人。(3)在控方证人作证的情况下:(A)可以使证人清楚看到且听到在法庭上参加审判的人;(B)(i)证人由于当时存在的身体或精神等方面疾病无法在法庭上出席,且这种身体或疾病不受法庭上其他人的影响,(ii)控方无法通过程序或其他合理手段促使证人出庭;(C)(缺乏迫不得已的情形而无法这样做)被告和被告律师有机会在证人作证的地点出席,但他们没有及时告知计划使用这个机会,但前提是,如果被告或被告律师确实有这种机会,则应在法院确定的时间和地点以声音和视觉的方式记录证词。"[2]

2. 英国

刑事方面,早在 1988 年的《刑事司法法》中,英国就对通过"实时电视链接"(live television link)作证进行了规定。该法第 32 条规定:"在法庭的许可下,证人(除被告以外)如果在英国之外,可以通过实时电视链接作证。"此种远程作证方式可以适用的程序包括:根据 1995 年《刑事上诉法》第 9 节所规定的针对起诉书的审理、向上诉法院刑事法庭提起的上诉以及听证会;在青少年法庭进行的根据 1995 年《刑事上诉法》第 11 条提出的上诉请求;等等。[3]随后,1999 年《青

1　参见 https://1. next. westlaw. com/Document/N65E90BC0B8B611D8983DF34406B5929B/View/FullText. html? originationContext = documenttoc&transitionType = CategoryPageItem&contextData = (sc. Default)#sk = 1. nbstGq, 2020 年 7 月 30 日访问。

2　Friedman, Richard D., "Remote Testimony", *University of Michigan Journal of Law Reform*, Vol. 35, 2002, pp. 715-716.

3　参见 https://www. legislation. gov. uk/ukpga/1988/33/section/32#commentary-c19026842, 2020 年 7 月 30 日访问。

少年司法和刑事证据法》对特殊类型案件中的证人远程作证进行了规定,该法规定在有关性犯罪或暴力犯罪案件中 17 岁以下的证人一般情况下都可以通过远程作证方式作证。该法第 24 条第(1)款规定:"在特殊措施指示下,证人可以通过实时链接(live link)提供证据。"而此种远程作证方式的提出既可以出于诉讼一方当事人的申请,也可以由法院自行做出指示。除此之外,该法还对远程作证所应满足的技术条件做出了明确要求,该法第 24 条第(8)款规定:"此处的'实时链接'是指'实时电视链接'(a live television link)或其他设备,可以使不在法庭上或诉讼进行的其他地方作证的证人看到且听到法庭上的人,法庭上的人也可以看到且听到远程作证的证人。"(此处法庭上的人是指:法官和陪审团[如果有];诉讼代表人;翻译人员或其他指派出庭支持证人的人。)[1]在 2006 年《警察司法法》中还允许使用实时链接来代替"常规"程序。如果被告通过实时链接出席法庭,每年可以减少 235 000 趟押送被告出庭的程序。因而,2006 年《警察司法法》允许在某些量刑判决中使用实时链接。为了实现这一目的,英国已经在 30 个皇家法庭和 170 个地方治安法庭安装了法院和监狱之间的视频链接。[2]

然而,此前大部分刑事法律都聚焦于特殊主体证人远程作证的情形,就算是 2006 年《警察司法法》规定被告人可以远程出庭,适用范围也非常有限。直至 2003 年修改《刑事司法法》时,证人的特殊主体这一要求被删除,所有刑事案件类型中的证人都可以通过实时链接出庭,只要出于司法效率或司法公正的需求。该规定于 2010 年 4 月 26 日正式生效,此次修改对专家证人出庭大有益处,减少了专家证人作证过程中的等待时间,一定程度缓解了司法迟延的状况。

1　参见 http://www.bailii.org/cgi-bin/format.cgi? doc =/uk/legis/num _ act/1999/ukpga _ 19990023 _ en _ 1.html&query =(Youth)+AND+(Justice)+AND+(Criminal)+AND+(Evidence)+AND+(Act),2020 年 7 月 30 日访问。

2　参见 Mulcahy, Linda, "The Unbearable Lightness of Being: Shifts towards the Virtual Trial", *Journal of Law and Society*, Vol. 35, 2008, p. 471。

3. 澳大利亚

在澳大利亚,远程作证是指:任何一种视听方式,可将位于法庭外物理空间的证人证词实时传送到法庭,即"实时"证据。[1]远程作证技术在澳大利亚主要包括两种类型:闭路电视(CCTV)和视频会议(videoconferencing)。闭路电视作证是澳大利亚最古老的视听作证方式。通常情形下,法院会在内部设置一个或多个闭路电视作证室以供远程作证。视频会议则可以通过音频和视频传输,为身处异地的多方提供实时交互。[2]

澳大利亚作为联邦制国家,涵盖六个州和两个领地,[3]其司法体系也分为联邦和州、领地两个系统。20世纪以来,随着科学技术在司法系统中的运用愈加广泛,远程视听作证不断出现在澳大利亚联邦、各州及领地的法律和法院规则之中。联邦层面上,1976年《澳大利亚联邦法院法》第47A—F条、1975年《家事法》第102C—K条、1999年《联邦治安法》第66—72条都对远程视听作证有专门规定;州和领地层面上,则主要包括新南威尔士州1998年《证据(音频和视听链接)法》,维多利亚州1958年《证据法(其他规定)》,昆士兰州1977年《证据法》,南澳大利亚州1929年《证据法》第6C部分"音频和视听链接在诉讼程序中的适用",西澳大利亚州1906年《证据法》、1997年《家事法院法》,塔斯马尼亚州1999年《证据(音频和视听链接)法》,北领地1939年《证据法》第5部分通信链接"音频和视听链接在诉讼程序中的适用",首都领地1991年《证据法(其他规定)》第3章"视听链接和音频链接的使用"。仔细研读法条可发现,澳大利亚远程审理立法的一个突出特点就是遵循联邦和各州之间,尤其是州与州之间立

---

[1]　参见 Wallace, Anne, "Justice and the 'Virtual' Expert: Using Remote Witness Technology to Take Scientific Evidence", University of Sydney, 2011, p.144。

[2]　参见 Roth, Michael D., "Laissez-Faire Videoconferencing: Remote Witness Testimony and Adversarial Truth", *UCLA Law Review*, Vol.48, 2000, p.189。

[3]　包括新南威尔士州(NSW)、维多利亚州(VIC)、昆士兰州(QLD)、塔斯马尼亚州(TAS)、南澳大利亚州(SA)、西澳大利亚州(WA)、首都领地(ACT)和北领地(NT)。

法的一致性。

首先,适用远程作证的地域范围。远程作证在澳大利亚的适用范围非常广泛,综合各州的立法来看,主要存在于州内、州际以及涉外诉讼程序(主要是指海外证人作证)之中。其中新南威尔士州 1998 年《证据(音频和视听链接)法》规定以下三类地域范围内的诉讼程序可以使用远程作证:涉及新南威尔士州、非参与州[1]以及域外就新南威尔士州法院进行的诉讼程序;涉及参与州在新南威尔士州法院进行的诉讼程序;涉及新南威尔士州在参与州法院进行的诉讼程序。[2]

维多利亚州 1996 年《证据(音频和视听链接法)》与新南威尔士州 1998 年《证据(音频和视听链接)法》的不同之处在于,前者是一部综合性的修正草案。该法的目的是补充修正维多利亚州 1958 年《证据法》[3]、1958 年《郡法院法》、1986 年《最高法院法》、1989 年《治安法院法》以及 1989 年《儿童及青少年法》中有关使用音频或视听链接进行远程作证或提交意见的内容。根据 1958 年《证据法(其他规定)》第 42E 条第(1)款的规定,法院也可在涉及州内、州际或域外的三个范围内使用音频或视听链接进行远程作证和提交意见。

与维多利亚州类似的是昆士兰州 1999 年《视听及音频链接修正草案》。该法也是为了补充修正昆士兰州 1977 年《证据法》、刑事法律中 1992 年《青少年司法法》以及 1992 年《刑罚处罚法》中有关适用音频或视听链接进行远程作证和提交意见的内容。根据修正后的 1977 年《证据法》第 39A 条和第 39R 条第(1)款的规定,法院可在昆士兰州内、参与州及域外使用音频或视听链接进行远

1　非参与州(non-participating states)在各州的立法中并没有正面、明确的定义,但是澳大利亚各州都对参与州(participating states)进行了定义,即某州现行有效的条款与该州适用视听链接方式进行远程作证的条款相一致,某州即为该州的参与州。

2　具体法条可见 NSW Evidence(Audio and Audio Visual Links)Act 1998, Part 1A, Part 2 & Part 3。

3　在最后的修正中,把利用音频和视听链接进行远程作证和提交意见的有关条款规定在了 1958 年《证据法(其他规定)》即 Evidence(Miscellaneous Provisions)Act 1958 中。

程作证和提交意见。

根据塔斯马尼亚州1999年《证据(音频和视听链接)法》第6条第(1)款和北领地《证据法》第5部分通信链接第49E条第(1)款的有关规定,其适用音频或视听链接进行远程作证和提交意见的地域范围也大致和上述三个范围相同。稍有不同的是南澳大利亚州,其在1929年《证据法》第6C部分第59IE条第(1)款和第59IH条规定:南澳大利亚州法院可以从参与州,参与州的协助法院(recognized courts)[1]可以从南澳大利亚州使用音频或视听链接进行远程作证和提交意见。然而,其并不限制本州的其他法律规定从域外适用音频或视听链接进行远程作证。

其次,适用远程作证的程序启动主体。纵观各州立法,适用视听作证的程序启动主体虽有细微差别,但主要可以分为三类:第一,既可由法院自行做出相应指示,也可由诉讼的当事方提出申请;第二,涉及参与州证人时可由法院根据出庭诉讼当事方申请做出指示;第三,协助法院可以根据诉讼的目的,自行指示从参与州证人处以音频或视听链接方式取证。

为避免过度重复,下面仅以新南威尔士州的有关条款举例说明。第一,根据新南威尔士州1998年《证据(音频和视听链接)法》第5B条第(1)款和第5BAA条第(1)款的有关规定,涉及新南威尔士州、非参与州以及域外就新南威尔士州法院进行的诉讼程序,既可由法院自行做出相应指示,也可由诉讼的当事方提出申请,指示某人通过视听方式向法庭作证或提交意见;第二,根据该法第7条第(1)款的规定,涉及参与州在新南威尔士州法院进行的诉讼程序,新南威尔士州法院可以根据出庭诉讼当事人的申请,指示证人从参与州以视听方式作证或提交意见;第三,根据该法第13条的规定,涉及新南威尔士州在参与州法

1　笔者将"recognized courts"译为"协助法院"。"协助法院"是指参与州(包括领地)的法院或法庭,根据该州(或领地)法律条款的授权,都可通过视听方式作证或提交意见。上述几个州和领地的法律当中都有关于"协助法院"的特殊规定。

院进行的诉讼程序中,协助法院可以为诉讼之目的,通过视听方式,从位于新南威尔士州的证人处收集证据或意见。

再次,适用视听作证所需满足的基本条件。需要明确的是,从各州和领地的立法来看,并没有对适用远程作证所需满足的基本条件做明确具体的规定。以新南威尔士州1998年《证据(音频和视听链接)法》为例,其第5B条第(2)款和第7条第(2)款规定,在下列情形下法院不得做出通过视听方式作证的指示:第一,必要的设施不可用或无法合理提供;第二,法院认为在法庭之上或法院所在地的其他地方作证或提交意见更为方便;第三,法院认为该指示对当事方不公平。由此可见,视听作证的设备、证人作证的便利性、适用视听作证对当事方是否公正是法院做出指示所需考虑的基本因素。然而,在政府机构证人适用视听方式出庭作证的诉讼程序中,法院需考虑以下两个因素:将要提供的证据可能是有争议的,且政府机构证人出庭作证是符合司法公正利益的。视听设备的可用或可合理提供是满足远程作证所需的基本条件,然而上述各州和领地的立法并没有对视听设备所需满足的技术条件做出具体规定,只进行了笼统规定,即:法院和远程终端都必须配备视听或音频设施,该设施须使两端的人员能看且听到或听到法庭参与人员参加庭审的实际情况。较为特殊的是维多利亚州,其在1958年《证据法(其他事项)》第42G条第(1)款b项和第(2)款b项规定,法院规则可就以下事宜订立细则。首先,涉及视听链接时需考虑:第一,视听链接的形式;第二,用于建立链接的设备或设备类别;第三,摄像机的布局;第四,传输的标准或速度;第五,交流的质量;第六,与该链接有关的其他事项。其次,涉及音频链接时需考虑:第一,音频链接的形式;第二,用于建立链接的设备或设备类别;第三,传输的标准或速度;第四,交流的质量;第五,与该链接有关的其他事项。

从次,适用远程作证所需的宣誓和确认程序。证人宣誓和确认制度在西方法律制度史上一直占据重要的地位,其具有一定的仪式感和威慑力,对证言真实性也具有一定的保障作用。音频和视听链接这种远程作证方式的出现对传统意义上的证人出庭作证所需的宣誓和确认程序也产生了一定的冲击。新南威尔士州 1998 年《证据(音频和视听链接)法》第 5D 条规定,在通过视听方式作证或提交意见时,也需按照一定方式[1]进行宣誓和确认。但是,根据该法第 1A 或 1B 条的规定,证人在国外通过视听方式作证或提交意见时,满足一定情况无需宣誓或确认即可作证[2]:该国现行法律不允许该人为诉讼目的而宣誓或确认,或将为该人因诉讼之目的而宣誓或确认作证带来不便,且法院认为非经宣誓或确认而作证是适当的。昆士兰州 1977 年《证据法》第 39X 条第(3)款规定,此种情况下未经宣誓确认提供的证言并不减轻其证明力。然而,值得注意的是,澳大利亚是传统的判例法国家,当案件涉及陪审团审判时,由于陪审团是事实认定的主体,当证人的证言是通过音频或视听链接进行远程作证而产生时,法官有必要对陪审团做出一定的指示。例如,昆士兰州 1977 年《证据法》第 39PC 条规定:当专家证人通过音频或视听链接进行远程作证而案件又涉及陪审团审判时,法庭必须对陪审团做出指示,不要因证人使用远程方式提供证言而对其证明力产生影响或对诉讼一方当事人做出任何不利的推论。

　　最后,协助法院制度的设定。澳大利亚有关州和领地涉及音频和视听链接远程作证的立法中,基本都有关于协助法院的规定。值得一提的是,在并没有专门法条规定远程作证的西澳大利亚州 1906 年《证据法》中也用 8 个条款(即 123—130 条)对协助法院做了规定,由此可见协助法院在澳大利亚司法实践体系中的重要性。这不仅体现了澳大利亚各州对司法协作的重视程度,也体现了科学技术给州际司法协作带来的便利性。综合各州和领地的立法来看,对协助法院的规定主要包括:适用范围、协助法院的职权、协助法院做出的裁决及其执

1　该一定方式为:通过音频或视听链接,尽可能接近在法庭或法院所在地的其他地方作证的方式或根据证人作证时所处法院的授权人员的指示进行作证。

2　但是,法条也明确指出,如果证据不是在宣誓或确认的程序下给出的,法院应给予证据在相应情形下其具有的证明力。

行、对协助法院的帮助、藐视协助法院所应承担的后果等。第一,上文已经提及协助法院是参与州(包括领地)的法院或法庭,因而其主要适用于协助法院涉及使用州际音频或视听链接进行远程作证的诉讼程序(包括刑事诉讼程序);第二,协助法院在其他参与州行使职权时即视为其他参与州法院的组成部分,其可出于诉讼的目的指示证人通过音频或视听链接作证或提交意见,但是不可在其他参与州行使惩罚藐视法庭和强制执行其判决或程序事项之权力;第三,协助法院可以按命令指示诉讼程序或部分诉讼程序不公开进行,或者要求证人离开其正在或即将进行作证或提交意见的地点,也可禁止或限制公布诉讼程序中提供的证据或诉讼当事人或证人的姓名,且根据法院规则,协助法院做出的裁决就如同州最高法院做出的一样,违反该裁决的人即被视为藐视州最高法院,因而受到相应的惩罚;第四,其他参与州法院的司法工作人员可以根据协助法院的要求前往使用音频或视听链接进行作证的地点并采取协助法院指示的行动来促进诉讼以及支持协助法院有关宣誓或确认事宜;第五,若藐视协助法院,视各州情况,可能面临3—6个月的监禁。

(五) 远程作证与对质权条款和自然正义理论(从案例的角度)

1. 美国

美国已允许成人控方证人(adult prosecution witnesses)在刑事案件中远程作证。但是,对判例法的回顾表明,法院在允许控方证人远程作证方面普遍持比较谨慎的态度,各个联邦法院甚至是这些法院中的各个法官对远程作证的采用都不一定能够达成共识。下级法院在决定是否允许控方证人远程作证时往往会寻求最高法院的案例指导,而其中两个重要案件就是科伊诉爱荷华州案(Coy v. Iowa)和马里兰诉克雷格案(Maryland v. Craig)。这两个案件都涉及儿童证人"远程"作证与被告对质权条款的问题。

（1）科伊诉爱荷华州案[1]

在科伊诉爱荷华州一案中，最高法院推翻了对被告性侵犯的定罪，认为下级法院允许两名儿童证人在大屏幕后作证（testify behind a large screen）的决定，使他们看不到被告从而侵犯了被告的对质权。这个案例虽然不是以科技手段进行远程作证的代表，但仍然可以视为远程拉大证人与被告人之间距离的体现。在该案中，多数派的代表斯卡利亚大法官说："我们从不怀疑……对质权条款保障了被告与证人面对面的机会。"在斯卡利亚法官看来，要求证人亲自面对被告有几个重要目的，包括减少证人撒谎的可能性，因为"要对着一个人的脸撒谎总比在他背后要难得多"。另外，即使证人确实撒谎，斯卡利亚大法官也认为，当撒谎者背诵谎言时说服力会降低。对质权条款赋予被告对他的控告人进行盘问的权利，此种面对面的对抗还可以"确保事实调查过程的完整性"。然而，斯卡利亚法官也承认"对质权条款所赋予的权利不是绝对的，可能让位于一些其他重要的利益"，但是他没有提供一些具体的情形，只是指出对质权条款的例外仅在"必要时，出于推进一项重要的公共政策的需要"。但是在科伊诉爱荷华州案中，没有发现这些证人需要特别保护，因而最高法院裁定，下级法院允许证人在屏幕后作证的决定不能被维持。

值得注意的是，在该案中，四名法官持有单独的同意或不同意意见。怀特（White）和奥康纳（O'Connor）法官强调，对质权条款要求证人亲自面对被告的权利不是绝对的。而布莱克蒙（Blackmun）法官和雷恩奎斯特（Rehnquist）法官则持不同意见，认为对质权条款的主要目的是确保允许被告对证人进行盘问。布莱克蒙法官还提到威格莫尔（Wigmore）的观点，认为传闻证据规则的存在表明对质权条款并不是为被告提供与证人相互"凝视"（gaze）的机会，而是为了保障被告的交叉询问权。

1　Coy v. Iowa, 487 U. S. 1012（1988）.

（2）马里兰诉克雷格案[1]

科伊诉爱荷华州案件发生两年后，在马里兰诉克雷格案中，最高法院再次讨论了对质权条款是否允许儿童证人在庭审中远程作证的问题。案件最终以5∶4的微弱优势，承认了远程作证方式运用的合法性。这次，奥康纳法官代表多数派发言，而斯卡利亚大法官则为不同意见发言。在马里兰诉克雷格案中，最高法院裁定，允许儿童证人通过单向闭路电视远程作证并不违反对质权条款。奥康纳法官的多数意见解释说，最高法院"从未判决……对质权条款绝对保证刑事被告在审判时与证人面对面对质的权利"。相反，与她在科伊诉爱荷华州一案中所推理的一致，奥康纳法官认为，法院的"判例表明，对质权条款反映了审判中面对面对质的倾向，但这有时必须让位给出于公共政策和案件必要性的考虑"。奥康纳法官进一步强调，"对质权条款的主要关注点是在事实审理之前，通过对抗程序进行严格的测试，确保针对刑事被告的证人的可靠性"。根据这些原则，在马里兰诉克雷格案中，法院进行了两部分的测试，以确定庭审中证人在远程作证的情况下何时不会侵犯被告的对质权。首先，远程作证而非面对面对质是"促进重要的公共政策所必需的"；其次，确保证词的可靠性。对质权条款可以提供以下保证：（1）对证人的亲自检查；（2）宣誓作证；（3）证词的交叉询问；（4）允许事实审理者观察证人的言行举止，进而评估证人的可信度。在马里兰诉克雷格案中，原法院对这两部分进行了检验，认为允许儿童证人在虐待儿童案件中使用单向闭路电视远程作证是使该儿童证人免于进一步遭受虐待者伤害，进而促进公共利益的体现。法院还认为，远程作证可以确保证人的安全，证人也是在宣誓的情况下作证的，此时被告也具有同时进行交叉询问的机会，而且在作证期间，法官、陪审团和被告通过视频也能看到证人的言行举止。

1　Maryland v. Craig, 497 U. S. 836（1990）.

然而就目前来看,在刑事案件中基于特殊对质权条款的存在,成人控方证人远程作证的情形仍受到非常严格的限制,儿童证人远程作证则已为大多数法院和司法裁判者所接受。

2. 英国

在英国司法实践中,远程作证最初于 1992 年开始在民事法庭运用并随后开始大范围适用。正如乔纳森·帕克(Jonathan Parker)法官所说:"到 2003 年,在具有充分理由的情况下,证人通过视频会议链接(video conferencing link, VCL)进行举证以代替亲自出庭举证将成为一种易于接受的方法。"[1]

然而同美国类似,刑事案件中远程作证的采用远比民事案件复杂。对质权的历史在普通法系非常悠久,之后更是通过《欧洲人权公约》第 6 条予以明确规定:"凡受刑事罪指控者具有下列最低限度的权利……询问不利于他的证人,并在与不利于他的证人具有相同的条件下,让有利于他的证人出庭接受询问。"但是,有学者认为对质权也不再被视为公开法庭"面对面"对质的代名词。[2]虽然远程作证在刑事案件中的运用十分谨慎,但其使用范围也正在由特殊证人(儿童证人、脆弱证人等)不断扩展到一般的作证主体。然而了解远程作证在英国刑事司法中的实践,还是需要从儿童等脆弱证人出庭作证出发。有英国学者表示,通过实时视频链接作证,将儿童证人与皇家法庭隔离开来,是儿童作证时进行主盘问和交叉询问的一种非常有效的替代方法。[3]

1　Mulcahy, Linda, "The Unbearable Lightness of Being: Shifts towards the Virtual Trial", *Journal of Law and Society*, Vol. 35, 2008, p. 471.

2　参见 Mulcahy, Linda, "The Unbearable Lightness of Being: Shifts towards the Virtual Trial", *Journal of Law and Society*, Vol. 35, 2008, p. 472。

3　参见 Applegate, Richard, "Taking Child Witnesses out of the Crown Court: A Live Link Initiative", *International Review of Victimology*, Vol. 13, 2006, p. 198。

二、 在线（网络）法院

随着技术的进一步发展、法院各项网络基础设施的配备以及网络技术在社会大众间的普及，司法程序局部的在线式逐渐演变为全局的在线式。在线法院或者说网络法院在英美的试点与应用就是互联网在司法审判中全局渗透的一种体现。

（一）美国在线法院的试点与运用

1. 实验阶段

联邦司法中心（FJC, the Federal Judicial Center）在 2002 年和 2003 年获得的数据表明，"很大一部分（大约 90 个）联邦地方法院都开始在法庭中使用先进技术"。与此同时，法官、司法行政人员和律师等开始对法庭中的技术和实际问题产生了一些疑问。其中的一些问题正是"法庭 21 计划"（Courtroom 21 Project）所努力回答的。1993 年，美国的威廉和玛丽法学院与国家州法院中心（the National Center for State Courts）合作启动了一项利用信息技术改革法院的研究项目"法庭 21 计划"，提出利用信息网络技术的科技来构建一个虚拟法院即"麦克格洛斯林法庭"（McGlothlin Courtroom），旨在"通过适当使用技术来改善世界法律体系"[1]。

"麦克格洛斯林法庭"是"法庭 21 计划"的实验中心。该法庭经过改装，将最新的现代技术应用于法庭之上，是当时世界上技术最先进的审判和上诉法庭。这个法庭还会随着技术的进步不断升级，通常每年至少关闭一周以进行重大改进。法庭上可以进行所有应做的事项，包括：电子申请，在线立案，复杂的

1　Lederer, Fredric, "The Courtroom 21 Project: Creating the Courtroom of the Twenty-First Century", *Judge's Journal*, Winter, 2004, p. 39.

电子案件管理，超文本链接的电子动议、摘要和辩论，法官、律师、当事人和证人的多次同时远程出庭，全面的基于技术的证据展示，即时网络发布多媒体法庭记录，在律师席提供无限宽带连接和多种技术辅助的外语翻译，等等。[1]

在"法庭21计划"开始不久，人们就意识到这一项目的关键问题并非纯粹的技术问题，而是参与司法工作的人们如何使用该技术以及使用这种技术可能产生的影响。因而，在项目过程中开展了很多正式和非正式的实验。在Lexis-Nexis File & Serve的协助下，每位一年级的法律专业学生都可以使用File & Serve电子申请系统，以电子方式提出申诉和答辩。第二年，"法庭21计划"的工作人员会对每位担任高级助理的二年级学生进行实践培训，展示如何使用"麦克格洛斯林法庭"的证据展示技术，然后要求学生在必修的模拟审判中使用该项技术。有关陪审团审判则既有法学院传统的战术辩护课程（其中包括技术指导），又有"法庭21计划"支持下的技术增强审判辩护课程。最终，学生需要尝试高科技陪审团审判。[2]

"法庭21计划"最著名的就是每年的年度实验。作为法律技术研讨会的一部分而开发的实验主要是进行为期一天的案例模拟，传统上由联邦地方法官主持，并由社区陪审团决定。2001年4月，在"9·11"事件发生前，法庭模拟了一起试验性首都恐怖主义案件。该案中，被告是一名居住在英国的美国公民，他在一架美国飞机上放置了炸弹。炸弹沿着民用飞机的飞行路径摧毁了伦敦上空的飞机，并对下面的城市造成严重破坏。[3]这一案件主要是为了测试密歇根州网络法院计划的一些基本概念。该案的创新之处在于从英国聘请了一名律师

1　参见 Lederer, Fredric, "The Courtroom 21 Project: Creating the Courtroom of the Twenty-First Century", *Judge's Journal*, Winter, 2004, pp. 39-40。

2　参见 Lederer, Fredric, "The Courtroom 21 Project: Creating the Courtroom of the Twenty-First Century", *Judge's Journal*, Winter, 2004, pp. 40-41。

3　参见 Lederer, Fredric, "The Potential Use of Courtroom Technology in Major Terrorism Cases", *William & Mary Bill of Rights Journal*, Vol. 12, 2004, p. 894。

对位于澳大利亚堪培拉的证人证词进行询问。2002 年,"法庭 21 计划"尝试了一个新案例,该案的关键问题在于患者是由于去除胆固醇支架本身的设计而死还是由于外科医生将其倒置植入而死。这是第一个使用"全息证据"(holographic evidence)和"沉浸式虚拟现实"(immersive virtual reality)技术的法庭。在加州大学圣塔芭芭拉分校科学家的帮助和联邦司法中心的协助下,手术室中的目击者戴上了专用的耳机进入虚拟的手术室。然后,每个目击证人向法院和陪审团展示其在手术关键时刻所站立的位置能够看到的情况。与此同时,证人的经历被投放到法庭的大屏幕上。当显示证人无法看清医生的手和手腕时,关键辩护证人的信誉将会受损。[1]

2. 运用阶段

在"法庭 21 计划"中以及在"麦克格洛斯林法庭"上得到的经验,后来成为美国密歇根州网络法院(Cyber Court)的原型。2001 年 1 月,密歇根州州长约翰·恩格勒(John Engler)在州政府讲话中宣布了创建网络法庭的想法。密歇根州网络法院将不局限于一个特定的物理位置,而是主要利用电子邮件、电子申请系统、视频会议和网络广播在网络空间中运作。

2001 年 2 月,美国密歇根州议会通过了第 4140 号法案,并于 2002 年 1 月 9 日正式签署成为法律,《网络法院法》(The Cyber Court Act)正式出台。根据第 4140 号法案的规定,网络法院将由密歇根州最高法院资助和指导,并负责任命当选法官。这些法官需要参加网络法院计划,拥有商业诉讼方面的专门知识并能在法院诉讼程序中熟练运用技术。所有网络法院的诉讼程序都将通过电子方式进行,包括但不限于视频、音频或互联网会议。网络法院的法官可以在最适合当事人和证人的时间安排电子诉讼程序。因此,网络法庭的诉讼程序可以在一天中的任何时间进行,并在可行的情况下进行互联网直播。

1　参见 Lederer, Fredric, "The Courtroom 21 Project: Creating the Courtroom of the Twenty-First Century", *Judge's Journal*, Winter, 2004, p. 42。

随后,密歇根州律师协会通过网络法院规则工作组起草了《网络法院电子实践特别规则》并对《密歇根州法院规则》和《密歇根州证据规则》进行了小范围的修订,主要涉及电子传输和通信。根据规则草案,授权的电子提交者必须与网络法院签署协议,同意遵守法院授权的电子安全程序,包括使用数字签名、识别当前电子邮件地址以接收电子传输的材料、支付使用的服务费以及完全遵守确立个人电子申请状态的授权协议等。如果当事方同意使用网络法院,他们可以通过电子方式将诉状和其他法院文件传递给网络法院的书记员。书记员将通过电子邮件将电子文件确认发送给授权的电子文件提交人。[1]

密歇根州网络法院是一个正式的州法院,它可以传唤证人、执行宣誓以及要求当事人出示相关证件。网络法院的所有事宜都由一名法官来安排进行而没有陪审团参与。它可以处理超过 25 000 美元的商业案件。尽管密歇根官方强调网络法院主要处理的是信息技术纠纷,但是按照法律规定,网络法院也可以处理其他商业事宜,如保险、银行、合同纠纷以及合伙人、高级管理人员、所有权人、董事和公司股东之间的纠纷。至于出租人与承租人之间的纠纷、犯罪问题、就业问题则不在网络法院的管辖范围之内。[2]

然而,尽管密歇根州为网络法院的建立付出了很多心血,出台了相关法律,网络法院在实际运行过程中还是遭遇了难题。其中重要的一点就是当事人及律师的不信任,特别是在涉及重要法律先例或涉案金额巨大的案件时。对新技术成本的不确定和对技术使用的不熟悉使相关人员会有意识地避开虚拟法庭。当事人和证人也会担心证言证词通过互联网直播或访问时可能会侵犯他们的隐私权。普通民众不再需要长途跋涉到法院,而只需观看网络法庭的现场直播,就可以了解纠纷有关的信息。这种快速便捷的访问方式也对媒体了解案件

1　参见 Ponte, Lucille M., "Michigan Cyber Court: A Bold Experiment in the Development of the First Public Virtual Courthouse", *North Carolina Journal of Law & Technology*, Vol. 4, 2002, pp. 62–65。

2　参见 Freeman, Edward H., "Cyber Courts and the Future of Justice", *Information Systems Security*, Vol. 14, 2005, p. 6。

信息有所帮助。这对公众来说是接近司法的前所未有的机会,但同时也引发了隐私权相关的问题。

对个人信息保护的担忧成为使用网络法院的一大障碍。一些隐私权专家还对个人信息在互联网上发布从而导致身份被盗用的现象增多表示关注。因而密歇根州网络法院也试图平衡"当事人隐私"与"公众接近司法"两者的关系。网络法院规定,当事人和证人可以要求在线文件中不出现相关个人信息,并禁止其在互联网上传播,但是这有赖于法官来平衡认定。为鼓励当事人使用网络法院,网络法院需要在个人信息保护方面提供更大的保障。[1]

总体而言,密歇根州网络法院是美国在虚拟法庭、在线庭审方面的一大试点,并非当今真正意义上的互联网法院。加之,项目资金的短缺、"虚拟市场"的出现导致的法院管辖权问题,以及传统英美法系对言词证据的重视所引发的对法庭性质与定位的分歧,使密歇根州网络法院的发展很快停滞。但是密歇根州网络法院在网络庭审方面的实验,以及对公众接近司法与保护个人隐私方面的重视,值得后续建立在线法院时予以借鉴、学习。

3. 最新发展

2018 年底,美国国家州法院中心进行了一项民意调查,试图分析在线解决而不是法院解决案件的可能性。尽管尚不清楚其是要建立一个公共的在线法院还是私人的在线纠纷解决系统,但调查显示对某类型案件(如交通违章和消费债务)的支持率比其他类型案件(如儿童监护权或离婚案件)要高。同时,一项名为 Matterhorn 的服务已经为 40 000 多个案件的解决提供了便利。Matterhorn 是由密歇根大学法学院开发的一个"在线争议解决平台",并于 2014 年在密歇根州的两个地方法院成功进行试点,目前在 40 多个法院以及至少 8 个州运用。该系统旨在提高法院与公民之间的沟通效率。它 24 小时运行,使诉讼人通

---

1 参见 Ponte, Lucille M., "Michigan Cyber Court: A Bold Experiment in the Development of the First Public Virtual Courthouse", *North Carolina Journal of Law & Technology*, Vol. 4, 2002, pp. 84-88。

过智能手机就可以与法官、法庭行政人员、检察官、警察和其他各方进行异步通信。该平台支持各种案件,包括小额索赔、民事违法行为和轻罪行为。美国最早的在线法院在犹他州。2018 年末,犹他州启动了一项对 11 000 美元以下的小额索赔实验。在该系统中,如果纠纷不能通过非正式方式解决,主持人可以将案件交给法官,法官可以决定是否需要现场听证,如果不需要则可以根据文件在线解决纠纷。运用该系统后,小额索赔案件从旧系统下的 71% 下降到了在线法院下的 53%,但是该系统仍处于初期阶段。[1]

(二) 英国在线法院的试点与运用

1. 虚拟法院试点

2009 年 5 月 12 日,司法部部长杰克·斯特劳(Jack Straw)宣布虚拟法院在英国的到来。虚拟法院计划作为一项试点项目,首先将查令十字警察局(Charing Cross Police Station)与伦敦南部的坎伯韦尔绿色治安法院(Camberwell Green Magistrates' Court)连在一起,提议以最小的迟延处理轻罪案件。通过这个系统,法官可以在被告被起诉的几个小时内审理案件,如果被告认罪,甚至可以在同一天宣判。而这都无须被告离开最初被拘捕的派出所范围之内。最初,这是一个自愿的程序,需要被告知情同意,随后"在某些条件下"开始强制适用于首次听证。[2]

对于司法部来说,证明虚拟法院试点不会对法院程序的质量产生不利影响是非常重要的。项目开始时的官方新闻报道中称:"虚拟法院令人兴奋,因为它们有可能改变司法系统处理犯罪的方式。案件将得到更快的解决,从而改善对

1　参见 Richard, Susskind, *Online Courts and the Future of Justice*, Oxford University Press, 2019, pp. 174-176。

2　参见 Rowden, Emma Louise, "Remote Participation and the Distributed Court: An Approach to Court Architecture in the Age of Video-Mediated Communications", unpublished PhD Thesis, University of Melbourne, December 2011, pp. 8-9。

受害人、证人和被告的服务，司法将在不会降低质量的情况下变得更快、更高效。"通过虚拟法院试点，预计每年可以节省的费用为1000万英镑。[1]然而最终成果评估显示节省费用的目的并没有完全实现。

同时，虚拟法院在上线的最初几周，就遭到了很多辩护律师的批评。律师罗宾·默里（Robin Murray）表示"该系统使律师必须做出选择，是在法庭上为被告辩护还是在警察局为被告辩护。同时，被告不出庭将使被告产生隔绝感，他将看不到在法庭听证会上支持他的家人和朋友，这将使整个程序失去人性"[2]。除此之外，法律人权组织"正义"（Justice）的主管罗杰·史密斯（Roger Smith）也对虚拟法院可能损害司法程序的吸引力表示担忧。他认为："我担心它被用来判刑。在电视屏幕前被传唤与在法庭上被传唤是不同的……被逮捕—带到派出所—带上法庭，这是一个令人羞耻的过程。站在被告席上被法官告知将要接受判决也是一种非常不愉快的经历。而虚拟法院使这一过程看起来像一场真人电视游戏，司法的价值可能会被贬低。"[3]

在试点开始后的18个月内，法律界对虚拟法院的批评一直在继续。一位律师称该试点为"刑事司法系统的Facebook"，并强调通过链接建立同情关系以及实施有效辩护的困难。由于肢体语言和非语言暗示在视频链接中的效果较差，辩护律师失去了"面对面"的优势。鉴于对被告及辩护律师的不利影响非常明显，民众开始质疑虚拟法庭能否充分发挥作用。英国司法部曾假设："借助于视频会议技术的虚拟法院本身是良性和中立的，可以添加现有条件而不会改变司

1　参见Rowden, Emma Louise, "Remote Participation and the Distributed Court: An Approach to Court Architecture in the Age of Video-Mediated Communications", unpublished PhD Thesis, University of Melbourne, December 2011, p. 9。

2　Rowden, Emma Louise, "Remote Participation and the Distributed Court: An Approach to Court Architecture in the Age of Video-Mediated Communications", unpublished PhD Thesis, University of Melbourne, December 2011, p. 11.

3　Rowden, Emma Louise, "Remote Participation and the Distributed Court: An Approach to Court Architecture in the Age of Video-Mediated Communications", unpublished PhD Thesis, University of Melbourne, December 2011, p. 11.

法本身的实质经验。"[1]然而,技术改变了法院开庭的形式,但这是否是一个"公正"的改变则需进一步验证。

2. 家事法院改革

如果说虚拟法院试点侧重于虚拟连接刑事被告人与法院两个主体的话,家事法院改革则将虚拟法院扩展到了民事程序。2011 年,英国开始了家事司法审查并于 2014 年开始实行家事审判改革。在家事案件中,英国司法改革的目标就是使整个家事司法系统更加简单、高效。

在立法方面,2015 年修订的《家事诉讼程序(第 3 号修正案)规则》(The Family Procedure〔Amendment No. 3〕Rules 2015)将通过电子邮件向法院提交及发送文件的规定引入家事立法,推动了家事诉讼程序的数字化进程。修改后的《家事诉讼程序规则》增加了第 5.5 条,规定可以以电子邮件方式向法院提交及发送文件。同时,将规则中的"电子通信的其他形式"以及"传真之外的电子方式"都统一修改为"电子邮件"的表述。[2]

在具体实践方面,诉讼程序的无纸化是诉讼数字化的重要表现。2015 年 11 月,西伦敦家事法院成为实行"全数字化"诉讼程序的首个试点法院。而在线离婚项目的提出更是引发了广泛关注。该项目第一阶段是启动于 2018 年 4 月底的有关无争议离婚的申请。自启动到 9 月中旬,共收到近 14 000 份在线申请,而其中因有错误需要重新提交的少于 1%,后来更降至 0.5% 以下。相较而言,在旧的纸质表格系统中,法院要求对错误申请进行更正的比例超过 40%。[3]因而总体来看,将无争议离婚案件线上化具有一定的发展前景。

1　Rowden, Emma Louise, "Remote Participation and the Distributed Court: An Approach to Court Architecture in the Age of Video-Mediated Communications", unpublished PhD Thesis, University of Melbourne, December 2011, p. 14.

2　参见 https://www.legislation.gov.uk/uksi/2015/1868/contents/made,2020 年 7 月 30 日访问。

3　参见 Richard, Susskind, *Online Courts and the Future of Justice*, Oxford University Press, 2019, pp. 166–167。

3. 在线金钱索赔(Money Claim Online，MCOL)

在线金钱索赔是英国处理小额金钱纠纷的网上法庭。根据"索赔者用户指南"(User Guide for Claimants)，在线金额索赔的适用范围十分有限，需要满足三个条件：金额在100 000英镑以下；索赔者最多一名，被告(人或组织)最多两名；被告送达的地址在英格兰或威尔士。[1]在线金钱索赔平台可以在线提交申请，但是大多数通信(如被告的答复副本、如何进行的指示等)可以通过线下邮寄的方式进行。双方当事人可以时刻在平台上关注案件。如果无故选择退出在线程序，那么在特定情况下，该方将无法返回在线程序。对于索赔人来说，最大的好处可能在于可以在线申请并时刻在平台上关注案件的相关进展。有学者认为采用相对复杂的方式设计在线金钱索赔平台，可能是出于适当保护一些较脆弱的债务人的需要，因为在线法院可能会增加对这些债务人的风险。[2]

当索赔人在线提出申请后，被告人也可以在线提交答辩。如果被告在线提交答辩，那么索赔人可以通过点击索赔概述页面中最近的事项来查看副本。如果被告通过邮寄或电子邮件提出答辩，索赔人可以看到被告提交的情况，但无法在线查看具体内容。法院将通过邮寄的方式将副本发送给索赔人。[3]如果被告没有在规定的时间内做出答辩，或者被告已经向索赔人发送了同意支付的文件并且索赔人也表示接受，就可以通过平台请求判决。一旦做出判决，将向被告发送相关副本，告知被告所需支付的金额、付款时间以及付款账户等。判决的相关内容还会被记入被告的信用报告。如果索赔已结清，索赔人需告知法院。如果被告拒绝支付，索赔人可以在案件仍在该平台上时申请控制令。[4]自2018年开始投入运营，在线金额索赔平台已发出25 000份索赔，其中对平台服务感到

1　参见 Money Claim Online (MCOL)-User Guide for Claimants, p. 4。

2　参见 Zbynek, Loebl, *Designing Online Courts: The Future of Justice Is Open to All*, Kluwer Law International, 2019, p. 53。

3　参见 Money Claim Online (MCOL)-User Guide for Claimants, p. 13。

4　参见 Money Claim Online (MCOL)-User Guide for Claimants, pp. 15-18。

满意或极为满意的比例达到90%以上。目前该系统的高级版本正在开发中,主要适用于律师代理的多项索赔。[1]

(三) 法、德两国法院系统的电子司法现状

法院是司法信息化改革的重要场所。从立案到审判,每一个过程都可能与信息化相关。在法德,主要体现在电子立案和文件电子化服务(E-Filing and E-Services of Documents)以及民事法院的虚拟听证和审判(Virtual Hearings and Trials)等方面。

1. 电子立案和文件电子化服务

目前,法、德两国都已经批准了电子立案和司法文件电子化的相关规则。尽管这些举措仍处在试验阶段,但在司法实践中愈加普遍。

(1) 法国

2005年,法国通过一项法令将电子服务规则引入《民事诉讼法》,该法在第748-1到748-7条规定了电子通信。除规定电子通信的使用范围外,第748-6条还一般性地确定了所用系统必须满足的技术要求,即必须确保:(1)双方身份识别的可靠性;(2)发送文件的完整性;(3)所有通信的安全性和机密性;(4)所有传输情况的保存;(5)允许确定收件人的发送日期和接收日期。但是,该电子通信系统是可选择的,收件人必须明确同意使用。然而,自2011年1月1日起,根据第930-1条的规定,在需要代表出席的上诉程序中,电子通信已经成为强制性要求。此外,还建立了一系列附加的保障措施:(1)如果文件原件是纸质的,法院可以下令将其变为电子文件(第748-4条);(2)利害关系方可以要求以纸质格式将任何可执行的司法裁决送达法院(第748-5条);(3)对于某些"系统故障"必须采取的最低要求,即在履行某行为期限的最后一天,出于服务方或

1　参见 Richard, Susskind, *Online Courts and the Future of Justice*, Oxford University Press, 2019, p.167。

代理方无法控制的原因无法进行电子服务或立案,则将时限延长至下一个工作日(第748-7条)。[1] 2018年3月9日,法国司法部部长宣布了即将进行的法国司法系统改革的重点内容。改革包括五个关键领域,其中一个为数字化转型(digital transformation)。数字化转型主要包括:促进数字化调解,以及在刑事和民事领域促进无纸化诉讼。2018年3月9日,法国司法部部长重申政府愿意通过数字化转型改革和简化刑事与民事诉讼程序。[2]

(2)德国

德国基本上通过三部法律对电子程序和电子服务进行规制,并对《民事诉讼法》(Zivilprozessordnung, ZPO)相应规则进行了修正,包括:2001年6月25日的《服务改革法》(2002年7月1日生效);2001年7月13日的《使私法和其他法规的形式要求适应现代法律交易的法律》(2002年8月1日生效);2005年3月22日的《正义法》(2005年4月1日生效)。

德国《民事诉讼法》第130a条和130b条基本确立了电子服务,分别聚焦于一般电子文档和司法电子文档的相关内容。根据法律规定,当事人可以通过电子邮件的形式向法院提交申请,但是必须载有符合《电子签名法》规定的电子签名。相对应,若是法官、高级司法官、书记官或执行员应当亲手署名的,电子文档记录应当载有书状责任人的名字以及合格的电子签名。2005年4月起,德国《司法通信法》(Justice Communication Act)开始生效,并对《民事诉讼法》相应规则进行了修正。此次修正明确了电子归档系统的地位。第298条规定"电子文档应当予以打印并加入文卷"。第298条之一规定"法院的诉讼文卷可以以电子文卷的形式保存"。随后,《民事诉讼法》第371条之一还对电子文档的证明

---

1 参见 Inchausti, Fernando Gascón, "Electronic Service of Documents National and International Aspects", in Miklós Kengyel & Zoltán Nemessányi (eds), *Electronic Technology and Civil Procedure*, Springer, 2010, pp. 144–145。

2 参见 "Toward e-justice with the transformation of the French legal system?", https://www.jdsupra.com/legalnews/toward-e-justice-with-the-79072/, 2020年9月15日访问。

力做出了规定。如果私电子文档载有合格的电子签名,则关于私文书证明力的规定适用于私电子文档。[1]

2. 民事法院的虚拟听证和审判

一般来说,在大多数司法管辖区,全体听证会应在公开法庭上口头、公开举行,这被视为民事诉讼程序的基本原则。然而,出于出庭的便利性考量,一些居住地偏远或离法院距离较远的当事人和证人可以通过视听技术虚拟出庭。[2]

(1)法国

法国《司法组织法》(the Code of Judicial Organization)允许审判长在征得各方同意后,在确保视听传输秘密性的情况下,通过视听链接在几个单独的房间中开展诉讼程序。除非正在审理的案件非常重要,需要创建历史档案,否则不会录制声音和视频内容。视频会议在法国法院的首次使用是在 20 世纪 90 年代后期。圣皮埃尔(Saint Pieere)和密克隆群岛(Miquelon)是位于加拿大纽芬兰沿海的小岛,是法国的海外领土。由于地理位置偏僻、人烟稀少,无法在当地开展常规的法院司法工作,因而法院系统开始采用视频会议。虽然视频会议的使用在法国逐渐被接受,但是法国法院对视频会议和类似技术的使用仍不常见。受新冠疫情影响,法国法院对虚拟听证的接受度和使用度有所增加。一些法院通常使用视频会议进行现场听证,而目前大部分案例都只涉及刑事诉讼程序。法国北部里尔的律师协会正在呼吁使用视频会议进行法庭听证。截至 2020 年 4 月 1 日,虚拟听证仍在等待该地区各个法院法官的批准。若通过,将在商业法庭进行首次实验并扩展到其他法院。[3]

1　参见 Fischer, Nikolaj, "Electronification of Civil Litigation and Civil Justice—The Future of the Traditional Civil Procedure Facing the Electronification", in Miklós Kengyel & Zoltán Nemessányi (eds), *Electronic Technology and Civil Procedure*, Springer, 2010, pp. 90-92。

2　参见 Fischer, Nikolaj, "Electronification of Civil Litigation and Civil Justice—The Future of the Traditional Civil Procedure Facing the Electronification", in Miklós Kengyel & Zoltán Nemessányi (eds), *Electronic Technology and Civil Procedure*, Springer, 2010, pp. 21-22。

3　参见 Boring, Nicolas, *Virtual Civil Trials: France*, the Law Library of Congress, 2020, pp. 26-27。

（2）德国

在德国，通常情况下当事方必须亲自到庭参加诉讼。但是，德国《民事诉讼法》第128a条规定，在某些情况下，可以通过视频会议进行取证和审判。[1]远程取证和审判时，声音和视频必须同时使用，电话听证则不被允许。当事人、法定代表人或代理人可以向法院提出请求，要求通过视频会议进行取证或审判。法院可以酌情决定是否批准该申请。法院可以依职权进行视频会议而无需征得当事方的同意。视频会议不被记录。法院做出允许视频会议的命令时，必须确定当事方参与的地点或证据提供的地点。法律并不对这些地点进行限制，可以是当事方所在城市的法庭、律师事务所、公司或公共视频会议室。但是，地点必须在德国境内。跨境视频会议仅在根据《欧洲小额金钱诉讼程序条例》规定提供司法协助时才被允许。通过视频会议取证仅限于询问证人、专家或当事人。德国各州几乎所有法院都安装了用于进行虚拟审判的技术设备，但是各个法院对虚拟设备的使用情况不尽相同。通常，虚拟诉讼是在预期诉讼时间较短且不需要全面审理的情况下才被使用。[2]

三、　在线纠纷解决（ODR）

互联网的发展改变了现代社会生活的众多领域，也使纠纷解决的方式变得不同。ODR的出现是随着互联网科技的发展与商业电子化的影响，由传统线下

1　"第一百二十八条之一（使用图像和声音传输技术的言词辩论）：（1）法院可以依当事人、诉讼代理人、辅佐人的申请，或依职权，允许当事人、诉讼代理人、辅佐人在言词辩论期间置身其他地点，并实施程序行为。图像和声音应当在该地点与法庭实时播放。（2）法院可以依申请，允许证人、鉴定人、参加人在讯问期间置身其他地点。图像和声音应当在该地点与法庭实时播放。根据第一款第一句的规定，当事人、诉讼代理人、辅佐人置身其他地点的，证人、鉴定人、参加人接受讯问的图像和声音应当在当事人、诉讼代理人、辅佐人言词辩论的地点实时播放。（3）对图像与声音的传输不作记录。对根据第一款第一句、第二款第一句作出的决定，不可声明不服。"参见丁启明译：《德国民事诉讼法》，厦门大学出版社2016年版，第33页。

2　参见Gesley, Jenny, *Virtual Civil Trials: Germany*, the Law Library of Congress, 2020, pp. 28–30。

替代性纠纷解决方式发展而来的。可以说,商业化、信息化是 ODR 的重要特征。在线电子商务交往尤其是跨国跨境贸易的过程中,发生纠纷是无法避免的,而将这一纷争交由法院解决,在地理上和法律上都将面临困难。基于这样一种在线电子商务的独特需求,ODR 应运而生。[1]如今 ODR 的纠纷解决范围已经从家事法扩展到互联网域名纠纷,从消费者交易扩展到和平协商。ODR 不仅用于解决因在线活动而引起的在线纠纷,更被运用于现实世界中发生的"离线纠纷"(offline disputes),如家庭、邻里和雇佣纠纷等。

(一) 在线纠纷解决的基本内容

1. 发展阶段

在线纠纷解决的发展基本上可以分为四个阶段:第一阶段为 1990 年到 1996 年,这一阶段可以被称为业余阶段(amateur stage),此时在线纠纷解决还处在测试阶段;第二阶段为 1997 年到 1998 年,这一阶段是在线纠纷解决的蓬勃发展阶段,建立了第一个提供私人在线纠纷解决的商业门户网站;第三阶段为 1999 年到 2000 年,随着经济发展进入有利时期,IT 服务业也得到较快发展,因而许多公司启动了在线纠纷解决项目,但很大一部分如今已不在市场上运作;第四阶段为 2001 年之后,这一阶段标志着在线纠纷解决的新开始,此时这一技术被引入法院和行政机关等机构。[2]

2. 基本概念

在线纠纷解决是指借助信息技术(尤其是互联网)辅助的争议解决程序。在线纠纷解决包括辅助程序如调解,咨询程序如案件评估,确定性程序如仲裁

---

[1]　参见 Martinez, Janet K., "Designing Online Dispute Resolution", *Journal of Dispute Resolution*, Vol. 135, 2020, p. 135。

[2]　参见 Tyler, Melissa Conley, "115 and Counting: The State of ODR 2004", https://view. officeapps. live. com/op/view. aspx? src = https% 3A% 2F% 2Fwww. mediate. com% 2Fodrresources% 2Fdocs% 2FODR% 25202004. doc, 2020 年 7 月 30 日访问。

和裁决。[1]由于 ODR 最初是用于解决企业和消费者在互联网商务中引起纠纷的一种工具,也有学者将 ODR 定义为"一种使用替代性纠纷解决方式在线解决争端"的方式。并且在线纠纷解决(ODR)和 eADR(electronic ADR)、oADR(online ADR)、iDR(internet Dispute Resolution)往往被视为同义词。[2]

3. 不同类型

尽管现在 ODR 的提供者众多,但是大致可以将其分为三个类型:全自动决策;实时但完全基于计算机的决策;将在线交流、聊天室和电话会议相结合的系统。第一种如保险领域的 CyberSettle,就是使用全自动系统,因为该系统唯一需要解决的就是金钱损失的金额确定。原告和被告将分别给出最低和最高出价,计算机程序将确定是否存在重叠并提出解决方案,各方将对此做出回应。第二种如 Square Trade,用于处理 eBay 用户之间的纠纷,使用在线交流方式来交换诉辩文件及相关文档,并使用电子邮件在各方和中立方之间进行交流。第三种则是前两种的结合。例如,电子法院为当事方提供有关诉请与辩护的表格;各方之间或与中立方在线交换表格;使用"解决室"(resolution room),该"解决室"可以通过计算机和电话会议的方式促进展开联合会议,讨论和交换进一步的信息。[3]

4. 技术条件

随着在线技术的发展,ODR 中使用的通信工具也发生了变化。早期的 ODR 网站主要依靠电子邮件,这就意味着通信延迟,且通信主要基于文本,因而具有不安全性。相比之下,自 2001 年起推出的通过安全套接字协议层(SSL-Secure

---

1 参见 Tyler, Melissa Conley, "115 and Counting: The State of ODR 2004", https://view. officeapps. live. com/op/view. aspx?src=https%3A%2F%2Fwww. mediate. com%2Fodrresources%2Fdocs%2FODR%25202004. doc, 2020 年 7 月 30 日访问。

2 参见 Mania, Karolina, "Online Dispute Resolution: The Future of Justice", *International Comparative Jurisprudence*, Vol. 1, 2015, p.78。

3 参见 Bensley, Norman, "Online Dispute Resolution", *Tort Source*, Vol. 6, 2004, p. 2。(SSL-Secure

Socket Layers）技术加密的安全网站成为 ODR 最常用的通信服务技术，它可以为当事人提供密码来访问专门解决其争议的网站区域。站点（sites）则既可以通过线程讨论（公告板）允许异步通信，也可以支持实时聊天功能。某些站点还使用即时通信技术以及通过加密程序的"安全电子邮件"。新系统还支持双方当事人彼此见面、交流，或在一方当事人不参与的情况下与中立方见面、交流等。一些站点还提供案例跟踪和文档编辑等功能。此外，也有许多提供商将 ODR 方法与传统方法如电话、传真、电话会议和视频会议等结合起来。许多站点都提供视频会议，这将成为下一阶段技术开发的重点。[1]

5. 限制因素

ODR 服务的提供可能会受到以下三个因素的影响：首先，计算机硬件和软件的可获得度。在接受调查的大多数站点中，它们都假设争议方可以使用基本的计算机技术设备。但是，一些视频会议的提供商会将此设备提供给各方（如 JAMS 和 clickNsettle）。其次，残疾人的可访问性。使用计算机设备的人员可访问性是一个重要的问题，这可以由 ODR 系统设计来管理，使站点使用的编程更加契合残疾标准，如提供 Flash 版本和非 Flash 版本的双重选择。最后，提供的语言。语言和文化已经成为使用 ODR 平台的障碍。虽然用于提供 ODR 服务的语言广度在不断扩宽，但是英语仍然是 ODR 平台最常用的语言，其次是西班牙语、法语和德语。其中，单一语言模式仍占主流（74%），但是双语（15%）或多语（11%）服务的数量也在增加。

（二）美国在线纠纷解决

2019 年，美国法学院学会（The American Association of Law Schools）举办的

---

[1] 参见 Tyler, Melissa Conley, "115 and Counting: The State of ODR 2004", https://view.officeapps. live.com/op/view.aspx?src=https%3A%2F%2Fwww.mediate.com%2Fodrresources%2Fdocs%2FODR%25202004. doc, 2020 年 7 月 30 日访问。

年会中就有一个板块名为"争端解决中的技术前景和陷阱"(Promises and Pit-falls of Technology in Dispute Resolution)。在该年会以及随后出版的文章中,该小组成员对 ODR 的使用做了一定研究,主要从 ODR 技术的普遍使用,到法院对 ODR 的特定使用,最后到区块链智能合约中对 ODR 的使用。此外,美国学者还提出了专门评估争议解决系统的衡量因素,并以具体 ODR 平台为基础进行了介绍。

1. ODR 平台的衡量因素

争端系统设计(Dispute System Design, DSD)需要衡量不同的因素,如何在不同的解决方案中处理争端有赖于系统的有效设计。DSD 框架的评估主要围绕以下一些要点:目标、利益相关者、环境和文化、程序和结构、资源。

(1)目标

目标是任何争议处理系统的基础。该系统的决策者希望实现什么目标,该系统试图解决哪些类型的冲突,这些都至关重要。通过明确系统的目标,可以更好地确保流程一致,更有利于后续评估系统是否按预期目标运行。尽管最佳选择是系统可以实现多种目标,但想要拥有全部是不可行的。潜在的目标包括:预防冲突、管理和解决、为用户和管理者提高效率和节省资源、人际关系、可访问性、声誉、安全性、保密性、合规性、满意度、公平透明的流程以及公正的结果等。如果系统存在多个目标,例如平台的效率、合规性以及自我代表诉讼人的可访问性等,系统设计者就需要确定哪个目标享有最高优先级,以及如何在这些目标之间进行权衡。通过案例分析发现,越是重视消费者的案件,例如民事索赔和信用债权案件,对接近司法、效率和基于利益的程序选择的价值越看重。因此,用户和利益相关者参与设计过程的平衡至关重要。在区块链智能合约等较新的案例类别中,随着技术信任度的提高,可预测的结果和执行的价值也就越高。[1]

---

[1] 参见 Martinez, Janet K., "Designing Online Dispute Resolution", *Journal of Dispute Resolution*, 2020, pp. 140-141。

（2）利益相关者

争端系统设计的第二个框架要素是识别利益相关者并分析他们的利益、代表、关系和相对权力。利益相关者包括创建、托管、使用 DSD 并受其影响的人员和组织。纠纷系统的设计和持续改进中涉及的利益相关者（包括用户）越多，该系统长期可持续性的可能性就越大。拉森（Larson）教授在参加美国州法院 ODR 系统设计的时候曾经历一个广泛的利益相关者参与的过程。该过程花费数千个小时与法院工作人员、债权人、债权人组织、债务人、债务购买者、消费者代表、法律服务提供者以及其他相关人员进行面对面交谈。然而，由于部分法律服务提供者的抵制以及早期法官领导和参与的缺乏，最终的提议并未被法院采纳。有学者进而指出，技术中介作为第四方中心可能是 ODR 的核心。然而，案件类别和系统目标如何与 ODR 流程整合，谁有权设计技术来弥合差距并充当第四方，该第四方又将担任一个怎样的角色，行政、沟通还是具有实质性职能，这些问题都有待后续思考。[1]

（3）环境和文化

DSD 流程的环境会影响其可行性。此外，显著的文化（组织、社会、民族、经济或其他因素）也会对系统产生影响。环境是诊断和设计系统的情景或状况。文化则是指一群人共享的存在、感知和行为模式。人们通常认为文化是在国家、地区或宗教背景下产生的，但也可以跨专业、社区或组织而发展。因此，用户经历和期望的变化已经产生了新的文化维度。ODR 的发展受到电子商务环境以及信息、通信和 AI 技术发展的推动。以区块链为基础的智能合约则代表了实现其他功能的能力飞跃。用户、设计者、管理者等各种利益相关者的文化期望对 ODR 如何以及出于何种目的持续扩展具有至关重要的影响。[2]

---

[1]　参见 Martinez, Janet K., "Designing Online Dispute Resolution", *Journal of Dispute Resolution*, 2020, p. 141。

[2]　参见 Martinez, Janet K., "Designing Online Dispute Resolution", *Journal of Dispute Resolution*, 2020, p. 142。

（4）程序和结构

DSD 可以是系统设计过程,也可以是结果系统,它可以包括一个或者多个程序。如果某个 DSD 具有多个程序,则程序之间如何链接或集成以及它们与正式法律体系的相互作用如何,会激励或抑制当事方和利益相关者使用该特定 DSD。ODR 可以使用许多不同类型的程序。一些组织提供一种正式程序,例如调解或仲裁,而另一些组织则针对一种或多种类型的纠纷制定一系列程序。如果提供了多个选项,则这些选项可以链接在一起,或者可以作为离散的并行程序存在。系统通常通过提供多种选择来自我增强,然而过多的选择也会使用户感到困惑。争端解决方案的目标是调和各方的利益,在多方和多目标的情况下,多种程序选择可能有助于实现更好的结果。设计人员需要在可用选项的范围与资源限制和效率之间取得平衡,还应从预防的成本和收益的角度来理解效率。[1]

（5）资源

系统的成功在很大程度上取决于设计阶段可用的财务和人力资源。资源问题与组织的成本效率目标和用户的成本效率目标交织在一起。因此,资源间接影响诉诸司法的机会。[2]

（6）成功、责任和学习

透明度要求在保密的情况下既要明确系统的运作方式,又要保证案件的结果。评估,包括独立监测和有意学习,对 DSD 的信誉和责任至关重要。评判依据可以包括系统是否实现其预期目标以及通过系统是否实现了更广泛的社会目标(包括公正和正义)等。系统程序应保持透明且对所有利益相关者负责,并提供公平、公正、平衡、不偏倚和有效的手段来管理冲突和解决争端。然而,透

---

1 参见 Martinez, Janet K., "Designing Online Dispute Resolution", *Journal of Dispute Resolution*, 2020, pp. 142-143。

2 参见 Martinez, Janet K., "Designing Online Dispute Resolution", *Journal of Dispute Resolution*, 2020, p. 143。

明并不是无限的。DSD 需要在透明和维护案件详细信息的私密性之间取得平衡。[1]

2. 美国主要 ODR 平台介绍

（1）eBay（http://www.ebay.com）

eBay 成立于 1995 年,是当时全球最大的在线交易市场,从最初的消费者对消费者（C2C, consumer-to-consumer）逐渐发展到企业对企业（B2B, business-to-business）以及后来的企业对消费者（business-to-cunsumer, B2C）模式。在 2002 年收购 PayPal 后,eBay 开始着手建立一个强大的、端到端的"信任和安全"的基础结构。为了解决因在 eBay 市场上购买商品而引起的纠纷,eBay 开始创建解决中心来应对成千上万的电子商务纠纷。[2]

eBay 的网站页面上有一个争议解决中心,当纠纷发生时,eBay 会要求买方详细说明投诉的细节并提出首选的解决方案。然后,eBay 鼓励买卖双方直接通过其消息传递平台进行交流。如果无法通过协商解决此问题,则可以将争议上报给客户支持的解决服务团队。在此阶段,解决方案服务小组会评估买方的主张,并就谁对谁错做出决定。

eBay 平台上有针对买家和针对卖家的两种服务方式。针对买家而言,买家在没有收到商品或商品不符合描述这两种情况下,可以提出索赔。eBay 系统鼓励当事人通过在线协商方式自行解决纠纷。系统会为当事人提供结构清晰的实用性指导,帮助当事人避免误会,达成协议。如果直接联系卖家后的三个工作日内无法解决问题,买家可以选择将纠纷上报给 eBay。如果买家将案件上报给 eBay 解决中心,eBay 将审查该纠纷并在 48 小时内与买方联系,以确定买方在

1　参见 Martinez, Janet K., "Designing Online Dispute Resolution", *Journal of Dispute Resolution*, 2020, p. 144。

2　参见 Duca, Louis F. Del, Rule, Colin, Rimpfel, Kathryn, "eBay's De Facto Low Value High Volume Resolution Process: Lessons and Best Practices for ODR Systems Designers", *Arbitration Law Review*, Vol. 6, 2014, pp. 204-205。

该纠纷中是否有资格获得全额购买价格加上原始运费的退款。当事人须在实际送达日或者预计应送达日期的 30 日内向 eBay 提出诉求。[1]针对卖家而言,在未收到商品货款的情况下可以提出索赔。卖方的索赔与买方的索赔有所不同。卖方的交易风险远小于买方。如果买方赢得了拍卖但没有支付,卖方可以联系买方并提供以下几种选项:支付竞价款;证明竞价款已支付;要求取消交易。买方做出回应后,买卖双方便可以进行沟通,尝试通过双方协商解决问题。但是,如果买方未做出反应或卖方不满意,则卖方具有单方面给予买方"未付款项警示"的权利。如果买方在短时间内收到太多未付款项警示,买家在 eBay 上的账户将被暂时冻结。[2]

(2) CyberSettle(www. cybersettle. com)

CyberSettle 是一个提供"盲目投标"服务的平台。它的设计目标是当纠纷解决只关注数额时,加速协商进程。CyberSettle 源于 1995 年庭审律师布罗夫曼(Charles Brofman)和伯切特(James Burchetta)之间一段关于保险索赔案件的经历。在该案中代表原告的律师索赔金额比被告愿意提供的金额高出数万美元,双方都清楚最终解决这个案件的金额会是多少,但是他们都不愿意损害对方讨价还价的权利,因此他们上了法庭。在法庭上,他们同意秘密写下自己的底线金额并将其交给法院书记员。书记员如果发现他们的金额相差几千美元,就向他们"竖起大拇指"。如果案件没有解决,书记员就将字条销毁并不能透露数字。如果分歧不超过一千美元,则案件可以得到解决。[3]

1996 年,CyberSettle 正式创立并获得了自动化在线双盲投标争议解决系统

1　参见 Duca, Louis F. Del, Rule, Colin, Rimpfel, Kathryn, "eBay's De Facto Low Value High Volume Resolution Process: Lessons and Best Practices for ODR Systems Designers", *Arbitration Law Review*, Vol. 6, 2014, pp. 207–208。

2　参见 Duca, Louis F. Del, Rule, Colin, Rimpfel, Kathryn, "eBay's De Facto Low Value High Volume Resolution Process: Lessons and Best Practices for ODR Systems Designers", *Arbitration Law Review*, Vol. 6, 2014, pp. 208–209。

3　参见 https://www. mediate. com/articles/LevinDbl20080227B. cfm,2020 年 7 月 30 日访问。

的专利。CyberSettle 系统使争议者能够快速而机密地解决索赔。必要时还可以使用电话服务,以消除沟通困难并保持和解谈判的顺利进行。CyberSettle 通过匹配报价和需求来生成高速结算(high-speed settlement)。程序开始后,争端者将有三个机会或回合来解决索赔。每轮输入一个需求或报价,CyberSettle 立即将需求与反对方的相应报价进行比较。如果报价大于或等于需求,争议即可解决。最为重要的是,除非双方达成和解,否则都不用付款。因此,CyberSettle 是一个无风险的平台,受到广泛的应用。纽约是第一个将 CyberSettle 纳入其争议解决程序的城市,该系统使纽约在 30 天内解决了 66% 的案件,大大减少了案件的积压并节约了大量成本。[1]

（3）Modria(www. modria. com)

作为在线争议解决平台,Modria 可以处理各种类型和数量的案件,从简单的债务偿还到复杂的儿童监护。Modria 衍生于 eBay 和 PayPal 的 ODR 部门,由该部门负责人鲁尔(Colin Rule)创立。该系统每年处理 6000 万个案例,其中 90% 通过自动化解决,且与传统方法相比,可以将安全解决案件的速度提高 50% 以上。Modria 解决案件主要通过以下过程:首先,通过技术诊断问题;其次,允许各方进行在线谈判;接着,必要时提供调解员;最后,为案件提供评估结果。[2]

随着互联网和移动通信的出现,公民不仅期望而且要求以更快的速度解决各种争端。Modria 的 ODR 解决方案将法律、经济学和心理学与信息和通信技术结合在一起,帮助公民预防、管理和解决纠纷。通过 Modria 在线解决纠纷可以减轻法院的压力。民事案件中 Modria 平台的运用已非常成熟,但 Modria 在刑事案件中的作用也越来越大,主要体现在以下三个领域的案件中:机动车违规案

1　参见 https://www. mediate. com/articles/LevinDbl20080227B. cfm,2020 年 7 月 30 日访问。

2　参见 https://www. tylertech. com/resources/resource-downloads/brochure-online-dispute-resolution-proven-tech-nology, 2020 年 7 月 30 日访问。

件;受害者-罪犯的和解案件;辩诉交易案件。[1]

（三）英国在线纠纷解决

英国一直致力于将信息技术应用于司法系统。近年来,在线纠纷解决在英国民事小额索赔案件中发挥着非常重要的作用,这得益于英国不断的探索。2014年4月25日,英国成立民事司法委员会在线纠纷解决顾问小组（Civil Justice Council's Online Dispute Resolution Advisory Group）,由理查德·萨斯坎德（Richard Susskind）教授担任主席,该小组成立的主要目标就是探索ODR对解决25 000英镑以下的小额诉讼的可行性。[2]

1. 英国ODR系统的衡量标准

当前英国民事司法制度正面临诉讼迟延、经费缺乏的状况,将ODR引入司法实践是降低法院系统成本、提高接近正义程度的一种办法。从世界范围的实践来看,在某些案件中ODR的运用有利于更快更好地解决纠纷。下面列举一些适用处理小额诉讼案件的标准,[3]这也同样适用于ODR:

（1）负担得起（affordable）——所有公民,无论贫富;

（2）可操作性（accessible）——尤其是对于身体有残疾的人,出席庭审是很困难的事情;

（3）通俗易懂（intelligible）——非律师的公民在为自己代理时也不会感到不方便,不会处于弱势;

（4）合适（appropriate）——对于受互联网影响的一代以及越来越网络化的社会,这些活动能通过电子化的方式操作;

（5）快速（speedy）——使未解决问题的不确定期限最小化;

1　参见 https://www.tylertech.com/resources/blog-articles/how-odr-can-benefit-three-criminal-case-types,2020年7月30日访问。

2　更多详细内容可以参见官方网站:https://www.judiciary.uk/reviews/online-dispute-resolution/。

3　Online Dispute Resolution Advisory Group, *Online Dispute Resolution for Low Value Civil Claims*, 2015, pp. 8-9.

（6）一致性（consistent）——对法院的裁决提供一定程度的预判；

（7）值得信赖（trustworthy）——使用者对这个平台的可靠性和诚信度具有信心；

（8）专注（focused）——法官可以专心解决那些需要他们的经验和专业知识的案件；

（9）可以避免（avoidable）——提供多种诉讼外纠纷解决方式供选择，法官的介入是最后一道防线；

（10）比例适当（proportionate）——针对案件的标的额来讲，起诉的成本是合理的；

（11）公平（fair）——当事人有机会向中立的专家陈述案情，并得到公正的结果；

（12）强有力（robust）——由清晰的诉讼规则和法律的全面实施提供保障；

（13）终局性（final）——所有的使用者可以回到生活正轨。

2. 英国主要 ODR 平台介绍

（1）英国金融申诉专员服务中心（www. financial-ombudsman. org. uk）

英国金融申诉专员服务中心于 2000 年依法成立，是金融服务部门的强制性 ADR 机构。它的功能是快速解决消费者和英国金融业务部门之间的纠纷。这一程序的设置基于纠纷在产生的早期阶段更容易被解决，且大多数问题的解决不需要申诉专员的正式决定。申诉专员参与的纠纷必须在投诉发生的 8 周内解决，否则一旦纠纷被提交服务中心，在线程序将启动。案件管理员将协助当事人寻求纠纷解决方法，通常由案件管理员书面告知当事人依据现有证据和陈述可以得出的公正合理的结论。如果当事人认同这一结论（据统计，当事人认同的案件比例达到 90% 左右），则纠纷解决。但任何一方当事人有权不认同该结论，并要求将该纠纷提交申诉专员做出有约束力的最终判定。这一在线服务使得一些纠纷在非正式程序中得到迅速解决，可能只需要几个小时或几天时间。

消费者可以接受也可以拒绝申诉专员的判定,但一旦接受,判定即具有约束力。判定不可上诉但可以进行司法审查。在 2013 年至 2014 年,金融申诉专员服务中心解决了 518 778 件纠纷,其中 487 749 件由协助者解决,31 029 件由申诉专员解决。[1]这是该中心案件解决数量最多的一年。在 2018 年至 2019 年,案件解决的数量为 388 392 件。[2]

(2) 英国 Nominet 域名注册公司(www. Nominet. org. uk)

Nominet 是一家域名注册公司,自 1996 年开始管理以 . uk 为后缀的域名注册事项,自 2014 年开始管理以 . cymru 为后缀和以 . wales 为后缀的域名注册事项。针对以 . uk 为后缀的域名注册者,Nominet 本着"先来先服务"(first-come, first-served)的原则,不审查申请的优劣。因此,它建立了独立于法院的、针对以 . uk 为后缀的域名注册者的解决纠纷服务(Dispute Resolution Service,DRS)系统。当事人需证明其拥有与争议域名相同或相似域名的权利,证明注册域名被滥用(例如域名的拼写非常相近,足以引起网络使用者混淆)。[3]

DRS 第一阶段要求投诉方在 Nominet 网站上填写表格,写明其可能接受的解决方式(最常见的方案是要求将争议域名转让给投诉方)。投诉方提交的材料将由系统转发至争议域名的权利人。Nominet 会指派一名调解员,电话联系所有当事人进行调解。大部分案件都在此阶段达成协议,一般耗时 2 周,在此阶段达成协议的当事人无需付费。如果通过调解没有解决纠纷,那么投诉方可以支付费用从而得到一位指派的独立专家,专家通过审核双方当事人在线提交的材料做出判定。专家的判定允许上诉,但上诉的情况很少。专家判定意见和上

1　参见 Online Dispute Resolution Advisory Group, *Online Dispute Resolution for Low Value Civil Claims*, 2015, p. 13。

2　参见 Financial Ombudsman Service, *Annual report and accounts for the year ended 31 March 2019*, 2019, p. 7。

3　参见 Online Dispute Resolution Advisory Group, *Online Dispute Resolution for Low Value Civil Claims*, 2015, p. 13。

诉结果均会公布在 Nominet 的官方网站上。[1]

（3）英国 Resolver 平台（www. resolver. co. uk）

Resolver 通过在线服务平台帮助消费者向供应商和零售商提出投诉。消费者在提交纠纷时可以得到在线协助，包括填写表格和标准条款的指引。纠纷将直接通过电子邮件转发至被投诉的对象，供应商和零售商应向 Resolver 做出回复，以便将所有的材料保存在在线服务系统中。Resolver 的服务范围涵盖能源、电信、交通运输、贷款公司、餐饮、商业店铺、律师以及其他领域。Resolver 为当事人提供了在特定程序下解决纠纷的平台。在线沟通时，消费者可以使用表情符号，以便更好地表达情绪。不论对于消费者还是被投诉的供应商和零售商，Resolver 的服务都是免费的。[2]

（4）交通事故损害赔偿审裁处（www. trafficpenaltytribunal. gov. uk）

英格兰和威尔士的交通事故赔偿审裁处设立了一个网站 BECK（Best Evidence Cloud Knowledge），为上诉人、被告、裁判者、行政人员提供服务。上诉人可以在这个网站提起上诉、上传证据、追踪案件进程并进行听证。此外，各方都有一个显示当前案件的界面，便于他们提交证据、上传意见、参与听证和获知裁决。上诉人可以在网站上注册一个账号，通过邮件来接收通知。上诉人还可以对证据发表质证意见，选择偏好的听证方式，跟进案件进展，在线查看裁决。他们的界面上显示每个案件的状态，并提示下一步行动。交通事故损害赔偿审裁处的行政管理人员不再需要录入数据，而是专注于客户服务。比如，为离线的上诉人提供电话求助服务。虽然总的工作量增加了30%，但由于案件审结时间缩短，工作人员数量仍保持不变。审裁官可以通过在线方式管理他们的案件，

1　参见 Online Dispute Resolution Advisory Group, *Online Dispute Resolution for Low Value Civil Claims*, 2015, p. 14。

2　参见 Online Dispute Resolution Advisory Group, *Online Dispute Resolution for Low Value Civil Claims*, 2015, p. 14。

向当事人发送指令,查看上传的证据包括视频。在举行的电话听证会上,各方可以在审裁官的指导下查看相同的证据。[1]

3. 未来法院系统的 ODR

2015 年,英国民事司法委员会在线纠纷解决顾问小组出具了第一份报告。在该报告中,顾问小组建议英国法院和审裁处服务中心(HM Courts & Tribunals Service, HMCTS)建立一个以网络技术为基础的新的法庭服务,即在线法院(HM Online Court, HMOC),并将 ODR 运用于这一系统。结合 ODR 的运用以及接近正义的理念,顾问小组认为 HMOC 应当是一个综合性的、三位一体的服务中心。

(1)第一层级:在线评估(Online Evaluation)

这一层级是帮助用户评估他们的问题,将他们的困难分门别类,了解他们的权利和实现权利的方式。这将采用信息和诊断服务的方式,使用者无需支付任何费用。HMOC 还会将这部分功能与其他有价值的在线法律服务平台共享或共用。比如,公益组织开发的系统或律师事务所免费提供的系统,既可以设在 HMOC 里面,也可以链接到 HMOC。对于在线评估,期望引导问题的使用者一开始就选择在线系统。在问题演变成实质性法律问题前,充分的告知能帮助使用者避免一开始就陷入法律困境,或者帮助他们解决困难。[2]

(2)第二层级:在线辅助(Online Facilitation)

如果通过最初的在线评估阶段未能解决问题,则使用者将进入第二阶段——在线辅助。在线辅助的核心是训练有素、富有经验的辅助人员在线工作。辅助人员可以查阅各方当事人的文件和陈述,帮助他们调解,为他们提供建议并鼓励他们协商。在此过程中,辅助人员将使用多种 ADR 和咨询技巧,通过纠问式而非对抗式的形式积极引导。这种程序本质上是 ADR(替代性纠纷解

---

1 参见 Online Dispute Resolution Advisory Group, *Online Dispute Resolution for Low Value Civil Claims*, 2015, p. 16。

2 参见 Online Dispute Resolution Advisory Group, *Online Dispute Resolution for Low Value Civil Claims*, 2015, p. 19。

决机制)和 EDR(早期纠纷解决机制)的结合。在线辅助不具有约束力,但咨询小组仍希望当事人可以接受结果。在线辅助的方式部分受到金融申诉专员服务中心审裁员工作的启发。这些审裁员消化了服务中心 90% 的工作量,仅 10% 的案件到达申诉专员。咨询小组认为在 HMOC 建立类似的过滤机制,即无需法官的介入,即使无法解决大部分纠纷,辅助人员也可以快速公正地消化一部分纠纷。必要时,辅助人员可以借助电话会议设备。此外,在第二层级,自动协商系统可以帮助当事人在没有辅助人员介入的情况下解决分歧。使用第二层级服务的当事人需要支付一定的法庭费用,但该费用远远低于第三层级的收费。[1]

(3) 第三层级:在线法官(Online Judges)

第三层级将为法官提供一种新颖有效的工作方式。在线法官将是全职或兼职的司法人员,他们主要根据在线提交的电子文档,对案件做出全部或部分的裁决。这种机制具有部分结构化的特征,但仍属于在线诉求和抗辩的对抗制。必要时,可以使用电话会议设备。在线法官的裁决具有约束力和执行力,享有与传统法庭上法官所做的裁决一样的效力。当事人需要为此支付费用,但相比传统法庭的费用要低很多。除了提供收费低的司法服务,在线法官为司法人员提供了一种新颖、灵活的职业选择。[2]

在在线纠纷解决顾问小组出具的报告中,未来的 ODR 系统远不止如此。随着大数据、人工智能的发展,ODR 系统对这些新颖方式的采用也是势不可挡的。未来的 ODR 系统可能会有人工智能扮演法官的智能助手,建议可能的决策和理由,系统也很少需要人工的介入,大部分都自动完成。当然,这有赖于技术条件的进步以及立法规范的完善与接纳。

1　参见 Online Dispute Resolution Advisory Group, *Online Dispute Resolution for Low Value Civil Claims*, 2015, pp. 19–20。

2　参见 Online Dispute Resolution Advisory Group, *Online Dispute Resolution for Low Value Civil Claims*, 2015, p. 20。

（四）法国在线纠纷解决

1. 法国在线纠纷解决概述

2018 年 4 月，法国政府发布了旨在改革和现代化法国司法系统的新立法草案（《2018—2020 年司法改革计划》），其中就涉及法国 ADR/ODR 变革的有关内容。关于 ADR/ODR 的改革，有以下几点需要注意：一是对小额索赔的强制性调解。目前，法国已经在家事法和行政性事务领域开展强制性调解的试点项目。二是 ODR 平台的新认证计划。根据欧盟 2013/11 号指令，法国已经建立适用于消费者 ADR 提供者（consumer ADR provider）的认证计划。寻求认证的消费者 ADR 平台必须证明符合"消费者 ADR 指令"中列出的几项质量标准，并根据 2015 年 8 月 20 日的 2015‑1033 号法令在法国进行转换。根据法律草案，拟议的认证计划将适用于所有 ODR 系统。此外，2017 年 10 月 25 日的立法草案除了建议引进针对私人 ODR 平台的认证计划外，还期望建立一个免费的公共 ODR 系统。但是，由于预算原因，法国政府最终放弃了此公共 ODR 系统的开发。在法国，ODR 平台若想获得认证，首先，必须证明平台尊重数据保护和机密，坚持独立、公正并确保程序的公正和高效；其次，ODR 系统不能仅基于算法或自动化。换句话说，人工干预是必要和强制性的。如果 ODR 平台使用算法，则必须事先通知各方，获得其知情同意。[1]

2016 年 1 月起，所有在法国销售商品或服务的公司，不论是线下实体店还是网上销售，都必须遵守法国实施的有关消费获得调解的义务。这项规定旨在要求法国的贸易商告知其消费者诉诸调解的可能性，借此促进在法院外快速解决争端。根据 ADR 指令，销售者必须以"清晰易懂的方式"将所涉及的调解人

　　1　参见 Biard, Alexandre, "Policy Discussions on ADR/ODR in France: Towards Greater Regulation for the Legaltech?", https://conflictoflaws.net/2018/policy-discussions-on-adr-odr-in-france-towards-greater-regulation-for-the-legaltech/, 2020 年 9 月 15 日访问。

以及联系方式包括网站地址告知消费者。此类信息应在销售者网站或与消费者签订的销售、服务合同中明确。此外,在法国成立的从事在线销售和服务的销售商,必须在其网站上提供 ODR 平台的电子链接和信息。如果贸易商不这么做,将面临罚款 15 000 欧元的风险。[1]

2. 法国在线纠纷解决平台 WeClaim

WeClaim 是法国前律师弗雷德里克·佩卢兹(Frédéric Pelouze)创建的部分自动化争议解决系统。创立该平台是为了解决法律市场难以满足民众需求的问题,帮助个人提出小额索赔并加入针对公司的消费者集体诉讼。目前,We-Claim 平台除了法语之外还提供其他语言的版本,并在法国、英国、德国、比利时和西班牙运作。该平台的运作逻辑并不是基于人工智能,而是通过逻辑树(logic trees)指导用户进行一系列操作,以便提出索赔。例如,要求对错过的航班进行赔偿,在用户与系统交互时会向个人提供大量有用信息,是一个高度自动化的过程。换言之,该系统尚未使用机器人聊天界面,也不使用自然语言处理来读取个人输入到索赔机制中的信息。此外,在实际处理索赔方面,即使 WeClaim 软件可以帮助用户管理信息流并将赔偿退还给个人(若成功,收取赔偿款的 25%后返还;如不成功则不收费),仍然需要律师的介入。但未来的 WeClaim 将在争端解决的过程中变得更加自动化。例如,不需要律师的介入;若不能达成协议,可以在线点击将案件提交法庭;等等。[2]然而,这些变化需要法国法院系统的配合和监管机构的同意。

1　参见"Mediation:New Obligations for France-Based Traders",https://www.mwe.com/insights/mediation-new-obligations-for-france-based-traders/#getintouch,2020 年 9 月 15 日访问。

2　参见 French Legal Start-up,"WeClaim, Pioneers Semi-Automated Litigation",https://www.artificiallawyer.com/2016/12/12/french-legal-start-up-weclaim-pioneers-semi-automated-litigation/,2020 年 9 月 15 日访问。

（五）德国在线纠纷解决

1. 德国在线纠纷解决概述

替代性纠纷解决一直是德国民事领域的重要内容。替代性纠纷解决方式可以减轻以诉讼方式解决纠纷的压力，使案件分流，从而减轻法院负担。在线纠纷解决由替代性纠纷解决方式发展而来。社会科技的进步以及电子商务的发展一定程度上促进了纠纷解决方式的电子化。对于大多数欧洲消费者尤其是德法欧洲消费者中心（European Consumer Centre，ECC）而言，电子商务已经成为一种重要的消费方式。近年来，德法欧洲消费者中心处理的案件有70%与在线交易有关。通常情况下，当争议金额很低时，消费者希望避免进行昂贵且复杂的司法程序。而在线纠纷解决就像在互联网购物一样方便：在调解员的帮助下，当事各方无需预约，只需在家中即可就解决方案达成协议。[1]因而德国许多法院已经开始引入或正在考虑引入在线争端解决系统，为解决小额索赔案件创造更为便利的条件。

2. 德国在线纠纷解决平台 Online Schlicher

Online Schlicher 是德国一个针对企业和消费者间电子商务和直销纠纷的在线调解平台。为帮助消费者友好解决争端，欧洲消费者保护中心于2009年6月中旬建立"Online-Schlichter Baden-Württemberg"平台。该平台由设在克尔和斯特拉斯堡的德法欧洲消费者中心运营，并由司法部和德国六个地区消费者保护中心提供资金支持。设立该平台的目的是增加获得接近正义的机会，并减少提交法院的案件数量，力争庭外解决电子商务引起的消费者纠纷。[2]平台的资助还

1　参见"The Online-Schlichter"，https://www.europe-consommateurs.eu/fileadmin/user_upload/eu-verbraucher/PDF_Englisch/20_ans/Online-Schlichter_Projektskizze_04.2013_EN.pdf，2020年9月15日访问。

2　参见"The Online-Schlichter"，https://www.europe-consommateurs.eu/fileadmin/user_upload/eu-verbraucher/PDF_Englisch/20_ans/Online-Schlichter_Projektskizze_04.2013_EN.pdf，2020年9月15日访问。

来源于法定保险和标准部门以及一个会员制的直销协会。Online Schlicher 平台为各方当事人提供免费服务。其调解员和顾问人员都是德法欧洲消费者中心的独立律师。[1]

Online Schlicher 提供服务的流程大致如下：自纠纷开始协助分析案情，为双方提供法律咨询和评估其法律地位，纠正当事人对其权利毫无根据的期望。纠纷解决通过构建文本基块（textual building blocks）和决策树（decision trees）提供在线建议，部分程度上实现了自动化。这种前期建议和评估有助于纠纷的尽早解决。随后，调解员会提出一个非约束性建议。在大约三分之二的案件中，当事方都能接受建议从而解决纠纷。2014 年，大约有 1500 起案件通过 Online Schlicher 提起。从案件发起到接受建议的平均时间为 60 天。其中，大约 28% 的案件涉及未交付货物，21% 的案件涉及有缺陷货物，17% 的纠纷涉及消费者撤销交易。平台的高调解率一定程度上说明了科技在小额纠纷索赔案件中的成功。[2]

四、 人工智能与司法

信息科技（IT）可以通过两种完全不同的方式应用于支持法院系统。第一种是通过设计技术改善早已存在的法院机制。通过这种方式，IT 被嫁接到了现有的司法实践，从而替代或增强当前的法院系统。这种方式往往成本高昂，它主要是运用 IT 的系统替代当下效率低下、以纸质文件为基础的法院系统。这种技术的运用并没有从根本上改变法院运行本质的过程和程序。第二种则是在法庭上以全新的方式提供 IT 服务。以此为目标，鼓励大胆创新，并敦促改革者

---

[1] 参见 Online Dispute Resolution Advisory Group, *Online Dispute Resolution for Low Value Civil Claims*, 2015, p. 15。

[2] 参见 Online Dispute Resolution Advisory Group, *Online Dispute Resolution for Low Value Civil Claims*, 2015, p. 15。

从头开始。[1]人工智能(AI)裁判就是这样一种新的方法。然而,正如历史向我们展示的那样,每一项技术进步都伴随着法律问题。在司法裁判领域引入人工智能面临着很多的问题,也有很多难题亟待解决。并且,目前的人工智能仍只能算是辅助裁判的角色。

(一) 什么是人工智能?

"人工智能"一词最早出现在 1955 年发表的《达特茅斯夏季人工智能项目提案》一文中。次年,在美国达特茅斯会议上,与会专家就人工智能问题展开了大量的讨论。然而直到现在,尽管媒体每天都在谈论人工智能,但到底什么是人工智能仍没有公认的答案。从超级智能、人形生物、智能、征服世界的机器人甚至到可以暗示天气证明穿着外套是合理的应用程序,有关人工智能的定义纷繁多样。根据《韦氏词典》,"人工智能"可以被定义为"模拟计算机中的职能行为的计算机科学分支"或者是"机器模仿智能人类行为的能力"。[2]然而,这个定义容易令人误解且在功能上毫无用处。

有学者从人工智能的组成部分定义人工智能,认为人工智能包括:机器学习、语音识别、自然语言处理和图像识别。其中,语音识别和自然语言处理可以看作是同一硬币的两面。此外,这两种技术包括图像识别都经常依赖于机器学习算法。那么,什么是机器学习算法?简单来说,在基本的形式中,算法是计算机遵循并实现的一组软件规则。换言之,算法是一个评估数据并执行给定指令的程序。一台计算机要发挥足够的功能来执行其编程文本,就必须具备足够的硬件。但是,计算机执行的操作是计算机软件中运行算法的结果。机器学习可以概括为计算机修改程序以适应新数据并相应地修改其操作的能力。它使用

1　参见 Online Dispute Resolution Advisory Group, *Online Dispute Resolution for Low Value Civil Claims*, 2015, p. 4。

2　参见 https://www.merriam-webster.com/dictionary/artificial%20intelligence, 2020 年 7 月 30 日访问。

计算机运行预测模型,从现有数据中学习并预测未来的行为、结果和趋势。因此,机器学习取决于数据。它可以访问的数据越多,"学习"的效果就越好。但是,上述数据的质量、数据输入系统的方式以及如何"训练"系统以分析数据可能会严重影响由算法生成的信息的有效性、准确性和实用性。[1]

算法的有效精度取决于编程和数据。因此,应当将机器学习视为一个范围,从相对简单的算法到复杂的自我教学系统,这些系统最终可能反映人脑的复杂性。深度学习则依赖于根据人脑建模的所谓神经网络。由此可以得出:首先,使用人工智能不需要或不意味着有自我意识的技术;其次,虽然人工智能需要硬件,但不应将其简单理解为硬件,而是一种集成在硬件中或安装在硬件上以实现设计者目标的软件。了解这一点非常重要,因为软件可能会遭到黑客攻击、盗版或破坏;最后,与人工智能相关的词汇可能具有误导性。由于使用了诸如"智能""学习"等词汇,所以有时可以将人工智能看作一种有知觉的存在形式。[2]

(二) 人工智能引发的法律风险

人工智能基于算法。这些算法可以由人编写,也可以由有足够人工智能能力的计算机系统自己创建以实现由主算法设定的目标。由于计算机将始终遵循其算法提供的目标,因此我们必须谨慎预测计算机可能会遵循的方式。可以说,近期与人工智能相关的最重要的法律问题就是什么人在什么条件下应该对设计人工智能的侵权、犯罪或违约行为负责。[3]

1　参见 Domingos, Pedro, "A Few Useful Things to Know about Machine Learning", *Communications of the ACM*, Vol. 55, 2012, p. 78。

2　参见 Giuffrida, Iria, Lederer, Fredric, Vermerys, Nicolas, "A Legal Perspective on the Trials and Tribulations of AI: How Artificial Intelligence, the Internet of Things, Smart Contracts, and Other Technologies Will Affect the Law", *Case Western Reserve Law Review*, Vol. 68, 2018, p. 755。

3　参见 Giuffrida, Iria, Lederer, Fredric, Vermerys, Nicolas, "A Legal Perspective on the Trials and Tribulations of AI: How Artificial Intelligence, the Internet of Things, Smart Contracts, and Other Technologies Will Affect the Law", *Case Western Reserve Law Review*, Vol. 68, 2018, pp. 760-761。

1. 过度依赖算法的法律风险

人工智能已经成为许多人生活的一部分,比如说现在备受关注的自动驾驶汽车。假设我们使用完全自动驾驶的汽车,可能面临以下情况:用户或乘客进入汽车并说明目的地,汽车内部计算机与其他地方的计算机进行通信,以确定最有效、安全甚至最经济的路线。在行驶过程中,汽车自身的传感器以及街道四周其他汽车的传感器都可以监测进度、汽车状况以及操作和交通遵守情况。警察不再需要(即使在合法的情况下)叫停车辆。相反,他们可以从(不是被人"驱动"的)车辆上获得全部数据。如果发生交通违章行为,由谁负责?从逻辑上讲,是技术监督人员。但实际究竟是谁?汽车制造商?人工智能程序员?教练?这显然取决于监督的来源——硬件、软件、数据、数据源、指令传输等。

2. 如何解决与算法相关的责任问题

从法律上讲,有三种方法可以解决与人工智能相关的责任问题。第一,具有人工智能功能的设备可被视为财产,因此应由其用户、所有者或制造商负责;第二,它们可以被视为"半自治主体"(semi-autonomous beings),类似于法律上的儿童或精神残障人士甚至是代理人;第三,可以像公司一样被视为完全自治的主体。

从立法的角度来看,第一种方法相对容易理解和实施。实际上已经有国家对这一情况进行了立法。例如,加拿大魁北克《民法典》规定:"无生命物体的保管人必须赔偿该物体的自主行为所造成的损害,除非保管人证明自己没有过错。"这类似于普通法中的"res ipsa loquitur"(事实自证)学说,该学说认为如果某人的财产对第三方造成损害,则推定为过失。如果保管人、所有者或使用者没有过失,则责任可能被转移到人工智能技术支持的制造商。这提出了一个有趣的问题,即如何在人工智能制造商、程序员和人工智能训练师之间分配责任。[1]

---

[1] 参见 Giuffrida, Iria, Lederer, Fredric, Vermerys, Nicolas, "A Legal Perspective on the Trials and Tribulations of AI: How Artificial Intelligence, the Internet of Things, Smart Contracts, and Other Technologies Will Affect the Law", *Case Western Reserve Law Review*, Vol. 68, 2018, pp. 763-764。

第二种方法将半人工智能视为"半自治主体",实质上是对其自主性的一种有限承认,这种做法借鉴了法律对限制行为能力人的处理方式,即虽有一定的自我决定能力但仍需监护。简言之,人工智能在一定范围内可视为独立,比如可以享有财产权,但超出预设范围的侵权责任仍归属负有监管职责的主体。而且,责任认定需适用无过错原则,一旦人工智能对他人造成损害,便由负有监管职责的主体承担侵权责任,如果人工智能有财产,首先从其财产中支付。第二种方法虽然颇具新意,但同时存在一些问题:一是如何科学、合理地界定人工智能的自主性范围,不同人工智能的自主性范围是否也会不同;二是人工智能是否也会像儿童一样成长,满足一定条件后成为完全意义上的法律主体;三是如何落实人工智能的财产权,倘若人工智能无法享有任何财产,侵权责任便始终由负有监管职责的主体承担,可能会面临与第一种方法相似的难题。

第三种方法即为人工智能赋予法人资格,在立法上也相对简单。这需要为人工智能提供保险或建立一个强制赔偿制度。这种模式也提出一个更具哲学意义的问题:我们是否认为自动驾驶汽车、机器人和其他人工智能技术是真正意义上的"人",值得拥有独立的法律地位? 在 IBM 的沃森战胜了他的人类对手,谷歌的 AlphaGo 击败了世界冠军后,很多人都认为人工智能拥有跟人类一样的能力。但是,这体现的仅仅是人工智能的概率分析能力。"智能"是拥有法律能力的重要标准,但是仅仅"智能"在大多数法律规定中远远不够。相反,对法律能力的考验是理性思考的能力。一个人必须具有理性思考的能力,才能承担民事或刑事责任、订立合同或行使其他形式的法律自主权。[1]但是如果相信人工智能会越来越强大,最终达到跟人类相同的能力或意识水平,在这种情况下,赋予人工智能法人资格是否可以成为唯一的解决方案? 排除道德和法律因素,从

---

1 参见 Giuffrida, Iria, Lederer, Fredric, Vermerys, Nicolas, "A Legal Perspective on the Trials and Tribulations of AI: How Artificial Intelligence, the Internet of Things, Smart Contracts, and Other Technologies Will Affect the Law", *Case Western Reserve Law Review*, Vol. 68, 2018, pp. 765-766.

纯粹补偿的角度来看,即使赋予人工智能独立法人资格,也难以解决人工智能的责任问题。因为,从根本上讲,计算机没有财产,有财产的是计算机的所有者、制造商和程序员。即使赋予人工智能独立的法人资格,没有其他配套措施,比如说保险或强制赔偿制度,也难以解决人工智能造成的赔偿责任问题。

3. 近期的责任归属

在未来的一段时间,很明显,人工智能技术将被视为财产。人工智能设备本身不太可能对其造成的损害承担民事或刑事责任。相反,主要问题是侵权法中的民事责任问题。所有者或经营者将对由其财产(无论是否"智能")造成的损害承担责任。产品责任和过失成为诉讼的主要原因。然而尽管法律概念上很明确,鉴于物联网以及无法跟踪算法所依赖的数据源的情况,在实践中很难应用。[1]

(三)人工智能在权利社会范围内的规制

研究、运用人工智能技术是大势所趋。然而如何对这一新技术进行监管是法律人士不得不思考的问题。下面提供两种解决思路:

1. 变革法律应对人工智能创新

作为法律专业人士,当我们面对不太了解的新技术时,最初的反应通常是采取立法途径、草拟立法框架来控制这些技术的使用和传播。人工智能也不例外,美国许多州已经通过了旨在减少某些领域使用人工智能的立法,甚至有人预测近十年内将出台统一人工智能法案。这一点可以在无人驾驶汽车领域得到验证。迄今为止,美国已有 21 个州通过了有关无人驾驶汽车的立法。美国政府也在制定一项法案以规范无人驾驶汽车的使用。但由于这项技术仍处于起

---

[1] 参见 Giuffrida, Iria, Lederer, Fredric, Vermerys, Nicolas, "A Legal Perspective on the Trials and Tribulations of AI: How Artificial Intelligence, the Internet of Things, Smart Contracts, and Other Technologies Will Affect the Law", *Case Western Reserve Law Review*, Vol. 68, 2018, p. 769。

步阶段,因此法案的起草者在立法时一定程度上是在预测未来,他们的某些预测很快被证明是有问题的。例如,在哥伦比亚特区,无人驾驶汽车必须有"驾驶员在操作中坐在控制座位上并随时准备对无人驾驶汽车进行控制"。这明显没有考虑到自动驾驶汽车的出现和应用。根据这些规定,通用汽车最近宣布无方向盘和踏板的自动驾驶汽车将不能在 D. C. 大道上行驶。这可能正是 2012 年《自动驾驶汽车法》的起草者所无法准确预测的,他们那时可能无法理解人工智能技术的飞跃使全自动汽车成为可能。

但是,这并不意味着我们不应该就人工智能技术立法,或者等到我们了解这一技术的全部知识后再开始立法,那可能需要花费几个世纪;而是提醒我们在起草上述法律时应格外小心谨慎。那么,如何通过修改当前的法律框架或制定新的立法规范以适应人工智能技术的变革呢? 哪些法律需要修改? 怎么修改?

根据美国国家科学技术委员会的说法,这个问题的答案在于经典的风险分析。布鲁斯·施耐尔(Bruce Schneier)的风险分析五步法可以帮助我们理解:第一,你要保护哪些资产? 第二,这些资产有什么风险? 第三,安全解决方案如何减轻这些风险? 第四,安全解决方案还会引起什么其他风险? 第五,安全解决方案带来哪些成本和折中?

要回答这些问题,首先要了解风险的概念。风险通常被定义为在采取适当的保护措施之前,系统中的漏洞受到威胁的可能性。威胁当然包括互联网黑客攻击等行为。由于人工智能技术经常使用来自互联网的数据或通过互联网实施其算法,因此人工智能极易受到网络安全威胁的攻击。从立法角度将风险分析应用于人工智能,我们可以试想如下问题:第一,你试图保护哪些权利? 第二,人工智能对这些权利构成什么风险? 第三,当前的立法如何减轻这些风险? 第四,将现行法律应用于人工智能会带来什么风险? 第五,当前的立法要考虑哪些成本和权衡?

2. 将法律架构和障碍编为算法

计算机的存在是为了执行特定功能,这些功能由程序员进行编程。在某种程度上,程序员扮演了立法者的角色,他们可以使设备以某种方式运行或禁止其行为。从这个意义上讲,可以使用代码来确保遵守当前的法规。例如,可以对自动驾驶汽车的速度限制进行编程,从而使超速行驶成为历史。当然,这也存在一个问题,即当代码存在缺陷时的责任承担。但是,如果代码没有缺陷,人工智能没有遵循预先编程要遵循的"法律",该怎么办? 人工智能技术取决于数据,它们可以访问和训练的数据越多,就能更好地预测结果和处理特定情况。从这个意义上讲,数据分析是当前人工智能技术的核心。

数据来源有多种形式。在高级机器学习即深度学习的情况下,人工智能很可能会超出其初始编码并使用新的数据产生结果。这意味着使用者不知道导致上述结果的算法(由于算法受商业秘密的保护,这种情况经常发生),甚至连程序员也不知道。换句话说,机器学习算法变得越来越智能,也愈加难以理解。这个不透明的问题对立法者来说是最为艰巨的。尽管立法可以规定在发生事故时对受保护的编码进行分析,但是当一个算法的程序员都无法解释如何获得这个结果时,算法产生的错误又怎么能被识别? 因此,人工智能的风险(也是监管机构所面临的最大困难)不在于技术本身,而在于人工智能间的相互作用。[1]

(四) 人工智能在美国法院系统的应用

人工智能是现代社会的一个新颖事物,在法律界更是处于起步阶段。人工智能为法律行业带来巨大前景的同时,也隐藏很大的风险。在法院系统中,这一风险将更高。即便如此,人工智能和自动化已经在美国法律体系中发挥了重

1　参见 Giuffrida, Iria, Lederer, Fredric, Vermerys, Nicolas, "A Legal Perspective on the Trials and Tribulations of AI: How Artificial Intelligence, the Internet of Things, Smart Contracts, and Other Technologies Will Affect the Law", *Case Western Reserve Law Review*, Vol. 68, 2018, pp. 777-779。

要作用。可以肯定的是,法院系统已经开始采用一些简单、有效的自动化方式,包括人工智能的运用。自动化方式的采用可以使没有钱请律师或没有时间出庭的人更轻松地使用司法系统。

1. 洛杉矶高等法院的人工智能项目

在全球最大的加利福尼亚州洛杉矶高等法院,吉娜(Gina)可以帮助居民处理交通问题。吉娜懂五国语言,每月可以帮助5000多名用户。但是吉娜并非真正的人工智能,她按照预先设定的路径工作。不过,她还是为更复杂的自动化打下了基础。洛杉矶高等法院首席信息官绪方(Snorri Ogata)称:洛杉矶目前正在研究一个利用真正人工智能的陪审团聊天机器人项目(a Jury Chat Bot project)。它建立在微软的认知服务平台之上,并利用自然语言理解和翻译服务等功能。法院最初将精力集中在陪审团传票程序上,并把聊天对话范围缩小到已知结果(如"检索我的陪审员ID"或"请求推迟")。这样一种限定范围的方式不仅可以建立一个明确的投资回报框架,而且可以缩小教授"机器人"所需知识的范围。[1]

2. COMPAS系统——威斯康星州法院(威斯康星州诉卢米斯案)

美国法院系统中AI技术的采用已经受到了严格的审查,例如在量刑指南领域。2016年,美国威斯康星州最高法院以案例的形式确认了人工智能在量刑领域的决定性作用。该案就是威斯康星州诉卢米斯案。美国私人公司Northpointe开发了一款犯罪风险评估的人工智能算法系统COMPAS,可以对犯罪风险进行评估并给出分数。在埃里克·卢米斯因行车射击罪(drive-by shooting)被起诉后,法院使用了COMPAS系统对卢米斯进行风险预测,并根据判断结果做出了判处六年有期徒刑的决定。这一判决并非法官做出的,而是由于人工智能算出卢米斯对社会存在高度危险性。卢米斯对判决结果提出上诉,但遭到驳回。这

---

[1]　参见"AI in the Court: Are Robot Judges Next?", https://www.zdnet.com/article/ai-in-the-court-are-robot-judges-next/,2020年7月30日访问。

意味着即使供应商没有说明算法的工作原理,威斯康星州惩教署也可以使用专有算法来帮助确定某人应该入狱多长时间。[1]

卢米斯案件发生后,引发了人们对人工智能在法庭事实调查甚至是争议性司法决策的做出程序中的担忧。根据 COMPAS 的报告,佛罗里达州布劳沃德县黑人被告比白人被告被错误判断为累犯的概率更高。但是,布拉德利(Ann Walsh Bradley)法官允许量刑法官使用 COMPAS 的原因在于:必须考虑算法的局限性和保密性,该软件有助于向量刑法官提供尽可能多的信息以便得出判决。目前,COMPAS 和具有类似算法的其他产品在许多州的刑事司法系统中都有运用。它们有些用于保释程序、确定刑罚甚至做出有罪或无罪的判决。然而这些技术内部运作的过程在很大程度上未公开显示。[2]

3. PSA(Public Safety Assessment)

PSA 是由劳拉和约翰·阿诺德基金会(Laura and John Arnold Foundation)开发的审前风险评估工具,旨在协助法官决定在审判前是拘留还是释放被告,目前已经在美国 38 个司法辖区使用,包括亚利桑那州、新泽西州和肯塔基州等。PSA 包括三种不同的风险评估算法,分别评估被释放的被告不出庭的风险、被释放时犯罪的风险以及被释放时实施暴力犯罪的风险。这三种算法通过跟被告有关的九个犯罪历史事实来分配分数。一些事实仅适用于一种或两种算法,而另一些事实适用于三种算法。[3]这九个因素分别是:年龄、当前犯罪涉及的暴力行为、待决指控、先前的扰乱治安犯罪、先前的可起诉定罪、先前的暴力犯罪、近两年有不出庭情形、两年前有不出庭情形、先前犯罪被判监禁 14 天以上。提供

---

[1] 参见"AI in the Court: Are Robot Judges Next?", https://www.zdnet.com/article/ai-in-the-court-are-robot-judges-next/,2020 年 7 月 30 日访问。

[2] 参见"Sent to Prison by a Software Program's Secret Algorithms (Gracelyn Trast)", https://courses.commarts.wisc.edu/346/assignment/genius-gracelyn-trast/?doing_wp_cron = 1596085065. 37268805503 84521484375, 2020 年 7 月 30 日访问。

[3] 参见 Brauneis, Robert & Goodman, Ellen P., "Algorithmic Transparency for the Smart City", *Yale Journal of Law & Technology*, Vol. 20, 2018, p. 136。

审前服务的工作人员会在监狱里会见被告,并将所有必要的信息输入到 PSA 平台中。信息通过算法输入,随后生成风险评分。[1]

在美国,法官要处理大量的审前保释案件,而往往能交出保释金的被告就能够在审判前不被监禁。PSA 正是为应对审前保释程序具有的不公正性而出现。PSA 通过数据分析,可以为法官提供有关被告可能犯下新罪行或逃避出庭可能性的客观信息。法官在决定释放或拘留被告时,可以考虑该被告的 PSA 报告,但这并不排除法官的自由裁量权。[2]

(五) 人工智能在英国司法领域的应用

英国是人工智能大国。英国政府 2017 年发布的报告《现代工业化战略》中提出,英国政府将把英国置于人工智能和数据革命的最前沿,并使英国成为世界人工智能和数字驱动型创新的中心。但是,这大部分都是在商业层面探讨人工智能。回归司法领域,英国的司法实践对于人工智能的引入还是持比较谨慎的态度。

2016 年,英国计算机科学家和法律专家创建了一个可以准确预测欧洲人权法院(European Court of Human Rights, ECHR) 裁决的人工智能"法官"。该人工智能预测系统由伦敦大学学院、谢菲尔德大学和宾夕法尼亚大学的研究人员开发,通过分析 584 份欧洲人权法院先前的判决并做出预测,预测准确率达到79%。这一人工智能法官技术主要是利用机器学习算法,利用英语语言数据集中的模式搜索三条与《欧洲人权公约》有关的款项,分别是:第 3 条,有关酷刑、不人道和有辱人格的待遇;第 6 条,保护公正审判权;第 8 条,有关隐私和家庭生活的权利。为了防止算法的偏见和错误学习,在所审查的案件中,侵权案件和

1　参见 Public Safety Assessment, https://www.newjerseycriminallawattorney.com/criminal-process/public-safety-assesssment/, 2020 年 7 月 30 日访问。

2　参见"Public Safety Assessment: A Risk Tool that Promotes Safety, Equity, and Justice", https://www.arnoldventures.org/stories/public-safety-assessment-risk-tool-promotes-safety-equity-justice, 2020 年 7 月 30 日访问。

未侵权案件基本持平。[1]

研究人员还发现,欧洲人权法院在审判时更多的是依据非法律因素而非单纯的法律论证,这表明法官在对待法律理论术语的态度是"现实主义"而不是"形式主义"。先前的一些研究显示,包括美国联邦最高法院在内的其他高等法院也是如此。在法院的判决文本中,最明显的预测指标是使用的语言、提及的话题和情形。人工智能通过将案件的事实与案例所涵盖的更抽象的主题进行比较来工作。伦敦大学学院计算机学者兰波斯(Vasileios Lampos)认为:"之前的研究都是基于犯罪特点和法官的政策立场进行判决预测,而这次依据的是法庭提供的案例文本,这是前所未有的。我们希望这类工具能提升高等法院的办案效率,但真正实施还需进行更多法律条款的测试,且案件相关数据需要提交法院。"同时,计算机博士阿列特斯(Nikolaos Aletras)认为:"人工智能不会取代法官或律师,但它确实能协助快速判断案件模式,从而推测审判结果。"[2]

(六)法国人工智能预测司法行为禁令

2019年,法国发布法令禁止进行"司法分析",即"使用统计数据和机器学习来理解或预测司法行为是违法的",最高将面临5年的监禁。法国《司法改革法》第33条规定:"法官或法院书记员的个人身份数据,不得出于评估、分析或预测其实际或假定专业实践行为之目的而进行任何重复使用。"该法令适用于任何人,包括个人、研究人员和技术公司。[3]此令一出,引发了世界范围内的广泛

---

1 参见"British Scientists Have Developed an 'AI Judge'",https://www.insider.com/scientists-develop-ai-judge-european-court-human-rights-ucl-2016-10,2020年7月30日访问。

2 "AI Judge Created by British Scientists can Predict Human Rights Rulings",https://arstechnica.com/tech-policy/2016/10/artificial-intelligence-british-scientists-predicts-human-rights-rulings/,2020年7月30日访问。

3 参见Tashea,Jason,"France Bans Publishing of Judicial Analytics and Prompts Criminal Penalty",https://www.abajournal.com/news/article/france-bans-and-creates-criminal-penalty-for-judicial-analytics,2020年9月15日访问。

讨论。

1. 该司法禁令的内涵解读(禁止或同意)

在法国司法禁令颁布后,有很多媒体报道说法国决定禁止将数据分析应用于法院的判决。有人认为该措施将成为普遍反对透明度和自由主义价值观的政府战略的一部分。法官担心身份数据分析会导致法官判决与普通民众对司法裁决的预期产生差距。[1]但是有法国学者指出,这也可能保证自由访问由法院做出的决定进而促进数据分析。

正如学者所言,如今法国公民可以在 Legifrance 网站上免费访问上级法院的判决。新法律一旦实施,意味着公民将可以访问下级法院的所有裁决。因此新法律扩大了公众免费获得法国司法判决的范围,司法分析的数据库也由此扩大,对于从事司法分析的科技公司和数据科学家来说将受益更大。公众、媒体甚至有些法律人士对此产生误解的原因可能来自于为防止司法行为分析的滥用而制定的两项保护措施。[2]

第一项保护措施涉及对司法判决中个人信息的保护。无论是诉讼方还是第三方,法律规定应将判决中提及的任何自然人姓名在公布前予以删除,如果披露其他要素可能损害有关人员或亲属的安全或隐私,也应予以删除。

第二项保护措施涉及法官和法院书记员。在普通法系中,法官以自己的名义发表意见,这些意见甚至构成司法裁决的核心。然而,在法国法律体系中,司法裁决是以非人格化的方式撰写并以法国人民的名义提出。通常由三名法官组成小组进行秘密讨论,做出裁决,无人知道某位特定法官是多数票还是异议票。从某种意义上说,法官在司法制度面前丧失了个人独立性。法院(作为机构)和法官(作为个人)应当有所区别。这也是在新法筹备过程中有人呼吁强制

1　参见"France Bans Judge Analytics, 5 Years in Prison For Rule Breakers", https://www. artificiallawyer. com/2019/06/04/france-bans-judge-analytics-5-years-in-prison-for-rule-breakers/,2020 年 9 月 15 日访问。

2　参见 G'sell, Florence, "Predicting Courts' Decisions is Lawful in France and Will Remain So", https://gsell. tech/predicting-courts-decisions-is-lawful-in-france-and-will-remain-so/,2020 年 9 月 15 日访问。

发布司法裁决但又反对披露出庭法官姓名的原因。但是出于透明度的要求,立法者规定,在已发布判决中应记载法庭成员和书记员的姓名,除非这种披露会损害法官和书记员(或其亲属)的安全或隐私。除此之外,立法还规定禁止对法官和书记员的姓名进行司法分析。总而言之,法国立法并不禁止对法院判决做司法分析,而是禁止对法官个人进行数据分析等。[1]

2. 禁止司法行为分析的利弊(支持或反对)

法国该司法禁令的提出,某种程度上是欧洲对隐私问题关注的延伸。支持该禁令者认为,在没有法官信息的情况下仍可以进行分析。但是,对司法行为进行分析或预测时,法官个体差异的衡量是难以避免的。因而,有人认为此举可能会对司法科技公司产生寒蝉效应。[2]禁止将数据分析应用于法院判决将使人们更难以预测法律。根据自己对法律的研究做出预测是律师的基本任务。然而,律师个人甚至团队的记忆力和知识相对有限,机器学习则可以对大量数据进行调查和分类,借此总结数据并获取与特定法官和案件最相关的信息。[3]

法国禁止对司法行为进行分析可能出于以下原因:一是经济上的担心。更多地公开访问数据或公开访问处理后的数据可能会减少对律师的需求。二是偏见问题。人为生成用于训练机器学习算法的数据很容易被种族主义、性别歧视和其他偏见所"污染"。机器预测将"学习"人类在类似情况下会做什么,如果训练数据准备不充分,那么机器预测往往会产生歧视性结果。例如,在保释程序中使用的数据分析工具为黑人被告分配了更高的风险评分,导致他们被拒绝保释。[4]但是,

---

1　参见 G'sell, Florence, "Predicting Courts' Decisions is Lawful in France and Will Remain So", https://gsell. tech/predicting-courts-decisions-is-lawful-in-france-and-will-remain-so/,2020 年 9 月 15 日访问。

2　参见 Livermore, Michael & Rockmore, Dan, "France Kicks Data Scientists Out of Its Court", https://slate. com/technology/2019/06/france-has-banned-judicial-analytics-to-analyze-the-courts. html,2020 年 9 月 15 日访问。

3　参见 Mcginnis, John O., "Transparency and the Law in France", https://lawliberty. org/transparency-and-the-law-in-france/,2020 年 9 月 15 日访问。

4　参见 Livermore, Michael & Rockmore, Dan, "France Kicks Data Scientists Out of Its Court", https://slate. com/technology/2019/06/france-has-banned-judicial-analytics-to-analyze-the-courts. html,2020 年 9 月 15 日访问。

虽然有理由对机器学习和人工智能在法庭上的应用保持警惕,单纯禁止它并不是这一问题的解决方案。首先,《法国宪法》和《欧洲人权公约》都保护言论自由,而这恰恰是该司法禁令所禁止的。其次,从实践角度看,司法分析可以帮助扩大诉诸法院和法律咨询的机会。机器学习在帮助政府简化和改善决策方面具有巨大的潜力,尤其是对大量类似问题的解决而言。最后,禁止司法分析不仅会阻碍律师机器人或法律技术创新的发展,还对司法研究产生一定不利影响。[1]

大数据和人工智能的驱动使世界各地的国家正在快速变革各国的社会、政治和经济。然而,各国的境况不尽相同。在某个国家实施起来较为不错的项目,在另一个国家可能使公众心生恐惧。在世界范围内,仅就面部识别技术而言,中国目前已经开始大量使用,美国也在众多领域开始应用此技术,尽管美国民众通常不愿意将其他数据提交公司以应用于机器学习算法。然而,欧洲人似乎对此更为谨慎。欧盟制定了《通用数据保护条例》(General Data Protection Regulation),拥护"被遗忘的权利"(right to be forgotten),这成为公司负担保护欧盟公民数据的责任基础。[2]

2019年4月8日,欧盟人工智能高级专家组提出了可信赖人工智能的道德准则。该准则初稿于2018年12月发布,通过公开征询收到500多条意见。根据该准则,可信赖人工智能应当:(1)合法——遵守适用的所有法律、法规;(2)道德——遵守道德原则和价值观;(3)稳健——包括技术角度和社会环境。

同时,该准则还提出了可信赖人工智能所应具有的7个关键要求:第一,人工代理和监督。人工智能系统应赋予人类权力,使他们能够做出明智的决定并促进其基本权利。同时,需要确保适当的监督机制,通过人机回环(human-in-

---

1　参见 Livermore, Michael & Rockmore, Dan, "France Kicks Data Scientists Out of Its Court", https://slate.com/technology/2019/06/france-has-banned-judicial-analytics-to-analyze-the-courts.html,2020年9月15日访问。

2　参见 Livermore, Michael & Rockmore, Dan, "France Kicks Data Scientists Out of Its Court", https://slate.com/technology/2019/06/france-has-banned-judicial-analytics-to-analyze-the-courts.html,2020年9月15日访问。

the-loop)[1]和人在命令(human-in-command)实现。第二,技术的稳健性和安全性。人工智能系统必须具有弹性和安全性。确保发生问题时有备用方案以及准确、可靠和可重复。第三,隐私和数据治理。除了确保完全尊重隐私和数据保护外,还必须确保充分的数据治理机制,同时要考虑数据的质量和完整性,并确保对数据的合法访问。第四,透明度。通过可追溯性机制确保数据、系统和人工智能业务模型的透明。此外,人工智能系统及其决策应以适合利益相关者的方式进行解释。人们需要意识到自己正在与人工智能系统进行交互并且必须了解系统的功能和局限性。第五,多样性、非歧视和公平。必须避免不公正偏见。为促进多样性,人工智能系统应为所有人提供便利,无论其是否有残障。第六,社会和环境福祉。人工智能系统应使全人类包括后代受益。因此,必须确保它们是可持续的和环境友好的。第七,问责制。应建立机制以确保人工智能系统及其结果的责任。在评估算法、数据和设计过程中增加可审计性,尤其是关键应用程序并确保适当的无障碍补救措施。[2]

五、智慧警务

随着社会发展,警务部门承担的角色不再局限于提供服务和承担犯罪调查等传统职责,预防犯罪和降低犯罪率也成为警务部门新时期的主要目标。而在执法过程中,信息化的警务策略得到广泛认可和适用。

1　人机回环是一种计算机语言,意味着机器可以自动操作大部分的工作,人类在机器无法确定的情况下协助判断。

2　参见 "Ethics Guidelines for Trustworthy AI, 2019", https://ec. europa. eu/digital-single-market/en/news/ethics-guidelines-trustworthy-ai, 2020 年 9 月 15 日访问。

（一）智慧警务的类型

2012 年,位于华盛顿特区的警务研究组织即美国警察行政研究论坛(Police Executive Research Forum, PERF)举行了为期一天的警察行政会议,讨论了新技术和新策略等对未来警务的影响。

PERF 通过调查得出,目前被广泛应用的警务策略主要有以下几种:社区警务(94%)、定向巡逻/集中威慑(94%)、问题地址/位置定位(92%)、犯罪预防计划(91%)、问题导向警务(89%)、犯罪地图(86%)、犯罪分析(85%)、区域特遣队(80%)等。[1]

然而,上述警务策略大多数仍为传统警务策略的一部分。与此同时,PERF 的调查结果也表明,预测警务和情报主导警务在参与调研的警务部门中适用的比例不断提高。在未来的实践中,预测警务策略的使用率将有相当大的增长。此外,大数据警务也将在实践中得到大量应用。

1. 预测警务

2009 年 11 月,美国国家司法研究所与司法援助局和洛杉矶警察局合作,举行了一次预测警务研讨会,着重讨论这一新策略及其对未来警务的影响。预测警务是指"从不同来源获取数据,进行分析,使用分析结果进行预测以预防和更有效地应对未来的犯罪"[2]。预测警务来源于美国传统的警务策略,例如"热点"警务("hot spots" policing),以绘制过往许多犯罪发生的地点图为特色。但是,预测警务比"热点"警务更进一步,主要体现在对数据来源的挖掘更为多样。例如,在得克萨斯州的阿灵顿,警察发现入室盗窃在那些较为破败的社区更为常见。因此,他们开发了一个公式来寻找最"脆弱"(fragile)的社区,以便将这些高

---

[1]　参见 Police Executive Research Forum, *Future Trends in Policing*, Office of Community Oriented Policing Service, 2014, p. 2。

[2]　Pearsall, Beth, "Predictive Policing: The Future of Law Enforcement?", *NIJ Journal*, Issue 266, 2010.

风险地区在遭受入室盗窃或其他犯罪之前识别出来。[1]这也导致在会上,有与会者提出质疑,预测警务是否可被称为一种新模式。他们认为,有些出色的犯罪分析师运用预测警务已有40多年。而现在的预测警务只是通过数据更好、更快地完成犯罪分析。预测警务并不能取代久经考验的警察技术,相反,它借鉴了问题导向警务、社区警务、证据基础警务、情报主导警务和其他行之有效的警务模型。

得克萨斯州阿灵顿警察局利用入室盗窃案中的数据来识别热点,然后将这些地点与违法行为产生的区域进行比较。据塞隆·鲍曼(Theron Bowman)警长说,警察发现在城市中每增加一个单元的破败社区,将导致增加近6件入室盗窃案,因此较为破败的社区入室盗窃案的数量将大幅增加。随后,阿灵顿开发了一个公式,以帮助识别这些"脆弱社区"的特征。现在,警务部门和其他城市机构可以更有效地在社区工作,以预防犯罪。[2]

每年跨年夜,弗吉尼亚州里士满的随机射击事件都会增多。警方开始研究多年来收集的数据,根据这些信息,他们能够预测未来事件的时间、地点和性质。2003年跨年夜,里士满警方在这些地点部署警力,以预防犯罪并快速做出反应。结果是,随机射击事件减少47%,缴获的武器增加246%,部门人事费用节省15 000美元。[3]

加利福尼亚州、南卡罗来纳州、华盛顿州、田纳西州、佛罗里达州、宾夕法尼亚州和纽约州等主要城市早已购买新的预测警务软件以打击财产犯罪,如盗窃和偷车等。将过去犯罪的数据(包括犯罪类型和位置)输入到计算机算法中,以

1　参见 Police Executive Research Forum, *Future Trends in Policing*, Office of Community Oriented Policing Service, 2014, p. 3。

2　参见 Pearsall, Beth, "Predictive Policing: The Future of Law Enforcement?", *NIJ Journal*, Issue 266, 2010。

3　参见 Pearsall, Beth, "Predictive Policing: The Future of Law Enforcement?", *NIJ Journal*, Issue 266, 2010。

天或小时为间隔来预测犯罪、识别目标城市街区。警务人员在预测的犯罪区域巡逻,以阻止和抓捕犯罪分子。在洛杉矶、芝加哥和新奥尔良等大城市,复杂的社交网络分析甚至将枪支暴力的可能肇事者和受害者隔离开来。[1]

预测警务目前较多地适用于财产犯罪,因为犯罪学家发现,财产犯罪是可预见的行为,只需该地区有警察驻守就可以制止,但暴力犯罪则更难以预测和制止。[2]随着警务部门预算的不断缩减,智能化的警务策略可以把警察的人手分配到更合适的地方。旧金山警察局前局长乔治·加斯科恩(George Gascón)曾指出,随着警务部门预算的持续减少,预测警务成为帮助部门提高效率的完美工具。他说:"有了预测警务,我们可以在适当的时间把警察放到适当的位置或提供其他服务来打击犯罪,而现在我们可以用更少的预算做到这一点。"[3]

2. 大数据警务

大数据警务用于预测警务的进一步发展。大数据警务的开展主要依赖于数据的获取与挖掘。大数据指的是异常大的数据集的累积和分析。大数据其实并非新鲜事物,只是随着计算机处理器的加快以及存储数据量的增多,先前离散的数据网络得到了新的发展。[4]也有学者认为,并非所有人都能认同大数据的单一定义,但大多数人都不否认大数据涵盖以下内容:第一,人工智能的应用;第二,对现在可用的大量数字化数据的应用。[5]

大数据警务目前主要集中在以下三个方面:犯罪预测、大规模监视以及DNA 数据库。犯罪预测主要包括传统的预测警务,主要是将计算机模型应用于

1　参见 Ferguson, Andrew Guthrie, "Policing Predictive Policing", *Washington University Law Review*, Vol. 94, 2017, p. 1113。

2　参见 Police Executive Research Forum, *Future Trends in Policing*, Office of Community Oriented Policing Service, 2014, p. 5。

3　Pearsall, Beth, "Predictive Policing: The Future of Law Enforcement?", *NIJ Journal*, Issue 266, 2010.

4　参见 Ferguson, Andrew Guthrie, "Big Data and Predictive Reasonable Suspicion", *University of Pennsylvania Law Review*, Vol. 163, 2015, pp. 352-353。

5　参见 Joh, Elizabeth E., "Policing by Numbers: Big Data and The Fourth Amendment", *Washington Law Review*, Vol. 89, 2014, pp. 35-68。

历史犯罪数据以预测未来的犯罪活动。但是,随着数据量的增多、数据获取速度的加快,预测警务也得到很大的发展。如果说预测警务是用数据预测未来,那么计算机监视系统将通过城市的数千个数据点帮助警察创建一个针对目前状况的软件,使警察可以随时访问这些信息。此外,刑事司法数据库的 DNA 收集对警务部门来说也至关重要。但是 DNA 数据库的收集也面临一定的法律危机。随着技术能力的变化、成本的降低以及对遗传信息的更多理解,DNA 数据库的使用将使立法者在大数据分析和隐私保护间进行适当衡平。[1]

(二) 智慧警务的实践运用

当前的分析工具和技术,如热点、数据挖掘、犯罪地图、地理空间预测和社交网络分析,可以广泛应用于刑事司法问题。例如,它们可以用于预测局部犯罪高峰,为城市和社区规划提供指导并协助警察做出管理决定。在英美,智慧警务的运用主要依赖于以下几个软件或平台。

1. PredPol(Predictive Policing)

PredPol 是一种可以预测各种类型的犯罪可能在何时何地发生,并借此协助警察策划巡逻以阻止犯罪的软件。PredPol 最初是由加利福尼亚大学、洛杉矶大学和圣塔克拉拉大学的数学家和行为科学家以及洛杉矶和加州圣克鲁兹警察局的犯罪分析学家合作开发的。PredPol 的创建者认为,用于预测犯罪的三种最重要的信息类型或者说"数据点"(data points)是犯罪类型、犯罪位置、犯罪日期和时间。PredPol 将有关过去犯罪活动模式的数据输入到一种算法中,该算法可以预测何时何地将发生新的犯罪。[2]

美国加州圣克鲁兹警察局是全美第一个实施预测警务计划的执法机构,主

1　参见 Joh, Elizabeth E., "Policing by Numbers: Big Data and The Fourth Amendment", *Washington Law Review*, Vol. 89, 2014, pp. 35-68。

2　参见 Brauneis, Robert & Goodman, Ellen P., "Algorithmic Transparency for the Smart City", *Yale Journal of Law & Technology*, Vol. 20, 2018, pp. 145-146。

要内容就是对 PredPol 这款犯罪预测软件进行测试。该软件主要利用八年来汽车盗窃和入室盗窃的数据,设计算法以预测未来犯罪发生的地点和日期。[1]"预测"成为美国各地警察局中"创新警务"的新口号,目的就是"在犯罪发生之前制止犯罪"。洛杉矶警察局(Los Angeles Police Department, LAPD)也处于测试预测警务策略以减少犯罪的前沿。目前,LAPD 将预测警务应用于 50 平方英里的区域,并将较大的区域分成由 500 英尺的正方形所组成的网格,将每个网格的犯罪概率计算出来,概率最高的网格将被告知巡逻人员并指示他们予以关注。[2]

2. Palantir

Palantir 是美国一家大数据公司。自 2004 年开始,该公司就为美国中央情报局(Central Intelligence Agency, CIA)提供服务。2011 年开始,该公司开始与洛杉矶警察局合作并提供服务。洛杉矶警察局和 Palantir 公司整合了一系列个人数据用于监测和预防。结果就是警察局正在建立一个庞大的个人信息数据库,即使在这些人没有与警察直接打过交道的情况下,他们的个人信息就被存储在数百万个数据点中,这些数据可能包括他们驾驶汽车的型号、家庭住址等。Palantir 还可以用来获取自动车牌读取器的数据,这种方式可以搜集所有人的信息,而不仅仅是犯罪嫌疑人。Palantir 系统可以绘制数据地图以帮助警察追踪城市中的车辆和人员,从而使执法部门能够了解驾驶员的典型出行方式并识别差别。[3]

Palantir 平台的使用非常便捷。犯罪发生时,只要输入嫌疑人的名字和外貌特征,数据库就会给出可能的嫌犯,嫌犯相关的年龄、住址、机动车车牌号码等

1　参见 Ferguson, Andrew Guthrie, "Policing Predictive Policing", *Washington University Law Review*, Vol. 94, 2017, p. 1112。

2　参见 Police Executive Research Forum, *Future Trends in Policing*, Office of Community Oriented Policing Service, 2014, p. 5。

3　参见 Brayne, Sarah, "Op-Ed: One Way to Shrink the LAPD's Budget: Cut Costly and Invasive Big-Data Policing", https://news. yahoo. com/op-ed-one-way-shrink-100529937. html, 2020 年 7 月 30 日访问。

信息也都会出现。该平台不仅可以用于侦查已发生的犯罪,还可以对犯罪进行预测。2017 年洛杉矶警察局出局的一份报告显示,其开始利用 Palantir 的软件选定社区中的"可能犯罪者"。洛杉矶警方称这种方式有助于降低犯罪率。但是,反对 LAPD 的社区联盟认为,这是一种"种族主义的循环",警察根据自己的种族偏见使用数据监控,从而监控甚至逮捕更多的人。[1]

3. DAS(Domain Awareness System)

DAS 系统是美国纽约警察局与微软公司合作开发的基于大数据的犯罪预防和反恐技术。DAS 可以利用摄像机、车牌读取器和射频感应器创建一个关于纽约市的实时监视地图。该系统与整个纽约市的私人闭路电视监控合作,并与多个非纽约警察局的情报数据库进行对比。DAS 的视频文件至少存储一个月,元数据和车牌数据则至少存储五年(视情况而定)。

DAS 系统的建立和运行引发了民众的担忧,主要是担忧种族歧视问题。纽约警察局是一个具有种族歧视历史的警察局,其超过 95% 的情报调查以穆斯林为目标,还曾监视黑人生活。DAS 系统的应用可能会加剧这一现象。相较而言,DAS 系统在帮助移民执法机构追踪无证移民方面发挥了巨大作用。纽约警察局与私营公司 Vigilant Solution 合作,每天可以记录超过一百万个车牌。但是 DAS 系统最严重的问题在于侵犯了纽约人民免于无根据监视的权利。一些立法者已经提出要求出台针对 DAS 系统的保护措施。例如,2018 年,纽约市议员吉布森(Vanessa L. Gibson) 提出了《监视技术公共监督法》(The Public Oversight of Surveillance Technology)。同时,全国各地立法机关都制定了协议,确保不会滥用自动车牌阅读器和其他监视技术。[2]

1　参见"The LAPD Has a New Surveillance Formula", https：//theappeal. org/the-lapd-has-a-new-surveillance-formula-powered-by-palantir-1e277a95762a/ ,2020 年 7 月 30 日访问。

2　参见 Zubair, Ayyan, "Domain Awareness System", https：//static1. squarespace. com/static/5c1bfc7eee175995a4ceb638/t/5f170be2dc09615b852699d7/1595345890732/Domain%2BAwareness. pdf, 2020 年 7 月 30 日访问。

4. HART(Harm Assessment Risk Tool)

在英国,犯罪嫌疑人的保释(有条件或无条件)、羁押、起诉由看守所官员决定。他们在做出决定时会考虑犯罪嫌疑人和社会公共利益两个层面的问题。将最危险的罪犯与较低风险的罪犯区别对待,可以帮助他们远离犯罪。然而警务部门怎么确保准确识别犯罪者的再犯危险性呢? 人工智能的发展为此提供了一个契机。达勒姆警察局和剑桥大学合作开发了一种随机森林(a random forest)[1]预测危害风险评估工具 HART,借以帮助警察决定是否关押嫌犯。[2]

HART 数据的构建使用了 2008 年 1 月 1 日至 2012 年 12 月 31 日期间共104 000 个监禁案例,并提取官方记录中记载的年龄、性别、邮政编码、犯罪历史以及犯罪类型等信息。[3]通过 HART 模型,能对犯罪者未来 24 个月的风险进行预测并产生三个分类结果,分别是:

(1)高风险——在未来的 24 个月将发生新的严重犯罪;

(2)中风险——在未来的 24 个月将发生新的非严重犯罪;

(3)低风险——在未来的 24 个月不会发生新犯罪。

其中,严重犯罪包括谋杀、杀人未遂、伤害、抢劫、性犯罪和枪支犯罪。[4]当犯罪者被捕后,警局有关人员就对其进行预测并做出是否监禁的决定。HART 软件于 2013 年首次进行测试,其中将低风险的嫌犯分类的准确率高达 98%,高风险则为 88%。随后,警务工作人员还在随机案例中使用该预测软件并将其与不

---

1 随机森林是一种可以处理大数据并满足多种预测变量的统计过程。随机森林风险模型可以处理不同类型的错误以及与之相关的成本。

2 参见 Urwin, Sheena, "Algorithmic Forecasting of Offender Dangerousness for Police Custody Officers: An Assessment of Accuracy for the Durham Constabulary Model", research presented as for the purpose of gaining a Master's Degree in Applied Criminology and Police Management at Cambridge University, 2016, p. 15。

3 参见 Morison, John & Harkens, Adam, "Re-Engineering Justice? Robot Judges, Computerized Courts and (Semi) Automated Legal Decision-Making", *Legal Studies*, Vol. 39, No. 4, 2019, p. 625。

4 参见 Urwin, Sheena, "Algorithmic Forecasting of Offender Dangerousness for Police Custody Officers: An Assessment of Accuracy for the Durham Constabulary Model", research presented as for the purpose of gaining a Master's Degree in Applied Criminology and Police Management at Cambridge University, 2016, p. 35。

使用的情形做对比。[1]但是,HART 系统具有一定的局限性:首先,它使用的数据只是达勒姆警察局提供的,因此无法考虑在该地区以外发生的犯罪;其次,人工智能作为决策工具的可行性仍受到一定的质疑;最后,人工智能本身可能存在偏见。

5. 德国预测警务的实践

由于德国联邦体制的存在,不同的联邦州在实现预测警务时有不同的解决方案。下面介绍其中的几种。

(1) Precobs——巴伐利亚/巴登-符腾堡州

2014 年,德国 IfmPt4 公司开发完成 Precobs(Pre Crime Observation System,犯罪前观察系统)软件。受到美国科幻电影《少数派报告》的影响,该软件取名借鉴了电影中被用来称呼具有可以预测犯罪的特异功能的人"precog"一词。Precobs 软件可以使用以前犯罪中的数据预测犯罪发生的时间和地点。该预测系统通过警察和地方政府收集到的大量数据,将数据输入系统。随后,该软件会根据不同的数据(例如位置、时间、事件和先前犯罪的其他细节)查找"高风险"区域。当新事件被报告给警察时,该软件会分析从报告中获取的数据以寻找可能指向未来的目标、位置或区域。例如,由于上午 9 点至 11 点是工作时间,因而入室盗窃的风险更高。根据收集到的数据,警察可以预测犯罪的热点地区进而安排更多人员阻止盗窃案件的发生。[2] Precobs 系统使用近乎重复的现象来预测犯罪。在操作之前,使用过去的数据对软件进行配置,该过程将确定指向近乎重复序列的入室盗窃的属性从而帮助预测犯罪。[3]

1 参见"Durham Police to Use Artificial Intelligence to Aid Custody Decisions", http://home. bt. com/tech-gadgets/future-tech/durham-police-harm-assessment-risk-tool-artificial-intelligence-custody-11364179599262, 2020 年 7 月 30 日访问。

2 参见"Crime Predicting Computers", https://www. ebuyer. com/blog/2014/12/crime-predicting-computers/, 2020 年 9 月 15 日访问。

3 参见 Gerstner, Dominik, "Using Predictive Policing to Prevent Residential Burglary—Findings from the Pilot Project P4 in Baden-Württemberg", *Germany, European Police Science and Research Bulletin*, No. 4, 2018, p. 3。

巴伐利亚警察一直在研究预测警务的可能性和方法,也是德国第一个实施预测警务解决方案的警察机关。随后 Precobs 软件定期在慕尼黑、中弗兰肯行政区和巴伐利亚警察总部使用。Precobs 软件主要通过以下程序来进行预测警务:首先,必须定义检测重复犯罪的标准(所谓的"触发条件"[trigger criteria])。其次,计算在逆向分析中已检测到近重复数据出现的区域。这些区域,即所谓的"观察区域"(observation areas),是创建预测的空间基础。通过逆向模拟测试标准和计算的区域,以查看所选假设是否有效。之后,当这些区域中记录了新的触发攻击时,将创建预测(警报)。在巴伐利亚,还重新建模创建所谓"远距离重复法"(far repeat approach)以促进对农村地区的预测。自 2015 年 10 月以来,巴登-符腾堡州在斯图加特和卡尔斯厄鲁市运用了 Precobs 软件,创建了一个半径为 500 米的可视化预测区域。[1]

(2) Krimpro——柏林

2016 年 1 月,柏林国家刑事调查局(the State Office of Criminal Investigation)成立一个项目小组,致力于根据现有数据和软件开发入室盗窃预测警务系统 Krimpro。在微软的支持下,经过半年的开发,Krimpro 在柏林两个较大的警察辖区进行了试运行。自 2016 年 10 月以来,预测区域已经扩展到整个柏林市。最终测试运行结束于 2017 年 6 月。根据 Krimpro 软件,犯罪数据被用于建模和预测计算,此外还使用了诸如基础设施数据之类的社会经济数据。通过将城市划分为大小为 1600 平方米的正方形、时间间隔设置为三天来进行预测。内部评估的结果显示,入室盗窃案的数量明显下降。以前曾经预测过的地区入室盗窃频率明显高于没有预测的预期比率。[2]

1　参见 Kai, Seidensticker, Felix, Bode, Florian, Stoffel, *Predictive Policing in Germany*, pp. 2-3, https://www.researchgate.net/publication/332170526_Predictive_Policing_in_Germany,2020 年 9 月 15 日访问。

2　参见 Kai, Seidensticker, Felix, Bode, Florian, Stoffel, *Predictive Policing in Germany*, pp. 3-4, https://www.researchgate.net/publication/332170526_Predictive_Policing_in_Germany,2020 年 9 月 15 日访问。

（3）KLB-operativ——黑森州

黑森州国家刑事调查局测试了名为 KLB-operativ 的内部开发软件，以预测、防止入室盗窃行为。该软件旨在为警察提供更加有效和优化的战略权力。该软件首次试运行发生在威斯巴登、霍克陶努斯等地警局。2017 年以来，黑森州每个警察都可通过智能手机上的应用程序开展预测技术。该应用程序每天早上都会更新，以映射过去十天以来有价值的入室盗窃案并突出显示每日热点地区。其结构和功能类似于谷歌地图（Google Maps）或必应地图（Bing Maps）。该软件使用了犯罪数据进行建模和预测，也使用了社会经济普查数据。[1]

（4）PreMap——下萨克森州

2014 年，下萨克森州警察与 IBM 公司和卡尔斯鲁厄服务研究所共同完成了预测警务的测试项目，随后推出了 PreMap 软件并在萨尔茨吉特、佩恩、沃尔芬比特尔、沃尔夫斯堡、汉诺威和奥斯纳布吕克等地进行了测试。PreMap 的重点在于预防犯罪，而不是解决犯罪或逮捕嫌疑犯。研究表明，警察的存在可能是应对空间风险的一种适当方法。当前，PreMap 专注于预测入室盗窃，流动性是其核心领域之一。交互式地图上显示的预测可在移动终端上为巡逻警察提供服务。警察可以访问入室盗窃的背景信息以及该地区的位置信息。PreMaps 将在下萨克森州依次投入使用。[2]

（5）SKALA——北莱茵威斯特法伦州

2015 年，北莱茵威斯特法伦州刑事调查局与六个主要警察机关（波恩、科隆、杜塞尔多夫、杜伊斯堡、埃森和盖尔森基兴）合作开发 SKALA（System for Crime Analysis and Anticipation）犯罪分析和预警系统。该系统旨在审查犯罪预测的可能性与局限性。SKALA 主要使用警察辖区内每个居民区的空间数据来

1　参见 Kai, Seidensticker, Felix, Bode, Florian, Stoffel, *Predictive Policing in Germany*, p. 4, https://www. researchgate. net/publication/332170526_Predictive_Policing_in_Germany，2020 年 9 月 15 日访问。

2　参见 Kai, Seidensticker, Felix, Bode, Florian, Stoffel, *Predictive Policing in Germany*, p. 4, https://www. researchgate. net/publication/332170526_Predictive_Policing_in_Germany，2020 年 9 月 15 日访问。

预测犯罪风险,这样可以确保犯罪预测是对整个城市而不是城市的某个部分所做出的。SKALA 运用假设法,利用犯罪学和社会科学理论,以期对入室盗窃案件的时空分布做出解释,根据每个假设的相关指标获得相应数据,通过犯罪数据对预测进行建模和计算,并结合社会经济数据如住宅位置、建筑或基础设施等信息加以分析。除此之外,使用数据挖掘软件将不同的数据源相互关联。该系统对不同案件设置不同的预测有效期:对于入室盗窃,有效期为一周;对于商业盗窃和车辆盗窃,有效期为两周。该系统测试项目于 2018 年 2 月结束并发布最终报告。自此,SKALA 已在 16 个主要警务部门实施,是德国目前最大的预测警务系统。[1]

从上述几种德国预测警务的实施状况来看,可以发现这些预测系统都有一定的共同点。首先,它们都是为了支持警察开展预防犯罪工作;其次,大多数预测系统都是针对入室盗窃案件来展开;最后,预测犯罪建模的理论基础都是一些近乎重复的现象,对这些重复现象进行研究,挖掘数据,进而预测犯罪、阻止犯罪的发生。

(三) 智慧警务运用面临的难题

在不久的将来,大数据警务的创新将放大执法人员针对犯罪的"对象""地点""时间"和"方式"问题。同时,所有的警务部门都将面对同一个问题——"黑数据"(black data)。数据是智慧警务的核心和灵魂,一切都与数据有关。"警务部门一直在收集大量数据,但我们不知道数据来源是否可靠、有效和干净。因而,我们需要对数据收集进行监督以确保数据干净。"[2]"黑数据"产生的原因主要在于以下三个方面:第一,数据来自现实世界,带有种族差异和不公平

---

[1]　参见 Kai, Seidensticker, Felix, Bode, Florian, Stoffel, *Predictive Policing in Germany*, pp. 4-5, https://www.researchgate.net/publication/332170526_Predictive_Policing_in_Germany,2020 年 9 月 15 日访问。

[2]　Ferguson, Andrew Guthrie, *The Rise of Big Data Policing: Surveillance, Race, and the Future of Law Enforcement*, New York University Press, 2017。

的天性;第二,新的数据技术是秘密的、令人恐惧的和陌生的;第三,数据中的隐私和宪法保护不足。[1]

1. "算法黑箱"——透明度

保密措施的存在意味着,大数据算法等私营供应商可以规避公共部门的透明度要求,使大数据警务变得难以监管和规范。除了数据分析人员以外,几乎所有的数据系统对用户来说都是"黑箱"。即使是简单的数据库,用户也无法理解。警务策略的制定往往需要计算机科学家的帮助,绝大部分警务管理人员和巡逻人员没有编写代码的能力。因而,大量"黑数据"在警务系统被使用。这具有一定的理由。首先,警务部门监视犯罪活动需要保持足够的秘密性才能有效;其次,对于官员安全和战术优势而言,数据保密至关重要。然而,"黑数据"的概念意味着不透明度和缺乏问责制的问题。如果警察、法院或公民无法理解该技术,而律师、新闻工作者和学者无法质询该数据,那么谁能信任它呢?[2]

智慧警务的应用必须以解决这种不透明问题为前提。要解决"黑数据"不透明的问题,首先,警方必须让公民了解大数据监管与日常生活中的其他算法决策没有什么不同。其次,应对不透明问题并不意味着警方要提供更多的信息,而是要承担一定的责任。很多时候,民众需要的不一定是公布算法的具体过程,而是为什么要使用该算法。民众对不透明问题的愤怒来自政府监视的秘密性质,而不是实际的技术监视能力。最后,要求严格的算法透明是不现实的。商业模式决定了算法的专有技术保密。披露源代码意味着揭示公司在业务上的竞争优势。而且在人工智能中,机器学习模型每次的分析都会有所不同,因为机器会从中学习。这意味着即使具有技术能力,也可能无法

1　参见 Ferguson, Andrew Guthrie, *The Rise of Big Data Policing: Surveillance, Race, and the Future of Law Enforcement*, New York University Press, 2017。

2　参见 Ferguson, Andrew Guthrie, *The Rise of Big Data Policing: Surveillance, Race, and the Future of Law Enforcement*, New York University Press, 2017。

看到基本公式。[1]

2. 数据获取——隐私权

隐私权的重要性在现代社会不言而喻。包括预测警务、大数据警务在内的警务方式已经逐渐渗透至公民社会生活的方方面面。数据挖掘的大范围覆盖使我们的隐私权遭到很大的侵犯。怎么处理好预防、打击犯罪和保护公民隐私之间的关系是警务部门必须考虑的问题。2009 年，美国国家司法研究所与司法援助局和洛杉矶警察局曾合作举行会议，与会者一致认为"透明度和社区参与在预测警务中非常重要"。在预测警务的开展过程中，任何事情都不应秘密进行，而应从一开始就邀请隐私权倡导者和社区领袖来解释该计划，并征求他们的想法和意见，减轻他们的担忧。此外，预测警务并不能用于识别特定的个人；相反，它是对犯罪可能发生的特定时间和地点进行预测。然而，隐私和公民自由问题与预测警务密切相关，必须加以解决。爱荷华州情报融合中心负责人拉塞尔·波特（Russell Porter）说："我们对成功实施预测警务负有庄严的义务，并从战略角度考虑要一开始就将隐私、公民权利和公民自由放在首位。"与会者强调，必须制定一项彻底的隐私政策并培训相关人员正确使用该政策，加强问责制并不断完善该政策。政策中还应包括哪些信息可以与其他机构共享。洛杉矶警察局指挥官琼·麦克纳马拉（Joan McNamara）说："透明度、审计和尽职调查对于制定一个值得信赖、保护隐私和产生良好结果的程序至关重要。"[2]

3. 数据隔离——信息孤岛

信息孤岛（information silo）是指相互之间在功能上不关联互动，信息不共享、不互换，以及信息与业务流程和应用脱节的系统。每当数据系统不兼容或

　　1　参见 Ferguson, Andrew Guthrie, *The Rise of Big Data Policing: Surveillance, Race, and the Future of Law Enforcement*, New York University Press, 2017。

　　2　Pearsall, Beth, "*Predictive Policing: The Future of Law Enforcement?*", *NIJ Journal*, Issue 266, 2010.

未与其他数据系统集成时,就会产生信息孤岛。[1]信息的不对等、不对称是警务部门开展日常工作的一大障碍。在英美,警务部门分工相对独立,使用的数据库也大不相同。以 HART 为例,主要搜集的是达勒姆警察局的有关监禁案件。这就意味着这一系统的使用范围很有限,不能在其他地区的警局得到应用。数据的隔离使一个国家内不同警务部门之间的工作不能有效联通。相较而言,类似于 PredPol、Palantir 等数据平台就实现了利用海量数据进行数据整合的优势,适用面较广,因而也得到了很多警务部门的采用。

4. 通过社交网络将监控私有化

来自社交网络的公开可用信息也可以被整合。相应地,已经预先过滤的数据可以由警察局自己提供。如今,现代化的警察行动室具有在 Twitter、Facebook 或 Instagram 上评估趋势的功能。这将使警察能够跟踪操作期间在 Twitter 上的主题标签或地理数据。

1　参见 https://encyclopedia. thefreedictionary. com/information+silo, 2020 年 7 月 30 日访问。

主要参考文献

一、中文参考文献

1. 著作

包亚明主编:《现代性与空间的生产》,上海教育出版社 2003 年版。

蔡自兴、蒙祖强:《人工智能基础》(第 3 版),高等教育出版社 2016 年版。

陈光中主编:《〈中华人民共和国刑事诉讼法〉修改条文释义与点评》,人民法院出版社 2012 年版。

陈光中主编:《刑事诉讼法》,北京大学出版社 2021 年版。

陈嘉明:《现代性与后现代性十五讲》,北京大学出版社 2006 年版。

陈瑞华:《看得见的正义》,中国法制出版社 2000 年版。

陈瑞华:《刑事审判原理论》,北京大学出版社 2003 年版。

崔亚东:《人工智能与司法现代化——"以审判为中心的诉讼制度改革:上海刑事案件智能辅助办案系统"的实践与思考》,上海人民出版社 2019 年版。

邓子滨:《刑事诉讼原理》,北京大学出版社 2019 年版。

丁颖、李建蕾、冀燕娜:《在线解决争议:现状、挑战与未来》,武汉大学出版社 2016 年版。

郭锐:《人工智能的伦理和治理》,法律出版社 2020 年版。

胡铭:《刑事诉讼法学》,法律出版社 2019 年版。

胡铭:《司法制度的中国模式与实践逻辑》,商务印书馆 2023 年版。

胡铭:《超越法律现实主义——转型中国刑事司法的程序逻辑》,法律出版社 2016 年版。

胡适:《容忍与自由》,中国画报出版社 2013 年版。

华宇元典法律人工智能研究院主编:《让法律人读懂人工智能》,法律出版社 2019 年版。

黄文俊主编:《司法信息学》,人民法院出版社 2019 年版。

孔祥俊:《法官如何裁判》,中国法制出版社 2017 年版。

李林、田禾主编:《中国法院信息化发展报告 No.1(2017)》,社会科学文献出版社 2017 年版。

林钰雄:《刑事诉讼法》(下册),新学林出版股份有限公司 2017 年版。

苏国勋:《理性化及其限制——韦伯思想引论》,商务印书馆 2016 年版。

孙长永:《侦查程序与人权》,中国方正出版社 2000 年版。

王爱立主编:《中华人民共和国刑事诉讼法释义》,法律出版社 2018 年版。

汪民安:《身体、空间与后现代性》,江苏人民出版社 2015 年版。

谢佑平、万毅:《刑事侦查制度原理》,中国人民公安大学出版社 2003 年版。

谢佑平:《刑事程序法哲学》,中国检察出版社 2010 年版。

杨仁寿:《法学方法论》,中国政法大学出版社 2013 年版。

张文显:《二十世纪西方法哲学思潮研究》,法律出版社 2006 年版。

张文显:《西方法哲学》,法律出版社 2011 年版。

张文显:《法理学》,高等教育出版社 2018 年版。

张智辉:《论检察》,中国检察出版社 2013 年版。

中华人民共和国最高人民法院编:《中国法院的互联网司法》,人民法院出版社 2019 年版。

朱孝清、张智辉:《检察学》,中国检察出版社 2010 年版。

宗玉琨译注:《德国刑事诉讼法典》,知识产权出版社 2013 年版。

〔澳〕维多利亚·科尔文、菲利普·斯坦宁编:《检察官角色的演变》,谢鹏程、蔡巍等译,中国检察出版社 2021 年版。

〔德〕阿图尔·考夫曼:《法律获取的程序——一种理性分析》,雷磊译,中国政法大学出版社 2015 年版。

〔德〕弗里德里希·威廉·尼采:《查拉图斯特拉如是说》,钱春绮译,生活·读书·新知三联书店 2007 年版。

〔德〕哈贝马斯:《交往行为理论》,曹卫东译,上海人民出版社 2018 年版。

〔德〕汉斯-约格·阿尔布莱希特、魏武编译:《德国检察纵论》,中国检察出版社 2021 年版。

〔德〕卡尔·拉伦茨:《法学方法论》,陈爱娥译,商务印书馆2003年版。

〔德〕罗克辛:《德国刑事诉讼法》,吴丽琪译,三民书局1998年版。

〔德〕马克斯·韦伯:《学术与政治》,钱永祥等译,广西师范大学出版社2004年版。

〔德〕马克斯·韦伯:《支配的类型》,康乐等译,广西师范大学出版社2010年版。

〔德〕马克斯·韦伯:《社会学的基本概念》,顾忠华译,广西师范大学出版社2011年版。

〔德〕托马斯·F.戈登:《诉答博弈——程序性公正的人工智能模型》,周志荣译,中国政法大学
　　出版社2018年版。

〔法〕米歇尔·福柯:《规训与惩罚》,刘北成、杨远婴译,生活·读书·新知三联书店2017
　　年版。

〔荷〕亨利·帕肯:《建模法律论证的逻辑工具:法律可废止推理研究》,熊明辉译,中国政法大
　　学出版社2015年版。

〔荷〕阿诺尔·R.洛德:《对话法律:法律证成和论证的对话模型》,魏斌译,中国政法大学出版
　　社2016年版。

〔加〕欧文·沃勒:《智慧的犯罪控制》,吕岩译,中国法制出版社2018年版。

〔美〕本杰明·卡多佐:《司法过程的性质》,苏力译,商务印书馆1997年版。

〔美〕波斯纳:《法理学问题》,苏力译,中国政法大学出版社2002年版。

〔美〕戴维·奥布莱恩编:《法官能为法治做什么:美国著名法官讲演录》,何帆等译,北京大学
　　出版社2015年版。

〔美〕E.博登海默:《法理学:法律哲学与法律方法》,邓正来译,中国政法大学出版社2017
　　年版。

〔美〕杰罗姆·弗兰克:《初审法院——美国司法中的神话与现实》,赵承寿译,中国政法大学出
　　版社2007年版。

〔美〕罗纳德·德沃金:《身披法袍的正义》,周林刚、翟志勇译,北京大学出版社2014年版。

〔美〕罗斯科·庞德:《法理学》(第二卷),封丽霞译,法律出版社2007年版。

〔美〕欧文·M.柯匹、卡尔·科恩:《逻辑学导论》,张建军等译,中国人民大学出版社2014
　　年版。

〔美〕瑞恩·卡洛等主编:《人工智能与法律的对话》,陈吉栋等译,上海人民出版社2018年版。

〔美〕史蒂芬·霍尔姆斯、凯斯·R.桑斯坦：《权利的成本——为什么自由依赖于税》，毕竞悦译，北京大学出版社2004年版。

〔美〕约翰·罗尔斯：《正义论》，谢延光译，上海译文出版社1991年版。

〔美〕小奥利佛·温德尔·霍姆斯：《霍姆斯读本》，刘思达译，上海三联书店2009年版。

〔日〕田口守一：《刑事诉讼法》，张凌、于秀峰译，法律出版社2019年版。

〔意〕切萨雷·贝卡里亚：《论犯罪与刑罚》，黄风译，北京大学出版社2008年版。

〔英〕理查德·萨斯坎得：《法律人的明天会怎样？——法律这样的未来》（第二版），何广越译，北京大学出版社2019年版。

〔英〕维克托·迈尔-舍恩伯格、肯尼思·库克耶：《大数据时代：生活、工作与思维的大变革》，盛杨燕、周涛译，浙江人民出版社2013年版。

2. 论文

白建军：《法律大数据时代裁判预测的可能与限度》，《探索与争鸣》2017年第10期。

卞建林：《人工智能时代我国刑事诉讼制度的机遇与挑战》，《江淮论坛》2020年第4期。

蔡传福：《人工智能时代庭审记录的智能化发展》，《人民法院报》2017年12月6日，第8版。

曹建明：《形成严密法治监督体系　保证宪法法律有效实施》，《求是》2014年第24期。

陈光中、步洋洋：《审判中心与相关诉讼制度改革初探》，《政法论坛》2015年第2期。

程凡卿：《我国司法人工智能建设的问题与应对》，《东方法学》2018年第3期。

陈景辉：《"开放结构"的诸层次——反省哈特的法律推理理论》，《中外法学》2011年第4期。

陈景辉：《同案同判：法律义务还是道德要求》，《中国法学》2013年第3期。

陈骞：《运用大数据防范冤假错案》，《中国社会科学报》2017年11月22日，第5版。

陈瑞华：《程序性裁判中的证据规则》，《法学家》2011年第3期。

陈瑞华：《以限制证据证明力为核心的新法定证据主义》，《法学研究》2012年第6期。

陈瑞华：《刑事司法裁判的三种形态》，《中外法学》2012年第6期。

陈瑞华：《刑事证明标准中主客观要素的关系》，《中国法学》2013年第4期

陈瑞华：《轻罪案件附条件不起诉制度研究》，《现代法学》2023年第1期。

陈兴良：《检警一体：诉讼结构的重塑与司法体制的改革》，《中国律师》1998年第11期。

戴长林、刘静坤：《〈关于全面推进以审判为中心的刑事诉讼制度改革的实施意见〉的理解与适

用》,《人民司法(应用)》2017年第10期。

邓恒:《人工智能技术运用与司法创新》,《人民法院报》2017年12月14日,第2版。

丁晓东:《人机交互决策下的智慧司法》,《法律科学》(西北政法大学学报)2023年第4期。

樊崇义:《中国式刑事司法现代化下轻罪治理的理论与实践》,《中国法律评论》2023年第4期。

冯姣、胡铭:《智慧司法:实现司法公正的新路径及其局限》,《浙江社会科学》2018年第6期。

高奇琦、张鹏:《论人工智能对未来法律的多方位挑战》,《华中科技大学学报》(社会科学版)2018年第1期。

高学强:《人工智能时代的算法裁判及其规制》,《陕西师范大学学报》(哲学社会科学版)2019年第3期。

高艳东、宋跃、王嫣红、朱佳俐:《司法数据化的路径选择》,《人民检察》2019年第17期。

高一飞、高建:《智慧法院的审判管理改革》,《法律适用》2018年第1期。

顾培东:《效益:当代法律的一个基本价值目标——兼评西方法律经济学》,《中国法学》1992年第1期。

郭松:《组织理性、程序理性与刑事司法绩效考评制度》,《政法论坛》2013年第4期。

何家弘:《从侦查中心转向审判中心——中国刑事诉讼制度的改良》,《中国高校社会科学》2015年第2期。

何挺:《附条件不起诉扩大适用于成年人案件的新思考》,《中国刑事法杂志》2019年第4期。

何挺:《附条件不起诉制度实施状况研究》,《法学研究》2019年第6期。

胡铭:《鉴定人出庭与专家辅助人角色定位之实证研究》,《法学研究》2014年第4期。

胡铭:《审判中心、庭审实质化与刑事司法改革》,《法学家》2016年第4期。

胡铭:《数字法学研究的实验方法与风险防控》,《华东政法大学学报》2023年第1期。

胡铭、张传玺:《人工智能裁判与审判中心主义的冲突及其消解》,《东南学术》2020年第1期。

黄金荣:《法的形式理性论——以法之确定性问题为中心》,《比较法研究》2000年第3期。

季卫东:《人工智能时代的司法权之变》,《东方法学》2018年第1期。

季卫东:《人工智能时代的法律议论》,《法学研究》2019年第6期。

贾宇:《论数字检察》,《中国法学》2023年第1期。

江必新:《习近平法治思想中的法治监督理论》,《法学研究》2021年第2期。

江溯:《自动化决策、刑事司法与算法规制——由卢米斯案引发的思考》,《东方法学》2020年第3期。

姜小川:《司法统一问题研究》,《时代法学》2010年第5期。

孔璋、季美君、赖敏娓:《涉互联网非法集资类犯罪证据中大数据的运用》,《人民检察》2019年第9期。

雷磊:《指导性案例法源地位再反思》,《中国法学》2015年第1期。

李傲、王娅:《智慧法院建设中的"战略合作"问题剖判》,《安徽大学学报》(哲学社会科学版)2019年第4期。

李晟:《略论人工智能语境下的法律转型》,《法学评论》2018年第1期。

李小萍:《论法院的地方性》,《法学评论》2013年第3期。

李训虎:《刑事司法人工智能的包容性规制》,《中国社会科学》2021年第2期。

梁权赠:《用数字证明:从周文斌案的概率分析说起》,《证据科学》2015年第4期。

凌萍萍、焦冶:《我国刑事立法中的轻罪标准设置研究》,《西南民族大学学报》(人文社科版)2019年第1期。

刘品新:《大数据司法的学术观察》,《人民检察》2017年第23期。

刘树德:《刑事司法语境下的"同案同判"》,《中国法学》2011年第1期。

刘云:《论可解释的人工智能之制度构建》,《江汉论坛》2020年第12期。

刘敏:《电子时代中国民事诉讼的变革》,《人民司法(应用)》2011年第5期。

罗维鹏:《人工智能裁判的问题归纳与前瞻》,《国家检察官学院学报》2018年第5期。

马超、于晓红、何海波:《大数据分析:中国司法裁判文书上网公开报告》,《中国法律评论》2016年第4期。

尼克、赵伟:《人工智能的边界》,《中国计算机学会通讯》2019年第10期。

倪寿明:《为新时代贡献司法智慧和力量》,《人民法院报》2018年2月23日,第2版。

裴炜:《个人信息大数据与刑事正当程序的冲突及其调和》,《法学研究》2018年第2期。

彭真善、宋德勇:《交易成本理论的现实意义》,《财经理论与实践》2006年第4期。

祁建建:《美国辩诉交易中的有效辩护权》,《比较法研究》2015年第6期。

钱大军:《司法人工智能的中国进程:功能替代与结构强化》,《法学评论》2018年第5期。

盛学军、邹越：《智能机器人法官：还有多少可能和不可能》，《现代法学》2018 年第 4 期。

史立梅：《论醉驾案件的程序出罪》，《中国法学》2022 年第 4 期。

施鹏鹏：《法国缘何禁止人工智能指引裁判》，《检察日报》2019 年 10 月 30 日，第 3 版。

舒国滢：《从司法的广场化到司法的剧场化——一个符号学的视角》，《政法论坛》1999 年第 3 期。

宋朝武：《电子司法的实践运用与制度碰撞》，《中国政法大学报》2011 年第 6 期。

宋功德：《全方位推进党内法规制度体系建设》，《人民日报》2018 年 9 月 27 日，第 7 版。

宋旭光：《论司法裁判的人工智能化及其限度》，《比较法研究》2020 年第 5 期。

孙记：《现代刑事诉讼结构——一个亟待澄清的概念》，《甘肃政法学院学报》2008 年第 5 期。

苏沐辉：《在线办公是昙花一现还是未来趋势?》，《新产经》2020 年第 3 期。

孙海波：《"同案同判"与司法的本质——为依法裁判立场再辩护》，《中国法律评论》2020 年第 2 期。

孙海波：《类似案件应类似审判吗?》，《法制与社会发展》2019 年第 3 期。

孙谦：《刑事侦查与法律监督》，《国家检察官学院学报》2019 年第 4 期。

唐旭、苏志猛：《人工智能辅助审判系统：理论证成、特质与困境突破》，《重庆理工大学学报》（社会科学版）2019 年第 8 期。

万毅、何永军：《司法中公正和效率之关系辨正——兼评刑事普通程序简易审》，《法律科学》（西北政法大学学报）2004 年第 6 期。

汪海燕：《形式理性的误读、缺失与缺陷——以刑事诉讼为视角》，《法学研究》2006 年第 2 期。

王禄生：《大数据与人工智能司法应用的话语冲突及其理论解读》，《法学论坛》2018 年第 5 期。

王禄生：《司法大数据与人工智能技术应用的风险及伦理规制》，《法商研究》2019 年第 2 期。

王迎龙：《轻罪治理背景下出罪模式研究》，《比较法研究》2023 年第 4 期。

吴习彧：《司法裁判人工智能化的可能性及问题》，《浙江社会科学》2017 年第 4 期。

熊明辉、杜文静：《在证据与事实之间：一种证据博弈观》，《浙江社会科学》2019 年第 6 期。

熊秋红：《人工智能在刑事证明中的应用》，《当代法学》2020 年第 3 期。

徐凤：《人工智能算法黑箱的法律规制——以智能投顾为例展开》，《东方法学》2019 年第 6 期。

徐骏：《智慧法院的法理审思》，《法学》2017 年第 3 期。

许可:《人工智能的算法黑箱与数据正义》,《社会科学报》2018 年 3 月 29 日,第 6 版。

严剑漪:《揭秘"206":法院未来的人工智能图景》,《人民法院报》2017 年 7 月 10 日,第 1 版。

闫树、吕艾临:《隐私计算发展综述》,《信息通信技术与政策》2021 年第 6 期。

杨帆:《不起诉种类的边界厘定及体系重塑研究》,《东方法学》2022 年第 6 期。

姚莉:《司法效率:理论分析与制度构建》,《法商研究》2006 年第 3 期。

叶伟忠:《检察工作高质量发展示范窗口的能动创建——以浙江杭州检察工作为观察视角》,
　　《人民检察》2022 年第 10 期。

曾智洪、王梓安:《数字监督:大数据时代权力监督体系的一种新形态》,《电子政务》2021 年第
　　12 期。

张保生:《人工智能法律系统:两个难题和一个悖论》,《上海师范大学学报》(哲学社会科学版)
　　2018 年第 6 期。

张吉喜:《逮捕社会危险性条件中犯罪嫌疑人逃跑风险评估研究》,《中国法学》2023 年第 4 期。

张明楷:《轻罪立法的推进与附随后果的变更》,《比较法研究》2023 年第 4 期。

张婷婷:《科技、法律与道德关系的司法检视——以"宜兴胚胎案"为例的分析》,《法学论坛》
　　2016 年第 1 期。

张兴美:《电子诉讼制度建设的观念基础与适用路径》,《政法论丛》2019 年第 5 期。

章安邦:《人工智能时代的司法权嬗变》,《浙江工商大学学报》2020 年第 4 期。

赵开年:《刑事司法控制:权力与行动——以检察司法控制为例》,《河北法学》2007 年第 7 期。

郑成良:《论法律形式合理性的十个问题》,《法制与社会发展》2005 年第 6 期。

郑曦:《人工智能技术在司法裁判中的运用及规制》,《中外法学》2020 年第 3 期。

郑曦:《数字时代刑事证据开示制度之重塑》,《华东政法大学学报》2023 年第 4 期。

朱体正:《人工智能辅助刑事裁判的不确定性风险及其防范——美国威斯康星州诉卢米斯案的
　　启示》,《浙江社会科学》2018 年第 6 期。

朱孝清:《司法的亲历性》,《中外法学》2015 年第 4 期。

朱兆法:《坚持司法亲历性原则构建审判权运行新机制》,《人民法院报》2015 年 11 月 25 日,第
　　5 版。

庄永廉等:《人工智能与刑事法治的未来》,《人民检察》2018 年第 1 期。

纵博:《人工智能在刑事证据判断中的运用问题探析》,《法律科学》(西北政法大学学报)2019
　　年第 1 期。

邹军平、罗维鹏:《智能司法模式理论构建》,《西南民族大学学报》(人文社科版)2019 年第
　　10 期。

左卫民:《关于法律人工智能在中国运用前景的若干思考》,《清华法学》2018 年第 2 期。

左卫民:《"诉讼爆炸"的中国应对:基于 W 区法院近三十年审判实践的实证分析》,《中国法
　　学》2018 年第 4 期。

〔德〕沃尔福冈·弗里希:《法教义学对刑法发展的意义》,赵书鸿译,《比较法研究》2012 年第
　　1 期。

〔美〕玛蒂尔德·柯恩:《作为理由之治的法治》,杨贝译,《中外法学》2010 年第 3 期。

二、 外文参考文献

Applegate, Richard, "Taking Child Witnesses out of the Crown Court: A Live Link Initiative", *International Review of Victimology*, Vol. 13, 2006.

Bench-Capon, T. J. M., "HYPO'S Legacy: Introduction to the Virtual Special Issue", *Artificial Intelligence & Law*, Vol. 25, 2017.

Berk, Richard, "Artificial Intelligence, Predictive Policing, and Risk Assessment for Law Enforcement", *Annual Review of Criminology*, Vol. 4, 2021.

Bharati, Alkesh & Raghuvanshi, Sarvanguru, "Crime Prediction and Analysis Using Machine Learning", *International Research Journal of Engineering and Technology*, Vol. 5, 2018.

Braga, Anthony A., et al., "The Relevance of Micro Places to Citywide Robbery Trends: A Longitudinal Analysis of Robbery Incidents at Street Corners and Block Faces in Boston", *J. Res. Crime & Delinq*, Vol. 48, 2011.

Brayne, Sarah & Christin, Angèle, "Technologies of Crime Prediction: The Reception of Algorithms in Policing and Criminal Courts", *Social Problems*, Vol. 68, 2020.

Brooke, Henry, "The Legal and Policy Implications of Courtroom Technology: The Emerging English

Experience", *William & Mary Bill of Rights Journal*, Vol. 12, 2004.

Buchanan, Bruce G. & Headrick, Thomas E., "Some Speculation about Artificial Intelligence and Legal Reasoning", *Stanford Law Review*, Vol. 23, 1970.

Bygrave, Lee A., "Online Dispute Resolution—What is Means for Consumers", www. bakercyberlawcentre. org/2002/Domain/Bygrave_ODR. pdf.

Chan, Janet & Moses, Lyria Bennett, "Is Big Data Challenging Criminology?", *Theoretical Criminology*, Vol. 20, 2016.

Citron, D. K. & Pasquale, F., "The Scored Society: Due Process for Automated Predictions", *Washington Law Review*, Vol. 89, 2014.

Domingos, Pedro, "A Few Useful Things to Know about Machine Learning", *Communications of the ACM*, Vol. 55, 2012.

Donohue, Michael E., "A Replacement for Justitia's Scales: Machine Learning's Role in Sentencing", *Harvard Journal of Law & Technology*, Vol. 32, 2019.

Dutton, Yvonne M., "Virtual Witness Confrontation in Criminal Cases: A Proposal to Use Videoconferencing Technology in Maritime Piracy Trials", *Vanderbilt Journal of Transnational Law*, Vol. 45, 2012.

Dworkin, Ronald, *Law's Empire*, Harvard University Press, 1986.

Elyounes, Doaa Abu, "Bail or Jail? Judicial versus Algorithmic Decision-Making in the Pretrial System", *Columbia Science and Technology Law Review*, Vol. 21, 2020.

Fagan, Frank & Levmore, Saul, "The Impact of Artificial Intelligence on Rules, Standards, and Judicial Discretion", *Southern California Law Review*, Vol. 93, 2019.

Ferguson, Andrew Guthrie, "Predictive Policing and Reasonable Suspicion", *Emory L. J.*, Vol. 62, 2012.

Ferguson, Andrew Guthrie, "Big Data and Predictive Reasonable Suspicion", *University of Pennsylvania Law Review*, Vol. 163, 2015.

Freeman, Edward H., "Cyber Courts and the Future of Justice", *Information Systems Security*, Vol. 14, 2005.

Friedman, Richard D., "Remote Testimony", *University of Michigan Journal of Law Reform*, Vol. 35, 2002.

Giuffrida, Iria, Lederer, Fredric, Vermerys, Nicolas, "A Legal Perspective on the Trials and Tribulations of AI: How Artificial Intelligence, the Internet of Things, Smart Contracts, and Other Technologies Will Affect the Law", *Case Western Reserve Law Review*, Vol. 68, 2018.

Gordon, Thomas F., *The Pleadings Game: An Artificial Intelligence Model of Procedural Justice*, Kluwer Academic Publishers, 1995.

Greenblum, Benjamin M., "What Happens to a Prosecution Deferred-Judicial Oversight of Corporate Deferred Prosecution Agreements", *Columbia Law Review*, Vol. 105, 2005.

Haskins, Caroline, "Academics Confirm Major Predictive Policing Algorithm is Fundamentally Flawed", https://www. vice. com/zh-CN/article/xwbag4/academics-confirm-major-predictive-policing-algorithm-is-fundamentally-flawed.

Helland, Lynn, "Proposed Amendments to Fed. R. Crim. P. 26: An Exchange: Remote Testimony—A Prosecutor's Perspective", *University of Michigan Journal of Law Reform*, Vol. 35, 2002.

Hornle, Julia, "Online Dispute Resolution: The Emperor's New Clothes? —Benefits and Pitfalls of Online Dispute Resolution and Its Application to Commercial Arbitration", *International Review of Law Computers, Technology*, Vol. 17, 2003.

Hosangar, Katik & Jair, Vivian, "We Need Transparency in Algorithms, but Too Much Can Backfire", https://hbr. org/2018/07/we-need-transparency-in-algorithms-but-too-much-can-backfire.

Hunter, Dan, et al., "A Framework for the Efficient and Ethical Use of Artificial Intelligence in the Criminal Justice System", *Florida State University Law Review*, Vol. 47, 2020.

Joh, Elizabeth E., "Policing by Numbers: Big Data and The Fourth Amendment", *Washington Law Review*, Vol. 89, 2014.

Judge Herbert B. Dixon Jr., "Remote Witness Testimony in Criminal Trials: Technologically Inevitable or Constitutionally Doomed", *The Judge's Journal*, Vol. 47, 2008.

Kai, Seidensticker, Felix, Bode, Florian, Stoffel, "Predictive Policing in Germany", https://www. researchgate. net/publication/332170526_Predictive_Policing_in_Germany.

Kennedy, Leslie W., et al., "Risk Clusters, Hotspots, and Spatial Intelligence: Risk Terrain Modeling as an Algorithm for Police Resource Allocation Strategies", *J. Quantitative Criminology*, Vol. 27, 2011.

Kenniston, Carolyn W., "You May Now 'Call' Your Next Witness: Allowing Adult Rape Victims to Testify via Two-Way Video Conferencing Systems", *Journal of High Technology Law*, Vol. 16, 2015.

Lederer, Fredric, "The Potential Use of Courtroom Technology in Major Terrorism Cases", *William & Mary Bill of Rights Journal*, Vol. 12, 2004.

Lederer, Fredric, "The Courtroom 21 Project: Creating the Courtroom of the Twenty-First Century", *Judge's Journal*, Winter, 2004.

Lederer, Fredric, "The Legality and Practically of Remote Witness Testimony", *The Practical Litigator*, Vol. 20, 2009.

Lum, Kristian, Isaac, William, "To Predict and Serve?", *Significance Magazine*, Vol. 13, 2016.

Mayson, Sandra G., "Bias In, Bias Out", *Yale Law Journal*, Vol. 128, 2018.

Momsen, Carsten & Rennert, Cäcilia, "Big Data-Based Predictive Policing and the Changing Nature of Criminal Justice", *KriPoZ*, 2020.

Morison, John & Harkens, Adam, "Re-Engineering Justice? Robot Judges, Computerized Courts and (Semi) Automated Legal Decision-making", *Legal Studies*, Vol. 39, 2019.

Mulcahy, Linda, "The Unbearable Lightness of Being: Shifts towards the Virtual Trial", *Journal of Law and Society*, Vol. 35, 2008.

Pearsall, Beth, "Predictive Policing: The Future of Law Enforcement?", *NIJ Journal*, Issue 266, June 22, 2010.

Police Executive Research Forum, *Future Trends in Policing*, Washington, D. C.: Office of Community Oriented Policing Service, 2014.

Ponte, Lucille M., "Michigan Cyber Court: A Bold Experiment in the Development of the First Public Virtual Courthouse", *North Carolina Journal of Law & Techno-logy*, Vol. 4, 2002.

Ramasastry, Anita, "Government-to-Citizen Online Dispute Resolution: A Preliminary Inquiry",

Washington Law Review, Vol. 79, 2004.

Richard, Susskind, *Online Courts and the Future of Justice*, Oxford University Press, 2019.

Richardson, Rashida, Schultz, Jason M., Crawford, Kate, "Dirty Data, Bad Predictions: How Civil Rights Violations Impact Police Data, Predictive Policing System, and Justice", *New York University Law Review*, Vol. 94, 2019.

Rissland, Edwina L., "Stepping Stones to a Model of Legal Reasoning", *Yale Law Journal*, Vol. 99, 1990.

Rissland, Edwina L., et al., "AI and Law: A Fruitful Synergy", *Artificial Intelligence*, Vol. 150, 2003.

Roth, Andrea, "Trial by Machine", *Georgetown Law Journal*, Vol. 104, 2016.

Roth, Michael D., "Laissez-Faire Videoconferencing: Remote Witness Testimony and Adversarial Truth", *UCLA L. Rev.*, Vol. 48, 2000.

Rowden, Emma Louise, "Remote Participation and the Distributed Court: An Approach to Court Architecture in the Age of Video-Mediated Communications", unpublished PhD Thesis, University of Melbourne (December 2011).

Shireman, Charles & Reamer, Frederic, *Rehabilitating Juvenile Justice*, Columbia University Press, 1986.

Stevens, Charles, Barot, Vishal, Carter, Jenny, *The Next Generation of Legal Expert Systems—New Dawn or False Dawn?*, Research and Development in Intelligent Systems XXVII, 2010.

Tyler, Melissa Conley & Bornstein, Jackie, "Accreditation of Online Dispute Resolution Practitioners", *Conflict Resolution Quarterly*, Vol. 23, 2006.

Urwin, Sheena, "Algorithmic Forecasting of Offender Dangerousness for Police Custody Officers: An Assessment of Accuracy for the Durham Constabulary Model", research presented as for the purpose of gaining a Master's Degree in Applied Criminology and Police Management at Cambridge University, 2016.

Villasenor, John & Foggo, Virginia, "Artificial Intelligence, Due Process and Cri-minal Sentencing", *Michigan State Law Review*, Vol. 2020, 2017.

Vogl, Roland, ed., *Research Handbook on Big Data Law*, Edward Elgar Publishing Limited, 2021.

Wallace, Anne, "Justice and the 'Virtual' Expert: Using Remote Witness Techno-logy to Take Scientific Evidence", University of Sydney, 2011.

Wexler, Rebecca, "Life, Liberty, and Trade Secrets: Intellectual Property in the Criminal Justice System", *Stanford Law Review*, Vol. 70, 2018.

Zbynek, Loebl, "Designing Online Courts: The Future of Justice Is Open to All", *Kluwer Law International*, 2019.

Zubair, Ayyan, "Domain Awareness System", https://static1. squarespace. com/static/5 c1bfc7eee175995a4ceb638/t/5f170be2dc09615b852699d7/1595345890732/Domain% 2BAwareness. pdf.

后　记

"未来已来,过去未去。"数字时代必然并已经对我国的司法带来诸多影响,司法的变革正在发生,而且还将不断走向深入。司法本身所具有的保守性、中立性、公正性等特性不会改变,我们所珍视的司法规律也不应被改变,而追求公平正义始终应是司法不变的最高理想。

本书的研究目的主要在于深入阐释信息科技背景下司法体制改革的理论逻辑,从多学科交叉融合的视角对现代科技在司法中运用的机遇和挑战做出分析,把握司法体制改革的行动纲领和改革方向,通过司法体制改革和现代科技深度融合,更好地助力司法体系科学化和司法能力现代化目标之实现。

本书的研究尝试揭示现代科技在司法中运用的法理基础与理论逻辑。围绕司法权、科技能力和当事人权利三要素,以理论法学的逻辑来阐释司法体制改革和现代科技应用的关系,以准确定位大数据、人工智能等高科技在司法体制中的应有系属,将我国司法体制改革的特点与科技优势紧密结合起来,形成最佳合力,从而从理论上拓展和深化法学与司法制度研究的视域。

本书的研究尝试厘清现代科技应用于司法的各个关键要素及其在司法制度体系中的角色定位,准确把握现代科技在司法体制改革中的应用价值及改革方向。基于大数据、人工智能等现代科技自身的属性特征,立足我国当前司法体制改革的现况与问题,本书试图得出司法体制改革与现代科技应用相结合的新理论、新模式。

本书的研究尝试从理论上解释现代科技在司法中运用的限度及司法体制改革的边界,将现代科技与当前司法现实问题相结合,探索增强司法能力、提高司法效率、整合司法资源的有效路径,总结凝练出体现司法规律的基本规则。

本书的研究获得了国家社科基金重大项目和浙江大学数字社会科学会聚研究计划的资助,并且有幸入选浙江大学文科精品力作。前期的若干成果已经在《法学研究》《中国法学》等刊物上发表。本书的出版得到了商务印书馆的大力支持,在此表示由衷的感谢。我指导的博士后和硕博士生团队深度参与了该项研究,从资料收集、调研活动、数据分析到部分初稿撰写等,都凝聚了团队的努力。博士后陶加培、王志坚、陶焜炜,博士生张传玺、郑骅、楼梦琳、祝笑寒、何子涵、陈高鸣、朱佳蔚等,硕士生赵子墨、胡萌、张永奇、赵涛、施懿、吴越溪等,都贡献了自己的力量。正是有同学们的参与,才使得学术研究更像是灵动的学术盛宴、激情的思想砥砺;正是在不断交流、互动和批判中,我们对相关问题的认识才日益深刻,使得学术研究终于凝结为成果。当然,面对数字时代的司法变革这一崭新且还在不断变化的课题,本书的研究只是初步的探索,难免挂一漏万,难免有所纰漏,只能在诚惶诚恐中,交出这一份初步的答卷,供理论界和实务界批判,更多的还是想提出一些问题,以求引起关注并达抛砖引玉之效。

胡铭

2024 年 8 月 30 日于浙江大学求是村